THE

MUSIC INSTINCT

HOW MUSIC WORKS AND WHY WE CAN'T DO WITHOUT IT

音楽の科学

音楽の何に魅せられるのか?

フィリップ・ボール 著　夏目 大 訳

Philip Ball

河出書房新社

音楽の科学——目　次

はじめに　7
第1章　前奏曲――世界は音楽に満ちている　10
第2章　序曲――音楽とは何か、そしてどこから来たのか　23
第3章　スタッカート――楽音とは何か、また使う音はどう決められるか　58
第4章　アンダンテ――良いメロディとは何か　141
第5章　レガート――音楽とゲシュタルト原理　205
第6章　トゥッティ――協和音と不協和音　243
第7章　コン・モート――リズムとは何か　303
第8章　ピッツィカート――音色　332
第9章　ミステリオーソ――音楽を聴くと、脳はどう活動するのか　351
第10章　アパッショナート――音楽はなぜ人を感動させるのか　373

第11章 カプリッチョーソ——音楽のジャンルとは何か 481
第12章 パルランド——音楽は言語か 532
第13章 セリオーソ——音楽の意味 572
コーダ——音楽の条件 615

訳者あとがき 621
原　註 631
参考文献 649
図版出典 650

音楽の科学

――音楽の何に魅せられるのか？

はじめに

音楽的才能というのは、一部の限られた人だけに与えられるものなのだろうか。その他の大多数の人間には、そんな才能は与えられず、ただ才能のある人間を引き立たせるだけなのだろうか。民族音楽学者であるジョン・ブラッキングは、名著『人間の音楽性』〔*How Musical Is Man ?*、徳丸吉彦訳、岩波書店〕の中でそんな問いかけをしている。この問いは、西洋文化における音楽の位置を端的に示しているものと言えるだろう。西洋において音楽とは、ほんの一握りの人間によって作られるものである。また、演奏する人間も、音楽を作る人間よりは多いが、全体の中ではやはり圧倒的に少数である。彼らは「音楽家」、「演奏家」、「ミュージシャン」などと呼ばれる。しかし、担い手が少数であるにもかかわらず、西洋文化には音楽が溢れている。それはブラッキングも指摘していることである。スーパーマーケットでも空港でも音楽は聴こえてくるし、映画にもテレビにも音楽は使われている（そもそも、どれにも一つ一つテーマ曲がある）。何かイベントがある時にも音楽は欠かせないし、最近では、携帯音楽プレーヤーのおかげでいつでもどこでも好きな時に好きな音楽が聴けるようになっている。ブラッキングはこんなふうにも言っている。「私たちの社会においては、音楽的才能は一部の限られた人のものとされる一方で、音楽を聴く能力だけはすべての人が共通して持っているようなのだ。聞こえてきたたくさんの音の組み合わせを音楽であると感じ取る能力だ。もちろん、皆にその能力がなければ音楽は成り立たない」これは、西洋社会においては、大部分の人がある共通の前提の上に立って音楽を理解し、評価しているということを意味する。その前提を共有していないと音楽は理解できず、何の感想も抱くことはない、ということである。

ブラッキングの言うことは確かに正しい。私たちに音楽を理解する能力があることは間違いない。そして、ほとんどの人が、共通の前提の上に立って音楽を評価している。それは、少なくとも西洋の人間にとってあまりに当たり前のことであり、特別な価値がある素晴らしいことだとはほとんど誰も思っていない。また、音楽を理解し、評価する能力を音楽的才能の一つだと考える人もほとんどいない。ブラッキングは自らの体験により、アフリカの文化においては、音楽の作り手と聴き手の区別が西洋に比べるとはるかに曖昧であることを知った。時には、両者を区別することが無意味とさえ思えるほどなのだ。西洋文化の特異性を知ったわけだ。ただ、私は個人的には、この特異性を重要視しすぎない方がいいと考えている。現在、西洋においては音楽の作り手と聴き手の間にかなりの程度の隔たりがあることは、紛れもない事実である。ただ、そうなったのは、マスメディアの台頭以後のことである。音楽を録音したり、放送したりすることができなかった時代には、自らの手で音楽を作る人が多かった。そして、今、音楽を作り、録音し、放送することは、少し以前に比べて簡単に、安くできるようになっており、自ら音楽を作る人の数が大幅に増えてはいる。にもかかわらず、音楽を作れるのは特殊な才能のある人だけ、という考えはまだ根強く残っているのだ。この本で私は、「音楽を聴く能力」も立派な「音楽的才能」であるということを証明したいと思っている。一定のパターンの音の変化、組み合わせを音楽であると認識できる、というのがいかに大変な才能であるかを知ってもらいたい。また、この本では、その才能、能力がどのようにして生まれたかも追究してみたい。もちろん、偉大な音楽家によって演奏される名曲を聴くというのは、この上もない喜びである。しかし、それだけが音楽を楽しみ、音楽から満足を得る方法ではない。

音楽とは一体、どういう現象なのか、私たちに対し、どういう作用をもたらすのか、という問いに対しては、過去に大勢の人が答えを提示してきた。だが、この問いがあまりに難しくとらえどころのないものであるため、どの答えにも簡単に欠陥を見つけることができる。私はこの本をそういうことをするために書いたのではない。先人たちの答えの間違いを指摘することが目的ではないのだ。問題の性質からして、他人の意見を全否定してもあまり意味はない。むしろ、自分と違う意見は、考えの質を高めるための「砥石」のようなもの、と思う方がいいだろう。この本を読んでいても、「これは賛成できない」と思うことが時々あるかもしれないが、それに関してもやはり同様にとらえて欲しい。

最後に、この本を書くにあたってお世話になった人たちの名前を紹介しておきたい。まず、アニルダ・パテル、シュテファン・ケルシュ、ジェイソン・ウォーレン、イザベル・ペレツ、グレン・シェレンベルク、オリヴァー・サックス、そしてデヴィッド・ヒューロン。彼らの中には適切な助言をしてくれた人もいるし、議論の相手になってくれた人もいる。資料の提供をしてくれた人もいる。私を激励し、心の支えになってくれた人もいる。私は皆に本当に感謝している。また、私のエージェント、クレア・アレクサンダーには感謝してもしきれない。彼女の励ましと、深い見識がどれだけ助けになったかわからない。豊富な経験に裏打ちされた交渉術と、決断力を備えた素晴らしいエージェントだと私は思っている。さらに、もちろん、この本の編集をしてくれた、ボドリー・ヘッド社のウィル・サルキン、イエルク・ヘンスゲンの二人にも感謝している。いつも我が家に来て素晴らしい音楽を奏でてくれるジュリア・ラン、メイ・ランにも感謝している。この本は、私がこれまで共に音楽を作ってきたすべての人に捧げたい。

二〇〇九年一一月、ロンドンにて

フィリップ・ボール

第1章　前奏曲——世界は音楽に満ちている

ヨハン・ゼバスティアン・バッハの音楽は、新しい聴衆を求め、今、地球から約二〇〇億キロメートルの彼方を旅している。一九七七年に打ち上げられ、間もなく太陽系の外側に飛び出そうとしている宇宙船、ボイジャー一号、二号には、金メッキされた銅製のアナログレコードが積まれているのだ。このレコードには、グレン・グールドの演奏する、バッハ『平均律クラヴィーア曲集第二巻』「前奏曲とフーガ　ハ長調」が収録されている。このまま宇宙を旅していれば、いつかは異星人たちの耳に届くかもしれない。

一九七七年のＬＰレコードなど、もう時代遅れの遺物のように感じる読者も多いだろう。だが、当時はそれで精一杯だったのだ。それに、宇宙船の主たる任務は惑星探査だった。惑星の写真を撮影し、種々の観測データを集めて地球に送るのが仕事だったのだ。別に宇宙に持ち出せる携帯音楽ライブラリーとして作られたわけではない。だが「異星人たちにバッハの傑作をほんの一部だけ聴かせてあとは聴かせない、というのも意地が悪いのでは」と考える人もいたのは確かだ。逆に、バッハの全作品を聴かせてしまうと、全宇宙に対して自慢をしていることにならないか、と考える人もいた。

ボイジャーに取りつけられたレコードには、バッハの他に、モーツァルト、ストラヴィンスキー、ベートーヴェンなどの曲、インドネシアのガムランや、ソロモン諸島、ナヴァホ族（ネイティブ・アメリカン）の音楽、それにブラインド・ウィリー・ジョンソンのブルース『夜は暗く（地は冷たく）』なども収録されていて、とても楽しい（ビートルズの曲は収録されなかった。きっと、宇宙では著作権の維持が難しいということで、ＥＭＩが許可しなかったのだろう）。

なぜ、異星人に音楽を聴かせよう、などと考えたのだろう。仮に異星に知的生物がいたとしても、その性質は、我々地球人とはまったく違っているだろう。聴覚があるかどうかすらわからない。それなのに、どうして、異星人が音楽を理解できる、と考えてしまうのだろうか。ボイジャーに積まれたレコードには、溝を針でこすると音が出るということを説明する絵も添えられている。だが、仮にそのとおりにしたとして、出た音の意味を異星人が理解できる保証はない。にもかかわらず、私たちはつい、彼らが音楽を理解すると思ってしまうのだ。その理由はどこにあるのか。

その問いに答えることこそ、私がこの本を書いた最大の目的と言ってもいいかもしれない。「音楽」と呼ばれる音の連なりを私たち人間が理解できるのはなぜなのか。また、「音楽が理解できる（できない）」とはどういう意味なのか。なぜ、音楽に意味があるように感じられるのか。美しいと感じたり、感情を動かされたりするのはなぜなのか。ボイジャーにレコードを積んだ科学者たちは「異星人にも音楽が理解できる」と考えたようだが、果たして、異星人や、あるいは人間以外の動物も、音楽を人間と同じように理解できるのか。これはつまり、「音楽は普遍的なものか」という問いだ。音楽には、全宇宙共通の価値があるのだろうか。

古代ギリシャの数学者、ピタゴラスは、紀元前六世紀に、一オクターヴに属する七つの音の関係を数学的に説明できることを発見した。そのように「音楽とは基本的に数学的なもの」という意見は古くから根強くあり、それが、音楽は普遍的なものである、という考え方の基礎になっている面もある。高度な文明を持つ異星人ならば、たとえ音は聞こえなくても、針の振動の秩序を数学的に理解することはできるのでは、と考える人もいるのだ。だが、実際には、話はそう単純ではない。音楽というのは自然現象ではない。

あくまでも人間の作ったものである。人間以外の生物は音楽を作ることができないし、人間のように音楽を解することはできない。他の生物が音楽を解するという意見を述べる人も多いが、それは正しくないのだ。音楽は人間のあらゆる文化に存在する。文字を持たない文化はあるし、絵画など視覚的芸術を持たない文化もあるが、音楽を持たない文化というのは世界中どこにも存在しないようだ。

音楽は言語に似ている。ただ、音楽が言語と違っているのは、それが存在しなくてはならない明確な理由、誰もが同意できるような理由が見当たらないということだ。音楽が、知性と聴覚の結びつきによって生まれた産物であることは、数々の証拠から明らかなのだが、その確かな存在理由はいまだ見つかっていない。

振幅、振動数が様々に違っている音を複雑に組み合わせると、人に何かの意味を感じさせることができる、というのは考えてみると非常に不思議なことである。音楽を聴くだけで楽しい気分になることもあれば、涙が出ることもある、というのは不思議だ。ただ、その謎は少しずつだが解き明かされている。音楽を聴いているときには、たとえいい加減に聞き流していても、私たちの脳はとても活発にはたらいている。そして、とてつもなく見事な芸当をやってのけている。聞こえてくる音をふるいにかけ、秩序立て、また、次に聞こえてくる音の予想もしている。すべては私たちが意識しなくても自動的に行われることだ。音楽は、とても簡単な数式で説明できるようなものではない。音楽というのは、芸術、科学、論理、感情、物理学、心理学などの要素が恐ろしく複雑に絡み合ったものだ。これほど複雑なものは他に例がないかもしれない。この本では、音楽という不思議なものについて、現状で何がわかっていて、何がわかっていないかを明らかにしていこうと思う。

知性のチーズケーキ

認知科学者、スティーヴン・ピンカーは、一九九七年に出版された『心の仕組み』という本の中で、「音楽は、精神機能のうちでも、少なくとも六つの特に敏感な部分を快く刺激するように精巧に作られた聴覚のチーズケーキである」[1]と書いている。そして、その後にさらに続けて、次のようにも書いている。

もし音楽というものが、万が一、失われてしまったとしても、私たち人間という種の生き方はほとんど変わらないだろう。そこが、言語や視覚、推論能力、物理世界に対する知識などとは大きく違っているところだ。音楽は純粋に楽しみのためだけに存在する技術であると言える。麻薬のカクテルとでも言おうか。耳から注入された途端に、喜びの回路を大いに刺激してくれる麻薬である。[2]

この発言には、当然のことながら、怒った人が大勢いた。聞きようによっては、バッハの『ミサ曲 ロ短調』と、クラブなどで取引される合成麻薬「エクスタシー」を同列に論じているようにも思えるので、無理もない。そして、「万が一、失われてしまったとしても」という言葉は、たとえ本当に音楽というものがこの世からなくなったとしても、ピンカー自身はさほど気にしない、という意味にもとれる。音楽には人間の進化上、重要な意味があるという考え方を真っ向から否定しているようでもある。私たち人間が生存し、子孫を残していく上で、音楽が役に立ったということはない、と言っているようだ。ピンカーの言うとおりだとすれば、人類は音楽を愛する存在に生まれついており、生まれつき音楽を作る能力を持っている、という考え方も誤りということになるだろう。音楽の尊厳、音楽の根本的な価値が大きく揺るがされたとも言える。

自分の発言に怒る人がいるであろうことは、ピンカーも予想していただろう。そして、批判の声に対し、きちんと反論もしている。「音楽が素晴らしい芸術だとしても、それは、何も、進化的に価値があるからではないだろう」というのだ。進化的な価値があるから音楽を愛する、などという人は確かに誰もいないに違いない。人間の持つ文化には、進化的に何ら価値がないものなどいくらでもある。環境に適応することや、生存の可能性を高めることに必ずしも役立っているわけではないが、それでも人間にとっては重要、というものはたくさんある。実は識字能力もそのうちの一つである。そう言うと反論する人もいるだろう。識字能力は当然、環境への適応に役立つ、と考える人は多いに違いない。読み書きの能力があれば、重要な情報を容易に保存でき、それを子孫に正確に伝えていくこともできるのだから、生存に有利、というわけだ。だが、この意見はここではあまり妥当とは言えない。まず注意すべきなのは、識字能力という能力はまだ、生まれてから日が浅いということだ。歴史があまりに浅いために、「識字能力のためだけの遺伝子」というものがまだ存在していないくらいだ。私たちが字を読んだり書いたりできるのは、偶然、そのために必要な視覚や、パターン認識能力、言語能力、手先の器用さなどを兼ね備えているからにすぎない。読み書きをするための遺伝子を祖先から受け継いでいるからではないのである。

ミズーリ大学セントルイス校の英語学教授、ジョセフ・キャロルもピンカーの主張に対しては反対意見を述べている。ただし、彼の反対意見は、他の多くの人のものとは違い、そう簡単に退けられるものではなかった。「絵画や音楽、文学などは、単に人間の認知能力が向上したことによって生じた副産物などではない」[3]というのだ。そうした芸術に認知能力を駆使することで、能力がさらに発達し、複雑なものになったという側面もあるのでは、という。芸術によって受ける刺激は、食べ物が味蕾に与える刺激とは違う。芸術は様々な感情を呼び起こし、新たな発想を与えたりもする。そのことについて、キャロル教授は次のように話している。

そうした芸術はどれも、一種のコミュニケーションである。そのコミュニケーションで伝達されるものは、個々人の体験の「本質」である。もし人間からこうしたコミュニケーションの手段を奪ってしまったとしたら、ほとんど自閉症患者と同じような状態になるのではないだろうか。自閉症は先天性の脳機能障害であり、他者とのコミュニケーションに困難が生じる病気である。もちろん、絵画や音楽によるコミュニケーションが奪われても、一応、社会的な交流はできるだろうが、その交流は粗野なものになってしまうだろう。自分の精神世界の構造が自分でもよくわからず、もちろん、他人のそれもぼんやりとしていて曖昧でよくわからない。自分の感情の構造がよくわからず、構造に何か意味のあるパターンを見つけられなければ、また、自分や他人が何を必要とし、何を求めているのかがはっきりとわからなければ、外の世界との関係を充実させることはできない。せいぜい、一つ一つの刺激に単純な反応をするくらいのことしかできないだろう。

このように芸術にある種、崇高な意味を持たせるような主張は、実は非常に古くからなされてきた。最も古くは、プラトンくらいにまでさかのぼるだろう。問題は、その主張の正しさを証明することが極めて難しいということである。キャロル教授は、チャールズ・ディケンズの小説『荒涼館』に出てくるスモールウィード家の人たちを例にあげている。彼らは、「あらゆる娯楽、気晴らしを放棄している人たちだ。おとぎ話にしろ、寓話にしろ、架空のお話が書かれた本はすべて否定している。ただ、楽しみのためにすることは、何もかも拒否するのだ」[4]。その結果、彼らは皆、一見するとごく正常な人間でありながら、よく見ると、その人間性はサルに非常に近く、しかも、心にはいつも何か鬱屈したものを抱えているように見える。なるほど、と思わされるが、これはあくまで小説の中のことであり、さらに重要なことは、彼らが娯楽と無縁の暮らしをしているのは、どう見ても皆に精神的なゆとりがなく、家庭の中に愛情がないせいである、ということだ。娯楽がないから、ゆとりと愛情がないのではない。生活の中に音楽がないせいで精神が貧しくなり、人間性が低下した、というような人が果たして現実に存在するだろうか。

ピンカーの言うことにもキャロルの言うことにも、確かに一理あるが、どちらも実のところ、的外れである。なぜ、そう言えるのか、その理由をこの本では明らかにしていきたいと思う。ピンカーが誤っていることはすぐに証明できる（誤っている理由をすぐにいくつもあげることができる）が、それは必ずしも、音楽が元々、本質的な価値を持っているということを意味しない。ピンカーが間違っているからといって、キャロルが正しいとは限らないということだ。音楽が奪われると人間性が低下してしまう、などと考えるのは正しくないし、人間は音楽なしでは生きていけないと考えるのも正しくない。そして、その逆もまた正しくないのだ。人間性は最低なのに、音楽的な感性は非常に研ぎ澄まされている、という人は存在し得る。アンソニー・バージェスの小説『時計じかけのオレンジ』に出てくるアレックスのような人が現実にいても不思議ではないのだ。ヒトラーがワーグナーの音楽を愛していたというのも有名な話だ。音楽は確かに私たちを豊かにするのかもしれないが、食べ物が栄養になるような単純な意味で私たちの糧になるわけではない、という点には注意しなくてはならない。音楽を持たない文化というものを想像することに意味はない。音楽は、人の知性が必然的に生み出す産物だからだ。音楽を生み出すことに特化した遺伝子、というものがあるかどうかはわからないが、いずれにしろ、人間が生来、音楽を生み出す性質を持った動物であることに変わりはない。生まれつき、音楽を作り、楽しむための能力が備わっており、自分で意識する、しないにかかわらず、その能力を使うものなのだ。音楽を持つか持たないかを自分の意志で選ぶことはできない。私たちの聴覚、認知能力、運動能力は、生まれつき、音楽に対応したものになっている。音楽でないはずの周囲の雑音でさえ、音楽的なものに聞こえてしまうのだ。仮にピンカーが正しくて、音楽には進化上、何の意味もないのだとしても（これはおそらくそのとおりだろう）、人間の文化から音楽を排除することは、脳を改造しない限り不可能である。六世紀初めのイタリアの哲学者、ボエティウスはそのことをわかっていたようだ。彼はこんなふうに言っている。「音楽は、我々が生まれた時から我々と一体であり、たとえそう望んだとしても、我々は音楽から自由になることはできない」[5]

「音楽は快楽のためだけに存在する」というピンカーの主張は、まさにその理由から誤っていると言える（そして、どれほどの量のチーズケーキを食べても、どれほどの量の麻薬を使っても、私たちの知性、人間性が向上するわけではない。むしろまったく逆であることは誰にでもわかるだろう）。驚く人がいるかもしれないが、実は音楽というのは、必ずしも楽しむためのものではないのだ。妙なことを言うようだが、本当のことである。これは「音楽には好みがあって、ある音楽を楽しめる人もいれば、そうでない人もいる」という意味ではない。確かにそれも真実だが、ここで言っているのは、そういうことではない。この世界には、楽しみ以外の理由で音楽を聴く人が大勢いる、という意味だ。中には、音楽に楽しみという要素をほとんど見出さない文化、というのも存在する。音楽を美しいと思う感覚が本当に人類普遍のものなのか、ということも長らく議論の的になってきた。私たちが物を食べるのは、必ずしも空腹だからではない。もちろん、物を食べるのは主に生き延びるためだが、それが理由のすべてではない。それと同じように、音楽を奏で、聴くことに、楽しみ以外の理由があってもまったく不思議ではないだろう。

　とはいえ、幸せなことに、全体として見れば音楽を楽しんでいる人の方が多い。「なぜ音楽は楽しいのか」を解き明かすのが、この本の最大の目的である。ただ、ここで大事なのは、「楽しみ」はおそらく、音楽の「結果」であって、「原因」ではないだろう、ということだ。正確には、私たちは楽しみのために音楽を作り、聴くというより、音楽を作り、聴くことで楽しくなる、ということである。ピンカーの「聴覚のチーズケーキ」という言葉には、音楽があくまで私たちの聴覚のはたらきの副作用で生じた、という意味が込められている。私たちには、生まれつき、周囲の雑音の中から自然に音楽を見つけ出してしまう性質がある。その副作用が音楽だ、とピンカーは言いたいのだ。だが、一口に音楽と言っても、アフリカの先住民たちが儀式で歌う歌から、一九七〇年代のアヴァンギャルドな作曲家が数学的な計算によって作ったような音楽まで、非常に幅広いので、すべてを同じに扱うのも無理がある。私たち人間に、「音楽の本能」と呼ぶべき本能が備わっているのは間違いない。それは、「言語の本能」と似たものだろう。その本能が遺伝子に組み込まれたものなのかどうかはまだわからない。だが、いずれにしろ、その本能を私たちが自分の意志で抑えつけられないのは事実だ。ましてや、人間から音楽を奪うことなど決してできない。「本能」というとすぐに、「アフリカのサバンナで暮らしていた祖先の生活に必要だった」という類の説明がなされるが、音楽の本能に関してそういう説明はほとんど意味がない。また、異性を惹きつけるための手段だった、子孫を殖やすことに役立ったという説明も、ロマンチックかもしれないが、単なる憶測にすぎず、大した意味はないだろう。人間の本能は、必ず文化によって形を変えられる。もはや元の形がどんなものだったのか、判別できないほどに変形されてしまうのだ。時によっては、元々その本能が持っていた生物学的な意味（そういうものがもしあった場合には、という話だが）とは反対の意味を持つようになることすらあるのだ。ピンカーやキャロルの主張もそれなりに説得力はあるようだが、たとえば、ジョン・ケージの『四分三三秒』という曲の存在を説明することはできないだろう。また、ロックバンド、モーターヘッドの『オーヴァーキル』を耳がつぶれそうな大音量で聴く人がいる理由も説明できそうもない。

音楽は誰のものか？

私は、様々な文化について調査をしているが、この本では主として西洋音楽について書く。それをあらかじめ断っておきたい。そうするのは、一つには、西洋音楽が私にとって（また、読者の大半にとってもそうだろう）最も馴染みのある音楽だからである。また、西洋音楽は、高度に発達した「芸術音楽」の中でも、これまで最も詳しく研究されてきたものである。その点はより重要と言えるだろう。詳しく研究されてきただけに、たとえば、音楽がどう作られているのか、ということに触れた資料も豊富に揃っている。とはいえ、やはり西洋音楽以外の音楽についてもできる限り触れてはいくつもりだ。それは、西洋という特定の文化にしか当てはまらないことを、普遍の真理とみなすような、よくある過ち（実際、偉大な作曲家の中にもそういう過ちを犯した人が少なからずいた）を避けたいからでもある。私は、音楽というものが文化に関係なく持っている特性を明らかにしたいのだ。非常に洗練された非西洋音楽、特に、インドの古典音楽やインドネシアのガムランなどについては詳しく書こうと思う。* 私はここで「発達した」「洗練された」という言葉を使ったが、これはその音楽が良い音楽、優れた音楽であるという意味ではまったくない。それに、いわゆる芸術音楽が、必ずしも伝統音楽や民族音楽よりも高度に発達しているとは限らない。私には、芸術的、美学的な意味で音楽を評価しようという意図は一切ないのだ。「なぜ、ある種の音楽が他の音楽よりも人に満足を与え、豊かな経験をもたらすのか」ということを考え、その具体的な理由を客観的に調べる、ということはあるが、音楽について何か主観的な判断を下したりはしない。この本をきっかけに、今まで「退屈だから」、「難しいから」と敬遠していた音楽、あまりに無味乾燥に感じられたり、くだらないものに感じられたりして、聴かなかった音楽、自分にはさっぱりわからないと思っていた

＊様々な音楽の「複雑さ」を調べた調査では、インドネシアのガムランが最も複雑、という結果が得られている。西洋音楽は確かに今や、世界の広い地域で愛好されているが、それがすなわち西洋音楽の優秀性を意味するわけではないということは強調しておくべきだろう。

音楽に再び耳を傾けてみようという人が少しでも多く現れてくれれば、私は非常に嬉しい。音楽とは一体どういうものなのか、そして、なぜそうなったのかを少しでも深く理解すれば、必ず音楽を見る視野が広がるはずだと私は信じている。

音楽は「贅沢」ではない

人間には生まれつき、音楽の能力が備わっている、などと言うと「音楽教育は放任主義でよい」と主張しているように受け取られるかもしれない。確かに、楽器を習ったこともなく、せいぜい皆と同じように学校で音楽の授業を受けた程度の子供たちでも、放っておけばいつの間にかｉＰｏｄで熱心に音楽を聴いているということは多い。しかし、やはり音楽教育はおろそかにすべきではないだろう。適切な教育をしなかったために、伸びるはずの才能を伸ばせず、その子供のチャンスを奪ってしまうということになりかねない。料理の仕方を教えなかったからといって、子供が飢えることはまずないだろう。だが、料理の仕方を知っていれば、知らないよりも食べることの真の喜びを感じやすい。良い食事とそうでない食事の違いもおそらくよくわかるだろう。音楽にも同じようなことが言える。「何を作るか」を教える必要はないが、「どう作るか」は教えるべきだ。

音楽を奪われた人間は、人間らしさを失ってしまう、というジョセフ・キャロルの主張が正しいかどうかはわからない。しかし、音楽があれば様々な面で生活が豊かになるというのは間違いない。その最も顕著な例が、ベネズエラの「エル・システマ」という音楽教育制度だろう。貧困にあえぐ子供たちに無料で楽器を与えてオーケストラに参加させ、音楽教育をするという運動である。これまでに約二五万人の子供たちがこの制度により音楽教育を受けており、運営されている青少年オーケストラは二〇〇にものぼる。

オーケストラに参加させることで、子供たちを犯罪やドラッグから守ることもできた。とりわけ、すべてのオーケストラからの選抜メンバーで組織される「シモン・ボリバル・ユース・オーケストラ」の活躍ぶりは目覚ましく、そのレベルの高さは、先進国も羨むほどである。エル・システマが成功したのは、もちろん一つには、子供たちの安全を確保し、彼らに生き甲斐を与えたため、ということもできるだろう。制度ができるまではそれが難しかったのだ。仮にそれが音楽教育の制度ではなく、サッカーをさせたり、読み書きを教えたりする制度であったとしても、同様の効果は得られたかもしれない。だが、音楽の持つ力が大きかったことも確かである。演奏されるのは、多くがヨーロッパのクラシック音楽だが、音楽に魅力があったために、子供たちの好奇心を引きつけることができた。興味を持つからこそ、集中して取り組むことができ、練習も楽しむことができたのだ。皮肉なことに、当のヨーロッパで行われている音楽教育はそういうものになっていない。ヨーロッパの音楽教育は、あまりにエリート主義であり、一般の子供たちに音楽の楽しさを伝えるようなものではないのだ。型にはまっていて退屈で、知的な刺激も満足感もなかなか得られない。裕福な家に生まれ、時間も十分にある子供でなければ、積極的に取り組もうとはしないだろう。

音楽は、子供を教育する上で、欠かすことのできない、重要な科目である。音楽を教えていない教育は、とても豊かな教育とは言えない。音楽は、心、知性にとっての体育のようなものである。脳のこれほど多数の部位を同時に使う活動は、音楽以外にはないだろう。音楽に触れるとき、人の脳では多くの部位が統一的にはたらくのだ（「右脳」、「左脳」といった、すでに使い古された似非科学的分類は、音楽の前にはまったく無意味である）。よく言われる「モーツァルト効果」などはでたらめだが（詳しくは第9章を参照）、音楽教育が知性一般に良い影響をもたらすことは間違いない。また、音楽はある種、社会的な活動でもあると言える。つまり、他人と関わる活動ということだ。これは特に若い人にとっては非常に重要であり、その意味で強く興味を引きつけられることもあるだろう。名手を育てる英才教育ばかりが音楽教育ではない。一人一人の反応をよく見ながら、慎重に音楽教育をしていけば、音楽はきっと豊かな感情を育む助けになるはずである。それは音楽の持つ最も重要な価値の一つではないだろうか。

質を高めることばかりに重点を置くような音楽教育は決してすべきではない。音楽には現実に、質の高い、低いはあるのかもしれないが、そればかりに目を向けるべきではないのだ。読み書き能力にも同じことが言えるが、音楽に関する知識や能力を身につければ、人は、限りない深みを持つ驚異の世界に足を踏み入れることができる。その世界を旅することは、人生をより良いものにすることにつながるだろう。

現実の音楽教育は、今のところ、それとはほど遠いものになっている。小さい頃、歌ったり踊ったりを自然に楽しんでいた子供たちは、やがて歌うことも、踊ることもやめてしまう。幸運にも親がピアノを習わせてくれたとしても、怖々レッスンに臨むようになる。皆、自分がＭＴＶで見るスターたちのように演奏できないことに失望し、いら立ってしまうのだ。大人になってからは、ほとんどの人が、自分は音楽に関してはまったく無能なのだと思い込む（実際には、あらゆる音楽を聴いて楽しむことができ、その良し悪しも判断できる極めて素晴らしい能力を持っているのに）。冗談で「自分はひどい音痴なので、医者に治してもらいたい」ということを言う人もいる。そんな人たちはきっと、世界には「私には音楽はできない」という言葉が何の意味も持たない文化もあるということを知らないだろう。その文化においてはその言葉が「私はもう死んでいる」と言っているのに近い意味になってしまうのだ。

この本ではそのあたりのことも書いていくつもりである。

第2章　序曲——音楽とは何か、そしてどこから来たのか

前章の話はもっとわかりやすく書くこともできたのかもしれない。たとえば、「音楽とは何か」ということを明確に定義していれば、この先を読む上で助けになったのかもしれない。だが、私はあえてそうしなかった。その理由はすぐにわかってもらえるだろう。同じ「音楽」という名前で呼ばれていても、その形は、文化によって驚くほど違うからだ。その違いを目の当たりにすると、音楽を定義することがいかに無意味かがわかる。音楽というものをどのように定義していたとしても、必ず、その定義に合わない音楽の事例が見つかるということになるのだ。中でも最も極端なのが、ジョン・ケージの『四分三三秒』だろう。この曲には何しろ、「音がない」のだ（正確には、「四分三三秒間、何も演奏しないで過ごすこと」という指示だけで構成されている作品）。ほぼどんな定義も受けつけない例だと言えるだろう。もちろん、この作品は音楽ではなく、概念芸術の作品というべきだ、という主張もあり得る。*だが、それを言い出す

*哲学者、スティーヴン・デイヴィスは、この「曲」の解釈について、独自の、非常に興味深い主張をしている。それを簡単に要約すればこんなふうになるだろう。「ジョン・ケージの重要性は、その独創性によって、音楽や芸術というものに対する私たちの解釈を深めることに貢献した点にある。『四分三三秒』は、雑音と音楽の境界線はどこにあるのか、という問いを皆に突きつけた作品である。ただし、この作品そのものは、雑音の要素をより多く含んでいる」[1]

と、ただ、言葉の意味について云々するだけのつまらない議論に陥ってしまう。音楽学者のイアン・クロスは音楽を次のように定義している。

「音楽とは、人間の活動の一つで、時間的なパターンを伴った活動のことである。音楽をどう作るか、音をどう認知するかは個人によって、また社会によって違う。音楽は個人や社会に明白な影響、直接的な影響を与えるものではなく、音楽にどのような意味を見いだすか、ということについて固定的な、皆に共通する基準があるわけではない[2]」

『四分三三秒』のような異常な「曲」を例外ととらえ、文化や時代による違いも考慮に入れた上であえて音楽を定義するとすれば、おそらくこのあたりが妥当だと考えられる。定義は人によって少しずつ違うだろう。道で誰かが靴を引きずる音さえ、音楽に感じてしまう人がいても不思議はない。また、「個人や社会に明白な影響、直接的な影響を与えるものではない」という部分には、疑問を持つ人はきっと多いだろう。しかし、こうして定義についてあれこれと論じることがいかにむなしいかは、サム・クックやモーリス・ラヴェルの音楽を実際に聴いてみれば、すぐにわかるはずである。音楽についていくら正確に定義したところで、結局、音楽の正体が何なのか、なぜ私たちが音楽を聴くのか、ということはまったくわからないのだ。

音楽を、「音響学的現象」ととらえて理解しようとする人は多い。そういう人は、「音楽の音」と「音楽でない音」の違いを探ろうとする。そして、「音楽の音には秩序があるが、それ以外の音には秩序がない」という説明がよくなされるのだが、これは良い説明とはとても言えない。文化によってはまったく無意味になるからだ。秩序など存在せず、雑音としか言いようのない音から構成されている音楽、というのも世界には存在する。* 西洋音楽の中にも、二〇世紀の前衛音楽のように、音楽と雑音の区別をしようとすること自体、バカバカしくなるような作品がいくつもある。その気になれば、ラジオの離調ノイズや、コンサートホールで偶発的に発生した雑音、機械の作動音などから音楽を作ることだってできる。ただ、読者がそれを聴いて気に入るかどうかは別問題だ。

音楽を、音響学的な現象ではなく、社会的、文化的な現象ととらえることもできる。実際にそういう主張をする人は存在する。あらゆる文化に音楽はあり、その意味でのみ音楽は普遍的なものと言える。世界中のあらゆる文化に音楽はあるが、音楽とは何なのか、何のために存在するのか、ということになると、普遍的な定義をすることはまったくできなくなってしまうのだ。

太鼓や角材、金属片を打ち鳴らし、それを音楽と称している文化もある。彼らにとっては、メロディよりもリズム（そして、おそらく音色）の方が重要なのだ。一方で、楽器と言えば専ら人間の声、という文化もあり、あるいは音楽が踊りと切り離せないという文化もある。音楽は特別な日のためのもので、普段の生活にはどこにも音楽がないという文化もあるかと思えば、日常生活が音楽とともにあり、一人一人が「自分の人生のサウンドトラック」を持っているような文化もある。いわゆる典型的な西洋音楽以外は音楽と認めようとしない人もいる。音楽の細部を執拗に分析しないと気が済まない人もいれば、音楽について言葉で論じること自体に困惑する人もいる。一つ重要なのは、あらゆる音楽が何か一つでも共通する特

＊そもそも、どんなに変わった事例にも当てはまるような包括的な定義など、音楽には必要がない、と言うこともできる。極端なものでなく、主流と言える音楽についてのみ言い表した定義で十分という考え方もあるだろう。そんなふうに言えば、また反論をする人もあるだろうが、私自身は、極端な作品、実験的な作品にまで網羅した定義が必要だとは思わない。

徴を持っていなくてはならない理由など、どこにもないということだ。すべての音楽に普遍的な特徴があるとは限らないのだ。記号学者、ジャン・モリノは次のように言っている。「人間の音楽すべてに、核となるような共通の特性がある、という保証はない。音楽が誕生して以来、変わることのない特徴がどこかに存在するとは限らないのだ[3]」

世界各地の音楽

「音楽は聴覚のチーズケーキである」というのがスティーヴン・ピンカーの見解だったが、それに対しては「あまりに特定の民族の音楽に偏った見方だ」とする反論がある。ピンカーの言うとおりだとすると、世界中の誰もが、単に自分が聴きたいからというだけの理由で音楽を聴いている、ということになるからだ。だが、それは、正しくない。西洋の文化の中でさえ、そうでない例は見つかる。ある集団への帰属の証として使われる音楽もあれば、ある国の軍事力を誇示するために使われる音楽もある。主として社会的機能を果たすために存在し、聴く人に美的な判断を要求しないという音楽も多い(元から美的な要素をまったく含まないものも多い)。たとえば、パプアニューギニアのカルリ族の人たちにとって、音楽とは死者と交流するための手段である。また、南アフリカのベンダ族にとっては、人間どうしの関係を明確に示すための手段である。

音楽が音だけで構成されるとは限らない。ナイジェリアのイボ族の場合、「音楽」を意味する言葉が同時に「踊り」も意味する。レソト族のように、踊りと音楽をはっきりと区別しない民族もいる。サハラ以南のアフリカには、一定のリズムのない音楽、つまり踊れない音楽は音楽とみなさない地域もある。たとえ歌のようであっても、踊れなければただの叫び声とみなされる。

音楽に豊かな社会的機能があるということは、世界各地の様々な民族を調べればよくわかる。何らかの感情を表現することもあれば、人を楽しませることも、踊りの伴奏になることもある。ある儀式や制度の正当性を示すために使われることもあれば、社会の安定を図るために使われることもある。社会の安定を図るといっても、必ずしも、人々の一体感を高めることとは限らない。音楽を負の感情のはけ口として利用することや、普段は抑制されている反社会的な衝動を、音楽を利用して発散することが容認される場合があるのだ。アフリカには、政治体制への批判を口に出したり、文字に書いたりすることは禁じられているが、「プロテストソング」としてなら表現することが許されている地域もある。バリ島では、音楽を演奏する者や、踊りを踊る者は、人前で怒りなどの激しい感情を剝き出しにしていいことになっている。これは、コミュニティに属する人たちの抑圧された感情を代わりに発散させるという役割を担っているのである。セネガルのウォロフ族には、低いカーストに属する「グリオ」と呼ばれる語り部がいる。彼らは、貴族のために、感情を前面に出して音楽を演奏し、踊りを踊る。グリオは、激しやすく、感情豊かな人たちであるとされており、一方、貴族たちは、常に冷静で超然としているとされている。音楽や踊りは、この両者の「ステレオタイプ」を維持するためのものと考えられる。実際には、グリオにも冷静な人はおり、貴族にも感情豊かな人はいるはずだが、それとは無関係に、ステレオタイプが定められているのだ。グリオの音楽は貴族の代わりに感情を表現しているということも言える。音楽がなければ、彼らは、仮面をかぶり続けることができず、本来の性格を表に出してしまうかもしれない。

音楽は、情報伝達の手段にもなり得る。しかも、極めて精度の高い情報を伝えることが可能である。中でも有名なのは、アフリカのトーキングドラムだ。モールス信号のような複雑なコードを使い、非常に具体的な情報を伝達できる。このコードは、アフリカのいわゆる「声調言語〔訳注　音の高低のパターンに意味を持たせるタイプの言語のこと。中国語などもその例〕」で用いられる抑揚と強く結びついている。コードを使い、部族の誰かをからかうような冗談を言うこともできる。トーキングドラムの音が聞こえてきた途端に、その場にいる村人たち（からかわれた本人を除く）がどっと笑い出す、というようなこともあり得るわけだ。

それに比べると、ボリビアのシリオノ族の音楽は単純だ。どの曲も、一つの短いフレーズだけから成り、またそのフレーズを構成する音の数もわずかである。最も高い音と低い音の間の音程の幅も狭い。この音楽は、儀式のためのものというよりは、楽しみのためのものだが、それでもやはり、典型的な西洋音楽よりは、楽しみ以外の要素が強いと言える。部族の一人一人が、自分の「署名」とも言えるようなメロディを持っていて、それがすべての歌の基礎を成すのだ。歌は朝夕に歌われ、一種の会話のような役割を果たす。「自分はここにいるぞ」と皆に言う、という意味もあるのだ。作曲家、パウル・ヒンデミットは「はじめから唯一無二の目的を持った音楽は、それについて説明してはいけないし、他のことに利用してもいけない」[4]と主張したが、このシリオノ族の音楽は、まさにそういう音楽だろう。

多くの場合、音楽は象徴としての役割を幾分かでも担っている。その音楽が何を意味しているかについて、皆が事前に暗黙のうちに了解していて、実際にその意味をどれほどうまく表現できているかについては不問に付されるということもよくある。ただ、決められたとおりに演奏しさえすれば、必ず意味が伝わるのだ。ただ、そういう音楽にどの程度、楽しみの要素があるか、ということはなかなかわかりにくい。文化によっては、音楽が一切、美的に評価されないことがある、と主張する人もいるが、一方で、それは偏見だと考える人もいる。評論家や雑誌や、音楽について論じるディスカッショングループなどが存在しないからと言って、即、人々が自分の聴いた音楽を評価せず、楽しむこともない、ということにはならない。このような意見の食い違いそのものが、音楽に対する考え方が人によって大きく異なるということを示している。たとえば、コンゴのソンギエの人たちは音楽を作るが、彼らには、少なくとも表面的には、その音楽で人を感心させようという意図はないのだ、と以前から言われてきた。彼らの音楽には評価の対象になるような要素が一切なく、また音楽でありさえすれば、すべて良いものとみなすという。音楽が「良いもの」と「良くないもの」に分けられるという発想自体がないというのである。アフリカの先住民族の文化においては、芸術全般に良し悪しの評価がないという意見もある。西洋文化でいう芸術にあたるものは、彼らにとっては切実な必要から生まれたものであり、その意味で、すべてが良いものであって当然だというのだ。また、アメリカ先住民の音楽について他に先駆けて研究したデヴィッド・マカリスターによれば、ネイティヴ・アメリカンの場合、芸術に関する評価は、個々の芸術の持つ「機能」によって決まるという。たとえば、楽しい祭礼に使われる曲だから、皆にその曲が好まれる、といった具合に（また、覚えやすい曲ほど好まれる傾向もあるという）。

カナダの民族音楽学者、コリン・マクフィーは一九三五年にバリの音楽について見解を述べているが、それによれば、バリの音楽は極めて「実用的」なものだという。音楽だけを単独で聴く人はおらず、音楽に対して何らかの感情を抱くこともないというのだ。彼らにとって音楽は、花や香とともに、儀式の構成要素の一つにすぎない。飾るスペースによって花の量を決めるのと同じように、儀式にどのくらい音楽を入れられるかで音楽の長さを決めたりもする。「三時間あるから、三時間分の音楽を入れよう」というように。だが、人類学者、マーガレット・ミードはその見方を一部否定した。確かに、彼らの音楽には実利的な側面はあるけれども、だからと言って、音楽に楽しみを見出さないというわけではないと主張したのだ。ただし、彼らは音楽そのものを楽しむというより、音楽の演奏を聴くことを楽しむのだとミードは考えた。つまり、評価の対象は「曲よりも演奏の仕方」[5]、ということだ。音楽を聴いて「この曲が好きだ」という感想を持つ人は誰もいないことになる。西洋の文化圏の人間は、バリの音楽を聴いてそんな感想を持つかもしれないが（実際、最近は西洋人の中にもガムランを聴く人が増えてきている）、現地にはそういう人はいないのだ。民族音楽学者、マーク・ベナムーはこのことについて「音楽に対する美的評価、あるいは音楽に対して持つ感情は文化ごとに異なるので単純な比較はできない」と言っている。たとえば西洋人は、音楽を聴いて「楽しい」、「悲しい」などと感じたりするが、バリ島の人たちもそれと同じように感じるわけではない、ということだ。

先に触れたソンギエの人たちの場合、音楽は明るい気分と切り離せないものとみなされている。彼らが音楽を奏でるのは、楽しい気分、幸福な気分になりたいからである。あるいは幸福な気分を表現したいからでもある。「満ち足りた気分のときに人は歌う」[6]ということだ。これは一見、単純な話のようだが、実はそうでもない。彼らにとって音楽は幸福の感情だけに結びつくものだ。その時々の感情に応じて音楽が生まれるわけではない。つまり、たとえば、怒りから音楽が生まれることはあり得ないのだ。怒りを覚えた場合には叫ぶだけだ。では、ソンギエの音楽が単なる自然発生的な「喜びの表明」かと言うと、どうもそうではないようである。部族の人間が自分たちの音楽についてこんなふうに言っているからだ。「叫んでいる人間は何も考えていない。歌っている人間は何かを考えている」[7]これは、彼らの音楽が、何らかの社会的機能を担っていることを示唆する。しかもその機能は非常に洗練された、精緻なものだ。西洋の文化にそれと似たものを探すのは難しいだろう。

ソンギエの音楽には、実用的な面もある。それは本人たちも認めている。彼らが音楽を生み出すのは、その「対価」が受け取れるからでもあるのだ。文化によっては音楽が交易可能な商品として扱われることもある。音楽が一種の財産とみなされるわけだ。ニューギニアの先住民たちは、村と村の間で踊り（音楽を伴う踊り）を売買する。踊りに、装身具や呪術を組み合わせて商品にし、それを取引するのだ。ネイティヴ・アメリカンのナヴァホ族には、歌を所有するという概念があり、他人に歌を売ることもある。この音楽を売買するという習慣は、西洋の人間にとっても馴染みのあるものである。

音楽を実用的なものであると同時に「神聖なもの」として扱うことも多い。ソンギエの人たちも、自分たちが音楽を作るのは、神（「エフィル・ムクルー」と呼ばれる）からそう命じられたときだと言っている。オーストラリアのアーネムランドに住むヤーカラ族というアボリジニは、赤ん坊が発した一見、無意味な言葉（バブー、ダー、など）を神聖なものと受け止め、歌詞として使う。彼らにとって、歌は作るものではなく、「見つけ出すもの」である。すべての歌はすでにどこかに存在している。音楽が儀式に使われる場合には、その正確さに異常なまでに執着することがある。儀式を定められたとおりに行わなければ、その効力が失われると考えるからだ。ナヴァホ族は、儀式のとき、歌を一箇所でも間違えると、すべてを最初からやり直す。西洋の音楽家にも正確さを大切にする人はいるが、彼らでもまずそこまではやらないだろう。

音楽にある種「癒し」の効果があることは多くの文化で認められている。古代エジプト人は、音楽を「魂の薬」とみなしていた。ヘブライ人たちも音楽を心身の不調の治療に使っていた。これは今でいう音楽療法の走りと言えるかもしれない。古代ギリシャの哲学者、タレスは、日々、不安にかられて苦しむスパルタ人たちの心を音楽で癒そうとした。帝政ローマのギリシャ人著述家、プルタルコスによれば、タレスの音楽は調和に満ち、苦痛を払いのけてくれるものだったという。ギリシャ神話の吟遊詩人、オルフェウスが竪琴を弾いて奏でた歌を彷彿とさせるものだったというのだ。この神話は聖書にも影響を与えている。

主の霊はサウルを離れ、主からの悪い霊が彼をおびえさせた……神からの悪い霊がサウルに臨むたびに、ダビデは竪琴を手に取って、ひき、サウルは元気を回復して、良くなり、悪い霊は彼から離れた。[8]〔旧約聖書サムエル記上第16章14～23節『聖書（旧約）新改訳』新改訳聖書刊行会訳、日本聖書刊行会〕

古代や中世の人々（少なくとも知識人たち）は、音楽を一種、「道徳的なもの」とみなしていたようである。美しいもの、快楽、喜びをもたらすものというよりは、人間の魂を正しい方向へ導くものとみなしていたようだ。プラトンやアリストテレスにとって音楽は、社会の調和を高めるための道具であった。逆に、音楽を不適切に使えば、社会が不調和になると考えていた（英語で「調和」を意味する"harmony"という言葉、「不調和」を表す"discord"という言葉はどちらも音楽用語にもなっているが、これは偶然ではない。音楽用語では前者は「和音」、後者は「不協和音」を意味する）。六世紀初めのイタリアの哲学者で、キリスト教神学者、音楽理論家でもあったボエティウスは「音楽は、心ではなく、理性と良識によって評価すべきもの」と言っている。つまり、音楽は芸術家ではなく、哲学者の扱うべきものというわけだ。古代や中世の人たちが音楽を聴いて楽しむことがなかったというわけではない。だが、当時の人たちにとって、その楽しみはあくまで手段であって目的ではなかったのだ。聖アウグスティヌスは「宗教歌を聴く人たちは、その歌の内容ではなく歌そのものに感動しているのではないか」[9]と心配していた。そういう心配をすることは何ら不思議なことではなかったのだ。またイギリスの哲学者、ロジャー・スクルートンは、音楽は今なお道徳的な価値を失っていないと主張し、次のように言っている。

メロディ、ハーモニー、リズムの力によって、私たちは別世界に入っていける。その世界で、人は皆一人ではない。確かに、自分とともに他の人たちがそこに存在することが実感できる。その世界は非常に感覚的であると同時に極めて秩序立っていて、統制がとれていると同時に自由でもある。だからこそ音楽には人格を形成する力があるのだ。[10]

音楽に一定の教育効果があり、それゆえに社会にとって有益であるとの考えには、私もある程度、賛成する。*

音楽のとらえ方が文化によりあまりに多様なため、民族音楽学者たちは、あらゆる形式、あらゆるジャンルの音楽に共通する普遍的な価値を探ることを長らく避けてきたとも言える。ただ、いくら多様だとはいっても、すべてがお互いにまったく違っているわけではなく、おおまかにいくつかのグループに分けることができるのも確かだ。たとえば、アフリカの音楽は大きく二種類に分けることができる。両者の境になるのが、サハラ砂漠の南端あたりである。サハラ砂漠の南端より北では、音楽といえば人間の声によるもので、メロディは単音から成り、それに通奏音かリズムが伴うという形式になっている。メロディには即興が多く含まれ、装飾音も多くつけ加えられる。いわゆる「微分音（半音よりもさらに細かく分割した音程のこと）」もよく使われる。それに対し、サハラ砂漠以南のアフリカの場合、音楽は通常、グループで演奏される。複数の人が同時にメロディを奏で、ハーモニーがつけられることも多い。リズムパターンは多層構造の複雑なものになっている。また、同じ歌うにしても、北と南ではその方法が大きく違う。南では大声を張り上げて歌うのに対し、北では鼻にかかった声で歌う。音楽学者、アラン・ローマックスによれば、この違いは、協調、性、社会階層などに対する態度の違いを反映しているという。世界中の音楽の多くがこの二つのいずれかに似ており、すべての音楽がどちらかの子孫であると考えることもできる。北アフリカのような、主として一人で演奏される音楽、装飾が多い即興のメロディと自由なリズムから成る音楽は、西シベリアなどにも見られる。このタイプの音楽は主に男性のものである。反対に、サハラ砂漠以南の音楽のような、多声の、定まったリズムで演奏される音楽は主として女性のものとされた。ロー

＊ただし、スクルートンの「現代は、音楽の質とともに人間のモラルも低下している」という意見には賛成しかねる。詳しくは、この本の五〇〇ページを参照のこと。

マックスは、この二種類を基本に、世界中の音楽をさらに細かく一〇種類に分けている。この分類は民族音楽学者の間で広く受け入れられているわけではないが、ローマックスの言うとおり、まったく異質の文化の音楽であっても共通の特徴が意外に多く見つかるのは事実である。

人間が音楽をどう認知しているのかを科学的に調べる場合には、文化による差異よりは、共通点の方に目を向けることになる。科学的に分析する場合には、音楽を音程や音色、リズムなど、基本的な構成要素に分解することになるからだ。こうした要素を認知し、ひとまとめにして音楽として解釈する能力は、文化を問わず人間であれば同様のものである。こうした科学的な分析でも一定の成果をあげられるのは確かだが、どうしても限界がある。音楽は単なる音響と聴覚の現象ではないからだ。聴く人の持つ感情や、社会的、文化的な背景によって、たとえ同じ音楽を聴いてもその聴こえ方は違ってくるだろう。西洋の人間は、たとえば、ラジオで偶然耳にした音楽について何らかの評価を下すことがある。作曲者や演奏者、その音楽が作られた時代や文脈などをまったく知らなくても評価を下してしまうのだ。そんなことは、ソンギエや、ネイティヴ・アメリカンのフラットヘッド族など、一部の無文字文化の人々にとってはまったくあり得ないことである。彼らは、その音楽がどんな状況で、どんな理由で作られ、演奏されたのかということに基づいて評価をするからだ。心理学者の行う、音の鳴る間隔を様々に変えて（つまりリズムを様々に変えて）、被験者の感じ方がどのように変わるかを調べる、というような実験は、彼らにとっては無意味でしかないだろう。こんな実験をしても、音楽について何かがわかるとは思えないに違いない。

科学者の研究対象は、ほぼ西洋音楽に限られているが、こういう事情を考えれば当然のことと言える。それ以外の民族音楽は、地理的な距離から調査が難しい上、音楽に対する感じ方への文化の影響が強すぎ、科学の研究の対象になりにくいのだ。高度に発達した音楽には、作り方、演奏の仕方、評価の仕方に一定のルールがある。そのルールについて、客観的、科学的に探っていけば得るものはあるかもしれない。ただし、人間にとって音楽とは何か、という大きな問いの答えを果たして認知科学で見つけられるか、といえばそれは疑わしいと言うしかないだろう。また、ジャン・モリノは「偉大な西洋のクラシック音楽の全作品についてくまなく調べたとしても、人間がなぜ音楽を作るのかという問いに対する答えが見つかるかどうかは疑わしい」と言っている。いわゆるクラシック音楽について調べるよりも、古くから儀式や踊りに使われてきた音楽（ディスコ音楽なども含む）、あるいは詩につけられてきた音楽などについて調べた方が、人間が音楽を作る理由がよくわかるというのだ。

では、主に西洋音楽を対象に、認知科学の見地から分析を試みたこの本は、価値がないのだろうか。私はそうは思わない。あとで詳しく触れるとおり、人間の脳には、たとえば、西洋音楽の「スケール（音階）」やハーモニーを認識するためだけに使われる専用の装置が備わっているわけではないからだ。英語を認識することだけに使えて、他の言語の認識には使えない装置というものはないが、それと同じである。さらにこの本では、西洋人に西洋音楽以外の音楽を聴かせて、その際に脳がどう使われているかを調べた結果についても触れている。それで、あらゆる音楽の認知に共通して使われる普遍的な装置についてある程度のことはわかるだろう。西洋音楽が世界で最も優れた音楽だなどと言うつもりはない。だが、これほど高度に洗練された音楽が他にほとんどないのも疑いようのない事実である。それだけで詳しく調べてみる価値があると言えるだろう。

認知科学による研究は、過去の偏見を打ち崩すのにも役立っている。何世紀もの間、西洋音楽が世界で最も優れているのは当然、と考えられてきたが、その常識を覆すのに役立ったのだ[*]。民族音楽学の創始者の一人、ブルーノ・ネトルは、一九五六年に「民族音楽学とは、西洋文化の外にいる人々の音楽を扱う科学である」[11]という発言をしているが、ネトル以前には、西洋音楽以外に目を向ける人はあくまで例外であった。民族音楽学は、現在では、様々な国や地域の音楽について、その土地の文化や歴史、あるいは世界全体の歴史を踏まえて研究する学問になっている。この学問にとって西洋音楽は、数多くの研究対象の一つでしかない（まだ、こういう認識は広く一般に知れ渡っているとは言えない。そのために「ワールドミュージック」という何ともバカげたジャンルが設けられたりもしている。これは明らかに「西洋」と「それ以外」というおかしな世界認識から生まれたジャンルである）。ただ、研究が進むにつれ、西洋音楽について深く知ることの大切さが再認識され始めてもいる。西洋人自身が自らの文化について見つめることもやはり重要だと考えられるようになっているのだ。心理学者、ジョン・スロボダは、それについてこんなふうに言っている。「西洋以外のことばかり詳しく知っていて、この西洋の消費社会の中で音楽がどう位置づけられているかすらよくわからない、というのは奇妙なことではないだろうか。これはまさにパラドックスである[12]」

音楽の認知について詳しく調べていくと、やがて、古くからある最も本質的な問いに突き当たることになる。それは「なぜ、人間は音楽を音楽であると認識できるのか」という問いである。これに対して研究者たちは皆、長らく慎重な態度をとってきた。そう簡単には手が出せない問いだからである。しかし、その問いから逃げて、ただ、音楽が脳でどのように処理されているかを調べるだけでは大した意味はないだろう。この本では、その問いに正面から向かい合っていくつもりである。その前に、まずは音楽というものの起源について考えてみよう。そもそも、音楽はなぜ、どのようにして生まれたのか、それを探っていきたい。

人類初の音楽家

一八六六年、パリの言語学会は、会員たちに対し、言語の起源について論じることを公式に禁じる決定を下した。あまりに独善的で無意味な憶測ばかりがやりとりされることに業を煮やしたのである。

音楽の起源を巡る議論にもそれに似たようなところがある（二つはただ似ているというだけでなく、おそらく互いに関係し合っているのだろう）。音楽の起源についての意見も、言語の起源についての意見と同様、無意味なものが多いのだ。仮に言語の場合と同じような決定を誰かが下したとしても驚くにはあたらない。学術の世界では常にそうだが、何か意見を述べた場合、それが反論にどのくらい耐えられるかは、その意見を支える証拠の数と質によって決まる。問題は、音楽の起源に関しては、ほぼどんな意見を述べたとしても、それを支えるような証拠はないに等しいということだ。

音楽の歴史が非常に長いということだけは間違いない。石器時代の遺跡からでも、動物の骨で作った笛などの楽器が見つかるくらいである。旧石器時代、最後の氷河期が終わるよりもずっと前から音楽が存在したのは、まず確実だろう。現在までに見つかった楽器の中で最古のものは、若いアナグマの骨で作った笛で、およそ四万三〇〇〇年前のものとされている。一九九五年にスロヴェニアで発見されたものだ。この笛には二つの穴があり、反対側にもう一つ穴が開いていた痕跡がある。一方の端から息を吹き込み、指で穴を押さえれば、いくつもの違った音程が出せる。この笛は、実は笛ではない可能性もある。単に肉食獣に噛みつかれて骨に穴が開いただけなのかもしれない。しかし、見たところ穴は丁寧に開けられているようだし、骨の端の部分に亀裂などはない。肉食獣がただ骨に穴を開けただけで、噛み砕かないということはほぼあり得ない。またたとえどんな動物にしろ、噛み砕いたにしては大きすぎるのだ。いずれにしても

＊（三五ページ）音楽評論家のエドゥアルト・ハンスリックは、一八九一年に、南太平洋の島々の人々に関してこんなことを言っている。「彼らは木の板や金属片で騒々しい音を立て、恐ろしいわめき声をあげることはあるが、それはとても音楽と呼べるようなものではない」[13] こういう発言が聞かれなくなっただけでも素晴らしいことである。

図2.1　テュービンゲン大学のニコラス・コナードらによって2008年に発見された骨製の笛。シュヴァーベン・ジュラのホーレフェルス洞窟発掘中に見つかったもの。約３万5000年前のものと推定されている（撮影：H・イエンゼン／テュービンゲン大学）。

も、石器時代にすでに骨で笛が作られていたことだけは確かである。ドイツのシュヴァーベン・ジュラでは、約三万五〇〇〇年前のものと見られる笛が何本か発掘されている。これに関しては笛であることを疑う人はいない。うち一本は、鳥の骨で作った美しい笛で、完全に近い形で残っていた（図２・１参照）。

こうした証拠から見て、すでにこの時代には、音楽が人間の生活の一部になっていたと推測される。

石器時代の人たちが音楽を必要としたのはなぜなのだろう。やはり慰めとなるものが欲しかったのだろうか。特に氷河期には、音楽が辛い日々の暮らしを乗り切る助けとなったのだろうか。

チャールズ・ダーウィンは、『人間の由来』（*The Descent of Man*, 一八七一）という著書の中で、音楽の起源について次のように自説を述べている。著名な人物が音楽の起源について言及した例は、ダーウィン以前にはおそらくほとんどない。人間の様々な行動について進化論に基づいて説明を加えようとしたため、音楽についても無視することができなかったのだろう。

> 音楽は確かに楽しみを与えてくれるものだが、音楽を生み出す能力は、日々の生活を営むことに直接、役立つものとは言い難い。人間の持つ能力のうちでもとりわけ神秘的である。どんな人種にも、どんな野蛮人にも音楽はある。いたって未熟なもの、原始的なものかもしれないが、ともかく音楽を持っていることに変わりはないのだ。[14]

この文章から、ダーウィンの音楽に対する考えをうかがい知ることができる。彼は音楽を、環境に適応する上で明確な価値がないにもかかわらず進化した不思議なもの、と見ていた。また、ダーウィンは、そういうものが音楽以外にもあると知っていた。それでも、音楽が存在する理由を自身の進化の理論で説明することは可能だと信じていたのだ。音楽は、自身の唱えた「自然選択」の理論とは無関係だとダーウィンは考えた。代わりに説明に使用したのはそれに類似した「性選択」の理論である。自然選択の理論の場合は、生存に有利な特性を持った個体ほど子孫を残すチャンスが増えると考えるが、性選択の理論では、異性を惹きつける魅力を持った個体ほど繁殖に成功し、子孫が多くなると考える。つまり、ダーウィンは、音楽は元々、異性を惹きつけるための道具だったのではないかと考えたわけだ。動物の中にも「歌」や「踊り」で異性を惹きつけるものがいるので、それと同じということである。生存ということだけを考えれば、音楽は直接、何の役にも立たないばかりか、生存を不利にもしかねない。楽器を練習すること、演奏することには時間を要するからだ。生存に寄与しない無為な時間、非生産的な時間を過ごさなくてはならない。太古の人類にとって、「生産的な時間」とは何と言っても狩猟や採集に費やす時間だろう。しかし、もし、楽器がうまくなることで異性にとって魅力的になれるのだとしたら、その努力は報われることになる。動物の場合、この方法で異性を惹きつけるのは主に雄なので、人間の場合も主に男性が音楽で女性を惹きつけると考えられる。仮にこの説が正しいとしても一つ疑問が残る。「なぜ、音楽が異性を惹きつけるのか」ということだ。理由として一つ考えられるのは、音楽が上手く演奏できることが、その男性のある種の優秀性を表す、ということである。たとえば、楽器の演奏が上手いということは、いくつもの筋肉を巧みに協調させられるということを意味するだろう。おそらく、判断力も優れているし、聴力も高いだろう。スタミナがあるということを意味するかもしれない（民族によっては、儀式の際に長時間演奏しなければならない場合がある）。女性は自分の子供にも同じような特性があれば嬉しいに違いない。これは、音楽をクジャクの羽と同じようなものとみなしていることになる。精緻な割には生存の役には立たず、それ自体はむしろ生存の妨げになる。だが、外に向かって自分が「良い遺伝子」を持っていることを示すことはできる。行動神経学の先駆者となったアメリカのノーマン・ゲシュヴィントは、音楽の才能は、男性の繁殖力を判断する材料となり得ると考えていた。そして、どちらの能力も、胎児のときに浴びたテストステロン（男性ホルモン）の量で決まると考えたのである。ゲシュヴィントがこの仮説を立てたのは、脳の構造と音楽的才能との関係についての研究が進む前のことだが（現在もまだわからないことは多い）、いまだに時折、引用されている。音楽の起源を性選択によって説明しようとしたダーウィンの説が正しいことを主張する際の根拠として使われるのだ。

　確かにこの説にも一理あるし、現在でも支持している人がいる。ただ、正しいという証拠があるわけではない。はじめに結論ありきで、たまたま都合の良い事実が見つかると「これが証拠だ」と主張する人も多いが、それは誤りである。* たとえば、人間以外の動物には、求愛の際に雄が変わった音を出す例が多く見られるので、それを引き合いに出す研究者もいる。様々な音を複雑に組み合わせて使う動物もいる。人間がそれと同じであったとしても不思議はないというのだ。これは「男性の発する言葉はすべて女性を惹きつけるためのものだ」という主張に似ている。だが実際には、たとえカサノヴァであってもそんなことはあり得ないだろう。類人猿を含むサルたちにも、鳴き声で求愛をするという行動は見られない。「原始的」な民族音楽も求愛のためのものとは考えにくい。もしローリング・ストーンズの『夜をぶっとばせ』のような歌ばかりなら、求愛のためと考えてもいいだろうが、そんなことはない。むしろオーストラリアのアボリジニの歌のように、部族内の人間たちに自分の感情を伝える類の歌の方が多い。

　音楽がもし性選択によって進化したものだとしたら、音楽家は他の人たちに比べて子供が多い（あるいは生存に有利な子供が生まれやすい）と考えられる。本当にそうだろうか。それはわからない。まだ誰も真面目に調べたことがないからだ。残念なのは、この「性選択仮説」の支持者の中には、安易にもロックスターたちの派手な性生活を証拠としてあげる人が多いということだ。私はこれを「ヘンドリックス理論」と呼んでいる。ジミ・ヘンドリックスが早すぎる不慮の死を遂げるまでの間にたくさんの女性と関係を持ったのは確かだろう（だが、それで子孫を多く残したということはない）。危険なドラッグやアルコールに大金をつぎ込んだが、もしそれで音楽の質が高められ、多くの女性を惹きつけられたのなら、進化論に照らせば十分に元は取れていることになる。しかし、特定の人物の人生を根拠に理論を構築するのはどうしても無理がある。第一、ジミ・ヘンドリックスの生活は、音楽家というより、有名人としては特に珍しくないものなのかもしれないのだ。反証も簡単に見つかる。まず中世の西洋において、音楽は主に、修道士たちによって演奏されるものだった。修道士は一応（建前上は）禁欲主義者とされている。吟遊詩人などもいて、彼らの性生活についてはよくわからないが、修道士たちの存在だけでも強力な反証だろう。アフリカには、音楽家を「怠惰で頼りがいがない」とみなし、女性の結婚相手としては望ましくないと考える部族もいる（もちろん、そういう男性を魅力的と感じる女性もいるだろうが、それは単に「人によって好みが違う」ということにすぎない。音楽の進化の根拠にはなりにくいだろう）。

＊心理学者のヴァネッサ・スラミングとジョン・マニングは面白い「証拠」を提示している。ただし、どれだけ価値があるかはわからない。彼らは二〇〇〇年に一一のクラシックコンサートについて調べ、平均すると、女性客は後列よりもオーケストラ（こちらは圧倒的に男性が多い）に近い前列の席に多く座ることを発見した。前列、後列の女性の分布の差は偶然とは言えないほど顕著なものだった。彼女たちは、ビートルズのコンサートで金切り声をあげていた女性たちと本質的には同じだという。もちろん、態度はずっと上品だが。ただ、スラミングとマニングも認めているとおり、クラシックコンサートの場合、問題なのは閉経前の女性がどのくらい含まれているか、ということだ。それをクラシックコンサートで確かめるのは非常に難しいだろう。

音楽が仮に男性が女性を惹きつけるための道具として進化したのだとすれば、男性と女性では音楽的才能に差があると予測できる。今のところそうであるという証拠はどこにもない（ただ、脳内での音楽の処理の仕方は、男性と女性で若干違うことがわかっている。詳しくは三六五ページを参照）。性別によって違いがないにもかかわらず、性選択の材料となっている特性・能力というのは、生物界には見当たらない。音楽が生物界における唯一の例外であるという可能性もなくはないが、他にまったく類例がないというのは、十分この説を疑う正当な根拠になり得る。

音楽の起源に関する仮説は他にも数多く存在する。仮説を立てる際に一つ大きな問題となるのは、人間の音楽と他の生物の「歌」との間に果たして何か関係があるのかということだ。生物の中には、鳥からクジラにいたるまで歌っているような声を出すものが多くいるので、それと音楽の間に何らかのつながりがあるのかが重要になってくるのだ。鳥の鳴き声は音楽のように聴こえるのだから、音楽とみなしてよいのではないか、と単純に考える人も中にはいる。逆に、そんな考えはあまりにもバカバカしいと相手にしない人もいる。オリヴィエ・メシアンのように、鳥の鳴き声を採譜した音楽家などもいたが、だからといって即それが音楽であるとは言えないだろう（メシアンの他にも、ベートーヴェンをはじめ、楽器で鳥の鳴き声をまねた音を曲に取り入れた音楽家は大勢いた）。ただいくつもの音程を羅列すればそれで音楽になるというわけではない。音程に何か意味があるわけでもない。あらかじめ「この音程はこの文字に対応する（ドはA、レはBという具合に）」というようなルールを決めておけば、そのルールを知っている人間どうしなら音程で情報をやりとりすることはできる。やろうと思えば、聖書の全文をそれで伝えることも可能だ。しかし、これで「聖書を音楽にした」とは言えないだろう。そんな音程の羅列は音楽的には無価値である。

声を出す動物は多くいるが、ほとんどの場合、特定の声と意味を対応づけた一定のルールが存在する。

この声なら警戒を促している、この声なら求愛、この声なら招集の合図、というふうにルールが決まっていて、仲間どうしはそれを了解しているのだ。ただし、鳥やクジラの場合はそれとは違うらしい。ただ、叫んだり、わめいたりしているだけではない。互いにはっきり異なった音程やリズムパターンをいくつも組み合わせて次々にフレーズを作っていく。それを何分もの間続けるのだ。一時間くらい続けることもある。だが、どうやらこのフレーズの連続で何か意味を伝えているわけではないようだ。あるフレーズを二回繰り返した場合と三回繰り返した場合とで違う意味になるということはない。複数の音を一定のルールに従って組み合わせて何かの意味を表現するということができる動物は人間以外にはいないのだ。つまり「文」は人間にしか作れない。単語を組み合わせて、単語の総和以上の意味を表すという芸当は人間だけのものである。

つまり、鳥やクジラの「歌」は、人間の言語に少し似てはいるけれど同じものではないということになる。では、人間の音楽に似ているとは言えないのだろうか。それを判断するためにはまず「音楽には文法があるか」あるいは「音楽は何か意味を伝えるものなのか」という問いに答える必要があると考える人がいるかもしれない。この問いに関しては、色々な意見があり、とてもすぐに結論は出そうにない。仮に音楽に文法があるとしても、また音楽が何かの意味を伝えるものだとしても、それが音楽の本質的な特徴なのかどうかはわからない。現在知られている鳥のうち、約半数は「歌」を歌う。彼らの歌は、短いフレーズを様々に順序を入れ替えて組み合わせるものだ。この方法によって、多数の「レパートリー」が生まれる。中には、何百曲ものレパートリーを持つ鳥もいる。しかも、そのそれぞれを記憶していて、何度でも繰り返して歌うことができる場合もあるのだ。とはいえ、一曲一曲に違った意味があるわけではない。どうも、次々に新しい曲を作ることそれ自体が目的らしい。新しい曲を作り、その目新しさで異性の注意を引いていると考える人もいる（この考え方は、ダーウィンの「性選択仮説」によく似ている。スゲヨシキリャムクドリなど、複雑な歌を歌う鳥の雌は、最も複雑な歌を最も巧みに歌った雄を選ぶという説だ)。異性云々は別にして、これと似たような音楽は人間にも見られる。特に、西洋の古典派時代には、ストックフレーズ(誰もが知っているようなありきたりのフレーズ。アルペッジョや回音など)を様々に順序を変えて組み合わせるということがよく行われた。

このように人間の音楽と似たようなことをしているからといって、鳥の歌を音楽であると言い切ってしまえばまた、異論が多く出るに違いない。確かに多数の部品を組み合わせて長い歌を作り上げてはいるけれど、鳥はでたらめに音と音をつないでいるだけで、そうつなぐことに何ら必然性は感じられないと言う人もいるだろう。たとえば、モーツァルトの曲ならば、ある音が演奏されれば、それだけで暗に次に演奏する音を予告したことになる場合がある。音のつながりに必然性があるのだ。また、鳥の歌は、人間の音楽のように「階層構造」を成していない、という主張もあり得る。人間の音楽の場合は、どんなに簡単な曲であっても、個々の部分が全体の中で何らかの役割を担っている。部分を全体から切り離せない構造になっているのだ。この点は、言語と同様である(私は、この本の第12章で音楽と言語との比較を試みている。両者を比較することにどんな意味があるか、また比較することの危険性などについても触れている)。鳥の歌にはそんな構造はなく、ただ音が並んでいるだけである。互いに無関係な音が次々に発せられる*。さらに大事なのは、鳥を含めた動物の「歌」は、多くは完全に自分の意志で歌っているとは言えないということだ。ただ、歌う季節が訪れたから本能に従って歌っているだけである。

短いフレーズを作り、記憶できること、それを様々に並べ替えられることは、音楽や言語が生まれる前兆のようなものではないか、という主張をする人もいる。それはそうかもしれないが、簡単には判断ができない。鳥と人間とでは、たどってきた進化の道筋が違う。多様な「歌」を歌う、という特徴は表面的には似ていても、その特徴は両者が独自に進化させてきたものだろう。両者は互いに無関係ということだ。

似たような特徴の進化が、鳥類と霊長類というまったく違う種類の動物で偶然起きたというだけではないだろうか。

霊長類には、人間以外に唄う動物はいない。歌に似たものがあるとすれば、チンパンジーなどに見られる「パントフート」くらいだろう。これは、吸気と呼気の両方から成る「フーホーフーホーフーホー」というような大きな叫び声である。正確には叫び方は個体ごとに違っていて、各個体にまるで自分の署名のような独自の叫び方がある。ただ、鳥と違うのは、個々のチンパンジーはいつも基本的に同じ「歌」を歌うという点だ。同様の行動をとる霊長類は他にもいる（霊長類のおよそ一〇分の一の種にこの行動が見られる）が、いずれも雄雌の両方が歌う。そして、歌には、胸を叩くドラミングや、足を踏みならすストンピングなどの儀式的行動が伴う。木の枝を揺することもある。これは、人間が音楽を演奏するときにも似た行動だと言える＊＊（ただし、チンパンジーの場合は、人間のように一定のリズムに合わせて動くわけではない）。

霊長類の場合、興味深いのは、「パントフート」が何か特定の意味と結びつくわけではないということだ。少なくとも、はっきりと「こういう意味である」と判断できないことが多いのだ。意味を伝えるとい

＊クジラの歌には少し、階層構造「らしきもの」が見られる。だからと言って、クジラの歌を音楽と呼んでいいとは言えないが、鳥の歌よりも音楽にやや近いことは確かである。音楽は元来、人間だけのものであり、人間のものでない限り、音楽と呼ぶべきでないと主張する人もいる。人間の想像力がなければ音の集まりを聴いて音楽と認識することはできないというのである。

＊＊言語学者、テクムゼー・フィッチは、類人猿のドラミングについて、それが自発的に楽しみのために行われる場合には、人間の打楽器の演奏に近いものと解釈できるのでは、と考えている。だが、今のところ、類人猿の「ドラマー」が一定のリズムを刻むのか否かはわかっていない（三二八―三三〇ページを参照）。

うよりは、音で感情を表出しているようにも見える。チンパンジーが興奮しているときのパントフートには、せいぜい「自分はここにいる」というくらいの意味しかないようだ。アフリカの類人猿たちは、声を使ってかなり巧みに情報を伝えることができる。彼らの情報伝達は、他の動物たちのような、特定の声と意味を対応づけた単純なルールに基づくものではなく、もっと洗練されたものだ。だが、それはパントフートとは違っている。この事実から、音楽は元々、情報を伝達するためではなく、感情を表出するために生まれたのではないかと考える研究者もいる。

声を出せば、それで必ず情報と感情の両方が少しは伝わることになる。もちろん現在は、「言語」というものがあり、言語が情報と感情の伝達の役割を担っていることは誰の目にも明らかである。特に、「詩」は、両方を伝える力を持っていると言えるだろう（詩には、音楽と同じようにリズムや韻律がある）。では、今のような言語、皆が共通のルールを守って使うような言語が生まれる前には、どうだっただろうか。その時代の情報伝達手段は、「言語のような音楽のような」ものだったのではないかと考えられる。声を出し、簡単な歌のようなもので、感情とともに意味を表現していたのではないだろうか。この、言語と音楽の起源は同一であるとする説を支持する人は多い。彼らはダーウィンの書いた次のような文章をよく引用する。

> はるかな過去には、男も女も、言語によって自らの愛を明確に表現することはできなかっただろう。その代わりに使ったのは音楽ではないか。旋律とリズムの力によって愛する人を惹きつけようとしたのではないだろうか。[15]

同じような考え方はダーウィン以前からあった。一八世紀にはジャン゠ジャック・ルソーも同様のことを言っている。彼もやはり、言語によって明確に意思を伝えられない時代には、唄うような声を発することで自分の思いを表現していたのではないか、と考えたのだ。

この説を支持する人たちは、言語と音楽の構造が互いによく似ているということを指摘する。もちろん議論の余地はあるだろうが、ともかく、言語も音楽も「部品を一定のルールに基づいて組み合わせる」という構造になっているのは確かである。そして、どちらも、発せられる音の音程が様々に変化する点では共通しているし、音にリズムがある点も同じである。スウェーデン、カロリンスカ研究所のスティーヴン・ブラウンは、言語と音楽は明確に二つに分かれるものではなく、両者の間には多くの「中間形態」が存在すると主張している。たとえば、感情が高ぶった時の歌うような話し方や、詩などもそうだし、オペラでセリフが歌になることや、音楽で状況や情景を描写する（音程が次々に下がっていくメロディで何かが落ちていくことを表す、など）のもその例だという。純粋な音楽は、あくまでそうした中間形態の延長線上にあるというわけである。ブラウンは「音楽と言語には、大きな類似点が数多くある。個々が単独で存在することもあるが、それはたまたまそれが可能だというだけで、本来、まったく別のものというわけではないのだ」[16]とも言っている。ブラウンは、遠い祖先の使っていた、音楽と言語の共通祖先を「ミュージランゲージ（音楽言語）」と呼んでおり、それには三つの大きな特徴があったと考えている。一つは、音程によって何らかの意味を表現した、ということ、もう一つは、短いフレーズを単位とし、それを様々に組み合わせることができた、ということ。そしてもう一つは、フレーズの発声の仕方によってある部分を強調したり、感情を込めたりすることができたということである（たとえば、テンポを速くすると幸福を表し、遅くすると悲しみを表す、など）。

ミュージランゲージの名残らしきものは現在も、エクアドルの先住民などに見られる。「アウチマルティン」あるいは「エネルマルティン」などと呼ばれているのがそれだ。前者は、ジャングルの中で見知らぬ者どうしが偶然行き会ったときに使われるもの、後者は戦いに向かう男たちが勇気を鼓舞するために使われるもので、やはり音楽のような、言語のような性質を持っている。また、いわゆる「声調言語」は、どれもミュージランゲージの名残なのかもしれない。その他、無文字文化においては、重要な知識の伝達のために、歌やリズミカルな詩を使ったりするが、それもやはりかつてのミュージランゲージがまだ生き残っているということかもしれない。この場合は、音楽的な要素が記憶を助ける役割を果たしている。詩は、無味乾燥な散文よりもはるかに記憶しやすい。それに、歌の歌詞だけを口に出して言ってみようとしてもなかなか思い出せないが、メロディをつけて歌えば比較的楽に思い出せるという体験は誰しもしたことがあるはずだ（なぜ、そうなのか。その秘密は脳の仕組みにある。詳しくは後で解説する）。

ハンガリー出身の心理学者、ゲーザ・レーヴェースは、スティーヴン・ブラウンのものに似てはいるが、また少し違った独自の仮説を提唱した。レーヴェースは、同じくハンガリー出身の作曲家、ベラ・バルトークの友人だった人物だ。彼はまず、歌うように話したときの声が、普通に話したときの声に比べて遠くまで届くことに着目した。そして、最初の音楽は「ヨーデル」のようなものだったのではないか、と言ったのだ。ヨーデルはヤギ飼いが遠くにいる仲間と呼び交わすために使うものである。世界最初の音楽は、寂しがりやのヤギ飼いが生み出したのかもしれない。

音楽が世界共通で持っている特徴といえば、それが主として集団の活動であるということである。実際に演奏するのは選ばれた少数の人間であったとしても、社会の一体感を高めるべき場所や状況で音楽が使われることは多い。宗教的な儀式の場などで皆が声を合わせて歌い、大勢が一斉に踊るというのもそうした例の一つだろう。ベンガル湾、アンダマン諸島の人々の踊りを研究したイギリスの社会人類学者、アルフレッド・ラドクリフ＝ブラウンは、その点について次のように非常に明快な説明をしている。

その踊りにより、コミュニティの一体感が大きく高まり、皆が協調し、調和がとれるようになる。参加した者たち全員がそれを強く感じるのだ。まさにそういう状況を作り出すことが踊りの目的である。まさに社会的機能を果たす踊りと言えるだろう。コミュニティ全体での活動が直接、一人一人の感情にはたらきかける。その作用により、社会の全体の和が保たれることになる。[17]

こういう説明をされると、音楽はあくまで集団の利益のために生まれたもので、個人の利益のためではないと考えそうになる（もちろん、社会全体の利益になれば、間接的に個人の利益にもなるが）。あるいは、権力を追求する者が社会の支配のために生み出したと考えることもできる。集団に属する者たちに歌を教え、それを支配の助けにしたということだ。それについて音楽心理学者、ジュアン・レドレールは次のような冷静なコメントをしている。

音楽は宗教的、呪術的なもの、性的なものなど、多くの儀式に使われる。ある種の思想を人々に吹き込むために使われることもあれば、軍隊の士気を高めるのに使われることもある。そうした事実から、音楽に集団をまとめる力があることは明らかだろう。遠い過去においては、その力が人間の生存のために重要な役割を果たしたとも考えられる。人間を取り巻く環境が困難になるほど、社会集団に一体感を持たせること、集団に属する者たちをまとめることが重要になってくる。[18]

進化論には「群選択（集団選択）」という概念がある。群選択の考え方によれば、ある行動が集団の利益になるならば、その行動は時に耐えて残っていくことになる。ただし、この考え方には異論も多く、正しいのかどうかいまだに結論は出ていない。まず、どこからどこまでを集団とみなすかが難しい。ある集団に利益がもたらされたとき、間接的にその利益を享受できる人を集団の構成員とみなすのが妥当だと思われるが、間接的な利益がどのくらい大きければ構成員とみなせるのか、その判断はなかなかできない。遠い親戚だけれど目的は共有していない人と、目的は共有しているけれど血のつながりはない人、どちらに協力すれば間接的に自分の利益になるのかは、そう簡単にはわからない。だが、いずれにしろ、社会に一体感をもたらすこと、皆をまとめる力があることが、進化論的に見たときの音楽の価値であるという考え方は広く支持を集めている。* 集団に利益をもたらすのは、霊長類のパントフートなども同じだろう。集団の構成員は皆、声を聴くことでお互いがどこにいるのかを知ることができる。人間の場合も、伝統的な部族社会においては、音楽が確かに同様の役割を果たしている。たとえば、南アフリカのヴェンダ族は、歌を聴くだけで、姿を見なくても、歌っている人が今、何をしているのかがわかる。歌が、何をしているのかを伝えるものになっているということだ。ブラジルのアマゾン流域に住むメクラノティ族は、毎日、何時間も皆で合唱をする。特によく歌うのは早朝だ。この合唱には部族の全員が参加を求められる。早朝に唄えば、誰かが寝起きでぼんやりしていても目が覚めると考えられている。これには、急に他の部族が攻め込んで来ても困らないよう備えるという意味もある。こうした歌が、集団の構成員の生存を助けていることは間違いないだろう。生存のため、あるいは子孫を残すために利益にならないのだとしたら、そもそもこれだけ多くの時間を費やすのは奇妙だと言わざるを得ない。

音楽のリズムは、大勢の人が一斉に同じ行動を取る際に非常に役立つ。世界中、いたるところに「ワークソング（労働歌）」が見られることが、その証明だろう。少なくとも「音楽には社会的な価値がある」と主張する人にとって、これは重要な事実だろう。だが、たとえそういう具体的な価値がないとしても、皆で音楽を演奏すれば集団の一体感が高まることは確かだ。現代の先進国の社会においても、音楽が同様のはたらきをしていると思われる場合はある。たとえば、若者たちが同じ音楽を聴くことで、特に大人に顰蹙を買うような音楽を聴くことで、一体感、仲間意識を高めるということはよくある。また、奈良教育大学の福井一教授は、好きな曲を聴くとテストステロンの分泌量が減るということを発見した。この発見により、音楽に「社会的な機能」が確かにあることが間接的に証明されたと言えるかもしれない。テストステロンの分泌量が低下すれば、性衝動を自制しやすくなり、攻撃性も低下することになるからだ。この研究結果は、いわゆる「レイヴ」やヘヴィメタルバンドのコンサートで見られる騒ぎとは完全に矛盾しているようにも思える。ただ、それはあくまで西洋の若者たちの話であり、彼らの行動から音楽の起源を推測するのはおかしいという意見もあるだろう。福井教授の説に一つ問題があるとすれば、テストステロンレベルの低下が果たして音楽によるものなのか、それとも音楽に限らず、ただ「自分の好きなもの」に触れていることによるものなのかが判然としないということである。

世界各地の社会で様々な儀式に音楽が使われてきたのは、音楽が人の感情をコントロールできるからかもしれないが、それに加え、言葉では伝えにくい何かを伝える力があるせいかもしれない。言葉ではっきりと言うのが難しい色々なことを同時に表現する力が音楽にはある、と考える人は多い。作曲家のストラヴィンスキーもその一人だったようである。彼はこんな言葉を残している。「音楽には深遠な意味がある。そして、音楽の最も重要な目的は、人と人との魂の交流、人と人との融和、人と神との合一である」[19]

異性を惹きつける、集合の一体感を高める、情報を伝達する、音楽にはいくつもの機能があり得るが、こうした機能は部族社会においてはどちらかと言えば、「男性的」なものである。だが、音楽の持つもっと「女性的」な機能に注目し、そこに音楽の起源を探る鍵があるのではないかと言う人もいる。たとえば、

＊性選択による説明と、群選択による説明には共通点もある。どちらの場合も、結局は、音楽というものを持つ「個人」が何らかのかたちで利益を享受できることになるからだ。

乳児は、母親が唄うような抑揚をつけた言葉（これを「マザリーズ」と呼ぶこともある）で話しかけると、普通に話しかけるよりもはるかに早く言葉を習得するという。そしてこれは、文化を問わずすべての母親が無意識のうちにしていることである（父親や兄弟姉妹も同じことをするが、乳児がコミュニケーションをする相手は主に母親なので、母親が「マザリーズ」で話す意味は大きいと考えられる）。このことは一方で、乳児がほとんど生まれながらに、簡単な音楽を認識する能力を備えているということも意味する。実際、生まれたその日から音程の高低は認識できるということが確かめられている。生後二ヶ月で早くも半音の音程の違いも識別できるのだ。

音楽により、母と子のコミュニケーションが情報の面でも感情の面でも充実するのならば、またそれによってその子が大人になったときの認知能力や社会への適応能力が向上するのならば、音楽には進化的に非常に高い価値があるということになる。* 「マザリーズ」は子育てに実際に有効なのかもしれないが、有効な理由に関しては、違った解釈、純粋に言語学的な解釈も成り立つ。たとえば、マザリーズでは母音と子音の違いが自然に強調されるため、それが言語の習得を助けるのではないか、といった解釈がそれだ。あるいは、音程を尻下がりにするような話し方が子供を落ち着かせるのではという意見もある。この尻下がりの音程は、世界中の子守歌でも使われている。

マザリーズを音楽の起源とする説にとって何より問題なのは、母子の一対一の関係の中で使われていたものが、どのようにして集団の儀式に使われるようにまでなったのか、その発展の道筋が想像しにくいということだ。それについては音楽学者のエレン・ディサーナーヤカが説明を試みている。ディサーナーヤカによれば、まずは母と子のやりとりの中で音楽に対する感受性や音楽を作り出す能力が進化したという。その後、「進化した人間は、そうした感受性や能力を自らの中に見出し、それが感情に影響を与え、生存の役にも立つということに気づいた。さらに、音楽に改良を加え、複雑で高度なものへと作り替え、儀式にも使うようになった。すると、儀式に参加した人間の考え方を変えたり、皆の気持ちを一つにしたりすることにも役立つことがわかった[20]。ディサーナーヤカの考えたシナリオを簡単にまとめるとこんなふうになる。ただ、これは少々、「こじつけ」のようにも思われる。それに、元々、母親である女性のものだった音楽が、主に男性が関わるものへと変化した理由がこれではわからない。ディサーナーヤカは、西洋のポピュラー音楽の歌詞に「ベイビー」という言葉がよく使われるのも、母と子のやりとりが音楽の起源である証拠だ、というようなことも言っている。これも、あまり説得力があるとは言えない意見だろう。ディサーナーヤカの説を私は「ロネッツ理論（ロネッツの大ヒット曲が『ビー・マイ・ベイビー』であることから）」と呼んでいるが、どうもこの理論には信憑性がなさそうだ。

もしかすると「音楽の起源は何か」という問いを立てること自体が誤りなのかもしれない。古生物学者や考古学者の中には、私たちの祖先が類人猿から分かれてヒトという動物になったとき（この変化を「ヒト化」と呼ぶ）、同時に、言語や計算能力、論理、社会、自意識といった、人間独自の能力や特徴がひとりでに生まれたと考える人たちもいる。ヒト化は非常に短い間に起きた変化なので、そうした能力や特徴が一つ一つ個別に生まれたと考えるのは無理があるというのだ。それよりは、すべてが一つの同じ現象の構成要素であると考えた方が自然、というわけである。あるいはどれか一つが生まれれば、他もそれに伴って必然的に生まれたと考えることもできる。記号学者のジャン・モリノも同様のことを言っている。そして、こんな発言もしている。「そもそも音楽とは何かという定義が曖昧であり、世界中のあらゆる音楽に当てはまるような定義がどこにも存在しないのだから、音楽の起源や進化についての合理的な説明など

＊ハインツ・コフートなど、フロイト派の心理学者の中には、音楽を一種の「退行」、「子供帰り」であるとみなす人もいた。退行ではあるが、社会的、美的に価値があるので受け入れられていると考えたのだ。

できるわけがない。確かなのは、人間という生物が、生来有している能力や特性を使って、現在私たちが『音楽』と呼んでいるような表現形態を徐々に作り上げてきた、ということだけである」

ピンカー説の妥当性

ここまで、音楽の起源に関する様々な説を紹介してきた。どれも、一応「なるほど、もっともだ」と言えるものばかりである。だが、ここまで読んでもらっておいて、こんなことを書くのは申し訳ないが（しかし書かないわけにはいかない）、紹介した説はどれも証明不可能である。結局のところ、誰も、旧石器時代に行って確かめることはできないのだ。しかも、残念なことに、音楽の起源についての仮説を唱える人は、そのほとんどがただ自説を確信をもって語るだけなのだ。説が正しいことを示す証拠は示されないか、自分にとって都合の良い事例をどこかから探し出してきていかにも決定的な証拠であるかのように提示するだけなのだ（ここまで読んだ人の中にはすでにそれに気づいている人もいるだろう）。中でも良くないのは、現代の西洋音楽は、すでに多くの人の手が加わって大きく作り替えられていることである。西洋文化の中で音楽は、西洋文化の中に見られる特殊な事例を証拠としてあげる人が少なくないことである。音楽が生まれた頃とは本質的に違ったものになっている可能性もある。しかも流行によって今も次々に変化している。とても例として使えるようなものではない。

音楽は人間の脳の進化に密接に関係していると証明しなくては気が済まない人も多い。「音楽は聴覚のチーズケーキである」と言い、音楽には特に進化的に重要な意味はないと主張したスティーヴン・ピンカーの説が誤っていることをどうしても証明したい人たちだ。進化的に意味はないと言われると、音楽の尊厳をすべて否定されたように感じるらしい。音楽がどのようにして生まれたのか、ということと、音楽が現在の私たちの生活にとってどういう意味を持っているかということはまったく関係がない。二つを安易に結びつけるのは大きな間違いだろう。ピンカーの言うことが正しいかどうかは今のところわからない。だが、彼が「自分の意見についての議論を、音楽に価値があるか否かという議論にすり替えるべきではない」と言っているのは正しいことと言えるだろう。芸術の価値を判断するのは進化生物学者の仕事ではない。もし、彼らがそんな仕事をしようとするのなら、実に困ったことと言うほかないだろう。

今のところ、ピンカーの主張への反論の中に、科学的に説得力のあるものはない。音楽が人間の進化的な適応度を高めるのに役立つ「真の本能」であることを示唆するような証拠は多くない。それについてはあとで詳しく触れるが、どれも「動かぬ証拠」というものからはほど遠い。音楽が人間にとっての真の本能かどうかという問いは興味深いものではあるが、私もピンカーと同じように、この問いと音楽の価値とは無関係と考えるべきだと思う。音楽を大切に思うのはいいが、そのために感情的になってしまっては冷静な判断ができない。「聴覚のチーズケーキ」という言葉は、おそらく反論を促す意味もあってあえて選んだものだろう。しかし、ピンカーが何か芸術的、美学的な判断を下そうとしたとは考えにくい。そうではないと考えるのが妥当である。アメリカの哲学者、心理学者、ウィリアム・ジェームズは、音楽のことを「人間の神経系が特異な能力を持ってしまったことで偶然に生まれたもの」と言っていた。ジェームズは不幸にして音楽を解することのできない人だったようなので（そういう人は実はめったにいないのだが、彼は本当の「音痴」だったようである）、その彼にはこう表現するのが精一杯だったと思われる。一見、ピンカーの見解に似ているが、これは深い見識から出たものというより、ジェームズの音楽に対する戸惑いの表れと見た方がいいだろう。

リチャード・ドーキンスは、「明快に答えられるからといって、その問いが有意義なものとは限らない」と言っている。ピンカーの「音楽というものが、万が一、失われてしまったとしても、私たち人間という種の生き方はほとんど変わらないだろう」という主張も明快だが、音楽が失われたら私たちはどうなるかという問いにさほど意味があるとは私は思わない。アメリカ、神経科学研究所のアニルダ・パテルは、音楽のことを「人間に変革をもたらしたテクノロジー」であると言う。音楽の出現により人間の文化は大きく変化し、その後二度と元には戻らなくなったというのだ。またパテルは次のような発言もしている。

音楽は環境への適応の産物か、それとも生存には必要ではない飾りのようなもの（ピンカーの「チーズケーキ」発言はそういう意味である）なのか、という問いは、そもそも問いの立て方が誤っていると考えられる。音楽というのは、人間の発明品である。火をおこし、制御する技術に似ている。どちらも、その発明によって人間の生活が一変したという点では同じだ。ある面では、音楽の方が驚くべき発明と言えるかもしれない。脳の持つ能力によって生み出されたにもかかわらず、脳を変えてしまう力を持っているからだ。[21]

音楽と同じように、演劇やスポーツもやはり生存に必須なものではないので、なくなっても困らないとは言える（ただし、この二つに関しても、もっともらしい話を作って、適応のために必然的に生まれてきたのだと主張することは簡単にできるだろう）。しかし、生存に絶対に必要なものではないにもかかわらず、音楽を持たない文化というのは知られている限り世界中に一つも存在しないのだ。

私の考え方はパテルとほぼ同じである。ただ、私はこの本でさらに細かいところまで追究していくつもりだ。音楽は今や、私たちの文化に深く入り込んでいる。あまりに深いので、取り出して見ようにもなかなか手が届かないほどだ。そして、音楽は私たちの脳に深く刻まれている。脳の中に音楽を専門に処理する部位というのはまだ見つかっていないが、私たちには生来、自分を取り巻く世界から「音楽を見つけ出す」能力が備わっている。音楽はすでに私たちの一部であり、私たちの認識する世界の一部なのだ。なぜ、そう言えるのかをこれから見ていくことにしよう。

第3章　スタッカート――楽音とは何か、また使う音はどう決められるか

「秩序立った音の集合」エドガー・ヴァレーズは音楽をそう定義した。非常に明快で巧みな定義だと思う人は多いだろう。ただ、このフランス生まれの前衛作曲家が二〇世紀前半に書いた曲は、同時代の人たちの大半が音楽であるとは認めなかったものばかりである。ヴァレーズは何も、わかりやすく、モンテヴェルディからレッドベリーにいたるまであらゆる音楽に当てはまる普遍的な定義をしたいと思ったわけではない。彼のこの定義は、自らの大胆な「音の冒険」を同時代の他の音楽と区別するためのものだった。彼の音楽は、吠えるようなサイレンの音や、幽霊のうめき声のような電子楽器「テルミン」の音、テープに録音された雑音（ゴロゴロという轟音、何かがこすれる音、神経をいら立たせるような甲高い音、クラクションの音、機械の作動音、その他）などから構成されていた。彼は自分の作品のタイトルに「アンテグラル（積分）」、「イオニザシオン（電離）」、「デンシティ二一・五（密度二一・五）」など、科学に関係のある言葉を使った。ヴァレーズは自らの音楽についてこんなふうに言っている。「私は自分の音楽を『秩序立った音の集合』と呼ぶことにした。私は音楽家ではなく、リズムや周波数、音の明度などを調整する職工のようなものである」[1]だが、言ってしまえば、モーツァルトもそれと同じようなものだったかもしれない。彼の仕事は実験技師と工場労働者の中間、というようなものだった。

ヴァレーズには、過去の因習を打破してやろうという意思はなかった。本人は過去の遺産の正統な継承

者のつもりだったし、現に中世ゴシック時代の音楽を称賛したりもしている。過去においては、作曲家や音楽家というのは、芸術家というよりも技術者、職人と呼ぶにふさわしいものだったから、彼の態度はある意味で自然とも言える。音楽家とは、音をある秩序に従って組み立てる技術を持った人のことだったのである。一九世紀のロマン派の音楽家たちとは違い、過去の音楽家たちは、音の周波数や明度について議論を戦わせたりはしなかった。

現代ではおそらく、音楽についてロマン派の音楽家たちと同じような考え方を持っている人が多いだろう。音楽を、一種、霊的、神秘的なひらめきによって生まれるものととらえているのだ。そういう人たちは、音楽をばらばらに分解し、単なる空気の振動と聴覚による現象に還元してしまえば失望するだろうし、嫌悪感を覚える人もいるだろう。音楽が単に物理学と生物学の話にされてしまうのは許せないという人は多いに違いない。この章を読むと、最初のうちは、私もまさにそういうことをしようとしていると感じられるかもしれない。だが、しばらく読み進めてもらえれば決してそうではないことがわかってもらえると思う。私は、数学や物理学、生理学、音響科学の話をすることを決して悪いとは思っていない。まず、音楽がどんな材料からできているのかを明らかにするにはどうしても避けられないことだからだ。そして、それは単にやむを得ないこと、というだけではない。知り始めれば非常に面白いことである。

とはいえ、音楽を細かく切り刻むことは、生物学でいう「解剖」に似ているのは確かだ。元は命を持っていたものを、それ自体は命を持たない部品に分けて、個々について詳しく観察していくのだ。解剖というたとえがよくなければ、地理学にたとえてもいいかもしれない。音楽は一種の旅である。現実の世界とは別の異世界への旅だ。旅であるから、時の経過とともに次々に違った景色が現れることになる。自分はどこから来たのか、そして今、どこにいるのかが明確にわかれば、その景色が何を意味するのかをより深く理解することができるだろう。「地理学」と言ったのはそういう理由からだ。地理がわかっていても、実際にその場に行くまではどういう景色が見えるのかはわからない。だが、ある程度知識があれば、旅がどういうものになるか前もって予測することはできる。その予測ができるかできないかで、旅から得るものも違ってくるだろう。もちろん、旅が木や岩や空だけから成るわけではないのと同じように、音楽も単なる音の連続ではない。というより、ただ音が並んでいるだけではまったく音楽にならないと言った方が正確だろう。とにかくそれは強調しておきたい。音楽は確かに「秩序立った音の集合」と呼べるものである。しかし、決して忘れてはならないのは、この「秩序」は、基本的に演奏者や作曲家の定めるものではないということだ。彼らが部分的に定めることはあるが、その役割はあくまで補助的なものだ。

この章の目的は、「音」というものについての冷たい事実を伝えることだけではない。ヴァレーズはまさにそれを追究しようとし、ただ音というものを、独自の秩序で組み合わせて作品にしたわけだが、この章では彼とは違ったふうに音楽というものを見ていきたい。音楽という絵を描くのに使う「パレット」は民族によって様々だ。音自体は自然現象なのだが、その自然現象と文化が組み合わさることで、多様な音のパレットが生まれたのだ。自然と文化の相互作用が具体的にどういうものだったのか、それを私は少しでも明らかにしたいと考えている。自然現象としての音が持つ特性はもちろん、パレットの成り立ちに影響しているが、その影響は意外に小さい。自然によってあらかじめ定められていたことは実はさほど多くないのだ。私たちは音楽を作る際、かなりの程度まで自由に音を選ぶことができる。その自由さが音楽の面白さでもある。現代のピアノは、西洋の人間が過去に行ってきた選択の「結晶」のようなものだろう。オクターヴが一二個の音から成り、それが繰り返されていく、という構造はまさに結晶と呼ぶにふさわしいものだ。だが、全世界の人が同じ選択をしているわけではない。アメリカの作曲家、ハリー・パーチ（一九〇一—七四）は、この型を破ろうとした一人だ。パーチは、人間の声の持つ特性により合った別の音階を探した。その結果、オクターヴを四三の音に分割した一種の「マイクロトーナルスケール」が生まれた（彼は他に、二九音、三七音、四一音から成る音階も試している）。彼の書く曲は、自分で設計し、作った特殊な楽器で演奏された。いずれも「クロメロデオン」、「ブロボーイ」、「ザイモ-ジル」など不思議な名前の楽器たちである。そう聞くと、実験的でとても難解な音楽、恐ろしげで不快な音楽なのかと思ってしまうが、実際にはそうではない。特に、ガムランや、東南アジアのパーカッションオーケストラの音楽に親しんでいる人にとっては、さほど突飛なものには感じられないはずだ。

結局、この音を絶対に選ばなくてはならないという決まりはどこにもないのだ。だが、事実、人間は音を選んでいる。そこが重要なのだろう。これがどういうことを意味するのか、たとえば画家ならよくわかるに違いない。絵を描くときも、どの色を選ぶかは原理的にはまったくの自由である。特に現代においては、化学的にどんな絵の具でも合成できるので、使える色は爆発的に増えている。しかし、それでも画家が使えるだけの色を使うということはあまりない。むしろその逆で、ほとんどの画家は、驚くほどに、自ら色の選択の幅を狭めている。モンドリアンなどは、ほぼ赤、黄色、青という三つの原色だけで黒い直線に囲まれた四角形を塗りつぶすという作品を残しているし、カジミール・マレーヴィチもやはり同じように、使う色を限定した絵を描いている。イヴ・クラインのモノクローム絵画にいたっては、使われている色は一つだけである。フランツ・クラインのように主として黒と白だけを使った画家もいる。これは最近始まったことではない。印象派の画家たちは、第三色（原色と、原色を混ぜてできる二次色とを混ぜた色のこと）を使わなかったし、古代ギリシャ、ローマの人たちは、赤、黄色、黒、白以外の色は使わないことが多かった。なぜだろうか。それぞれに事情も違うし、すべての場合に共通する理由を言うことは難しい。だが、古代でも現代でも同じなのは、色の数を減らした方が絵は明快で理解しやすくなるということだ。また色が少なければ、描かれている物の形状に注意が向きやすくなる。その方が絵にとっては色よりも大切な要素であることも多い。音楽にもおそらく同様のことが言えるのだ。音の種類が多ければ、それだけ認知能力にとっては大きな負担になる。音楽を聴いて理解するためには、まず音と音がどう関係し合っているかがわからなくてはならない。そして、どの音が重要で、どの音が重要でないかも知る必要がある。個々の音が、飛び石のようにばらばらに存在するようでは困るのだ。すべての音がそれぞれの役割を持たされ、階層構造を成し、全体で一つのグループを形成しているようでなくてはならない。

音の波

世界中の音楽の大部分は、「楽音」から成っている。楽音には普通、「音程」がある。音程というのはつまり、その楽音の持つ周波数のことである。複数の楽音が連なるとメロディ（旋律）になる。また複数の楽音が同時に鳴るとハーモニー（和音）が生まれる。その楽音の持つ「質」、あるいは「聞こえ方」のことを「音色」と呼ぶ。そして、楽音の長さや鳴るタイミングによって、その音楽の「リズム」が決まる。音楽家、演奏家は、こうした要素をすべて組み合わせて曲全体を作り上げる。歌曲だろうが、交響曲だろうが、オペラだろうが、コマーシャルソングだろうが、それはすべて同じである。ただ、何をどう組み合わせるかで音楽のスタイル、ジャンルは変わってくる。

音楽とは突き詰めれば、空気の振動である。音楽を作るには、何かを叩いたり、はじいたり、息を吹き込んだりして、振動を起こす必要がある。電子回路を使って振動を起こすという方法もある。この方法なら思ったとおりの周波数の振動を自在に起こすことができるだろう。そうして起こした振動が周囲の空気を共振させ、振動は、発生源からまるで水のさざ波のように広がっていく。ただし、空気の振動というのは、海面の波のように高さが変化するわけではない。変化するのは空気の密度である。音の波の「ピーク（頂点）」とは、空気の密度の最も濃くなるところ、ということになる。逆に音の波の「谷」とは、空気の密度が最も薄くなるところということだ（図3・1参照）。この音の波の性質は、空気を伝わる場合だけでなく、水や木など他の物質を伝わる場合も変わらない。物質の密度の変化が振動であるという点は同じなのだ。携帯音楽プレーヤーのイヤフォンを耳に入れたときは、イヤフォンから出た波が耳の組織に直接伝わり、耳の組織が振動することになる。

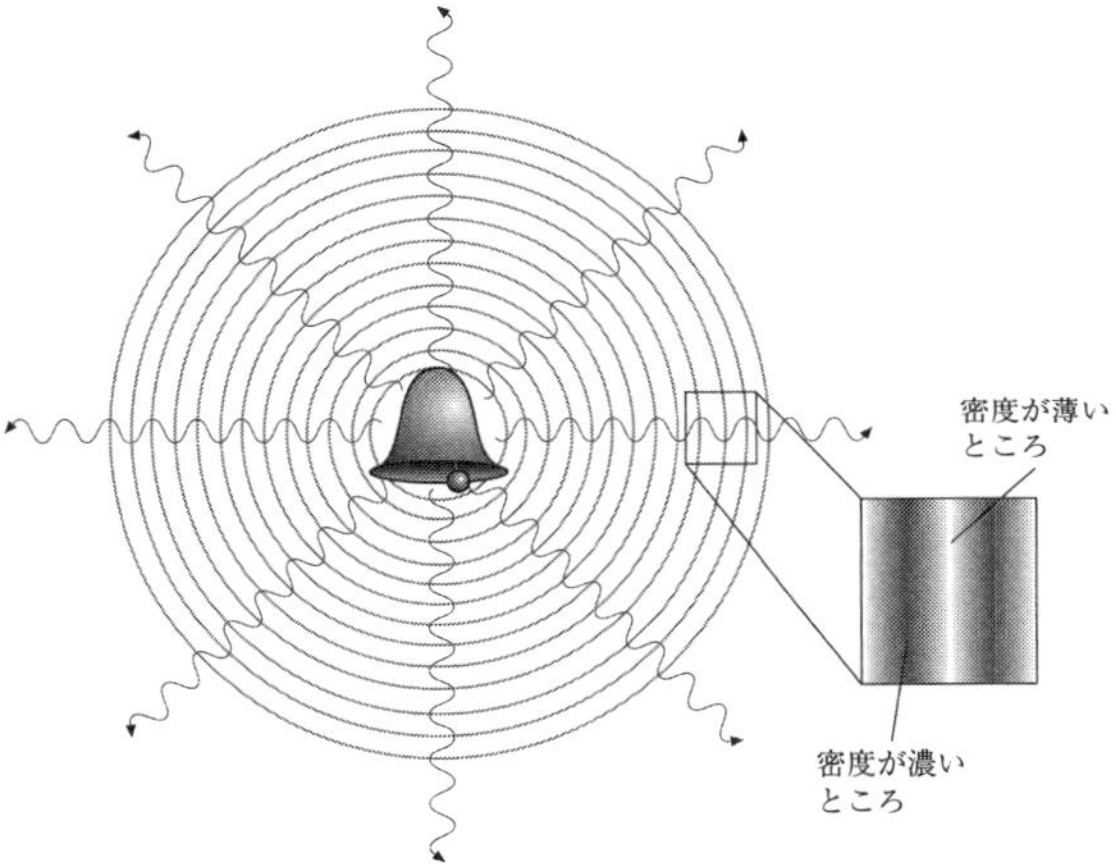

図3.1　音の波は空気の密度の変化

振動の周波数が高くなると、それにつれて耳に聞こえる音の音程は高くなっていく。振動の回数が一秒間に四四〇回の音程は「コンサートピッチ」と呼ばれ、西洋音楽の楽器はこの音程を基準に調律（チューニング）することになっている。これはピアノで言えば、中央の「ド」（このドを「中央ハ = middle C」と呼ぶ）の上の、「ラ」にあたる。周波数の単位としては通常、ヘルツが使われる。一ヘルツは、振動数が一秒間に一回ということなので、振動数が四四〇回なら、四四〇ヘルツである。コンサートピッチの周波数は四四〇ヘルツであるということだ。人間に聞こえる最も低い周波数は約二〇ヘルツと言われる。これより周波数が低い場合は、聞こえるというより、感じると表現すべきだろう。聞こえる下限より周波数が低い振動は可聴下音と呼ばれる。可聴下音は、海の波や地震、風などによって自然に生じることも多い。周波数の低い振動は人間の心理に悪影響を与え、不安感や嫌悪感、恐怖心などを引き起こす。幻覚を見ることもあるという。聴く人に不安な気持ちを抱かせるため、可聴下音をあえて使うということも行われている。衝撃的な作品として知られるフランス映画『アレックス（Irréversible）』のサウンドトラックなどはその例だ。音楽で人の感情を操作する方法の一つと言えるが、これを「ずるい」やり方と考える人もいるだろう。

人の耳に聞こえる最高の周波数は約二万ヘルツと言われることが多いが、年齢が上がると、この数値はもっと下がる。これは、音の「センサー」となる細胞が年齢とともに硬化していくためである。人間の耳に聞こえない周波数の振動は「超音波」と呼ばれるが、中には超音波を感じ取ることができる動物もいる。コウモリなどは、自分で超音波を発し、その反響で周囲の状況を把握することができる（これを反響定位＝エコーロケーションという）。人間が聴ける音は、可聴下音より上、超音波より下の、だいたい一〇オクターヴくらいの範囲にある。八八鍵のピアノの場合、一番下の「ラ」の音は二七・五ヘルツで、まるでうなり声のような音だ。一番上の「ド」の音は四一八六ヘルツで、耳障りなほど甲高い音になる。中ほどの鍵盤に比べると、両端の鍵盤を弾いたときは、音程をはっきりと聞き分けるのが難しい。そのため、ほとんどの曲では主として中ほどの鍵盤を使う。というより、よく使う音なので中ほどに配置されているというべきかもしれない。人間の男性の話し声の周波数はだいたい五〇〇ヘルツと言われている。女性はその一オクターヴ上の一〇〇〇ヘルツくらいである。従って、男性と女性が一緒に歌うと自然にオクターヴハーモニーになる。

聴覚の仕組み

耳は、音の空気振動を神経信号に変換し、脳に送る。この変換を行うのは「蝸牛」と呼ばれる器官である。蝸牛は内耳にある側頭骨の空洞で、螺旋状になっている。小さなカタツムリの殻のようにも見える（図3・2を参照）。蝸牛の中には「蝸牛基底膜」と呼ばれる膜があり、振動を感じる「有毛細胞」に覆われている。有

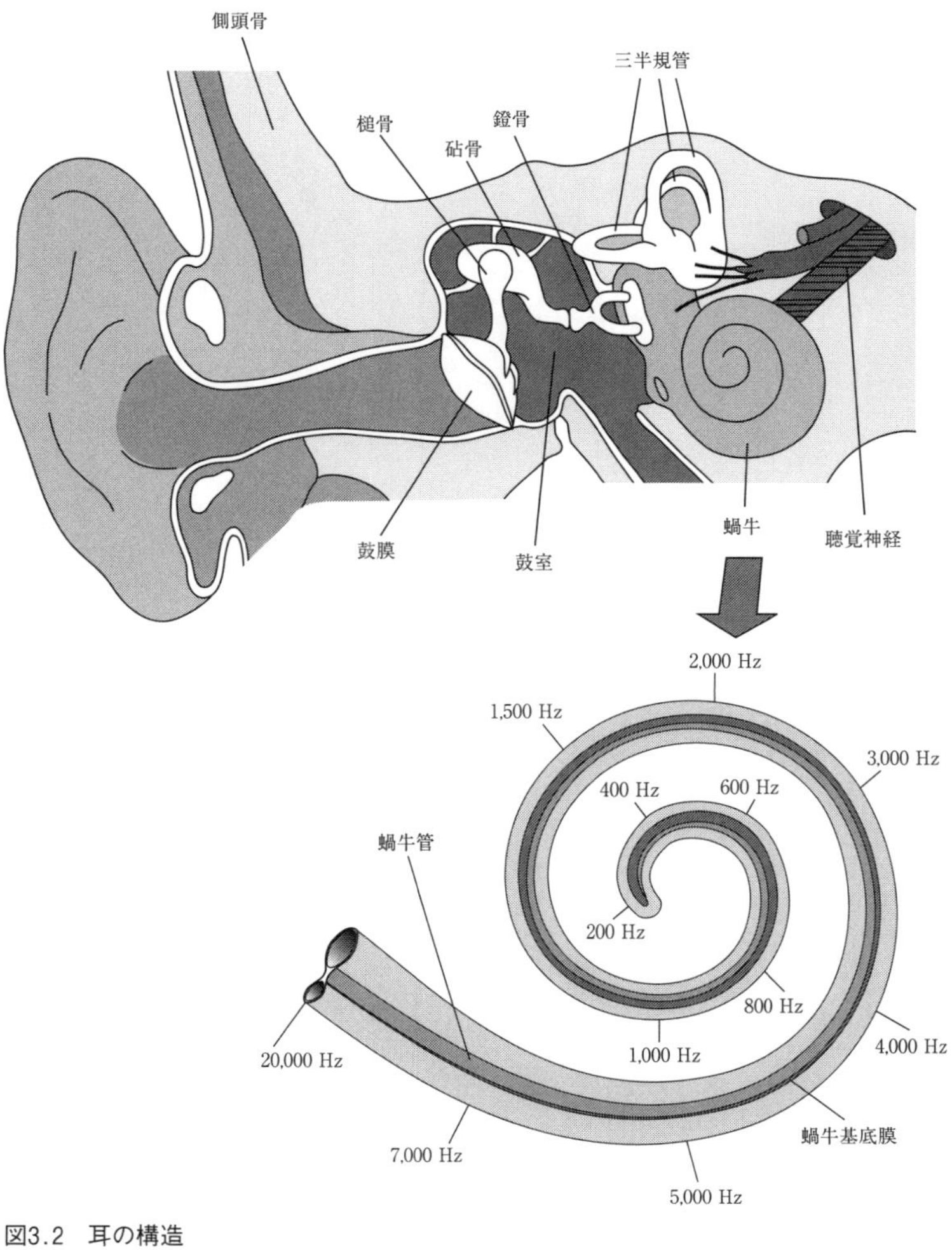
側頭骨
三半規管
槌骨
鐙骨
砧骨
鼓膜
鼓室
蝸牛
聴覚神経
2,000 Hz
1,500 Hz
3,000 Hz
400 Hz
600 Hz
蝸牛管
200 Hz
800 Hz
1,000 Hz
4,000 Hz
20,000 Hz
蝸牛基底膜
7,000 Hz
5,000 Hz

図3.2　耳の構造

毛細胞は基底膜の上の小さな房状の突起である。この細胞は一種の機械スイッチとなっている。蝸牛の内部はリンパ液で満たされているが、音の振動が伝わり、リンパ液が振動すると、有毛細胞は波打つ。その波打つ動きにより、細胞膜のチャネルが開き、そこからイオンが流入する。このイオン流入によって神経信号が発生し、その信号が神経線維を伝わって脳に届けられることになる。

有毛細胞はいくつも存在するが、どの有毛細胞が反応するかは、聞こえた音の周波数によって変わる。興味深いのは、基底膜上での有毛細胞の配置が、ピアノの弦の配置に驚くほど似ているということである。一方の端に低い周波数に反応する有毛細胞が配置され、もう一方の端に高い周波数に対応する有毛細胞が配置されている。そして、その間にある有毛細胞は、端に向かうほど対応する周波数が徐々に上がる、あるいは下がるようになっている。

ここまでは、聴覚の中でも比較的わかりやすい。要するに、マイクと同じように音の振動を電気信号に変換しているということだ。肝心なのは、この信号が脳にどう伝えられ、その後、どう処理されるのかということである。それが私たちに音がどう聞こえるかを決めている。たとえば、音程の違いはどう伝えられているのだろうか。実はその方法は驚くほど単純だ。蝸牛基底膜のどの部分に脳内のどのニューロンが対応するかがあらかじめ決まっているのだ。つまり、どの音程の信号がどのニューロンに伝えられるかが決まっているということになる。この、それぞれが特定の音程に対応するニューロンは一次聴覚野にある。この一次聴覚野で音程の情報が処理されるわけだ。感覚刺激と脳内の部分がこのように一対一の関係になっているのは非常に珍しいことである。同じような例はほとんど見当たらない。たとえば、特定の味や匂い、色に対応するニューロンなどは存在しない。

楽譜はどう書かれるのか

楽譜を読み書きできるというのを何かすごいことのように思っている人は多い。楽譜が読める人、書ける人は特別な人間で、普通の人には及びもつかないくらい音楽をよく知っているのだろう、そんなふうに思っている人は多いようだ。しかしポピュラーやジャズのミュージシャンには楽譜の読めない人がたくさんいる。その中にはエロール・ガーナーやバディ・リッチなど「巨匠」「名手」と呼ばれた人たちも数多く含まれている。そういう事実を知っても、楽譜を読めることに大した意味はないと思う人は意外に少ない。かえって「そんな偉大な人たちでも読めないのだから、楽譜が読めるというのはとてつもなくすごいことなのだろう」などと思ってしまう人もいる。

しかし、実際には楽譜を読むことは大して難しいことではない。ただ、独学で音楽を習得したミュージシャンたちは、そもそも楽譜が読めるようになりたいと思わないことが多いというだけである。少なくとも、音程はその気になればすぐに読めるようになるはずだ。もちろん、複雑な曲を「初見」で演奏できるようになりたいと思えば練習が必要だし、譜面を見ただけで頭の中で音がするようになるにも相当な訓練がいるだろう。この本にも例として時々楽譜が出てくるので、「楽譜が読めない自分は本を読んでも十分にわからないのでは」と心配する人がいるかもしれない。だが、その点は大丈夫だ。この本の楽譜に関しては、すべてインターネット上に音源を用意してあるからだ（www.bodleyhead.co.uk/musicinstinct）。

楽譜の読み方を説明する場合は、おそらくピアノを使うのが最も簡単だろう。ピアノだと、楽譜上の音の位置と鍵盤の対応関係がわかりやすいからだ。楽譜上に書かれたどの音も、まず間違いなく、どれかの鍵盤に対応する。楽譜の五線は、ピアノを横倒しにしたようなものと思えばいいかもしれない。横倒しになっているので高い音ほど上に来るというわけである。ただ、ピアノは五線にはすべて書き切れないほど多くの音が出せるため、五線を上下に二つ重ねた楽譜が使われることが多い（図3・3を参照）。通常は、下の五線に書かれた音は左手で、上の五線に書かれた音は右手で弾くことになる。さらに上下にはみ出した音に関しては、個々の

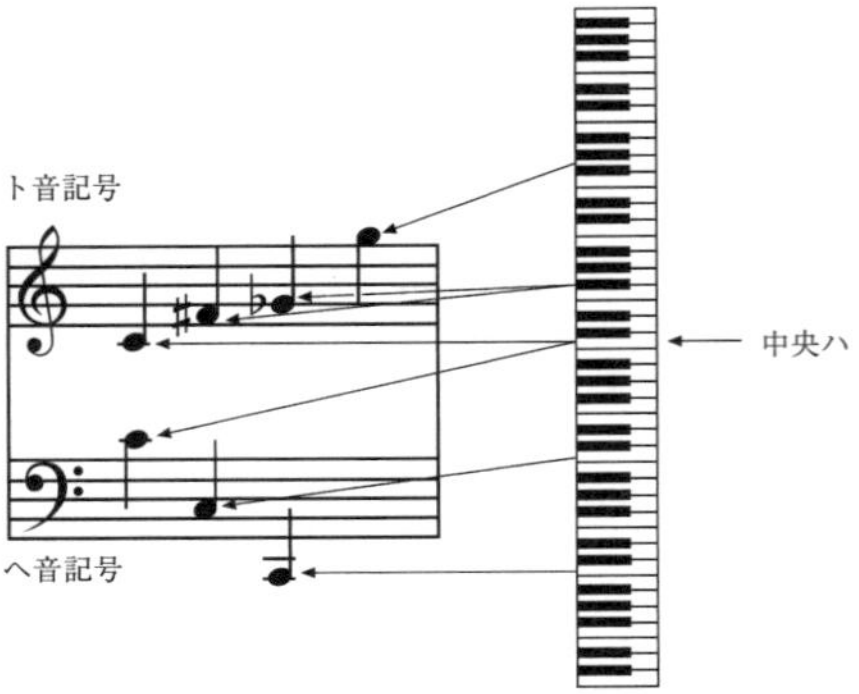

図3.3　音部記号と五線。高い位置にある線ほど高い音に対応する。どの音符も線の上か線の間に書かれる。

音符に線を入れる。

五線上に書かれた音符は、他に何も書かれていなければ、すべてピアノの白鍵に対応する。楽譜の始まりの部分に書かれた記号は「音部記号」と呼ばれる。二段重ねた五線の両方にこの記号を書くが、普通、上側には「ト音記号」、下側には「ヘ音記号」を書く。最初にどの音部記号が書かれているかで、五線上の位置がどの音程に対応するかが変わる。ト音記号は「G」という文字を図案化したものである。この記号が使われた場合は、記号の下側の丸い部分に囲まれた線（下から二番目の線）がG（ソ）の音に対応する。ヘ音記号は「F」という文字を図案化したものだ。この記号が使われた場合は、二つの点の間にある線（上から二番目の線）が、「中央ハ」の下のF（ファ）の音に対応する（図3・3参照）。音部記号は他にもあり、記号が変われば、五線に対応する音程はそれぞれに変わる。ただ、ここで詳しくは触れない。

ピアノには黒鍵があるが、黒鍵の音は楽譜上ではどう表されるのか。黒鍵の音を表すには「臨時記号」と呼ばれる記号が使われる。臨時記号には「♯（シャープ）」と「♭（フラット）」がある。音符の隣にシャープがあれば上の黒鍵、フラットがあれば下の黒鍵を弾けという意味になる。ここで面白いのは、黒鍵の場合は、同じ鍵盤を譜面上では二通りに表現できるということだ。たとえば、「ファ」の白鍵の上の黒鍵は、「F♯（ファのシャープ）」とも書けるし、「G♭（ソのフラット）」とも書ける。また、白鍵の隣に黒鍵がない場合には、臨時記号がついていても、対応する鍵盤は白鍵になる。たとえば「B♯（シのシャープ）」は、「C（ド）」と

図3.4　楽譜の基本的な構成

同じということである。臨時記号が生まれた経緯については少しあとに詳しく書くことにする。なぜ、同じ音を二通りに表現するのか、その背景には複雑な歴史があるので、それについても話す。これは音楽というものをどう解釈するかにも関わる、意外に重要な問題である。

音程の名前（音名）はオクターヴごとに繰り返される。「コンサートピッチ」である「ラ（A）」の音の上は、「シ（B）」、「ド（C）」、「レ（D）」、「ミ（E）」、「ファ（F）」、「ソ（G）」となり、その上は再び「ラ（A）」になる。このラは最初のラよりも一オクターヴ高い。一オクターヴ上のことを「八度上」と表現することもある。これが正確にはどういうことを意味するのかは、あとで詳しく説明する。オクターヴが違うのに同じ音名だと混乱することもあるので、明確に区別するため、音名にはオクターヴの番号がつけられることもある。ピアノの鍵盤で一番下のオクターヴの「ラ（A）」は「A0」と呼ばれる。「中央ハ」はこの方法だと「C4」になり、コンサートピッチは「A4」になる。

楽譜上で個々の音を表記するには、音符が使用されるが、この音符にも色々な種類がある（図3・4参照）。丸の部分が黒く塗りつぶされているものもあれば、塗りつぶされずに白くなっているものもある。「ひげ」のようなものがついていることもあれば、複数が直線でつながっていることもある。横に点がつけられていることもある。こうした違いは、その音符に対応する音の長さを表す。一拍だけの音もあれば、何拍も続く音もあり、あるいは一拍に満たない長さの音もある。その他、五線上には、音符以外のものも書かれる。たとえば、「𝄽」や「𝄾」などは、「休符」である。一定の時間、何の音も出さないということを意味する。弓状の曲線は「タイ」と呼ばれ、二つの音符で書かれた音を切らずに、二つを合わせた分の長さだけ伸ばす、ということを意味する。ただし、同じ弓状の曲線でも、高さの違う音符を結んでいる場合や、三つ以上の音符を結んでいる場合は「スラー」と呼ばれ、「音と音を滑らかにつなげて演奏せよ」という指示になる。

他には「拍子記号」もある。これは、楽譜の冒頭部分に書かれる数字のことである。縦の線と線の間（「小節」と呼ばれる）にどれだけの長さの音が入るかを表す。また、どの長さの音符を一拍とするのかも表す。四が上下に重ねて書いてある場合は「四分の四拍子」を意味する。これは、一小節を四拍とし、四分音符を一拍とする、という意味である（拍や拍子に関しては第7章で詳しく解説する）。楽譜にはこの他にも色々な記号がある。例としては、アクセント、クレッシェンド、デクレッシェンドなど、音の強弱変化（これを「ダイナミクス」と呼ぶ）について指示する記号や、トリル、スタッカートなど演奏の仕方について指示する記号などがあげられる。ここで、個々の記号の意味について詳しく触れることはしない。主なものは図3・4にまとめてある。この図に出てくる記号がわかれば、この本の中に出てくる楽譜を理解するのに困ることはないだろう。話が難しくなりすぎても困るので、ここには本当に基本的なことだけを書いた。正確さ、厳密さを重んじる人は、有名作曲家の楽譜を例にとりあげ、細部にいたるまで解説するというくらいのことをしなければ満足しないかもしれないが、とりあえずはこのくらいにしておく。

音の階段の構成

楽音の周波数と音程との関係は、基本的にはごく簡単である。周波数が上がるほど、音程は高くなる。

ただ、興味深いのは、ほぼすべての文化で、楽音の音程が「不連続」になっているということだ。人間の耳に聞こえる周波数帯域の中には、無限の音程が存在する。二つの周波数の間は、そうしようと思えばいくらでも細かく分割できるからだ。もちろん、あまりに分け方が細かくなると、隣り合う音程の違いを聞き分けることは不可能になる。目で何かを見たときにも、あまりに微妙な違いを見分けることはできない。それと同じである。それでも、かなり細かいところまで聞き分けができるのだから、それを音楽に使っても不思議はないはずである。なのに実際には、使える音程のごく一部しか使われていない。それはなぜなのか。また今使われている音程はどうして選ばれたのか、ここからはそれについて見ていこう。

自然界に存在する音の音程はすべて連続していて、そこに境目はない。しかし、人間がそれを境目と認識しやすいポイントは存在している。「オクターヴ」である。たとえば、ピアノで「ド」の音を弾いてから、次に一オクターヴ上の「ド」を弾いてみると、確かに音は高くなっているが、「同じ音」だと感じる。これはあまりに当たり前のことで、特に注目すべきこととは思わないかもしれない。誰でも少しの間、ピアノを触れれば、どのオクターヴであっても同じように鍵盤を叩きさえすれば同じメロディが弾けるということに気づくだろう。ピアノの場合は、どのオクターヴもまったく同じ形になっている。ドの鍵盤とファの鍵盤は「L」の形、ミとシの鍵盤は「L」を逆にした形になっている。そして、黒鍵がまず二つ並び、少し置いて三つ並んでいる。初心者は、この形によって、どこからどこまでがオクターヴなのかを見分けることになる。

しかし、よく考えてみると、ある音と、その一オクターヴ上または下の音が「同じ音」に聞こえるというのは、まったく当たり前などではない。とても不思議なことだ。こんなことは音楽以外にはない。視覚にも味覚にも、それと似たことは起きないのだ。*

そもそも、「中央ハ」と呼ばれる「ド」の音と、その一オクターヴ上、あるいは下の「ド」の音は、どこが似ているのか。三つの音に共通するのは何か。聞こえ方が似ていることは、ほとんどの人が認めるだろう。だが、それは一体、どういう意味か。オクターヴの違う音が同じ音でないことは明らかである。「オクターヴ違いの二つの音を同時に鳴らすと、うまく調和して良い響きになる」と言う人もいるかもしれないが、それでは何もわからず、ただ余計に疑問が増えるだけだ。

オクターヴ違いの音の間にどういう関係があるのか、その関係を発見したのは、古代ギリシャの数学者であり哲学者でもあった、ピタゴラスである。真偽は疑わしいが、伝説によると、鍛冶屋の金槌が金床に当たる音を聴き、金槌の重さと音程の間に数学的な関係があることに気づいたとされている。彼はさらに、ピンと張った針金や糸をはじいたときに出る音についても調べた。それで、オクターヴ違いの音など、同時に鳴らしたときによく調和する音程の間の関係を発見したという。二つの音程がよく調和する場合、両者の周波数の間の関係は、簡単な比で表すことができるとわかったのだ。中でもオクターヴの関係にある音程どうしの関係は特に簡単だった。両者の周波数の比は二対一になる。高い方の音の周波数が低い方の音の倍ということである。別の言い方をすれば、高い方の音の波長は低い方の音の半分ということになる。

この関係は、ギターなどの弦楽器を見てみるとよくわかる。弦のちょうど中間にあたるところを押さえて、振動する部分を全体の半分にすると、出る音の周波数は倍になり、音程は一オクターヴ上がるのだ。ギターならこれを簡単に確かめることができる。何も押さえないときよりも一オクターヴ高い音を出すためのフレットは、弦のちょうど中間の地点にあるはずである（図3・5ａを参照）。

音程をもう一オクターヴ上げれば、周波数はさらに倍になり、元の音の四倍になる。つまり、たとえば「Ａ6」の音の周波数は、コンサートピッチ「Ａ4」の四倍なので、四四〇×四＝一七六〇ヘルツということだ。ギターでは、弦の振動する部分が全体の四分の一の長さになる位置を押さえれば、一気に音程が二オクターヴ上がる。同じように周波数を倍にしていけば、何オクターヴでも音程は上げられるのだ。

世界中のほぼどのような音楽でも、音程をまずオクターヴ単位に分割するという点は共通である。オクターヴは、人間の音程認知の非常に基本的な特徴ということだろう。そうなっている理由として何が考えられるかは、あとで詳しく書くことにする。

では、オクターヴの中の音についてはどうだろうか。伝説では、西洋音楽で使われている音階を最初に考えたのもピタゴラスだとされていた。だが、今では、彼よりもっと古い時代から存在したことがわかっている。たとえば、ギターで、弦の振動する部分が全体の三分の二になる位置のフレットを押さえると、どんな音が出るだろうか。何も押さえないとき（これを「開放弦」と呼ぶ）よりは高い音が出るが、一オクターヴ上よりは低い音のはずである（図3・5bを参照）。この音と元の音を同時に鳴らした場合の響

＊（七一ページ）可視光線のうちでも波長が最も長い赤と、最も短い紫の間に類似性が見られるという指摘がなされることはある。可視光スペクトルは、ある意味で「円を成している（端と端がつながっている）」と言えるのかもしれない。そうでなければならない明確な理由はない。二つの色の波長の間に関連性はないからだ。これは、あくまで「人間の目には似ているように見える」というだけの話だと考えられる。こう見えるおかげで、可視光線を「カラーホイール」と呼ばれる円に並べることができ、色の分類にはとても便利である。ただ、カラーホイールは人間が作ったものなので、決して赤外線と紫外線の「色」が同じということはない。カラーホイール上は同じ位置に来てしまう、というだけのことだ。いずれにしろ、色には、音程ほどの「循環性」は見られない。色の場合は、確かに両端が似ているとは言っても、せいぜい「一オクターヴ」の循環である。それでも、音も色も「波」に関係する現象であることから、両者の間に何か神秘的なつながりがあるに違いないと信じる人もいた。アイザック・ニュートンもその一人で、彼は、一オクターヴが七音から成っていることから、虹の色はそれと同じように七色に分けられるはずと主張した。七つに分けるべき科学的な根拠があるわけではないので、この分け方は恣意的と言うしかないが、現代ですら「虹は七色」ということが客観的事実とされることは多い。

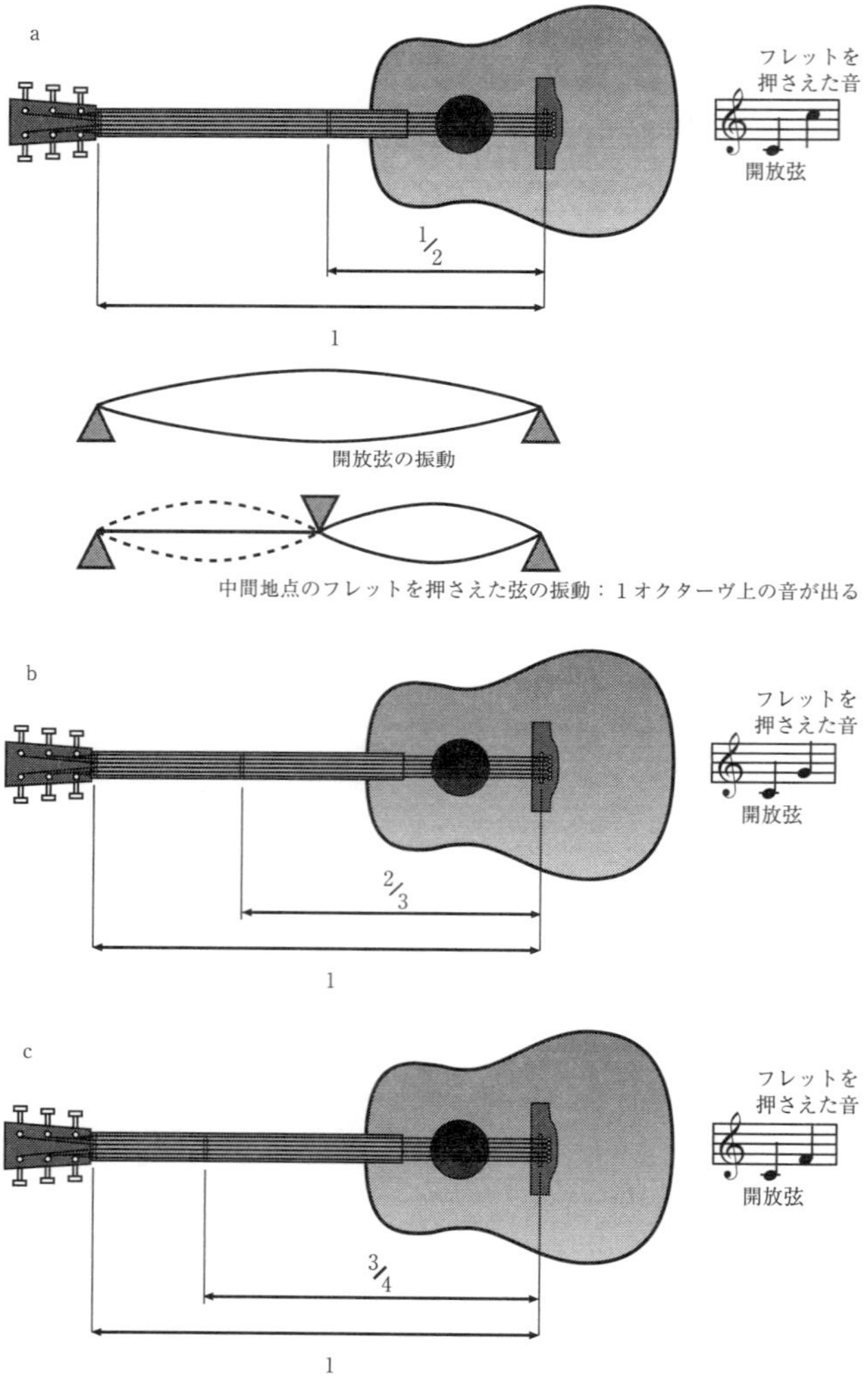

図3.5　音程を１オクターヴ上げるには、弦の振動する部分が全体の半分になる位置のフレットを押さえればよい（a)。元の音と１オクターヴ上の音の周波数比は１対２になる。振動する部分が全体の３分の２になる位置のフレットを押さえると、「完全五度」上の音が出る（b)。また、振動する部分が全体の４分の３になる位置のフレットを押さえると、「完全四度」上の音が出る（c)。

きは、ほとんどの人が心地良いと感じるはずだ。調和のとれた響きになるということだ。これは音楽の用語で言うと開放弦より「五度上」の音である。開放弦の音を起点にして順に音階を上がったときの五番目の音、ということだ（開放弦の音自体を「一番目」と数える点に注意）。もし開放弦が「中央ハ」つまり「ド」にチューニングされていたとしたら、この音は「ソ」にあたる。この、「ド」と「ソ」の間の距離、あるいは音程の間隔を音楽用語では「完全五度」と呼ぶ（次の「音階と音程」を参照）。

音階と音程

「音階」とは、簡単に言えば、「音の列」である。音楽の中で使われる音を下から上に順に並べたものだ。列の中にどんな音が含まれるかは、文化によって違う。個々の文化で伝統的に使われてきた音階があるということだ。すでに少し触れたとおり、音階を構成する音は必ず「不連続」なものになっている。切れ目なく無限に連なった音の中からどの音を使うかを人間が選び出したというわけだ。ただ、不連続とは言っても、音程の変化はある程度以上、滑らかなのが普通である。急勾配を上がるようにあまりに変化が急激だと、サイレンのようになってしまうが、音階の場合は、階段や梯子を上がるような具合に音程が上昇していく。

西洋音楽で一般に使われる音階は、「ダイアトニックスケール（全音階）」と呼ばれるが、これは古代ギリシャに由来する。この音階の一オクターヴには、七つの音が含まれる。ダイアトニックスケールにはいくつか種類があるが、ルネッサンス後期から二〇世紀初頭にかけての音楽で使われているのは主に、そのうちの二つである。メジャースケール（長音階）とマイナースケール（短音階）だ。長音階は、「ド」が起点の場合には、ピアノで言えば白鍵の音だけで構成される（図３・６を参照）。短音階は図に示したとおりいくつかの種類に分かれる。

ダイアトニックスケールを構成する個々の音には専門的な名前がつけられている。この本の中でも時々使う

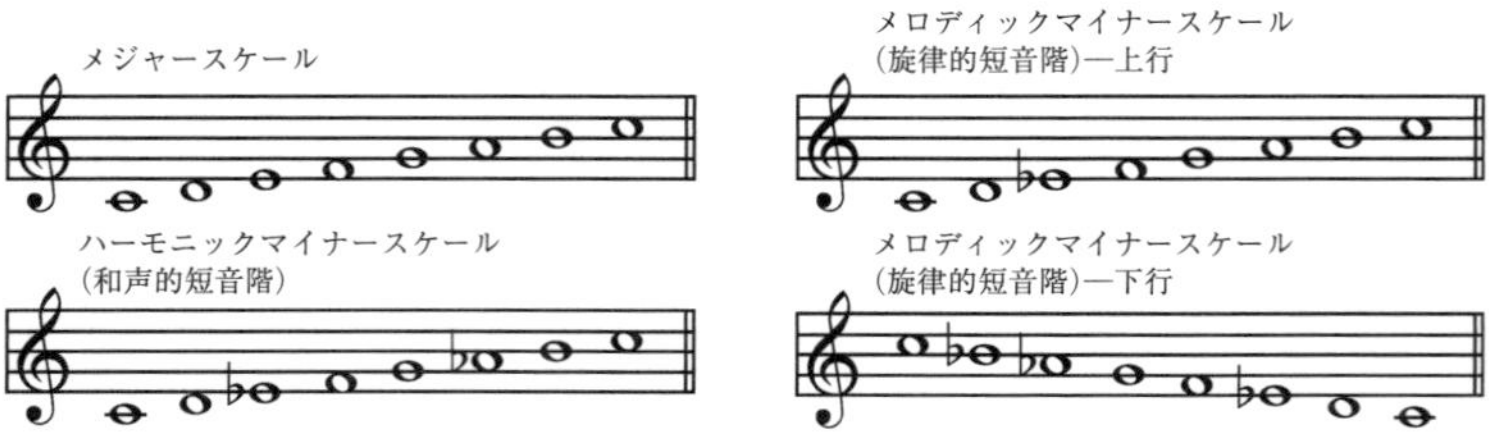

図3.6　メジャースケールとマイナースケール

ので、その名前についてはあとで説明するが、ここでは、まず、ダイアトニックスケールの起点となる最初の音の呼び方だけを覚えて欲しい。この音は「主音（トニック）」と呼ばれる。他の音にもこうした名前があるが、それ以外に、音を単に番号で表す呼び方もあるので、この本ではそちらを使うことも多い。たとえば、「ド」を起点として二番目の「レ」を「二度」、三番目の「ミ」を「三度」と呼んだりするということだ。また、主音のことを「一度」と呼ぶこともある。この呼び方をすれば専門的な言葉を使わずに済むし、「何調なのか」を逐一明記しなくてよくなる。

　一オクターヴの中には、ダイアトニックスケールの七つの音以外に五つの音が存在する。音階が「ド」で始まるとすると、ピアノの黒鍵にあたる五つの音である。この音は本来、ダイアトニックスケールには含まれないのだが、西洋音楽ではよく使われている。一二音全部を含むスケールは「クロマチックスケール（半音階）」と呼ばれる。ダイアトニックスケールに含まれない音を多用した音楽を「クロマチックな音楽」と呼ぶこともある。

　一オクターヴを構成する一二音の、一つ一つの間（シとド、ファとファ♯の間など）の距離、間隔のことを「半音」と呼ぶ。または、半音二つ分の距離、間隔（ファとソ、ドとレの間の距離など）のことを「全音」と呼ぶ。これは、やや混乱しやすい呼称なので、間違えないように注意が必要である。

　任意の二音の間の距離、音程の差の呼び方も決まっている。二音の間の距離をどう呼ぶかは、その二音の間が何音分あいているかで決まる。たとえば、主音と

図3.7　任意の二音の間の距離

五度の音の間（たとえば、「ド」と「ソ」の間）の距離は、「五度」と呼ばれる（図3・7を参照）。専門的には「完全五度」と呼ぶこともある。「四度」も「完全四度」と呼ばれることがある。この二つと、一オクターヴを表す「八度（完全八度）」以外は、上の音が半音下がるかどうかによって二種類の呼び方がある。上の音が半音下がらない場合には頭に「長」が、下がる場合には頭に「短」がつく。たとえば、「ド」と「ミ」の間の距離は、「長三度」と呼ばれる。また、「ド」と「ミ♭（これはマイナースケールの構成音）」の間の距離は「短三度」と呼ばれる（図3・7を参照）。その他、「ド」と「ファ♯」あるいは「ソ♭」の間の距離、つまり主音と四度の♯あるいは五度の♭の間の距離を、「増四度」「減五度」と呼ぶことがある。この距離は「トライトーン（三全音）」とも呼ばれる。全音三つで到達するからだ（ド→レ→ミ→ファ♯）。オクターヴを超える距離にも名前がついている。たとえば、「C4」と「D5」の間、「オクターヴ＋一全音」のことは、「九度（長九度）」と呼ぶ。すぐにわかると思うが、九度の音は、音階の第二音でもある。「二度（長二度）」と呼んでも事実上ほぼ同じ、ということである。

　二つの音の間の距離は、上の音と下の音の間の半音の数で表現することもできる。その場合「長三度」は「四半音」、「短三度」は「三半音」となる。

　これはすべて「習慣的にそう呼んでいる」という話である。知っておくと他人と話が通じやすくなる。難しいのは、二音の間の距離を表現する際、下の音が「主音」とは限らないということだ。「ミ」と「ソ」の間の距離を表現するということもあるわけだ。この距離は「短三度」である。「ソ」は「ミ」より三半音上だからだ。もし、主音が「ミ」のマイナースケールだったとしたら、「ソ」はスケールの第三音ということになる。

このマイナースケールは「ホ短調（Eマイナー）」の音階だ。ただ、これは何も、「ミ」と「ソ」の組み合わせがホ短調の音楽にしか使えないという意味ではない。同じ組み合わせは、「ド」を主音とするメジャースケール、つまりハ長調（Cメジャー）の音階では、第三音と第五音になるし、「ファ」を主音とするメジャースケール、つまりヘ長調（Fメジャー）の音階では、第七音と第九音（上のオクターヴの第二音）ということになる。

「完全五度」の関係にある二つの音の周波数比は三対二になる。この二つの音を同時に鳴らすと心地よい響きになることから、ピタゴラスの信奉者たちは、一つの「一般原則」を導き出した。「周波数の関係が単純な比で表される音を同時に鳴らすと綺麗な響きになる」という原則である。このように、綺麗に響く音の組み合わせは「協和音」と呼ばれる（現在では、協和音を構成する音どうしの関係はもっと複雑であることがわかっている。それについてはあとで触れる）。完全四度の関係にある音（「ド」と「ファ」など）も協和音になるが、両者の周波数比は四対三になる（図3・5ｃを参照）。「ファ」の周波数を四とすると、「ド」の周波数は三になるということだ。

二対一、三対二、四対三という簡単な比により、音階を構成する三つの音が得られることがわかった。オクターヴと、完全四度と完全五度だ。主音が「ド」なら一オクターヴ上の「ド」と、「ソ」と「ファ」である。音階の最初の音と、それと綺麗に響き合う二つの音は見つかったわけだ。これだけでも一応、音楽にはなるだろう。だが、ここまで知れば、他の音も、五対四や六対四などの簡単な比で見つからないか確かめてみたくなる人は多いのではないだろうか。それについてもすぐあとで書くが、実は古代ギリシャ人はそうはしなかったのだ。彼らは、オクターヴ、完全四度、完全五度という三つの関係を基礎にすれば、音階を構成する他の音の周波数も決定できると考えた。完全四度や完全五度の音を基に数学的な計算をすればよいと考えたのだ。たとえば、主音が「ド」だとすると、完全四度、完全五度は「ファ」と「ソ」である。「ソ」よりも完全五度上の音と、「ソ」の音との周波数比は、三対二になる（つまり、上の音の周波数が下の音の二分の三になるということ）。また、この音と、主音の「ド」を比較すると、その周波数比は、3/2 × 3/2 = 9/4 なので、九対四になる。「ソ」よりも完全五度上の音は、上のオクターヴの「レ」である。上のオクターヴの「レ」と主音の「ド」の周波数比が九対四ということだ。この「レ」を一オクターヴ下げれば、「ド」のすぐ上の「レ」になる。一オクターヴ下げるということは周波数が半分になるということなので、この「レ」の周波数は、9/4 × 1/2 = 9/8 という式で求められる。つまり主音の「ド」との周波数比は、九対八ということだ（図3・8を参照）。

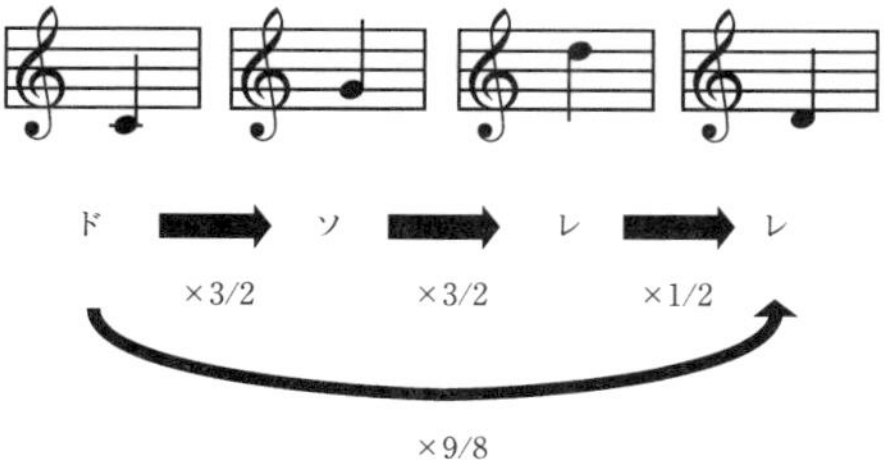

図3.8 「レ」と「ド」の周波数比を、完全五度とオクターヴを使って求める。周波数比は９対８になる。

「レ」と「ド」の周波数比は、完全四度と完全五度を使って別の方法で求めることもできる。「レ」を、「ド」より完全五度上の「ソ」より、完全四度下、と考えるのだ。これについては数式までは書かないが、やはり、「レ」と主音の「ド」との周波数比は、九対八という答えが得られる。二つの方法のどちらでも同じ結果になるわけだ。これで「ド」と「レ」と「ファ」と「ソ」の音が決まった。だが、まだ「レ」と「ファ」の間は大きく空いているし、「ソ」と「ド」の間隔も大きい。いくつかに分割して間隔を狭める必要がある。どう分割するかが問題だが、「ド」と「レ」あるいは「ファ」と「ソ」と同じ間隔で分割するのも一つの方法だ。上の音と下の音の周波数比が九対八になるような間隔ということだ。その分割の仕方だと、「ミ」の音と「ド」の音の周波数比は八一対六四になり、「ラ」の音と「ド」の音の周波数比は二七対一六になる。そして、「シ」の音と「ド」の音の周波数比は二四三対

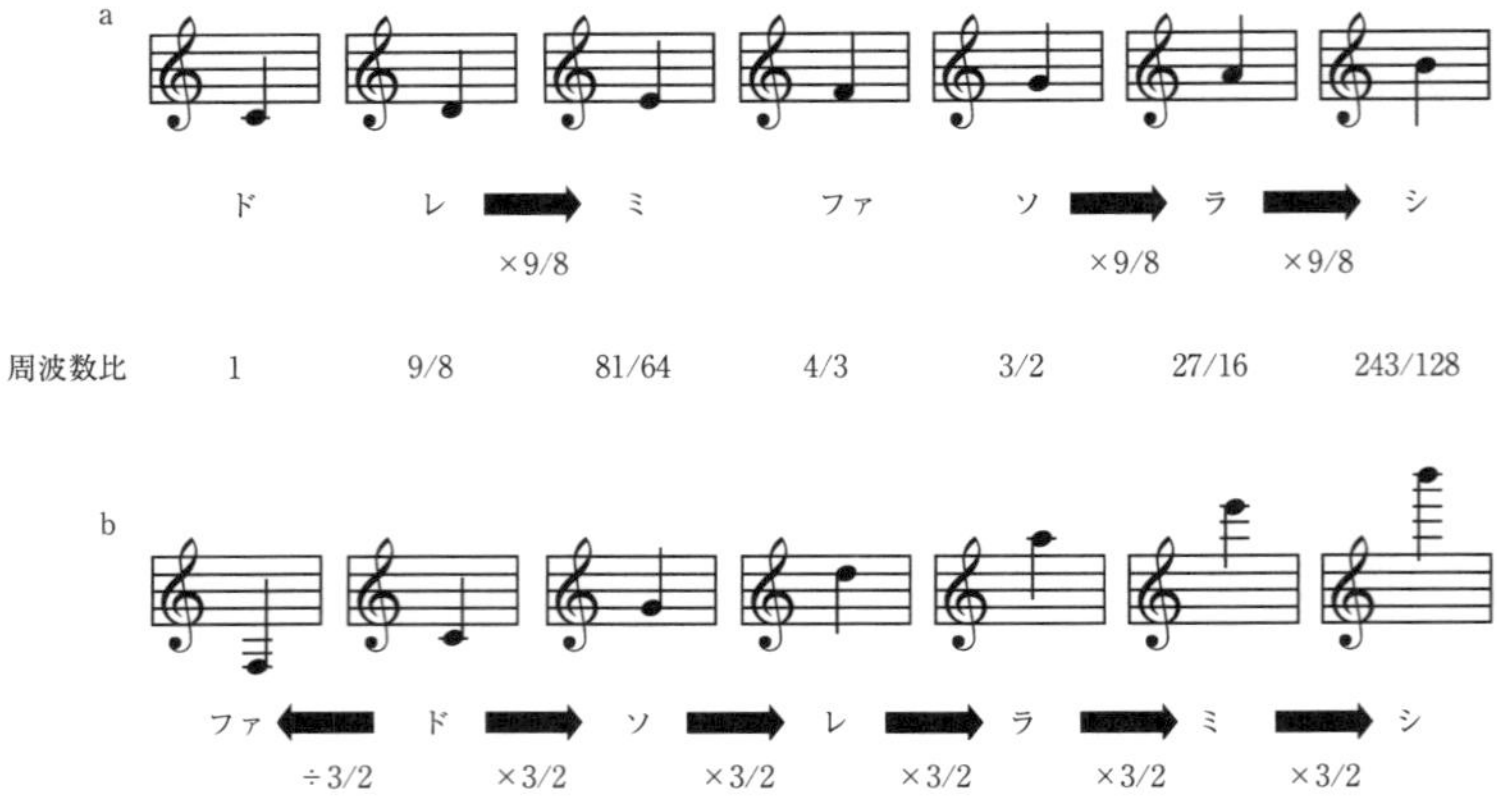

図3.9　ド、レ、ファ、ソ以外の音は、どれも、周波数を１つ下の音の８分の９にすれば得られる（a）。あるいは、音程を完全五度ずつ順に上げて、元のオクターヴに戻すという方法でも得られる（b）。これは「ピタゴラス音階」と呼ばれる音階である。

一二八になる。これと同じ結果は、実は、完全五度ずつ順に上げて、元のオクターヴに戻すという方法でも得られる。「ド」の完全五度上は「ソ」、「ソ」の完全五度上は「レ」、「レ」の完全五度上は「ラ」、「ラ」の完全五度上は「ミ」、「ミ」の完全五度上は「シ」になるので、レとラは周波数を半分、ミとシは周波数を四分の一にしてやれば、ドとファとソの間の音の周波数はすべて決まることになる（図3・9を参照）。

これでメジャースケールの音はすべて揃うが、隣り合う音程と音程の間の距離は常に同じではなく不自然な不一致が生じることになる。ドとレ、レとミの間、それからファとソ、ソとラの間の距離は同じである。低い方の音の周波数を八分の九倍すれば高い方の音になる。しかし、ミとファの間、シと上のドの間の距離はそれよりも狭い。低い方の音の周波数を二四三分の二五六倍すれば高い方の音になるのだ。現在のピアノでは、ドとレ、レとミの間、そしてファとソ、ソとラの間は「全音」、ミとファの間、シとドの間の距離は「半音」になっている。

このようにして得られる音階は「ピタゴラス音階」と呼ばれる。綺麗に響き合う完全五度、つまり周波数比三対二の関係を積み上げるという、単純な数学計算だけで成り立っている音階である。完璧な秩序を持った、ある意味で「美しい」音階と言えるかもしれない。周波数比三対二の関係を積み上げてあるため、主音とほとんどの音の関係が、三と二の累乗で表せるのだ。ドとミの関係は、「1：$3^4/2^6$」と表せるし、ドとシの関係は「1：$3^5/2^7$」と表せる。数学に興味のない人は、この関係を見ても何も感じないかもしれないが、このように、単純な比を使い、論理的に考えていくことで音階ができるというのに少々、驚く人もいるに違いない。ピタゴラス学派の人たちは、数や比を宇宙の基本的な構成要素だと考えていた。その彼らにとって、このように完全に数式と論理のみから音階が組み立てられるというのは当然のことだった。彼らは、それが自然界が本来持っている秩序だと考えていたからだ。また、この事実は、音楽を数学の一分野と考える根拠ともなった。

調（キー）と主音（トニック）

「調性音楽」という言葉は、西洋の音楽愛好家にとっては、ほとんど「口ずさむことができるメロディを持った音楽」というのと同じ意味で使われている。なぜそうなのか、またこのとらえ方がどの程度正しいのかについてはあとで詳しく書く。しかし、ここではひとまず、「調性音楽」というのは、「一つの主音を持った音楽」という意味だと理解して欲しい（主音はオクターヴごとに存在するので、厳密には一つではなく複数になるが）。主音は、いわば、音楽の根本になる音程である。音楽を構築していくための基準点のようなもの、と考えればいいだろう。「主音」という概念は、実は音楽理論で普通に言われているよりも難しいものだが「調（キー）の名前と同じ音」と考えておけば簡単だし、まず間違いはない。つまり「ハ長調あるいはハ短調（キーがCメジャー、あるいはCマイナー）」なら、「ド（C）」の音が主音ということになる。そして、主音は「音階の初めの音」と考えてもいいだろう。主音が「ド（C）」なら、「ド（C）」から音階が始まるわけだ。

図3.10　調号

その曲が何調なのかは、楽譜の最初の「調号」によって示される。調号は♯あるいは♭から構成される（図3・10を参照）。ピアノを習い始めたばかりの人は、ハ長調の譜面を見ると喜ぶ。ハ長調だと黒鍵を使うことが少ないからだ。この調には必ず♯のつく音、♭のつく音というのはない。逆に嬰ヘ長調（F♯メジャー）のように、一オクターヴの間で五つの黒鍵すべてを使わなくてはならない調もある。また嬰ニ短調（D♯マイナー）は嬰ヘ長調よりもさらに難しい。だがバッハの『平均律クラヴィーア曲集』などでは当然のごとく、この調が使われている。使われているのは、彼の作品の中でも特に優雅なものとされるフーガだ。嬰ニ短調で特に難しいのは、楽譜上に「ミ（E）」の音が出てきたら、必ず半音上の「ファ（F）」の音を弾かなくてはならないという点である。直感に反するため戸惑いやすい。

いわゆる「絶対音感（耳で聴くだけで正確な音程がわかる能力）」を持っている人でなければ、現代の楽器を使う限り、同じ曲をどの調で演奏しても同じように聞こえるはずである。調を移動させることを「移調」と呼ぶ。腕の立つ演奏家なら、楽譜を見ながらその場で移調をすることもできるし、実際に移調はよく行われている。ただ、中には、調を変えると曲の持つ個性が変わる、それは絶対音感がなくてもわかる、と主張する人がいる。たとえば、グリーグの『ピアノ協奏曲』の調を、元のイ短調からヘ短調に変えれば聞こえ方が変わるということだ。おそらくその意見は正しい。そう言える理由は簡単には説明できないが、第10章で詳しく触れる。

モード（旋法）

古代ギリシャの音楽が実際に耳で聴くとどういうものだったのか、それはわからない。楽譜など文書の記録は残っていないし、口承というかたちでも残されていないから推測のしようもない。ただ、ほとんどが一定のルールや慣例に基づく即興だったのではないかとは考えられる。また、プラトンやアリストテレスなどが音楽について書いた文章を残してはいるが、触れているのは、主として音楽の哲学的、倫理的な側面である。音楽を具体的にどう作り、演奏するのかという技術的なことを詳しく書くことはしていない。

英語で音楽を意味する「ミュージック（music）」という言葉は、古代ギリシャの女神「ミューズ（Muse＝文芸や音楽、学問などを司る女神）」に由来する。ギリシャでは音楽と言えば、ほとんどが「歌」だったようだ。詩にメロディをつけて歌い、それにリラ（竪琴）やキタラ（ギターの先祖とされる楽器）の伴奏がつく。プラトンは、踊りも歌もなしに、ただリラやフルートを演奏するだけの音楽は「品がなく味気ないもの[2]」、と考えていたようだ。当時の楽器は音域が一オクターヴ程度と狭かったことを考えれば当然かもしれない。リラの伴奏に合わせて歌うために書かれた詩は「リリック」と呼ばれたが、これは英語で「歌詞」を意味する"lyric"という言葉の語源になっている。また、そもそも詩というものがほとんどすべて、曲をつけて歌うために書かれていた。アリストテレスによれば、中には言葉だけの詩もあったようだが、あまり人気はなかったようだ。

使われていた音階から、古代ギリシャの音楽は今の私たちが聴いてそう違和感のあるものではなかったと考えられる。その音階を構成する音は、現在、一般に使われているものと大きく違ってはいなかったからだ。実はダイアトニックスケールに類する音階の歴史は非常に古いのだ。たとえば、古代のシュメール人はすでに似たような音階を使っていたらしい。粘土板に書かれた恋の歌などを解読してみるとそれがわかる。

現在わかっている限りでは、古代ギリシャ人は「和音」と呼べるものは使っていなかったようだ。音程がそれぞれに違う二つ以上の音を同時に鳴らすという発想はなかったのだ。メロディは単音で、伴奏をするリラなどの楽器でも同じメロディを演奏したので、ハーモニーが生まれることはなかった。また、音楽は歌が主で、楽器だけで演奏される音楽というのは稀だった。そのことからすれば、すでに書いたように、ピタゴラス学派の人たちが「二つの音の関係」について考えていたというのは驚きである。ただし、彼らは、美的な意味で二つの音の関係を考えていたわけではなく、考えていたのは、あくまで二つの音の周波数の数学的秩序だった。周波数の関係が簡単な比で表せるということが重要だったのだ。

古代ギリシャ時代の最古の音楽理論書とされるのは、アリストクセノスの『ハルモニア原論』である。アリストクセノスは、紀元前四世紀の哲学者で、アリストテレスの弟子だ。ピタゴラス学派の伝統に反する音楽理論を提唱した。『ハルモニア原論』を読むと、彼の提唱する音楽理論は「完全四度」を基礎とするものであることがわかる。この理論の中で、音階の構成単位とされたのが「テトラコルド（四音列）」である。これは文字通り、四つの音から成る列ということだが、四つの音の最高音と最低音の間隔は完全四度とされた。そして、間の二音の音程は上下にある程度自由に動かしてよいとされた。ピタゴラス学派の音階の場合は、各音の音程がすべて厳密に決められていたのでそれとは大きく違っている。アリストクセノスは、最低音と最高音の間の音の音程は、数や比ではなく、耳で聴いた感覚で決めるべきとした。このテトラコルドをオクターヴの中で様々に組み合わせることで、何種類もの音階が生まれた。その音階が「モード（旋法）」と呼ばれるものである。

つまりモードが何種類もあったということだが、それが古代ギリシャ人にとってどういう意味を持っていたのかはよくわかっていない。ただ音階が何種類もあった、ということなのか。あるいは実質的にはどれも同じ音階で、ただ調が違うというだけだったのか。音楽の種類によって使い分けていたということなのか。モードにはそれぞれに名前がつけられているが、その名前の由来となった事物は個々にまったく違い、それが属する時代も違っている。音楽学者の中には、モードはただの音階ではなかったのではないか、と言う人もいる。古代ギリシャ人たちは、その中の音を自由に使って曲を作っていたわけではないと言うのだ。曲を作るときの

「部品」となるメロディのモチーフがいくつかあらかじめ用意されていて、個々のモードはそうしたモチーフとセットだったのでは、という。ビザンチン聖歌など、そういう方法で曲が作られる音楽も実際に存在する。その他にも、インド音楽のラーガなど同様の例はいくつかある。

二世紀にプトレマイオス（天文学者として有名だが、音楽にも造詣が深かった）が『ハルモニア論』を書く頃には、モードは七種類存在しており、どれも音階としての地位を得ていたようである（図3・11を参照）。最もよく使用されていたのが、「ドリアン」で、これは、西洋音楽で言うマイナースケールに似ている。プトレマイオスのモードの中ではフリジアンも「マイナーの」モードである。一方、リディアンは、メジャースケールと同等のものと考えられる。このモードはヨーロッパに受け継がれ、少し変更を加えられた。中世には、礼拝のときの歌に使われるようになる。ただ、残念ながら、おそらく中世の学者たちが誤解をしたために、中世の礼拝の音楽に使われたモードには、古代ギリシャで使われた同名のモードとは少し違っている部分がある（図3・12を参照）。たとえば、古代ギリシャのミクソリディアンは、「シ（B）」の音から始めればピアノの白鍵だけで弾けるのだが、中世のミクソリディアンは、「ソ（G）」の音から始めると白鍵だけで弾けるものになっていた。さらに、後世の音楽理論家が新たに追加して古代風の名前をつけたというモードもある。スイスの音楽理論家、ハインリヒ・グラレアヌスが導入した「イオニアン」はその例で、これは基本的に、いわゆる「メジャース

図3.11　古代ギリシャのモード（旋法）。プトレマイオスが２世紀にまとめたもの。

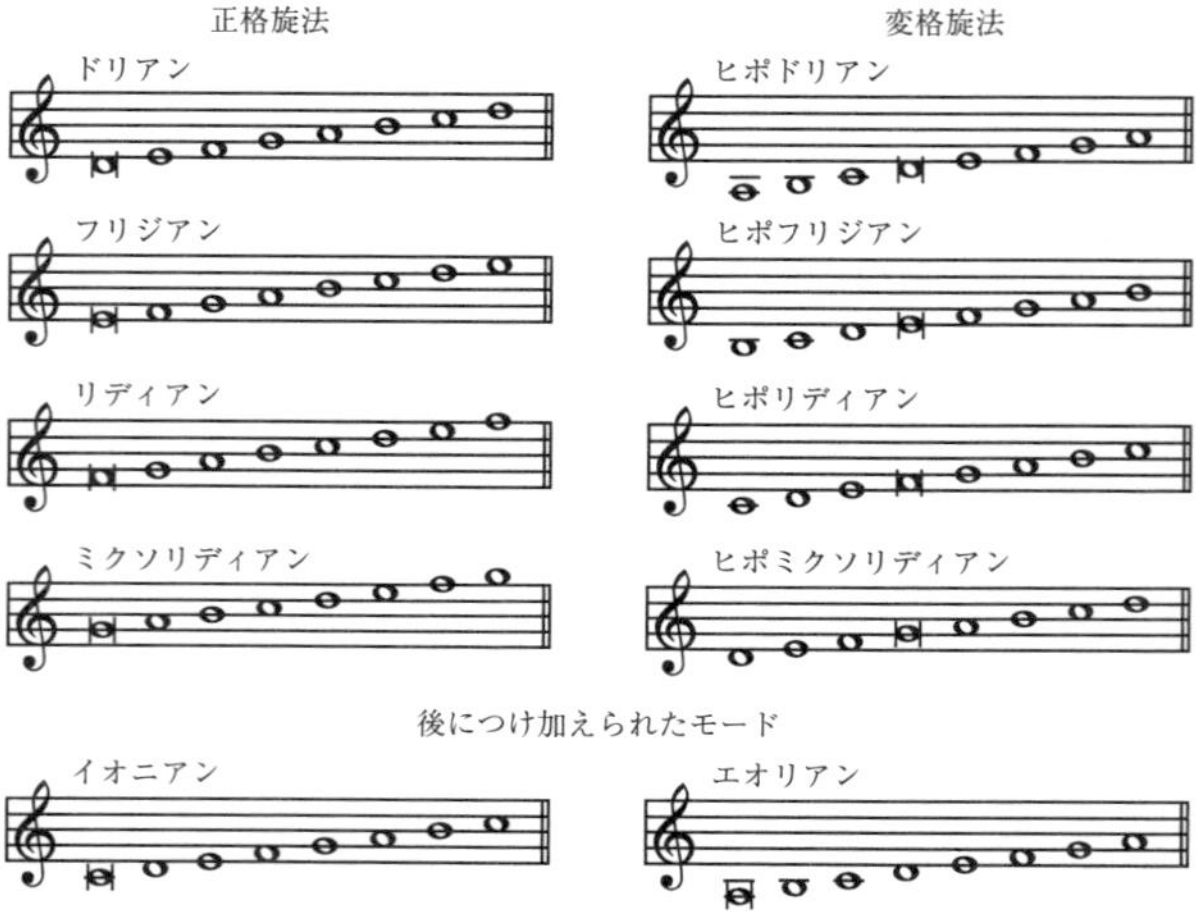

図3.12　中世のモード（旋法）。正格旋法と変格旋法とがある。また、はじめは存在せず後につけ加えられた旋法もある。左右に縦線をつけた音は「終止音」と呼ばれる。

ケール」と同じものだ。また、グラレアヌスは「エオリアン」というモードも導入しているが、これは、現代で言う「マイナースケール」の一つと同じである。

今日使用されているダイアトニックスケールには、「主音」があり、これが音楽の基準になる。中世のモードには、正確には今と同じ意味の主音があるとは言えない。ただ、主音と同じように一応の基準となる音は存在している。この音は「終止音」と呼ばれる。「正格旋法」と呼ばれるモードにおいては、音の列が（混乱しやすいが）この終止音から始まる。一方、「変格旋法」と呼ばれるモードの場合、音の列は終止音の完全四度下から始まる（図3・12を参照）。聖歌の多くは、「詩篇旋法」という定型的で簡単なメロディから作られている。また、歌詞につけるメロディの大半は一つの音から成り、その音は「主要音（テノール）」と呼ばれる保持音である。「テノール」という言葉は、ラテン語で「持ちこたえること」を意味する「テネレ」に由来する。個々のモードには、必ず、それと関連性の深い詩篇旋法が存在する。つまり、モードを構成する音がすべて平等の地位にあるわけではないということだ。終止音や主要音は特権的な地位にある音ということになる。それはダイアトニックスケールでも一部の音（主音や三度の音、四度の音など）が特権的な地位にあるのと同じである。

一一世紀には、グイード・ダレッツォというイタリアの修道士が、メロディを構成する音を覚えやすいよう、個々の音に名前をつけることを思いついた。そのために利用したのが、『聖ヨハネ賛歌（聖ヨハネの夕べの祈り）』という聖歌である。この歌は、最初の六節の最初の音がそれぞれ「ド（C）」、「レ（D）」、「ミ（E）」、「ファ（F）」、「ソ（G）」、「ラ（A）」になっていたため、各節の歌詞の初めの文字を抜き出した。それが〝ut-re-mi-fa-sol-la〟だった。後に〝si〟が加わり、〝ut〟が〝do〟に替わって、現在、メジャースケールの構成音の名前としてよく知られる「ドレミファソラシド」になったのだ。今では、グレゴリオ聖歌よりも、映画でジュリー・アンドリュースと子供たちが歌った歌の方が有名だろう。

グイード・ダレッツォが名前をつけた六つの音の列は、「ヘクサコルド（六音階）」と呼ばれる、第三音と第四音の間を除き、すべての音の間が全音離れている音階である。第三音と第四音の間だけは半音離れている。ダレッツォは、それぞれ「ソ（G）」、「ド（C）」、「ファ（F）」の音が起点となる三つのヘクサコルドから成る音楽体系を構築した（三つのヘクサコルドの間では音の重複が起きることになる）。中世の聖歌のメロディの音程の幅はだいたい三オクターヴくらいだった。最低音は今で言う「ソ（G）」の音、最高音はそれよりも三オクターヴ上の「ミ（E）」の音くらいである。最低音の「ソ（G）」は、ギリシャ文字の〝Γ（ガンマ）〟で表され、それが最も下のヘクサコルドの第一音とされた。この音は「ガンマ・ウト」とも呼ばれた。「全音域」を表す〝gamut〟という英語は、これに由来する。

ヘクサコルドの起点を「ファ（F）」の音にした場合、ピアノでは白鍵で弾けない音が出てくる。「ファ（F）」「ソ（G）」「ラ（A）」「シ（B）」「ド（C）」「レ（D）」のうち、第三音と第四音の間を半音にしようとすれば、「シ（B）」の音を半音下げる必要があるのだ。現代の言い方なら、フラットをつけるということだ。「ソ（G）」を起点にした場合、「シ（B）」が半音下がることはないため、両者を区別する必要が生まれた（「ド（C）」が起点の場合は、「シ（B）」まで到達しないので、ここでは考慮しない）。そこで、フラットをつける方の音は「柔らかいｂ」と呼ばれる、下の部分が丸い「ｂ」の字で表し、フラットをつけない方の音は「堅いｂ」と呼ばれる下半分が四角い「♮」で表すことにした。これが元になって、現在使われている「フラット（♭）」「ナチュラル（♮）」という二つの記号が生まれた。「シャープ（♯）」の記号も堅いｂの記号に由来する。音の高さを場合に応じて半音上げたり下げたりする「臨時記号」は、いずれもヘクサコルドによって生まれたことになる。現代的に解釈すれば、「ファ（F）」を起点とするヘクサコルドは、「ド（C）」あるいは「ソ（G）」を起点とするヘクサコルドを移調したものということになるだろう。

調（キー）の変更

ピタゴラス音階は、ピタゴラス学派の人たちにとっては自然の摂理にかなう理想的なものだった。しかし、その音階には重大な問題があった。より具体的に言えば、問題は二つあり、しかも両者は互いに関係し合っていた。一つは、音の周波数比の問題である。音階を構成する音はそれぞれ、周波数の関係を簡単な比で表せる二音を積み上げるという方法で選ばれた。この「簡単な比」という点が重要だったのだ。しかし、最終的に選ばれた音の中には、主音との周波数比が八一対六四、二四三対一二八というようなものも含まれていた。これはとても「簡単な比」と呼べるものではない。もう一つの問題は、半音と全音の関係である。たとえば、ある音から半音上がって、さらに半音上がれば、合計で全音上がることになるはずである。だが、ピタゴラス音階ではそうならないのである。ピタゴラス音階において、半音二つ分音程を上げるということは、元の音の周波数に「$(256/243)^2$」をかけるということだ。これで、周波数が元の音の八分の九倍になる、という答えが得られれば「一音分周波数が上がる」ということになるのだが、実際には、それには満たない数字が得られてしまう。かなり近い数字になるけれど、一致はしないのだから、やはり問題だろう。もし、これで良しとしてしまえば、ピタゴラス音階には無限の数の音程が含まれることになってしまう。音階は、実際には無限に存在する音程から少数だけを選んで使うためのものである。どうしてこういうことが起きるのだろうか。ピタゴラス音階では、音を決める際、基本的には次々に完全五度上に移動するということをしていた。ただ、一つ例外もあった。音階の四番目の音である。この音は、主音が「ド（C）」なら「ファ（F）」の音ということになるが、この音だけは、「完全五度下（周波数が元の音の2／3になる）」への移動によって到達することになる。

完全五度の移動を繰り返していくと、いずれは、現代で言うメジャースケールに含まれない半音にも到達することになる。「シ（B）」の完全五度上は「ファ（F）♯」である。また、「ファ（F）」からさらに完全五度下に移動していくと、「シ（B）♭」、「ミ（E）♭」、「ラ（A）♭」、「レ（D）♭」、「ソ（G）♭」に順に到達する（図3・13 aを参照）。

だが、一つの問題に直面する。ピアノでは「ファ（F）♯」と「ソ（G）♭」は同じ鍵盤で弾く。同じ鍵盤で弾くからにはまったく同じ音である。言い換えれば、「ド（C）」からの完全五度の移動で描く円（これを「五度圏（サイクル・オブ・フィフス）」と呼ぶ）は、ここでつながり、完全な円になるはず、ということだ（図3・13 bを参照）。ところが、ピタゴラス音階では、「ファ（F）♯」と「ソ（G）♭」の周波数は同じにならない。「ファ（F）♯」と「ド（C）」の周波数比は、七二九対五一二（$3^6/2^9$）になるが、「ソ（G）♭」と「ド（C）」の周波数比は、一〇二四対七二九（$2^{10}/3^6$）になる。この二つは、ほんのわずかだが違っている。違いを比で表すと、$3^{12}/2^{19}$（比の値では〝一・〇一三六四〟）となる。両者の周波数の差のことを「ピタゴラス・コンマ」と呼ぶ。五度圏は完全な円ではなく螺旋になってしまう（図3・13 cを参照）。

もし、すべての音楽が一つ、または、ごくわずかな数の調（キー）だけで作られるのならば、これはさ

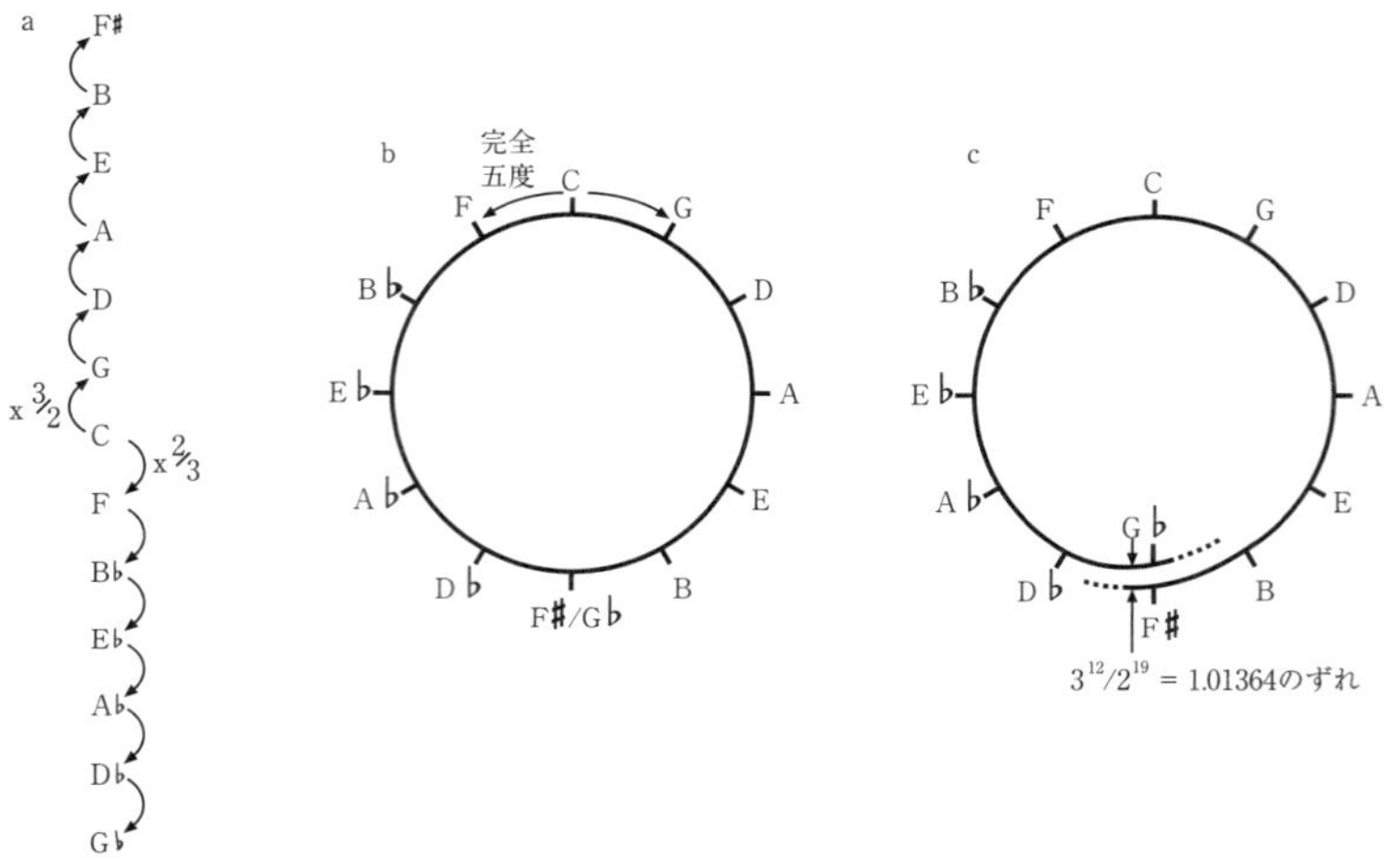

図3.13　西洋音楽の音階に含まれる音程には、半音も含めてすべて、完全五度の移動を繰り返すことで到達できる（a）。上への移動で最終的に到達するのは「ファ（F）♯」で、下への移動で最終的に到達するのは「ソ（G）♭」である。現代のピアノでは、この２つは同じ音であり、どちらも同じ調に対応する。つまり現代では、この「五度圏（サイクル・オブ・フィフス）」は両端が閉じた形になるということだ（b）。だが、すべての移動が数学的な完全五度（上の音と下の音の周波数比が正確に３対２）になるピタゴラス音階の場合、「ファ（F）♯」と「ソ（G）♭」は一致しない。両者の周波数の差のことを「ピタゴラス・コンマ」と呼ぶ。これを比の値で表すと「1.01364」となる。ピタゴラス音階では五度圏は円にならず、螺旋を描くことになる（c）。いくら完全五度の移動を繰り返しても、両端が閉じることはない。従って、音階には無限に新しい音程が加えられていく。

ほど大きな問題にならないかもしれない。問題になりそうな音がそうした調の外にあれば、まず使われることがないからだ。古代ギリシャや中世のヨーロッパには、今日の西洋音楽で使われているような調の体系は存在しなかった（八一ページのコラム「調（キー）と主音（トニック）」を参照）。音楽に使える「音のパレット」は、どのモードを使うかによって変わったのだ。現代の私たちの感覚では、乱暴に言ってしまえば音階はどの調であっても同じ音から構成されており、ただ、どこが起点になるかが違うだけ、ということになる。しかし、中世や古代ギリシャのモードの体系は違う。七つのモードは、それぞれに起点と構成音の違う七つの音階である。どれも、ピアノでは白鍵だけで弾くことができる。起点は、ドリアンは「レ（D）」、フリジアンは「ミ（E）」という具合に違う（八二ページのコラム「モード（旋法）」を参照）。音程の間隔の組み合わせパターンもモードによって違う。どこが全音になり、どこが半音になるかがそれぞれに違うということだ。ヒポリディアンは現代で言うメジャースケールに似ていて、ドリアンは現代のマイナースケールによく似ている。その

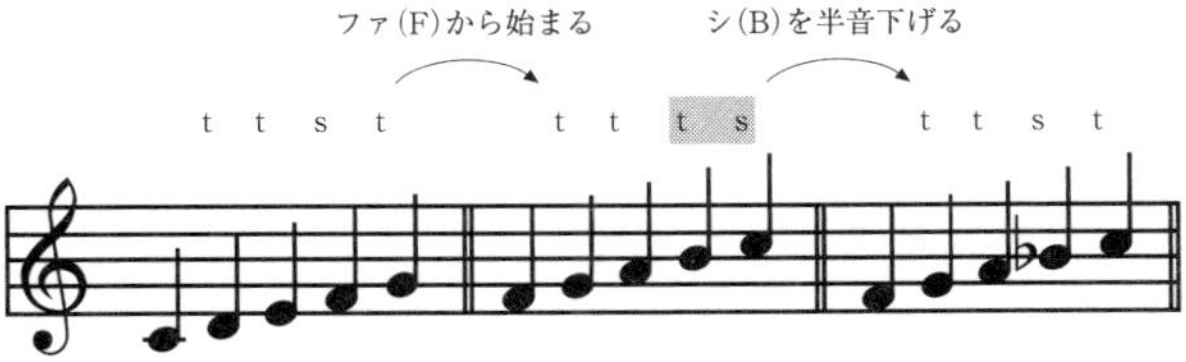

図3.14　ハ長調の音階の間隔パターン（全音／半音の組み合わせパターン）をヘ長調（右）に移そうとすれば、「シ（B）」の音を半音下げる必要が出てくる（t＝全音、s＝半音）。

他のモードは、それを音階だと思うと、現代の私たちにはどれも奇異に聞こえるものばかりである。

♯や♭などのいわゆる「臨時記号」は元々、モードの体系の中でやむを得ず使われたものだ。はじめは「シ（B）」を半音下げるために、次に「ファ（F）」を半音上げるために使われた。だが、このやむを得ず考え出された記号のおかげで、音階は変えずに主音を自在に変える、今で言う「移調」ができるようになった。同じメロディを、起点の違う様々な音階で演奏したり歌ったりできるようになったのだ。たとえば、「ド（C）」「レ（D）」「ミ（E）」「ファ（F）」「ソ（G）」というメロディは、「ファ（F）」を起点にしても演奏できる。ただし、単純に「ソ（G）」、「ラ（A）」、「シ（B）」、「ド（C）」と上がっていくだけでは、同じメロディにならない。問題は四番目の「シ（B）」の音である。「ド（C）」から始まるメロディが「全音・全音・半音・全音」という組み合わせになっているのに対し、「ファ（F）」から始まるメロディは「全音・全音・全音・半音」という組み合わせになっている。メロディを同じにするためには、「シ（B）」の音を半音下げ、「シ（B）♭」にする必要がある（図3・14を参照）。臨時記号を使うと、「移調」に加え、「転調」も可能になる。これ

は曲の途中で調を変えることである。クリスマス・キャロル『我らはきたりぬ』のように、序奏部ではホ短調（Eマイナー）だが、主題になるとト長調（Gメジャー）に転調するというものもある。西洋音楽では、バロック時代から転調が重要な役割を果たすようになった。たとえばソナタ形式と呼ばれる形式の曲においては、曲を作り上げていく上で大切な要素となっている。最初に提示された主題が、後に、異なる（ただし元の調と関係のある）調で繰り返し演奏される、という構成になっていることが多いからだ。

移調や転調をすると、音階に新しい音を追加する必要が出てくる。主音を完全五度上げるか下げるかする度に、新しい音が一つ加わる。「ハ長調（Cメジャー）」を「ト長調（Gメジャー）」にすると、ハ長調の音階にはなかった「ファ（F）♯」という音が一つ加わる。「ハ長調（Cメジャー）」を「ヘ長調（Fメジャー）」にすると、これもハ長調の音階にはなかった「シ（B）♭」という音が一つ加わる。こうすることで、起点が変わっても、音階を構成する音の間隔のパターンは同じになり、調が変わっても同じメロディが演奏できることになる。この仕組みは理解しやすく便利である。ただ、今日のような調の体系はすぐにできあがったわけではない。ルネッサンスの前までは、曲を作る人たちが個々に音階の起点を様々に変えたり、徐々に臨時記号を増やしてみたりするなどの「実験」をしていた。一四世紀頃まで、その実験の仕方は、今の基準で見れば驚くほど自由だった。何か明確な基準があるわけではなく、単に「美のために（*causa pulchritudinis*）」という理由だけで臨時記号をつけるということがよく行われた。ただその人が、「こうする方が響きが綺麗だから」というだけの理由で半音上げたり下げたりしていたわけだ。そうした臨時記号の中には、繰り返し使われているうちに慣例のようになったものもあった。楽譜に明記されていなくても演者が暗黙のうちに了解しておき、適宜半音上げたり下げたりすべきものとされたのだ。演者がその時々の気分で半音上げたり下げたりすることもあった。イタリアの作曲家、カルロ・ジェズアルド（一五六〇頃―一六一三）の作ったマドリガーレなどは、半音の使い方が極めて個性的で、現代の私たちの耳には、明らかに異様に聞こえるものである。
　移調のために使うべき音は、主音が完全五度上、あるいは下に移動する度に増えていく。上に移動すると♯が、下に移動すると♭が一つずつ増えていくことになる。たとえば、「ト長調（Gメジャー）」では♯が一つだったが、「ニ長調（Dメジャー）」になると、♯が一つ増え、「ド（C）♯」という音が新たに加わることになる。さらに完全五度上の「イ長調（Aメジャー）」では、♯がまた一つ増え、「ソ（G）♯」という音が新たに加わる（図3・15を参照）。すでに書いたとおり、ピタゴラス音階を使っている場合、この臨時記号の増加、音の増加は無限に続くことになる。「ファ（F）♯」と「ソ（G）♭」は一致せず、五度圏が閉じないからだ。「ファ（F）♯」を主音とする音階と「ソ（G）♭」を主音にする音階でも、音程がまったく一致しない。この不一致はさらに完全五度の移動を「ド（C）♯」、「ソ（G）♯」と続けていっても決して解消されない。

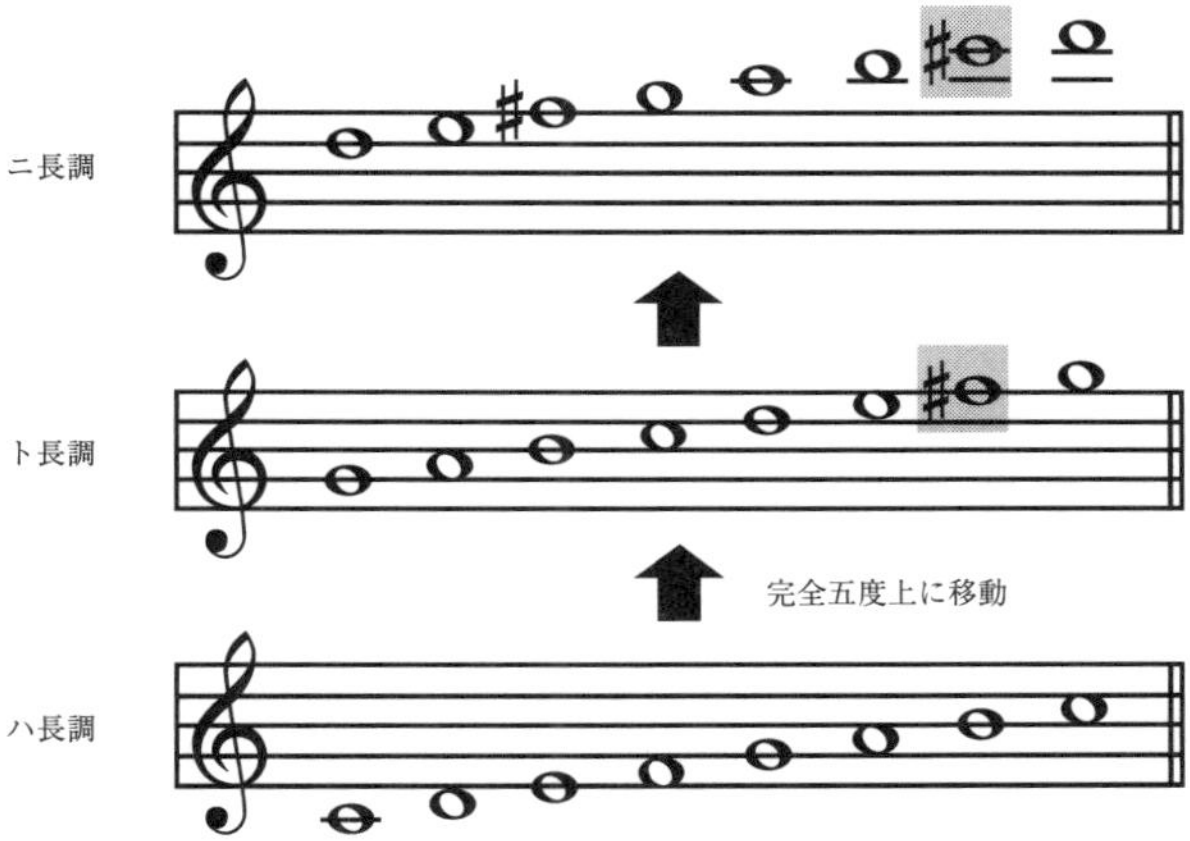

図3.15　主音を完全五度上に移動させる度に、音階には新しい音が加わる。グレーになっているのが新しい音。

　これは、ピタゴラス音階を使う限り、ピアノをどう調律しようがそれが正しい調律であるとは言えないということだ。完全五度上への移動によって得られる音を基準に調律をしたとすると、完全五度下への移動によって得られる音に狂いが出るだろう。これは音と音との間隔にズレが生じるということでもある。実は一致しないのは「ファ（F）

♯」と「ソ（G）♭」だけではない。正確には、一致するはずの♯の音と♭の音のすべてにズレが生じるのだ。つまり、ピタゴラス音階を使っていると、移調や転調がまったくうまくいかないということである。完全五度移動の起点となった調から離れれば離れるほど、音楽は調子外れになっていく。この問題を解決するには、五度圏が閉じるような音階、「ファ（F）♯」と「ソ（G）♭」が一致するような音階を作る必要がある。

調律

ピタゴラス音階のこうした欠陥を克服するために、代替となるいくつかの音階が考え出された。ピタゴラス音階の持っていた最大の長所は、音程の周波数の関係が簡単な比で表せるという点だった。また中世まで、協和音とみなされたのは、オクターヴと五度、四度の関係にある音だけだった。しかし、一五世紀になると、音楽は次第に多声化し始め、同時に二つ以上の音を鳴らすことが増えてきた。そのため、協和音とみなされる音の組み合わせも増えることになった。三度（「ド（C）」と「ミ（E）」など）や、六度（「ド（C）」と「ラ（A）」など）の関係も一応、協和音とみなされるようになったのだ。三度の音と主音の周波数比は、ピタゴラス音階では八一対六四であり、これはとても「簡単な比」とは言えない。そこで、音程の修正が行われ、三度と主音の周波数比は八〇対六四と、より簡単なものに変えられた。八〇対六四は「五対四」なので非常に簡単である。六度と主音の周波数比も、同様に二七対一六から、二五対一五に改められた。これは五対三ということだ。

この音階は、一五五八年に、イタリアの音楽理論家で、聖マルコ大寺院の聖歌隊指揮者だったジョゼッフォ・ツァルリーノによって体系化された。ツァルリーノの提案した音階では、各音の主音に対する周波数比は次のようになっていた（ここでは主音が「ド（C）」の場合を示している）。

音階の構成音	ド（C）	レ（D）	ミ（E）	ファ（F）	ソ（G）	ラ（A）	シ（B）	ド（C）
周波数比	1	9／8	5／4	4／3	3／2	5／3	15／8	2

この音階は「純正律」と呼ばれている。この音階なら、確かに周波数比は常に簡単に保たれる。しかし、実はそれとは別の問題を抱えていた。三度と六度の音の周波数を少し変更したために、音階の中に二種類の「全音」が生まれてしまったのだ。上の音と下の音の周波数比が九対八の全音（「ド（C）」と「レ（D）」、「ファ（F）」と「ソ（G）」、「ラ（A）」と「シ（B）」）と、一〇対九の全音（「レ（D）」と「ミ（E）」、「ソ（G）」と「ラ（A）」）である。しかも、どちらの全音も「半音二つ分」ではないという点も問題である。半音（「ミ（E）」と「ファ（F）」、「シ（B）」と上の「ド（C）」など）の周波数比は一六対一五になる。これは大変な矛盾だ。

純正律は、移調の問題も解決できなかった。むしろ問題を悪化させたと言ってもよい。五度移調したときに新たに必要になる音が一つではなく、二つになってしまったからだ。たとえば、「ハ長調（Cメジャー）」から「ト長調（Gメジャー）」に移調したときには、「ファ（F♯）」の音に加え、ハ長調のものとは違う周波数の「ラ（A）」の音が必要になってしまう。これは、周波数比が九対八の全音と一〇対九の全音が存在するために起こる現象だ。両者の間の差異は比の値にして一・〇一二五となる。この差異を「シントニック・コンマ」と呼ぶ。

驚くべきことに、純正律が提案された当時の音楽理論家たちは、これほどの問題があるにもかかわらず、この音階を受け入れた。この音階を使うということは、オルガンやハープシコードなど、音程の固定され

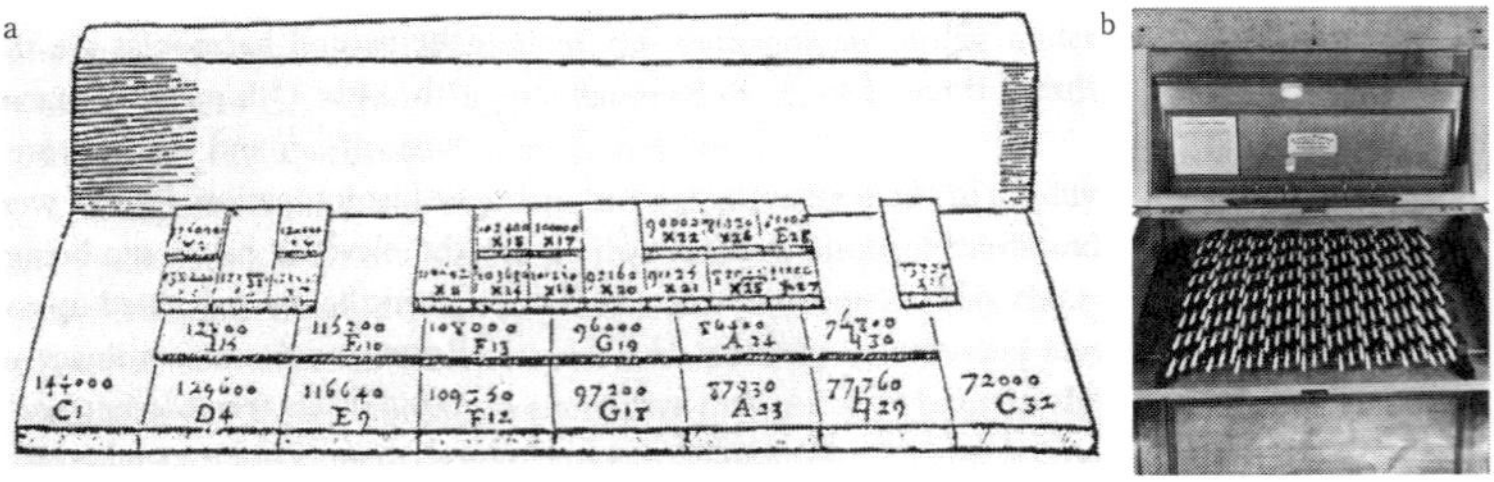

図3.16　マラン・メルセンヌが考案した鍵盤（a）とロバート・ボサンケのハルモニウム（b）。どちらも、1オクターヴの中に12個以上のキーがある。調によって必要な音が異なっていたため。

た楽器には、調を変えるときのために余分の鍵盤を用意するなどの手間が必要になるのだが、それでも受け入れられたのだ（弦楽器の場合には、押さえる位置を微調整するなどすれば対応できる。ただし、相当なテクニックがないと正確な調整は難しい）。一六三〇年代にフランスの数学者、マラン・メルセンヌが考案した鍵盤は、一オクターヴに三一個もキーがあるものだった。何と「ファ（F）」から「ラ（A）」の間に一五ものキーがある（図3・16 a）。そう聞くと「とても弾けない」と思う人も多いだろうが、フランツ・ヨーゼフ・ハイドンはオランダでこういう鍵盤を弾いたと言われている。純正律の他にも、音階は多数提案されているが、もはやバカげていると思えるほどに音の数が多いものもあった。音程がほんのわずかだけ違う音が多数含まれていたのだ。科学者、音楽理論家だったロバート・ホルフォード・ボサンケが一八七〇年代に作った「ボサンケ・ハルモニウム」のように、一オクターヴが八四個のキーで構成されている楽器もあった（図3・16 b）。

一五世紀に使われ始めた「中全音律」も、ピタゴラス音階の抱える問題を解消するために考案されたものだった。完全五度の連鎖によって使う音を選択していくというところはピタゴラス音階と同じだが、少し工夫を加えた。それによって「個々の音程の間の距離の総和が一オクターヴにならない」というピタゴラス音階の根本的な問題を解決しようとした。そのために採ったのが、「完全五度」の周波数比をピタゴラス音階の三対二よりもわずかに小さくするという方法である。縮小の幅は色々と考えられるが、最もよく知られていたのは、フィレンツェの音楽理論家、ピエトロ・アーロンが一五二三年に提案した「クォーター・コンマ・ミーントーン」だろう。これは、完全五度の周波数比を、先述の「シントニック・コンマ」の四分の一だけ小さくするという方法である。この幅の完全五度移動を四回繰り返すと、二オクターヴ上のメジャースケールの三度に到達する。ただ、この方法だと、音階の中にできる完全五度の幅が一定にはならないという問題が発生する。うち一つは幅があまりに広すぎ、二音を同時に鳴らすと「ウルフ」と呼ばれる、うなるような不協和な響きになってしまう。しかも、楽器の一オクターヴに一二音より多い音が必要という状態もやはり変わりない。周波数が一致するはずの♯と♭に不一致が生じるためだ。

こうした問題がどうすれば解決するのかは、実は明らかである。一オクターヴの幅を単純に一二に分割し、その幅を半音にすればいいのだ。そうすれば当然、どの半音をとっても同じ幅になる。だとすれば、メジャースケールは「全音‐全音‐半音‐全音‐全音‐全音‐半音」のパターンを守る限り、どの音から始めても常に同じように聞こえるということだ。問題は、一オクターヴを一二分割した幅とは一体どのくらいの幅か、ということだ。有名なガリレオ・ガリレイの父親、ヴィンチェンツォ・ガリレイは、ジョゼッフォ・ツァルリーノの下で音楽理論を勉強し、一五八一年に半音の幅が一オクターヴの一二分割に非常に近くなる音階を提案した。この音階は、半音違いの音程の周波数が一八対一七になるというものだった。ガリレイは、従来の、「周波数の違いは簡単な比で表せるべき」という考え方とも折り合いをつけるために、この幅を採用した。この幅の半音を積み重ねると、主音と、その一オクターヴ上の音の周波数比は一対二にはならない。一対二に極めて近いが、上の音の周波数はわずかに二には足りず一・九八五五になる。オクターヴも五度も四度も理想的な高さよりは少し低くなってしまう。これは、音の調和に関する伝統的な考え方からすれば看過できない欠陥である。結局、この音階が広く使われることはなかった。

本当に一オクターヴを一二分割できる半音の幅は一つしかないはずである。その幅を求める方法は、中国とオランダという二つの場所で同時に発見された。一二乗して「二」になる数字を求めればいいのだ。その数字が半音の幅を決めるということだ。その数字は $\sqrt[12]{2}$（$2^{1/12}$）である。ある音と半音上の音の周波数比が「1：$\sqrt[12]{2}$」になればいいということである。この幅の半音を使えば、四度、五度の音の周波数もガリレイの音階より理想に近いものになる。四度の音の周波数は主音の一・三三四八倍になり、五度の音の周波数は主音の一・四九八三倍になる。ピタゴラス音階の場合、前者は一・三三三三（四度と主音の比が四対三になるため）で、後者は一・五（五度と主音の比が三対二になるため）なので、確かにかなり近い値だと言える。

この値を使った音階を「平均律」と呼ぶ。この音階を最初に提案したのは、中国、明朝の学者、朱載堉である。『律呂精義』という彼の著書に平均律についての記述がある。そのわずか一年後に、フラマン人数学者のシモン・ステヴィンもまったく同じ音階を提案している。ステヴィンは朱載堉のアイデアを知っていたのではと言う人もいるが、それはまずあり得ないだろうと思われる。確かに、ポルトガルの植民地となっていた珠江河口のマカオでは、一五八〇年から二年に一度、見本市が開かれるようになっていたので、そこで西洋人と中国人が商品とともにアイデアを交換するということもあっただろう。しかし、朱載堉とステヴィンに直接の接点があったとは考えにくい。ただ、いずれにしろ、平均律についての理論を明確に記述し、その利用を促進したのは二人のどちらでもなく、マラン・メルセンヌである。一七世紀前半のことだ。メルセンヌ本人は、純正律に対応した複雑な構造の楽器に強い愛情を注いでいたにもかかわらず、平均律の普及のために努力したのである。

平均律にも問題はあった。$2^{1/12}$ という数字である。これは、いわば思想上の問題だ。この数字はただ複雑だというだけではない。「無理数」である。分子、分母が整数になる分数では表せない数だ。ピタゴラス学派の、簡単な比で表せる音が調和するという理論は一体、どうなってしまうのか。だが、ステヴィンはこれで特に問題ないと考えていた。ピタゴラス学派の言う完全五度は実はそう特別なものでもないと考えたのだ。完全五度自体は調和がとれているかもしれないが、それを基に導き出した半音の周波数比は二五六対二四三になってしまう。これのどこが簡単だろうか。それに比べれば、誰が何と言おうと$2^{1/12}$は、はるかに簡潔な数である。ステヴィンはそう信じた。

平均律に異議を唱える人は数多くいたし、今もいる。ピタゴラス音階のように「正しい」和音を作ることができないというのだ。それ以前の音階の音を一度でも聴いたことがある人間には、平均律の響きはあまりに汚くて耐えられないという。*　一九世紀、ドイツの物理学者、生理学者で、聴覚音響学の先駆者でもあるヘルマン・フォン・ヘルムホルツは、平均律の音について「腐敗していない耳には不快である」[3]と言った。音程のズレはわずかなものとはいえ、中には無視できないズレもあった。特に問題が大きいのが長三度である。平均律の長三度の音は、純正律に比べ、一パーセント近くも高い。このくらい違うと、ほとんど誰でも簡単に気づいてしまう。ただ、あとでも詳しく述べるが、どの音階が最も優れているか、という議論において主張される意見はどれも決定的な根拠を欠いている。慣れの部分も大きいので一概にどれが良いとも言えない。

＊音楽学者、ロス・ダフィンは自著『平均律がいかにハーモニーを損なっているか』の中で、平均律を否定する意見を、軽快でユーモラスな筆致で語っている。ダフィンの考えでは、平均律が大きな欠陥を抱えていることは自明だという。また、音程にズレがあることは、わざわざ実験などしなくても、誰もが感じ取れるはずだと言っている。彼が証拠としてあげているのは、トーンジェネレータで音を発生させ、それに対する反応を見るという実験の結果だけだが、この実験は音響学的にはまったく意味のないものである。

五度圏の両端が閉じるような音階、どのように移調をしても、調子外れな音ができない音階を作ろうという試みは一六世紀以降も続けられた。よく使われたのが、音程の間隔に違いを作るという妥協案である。完全五度にいたる途中の音程に間隔の広いものと狭いものを作るのだ。ピアノで言うと、音程の差を白鍵と白鍵の間では少し狭め、黒鍵と黒鍵の間では少し広げるということがよく行われた。ドイツの音楽理論家、アンドレアス・ヴェルクマイスターも、一七世紀の終わりにその種の音階をいくつか提案している。この音階をヴェルクマイスター自身は「快適不等分律（ウェル・テンペラメント）」と呼んだ。バッハの『平均律クラヴィーア曲集』は、長調、短調、合わせて二四の調で書かれた前奏曲とフーガからなる作品集だが、これがいわゆる平均律のために書かれたものなのか、それとも、快適不等分律のために書かれたものなのかは、長い間、議論の的になっている。いずれにしろ、この作品集は、五度圏の両端が閉じる音階ならば、すべての調を同じように使って作曲ができるということを証明する見本とするために書かれたものである。つまり、一種の広告ということで、これほど見事な広告が作られたことは歴史上まず例はないと思われる。だが、この作品集をもってしても平均律をすぐに普及させることはできなかった。平均律が本当に広く使われるようになったのは、一九世紀になってしばらく経ってからのことだ。

主音と完全四度や完全五度の周波数比が簡単で、なおかつ移調は自在にできる、そういう音階を作ることは数学的には不可能だ。音響科学者のウィリアム・セサールは、自由に調律を変えられる電子楽器を利用した独創的な解決策を提案している。電子楽器を演奏すると、演奏中にその場で微妙な音程調整が行われ、常に状況に合った理想的な音程が選択されるというプログラムを考えたのだ。このプログラムは「アダプタン」と名づけられた。演奏者の方では、自分が今、何調で演奏しているかを特に把握する必要はない。それは、どの音がどの順序で演奏されたかで自動的に察知され、調に応じた最適な調律が瞬時に行われるのだ。アダプタンの使用結果は、ウェブサイト（http://sethares.engr.wisc.edu）やＣＤで確認できる。

一音のコード

ここまで見てきたとおり、西洋音楽の世界では長い間、数学を基礎として音階を構築する試みが続けられてきたのだが、どの音階もそれぞれに問題を抱えている。しかし、音階を構築する方法は他にもある。音響物理学を応用する方法もその一つだ。ピタゴラス音階に関しては、「周波数比が簡単」ということが何世紀もの間、音階の正当性の根拠とされてきたが、その根拠に疑いの目が向けられてきたことも一方で確かである。それに関して音響物理学ではどういうことが言えるのかを見てみよう。

音楽における「調」を特徴づけるものは主に二つある。一つは、音階で、*もう一つは「三和音（トライアド）」である。これは主音、三度、五度から成る和音のことだ。ハ長調（Cメジャー）の場合には、ド（C）、ミ（E）、ソ（G）の三音ということになる（いわゆる「ドミソ」の和音）。この三つの音は、どの順序で組み合わせても、調和した響きになる。お互いに相性が良いのだ。

三和音は、音楽の構成要素としてあまりにも馴染み深いために見過ごされがちだが、実は、この三音が調和するのは、ピタゴラス学派の考え方からすれば奇妙なことだ。周波数比が簡単な音程ほど調和し合うというのが彼らの考え方だからだ。たとえば、主音と完全五度の関係はこの考え方に合致する。完全五度の音は三和音にも存在する。また、一オクターヴ上の主音を重ねることもあるが、これも当然、下の主音との関係は簡単な周波数比で表せる（アメリカ民謡『オン・トップ・オブ・オールド・スモーキー』の冒頭部分では、ドの音を上下に重ねた三和音が使われる）。さらに主音と完全四度も周波数比は簡単だが、

＊すでに書いたとおり、どの調にも複数のマイナースケールが存在する点にも注意。

これは三和音には含まれず、その代わりに三度の音が入るのだ。ピタゴラス音階では、三度と主音の周波数比は八一対六四である。これは簡単とは言えない。にもかかわらず、音楽において、完全四度を入れた和音よりも三度を入れた和音の方が一般に重要性が高いのはなぜだろうか。

実を言えば、私はずっと、とても大切なことを書いてこなかった。もちろんそうするには十分な理由があった。音階の話が不必要に難解になるのを防ぐためだ。ここまでは、どの音も特定の一つの周波数を持った音であるという前提で話を進めてきた。だが、正確には、今まで生きてきて、そんな音を聞いた経験のある人はおそらくほとんどいないのではないかと思われる。一つの周波数だけを持つ音を出すというのは非常に難しいことである。それが本当に可能になったのは、電子的に音を合成する技術が誕生してからのことだ。周波数が一つだけという音は、自然界にはまず存在しない。従って、一般に使用されてきた楽器の中にも、そんな音を出せるものはない（ただし、中にはそれに非常に近い音を出せるものはある）。ギターの弦を指ではじいたり、ヴァイオリンの弦を弓でこすったり、ピアノのキーを叩いたり、フルートやトランペットに息を吹き込んだりして音を出すと空気は振動する。だが、その振動数は一つではないのだ。それは「共鳴」という現象が起きるためだ。弦やボディが共鳴することで、同時に複数の周波数が生まれ、それが混ざり合う。共鳴によって生まれた周波数は、どれも最も低い周波数の整数倍になる。振動する弦は、その弦の長さに等しい波長の波を起こすが、同時に弦の長さの半分（つまり周波数は倍）、三分の一（周波数は三倍）、四分の一（周波数は四倍）といった波長の波も起こす。どの波の波長も弦の長さを基準に決まる点が重要だ（図3・17を参照）。最も周波数の低い振動を「基音」と呼ぶ。この周波数の音が通常は最も大きく、音響的エネルギーのほとんどはこの周波数に集まると言える。基音より高い音は倍音と呼ばれる（混乱しやすいが、基音のことを「第一倍音」と呼ぶこともあり、また、基音の次に低い倍音を「第一倍音」と呼ぶこともある）。

楽器の多くは同時に一〇以上もの倍音を出す（図3・18を参照）。だが、その中には簡単に検出できないものもある。周波数が上がるほど、倍音は弱くなっていくからだ。ピアノを弾くとき、ダンパーペダルを踏んで、すべての弦が自由に振動できる状態にすると、弾いたキーよりも上のキーの弦が同時に振動しているのが目で見てわかる。倍音が出ている状態を目で観察できるわけだ。基音と倍音が混ざり合ってできた音を「複合音」と呼ぶ。倍音の構成がどうなるかによって、その楽器の音の持つ特徴、音色は変わる。複合音を構成する基音、倍音の集合を「倍音列」と呼ぶ（図3・19 aを参照）。

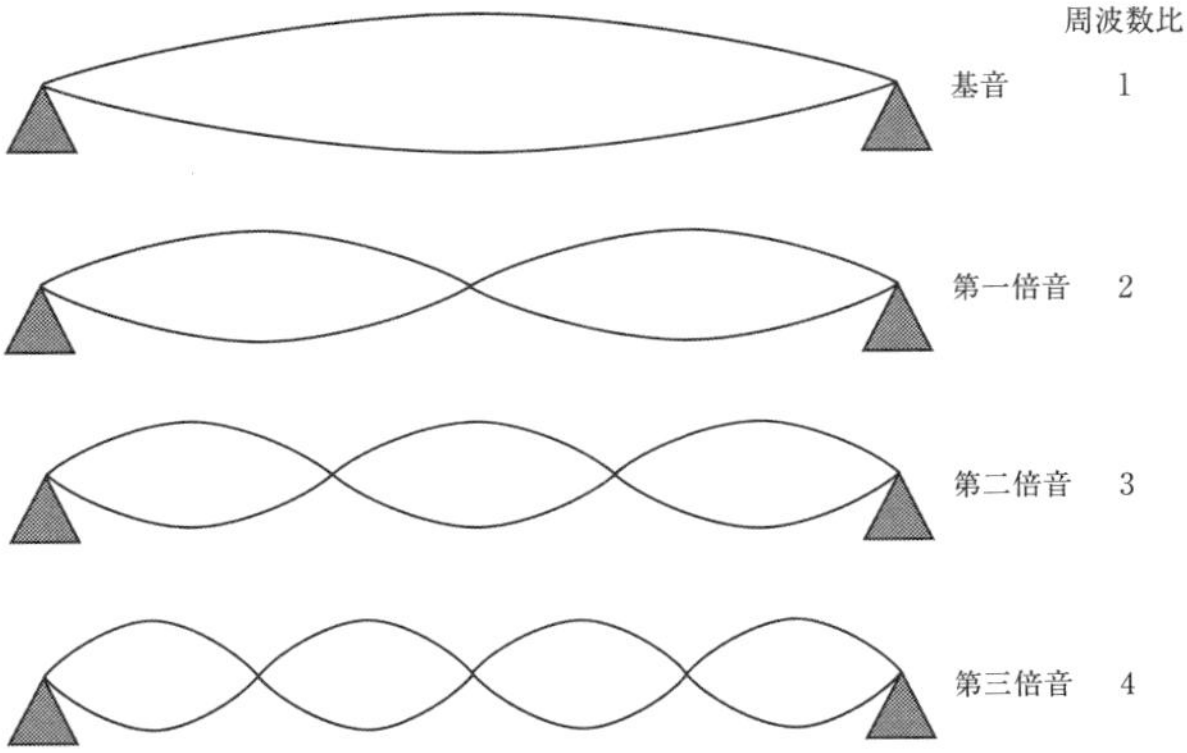

図3.17　倍音構成：基音と倍音。倍音の波長は基音の２分の１、３分の１、４分の１、と短くなっていく。それに伴い、周波数は２倍、３倍、４倍になる。

このように倍音が発生するということは、人間の声を含め、あらゆる楽器の音はどれも正確には「和音」であるということを意味する。しかし、人間の耳にはそうは聞こえない。私たちの耳、脳は、基音、倍音をすべて合わせて一つの音と認識するのだ。

この事実は、ちょうど一オクターヴ離れた音がなぜ「同じ音」に聞こえるのか、その理由を考える助けになる。最初の倍音の周波数は、基音の一オクターヴ上になるのだ。周波数が倍になると音程は一オクターヴ上がるからだ。こういう認識ができる能力は、間違いなく進化によって身についたものだろう。自然界に存在する音は（楽器の音だけではなく）、ほとんどが多くの倍音を含む複合音であり、第一倍音と第二

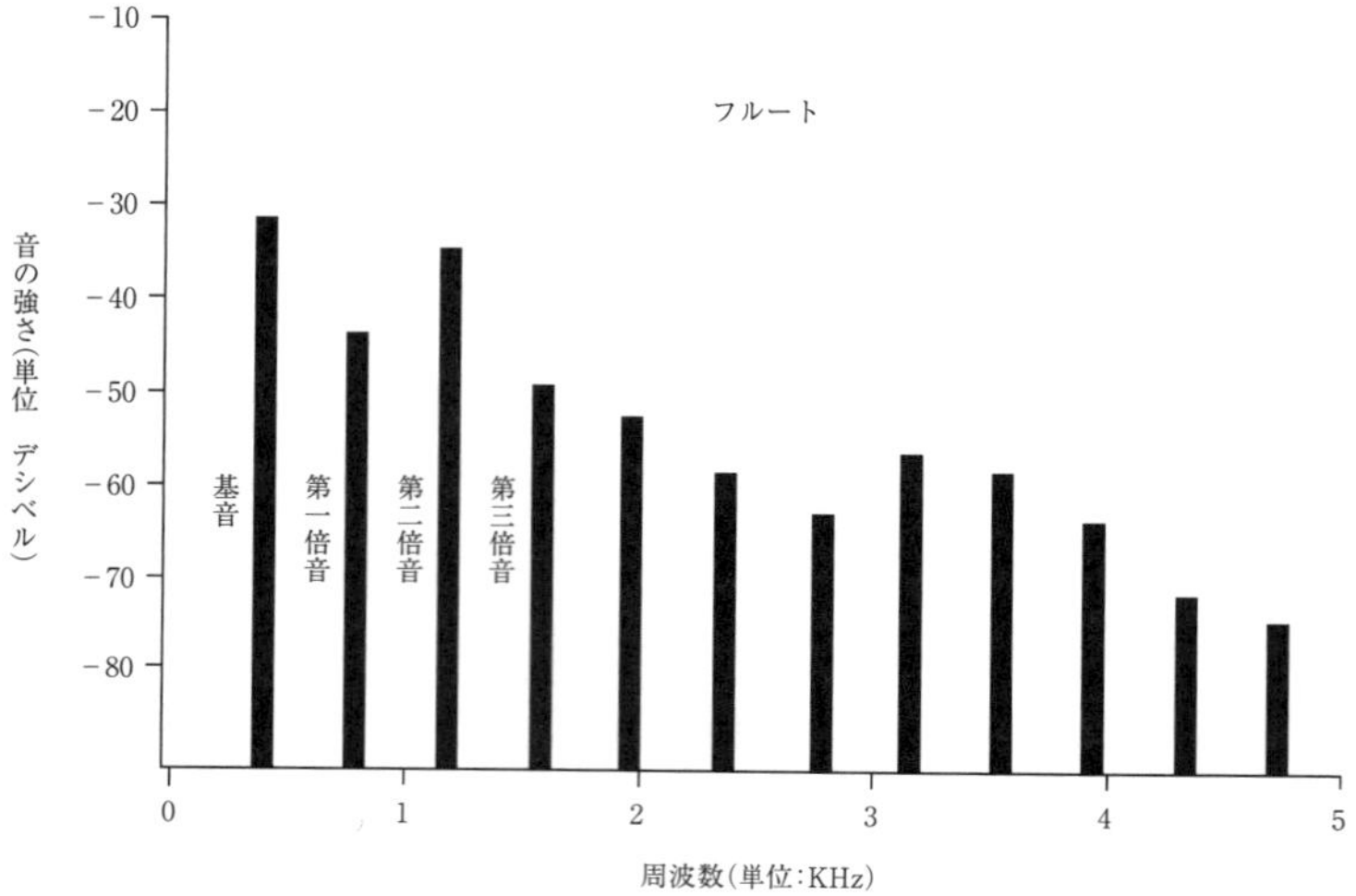

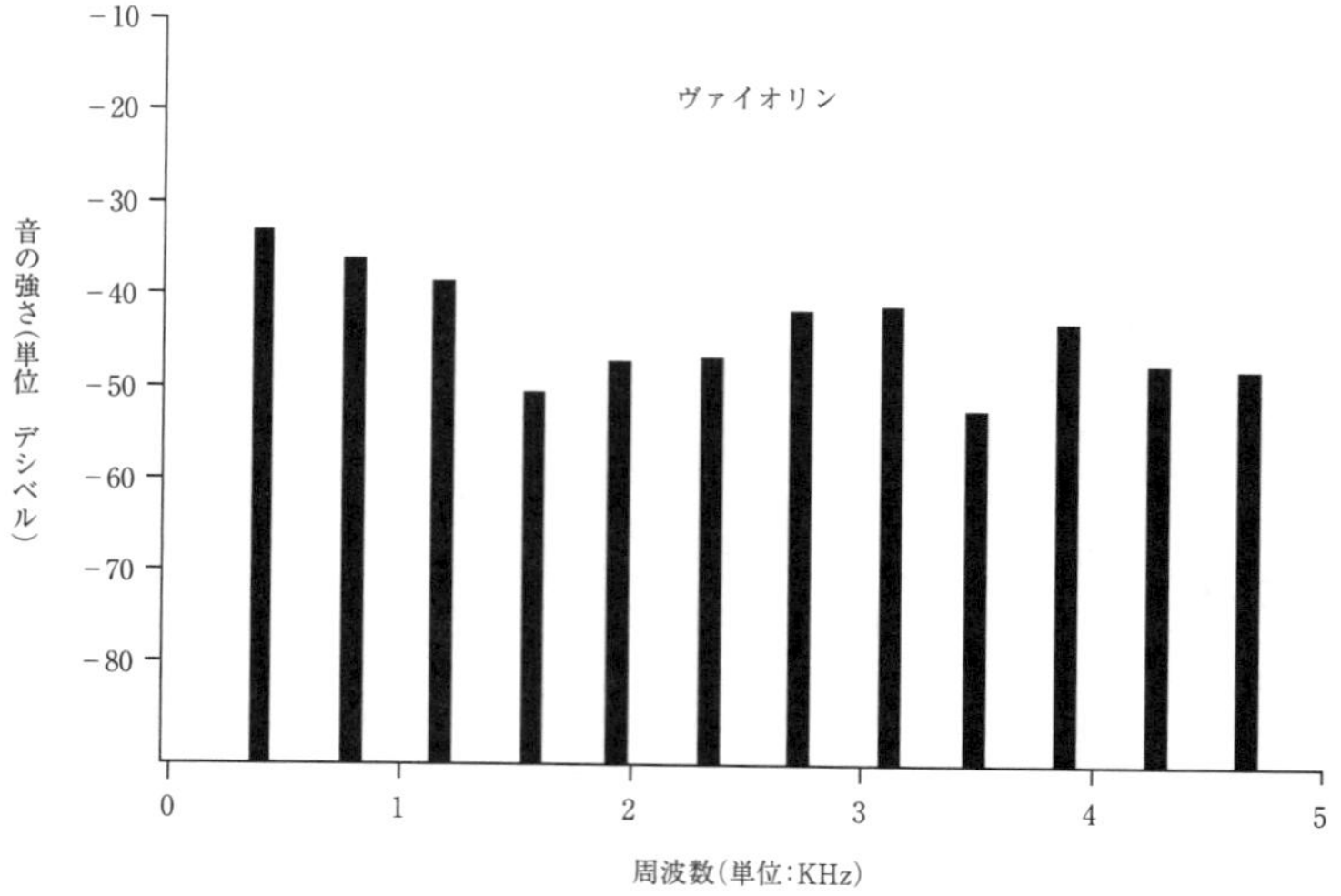

図3.18　楽器音の倍音構成

倍音が中でも最も強いというのが普通だからだ。基音と同時に強く聞こえることの多い第一倍音を、脳は「基音と同じ種類の音」とみなすように進化した。そして、二つをまとめて一つの音として聞く能力も進化させたのだ。従って、逆に、一オクターヴ上の倍音が同時に鳴っているとき、意識の上ではっきりと「鳴っている」と気づくのは難しくなっている。だが、途中で倍音がなくなった場合、その時の音の質の変化には気づく。私たちの脳は、周波数が一オクターヴ違う音が同時に二つ聞こえたときには、自動的に二つの音源は同じであると解釈するようになっている。ほとんどの場合、その想定は正しいからだ。稀に音源が二つの場合もあるかもしれないが、毎回それを確認しても、たいていの場合は無駄に終わってしまうだろう。

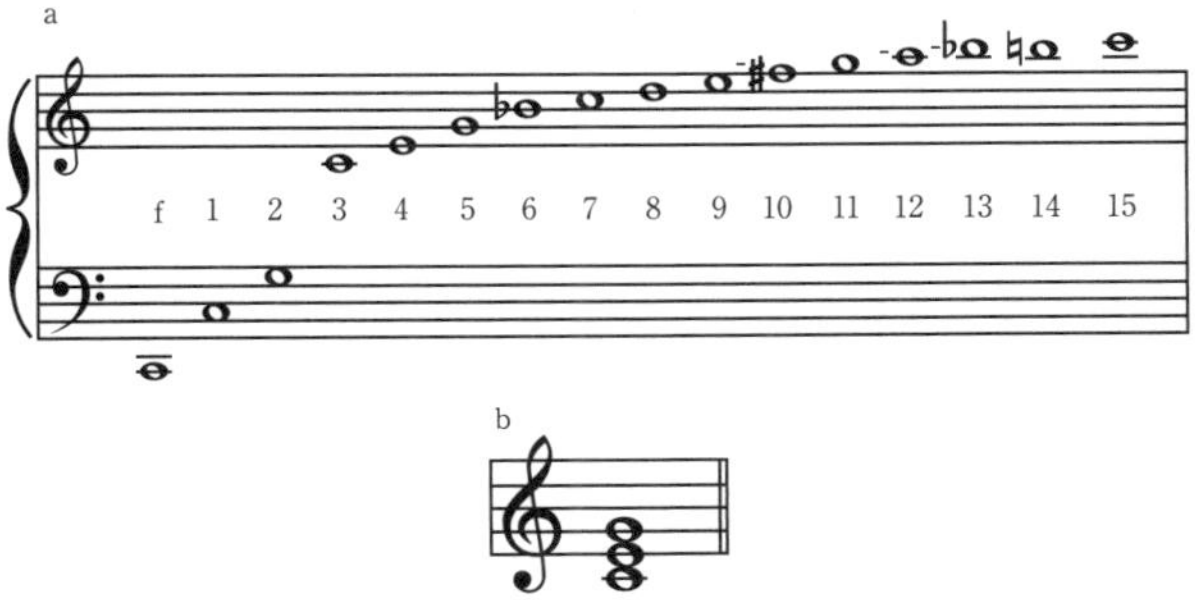

図3.19　基音が「ド」の場合の倍音構成（a）。数字は、下から数えて何番目の倍音かを示している。「ー」がついているのは、実際の倍音がその音とはわずかに違っていることを示す。ハ長調の三和音（b）。この和音は、最初の４つの倍音だけで構成されている。

　これで、音階の基本を「オクターヴ」にする根拠は一応、見つかったことになる。自然界に存在する音の性質が根拠というわけだ。私たちの聴覚、脳はそれをうまく認識するために進化しているので、オクターヴを基本とし、それを分割して音階を作ることは理に適っていると言える。そして、実際に、西洋音楽に限らず、世界各国の音楽はその大半がオクターヴに類したものを基礎としているのだ。オーストラリアのアボリジニの中には、それに当てはまらない音楽を持っているグループもいるが、確かな証拠のある例外はそのくらいしか見つからない。

　第二倍音は、基音よりも「一オクターヴ＋五度」上の音になる。基音が「Ｃ４」だとすれば「Ｇ５」の音である。これは、五度離れた二つの音を同時に鳴らしたときによく調和するという事実に符合する。五度の音が多くの音階で重要な役割を果たしている事実にも符合するだろう。とはいえ、五度の音が重要でない音階も中には存在する。倍音の周波数と、音階との関係は、これ以降徐々に弱まっていく。

第三倍音は基音の二オクターヴ上にある。オクターヴが同じ音に聞こえる根拠が増えたと言ってもいいかもしれない。次の第四倍音は、長三度の音になる。基音が「C4」だとすれば「E6」が第四倍音ということだ。ただし、注意すべきなのは、この音は周波数から見てピタゴラス音階の長三度ではなく、純正律の長三度であるということである。最も近い主音との周波数比は五対四だからだ＊。第五倍音はまた五度（G6）の音になる。つまり、基音から第五倍音までで、長三和音の構成音はすべて出てくるわけだ（図3・19b）。

このように複数の倍音が同時に鳴っていても、脳はそれを複数の音とはとらえない。ある音色を持った一つの音として認識するのだ。たとえ音程は同じに聞こえても、どの倍音がどの割合で含まれているかで、その音の持つ音色は様々に変わる。ただし、たとえば、ピアノのキーを同時に二つ押さえるなどして、二つの音を同時に鳴らした場合はそれとは違う。脳はそれを二つの音として認識するのだ。同時に鳴らす音の周波数の一方が基音、もう一方が倍音と同じ周波数だったとしても、ピアノで同時に弾いた場合は二つの音に聞こえる。この場合は、二つの音がそれぞれに違った倍音を伴うことになるため、脳は二つの音の音源は別であると推定するのかもしれない。基音が二つ存在し、それぞれに違った倍音が付随するため、一つにまとまっては聞こえないのでは、と考えることはできる。だが、実はそうとも言い切れないのだ。脳が音源をどう特定するかということについてはあとで詳しく触れる。ここでは、互いに調和し合う音を脳は非常に混同しやすいので注意しなくてはならない、ということだけ言っておこう。

脳には、倍音の集合を、まとまった一つの音として認識しようとする特性がある。倍音の中から一つだけを選び、電子的な操作で周波数をずらすと、私たちの認知システムは、そのずれた音に合う新たな基音を必死に探そうとする。実際にはそんな基音はどこにも存在しないが、それによって矛盾を解消しようとするのだ。倍音の周波数がずれているというふうには認識せず、別の倍音構成を持った新たな音が加わったと認識しようとするのである。倍音の周波数のずれがある程度以上大きくなってはじめて、脳は音源が別に存在するのではないことを認識する。音源はあくまで一つしかなく、ただ倍音が綺麗に調和していないだけだ、ということをそこではじめて認めるのだ。打楽器の中には、倍音の周波数が基音の完全な整数倍になっていないものが多い（鐘なども それに含まれる）。そういう、いわゆる「不協和」な音が聞こえたとき、脳は倍音の集合を一つの音程にまとめることができない。その結果、音程の曖昧な音として認識することになる。一つの音には聞こえるが、どの高さの音なのかはっきりとはわからなくなるということだ。ドビュッシーは、『沈める寺』という曲の中で、あえて不協和な音を重ねることで音程を曖昧にし、ピアノで鐘の音に似た音を作り出している。ド（C）とレ（D）という長二度の音を重ね、さらに一オクターヴ上でも同じ組み合わせの二音を重ねている（図３・20を参照）。周波数のずれた倍音が重なった場合に似た効果を出しているのだ。

図3.20 『沈める寺』で、ドビュッシーは不協和な音を重ね、音程の曖昧な鐘の音をピアノで再現しようとした。

＊なぜそうなるのかは少し考えるとわかる。倍音の周波数は、基音の単純倍数になるので、第四倍音の周波数は基音の五倍ということである。この音が音階で言うとどの音程にあたるかは二オクターヴ下げてみればわかる。二オクターヴ下げるということは、２×２＝４なので四で割るということを意味する。つまり、主音との周波数比は五対四ということである。

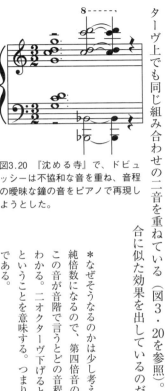

第五倍音より上にも倍音はある。第五倍音までは三和音に含まれる音ばかりだったが、さらに上にはそれ以外の音も出てくる。七度の音もあり、しかもそれが半音下がった「短七度（フラットセブンス）」であるというのを意外に思う人は多いだろう。これは、基音が「ド（C）」だとしたら、「シ（B）♭」の音である（ただし、音階によっては、シ♭であると言えない場合もある）。メジャースケールには含まれない音だ。だが、それにもかかわらず、主音とまったく無関係とは言えないのだ。場合によっては、重要な意味を持つことのある音である。ハ長調（Cメジャー）のメロディの中に「シ（B）♭」が入ると、調子外れになりそうにも思えるが、実際にはそんなことはない。この音を入れると「これから何かが起こりそう」という印象を与えることができる。ヘ長調（Fメジャー）の音階には、「シ（B）♭」の音が含まれているため、ヘ長調への転調を予感させるのだ。実際、転調のきっかけとして短七度の音が使われることは多い。

「五度圏（サイクル・オブ・フィフス）」の代わりに、倍音構成を基に音階を構築するということもできる。倍音構成を利用すれば、主音（基音）からの各音への距離を単純な計算に基づいて決めることができるのだ。倍音の中に三和音の構成音が含まれていることはすでに書いたとおりである。つまり、三和音は自然界の法則に従った和音であるということも言える。フランスの作曲家、音楽理論家だったジャン゠フィリップ・ラモーは、一七二二年発行の自著『和声論』の中で、倍音構成を基にした計算により、作曲の際に守るべきルールをどう導き出すかを書いている。個々の音と音の間にどういう関係を持たせるべきかを、自然の法則に照らして突き止めようとしたのだ。

だが、三和音は本当に、私たちの脳にとってそれほど特別な和音なのだろうか。何の先入観もなしに聴いて綺麗に調和していると感じられる和音なのだろうか。主音と五度はともかく、長三度は倍音に含まれているといっても主音との関係が遠すぎるのではないか。そのあたりのことははっきりしない。本格的な音楽教育を受けた人や特別耳が敏感な人は確かに、かなり弱くなってしまう第六倍音や第七倍音でさえも聞き取れるようだ。第三倍音より上は急激に弱くなるので、普通の人には聞き取るのが難しい。長三度の音は第四倍音なので、その強さが十分かどうかは微妙である。聞き取れない倍音の音程を、果たして脳が「主音と特別関係の深いもの」と自然に認識するのか、それは簡単には言えない。この問題に関しては、第6章で協和音と不協和音の話をする際に再度触れる。

長三度だけでこうなので、西洋音楽に使われている音階のすべての音程の根拠を倍音構成に求めることは、さらに無理がある。多くの作曲家や音楽理論家がその罠にかかり、実際に、さらに高い倍音を引き合いに出して、三度や五度、短七度以外の音に関しても音程が一致する倍音が存在すると主張している。たとえば、第八倍音は、基音よりも三オクターヴと長二度上の音になる。基音をC4だとするとD7ということだ。また、第九倍音よりも上になると、（基音が「ド（C）」だとすると）「ソ（G）♭」、「ラ（A）♭」、「ド（C）♯」などの半音が得られるという主張もある（図3・19を参照）。だが、厳密には、こうした音程はダイアトニックスケールを構成する音程とまったく同じとは言えない。どの音階と比較しても、単にそれに近いというだけで同じ音ではないのだ。隣り合う倍音の音程は、周波数が上がるほど近くなるという傾向があるので、高い倍音を探せばたくさんの音程を発見できるのは当然のことであるとも言える。たくさんの音程があれば、その中には、音階に含まれている音や半音に近い音も必然的に見つかりやすくなる。オーストリア出身の作曲家、アルノルト・シェーンベルクは、この点を十分に理解せずに、一般に不協和音だとされているものも、自然界の法則に照らせば協和音なのだと考えた。高い倍音に「半音」が数多く見つかるからだ。低い周波数の倍音だけを見ると、一般の調性音楽だけが自然の摂理にかなうようだが、実はそうではないと考えたのだ。オリヴィエ・メシアンも、高い倍音を基に複雑な協和音を見つけ出そうとした。しかし、こうした高い倍音は、音階の構成音と周波数が微妙に違っているというだけでなく、そもそも、まず聞き分けられる人がいないということを忘れてはならない。今ある音楽の体系に、主観とは関係ない根拠、論理的に説明できる根拠が存在することを証明したがる人は時々いる。彼らは、人間の耳に音が実際にどう聞こえるかを考えたがらないことが多い（ハリー・パーチなどはその一人だろう）。ただ、こういう人たちの試みそのものをすべて否定すべきというわけではない。結果的に、これまでにない斬新な音楽手法が思いがけなく生まれる可能性もあるからだ*。

第一、オクターヴの違う音が同じに聞こえる根拠を倍音構成に求めることさえ、必ずしも正しいとは言えないのだ。それに、同じメロディであっても、オクターヴを変えて演奏すれば、奇異に感じられることは多い。音楽的に見て同じであるとは言い切れないのである。特に、急に意味もなくオクターヴを変えるのが音楽としておかしいのは誰にでもすぐにわかることだろう（そうなる正確な理由はあとで説明する）。また、場合によってはただ音楽が変になるというだけでは済まないこともある。それに関しては、音楽心理学者のダイアナ・ドイチュが実験をしている。有名な『ヤンキードゥードゥル』（日本では『アルプス一万尺』というタイトルで知られている）という曲を、一音ごとにランダムにオクターヴを変えて演奏して聞かせるという実験だ。メロディを構成する音は変えずに、ただ、使うオクターヴを三オクターヴの中からランダムに選んで次々に変えたのである（たとえば、「レ（D）」の音はすべて「レ（D）」にしたが、どのオクターヴの「レ（D）」かはランダムに決定したということ）。すると、聴いた人はそれが何の曲だかわからなかったという。

倍音を根拠とする主張を信用しすぎない方がいい理由は他にもある。レナード・バーンスタインなども、倍音構成を根拠に、西洋音楽のメロディやハーモニーの理論が自然の摂理に基づくものだと主張していたが、それが絶対に正しいとは言えない。倍音で説明ができないことも多くあるからだ。その中でも特に重要なものが二つある。一つは「四度」である。四度は、ピタゴラス学派の理論では、オクターヴ、五度の次に調和する音程とされたはずである。「ド（C）」を基音とすれば四度は「ファ（F）」ということになるが、第一二倍音まで行っても、ファ（F）の音は一度も出てこないのだ。そして、もう一つ説明できないのは「短三度」である。これも倍音の中には出てこない**。

短三度の音は、ピタゴラス音階にも明確に存在してはいない。少なくともモードが生まれるまでは、明確なかたちでは存在していなかったと思われる。モードの中でもドリアン（「レ（D）」を起点として「レ（D）」で終わる。ピアノの白鍵だけで弾ける）は、今日のマイナースケールに似ている。このドリアンでは、起点である「レ（D）」から「ファ（F）」の間が短三度になっている。「ファ（F）」と「レ（D）」の周波数比は三二対二七である。ツァルリーノの純正律では、この比率が簡単になり、六対五となった。確かにこの方が良いようには感じられるが、この数字はあくまで恣意的なもので、絶対的な根拠があるわけではない。ヒンデミットなども、後者の比率の方がより自然であるとは言っているが、ただ、その意見に「周波数比は簡単な方が良い」という以上の理由があったわけではないのだ。

＊同じことは視覚芸術にも言える。たとえば、新印象派のポール・シニャックやジョルジュ・スーラは、本人が十分に理解していたとは言えない光学理論を基に、斬新な色彩の絵画を生み出した。またヘルマン・フォン・ヘルムホルツの科学理論などは、視覚芸術家にも音楽家にも少々怪しげな利用のされ方をしていて面白い。

＊＊倍音には四度も短三度も含まれていると平然と主張する人も中にはいる。第二倍音と第三倍音の間は、「ソ（G）」と「ド（C）」なので、四度の間隔になっており、また第四倍音と第五倍音の間は、「ミ（E）」と「ソ（G）」なので短三度だというのである。しかし、問題は、耳に聞こえるのが、あくまで基音との関係で生じる響きであるということだ。第三倍音は、基音の一オクターヴ上の音として聞こえる。「ソ（G）」を起点とする音階の四度の音には聞こえないのだ。そう考えれば、やはり、四度と短三度は倍音の中には含まれないということになる。

五度圏を壊す

ダイアトニックスケールという音階が存在する根拠を数学や音響学に求める主張、つまり、この音階が生まれたのは自然の摂理からして当然なのだ、という主張は時に滑稽なものになる。たとえば、一七世紀の学者、アタナシウス・キルヒャーは、メジャースケールは「自然現象」の一つであるとし、鳥やナマケモノの鳴き声もメジャースケールでできていると大真面目に言っていた。*ダーウィンでさえ、『人間の由来』という著書の中で、レブ・S・ロックウッドの主張を詳しく引用している。ロックウッドは、「アメリカのネズミは、変ロ長調（B♭メジャー、♭二つの調）で鳴く。常に長調である」と主張していたのだ。

民族音楽学者、ノーマン・キャズデンは一九四五年に「数学的な比率が、何か神秘的な力によって我々の耳には音楽として知覚される、というごく素朴な考え方はすでに否定されたと言っていいだろう」[4]と発言している。彼は、カーネギー・ホールで演奏されるような音楽だけが音楽ではないということをよく知っていたからだ。西洋文化以外の音楽に目を向けると、周波数の差を簡単な比で表せるような音階を使っている音楽ばかりではないことがわかる。民族音楽学というものが一つの学問分野として確立されたのは二〇世紀半ば頃だが、西洋文化とはまったく異質な音階の存在に気づいていた人はそれ以前からいた。ヘルマン・フォン・ヘルムホルツは、『音程の知覚について（*On the Sensations of Tone as a Physiological Basis for the Theory of Music*）』と題した書物を著している。これは、音楽というものを物理学、生理学の面からとらえようとしたものだが、その中で彼は「我々が用いているダイアトニックスケールという音階は、自然の産物などではない。ゴシック建築が自然には生まれないのと同様、音階もやはり人間が考案しなければ生まれない。無限に存在する音程からどれを選ぶかは、あくまで好みであり、国によりその好みが違っていることは明らかだ。世界中には、決して少数とは言えない数の音階が存在している」[5]と書いている。

周波数比が簡単になるような音程の差を好む、というのが人間が生物として生まれつき持っている特性なのだとしたら、すべてとは言わないまでも、ほとんどの民族、文化において似たような音階が使用されるはずである。聞いて不快な音階をあえて作る民族が多く存在するとは考えにくいからだ。だが、現実には、世界中の民族音楽、伝統音楽で同じような音階が使われているなどということはまったくない。せいぜい「オクターヴ」と、それに加えて「五度」が万国共通に近いのではないか、と言えるくらいである。この二つは西洋音楽以外では、インドや中国の音楽にも見られるし、他からは隔離されていたオセアニアの部族社会の音楽にも見られる。

だが、例外が少なくとも一つある。インドネシアのガムランである。非常に洗練された複雑な音楽だが、この音楽では「完全五度」というものがほぼ無視されている。ガムランには主としてペロッグ、スレンドロという二つの音階がある。ペロッグは一オクターヴが七音から構成される音階で、音の数は西洋音楽のダイアトニックスケールと同様だが、その構成音の音程は西洋音楽とは大きく違っている（図3・21を参照）。しかもその中に、西洋音楽で言う五度にあたる音程はない。どの音も、音階の起点となる音との周波数比が簡単になる音ではないのだ。実際の演奏で使用されるのは、七音のうちの五音で、どの五音を選

＊こういう主張を笑う人は多いと思うが、本当にジャズのリフのようなさえずりをする野生の鳥はいる。ブルーススケールで魅力的なメロディを奏でる鳥がいるので驚いてしまう。スピードを遅くして再生すると余計に音楽に聞こえることも多い。www.whybirdssing.com にアクセスすると、実際にそういう鳥のさえずりを聴くことができる。特に、ビリーチャイロツグミは聴いてみて欲しい。もちろん、これは偶然だが、驚くべきことには違いない。ダーウィンも、動物の鳴き声が人間の音楽と同じ音階でできているという仮説にすっかり惚れ込み、その正しさを証明するためにヘルムホルツの発言を引用したりもしている。ただし、ダーウィンがどういう音階を想定していたのかは定かではない。

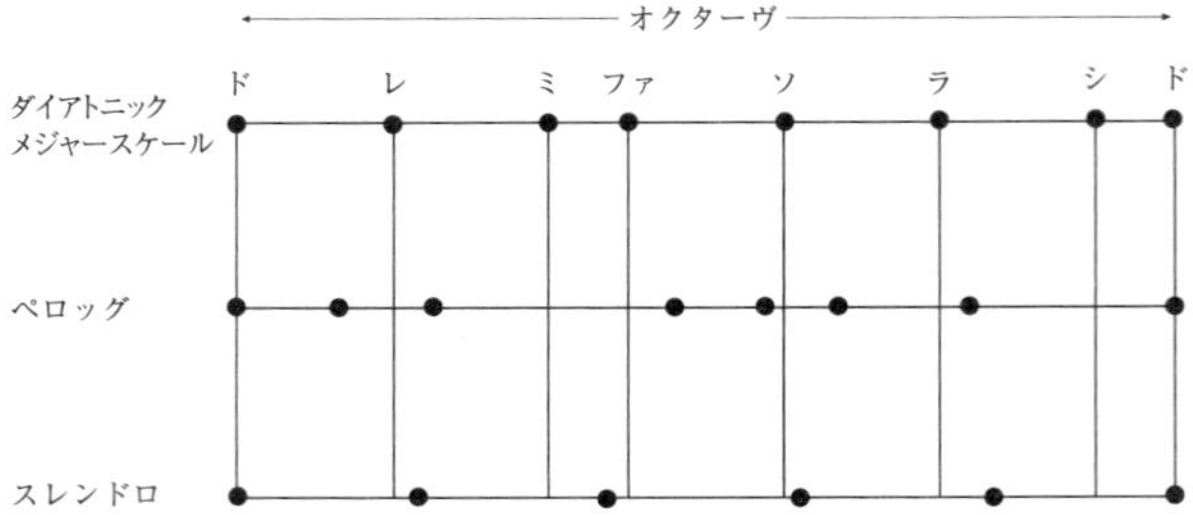

図3.21　ガムランのペロッグ、スレンドロと西洋音楽のダイアトニックメジャースケールとの比較

ぶかは「モード」によって異なる。もう一つのスレンドロは、西洋音楽に慣れた目には、ペロッグよりさらに不思議な音階である。この音階は五音から構成されており、どの音も一オクターヴの中に均等に並んでいる。つまり、スレンドロは一オクターヴを単純に五分割した音階と言うこともできる。

この説明では、ガムランの音階がどういうものか正確に伝えたことにはならない。ガムランで使われる音階では、音程が完全に固定されてはいないからだ。図３・21に示したのは、「ほぼこのくらい」という音程にすぎない。調律にも決まったやり方があるわけではない。地域ごと、グループごとに調律の仕方は違っており、極端に言えば、「演奏する人ごとに音階がある」[6]ということになるかもしれない。調律がそのように柔軟に変化する理由、そして、他の文化の音楽とは違い、完全四度、完全五度というものに対して明らかに無関心である理由としてはまず、彼らの使う楽器が主に太鼓やシロフォンなどの打楽器であるということがあげられる。こうした楽器は倍音が不協和なので、耳に聞こえる音程は曖昧になる。そのために調律が様々に変わり、伝統的なガムランの響きは、演奏する曲やグループごとに違ってくる。ただ、調律が変わるというだけなら、西洋音楽でもさほど珍しいことではない。オーケストラによって調律が少しずつ違っていて、同じ曲であっても、響きが違うということはあるからだ。ただ、これは、すべての音程が一斉に上下に動くということであって、個々の音の音程が色々に変わるということではない。ガムラン研究家のジュディス・ベッカーとオールトン・ベッカーはこれについて次のように言っている。「ガムランにおいては、音程と音程の間の間隔が非常に重要な意味を持つ。それが、西洋音楽における人の声質や楽器の音色にも近いほどの重要性も持つのだ。西洋において、同じ曲でも歌う人が違うと印象が変わることに注目するように、ガムランにおいては、同じ曲でも音程の間隔が様々に変化することが注目される」[7]音程の間隔をどう変えるかが、ガムランでは作曲の要素となっている（作曲の中で、ある音は上げ、ある音は下げ、また別の音は下げる、といった指示がなされる）。しかし、個々の音を厳密にどれだけ上げるか、あるいは下げるかが指示されるわけではない。ガムランは、音程を持つ音楽であっても音程を厳密に指定しないことがあると証明する好例になっているのだ。

　インド亜大陸の伝統音楽も高度に進化を遂げた音楽だが、これもやはりダイアトニックスケールとは違った音階を使用する音楽である。*ただし、インドの音階には西洋で言う「完全五度」が存在する。北インド音楽の音階体系は、西洋音楽に比べると非常に複雑である。音階（「ザッツ」と呼ばれる）には三二もの種類がある。オクターヴは七音から構成されるが、その構成音は、一二のクロマチックな音程（サ・グラマ・スケール）の中から選ばれる。どの音も、西洋音楽のダイアトニックスケールに含まれる音に非常に近いのだが、主音（「サ」と呼ばれる。「ドローン（持続音）」に使われることが多い）と五度（「パ」と呼ばれる）を除く音はすべて、自在にシャープ、フラットさせることができる。「サ」との周波数比は、西洋音楽の音階とはかなり違ったものになる可能性があるということだ（図3・22を参照）。音階はそれぞれ、特定の形態の音楽に結びつく（音楽の形態のことを「ラーガ」と呼ぶ）。単純にそう言い切ってしまうと危険だが、これは、ギリシャやビザンチンの音楽において、モードと特定のメロディのモチーフが

*インドの伝統音楽にも色々な種類があるため、すべてを一括りにして説明することはできない。これは、ヨーロッパの音楽をすべて一括りにして説明することができないのと同じである。

図3.22　北インドの音楽に使われる音階の例。下向きの矢印のついた音は、譜面に書かれたものより少しだけ低く調律される。

結びついていたのに似ていると言える。北インドの音楽の方が音階の種類がはるかに豊富で、即興の要素も強いが、似ている部分もある。

楽音に名前をつける

すでに見てきたとおり、音階を構成する音は文化によって様々に異なっている。では、個々の音階の構成音は果たしてどういう基準で選ばれているのだろうか。世界中のすべての人に共通する基準というのはあるのだろうか。オクターヴにあたるものが多くの音階に存在することは先に書いたとおりだが、その他に共通することと言えば、オクターヴを構成する音の数や、隣り合う音どうしの間隔だろう。音の周波数には色々と違いがあっても、この二つの要素はだいたいどの文化の音階でも似通っていて、大きく違っているものはあまりない。まずオクターヴを構成する音の数だが、ほとんどの文化でも、四から一二の範囲に収まっている。オクターヴの中には無数の音程が存在するが、その中から、ごく少数の音を選んでいるところはどこでもだいたい同じだ。西洋音楽で言う半音よりもオクターヴを細かく区切り、音の数が一二個を超えている音楽を「マイクロトーナル」と呼ぶが、たとえそういう音楽であっても、一つの曲の中でそれだけ多くの音を全部使うものは少ない。ただ、使える音の選択肢が多いだけという場合が多いのだ。二二の音程から成るインドのサ・グラマ・スケールなどもそれに当てはまる。ペルシャ音楽の音階にも、半音より細かい音程が含まれるが、一オクターヴが果たして何音から構成されるのか明確には決まっていない。一五音から二四音であると推定されるが、どの音が西洋音楽の一二音に相当する楽音なのかがわからないのだ。中には、正規の楽音ではなくそのバリエーションと思われるものもあるが、はっきりとそうだとは言えない。マイクロトーナルだと言われていて、半音より細かい音程の変化が見られる音楽であっても、それは単なる装飾音にすぎず、本当の音階の構成音はそれよりも少ないのが普通だ。この装飾音というのは、現代のポピュラー音楽によく見られるギターの「チョーキング」に近いものと考えるべきだろう。

真にマイクロトーナルと呼べる音楽（一二個を超える多数の音程を一曲の中ですべて使うような音楽）も確かに存在するが、それは民族音楽よりも、西洋音楽の中の「異端」の音楽家によるものであることが多い。たとえば、アメリカのハリー・パーチはそうした音楽家の一人である。また、同じくアメリカのチャールズ・アイヴズは、『一一四の歌』（一九二二）という作品の中で、ダイアトニックスケールに、マイクロトーナルなニュアンスをつけ加えている。これは超自然的な内容の歌詞を反映したものだった。たとえば、"So near is God to man（神は人のすぐそばにいる）" という歌詞の部分では、歌手に対し "near" の「ラ（A）」の音程をほんの少し下げるよう指示されている。耳で聞いてわかる最低限度だけ下げるのだ。これは、音楽の演奏というより、何となく心理学の実験を思わせるような指示である。

そういう異端の音楽も確かに存在するが、ともかくほとんどの音楽は四から一二という、ごく限られた数の音だけで演奏されている。それは一体なぜだろうか。その理由は容易に推測できる。まず、一オクターヴが四音より少ないと、ごく単純なメロディしか作れず、音楽の創造性が極めて低くなってしまう（もちろん、必ずしもメロディを複雑にしなくても、良い音楽はできるがそれは別の話である）。逆に音があまりに多いと、個々の違いがわかりにくくなってしまうだろう。人間の耳には、一応、半音の二〇分の一から三〇〇分の一くらいの違いを聞き分ける能力がある。しかし、音程をあまり細かく分けても音楽にはほとんど役立たない。音楽を音楽として認識するには、音程の違いを聞き分けるだけでは不十分だからだ。

ある程度の数の音をひとまとめにして認識しなければ、音楽を音楽として聴くことはできない。音程の違いがあまりに微妙だと、一度に処理しなくてはならない情報が多くなりすぎ、脳の処理能力の限界を超えてしまうのだ。どんな種類の音楽を聴く場合でも、私たちは無意識のうちに、個々の音が音階の中でどういう地位にあるかを認識している。そして、常に「次にどの音が聞こえてきそうか」を予測している。音階の中での地位により、使われやすい音と使われにくい音があるからだ。音階を構成する音の数が多すぎれば、個々の音の地位を認識することも、次の音を予測することも困難になってしまい、音楽を音楽として聴くことができなくなってしまう。

私たちの脳には、処理する情報の量を自動的に減らす能力も備わっている。音程がわずかに違うだけの音は「同じ」と判断してしまうのだ。もしこの能力がなかったとしたら、少しでも楽器の調律が狂っていただけで、音楽は聞くに堪えないものになってしまうだろう。調律の狂った音がすべて別の音と認識されれば、音楽はとてつもなく複雑に感じられ、処理能力の限界を超えるからだ。だが、実際には、よほど大きく調律が狂っていない限り、私たちは一応、音楽を音楽として聴ける。かなりの程度までの狂いに対処できるのだ。もちろん、リズムに助けられることもあるし、自分の知っているメロディなら、記憶を頼りに補って聞けるということもある。だが、それに加えて、無数の音程を無意識に少数のカテゴリーに分類する脳の能力が大きな役割を果たしていることは間違いない。これは、頭の中に音の「分類箱」のようなものがある、ということである。音程を構成する音の数だけ箱があり、少し違っても似ている音はすべて同じ箱に入れるのだ。たとえば、西洋音楽を主に聴いている人の頭の中には、ダイアトニックスケールの構成音の数だけ箱があり、「長二度」の箱には長二度に似た音すべてが、「長三度」の箱には長三度に似た音すべてが入るというわけだ。もちろん、長二度、長三度といった言葉を知っている人は多くないのだが、それでも、音階がどういう音で構成されているか、また音と音の関係がどうなっているかといったことは無意識に感じ取るのだ。そして実際に聞こえた音をどの音と解釈すればいいのかをその都度判断し、理想的な音程との間のずれを修正していく。色には無限の種類があるにもかかわらず、スペクトル中のある範囲に属する色をまとめて「青」や「赤」と呼んだりするのと似ている。わずかな音程の違いを感じ取れないわけではない。理想の音とわずかでもずれていれば、感じ取れることが多い。それでも、そこで聞こえるべき音が何であるかがわかっていれば、少し外れていても修正して解釈する。まったく未知の新しい音が聞こえたとは解釈しないのだ。

このことは簡単な実験によって確かめることができる。はじめに主音と短三度の和音を聞かせ、短三度の音程を徐々に高くしていき、最後には長三度にする、というような実験である。音を聞いた人は、音程が徐々にではなく、ある時点で突然に短三度から長三度に変わったと感じる。ほんの少しの違いで、高い方にずれた短三度が、低い方にずれた長三度に変わるのだ。これは、人間の認知機能が生来持っている特性のようである。「ダ」という音を電子的な操作によって徐々に「バ」という音に変えていくと、ある時点から急に「ダ」が「バ」に変わったように感じる。聴覚だけでなく視覚にも同じような特性はある。「ネッカーキューブ」などはそれがよくわかる例だ。この立方体は、見方によって二通りに見えるのだが、知覚上、その切替は唐突に起きる。徐々に切り替わっていくということはない(図3・23を参照)。脳は、「二つの中間」というような曖昧さを許容しないのである。

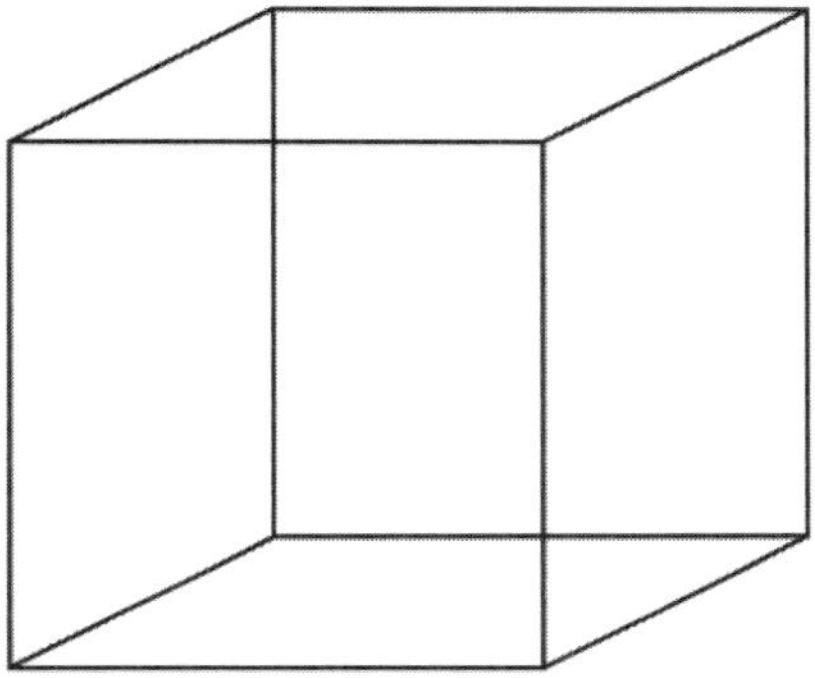

図3.23　ネッカーキューブは２通りに見える。見ようと思えばどちらの見方も自由にできるが、両者の中間の見方はできない。

ただし、同様の実験を、音楽家を被験者にして実施すると、少々違った結果が得られる。彼らは、聞こえている音が、理想の音程からどのくらいずれているか、はっきりと認識することができるのだ。訓練により、調律の狂いに対して普通の人よりもはるかに敏感になっているからだ。だが、一方で、音程を補正して聞く能力も普通の人より高い。ずれを鋭く察知するが、それと同時に、本来はどの音であるべきなのかの判断も素早く下せるのだ。

音階に関しては、これまで長らくどれを正統とするかの論争が続いてきたが、その論争においては「音階による音程の違いを人間は認知できるはず」ということが暗黙の前提になってきた。だが、ここで紹介したような実験の結果を見る限り、この前提は怪しいと言わざるを得ないだろう。平均律を妥協の産物であるとして認めない人たちも少なくないが、大半の気軽に音楽を楽しんでいる人たちは、平均律と他の音階の違いにおそらく気づかない。民族音楽学者、ブルーノ・ネトルも言っているように、「音楽が私たちの耳にどう聞こえるかは、聞こえた音そのものだけによって決まるのではないのだ。その人がこれまでどういう音楽を聴いてきたのか、つまり、どういう音楽が聞こえると予測するかによっても聞こえ方は変わってくる」[8]。これは音程だけではなく、リズムなど音楽を構成するあらゆる要素に当てはまることだ。

大半の人にとって、聞こえるべき音程というのは相対的なものでしかない。聞こえた音の音程を、その音の持つ周波数ではなく、他の音との関係によって認識するということだ。西洋音楽にとって長三度という音程が重要であることは小さな子供でもすぐに理解するが、それは単によく耳にするからにすぎない。また、聞こえた音が長三度の音であることは、普通は単独ではわからない。他に長二度や完全五度などが聞こえてはじめてわかるのだ。だが、中には、「ド（C）」の音の後に「ミ（E）」の音が聞こえたとき、それを主音と長三度であると認識するだけでなく、正確に「ド（C）」と「ミ（E）」であると認識する人もいる。十分な音楽教育を受けた人は、耳で聞くだけで、相対的な音程だけでなく絶対的な音程までわかるのだ。そういう人は「絶対音感がある」と言われる。絶対音感のある人は、西洋人では一万人に一人くらいとされる。この能力についてはまだ完全に解明されてはいない。少々、神秘的でさえある。絶対音感のある人は、それだけで素晴らしい音楽的才能に恵まれていると思われやすい。

だが、話はそう単純ではない。絶対音感があるからといって、音楽に関するその他の能力が優れているかどうかはわからないのだ。逆に言えば、絶対音感がなくても、素晴らしい音楽の才能を持っている可能性は十分にあるということである。絶対音感を才能と呼ぶべきかどうかも疑問である。それに、絶対音感よりも、相対的な音程の違いを認識する能力の方が、作曲や演奏をする上では役に立つ。二音の間の音程の差を正確に把握できる能力の方が大切だということだ*。

とはいえ、プロの音楽家には、普通の人に比べ、絶対音感を持つ人が多いのは確かだろう。これは矛盾ではない。絶対音感は、通常、幼い子供のうちから音楽教育を少しでも始めていないと身につかないものだからだ。長い時間たくさんの音楽に触れることではじめて身につくものという可能性が高い。言い換えれば、絶対音感は、その人に音楽的才能があることの理由というよりは、音楽的才能を磨くことで結果的に身についたものということになりそうである。使用頻度の高い音（「ド（C）」、「ソ（G）」など）の方が、使用頻度の低い音（「ソ（G）♯」など）よりも早く認識できるという事実も、絶対音感が学習によって身につくものであることを裏づけているようだ。それに、絶対音感を身につけた人は周囲から音楽家になるよう勧められることが多いだろう。それを生まれつきの音楽的才能の表れと誤解している人は多いからだ。

＊音楽心理学者、デヴィッド・ヒューロンは、絶対音感のための遺伝子がもしあったとして、それがかつては人間の生存を助けていたとしても、音楽というものが生まれたことで、その優位性は下がっただろうと言っている。音楽は主に、相対的な音程を扱うものだからだ。実際、絶対音感を持つ人は現在では稀になっている。

絶対音感には、知性を「拡張する」という側面もある。文字通り拡張するのだ。絶対音感を持つ人の脳を調べると、音声処理に関わる部位が普通の人に比べて拡張されていることが多い。これは、おそらく話し言葉を聞いた場合でも、その音の高さの違いを敏感に察知できるということを意味する。絶対音感の持ち主が、声調言語が話されている文化により多く見られるという事実は、その考えの正しさを証明していると思われる。北京の中央音楽学院では一年生のうちの約五〇パーセントが絶対音感を持っていたが、アメリカ、イーストマン音楽学校の同等の学生に絶対音感の持ち主は一〇パーセントしかいなかったというデータもある。これほどの違いは、幼児期の教育の違いだけでは説明がつかない。何か遺伝的な相違が原因となっている可能性が高い。絶対音感を習得する能力に関し、東アジア人とアメリカ人では遺伝的な相違があるということだ。ただ、どちらにしろ、絶対音感が幼いうちに訓練しないと身につかないものであることには変わりはない。大人になってからではどれだけ努力してもまず身につかないのだ。だからといってがっかりする理由はあまりないだろう。パーティの隠し芸にでもすれば受けるかもしれないが、絶対音感があったからといって、それで楽器がうまくなるわけでもないし、音楽の良さがよくわかるわけでもない。しかも、絶対音感は持っているとか邪魔になることもあるのだ。よく知っている曲が転調されていたり、標準的なコンサートピッチから大きく逸脱した調律がなされていたりすると、聴いていて大変な苦痛を感じるのだ。*

広い幅と狭い幅

「構成する音の数が比較的少ない」ということ以外にも、世界中のほとんどの音階が共通して持っている特徴はある。それは、音と音の間隔が均等ではないということだ（ガムランのスレンドロは稀な例外）。

ダイアトニックメジャースケールの場合、主音から一オクターヴ上の主音までの音程の間隔は、「全音・全音・半音・全音・全音・全音・半音」になる（図3・24を参照）。中世の音楽のモードはそれぞれにこの間隔が違っているし、その祖先と考えられる古代ギリシャの音楽でも、やはり間隔が違う。ただ、どれも間隔が均等でないということは共通している。まるで段の高さが不規則に変わる階段のようになっているのだ。

なぜ均等にしないのだろうか。なぜ、音と音の間の幅が広いところと狭いところを作るのだろうか。理由として一つ考えられるのは、どの音がその曲の「調性の中心音（つまり主音）」であるかがわかるようにするため、である。間隔が不規則なおかげで、聴き手は、どの音がその調（キー）の主音であるか識別でき、今、どの調で演奏されているかがわかるということになる。段の高さが不規則なおかげで、階段の違いの区別がつくということだ。仮に、すべての段の高さが同じ階段があったとする（図3・25 a）。調を変えるというのは、階段の出発点を違う段に変えるとい

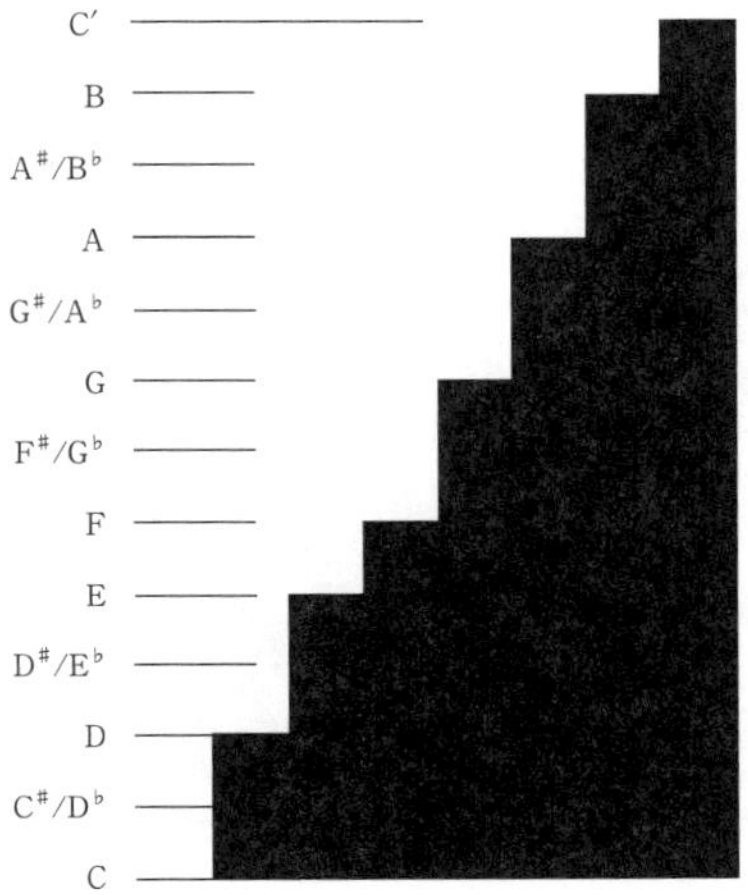

図3.24　メジャースケールの音程の階段

＊もちろん、プロの演奏家が絶対音感を持っていれば便利なのは確かだ。たとえば、金管楽器の演奏家にとっては役に立つだろう。金管楽器は決められた穴を指で押さえれば正しい音程が出るわけではなく、筋肉と耳との連携が必要になるからだ。自分の吹いた音の音程が合っているかを自分の耳で確認し間違っていれば吹き方を修正しなくてはならない。だが、絶対音感のある人であれば、無調音楽や一二音階の音楽など、あまり使われない間隔での音程の変化であってもすぐに対応できる。出すべき音が瞬時にわかるのだ。同じことは歌手にも言える。

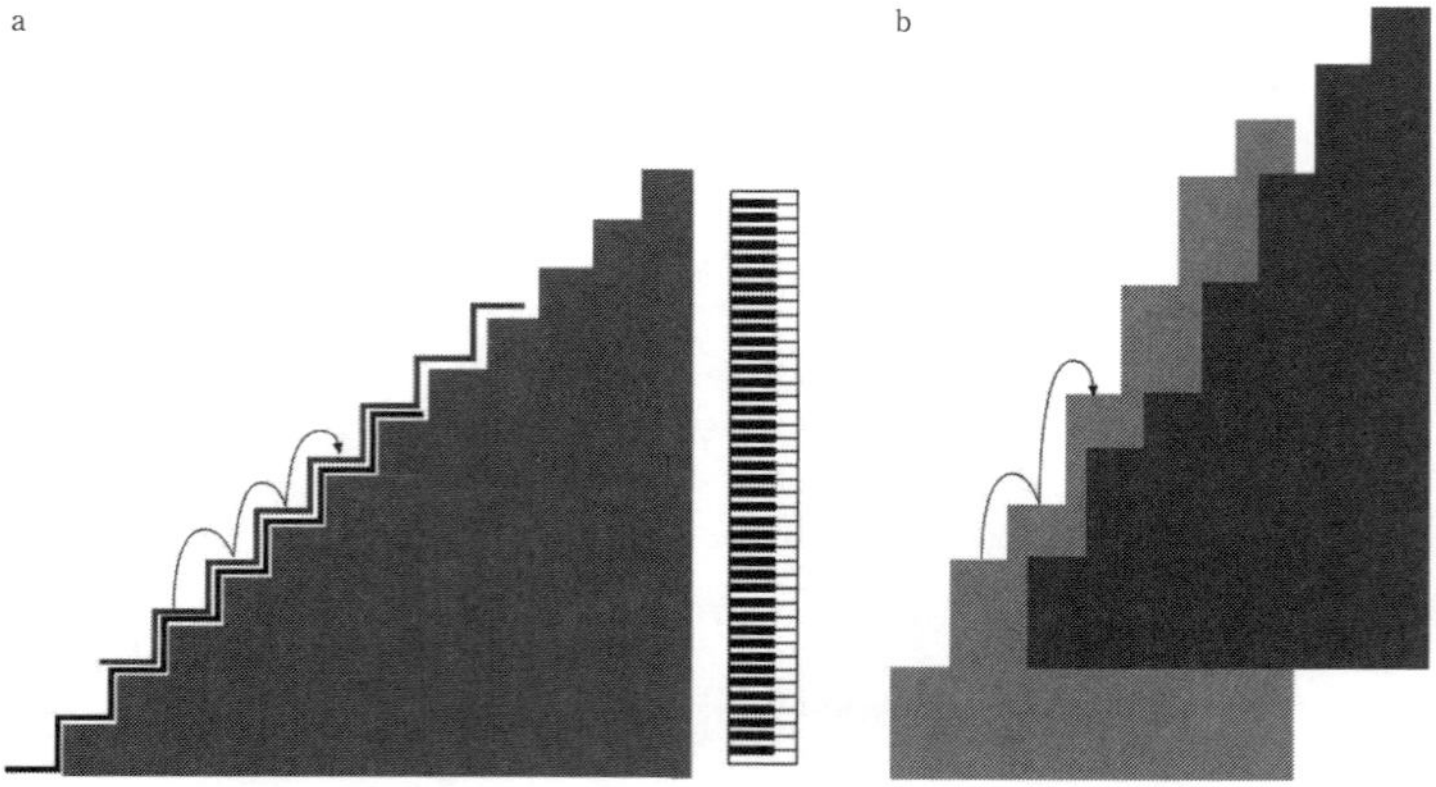

図3.25　音階の音の間隔がどれもまったく同じであれば、たとえ調が変わっても、構成する段は完全に重なることになる。どの調の音階も同じ階段の違う部分のようなものである。ただ、どこから始まってどこで終わるかが違うだけだ。どのメロディをどの調のものだと解釈しても間違いないことになる（a)。これは、白鍵と黒鍵が完全に交互に並んだピアノを弾くようなものと言えるかもしれない。どの部分をとっても同じに見えるので、どこから弾き始めていいのかがなかなかわからない。しかし、ダイアトニックスケールの場合は、段の高さが一様でないので、調が違う階段が完全に重なることはない（b)。これは、ある調のメロディと別の調のメロディが一致することはないということだ。そのため、メロディがどの調に属するのかがすぐにわかる。

うことである。だが、新しい調でも、上り下りするのはまったく同じ段だ。ただ、始めと終わりの高さが変わるだけだ。段を上り下りするメロディの断片を取り出しても、そのメロディが属する調の始めと終わりがどこなのか、どれが主音なのかはまったくわからない。それを知る手がかりがどこにもないからだ。これと同じことは、クロマチックスケール（半音階）を使った音楽にも言える。クロマチックスケールだと、すべての音の間隔が均一になる。そのために調が曖昧になるのだ。ただし、それが音楽的に面白い効果をもたらすこともある。なぜそうなのかはあとで詳しく書くことにする。

段の高さが均一でなければ、調の違う音階が完全に重なり合うということはない。元の調では小さな段差だった箇所が、移調後は大きな段差になるかもしれない（図3・25b)。この違いによって、主音がどれかの見分けがつきやすくなる。音階の始めと終わりがすぐにわかるということだ。

たとえば、「ミ（E）」、「ファ（F）」、「ソ（G）」という三つの音が並んでいるメロディの断片が聞こえたとする（これは、『ロンドン橋』という歌で三回出てくる「落ちた（falling down）」の最初と三番目のメロディである）。そのとき、ほとんどの人は無意識のうちにこれが「ハ長調（Cメジャー）」のメロディだろうと推測する。* なぜか。それは、音程の間隔が「半音・全音」という組み合わせになっている部分があるからだ。ダイアトニックスケールでこの組み合わせになるのは、「ミ（E）」、「ファ（F）」、「ソ（G）」、もしくは「シ（B）」、「ド（C）」、「ド（C）」、「レ（D）」の部分だけだ。前者の場合、音階の主音は全音程二つ下の「ド（C）」ということになる。後者の場合、主音は「ファ（F）」になるが、前者を選ぶ人がほとんどだろう。前者の方が後者に比べ、より重要で安定した音が組み合わされていることになるからだ。

もちろん、推測が違っていることはあり得る。この断片は短調のメロディの一部という可能性もあるからだ。短調だとしたら、「ニ短調（Dマイナー）」の可能性が高く、またマイナースケールの種類によっては「イ短調（Aマイナー）」ということもあり得る。それに、どれかの音を半音上げたり半音下げたりして、その他の調にこのメロディを使うこともないとは言えない。それが絶対にないと言える根拠はないのだ。「ト長調（Gメジャー）」や「嬰ヘ短調（F♯マイナー）」のメロディでないと言い切れる根拠はどこにもない。ただ、そういうことは非常に少ないということだけは言える（ここでの「非常に少ない」というのが正確にどういう意味なのかはあとで詳しく書く）。従って、「ミ（E）」、「ファ（F）」、「ソ（G）」

＊私は何も、普通の人（絶対音感のない人）が音を聴いただけで「これはハ長調だね」と瞬時に言い当てられると言っているわけではない。ただ「ミ（E）」、「ファ（F）」、「ソ（G）」というメロディの断片を聴いたときに、無意識に「ミ（E）」の二全音下の音を主音だと感じるようになるという意味である。

という三音が聞こえただけで、私たちはまず間違いなく、そのメロディの主音や調を推測できるということになる。さらに、また違った理由から、それ以上のことも瞬時にわかることがあるが、それについてはあとで触れる。

子供でも生後六ヶ月から九ヶ月くらいになると、間隔がすべて均一な音階よりも、間隔が不均等な音階の方に強く関心を示すようになる。その頃にはすでにどのような音階がより一般的で、広く好まれているかを学んでいるということだ（こう書くと、乳幼児の「音楽の好み」が一体どうなっているのかを知りたいと思う人はいるだろう。実は一応、それを調べるための方法は確立されている。色々な種類の音、あるいは音のパターンを流して、乳幼児がその音がする方向を見るか、それとも顔を背けるかを観察する、という方法だ）。また、子供が、間隔が均一の音階より、不均一の音階に強い関心を示すという傾向は、その音階がたとえ通常のダイアトニックスケールではなく、独自に作ったまったく別の音階であっても同じだということもよく言われる。もしそれが本当だとしたら、非常に驚くべきことである。人間の脳が生まれつき、調の主音を探すようにできているということになるからだ。そして、主音を探すのに役立つ手がかりを敏感に察知するようにできているということになる。だが、脳にそういう性質が必要な理由を私はまったく思いつかない。たとえ脳が本当にそういう能力を持っているのだとしても、そういう音楽的な能力が何か環境への適応に役立つとは思えない。もしかすると、子供は、自分が聞いたことのある音階に似ているものと似ていないものを区別できるだけなのかもしれない。生後六ヶ月ともなれば、すでに音階というものをどこかで耳にしている可能性が高い。しかし、今のところ、それも単なる推測にすぎない。

そもそもなぜ、調を知る能力が必要なのだろうか。調がわかるかどうかが、音楽を聴く上でそれほど重要なことだろうか。「どこかに基準がないと、自分の居場所がわからず、迷子になったようで不安なのでは」という意見もあるが、それに対しては「ただぼんやりと聞き流す人にとっては、どこが基準でも関係がないのでは」という反論もできるだろう。リラックスして音楽に身を任せるだけであれば、どの音が主音だろうが、調がどれであろうが、そんなことはどうでもいいのではないだろうか。この問いに対する真の答えは、この本の次章以降の内容を読んでもらえればわかるはずだ。この問いに答えることがこの本の重要な目的の一つと言ってもいい。まず一つ大切なのは、基準を見失ってしまった聴き手にとって音楽は無意味であるということだ。音楽を楽しむというのは、あくまでも能動的な行動である。聴くときにたとえどれほど気を抜いていようとも、音楽を聴くことが能動的な行動であることに変わりはない。そうでなければ、音楽を聴いても聴いていないのと同じことになるだろう。そして、音楽を音楽として認識するためには、個々の音がその音楽の中でどういう意味を持っているのかをある程度まで理解する力がなくてはならない。これは、言い方を変えれば、音楽のルールをある程度知っていなくてはならない、ということである。こう書くとすぐに「いや、私は音楽のルールなんて何も知らないぞ！」という反論が返ってくるだろう。しかし、それは間違いだ。自分では知らないと思っている人でも実は音楽についてたくさんのことをすでに知っているのだ。

音階の中でも特に広く使われているのは、五音、あるいは七音から成る音階である。前者は「ペンタトニック（五音音階）」と呼ばれる。ペンタトニックの代表例としては中国で使われている音階があげられる。中国の代表的なペンタトニックは、ちょうど音程の間隔が、ピアノの黒鍵と同じになっている。* 音階の多くが五音か七音になっているのは、五音か七音だと、調を変えることが容易だからだと思われる。一オクターヴの音の数が五つか七つだと、構成音のうちの一つに変更を加えるだけで、調を変えることができる。すでに触れた「五度圏」はまさにその特性によってできるものだ。たとえば、ハ長調（Cメジャー）の音階の「ファ（F）」の音を半音上げるだけで、ト長調（Gメジャー）に移調できる。また、「シ（B）」の音を半音下げるだけで、ヘ長調（Fメジャー）に移調できる。このため、元の調の音階と、移調後の音階との関係が比較的知覚しやすい。

音楽理論家ジェラルド・バルザーノは、ダイアトニックスケールのような音階、つまり一二音から七音を選んで使うような音階には他にも大きな特徴がいくつかあることを示した。一オクターヴの音の数が七ではない他の音階のほとんどが持っていない特徴である。まず、ダイアトニックスケールのような七音の音階の場合、すべての調の構成音が他の調とは違っているという特徴がある。構成音は同じなのに、場合によって違う調になり得るということがない。一二音のうちどこを起点にするかで、他のどれとも違う音階ができるのだ。しかも、隣り合う音どうしの間隔は、どの調でも一定に保たれる。主音が決まれば、構成音はすべて自動的に決まるのだ（どの音が短二度か、どれが長二度か、短三度かがすべて自動的に決まる）。そして、調が違えば、音の組み合わせは完全に変わる。つまり多様性が最大限に高まるというわけだ。バルザーノは、ピタゴラス音階だろうが、純正律だろうが、平均律だろうが七音から成る音階であればこの点は同じであると指摘した。この特性が知覚的に重要な意味を持ったので、西洋ではダイアトニックスケールが広く使われるようになった、というのがバルザーノの考えだった。ともかく七音というのが大事だったというわけだ。

ダイアトニックスケール以外の音階

西洋の調性音楽ではダイアトニックスケールだけが使われてきたわけではない。すでに見てきたとおり、古くから「モード」と呼ばれる音階も使用されてきた。ルネッサンス以降、クラシック音楽の大半ではモードに代わってダイアトニックスケールが使われるようになったが、モードも民族音楽などでは使われ続けた。現在でも、特にロックやポップスなどではよく使われている。ロックやポップスの多くはメジャースケール（イオニアンだと考えれば、これもモードということになる）だ。たとえば、ビートルズの『抱きしめたい』や、ザ・フーの『キッズ・オールライト』などはその例だ。しかし、ミクソリディアン（デヴィッド・ボウイの『愛しき反抗』、ローリング・ストーンズの『ラスト・タイム』）やドリアン（ステッペンウルフの『ワイルドで行こう』、ピンク・フロイドの『アナザー・ブリック・イン・ザ・ウォール』など）、エオリアン（ブルー・オイスター・カルト『死神』、ニルヴァーナ『スメルズ・ライク・ティーン・スピリット』）などのモードを使っている曲も多い。ロックでよく使われる短三度の音（T・レックス『20世紀少年』やレッド・ツェッペリン『レヴィー・ブレイクス』などがよく知られる）は、面白いことに、ダイアトニックマイナースケールのものではなく、ドリアンやエオリアンといったモードの構成音である。

ロックやジャズでは、「ブルーススケール」と呼ばれる音階もよく使われる。ただ、どういうものをブルーススケールとするかについては厳密な定義があるわけではない。ブルーススケールの中でも最も簡単なのは、五音から成る「ペンタトニックブルーススケール」である（図3・26を参照）。あえて譜面に書くと図のようになるが、「ブルーススケールはこの音から構成される音階」と言い切ってしまうと、最も

＊（一二七ページ）西洋には、このピアノの黒鍵で弾けるペンタトニックがすなわち中国の音階であると認識している人が多いが、それは正確ではない。中国の音楽が基本的に五音の音階からできているのは確かだが、五音以外の音が付加されることもあるし、ピアノの黒鍵で弾けるもの以外にも、何種類かのペンタトニックが使われる。古代ギリシャの音楽と同様、いくつかの「モード」があると考えればいいだろう。モードによって、音階の開始音が違ってくる。さらに、同じ中国でも音階には地域による違いもかなりあり、中には、音階の端から端までの幅が、オクターヴより広くなっているものもある。

図3.26　ペンタトニックブルーススケール。矢印で示された音は「ブルーノート」と呼ばれる。この音の音程は明確には決まっていない。

大切な要素が抜け落ちてしまうことになる。このスケールの持つ表現力の豊かさのようなものがまったく伝わらないのだ。「ブルーノート」と呼ばれる三度と七度の音は、譜面に書くとどちらも♭をつけ、「半音下げる」ということになるのだが、実際に演奏される音はもっと曖昧なことが多い。特に、三度は、♭の音程よりは少し上げ、短三度と長三度との間を揺れ動くところに楽しさがある。この微妙な操作は、歌の場合は容易にできる。偉大なジャズシンガー、ブルースシンガーの歌を聴けば、そういう音が使われていることはすぐにわかる。ビリー・ホリデイなどはその好例だろう。歌以外では、トランペットやサクソフォンといった管楽器でも、息の調整によって、そういう微妙な音程が出せる。だが、ブルーススケールの三度が最も重要な役割を果たしている音楽と言えば、ギター中心のブルースだろう。特にシカゴから広まったエレキギターを使う都市のブルースである。ギターの場合は、フレットを押さえている指で弦を押し上げる「チョーキング（ベンディング）」という奏法によって音程を無段階に変えることができる。ピアノのように、音程が固定されている楽器でも、ブルーススケールの三度は、長三度と短三度を同時に弾くなどして、音程を曖昧にするということが行われる。これは西洋のクラシック音楽で長らく使われてきた「装飾音」にも似ているが、装飾音が文字通り「装飾的」に使われるのに対し、ブルーススケールで長三度と短三度を同時に弾く奏法は、装飾というより、その音楽の根幹に関わるものと言うことができる。楽器の持つ特性上、本来は不可能なことをするための苦肉の策とも言える。

　ブルーノートの起源は、おそらく黒人奴隷がもたらしたアフリカのペンタトニックスケールである。この音階が、新大陸において西洋のダイアトニックスケールに当てはめられたのだ。アフリカのペンタトニックスケールには、西洋音楽で言う長三度、長七度の音はなかった。後にブルースやジャズの元になった、いわゆる「黒人霊歌」を歌っていた奴隷たちは、自分たちが歌っていた歌に近い音程を西洋の楽器から探り出したのだ。そうして生まれた音階は、その成り立ちからして、本質的に不安定で変化しやすいものとなった。ただし、この短三度と長三度の間の「中立三度」とでも言うべき音程は、タイなど様々な国の音楽で使われており、西洋以外の音楽では決して珍しいものではない。西洋でも、民族音楽の場合には、半音の間で自由に音程が揺れ動くことはよくある。中でも目立つのが三度というわけだ。オーストラリア出身の作曲家、パーシー・グレインジャーは二〇世紀の初めに、「民族音楽のモード的な音階は、芸術音楽の音階のように音程が完全に固定されているわけではなく、三度が長三度と短三度の間を行ったり来たりし、七度がシャープしたりフラットしたりする。そして、六度も（稀にではあるが）短六度と長六度の間を行き来することがある」[9]と発言している。このような音程の曖昧さは、それ自体はまったく悪いものではない。過去の音楽学者の中には、ブルーノートを美しくないもの、ダイアトニックスケールを堕落させるものと見た人もいるが、それは適切とは言えないだろう。* ジャズ史家のアンドレ・オデールなども言っているとおり、ジャズという音楽が成熟するにつれて、ミュージシャンたちの三度と七度の音程調整が巧みになってきている。「ダイアトニックスケールとのずれをあからさまに大きくすることもあれば、ほんのわずかに逸脱するだけのこともあるが、その間の調整をうまくできるようになってきている」[10]のだ。

＊以前は、研究者の中に、民族音楽を見下して、ダイアトニックスケールからの「逸脱」を訓練、教育の不足のせいと決めつける人も多かった。東ヨーロッパのジプシー音楽などに対してもそういう見方がされた。しかし、今では、そうした民族音楽の演奏者たちが非常に高度なテクニックで極めて正確に音程を操作しているとわかっている。そう言える理由については第10章で詳しく触れる。

ブルースケールには、もう一つ重要な特徴があるが、それもやはり、「音程の揺れ」ということに関係がある。その特徴とは、増四度の扱いだ。ハ長調（Cメジャー）ならば、「ファ（F）♯」の音ということになる。西洋の調性音楽の伝統においては、この音は最も不快な不協和音であるとされ、忌み嫌われてきた（ただし、音楽理論におけるこの音の意味は誤解されていることが多い。それについては後述する）。しかし、ブルースケールにおいての増四度は必ずしも不快な音には聞こえない。不快と言うよりは、これからどこか別の場所に行きそうな音に聞こえるのだ。別の場所に行きそうというのは、具体的には五度に上がりそう、もしくは四度に下がりそうということである。ブルースケールの増四度は、増四度と言うよりは、音程の下がった五度のように聞こえ、独特の不安定さをもたらし、それが非常に味わい深い。デューク・エリントンの傑作で映画のテーマ曲『或る殺人』、チャールズ・ミンガスの『グッドバイ・ポーク・パイ・ハット』などは、そういう増四度が使われている例である。増四度の音のおかげで曲が気だるい、陰鬱なものになっている。増四度はロックにも使われることがあるが、ジャズに比べるとその使い方は洗練されているとは言えない。ロックの増四度で最も有名なのはディープ・パープルの『スモーク・オン・ザ・ウォーター』だが、これは露骨な使い方で、少々、強引でもある。

ユダヤ人の礼拝の音楽や、ユダヤの伝統音楽である「クレズマー」などに使われる「フレギッシュ」と呼ばれる音階も、ダイアトニックスケールなどの西洋の音階と同じ一二音から音を選び出して作った音階である。この音階は、短二度の音が含まれていること、また音階の第二音と第三音の間が広く（半音三つ分）空いていることからエキゾチックな響きになる（図3・27ａを参照）。同じような広い間隔は、ジプシー音楽の音階にも見られる（図3・27ｂを参照）。ベラ・バルトークは、ハンガリーやルーマニアの民族音楽をベースにした曲を作る際、こうしたダイアトニックスケールではない音階を多用した。また、長調の曲には四度の音を半音上げる音階もよく使用した。スイスの伝統曲などにも、音程の間隔がダイアトニックスケールと大きく違う音階が使われる。スイスのアルペンホルンの音に含まれる高い倍音によって生まれた音階と考えられる。

二〇世紀の作曲家の中には、通常のダイアトニックスケールとは違う音階を採用するか、自ら作り出すかして、非常に独自性の強い音楽を生み出した人が何人かいた。たとえば、ドビュッシーの音楽には独特の浮遊感と優美さがあるが、それを生み出す大きな要因となっているのが「全音音階」である。これは、一オクターヴが六音から構成される音階で、音と音の間隔がすべて同じ全音になっている（図3・28 aを参照）。また、オリヴィエ・メシアンは、高い倍音を探る研究を基に八音から成る音階（オクタトニック）を考案して実験をしている（図3・28 bを参照）。ロシアの作曲家、アレクサンドル・スクリャービンは、非常に難解な理論を基礎とした「神秘音階（ミスティックスケール）」という音階を使って独自の音楽を作っている（図3・28 cを参照）。

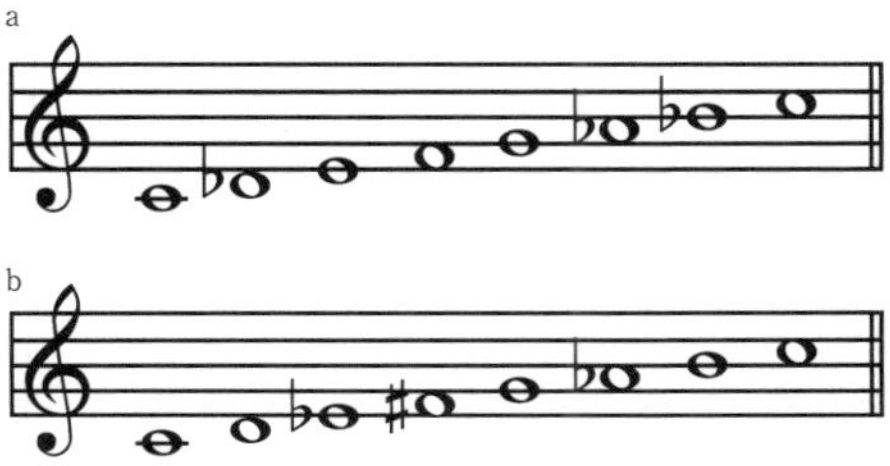

図3.27　フレギッシュ（a）とジプシー音楽（b）の音階。

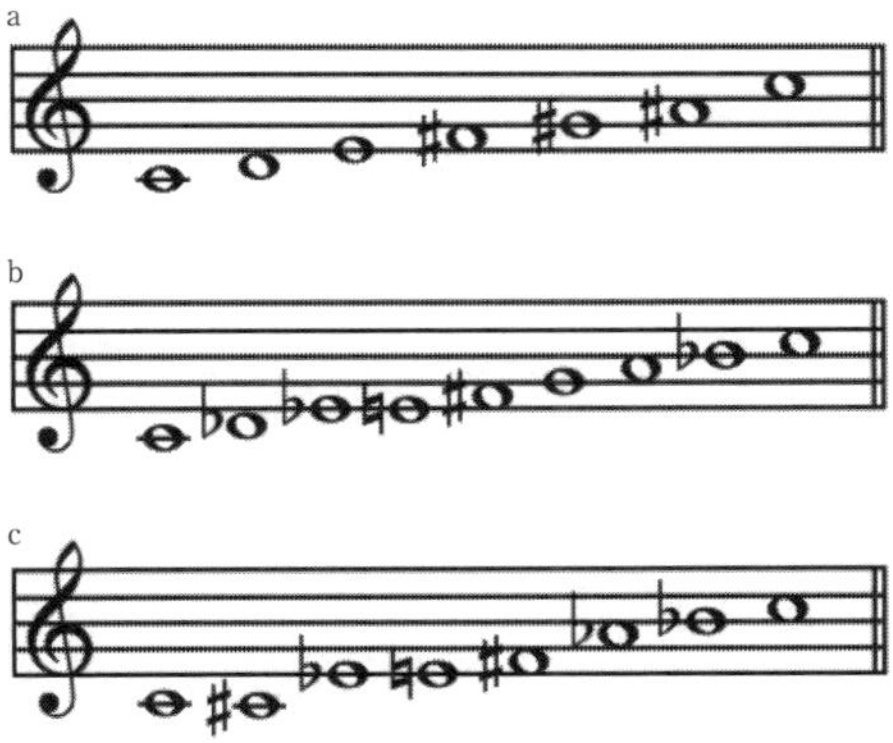

図3.28　20世紀の作曲家たちが使用したダイアトニックスケールとは異なる音階：ドビュッシーが好んだ全音音階（a）。メシアンの八音音階（b）。スクリャービンの神秘音階（c）。

音階の風景

この章の最初の方で私は「音楽は一種の旅である」と書いた。旅で何を体験するかは、私たちが何を見て、それ

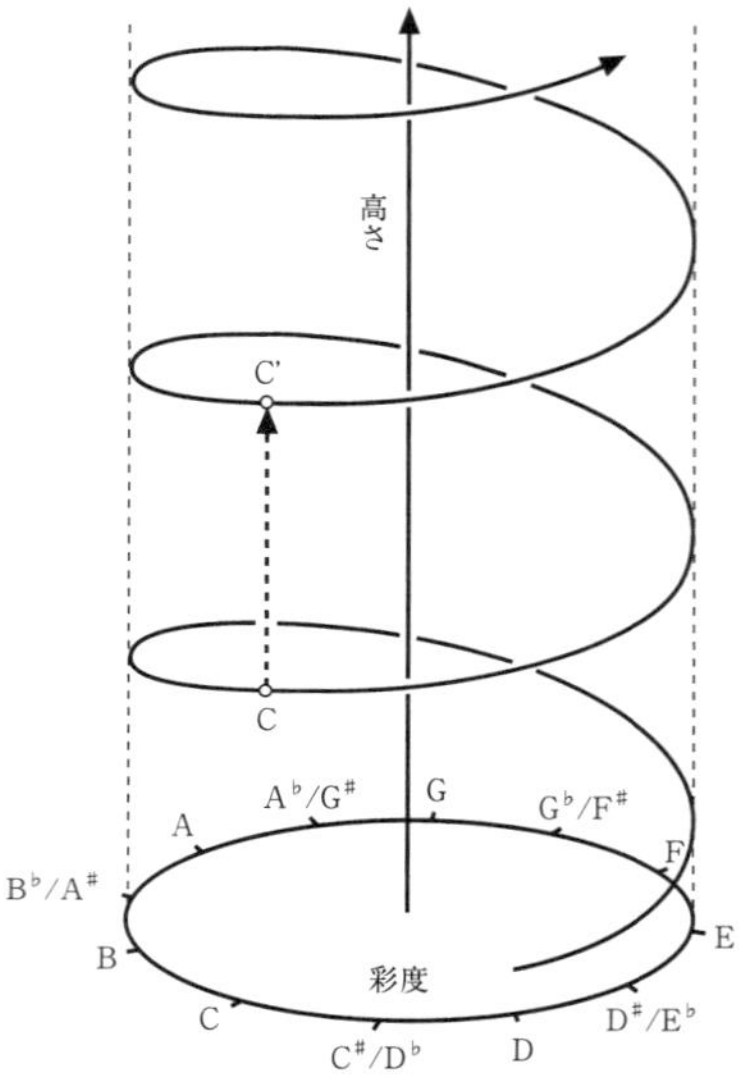

図3.29　楽音には２つの次元がある。高さ（どのオクターヴに位置するか）と、彩度（どのピッチクラスに属するか。ピッチクラスとは「ド（C）」、「レ（D）」、「ミ（E）」などオクターヴ上での位置のこと）である。それは上のような螺旋で表せる。

をどう知覚するかによって変わってくる。だが、音楽という旅の途中で目にする世界は、一体どういう姿をしているのか。この問いは非常に難しく即座に答えられるようなものではない。いずれにしろ、唯一の答えというのは存在しないだろう。ただ、世界の様相をおおまかに知るための地図のようなものは作ることができる。その際に考えるべきなのが「音程空間（ピッチスペース）」だ。音程空間とは、音楽を構成する楽音が作り出す空間のことである。その空間の形がどうなっているかを考えるのだ。音響物理学者から見ると、音程空間は、緩やかな上り坂のようなものである。周波数が上がるにつれて楽音が徐々に高くなっていくからだ。しかし、私たち人間の聴覚は、それを単純な上り坂とは認識しない。ある程度高いところへ行くと、また同じところへ帰ってきたように感じるのだ。少なくとも、前にいたのと似たようなところへ来たと感じる。音程が一オクターヴ上がる度に、音の「色合い」のようなものが一オクターヴ下の音と同じ、あるいは似ていると感じられる。この状態を絵に描くと、螺旋状の上り坂のようになるだろう。ある音の一オクターヴ上の音が、一オクターヴ下の音の真上に来るような螺旋状の坂だ。この図（図3・29を参照）からすれば、楽音には二つの次元があるということになる。一つ目の次元は「高さ」である。これは周波数という物理的な量だけで決まるものだ。もう一つの次元は、音楽理論家が音の「彩度」と呼んでいるものである。「ピッチクラス」という言葉も同じ意味で使われる。これは、螺旋における位置であり、それを決めるのは私たち人間の知覚だけだ。
だが、二つの次元があると言っただけでは、音程という不思議なもののほんの一部について表現したにすぎない。すでに書いたとおり、ある音程と、それより完全五度上の音程の間には何か特別な関係があると考えられるし、そう考えられるだけの十分な根拠は存在する。それは「五度圏」などを使わなくても、あるいは倍音構成などについて知らなくてもわかることだ。知覚上、「ド（C）」の音は、「ド（C）♯」よりも、「ソ（G）」の音に近い。そう言って少なくとも間違いではない。単純に周波数だけで比べれば（またはピアノ鍵盤上の位置で比べれば）まったく逆のことが言えるにもかかわらずそうなのだ。だとすれば、図３・29のような螺旋において、「ド（C）」「ソ（G）」が正反対の位置にあるというのは非常におかしな話だということになる。音の彩度は正反対ということになるからだ。この完全五度の関係をうまく表せるような図は書けないものだろうか。

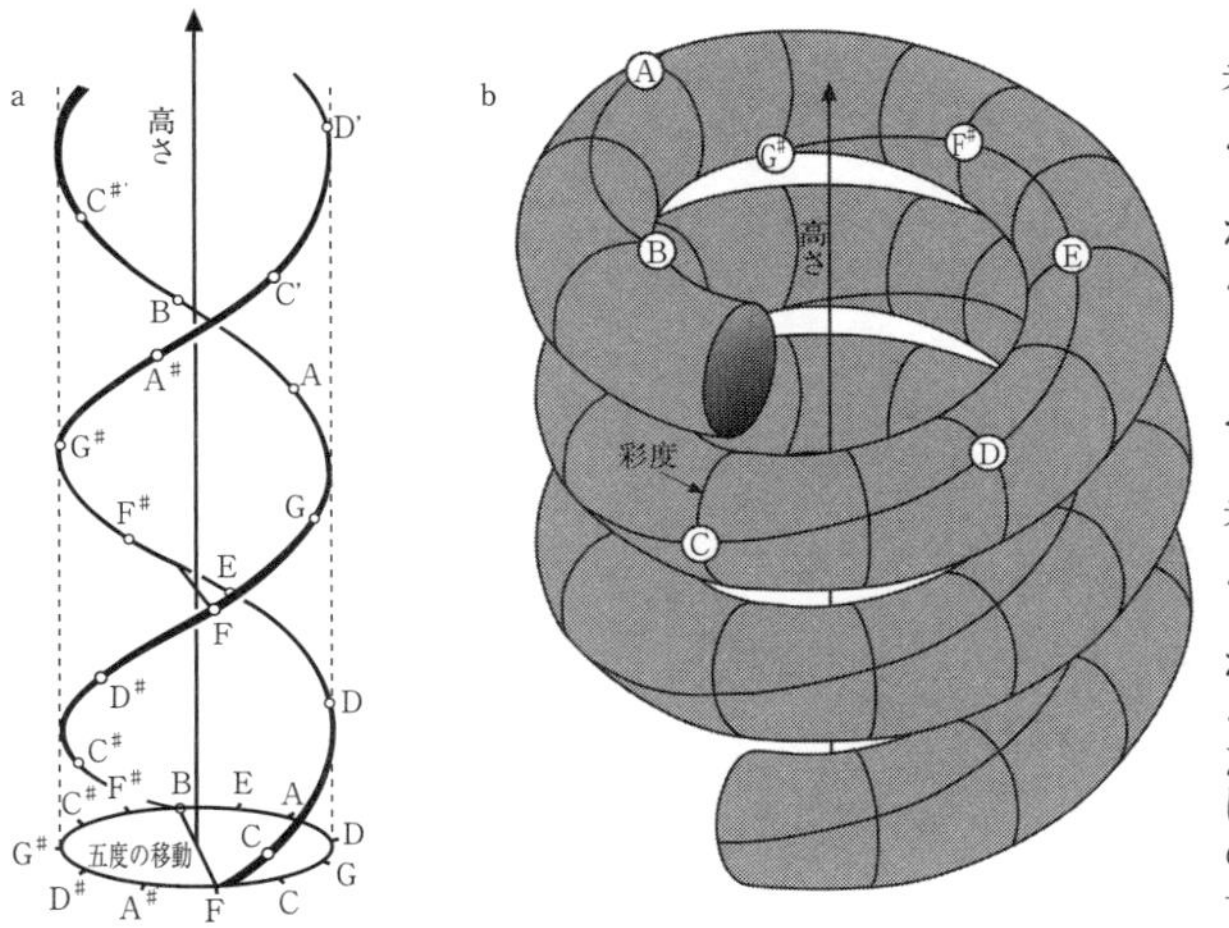

図3.30　楽音の関係を表す図。二重螺旋（a）とコイル管（b）。

　それはつまり、図に別の次元を加えなくてはならないということだ。次元が加われば、当然、図はより複雑なものになる。次元を増やした図として一つあり得るのは、「二重螺旋」である。螺旋を一つ増やすわけだ。「音楽のDNA」と言ってもいいかもしれない（図３・30 aを参照）。あるいは、螺旋そのものの次元を増やして、体積を持ったものにするという方法も考えられる。コイル状の管にするのだ。電話機の、受話器と本体をつなぐコードのような形状にするわけだ（図3・30ｂを参照）。楽音それぞれの彩度は、管の円周方向での位置で表す。他にも色々と表現の方法は考えられるが、これが最高という方法は一つもないだろう。その理由としてはまず、どの要素を盛り込み、どの要素を盛り込まないことが正しいのか明確ではない、ということがあげられる。楽音の彩度などは知覚上の問題、つまりあくまで主観的なものであり、どのくらい似ているのかを正確に判断する基準は存在しないのだ。せいぜいたくさんの人に聴いてもらって確かめるくらいしか方法がない。

スイスの数学者、レオンハルト・オイラーも一七三九年に楽音の関係を図示する試みをしているが、おそらくこれはこの種の試みとしては最初期のものだろう。オイラーが図示したのは、純正律の楽音の関係である。この図（図3・31ａを参照）では、オクターヴの違いが一切無視されており、すべての音程が一オクターヴにまとめられている。いわばこれは、縦方向、横方向の座標を持った平面的な地図である。地図の中で上に進むと音程が長三度上がる。左から右に進むと音程が五度上がる。つまり、どの行でも左から右に次々に移動していけば、自動的に「五度圏」をたどることができるのだ。ただし、すでに見てきたとおり、純正律では、五度圏の端は閉じない。出発地点に戻ってくることはないのである。この地図上では、下から上に次々に移動すると、長三度の移動を繰り返すことができる。純正律の場合、長三度の関係にある二つの音程の周波数比は五対四である。これは、上に三つ移動すれば、$(5/4)^3 = 125/64$で、周波数が六四分の一二五倍に上がるということだ。これは二倍、つまり一オクターヴに近い数字である。現在の、平均律で調律されたピアノでは、実際に長三度の移動を三回繰り返すと一オクターヴ上に到達するようになっている。「ド（C）」の長三度上が「ミ（E）」、「ミ（E）」の長三度上が「ソ（G）♯／ラ（A）♭」、「ソ（G）♯／ラ（A）♭」の長三度上は「ド（C）」である。

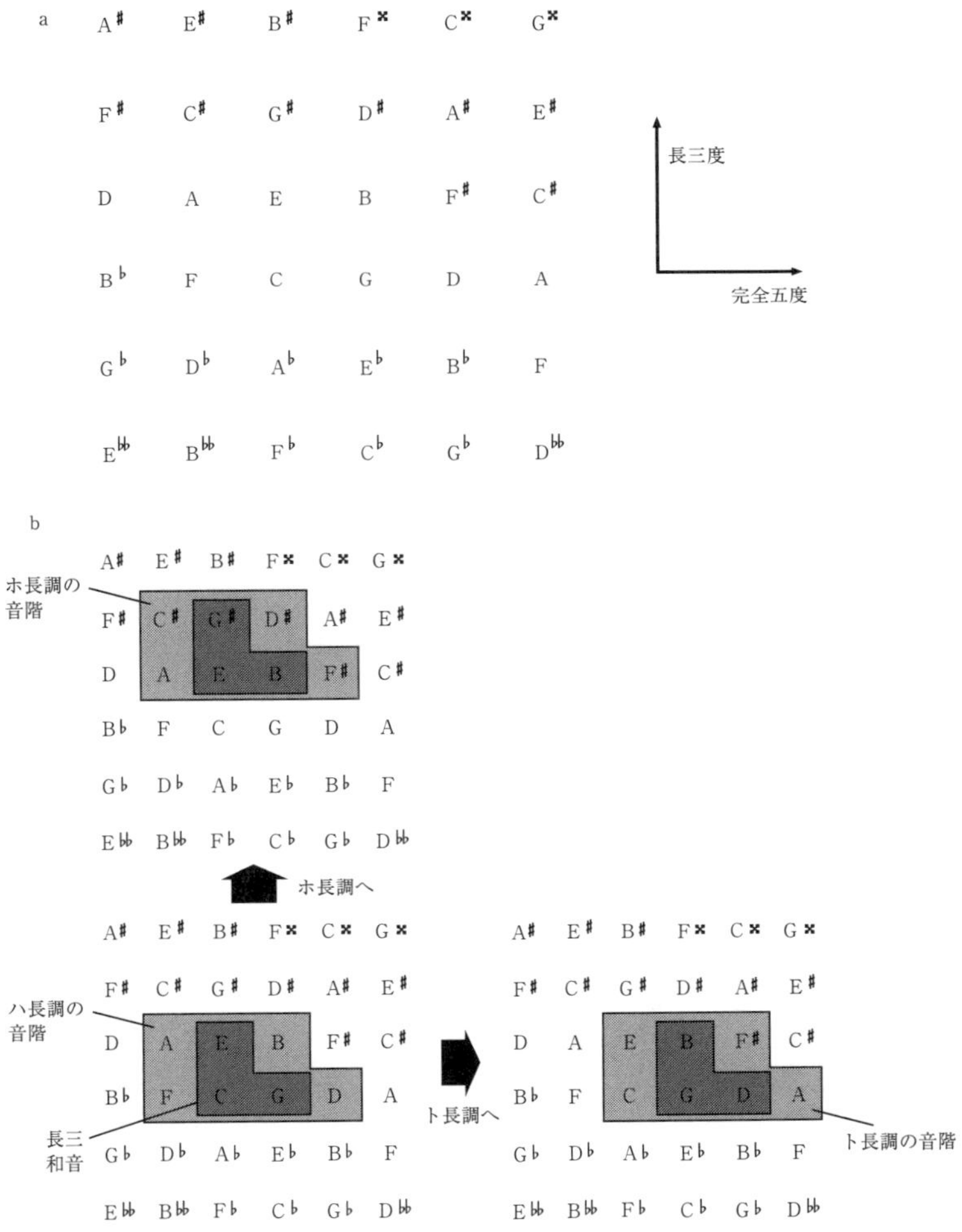

図3.31　レオンハルト・オイラーの作った楽音の関係図（a）。左から右に1つ移動すると完全五度の移動、下から上に1つ移動すると長三度の移動になる。×という印はダブルシャープを意味する。クリストファー・ロンゲ＝ヒギンズは、この図（b）では長三和音、そしてメジャースケールの構成音がL字型に並ぶことを指摘した。

言い換えると、この方法では純正律を完全に表現することはできず、一部が欠けてしまうということである。図3・31の中に、𝄫、𝄪という記号が出てくるのはそのためだ。これは「ダブルフラット」、「ダブルシャープ」という記号だ。ピアノでは、「ミ（E）𝄫」は「ミ（E）」より半音二つ分下の「レ（D）」になる。しかし、純正律では、「ミ（E）𝄫」と「レ（D）」はまったく同じではない。二つの音の間には、前に触れたとおり、比の値にして一・〇一二五の違いがある（この違いを「シントニック・コンマ」と呼ぶ）。フラットもシャープもさらに三つ、四つと増やすことができ、それぞれに全音＋半音上あるいは下の音、二全音上あるいは下の音とは違う音程になってしまう。平均律の場合はこのように無限に宇宙が広がってしまうことはない。両端がつながって完全に円になるからだ。

オイラーの図は、一九世紀にヘルマン・フォン・ヘルムホルツも使用した。また、その特性については、一九六〇年代、七〇年代にイギリスの認知学者、クリストファー・ロンゲ゠ヒギンズが詳しく調べた。ロンゲ゠ヒギンズは、メジャースケールを構成する音、長三和音を構成する音が、図上で常に同じように並ぶことを指摘している。長三和音の音は、必ずL字型に並ぶ（図3・31bを参照）。また、メジャースケールの構成音も、多少、歪《いびつ》ではあるがやはりL字型に並ぶ。このL字を移動させれば移調ができる。たとえば、一つ右に動かせば、完全五度上の調に変わる（ハ長調がト長調に変わる、など）。また、一つ左に動かせば、完全四度上の調に変わる（ハ長調がヘ長調に変わる、など）。一つ上に動かせば、長三度上の調に変わる（ハ長調がホ長調に変わる、など）。ロンゲ゠ヒギンズはその他、この図では、メジャースケールの構成音の中で、他のすべての音からの平均距離が最も近いのが主音であることも指摘した。つまり、主音が音階の中心に位置するということだ。主音が知覚上、音階の中心にあると感じられる理由はここにあるのでは、とロンゲ゠ヒギンズは考えた。

オイラーの図には、同じ音が繰り返し出てくる。これは、一つの音が音楽上、二つ以上の役割を持ち得

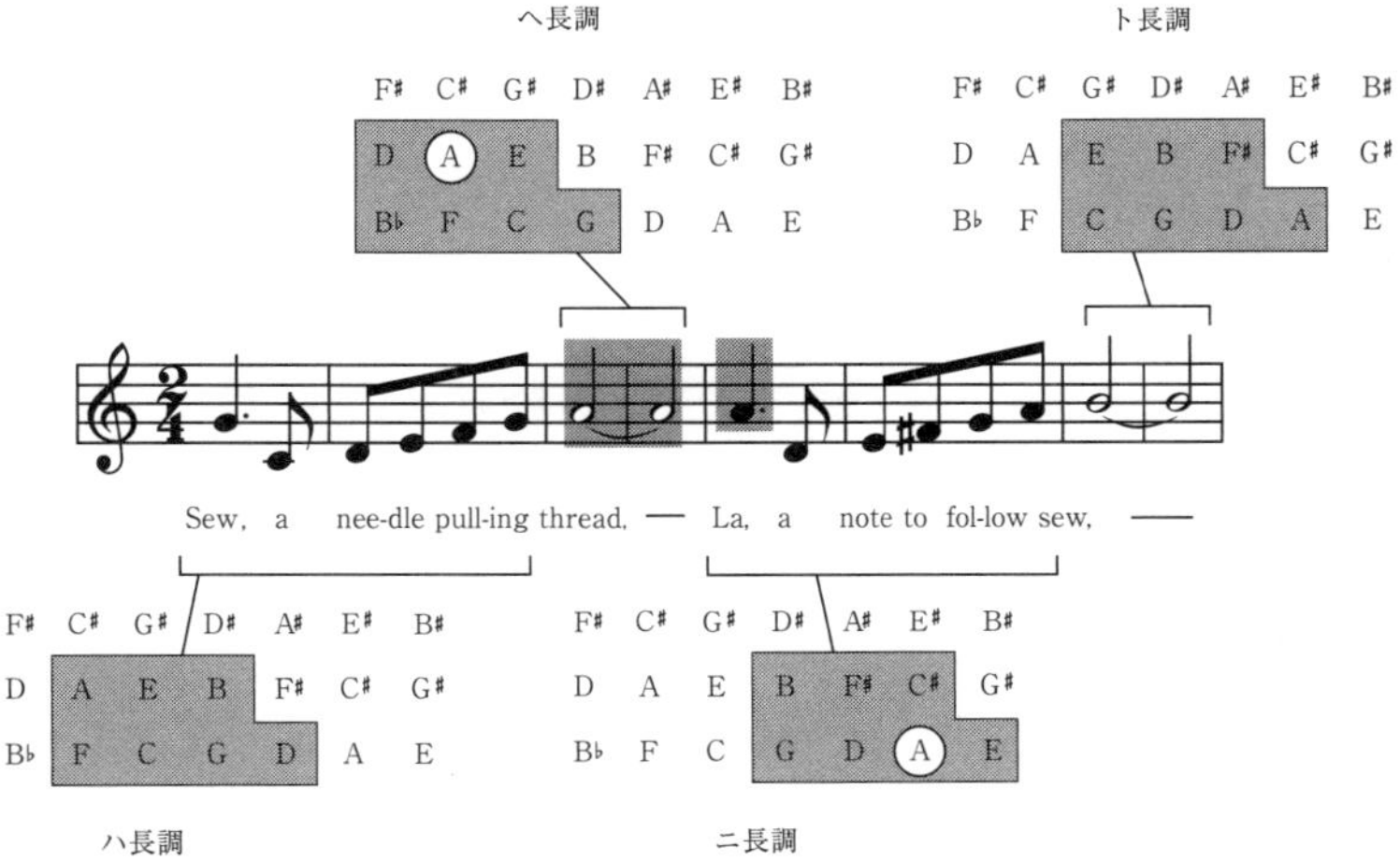

図3.32　同じ音程であっても、メロディの中で果たす役割が違う場合がある。上の図では、グレーになっている２つのＡの音が、『ドレミの歌』という曲の中で違う役割を果たしている。両者は、オイラーの図の中でも違う位置にある。

るということを意味する。図中の「C」の左上に「A」があるが、この音は、「F」を主音とする音階にも含まれる音なので、ハ長調（Cメジャー）の曲では、通常、Fコード（ファ、ラ、ドの和音）の伴奏がつけられる。たとえば、『きらきら星』の二小節目に出てくる「ラ」の音はそれにあたる。しかし、「C」から右に三つ移動したところにある「A」はこれとは役割が違う。この音に到達するには、調をト長調（Gメジャー）、あるいはニ長調（Dメジャー）に移調しなくてはならない（この二つの調では、Aの音がいずれも長和音に含まれる）。二つの「A」の違いは、『ドレミの歌』などの例を見るとよくわかる。この二つの「A」が並んでいるからだ（図3・32を参照）。二つの音は正確には違う音だと考えるべきである。ピアノでは同じキーで弾くが、同じ音ではないのだ。耳で聴いても、違う印象を受けるだろう。ロンゲ＝ヒギンズは、こういう音を「音楽における同音異義語のようなもの」と言っている。スペルが同じでも違った意味になり得る単語のようだというのである（英語では、bear、bank などがそれにあたる)。純正律では、こうした「同音異義語」的な音は音程もわずかに違い、文字通り「違う音」になる。すでに述べたとおり、純正律には、一オクターヴの中に二種類の全音が存在するためだ。たとえば、Cの左上にあるDに到達するには、周波数比が一〇対九の「幅の狭い」全音を一つ分移動することになる。しかし、右横のDに到達するには、周波数比九対八の「幅の広い」全音一つ分移動しなくてはならない。

ここから先の話では「ハーモニー」というものが重要になってくる。ここまで見てきたいくつかの図でもわかるとおり、音楽に使われる音はすべて、他の音と多かれ少なかれ関係し合っている。その関係は、音楽の私たちの耳への聞こえ方に大きく影響しているのだ。私たちは、ある音、ある和音を耳にした途端、音楽の世界のどこかに自分の身を置いているのを感じる。しかし、次にどの音が聞こえるのか、どの音に出会うのかはわからない。どの場所に連れて行かれるのか確実にはわからないのである。そのわからなさが、私たちに次々に興奮をもたらし、私たちを夢中にさせる。次章以降で、そんな音楽の魅力についてさらに詳しく探っていくことにしよう。これまでとはまったく違った視点から音楽を見ることができるようになるはずである。

第4章　アンダンテ――良いメロディとは何か

イギリス、ＢＢＣラジオの「フェイスザミュージック（Face The Music）」には、曲の一部を聴いて、パネリストが曲名を当てるというコーナーがあった。その中で、コメディアンで歌手のジョイス・グレンフェルが、ピアノの音を一音聴いただけで正解を言い当てたことがあった。女優のモーリーン・リップマンは敬意を表し、その妙技をよくモノマネして笑いを誘っていた。くだらないと言えばくだらない。しかし、一体なぜ正解できたのか。その理由は簡単ではない。おそらく笑っていた聴衆には説明が難しいだろう。グレンフェルが聞き取った一音はドビュッシー『亜麻色の髪の乙女』の冒頭のよく響く「レ（D）♭」の音だった。この曲のメロディを知っている人なら、さすがに「こんなのはいつでも当てられるよ」とは思わないまでも「ああ、確かに当てられる人はいるかもな」とは思うのではないだろうか。でも、自分がどうしてそう思うのかはわからない。最初の一音がメロディにとって非常に大事なのは確かである。しかし、この「レ（D）♭」が『メェメェ黒羊さん』であっていけない理由が一体どこにあるのか。そこが謎なのだ。

このエピソードが面白いのは、私たちが自分でもその存在に気づかずにいる意外な能力が垣間見えるというところだろう。私たちの脳は、メロディの最初の一音を聞くだけで、すぐにはたらきだす。そして、「メロディはどこへ向かうのか」、「次に来るのはどの音か」を予測し始める。この章では、なぜ最初の音を聞くだけでその先が予測できるのか、そして、並んだ音をなぜメロディとして、音楽として認識できるのか、ということを考えていきたいと思う。

メロディ（旋律）とは何か？　この言葉に厳密な定義があるわけではない。すべての曲に『雨に唄えば』のような、わかりやすいメロディがあるわけではないし、またその必要もない。メロディがわかりにくく、覚えにくい曲も多い。その曲を特徴づける、決め手となるようなメロディをまったく持たない曲もたくさんある。バッハのフーガなどのように、メロディが一本の糸のようになっておらず、いくつもの断片が重なり合ったようになっているものもある。また、グスターヴ・ホルスト『惑星』の中の『海王星』（有名な『木星』とはかなり違っている）に、いわゆる「メロディ」があるかどうかは疑問だ。スティーヴ・ライヒの曲などもそうだろう。この章では「メロディ」、「旋律」という言葉を、通常よりは広い意味に使う。

バッハやホルストを聴くことを至福としている人に言わせれば、ヒップホップレイヴなどのポピュラーミュージックには「メロディがない」ということになる。そういう人は、おそらくシュトックハウゼンやリゲティ・ジェルジュ・シャーンドルのような「モダン」クラシックにも同じ意味で不服だろう。だが彼らが不満に感じる本当の原因は「メロディがない」ということではない（その理由についてはあとで説明する）。また、前衛的な音楽を支持する人たちには「メロディ」という言葉を避けたがる傾向がある。それは「曲の音楽的価値はすべてメロディで決まる」という誤解に対する過剰反応だろう。良いメロディを求めることは悪いことではない。だが、それを音楽の必須条件にしてしまっては、無限に広がる音楽世界から目を閉ざすことになるし、音楽を味わう自分の感覚に蓋をしてしまうことにもなるだろう。ベートーヴェンの第九の『喜びの歌』の旋律はそれ自体童謡に使ってもおかしくはないものである。だが、だからといって、即、「第九は童謡と変わらない音楽である」とは言えないだろう。

メロディとは、簡単に言えば、「音の連なり」である。連なる音の高さ、長さ、リズムは様々に変化する。中には極端に短く単純なものもある。アメリカ先住民の歌の多くは極端に短い。ワンフレーズのみで、音程は、まったく変化しないか、せいぜい半音変化するくらいである。逆の極端には、チャーリー・パーカーやオーネット・コールマンなどの即興演奏が位置する。その、まるで洪水のような音の連続は、変化も極めて激しく、果たして「メロディ」と呼んでいいものか迷うほどだ。だが、そうした極端なものも、マザーグースの『ヒッコリー・ディッコリー・ドック』のような曲のメロディも、私たちの脳は同様の方法で理解しているのだ。

メロディは、すでに述べたとおり「音の連なり」である。しかし、なぜ、心地良く感じる連なりと、そうでない連なりがあるのだろうか。その答えがわかったら、それこそヒット曲の処方箋のようにも思える。大金を払うから教えて欲しいという者も現れるかもしれない。幸い、まだ誰もそんな公式のようなものは発見していない。実際そんな公式があると思うこと自体バカげた話だ。それは、必ずヒットするメロディがどこかに存在すると思っているということである。必ず誰もが好きになるような素晴らしいメロディが存在するというわけだ。現実には、ある人にとっての聞きどころが、別の人にとっては苛立たしいものだったりするというのに。

確かに多くのメロディに共通する要素はあるようだ。ただし、それは音楽家や作曲家のほとんどが、一定の「ルール」に沿って曲作りをしているからだろう。ただ、彼らは、ほとんど無意識にそのルールに従っているのであり、どんなルールかと尋ねられたところで答えに窮するだろう。作曲の基本原則の多くは、伝統や慣例が体系化されたものである。良い音楽を作るための「経験則」がルールになったということだ。たとえば、作曲家の中には、ドイツの女子修道院長であったヒルデガルト・フォン・ビンゲンのように、「メロディは人智を越えた神の啓示によって与えられる」という考え方をする者もいたが、そういう彼らでさえも、慣例的な制約や定型を完全に無視することはできなかった。ビンゲンのような超自然的な考えとは正反対に、パウル・ヒンデミットなどは「作曲家は、それこそ技術者のように、慎重に計画を立てルールに則って音を構想すべきだ」と主張した。ヒンデミットは「メロディは合理的に組み立てられるべきだ。音楽の妖精の存在を信じる必要はないし、妖精たちのお気に召すようにメロディを作ろう、などと考える必要もない」[1]と述べている。作曲を単なる技術とみなすのではなく神の啓示に導かれたというビンゲンの創作方法の方がヒンデミットの方法よりはるかに魅力的に感じられることは誰もが認めるところだ。しかし、いかに超自然的な力に強く揺さぶられて作ったと感じているメロディであっても、実際には、潜在意識の中にある一定のルールに従って作られている。これから二章にわたり、そのルールについて探求していこうと思う。

たとえば、ティン・パン・アレー［訳注　ニューヨーク、マンハッタンの地区名。音楽出版社が多数あり、作曲家たちが集まる場所だった］に、「完璧なメロディ」を探し求める野心的な作曲家がいたとしよう。その作曲家はまず、何から始めればいいか。作曲家は、普通、直感、インスピレーションを頼りにメロディを作っていくものだろう。だが現実に出来上がるメロディは以前にどこかで聞いた曲をブレンドしたものか、変形したものである。では、正真正銘の「オリジナル」を作るにはどうしたらいいだろうか。音楽の基本的なルールもすべてゼロから自分で作るのだとしたら？　メロディは、音を無作為に選択し、組み合わせればできるというものではない。前の章でも触れたとおり、既存のほとんどの音楽のメロディは、特定の音階（スケール）から音を選んで作られている。*

従来の音階を使っていても、もし、音を他の誰とも違う順序に並べれば、一応、「オリジナル」のメロディを作ったことになるかもしれない。実は音の並ぶ順序だけでなく、「リズム」も大事な要素になるのだが、それは今は考えないことにする。リズムについては第7章で詳しく触れるので、ここでは、音の並ぶ順序だけについて考えることにしよう。もちろん、順序は無数に考えられる。
だが恐れる必要はない。コンピュータを使えば、瞬時に、（無限とは言わないまでも）無数のメロディを作り出せる。自動的に無作為に音を選び出し、組み合わせることができるのだ。私は実際に、そういうプログラムをコンピュータに組み込んで試してみた。

図4.1　乱数発生器により生成されたハ調の「メロディ」

さて結果は？　惨憺たるものだ。上の楽譜のとおりである（図４・１）。けれど、そうがっかりすることはない。元々、馬鹿げた試みである。実際、どんな素人音楽家も、乱数発生器を使ってメロディを作ろうなどとまともに考えはしまい。しかし、この非常識な試みの結果、二つのことが確認できた。一つは、無数に存在する音の配列のうち、私たちが「メロディ」とみなせるものは、ほんの一部しかないということだ。だが、「メロディ」とみなせるものとそうでないものとの間に、明確な境界線はない。音の配列は、大きくは「素晴らしいメロディ」、「平凡なメロディ」、「奇妙なメロディ」、「メロディとは言えない支離滅裂な配列」というように分類できるのだが、個々の境界線は非常に曖昧である。一体、この四つは何がどう違うのだろうか。

もう一つわかったのは、無作為に選択して音を並べると、多くの場合、「中心音」、音楽の用語で言えば、「主音」がどれなのかがわからなくなってしまうということだ。つまり、調がわからなくなるということである。これは不思議なことである。

＊実験的に、音程を無作為に選択し、組み合わせて音楽を作るということは行われている。その結果がメロディとみなせるものになっているかについては後に検証する。

ハ長調の音階に属する音だけを使ったはずだからだ。それなのになぜ、ハ長調に聞こえないのだろう。ダイアトニックスケールの音だけを使えばメロディができると考えたのだが、それは間違いだったのだろうか。

もしかすると、そういう疑問を抱くこと自体、間違っているのかもしれない。

正しい音楽とは

音楽に笑いはそう多くない。だが、どんなジャンルの芸術にも、愉快で、楽しいものはある。実際に、笑わせ方を知っている音楽家もいることはいるのだ。トム・レーラー、トム・ウェイツなどがそうだし、トム・ジョーンズにもそういう面はある。フランダース&スワンのように喜劇的な作風を得意とする作曲家もいるし、ノエル・カワードのように風刺のきいた歌を聞かせる歌い手もいる。アメリカの作曲家P・D・Q・バッハはコメディ音楽を作ることを生涯の仕事としていた。それに、この章の始めで触れたように、音楽がジョークのネタにされることは少なくない。歌詞を愉快なものにしたり、歌の間にギャグを入れたり、有名な曲を変な音で演奏するなどして笑わせることもよくある。だが、それは音楽そのものがユーモラスだからではない。

音楽そのものにユーモアが感じられる稀有な例としては、いたずら好きで有名だったモーツァルトが一七八七年（父レオポルトが亡くなった年だというのも興味深い）に書いた『音楽の冗談』という曲があげられる。そのタイトルから、聴衆は、たとえ珍妙な音が聞こえても、それは自分たちを笑わせるものだとすぐに了解した。こうしたジョークの面白みは、まず西洋クラシックの作曲の慣例をよく知らねば理解できない。そうでなければ、たとえおかしな調子の音だと気づいても、定められた形式を逸脱したモーツァルトのユーモアを本当に堪能することはできない。そうではあるが、このジョークの極め付きが六つの楽器がそれぞれ別の調で演奏するフィナーレであることはすぐにわかる（図４・２）。最後に調子外れの音が騒音のようにがんがんと鳴り響く。

ジョークは不協和音そのものではない。現代の作曲家はもっと大胆な音も使うし、私たちはそれに慣れている。モーツァルトのジョークが（抱腹絶倒ではないにせよ）おかしいのは、その曲が、表面上はあくまでも調性音楽の体裁をとっているからだ。西洋クラシック音楽のルールに則って作られた曲だという前提で聴いているために、ある音がとても「間違っている」ように感じられるのだ。どういう音を演奏するのが正しいのかを、聴衆はあらかじめ知っているということになる。

しかしながら、そのような音楽の正誤の判断の基準が何なのか、わかるようになったのはごく最近のことである。今では音楽学校の生徒レベルの人間にもそれは自明のことのように見える。調性音楽（ルネッサンス期から一九世紀の終わり頃までの西洋音楽は、ほぼすべてこれに属する）とは特定の調を持ち、それに伴って主音と音階が明確に定められた音楽のことである。その音楽が調性音楽であれば、どの音が「正しい音」で、どの音がそうでないかはすぐにわかる。たとえば、ハ長調ならば、ピアノの白鍵の音はすべて「正しい」ということになる。

しかし、少し考えれば、音が正しいかどうか、ということに大した意味はないとわかる。元々、ハ長調の曲に（たとえ他の調への転調のことを考えに入れないとしても）絶対に使ってはいけない間違った音などないのだ。バッハの

図4.2　モーツァルト『音楽の冗談』の終わりの部分。実に騒々しい。

図4.3　いずれも有名なメロディ。どれもピアノの白鍵だけで弾けるが、ハ長調ではなく、それぞれト長調(a)、ヘ長調(b)、ニ短調(c) のメロディである。ここでは調号をあえて省いてある。

『平均律クラヴィーア曲集第一巻』のハ長調のフーガではあらゆる音程が使われている。つまり半音階の音も全部使われているということである。また、図4・3はすべて皆に親しまれている有名なメロディだが、いずれも、ピアノの白鍵で弾ける音だけでできているにもかかわらず、ハ長調のメロディではないし、耳にもハ長調には聞こえない。三つのメロディはそれぞれ、ト長調、ヘ長調、ニ短調のものであり、耳にもそう聞こえる。[*] しかし、それはなぜだろう。

要するに、どの音が使われているかを見ただけでは、その曲がどの調かがわかるわけではなく、また、本来、その調の音ではない音を使ったからといって、必ずしも間違って聞こえるわけではないということだ。そのメロディが何調のもので、主音が何かということは、楽譜の調号を見ない限り、どうやらそう簡単にわかることではなさそうだ。それなのに、私たちは音楽を聴いて、その調を判断することができる。その判断が何かのルールに基づいていることは確かだが、それはおそらく、音楽理論から導き出したものではない。理論などまったく関係なく、経験のみを基にしたものだ。生まれた時から、おそらく四歳になる頃までの経験でほぼ完成してしまうルールである。調性音楽の調は、「どの音が使えるか」で決まるわけではない。調は、「どの音がどのくらい使われているか」で決まるのだ。つまり、その曲から無作為に抽出した音がどの音程になる可能性が高いかで決まる、ということである。たとえば、ハ長調の曲の場合、無作為に抽出した音は「ファ

（F）♯」や「ド（C）♯」よりも、「ソ（G）」になる確率が高い。図4・4のグラフは、オクターヴ中の各音の使用頻度を表したものである。つまり、このグラフでは、ある曲から無作為に一つ音を抽出した場合、それが特定の音になる確率がどのくらいあるかがわかるということである。このような使用頻度分布は、多数の楽譜を集めれば簡単に調べることができる。調べてみると、時代や音楽のスタイルを問わず、この使用頻度が驚くほど一定しているということがわかる。

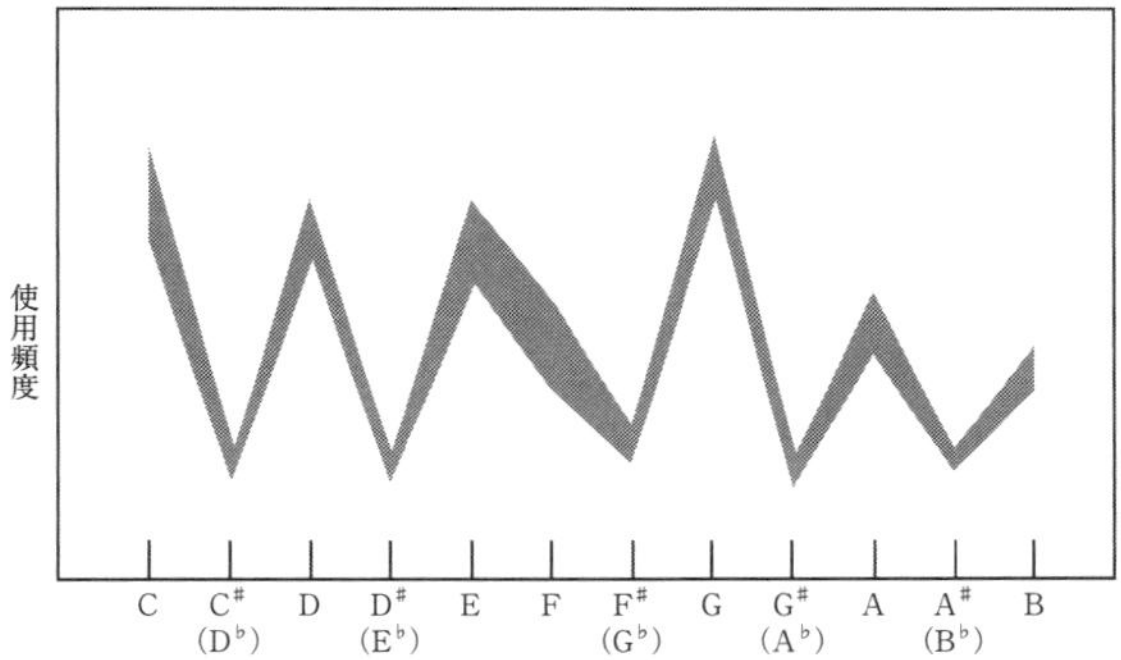

図4.4　18世紀から20世紀にかけての西洋音楽における音の使用頻度（長調の場合）。サンプルとなったのは、シューベルト、シューマンの歌曲、モーツァルト、メンデルスゾーンのアリア。すべてハ長調に移調した。グラフの線の太さは誤差の大きさを示す。

グラフに示された分布は、ほぼ、誰にとっても予測どおりのものだろうと思う。よく使われている音は、すべて、ダイアトニックスケール（この場合はメジャースケール）に属する音ばかりである。逆に、使用頻度の低い音は、すべてダイアトニックスケールの外にある半音である。特に使用頻度が高いのが、長三和音に属する音（「ド（C）」、「ミ（E）」、「ソ（G）」）だ。ただ、一つ興味深いのは、二度の音（「レ（D）」）の使用頻度もそれと同じくらいに高いということだ（その理由はあとで説明する）。グラフを見れば、個々の音の地位の高さがわかる。地位が高いのが「ド（C）」、「ミ（E）」、「ソ（G）」、そして「レ（D）」。その次が、メジャースケールの残りの音である「ファ（F）」、「ラ（A）」、「シ（B）」。そして、地位が低いの

＊ニ長調では七度の音は「ド（C）♯」になるが、ニ短調では、それが半音下がって「ド（C）」のナチュラルになる。

が半音というわけだ*。

ここに書いたことは、西洋音楽にのみ言えることである。「調性音楽」と呼ばれる音楽においては、ここで示したとおり、必ず音に地位の高い低いが生じるのだ。インドの音楽では、「サ」の音がその音階の主音の機能を果たしている。古代ギリシャのモードに、西洋音楽で言う主音があるのかは定かでないが、どのモードにも少なくとも一つはメロディに頻出する「特別な」音があり、その音が主音のように認識され、主音と同等の役割を果たしているようである。

こうした音の差別化は認知の手がかりになる。私たちはこれを頼りに、メロディを解釈し、記憶することができるのである。地位の高い音が目印となってくれるおかげで、メロディは単なる音の羅列ではなく、ひとつながりのものとして聞こえるのだ。

音楽理論においては、地位の高い音は、安定しているとされる。これは、他の音に移る可能性が低いように感じられるということである。メロディの多くは主音で終わるが、それは、主音が最も安定した音だからである。実際、子供の歌やポピュラーソング、賛美歌などの大半は主音で終わっている。『ハッピーバースデートゥーユー』や『クリスマスおめでとう』、ビートルズの『抱きしめたい』など、いくらでも例をあげることができる。稀に主音で終わらない曲もあるが、その場合はほとんど五度（バート・バカラックとハル・デヴィッドの『アルフィー』など）か三度（「アーメン」で終わる賛美歌など）の音で終わる。この三つ以外の音で終わる曲は、ポピュラー音楽には探してもなかなか見つからないだろう。

安定している音、というのは他に移りそうな印象を受けない音である。逆に、安定していない音というのは、すぐにでも他へ移りそうな印象を受ける音である。つまり、音階を、図4・5のように表すこともできるということだ。この図では、安定した音が「谷」になっている。メロディは、川の水のように、谷に向かって流れようとする。

いずれの地点からも一番近くの谷に流れやすい。すなわち一番近くのより安定した音に向かっていく（ただし、このたとえですべてを説明することはできない。なぜなら、隣接しない二音の間の移動もあり得るからだ。つまり、メロディが山も谷も飛び越えることはあり得る）。安定した音は、近くの不安定な音を引きつける。ハ長調の場合、「ファ（F）」の音は、「ミ（E）」の音、あるいは「ソ（G）」の音に引きつけられる。また、「ラ（A）」の音は「ソ（G）」の音に、「シ（B）」の音は「ド（C）」の音に引きつけられる。とりわけ半音は不安定なため、安定した音により強く引きつけられる。図を見ると、「ファ（F）♯」は「ソ（G）」に、「ミ（E）♭」は「ミ（E）」あるいは「レ（D）」に引きつけられることがわかる。半音は一般に「経過音」に過ぎない。たとえば『海辺で』という曲には、五

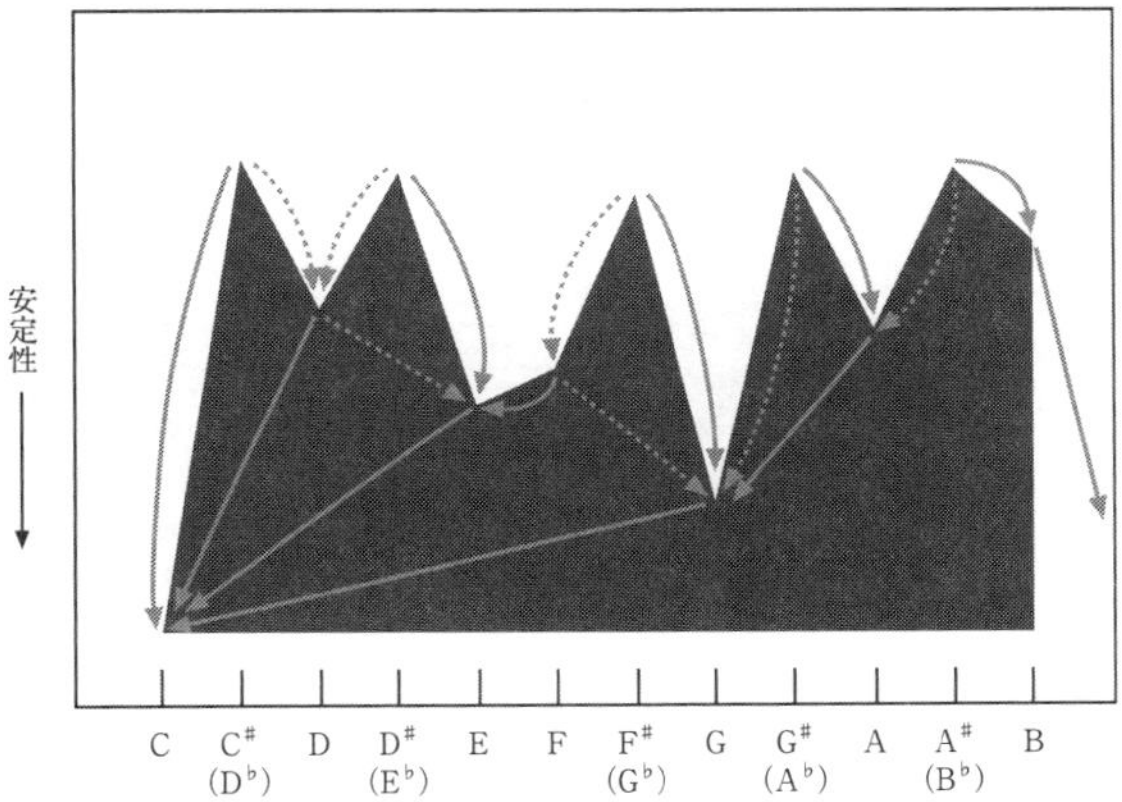

図4.5　音の使用頻度分布図を反転させると、音の安定度を表すグラフができる。低いところ（谷）にある音ほど「安定している」ということだ。高いところの音は、近くの谷の方へ引きつけられる。実線は強い引力を表し、点線は弱い引力を表す。どの音も最終的には主音に引き寄せられることになる。読者の中には、この図が、図4.4を単純に反転させたものではないことに気づいた人もいるだろう。特に大きく違っているのは、主音が二度の音よりはるかに「低く」なっているという点だ。音の安定度は、使用頻度と必ずしも一致しないということである。私たちの耳に音の安定度がどのように知覚されるかは、図4.8にまとめてある。ただし、音の安定度と使用頻度の間の不一致はさほど大きくはない。それについてはあとで詳しく触れる。

＊すでに述べたとおり、伝統音楽などでは、音階が半音より細かく分割されることはある。そういう音階は、「マイクロトーナルスケール」と呼ばれる。マイクロトーナルスケールには歌ならすぐに対応できるが、楽器は特殊なものが必要である。

図4.6 『海辺で』の譜面。矢印で示された半音（音階の外にある音）は、単なる経過音で、すぐに安定した音に移動してしまう。

度の♯と六度の♯の音が使われているが、どちらも、ほんの短い間で消えてしまう。どの音もより安定した音に引き寄せられる結果、最終的にはすべてが主音に引き寄せられることになる（図4・6を参照）。

音が安定している、安定していないという考え方は、中国の音楽にも間違いなく存在する。中国音楽で安定していると考えられるのは、五音階に属する音である。五音階から外れた音は、「ピエン（pièn）音」と呼ばれる（現代の発音表記ではbiàn［ビエン］となる）。これは、「変化する音」あるいは「何かになる音」という意味である。つまり、別の音に変化する途上の音、ということだ。たとえば、西洋音楽で言う「ド（C）」から始まる五音階の「ファ（F）」の音は、「ピエンG」と呼ばれる。「G（ソ）になる音」という意味だ。これは、西洋音楽において、二度の音を「上主音」、七度の音を「導音」と呼ぶのと似た考え方だろう。どちらも「主音に向かっていく」ことからつけられた名前だ。

昔の音楽理論家たちの中には、こうした音が音を引き寄せる力を引力にたとえて説明する者もいた。一八〇六年、ベルギー系フランス人の作曲家、ジェローム＝ジョゼフ・ド・モミニーは、音の力をニュートンの引力に匹敵するものとして、逆二乗の法則まで持ち出し、音と音の距離が広がるにつれ音の力は弱まると説明した。言うまでもないが、音が音を引き寄せる力は、それほど単純なものではない。まず、音の「力」は非対称である。確かに、「ミ（E）」は「ファ（F）」を引き寄せるが、その逆は真とは言えないのだ。

音楽理論家ハインリヒ・シェンカーは、ヘーゲルの理論を参考に、一九三五年、音の引力を「音の意思」とする解釈を発表した。

　音楽が単純に音を引き寄せる力だけでできあがるものであれば、作曲家のすることなど何もない。メロディは山間に水が流れ落ちるごとく自然にできあがることになる。重要なのは、引力にあえて逆らうこともできるということである。どのタイミングで、また、どのように抵抗するか、それを決めるのが音楽家の仕事である。もし基本となる傾向が存在せず、次の音を予感させられることがなければ、我々はその音楽に何の関心も持たないだろう。そんなメロディは、まるで、でたらめのとりとめのないものに聞こえるはずである。メロディのもたらす効果は、引力に従うか、あるいは抵抗するかによって大きく変わる。それは、音楽が人の感情にどのような影響を及ぼすか、刺激的なものになるのか、あるいは癒しを与えるものになるのか、を決定づける基本原則でもある。「次に聞こえる音」が聴く人の期待どおりか否かが重要ということである。この問題については、今後、音楽と感情の関係について考える際にさらに詳しく触れる。ここでは、音の地位や安定感に差があることでメロディに文脈が生まれること、また、聴き手がそれによって次の展開を予測することがわかってもらえればいいだろう。作曲者や演奏者は、そうした文脈や予測を巧みに利用することで音楽を活き活きとしたものにする。そして、音楽に意味のようなものを与えることもできるのだ。メロディが不安定な音から安定した音へ移ると、緊張が緩和され束縛から解放されてほっとした気分になる。

　不安定な音は緊張感を生み出すが、すぐに近くの安定した音に移動すると、聴き手はその存在に気づかないことがある。先に触れた『海辺で』という曲には、メジャースケールから外れた半音が含まれている。よく知られた『あたま　かた　ひざ　ポンの歌』にもやはり、そのような半音が含まれている。しかし、私たちはそのメロディに何ら違和感を持たない。不安定な半音がすぐに安定した音に移動してしまうから

図4.7 『ウエスト・サイド物語』より『マリア』。変ホ長調で、増四度は「ラ（A）のナチュラル」になる。

だ。もし、不安定な音が長く続いたり、強調されたりすれば、その影響は大きくなる。必ずしも曲が耳障りで不愉快になるわけではないが、刺激的で強く印象に残るものになるだろう。その一例が、レナード・バーンスタイン作曲『ウエスト・サイド物語』の『マリア』である。この曲では「Ma-ri-a」という歌詞の第一音節は主音で歌われるが、次の第二音節で一気に増四度に上がる。これは、調性音楽としては極めて異例な音程変化である。また重要なのは、増四度の部分は強拍となり、長く歌われてから五度に移動する。増四度が十分に強く、長いために記憶に残るのだ*(図4・7を参照)。聴く者は、その独特の音の響きに驚かされるが、同時に強く興味をそそられる。『海辺で』の半音のようにすぐに消えてしまうわけではないからだ。ジャズミュージシャンは、「間違った音」、つまり音階や和声から外れた不安定な音を使うが、すぐに近くの安定した音に移動することが多い。そうすれば、「間違った」音は、「正しい」音の装飾音のように聞こえる。聴く者はすぐに忘れてしまい、おそらく気にも留めないだろう。音響心理学者のアルバート・S・ブレグマンは、ジャズの即興演奏のことを「絶え間ない間違いの訂正」[2]と言っている。

一オクターヴに含まれる一二の音のうち、どれが重要で、どれが重要でないかを調べるのに、楽譜上で個々の音がどのくらいの頻度で使われているかを数えるというのは一つの方法だろう。ただし、数えた結果が、私たちの感じる重要性と一致するとは限らない。どの音が重要かは、あくまで主観的な判断である。コーネル大学の音楽心理学者、キャロル・クラムハンスルは、その点について、被験者に音楽を聞かせる実験によって徹底的に調べようとした。その実験では、和音や音階、あるいは、曲の終わりの部分によく使われる和音のパターン（「カデンツ」と呼ばれる）などを演奏し、被験者に特定の調を意識させた。たとえば、ハ長調を意識させるのなら、C（ドミソ）‐F（ドファラ）‐G（シレソ）‐C（ドミソ）というパターンでコードを演奏したということだ。特定の調を意識させた後は、一オクターヴに含まれる一二の音を一つずつ聞かせ、逐一「合っていると思うか」を尋ねていった。被験者の音楽経験にはかなりばらつきがあったが、にもかかわらず、結果は驚くほど一定していた（図4・8）。クラムハンスルは、ある音が特定の調に合う度合いのことを「調性階層」と呼んだ。調性階層は、あくまで主観的な判断で決まるものだ。

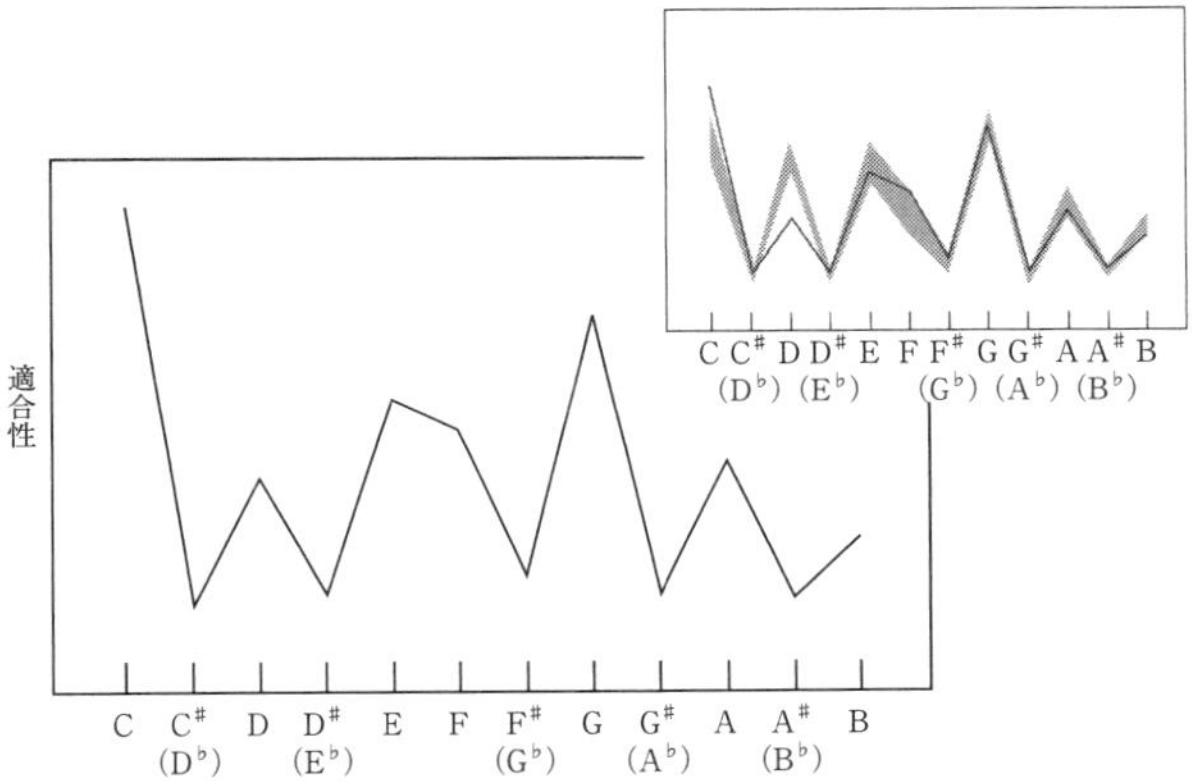

図4.8「調性階層」のグラフ。各音のハ長調への「適合性」をまとめたもの。上は、既出の「音の使用頻度の分布図」。

　各音の調性階層を図に表すと、先に示した「音の使用頻度の分布図」に極めてよく似たものになる（図4・8）。違いと言えば、主音（一度の音）の評価が使用頻度に比して高く、逆に長二度の音（ハ長調の場合は「レ（D）」の音）の評価が、使用頻度に比して低いということである。長二度の音の使用頻度が相対的に高くなっているのは、主音の後に使われることが多いためと考えられる。音程の変化は小さい方が好まれる傾向があるためだ。調性階層は、聴覚上は、五段階に

＊この「異例な」音は、実は意図的に繰り返し使われている。詳しくは、四四一ページを参照。

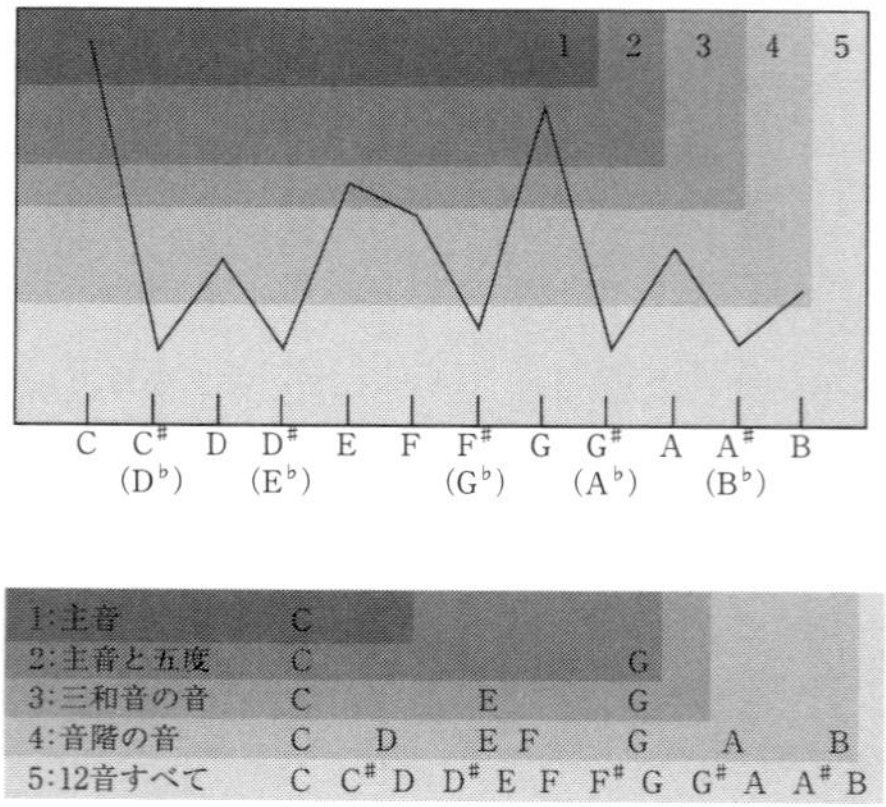

図4.9　調性階層性の段階

分かれると考えられる。一番上の段階に含まれるのは「主音」のみで、その下の段階には主音と五度が、さらにその下の段階には長三和音の音（一度、三度、五度）が含まれる。その下にはダイアトニックスケールの音すべてが、そして一番下の段階には、オクターヴ中の一二音すべてが含まれる（図4・9）。

しかし、被験者が「合う、合わない」を判断した根拠は何だろうか。ハ長調には「ファ（F）♯」の音より「ソ（G）」の音の方が合うと判断する理由は結局何なのか。個人的な音楽体験なのか、それとも私たちの脳には生まれつきそういう判断をする能力が備わっているのか。作曲家は、ただ、その能力を利用して曲を作っているだけなのか。

音楽理論家の中には、たとえ明言はしなくても、人間には「合う、合わない」を判断する能力が生まれつき備わっていると考える人が多いようだ。同じことは、協和音、不協和音の判断についても言える。また、そういう考え方をする人の中には、主音との周波数比が簡単かどうかが、「合う、合わない」の判断に影響していると考える人も多い（ピタゴラスの理論を根拠にそう考える人もいれば、倍音の周波数構成を根拠とする人もいる）。協和音、不協和音の問題も非常に難しく、様々な意見がある。それについては第6章で触れることにしよう。ここでは、クラムハンスルの実験だけでは、私たちが音と音の関係をどう認識しているのか、その認識能力がどこまで生まれつきのものなのかということはわからないとだけ言っておこう。「ソ（G）」の音はハ長調に合うが、「ファ（F）♯」の音は合わないと判断する能力が生まれつきのものかはわからない。もしかすると、単に慣れの問題ということも考えられるからだ。

音の「合う、合わない」の程度を数値によって客観的に判定することは不可能ではない。万人が認める唯一絶対の判定方法というのはないが、これまでにいくつかの方法が提案されており、総じて似た結果が得られている。そして、その結果が「調性階層」のグラフともほぼ同じであることから、「合う、合わない」は単に主観で決まるのではないと考えてもよさそうに思える。しかし、数値による判定と、主観による調性階層には重大な食い違いも見られる。たとえば、調性階層は、三度の方が四度よりも高い。つまり、三度の方がその調に合うということである。一方、客観的な判定では、これが逆になるのだ。同様に、短三度の音は、数値による判定によれば、さほど「調に合う」とは言えないのだが、短調における（長調のものとは異なる）調性階層は際立っている。これは、私たちがこの音を短調の曲で聴き慣れているせいとも考えられる。つまり、経験により、音響学的な事実とは矛盾した結果が生じているということだ。クラムハンスルは、こうしたことを慎重に検討した上で、「合う、合わない」の主観的な判断には、音に本来備わっている性質よりも、その音の使用頻度の方がはるかに大きく影響するという結論を下した。これは、人間は「合う、合わない」を経験によって学ぶことができるということを示唆する。

調性階層は、どうやら、子供のときに、ごく短い間で無意識のうちに習得するもののようだ。音楽心理学者のローレル・トレイナー、サンドラ・トレハブによれば、だいたい五歳頃には、調に合う音と合わない音の区別ができるようになるという。だが、生後八ヶ月までの赤ん坊の場合は、簡単なメロディの音を聞かせ、次にいずれかの音を変化させればそれを察知するものの、その音が音階内の音であっても、音階から外れた音であっても反応は同じだった。まだ、メロディを予測する力がないということだろう（ただし、トレイナーとトレハブの別の実験では、これと矛盾する結果も得られている。詳しくは後述）。だが、発達心理学者ジェニー・サフランらの実験によれば、メロディにおける音の発生パターンの学習は生後八ヶ月にはすでに始まっているようだ。サフランらはさらに、生後八ヶ月の乳児に対し、別の実験も行っている。まず、三つの音を無作為に組み合わせたごく短いメロディを六つ作って聞かせた。その後しばらくして、再び三つの音を無作為に組み合わせたメロディ（最初の六つを含む）を多数聞かせたのだ。すると、明らかに、最初に聞かせた六つのメロディにより強い関心を示したという。つまり、乳児は、最初の六つのメロディを記憶し、多数の中から選び出すことができたということだ。乳児は言語を習得する際、多数の音節の連続の中からどれが意味のある単語なのかを見分けるということをするはずだが、この実験結果はそれと深い関係があるのかもしれない。

調性階層に関するクラムハンスルの理論に対しては、反対する声も聞かれる。作曲家、音楽理論家のフレッド・ラダールは、クラムハンスルの理論は一面的で、音楽の「文脈」を無視したものであると批判した。また、メロディの特性には、和声などの要素も影響するはずだが、それについてはまったく考慮されていないとも言っている。ハ長調の曲で「ド（C）♯」の音を使えば、童謡などの場合は奇異に感じられるかもしれない（確かに童謡では使われている例が少ないと思われる）が、クラシック音楽ならば、たとえハ長調の曲であろうと転調の際などに「ド（C）♯」の音が使われることは珍しくない。仮にCのコード（ドミソの和音）の後に「ド（C）♯」を使ったとしても、そのくらいで「実験的な音楽」などにはならない。

クラムハンスルの理論に対しては、実験方法に関する批判もある。彼女の実験のやり方だと、被験者が、聞こえてくる音に対して先入観を持ってしまうという。どうしても、曲の終わりの部分の音のように感じてしまうのだ。曲がこれからもまだまだ続くと感じれば、判断が違ってくる可能性があるというわけだ。実際、オハイオ州立大学のブレット・アルデンは、実験により、同じ音であっても、曲の冒頭で使われた場合と、中間部で使われた場合、終わりの部分で使われた場合とでは、「合う、合わない」の判断に差が出るという結果を得ている。曲のどの部分かによって、どの音が聞こえるかという予測にも変化が生じるのだ。クラムハンスルは、カデンツを聞かせることで被験者に調を意識させたわけだが、それにより「今は曲の終わりの部分ですよ」というサブリミナルメッセージが送られることになってしまう。曲の終了によく使われる主音の調性階層が高くなり、逆に、曲がこれからも続くときによく使われる二度の音の調性階層が低くなる理由はそこにある、とアルデンは主張する。

このように批判はあるものの、メロディの知覚や予測に、私たちが過去の経験から得た「どういうときにどの音がよく使用されるか」というデータが大きく影響しているという考え自体は広く受け入れられている。私たちの頭の中には、各音の調性階層に関するデータがあり、そのデータを絶えず参照することで、童謡からバッハまで、あらゆる音楽のメロディに関して予測や判断をしているということだ。確かにこれはあり得ない話ではない。人間の脳は、パターンを見つけることが非常に得意だからである。それは、人間の持つ最も高度に進化した能力と言ってもいいかもしれない。

私たちは音楽を聴くとき、まずは調と主音を知り、無意識に個々の音の調性階層を判断しようとする。曲の冒頭の音は、ひとまず調性階層の高い音であろうと予測する。実際にそのとおりであることが多いので、これは極めて合理的な予測と言える。多くの曲が、調性階層の高い音から始まっている。たとえば、フランス民謡『フレール・ジャック』やベートーヴェン『月光ソナタ』第三楽章などは主音、マザーグース『三匹の盲目のねずみ』、ベートーヴェン『交響曲第六番（田園）』は三度、『ロンドン橋落ちた』、ベートーヴェン『ピアノソナタ第一三番変ホ長調』などは五度から始まる。この章の冒頭で例にあげた『亜麻色の髪の乙女』は五度で始まる。ジョイス・グレンフェルの解答もあながち「当てずっぽう」ではなかったのだろう。

人間という動物は元来、こういうことが得意なのだ。特別な音楽教育を受けておらず、調性などについて専門的な知識がなくても、普通は音楽を何秒か聴くだけで主音がどれかわかってしまう。特に訓練を受けなくても、五、六歳になれば、曲の調を感覚的に察知する能力を身につける。そして、伴奏の調に合わせて歌を歌うということもできるようになる。どの調で歌っていいか迷うということは少なくなる。そして、七歳になれば、調の変化も察知するようになる。耳慣れた曲なら、途中で調が変わってもそれについていくことができるのだ。このように、ほとんどの人は素晴らしい音楽的才能を持っている。

西洋音楽以外のルール

調性階層の感覚は、このように非常に幼いうちに身につくものである。これは逆に言えば、ある程度成長してしまうと、西洋音楽とは違った調性階層を持った別の文化の音楽は理解できなくなってしまうということだろうか。西洋人が大人になって突然、それまで一度も聴いたことのなかったインドやバリの音楽を聴いたら混乱に陥るということだろうか。そうなのかもしれない。それを裏づけるような報告もいくつかなされている。一九一四年に出版されたアーサー・ヘンリー・フォックス゠ストラングウェイズの『ヒンドゥスタンの音楽（*The Music of Hindostan*）』という本は、おそらく西洋の音楽学者による最初の本格的なインド音楽研究書である。この本によれば、インド音楽の調性は、西洋人の耳には極めて「異様」に聞こえたという。インド人であれば、当たり前に聞こえるメロディも、西洋人がメロディに関して持っている基準がそれに合わないため、同じように聴くことができないのだ。

しかし、これはあくまで個人的な体験であり、西洋人なら誰でも同じように感じるかどうかは疑問である。クラムハンスルは、インド音楽に慣れ親しんだ人たちの調性階層と、そうではない西洋の人たちの調性階層の比較を試みている。インドの音階「ザッツ」は、西洋の音階と同様、七つの音から成るが、七つの音程は西洋のダイアトニックスケールとは違っている。七つの中で重要度が高いのは、主音である「サ」の音と、「パ」と呼ばれる五度の音である。ただ、音階を構成する音の多くは色々に変化するため、何種類もの音階が存在する。音階はそれぞれ、特定の形態の音楽に結びつく（音楽の形態のことを「ラーガ」と呼ぶ）。インドの音楽は大半が即興演奏だが、どの音階を使うかで形態が変わることになる。「サ」や「パ」以外には、「ヴァディ」、ヴァディと四度、あるいは五度離れた「サムヴァディ」と呼ばれる音も重要な役割を果たす。

クラムハンスルは、西洋音楽の場合と同様、まず被験者にインド音楽の断片を聞かせた。インド音楽であることがすぐにわかるような特徴的な部分だ。次に、色々な音を順に聞かせて、個々に「合う、合わない」を尋ねていった。得られた結果には、インド人の被験者と西洋人の被験者の間で大きな違いは見られなかった。どちらの場合も「サ」の音が最も「合っている」と感じ、次いで「パ」、「ヴァディ」、次が音階のその他の構成音、というような順序になった。そして音階から外れた音が最も「合わない」と感じた点は、西洋のダイアトニックスケールの場合と同じだった。

もしかすると西洋人の被験者は、自分たちに馴染みのある西洋音楽の音階を基に類推をしたのかもしれない。西洋の音階で重要とされる音に似た音があれば、インド音楽でもそれが重要だろうと推測した可能性はある。だが、さらに精緻な実験を行った結果、そうではないことがわかってきた。西洋人の被験者は、主に、最初に聞かされたラーガでの出現頻度を基に類推をしていたらしいのだ。つまり、ほとんど聴いたことがない音楽の調性階層を、ごく短時間で推測してしまったということだ。もちろん、インド人ほど的確な推測はできない。たとえば、音階に含まれる音とそうでない音の区別をインド人ほど正確にできるわけではない。それでも、何の予備知識もなしに、しかも無意識に、未知の音楽における音の出現頻度を短時間のうちにかなり正確に知り得ることができるのは間違いない。異文化の音楽は確かに異様には聞こえるが、まったく理解できないというほどではないのだ。

民族音楽学者、クリスタ・ハンセンもやはり同様の発見をしている。ハンセンは、バリの奥地の村に行き、西洋人など見たこともない人々に西洋の音楽を聞かせる実験をした。一六音から成るメロディを三回ずつ聞かせたのだ。村人たちは、それだけで西洋音楽の調性階層を認識することができた。また、フィンランドの音楽心理学者、ツォーマス・エーロラは、南アフリカの部族に、「ヨイク」と呼ばれる北スカンジナヴィアの独特の歌を聞かせる実験をした。ヨイクのメロディは、音程が一気に大きく飛躍することの多い特徴的なものだ。この実験でも、南アフリカの部族は、未知の音楽の調性階層を短時間のうちに察知したと推測される結果が出ている。

もちろん、どの音が重要でどの音が重要でないかがわかっただけで、異文化の音楽を理解したとはとても言えない。そのことについてはあとで詳しく述べる。しかし、調性階層を把握することが重要な一歩であることは間違いない。これは、単に、ある音楽における音の使用頻度を経験によって学習するというだけのことではない。調性階層を知ることで、音楽の背後にある理論、原理のようなものも察知することができるのだ。使用頻度の高い音は、おそらく、その音楽の基本構造を支える音階や和音を構成する音だと推測できるからだ。当然、提示されたサンプルが、その音楽の典型と言えるようなものでなければ、正しい推測はできない。前述のクリスタ・ハンセンは、西洋人にバリの音楽を聞かせ、「スレンドロ」という五音の音階の調性階層を類推できるかを実験したが、聞かせたのは短いメロディだけだった。その結果、西洋人の被験者の類推した調性階層は、バリの人たちのものとはかなり違ってしまった。そうなった主な原因は、「ドン」と呼ばれる主音の出現頻度にある。使用されたサンプルの中では、ドンが最頻出の音になっていなかったのだ。同じ被験者も、もう少し長いメロディを聞かされれば、調性階層が最初の類推とは違っていることに気づくだろう。

調性階層は、音楽の構造を知る手がかりになるというだけではなく、おそらく、音楽を音楽として知覚する上で欠かせないものなのだろう。この章ですでに触れたとおり、ただ、音を無作為に羅列しただけでは、私たちにはまったく音楽には聞こえない。たとえハ長調の音階から音を選んでいても、ハ長調の曲には聞こえないのだ。それは、調性音楽における通常の音の使用頻度を無視しているためだ。調性階層を無視した音楽は、私たちの脳にとっては処理の難しいものなのである。そういう音楽を聞かされてもただ戸惑うだけだ。

メロディの形

音によって出現頻度に差があり、重要な音とそうでない音があるということは、おそらく「良いメロディ」というのは、一般に出現頻度の多い音、重要な音を多く使い、そうでない音をあまり使っていないメロディなのだろう、と推測できる。だが、それだけで「良いメロディ」というものを完全に説明できるわけではない。出現頻度分布、調性階層をコンピュータに記憶させ、それに基づいてメロディを自動生成させれば、次々にヒット曲が生み出せるのでは、などと単純に考える人がいるかもしれないが、そうはいかないのだ。そんなことをしても、きっと陳腐なメロディか、音楽とはとても言えない奇妙なメロディしかできないだろう。* 音の構成というのは、メロディの表面的な特徴にすぎないのだ。ゴッホやレンブラント

＊たとえば、オランダ、ナイメーヘン・ラドバウド大学のディルク＝ヤン・ポヴェルが作ったメロディ生成プログラムは、それよりは高度なものだろう。実際に生成されたメロディは、http://www.socsci.kun.nl/~povel/Melody/ で聴くことができる。人によって意見は様々だろうが、少なくとも私は、心を打つような良いメロディができているとは感じなかった。

の絵を見て、どの色がどのくらいの割合で使われているかを調べ、それを真似しただけで良い絵が描けるわけではないのと同じだ。そんな表面的な特徴に関する情報は、芸術的には何の価値もない。それはただのゲームのルールである。たとえば、サッカーの試合では、どちらのチームにも一一人の選手がいて、一人はゴールキーパーで、残りはピッチのあちこちに配置される。それがルールだからだ。だが、ルールを守ったからといって、良いゲームができるわけではない。

そのメロディが良いメロディになるかどうかは、その構成要素間の関係がどうなるかによって決まるのだ（同じことはサッカーの試合にも言える）。そして、良いメロディであることを認知するには、聴き手が、音と音の関係が通常どのようになるのかを知っていなくてはいけない。実際にある程度音楽を聴いて、頻度の高い関係を記憶し、事前の予測もできるようになる必要がある。

単なる音の羅列と、良いメロディの間の違いがどこにあるかは、ここまで読んできた人には少しわかるはずである。すでに述べたとおり、音の中には、別の音にすぐに移動しそうに聞こえるものがある。不安定な音は、すぐそばのより安定した音に引き寄せられるのだ。たとえば、七度の音は、すぐ上の主音に、六度の音は五度に引き寄せられる。ただし、実際のメロディは、必ず引き寄せられる方向に動くとは限らない。また、最も安定した主音に到達したからといって即、メロディが終わるとは限らない。

一つ重要なことは、ある音が聞こえると、それによって必ず次の音が暗示されるということだ。ある音の次に使われやすい音と使われにくい音というのがあるのだ。私たちが経験によって学ぶのは、次に使われる確率が、今、聞こえている音からの距離によっても変わるということである。つまり、今の音から何度離れているかで使われる確率が変わるのだ。実際に使われている値について統計を取ってみれば、確かにそのとおりであることがわかる。図４・10 a を見ると、距離によって使用頻度が大きく変わっていることは明らかだ。そして、距離がある程度広がると、使用頻度が極端に低下し、ほとんど使われなくなる。

これは、言い換えれば、メロディは音階内を滑らかに上下することが多いということだ。ハ長調の場合、「ド（C）」の音の後には、「レ（D）」が使われることが多く、その確率は「ファ（F）」より高いことになる。そして、「ソ（G）」の後には「ラ（A）」か「ファ（F）」が使われることが多く、その確率は「ド（C）」よりも高い。次に聞こえる音を予測するときは、今の音にできるだけ近い音を予測した方が、当たる可能性が高くなるわけだ。では、コンピュータで自動的にメロディを生成する際も、できるだけ音程の近い音が連続するようにしておけば良いメロディができるかというと、なかなかそうはいかない。時には、意図的に音程を大きく変えるということも必要なのだ。そうして、聞く側の予測を裏切ることも良いメロディには大切な要素である。

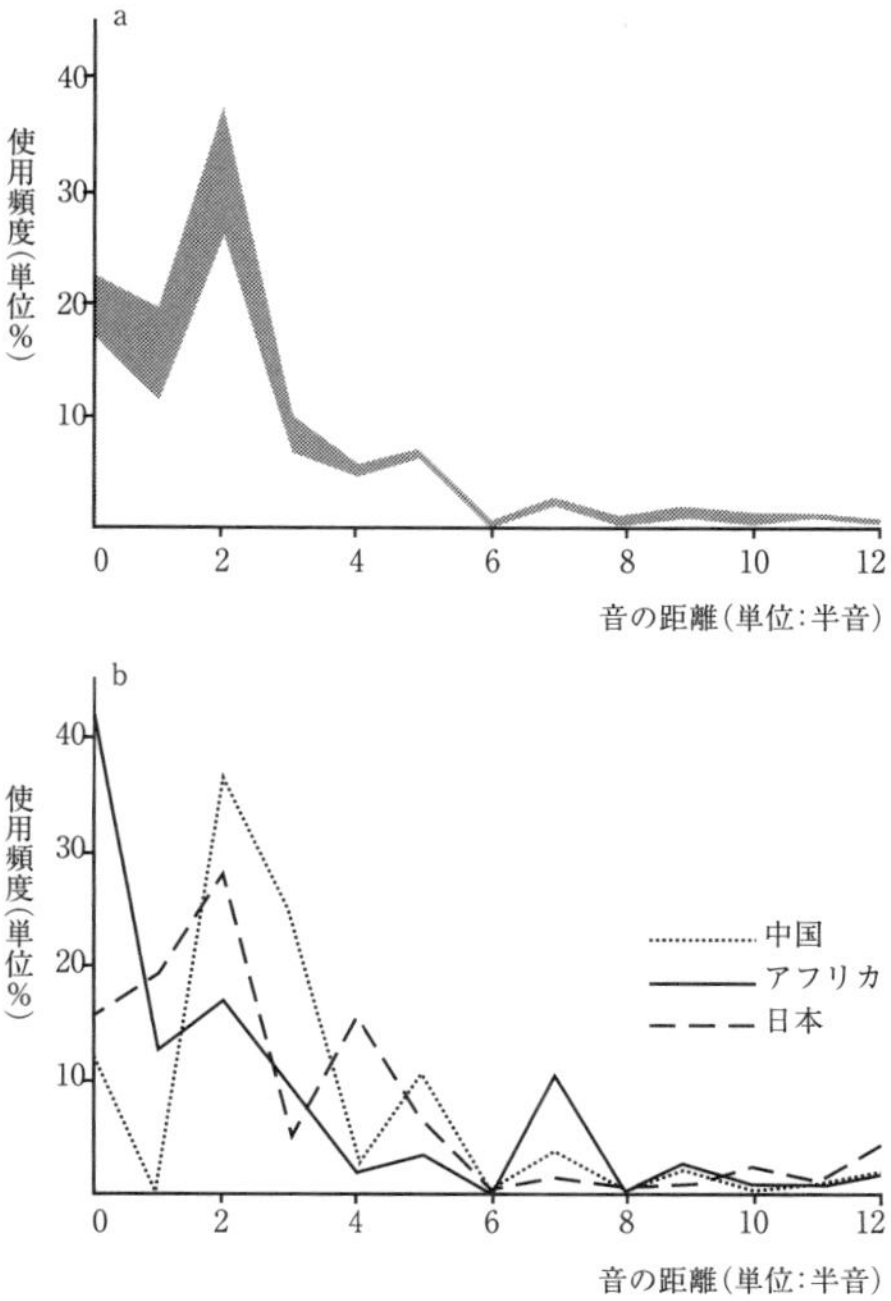

図4.10　西洋音楽（a）と非西洋音楽（b）における音程変化の分布

この「次に使われる音」の確率分布は、実は非常に普遍的なもので、西洋の調性音楽だけでなく、多くの伝統音楽にも共通するものだということがわかっている（図4・10b）。耳慣れないはずの音楽でもある程度、理解できるのは、この普遍性のおかげである。音楽心理学者のデヴィッド・ヒューロンは、それを証明する実験をしている。バリ島の人と米国人に、同じバリ島の音楽を聞かせ、「次に使われる音」を予測してもらう実験をしたのだ。被験

図4.11　「次に来る音」を予測する実験に使用したバリ音楽のメロディ

者は、メロディを一音ずつ聞かされる。そして、一音聞こえる度に、次に聞こえると思う音にポーカーのチップを賭けるよう指示された。当然のことながら、はじめのうち、米国人はバリ島の人に比べて自信がないので、賭け金は小さくなる傾向が見られた。しかし、一〇音聞いたあたりから、米国人もバリ島の人と同じくらいの自信を持って賭けるようになった。ただ、果たしてその自信は正当なものだったのだろうか。そうとは言い切れない。やはり彼らの予測はバリ島の人に比べれば正確さを欠いていたからだ。米国人の正解率が「当てずっぽう」よりはるかに高かったのは確かだ。実験に使われたメロディ（図4・11）を見れば、その理由は容易にわかるだろう。ほとんどの部分で、音程の距離は比較的小さくなっている。高低差はあまり生じていないのだ。メロディが滑らかであるということだ。音階は西洋音楽で普通に使われるものとは違っているが、マイナースケールとの明らかな類似性も見られる。この場合は、西洋音楽のメロディの傾向を基に類推したとしても、それで正解できる可能性は十分にあったということだ。

　図4・10の分布図を見れば、メロディが非常に保守的に作られているということがわかる。作曲家は、できるだけ音程を小幅に変化させようとしているのだ。一気に五度上や下に飛ぶ、というような冒険をすることは滅多にない。なぜ、これほどまでに臆病なのか。

　一つはおそらく技術的な理由だろう。世界の音楽の大半は「歌」である。音程の変化が小さい方が大きいよりも圧倒的に歌いやすい。音程の変化が小さい方が口という楽器に合っているので、特に工夫をしなくても、訓練をして特殊な技術を身につけなくても、たやすく歌うことができる。楽器の場合もそれは基本的に同じである。音程の変化が小さい方がやはり演奏しやすい。絶えずいくつもの鍵盤やフレットを飛び越えなくてはならないとなったら大

図4.12　『虹の彼方に』（a）と『アルフィー』（b）の音程変化

変である。また、もう一つ目には見えにくい理由がある。人間の認知能力だ。あまり急激に音程が変化すると、メロディが途中で断ち切られてしまい、ひとつながりに聞こえなくなってしまうのである。緩やかな坂の途中に突然大きな段差があったら、つまずいてしまうが、それと同じようなことが起きるのだ。

だとすれば、大きな音程変化は常に避けなくてはならないのだろうか。実のところ、大きな音程変化は、多いとは言えないにしろ、「稀」とまでは言えない。たとえば、西洋音楽の場合は、一四回の音程変化のうち、だいたい一回は完全四度の移動が使われている。それは当然かもしれない。もし、音程変化のすべてが小幅なものだとしたら、音楽など退屈なものだろう。メロディは、ただ、音階の断片をつなげただけのようなものになってしまう。問題は、大きな音程変化のタイミングである。どういうときなら良くて、どういうときはいけないのか。

大きな音程変化は実際、探せば意外に簡単に見つかる。『虹の彼方に』の最初の部分などはその例だ（図4・12）。冒頭の“Some-”の部分の音は、歌に普通に使われる音域のちょうど真ん中あたりに位置するごくありふれた音である（「中央ハ」の上の「ミ（E）♭」）。しかし、その直後、“-where”の部分で一気に音程が上がる。まるまる一オクターヴの上昇だ。民族音楽やポピュラー音楽の場合、一オクターヴの音程変化の使用頻度は一、二パーセントほどだろう。同様の音程変化は、『雨に唄えば』の冒頭の部分にも使われている。*

このように大きな音程変化を使うときに大事なのは、一定の秩序を保たなくてならないということだ。失敗すると、下手なヨーデルのようになってしまう恐れがある。秩序を保つには、たとえば、少し後にまた別の大きな音程変化を使うという方法も有効である。他は小幅な音程変化ばかりなのに、一箇所だけ大幅に変化させるというのは一般に得策ではないのだ。しかし、大きな音程変化を繰り返せば、それがその曲における「ルール」であるかのように感じさせることができる。「こんなに大きく音程が変わるのは普通じゃないことはわかっていますけど、この曲は他の曲とは違うんですよ」という暗黙のメッセージを聴き手に送ることになるのだ。『虹の彼方に』では、冒頭の"Somewhere"の後に、"way up"、"there's a land"で、大きな音程変化（音と音の間の距離は同じではないが）が繰り返されている（図4・12a）。同様に、『アルフィー』でも、"Al-fie"の部分の後に何度か大きな音程変化が繰り返されている（図4・12b）。

私たちは過去の経験に基づいて次の音を予測するのだが、このように曲自身が発するメッセージによって、予測を修正することがある。個々の曲の持つ独自のルールを察知して、そのルールを踏まえて予測するようになるのだ。もし『アルフィー』のメロディの中で大きな音程変化が一度しか起きなかったとしても、それだけで妙な曲だと思うことはないし、理解できないということもないだろう。しかし、やや一貫性に欠けるとは感じるかもしれない。個々の曲の独自のルールは、人それぞれの「口癖」のようなものと考えてもいいだろう。

大きな音程変化が突飛に感じない理由は他にもある。『虹の彼方に』や『雨に唄えば』では、一オクターヴ変化する部分の音符が、他の多くの部分よりも長くなっている。いったん大きく変化した後、"-where"の部分が長く伸ばされ、しばらく音程が変化しないのだ。その後の"over the rainbow"の部分は、音程が小幅に変化する滑らかなメロディになっている。大きな音程変化があってもメロディが途中で断ち切られず、全体が一続きに聞こえるのはそのためだ。大きな変化の後、しばらく立ち止まって待っていてくれるので、脳が動きに追いつけるのである。

メロディがこのように認知される背景には、人間の脳の持つ性質がある。人間の脳には、外界から取り入れた情報を、「ひとまとめ」にしようとする性質があるのだ。すでに見てきたとおり、同時に複数の倍音が鳴っていても、それをまとめて一つの音として認識する、というのもそうした例の一つだ。メロディを認識できるのも、私たちの脳に、複数の音の羅列を「一続きのもの」と解釈しようとする性質があるおかげだ。その性質が発見されたのは、二〇世紀初頭のことである。これについて研究する学問分野は「ゲシュタルト心理学」と呼ばれている。ゲシュタルト心理学については次章で詳しく触れる。メロディにおける大きな音程変化は、まるで断崖のようなものだ。二つの音の高さがあまりに大きく違っていると、両者が同じメロディに属するとは認識されにくくなってしまう。脳は、できるだけメロディを一続きのものとして解釈しようとするのだが、それが困難になってしまうということだ。

複数のものが「ひとまとめ」にして認識される原理は、「ゲシュタルト原理」と呼ばれるが、それについてもあとで触れることにする。音楽家、作曲家たちは、この原理を知っているわけではなくても、無意識にその存在を感じ取り、知らず知らずのうちに利用しているはずである。そのおかげで、私たちにとって理解しやすい音楽が多くなっているというわけだ。

＊どちらの曲も、オクターヴの音程変化を記憶するのに便利な曲と言える。オクターヴの変化は、アマチュアの人には歌うのがやや難しく、「歌え」と言われてもとっさには歌えないこともある。しかし、『虹の彼方に』の最初のところを歌ってくれ、と言われれば、ある程度以上の力がある人なら簡単に歌うことができるだろう。

よく見られる音程変化のパターン

『虹の彼方に』でも、『雨に唄えば』でも、一気に一オクターヴ上昇という大幅な音程変化の直後には、逆に音程の下降が見られる。これはまるで、大幅な移動で空いた隙間をあとから埋めているようでもある。同じようなことは、多くの曲で行われる。『アルフィー』などもその例の一つだ。音楽学者の中には、それを音楽の普遍的な傾向とみなす人もいる。米国の著名な音楽理論家であるレナード・メイヤーは、この種の傾向を「間隙充填」と呼んだ。一六世紀のイタリアの作曲家、ジョヴァンニ・ピエルルイージ・ダ・パレストリーナも、「音程を大きく変化させた後には、メロディをその逆方向に移動させるべき」と言っていた。後の時代にも、作曲に関して同様の主張をした人は多い。実際、世界各国の音楽について調べてみると、だいたいどの国の音楽でも「半音三つ分以上」の音程変化があった後には、約七〇パーセントの確率でその逆方向の移動が見られるようである。

ただ、作曲をする人間が意図してそのようなメロディを作っているとは限らない。ただ、必然的にそうなっているだけ、とも考えられるのだ。大きな音程変化が起きた場合、音程は、使える範囲の上限、あるいは下限近くに到達する可能性が高い。『虹の彼方に』や『雨に唄えば』の場合には、一オクターヴ上に一気に飛ぶため、上限にかなり近づくことになる。上限近くの音の次の音は、当然、それより低い音になる確率が高いだろう。そして、その後、使える音域の中間部分まで戻る可能性が高い。普通は中間部分の音が最も多く使われるからだ（上限や下限近くの音ばかりで歌われたり、演奏されたりする曲は少ない）。つまり、上方向への大きな音程変化の後、その逆の下方向の移動が起きやすいというのは単なる確率の問題でしかないというわけだ。選べる音の数がそちらの方が多くなるからだ。もし、「大幅な移動の後の逆方向の移動」が意図的なものだとしたら、「中間部から上限、あるいは下限近くに一気に移動した後、逆方向に移動」というケースと同じくらい、「上限、あるいは下限近くから中間部に一気に移動した後、逆方向に移動」というケースも見つからなければおかしい。しかし、実際にはそんなことはないのだ。それは、中国の伝統音楽から、サハラ砂漠以南のアフリカ音楽まで、あらゆる音楽に共通している。やはり、どうやらこの動きは確率の問題ということのようである。

だが、それでも、「大幅な音程変化の後の逆方向の移動」が経験的事実であることに変わりはない。つまり、おそらく、私たちの脳はメロディを聴くときに、そのような音程移動が起きることを事前に予測するだろうということだ。事実、音楽家を対象に、大きな音程変化を聞かせ、「次にメロディがどの方向に動くか」と尋ねる実験をすれば、「逆方向に動く」と答える人が多い。興味深いのは、大幅な音程変化の起点と終点がどこであっても関係なく、同じように予測する人が多いということだ。統計的には、この傾向は、中間部から上限、下限への移動にのみ顕著に見られるものなのだが、それは関係がないようである。この点に関して、私たちは不完全な経験則しか持っていないらしい。本当は、中間部から上限、下限への移動の後にだけ適用されるルールを、常に適用できるものとして利用しているのだ。だが、これは無理もないことだろう。経験則は単純な方が記憶されやすいし、不完全とはいえ、適用できないケースはそう多くないからだ。音楽に関する経験則には、このように、正確さと単純さの間のせめぎ合いが起こっている場合が少なくない。ある程度以上、正確であれば、あとは単純さが優先されると考えていいだろう。

人間には、物事を一般化しすぎてしまう傾向があるということも言える。同じようなことは、メイヤーの主張したメロディに関するもう一つの法則にも当てはまる。それは、「小幅な音程変化の後には、同じ方向の小幅な音程変化が続きやすい」という法則だ。確かに実際の曲のメロディの動きを見ていると、その法則は正しいようにも思える。たとえば、モーツァルトの『ロンド　ニ長調K四八五』の主題部分には、長三度以下の音程移動が五〇回あるが、そのうちの三八回は、すぐ後に同じ方向の長三度以下の移動が続

図4.13　モーツァルト『ロンド　ニ長調 K485』の主題部分。長三度以下の音程移動が50回ある。うち38回は、すぐあとに同じ方向の長三度以下の移動が続く。そうでない箇所は、記号で示してある。

いている（図4・13）。だが、この場合も、統計的にそう言えるというだけで、法則の正しさを証明したことにはならない。実は、この法則は、下方向の移動にはよく当てはまるが、上方向の移動にはあまり当てはまらないのだ。にもかかわらず、音楽家を対象に実験してみると、両方向にこの法則を適用してしまう人が多い。[*]

メロディにおける音程変化には、よく見られるパターンというのがある。特に多く見られるのが、「アーチ形」の音程変化である。これは、「音程がいったん上がって再び下がる」というパターンだ。この場合、音符の並びがアーチを描くことになる。必ず完璧なアーチとは限らないが、かなりそれに近いものが多い。『きらきら星』（図4・14 a）や、ベートーヴェンの『喜びの歌』などのメロディを見れば、アーチを描いているのはすぐにわかる（『喜びの歌』はそういう意味でもやはり童謡に近いと言える）。グレゴリオ聖歌や西洋の民謡にも、このパターンのメロディは数多く存在する。また、アーチが層をなしているメロディというのもある。大きなアーチの中に小さなアーチが「入れ子」になっているメロディだ。『クリスマスおめでとう』などはその例だろう（図4・14 b）。面白いのは、アーチ形のメロディがこれほど多いにもかかわらず、「アーチを描くはず」という前提でメロディの展開を予測する人がまずいないということである。実験によれば、人間が予測するのは、アーチの後半の、音程が下降していく部分だけのようだ。おそらくこれも、単純さと正確さのせめぎ合いなのだろう。「メロディの音程はいったん上がって次に下がることが多

図4.14 『きらきら星』のメロディはアーチ形になっている (a)。『クリスマスおめでとう』はアーチが複数連続している (b)。また、後者の場合、全体もアーチを描いており、その中に小さなアーチが「入れ子」になっている。

い」というよりも、「フレーズの終わりには音程が下降していくことが多い」という方が単純である。経験則が単純で、ある程度正確であれば、無理に精度を上げる意味は少ない。

アーチ形のメロディパターンがこれほど多いのはなぜだろう。確かな理由は誰も知らない。だが、推測することはできる。一つ言えることは、メロディには主音から始まるものが多いということだ。おそらく、主音から始まっていれば、聞く側にとって主音を把握するのが最も易しくなるからだろう。主音が把握しやすければ、必然的にその音楽は理解しやすいものになる。理解しやすいものの方が好まれるのは、ほぼどの音楽でも共通している。少なくとも、伝統音楽や民族音楽の場合はそうだろう。また、主音で終わるメロディも同様に多い。主音は最も安定した音なので、「終わった」という印象を最も強く与えることができるからだ。メロディの始めも終わりも同じ音になることが多いということである。そして、音程変化の幅は小さい方が曲は作りやすい。だとすれ

＊音楽家の場合は、自分の予測が正しいか否かを検証する機会が普通の人よりは多いだろう。一般の人は、メロディの次の音を漠然と予測することはあっても、それを意識することはまずないと思われる。過去に聴いた音楽から一定の法則を導き出すということも意識的にはしないに違いない。あとで詳しく触れるが、このことは音楽を聴いたときの印象に大きく影響を与える。メロディの動きを明確に予測することがなければ、音がどう動こうと、受ける印象は薄くなる。

ば、最も簡単なのは、「いったん上がって、その後下がる」というアーチ形のメロディを作ることだろう。

一般に「上がって下がる」アーチの方が「下がって上がる」アーチより好まれるが、その理由については様々な意見がある。たとえば、「音程の上昇により、精神の高揚を表現しようとしている」という意見はその一つだ。希望や情熱といった前向きな感情を表現できるというのだ。音楽の中にはそういう感情を表現するものが多いのは確かだ。音楽に重力の理論を当てはめようとする人もいる。物体を上に投げればやがて落ちてくるように、音程もやはりいったん上がったものはやがて下がるというわけだ。だが、この考え方はどうも正しいようには思えない。音程の動きを空間での物体の動きにたとえるのは無理がある。確かに、音程の動きの認知と、空間での物体の動きの認知には何らかの関連はあるようだ。前者の認知に問題が生じると、同時に後者の認知にも問題が生じるという人が多いからだ。しかし、だからと言って、音の高さと、空間での高さに関連があるとまでは言えないだろう。両者の関連はあまりに明白に見えるため、当然視されることも少なくない。曲の中で、音の高さが空間的な高さの象徴として使われることもある（六〇二ページ参照）。だが、周波数が大きい音を「高い」と呼ぶのは単なる慣例にすぎない。古代ギリシャ人は、この関係を逆にとらえていた。彼らは、周波数の大きい音ほど「低い（"nete"、これは英語の"nether＝下の"という言葉の語源である）」と表現していた。古代ギリシャ人の使っていた「キタラ」という楽器では、周波数の大きい音を出す弦ほど下に張られていたためである。*

音楽の多くは「歌」である。そのため、「上がって下がる」アーチを描くメロディが多いのは、話し言葉の音程から来ているという考え方もできなくはない。文の最後に音程が下がるというパターンは、多くの言語に共通して見られる。子守歌にゆっくり音程が下がっていくメロディが多いのは、母親が赤ん坊に優しく語りかけるときの音程パターンに倣っているのだという考え方もある。

メロディの息つぎ

チャーリー・パーカーやジミー・ペイジなど、超一流のジャズミュージシャン、ロックミュージシャンの演奏で目立つのは、そのスピードである。そのため、速く演奏できるよう十分に訓練を積めば、彼らのようになれると思い込んでいる人も多い。だが、実際にはそうはいかない。彼らの演奏で素晴らしいのは、その驚異的なスピードだけではないからだ。重要なのは「息つぎ」である。絶妙のタイミングで息つぎが入るからこそ、音の洪水のようなソロが単なる混沌に陥らず、秩序立った音楽に聞こえるのである。

言語の場合は、文や節といった構造があり、それが意味を伝える上で重要な役割を果たしている。「自動車の運転は危険だから、シートベルトを締めるのが賢明だ」という文を見たとき、私たちは頭の中で、「自動車の運転は危険」の部分と「シートベルトを締めるのが賢明」の部分を括弧でくくる。括弧でくくったものは、それぞれが一つの「思考」である。この思考がどのように関係し合っているかを見ることで、私たちは言葉を理解するのだ。

同じような構造は音楽にも見られる。短く、わかりやすいフレーズをつなぎ合わせてメロディが作られることが多く、つなぎの部分には「休み」が入ることが多いのだ。たとえば、ベートーヴェンの『エリー

＊古代ギリシャ人の音の「高低」に関する表現は、現在の私たちとはまったく異なる。たとえば、現在ならば「音が高い」と言うべきところで、〝oxys〟（これは元々「鋭い」という意味で、臨時記号「#＝シャープ」の語源である）という言葉を使うこともあった。面白いのは、この言葉は〝oxygen（酸素）〟という言葉の語源にもなったということである。「酸」は「鋭い味の液体」だからだ。一方、現在で言う「音が低い」ことは、〝barys〟とも表現された。これは「重い」という意味である。

図4.15　ベートーヴェン『エリーゼのために』のメロディの構造

ゼのために』（図4・15）のメロディはそのようになっている。単にメロディを適当な長さに切ればいいというものではない。フレーズが互いに関係し合っていなければならないのだ。『エリーゼのために』のメロディの場合は、二番目のフレーズが最初のフレーズの「返答」のように私には聞こえる。ただ、返答は二番目のフレーズだけでは完結しない。三番目のフレーズが二番目のフレーズを補うことで完結している。

たとえば、先述の「自動車の運転は危険だから、シートベルトを締めるのが賢明だ」のような構造を持った文を録音し、その上にクリック音をかぶせたとしよう。それは私たちの耳にはどう聞こえるか。仮にクリック音の鳴るタイミングがフレーズの途中だったとしても、私たちの耳にはフレーズの切れ目の部分で鳴っているように聞こえることが多いはずだ。つまり、クリック音のタイミングを、構文の理解の邪魔にならないようにずらして聞く傾向があるのだ。単語と単語の結びつきが弱くなっている部分にクリック音を移動させてしまうのである。私たちの脳が、単語の並び方に一定の秩序を見出そうとする力はそれほどまでに強いということだ。これと同じようなことは音楽においても起きる。しかし、音楽の場合、フレーズの切れ目は必ずしも言語の場合ほど明確ではない。逆に、このクリック音のタイミングがどう移動するかで、私たちがどこを切れ目と感じているかを知ることができると言えるだろう。図4・16ａのメロディを見て欲しい。譜面を見ただけでは、フレーズの切れ目はなかなかわからないだろう。

図4.16 クリック音の移動。メロディとともにクリック音が聞こえると、実際に鳴ったのとは違うタイミングで聞こえることがある。この現象により、私たちが無意識のうちにメロディをフレーズに分けていることがわかる。クリック音は、フレーズの切れ目のところに移動することが多い。それでメロディの認識を妨げないようにしていると考えられる。例（a）では、クリック音は第二小節の第五音と同時に鳴るのだが、第四音の後で鳴っているように聞こえる人が多い。第四音と第五音の間にフレーズの切れ目があると感じているということだろう。このメロディは、むしろ（b）のように聞こえるということである。フレーズの終わりの音が実際よりも長く伸びているように聞こえ、その後に切れ目があると感じるのだ。

だが、実験をしてみると、第二小節の第五音と同時に鳴るクリック音が、かなりの確率で第四音の後ろに移動することがわかる。これは、この二音の間に切れ目があると感じる人が多いということだ（これは驚くべきことだろう。二つの音は音程や音の長さなどが同じなので、つながっているように聞こえても不思議ではないからだ）。耳に聞こえるメロディは、実はむしろ図4・16bで示したものに近いようである。最初のフレーズの終わりの音が実際より長く伸びているように聞こえる。この方がフレーズの切れ目はより明確になる。

フレーズの話をするためには、リズムのことにも触れなくてはいけないので、詳しくは第7章で述べる。メロディは通常、小節に分割される。それにより、どの部分を強く、またどの部分を弱く演奏するかがある程度決まる。この分割によって、私たちはメロディを少しずつ把握することができるようになる。フレーズは何小節にもまたがることもあれば、一小節に満たないこともある。だが、小節という単位があることで、一定のリズムで「息つぎ」をすることができるのだ。

この「息つぎ」は、特に歌の場合には、文字通りの意味になる。一小節の長さは、たとえば賛美歌の場合には平均で三・四秒になるが、これは、詩の一行を読む長さの平均値二・七秒に近い。小節がこれより短いと、時間が足りず、始めと終わりがある明確なフレーズを作るのが難しくなる。これより長いと、聴き手がフレーズを覚えるのが困難になるだろう。フレーズの終わりの部分を聴く頃には、始めの方を覚えていないということになりかねない。これは、長い文を読むときと同様である。小節の長さが適度なものであれば、それがメロディの構造を理解するための手がかりとなるのだ。もちろん、一小節よりもはるかに長いメロディの構造を理解することは不可能ではない。だが、その構造を一度に目で見るということはできない。小節という窓を通して少しずつ把握するしかないのだ。小節は、リズムや拍が明確にわかりにくい曲にも、ある種の「律動」を与えることができる。小節の切れ目がわかりやすい曲ほど、曲の構造を把握するのが容易である。反対に小節の切れ目がわかりにくい曲は、理解しづらくなる。「無調音楽」と呼ばれる音楽の中には、ただ音が何のまとまりもなく羅列されているだけに聞こえるものがあるが、小節の切れ目がはっきりしないということがその理由になっていることがある。だが、意図的にそういう音楽を作ろうとする人もいる。現代音楽の作曲家の中には、まさにそれを目指す人がいるのだ。切れ目なく、ただ、まとまりなくだらだらと音が流れていく音楽は、聴く人を瞑想でもしているような状態、いわゆる「トランス状態」にさせることもあるが、多くの場合は、単に退屈なだけである。

歌は変わらない

同じ音楽を聴いても、それをどこまで理解できるかは、人によってかなり違ってくる。その音楽がどのような構造になっているか、それがわかるかわからないかで大きく違うからだ。重要なのは、音の並び方のパターンや、音と音のつながりを察知することである。また、何かを暗示する音や、装飾音などが使われることもあるので、それも察知しなくてはならない。音楽を聴くためには記憶が欠かせない。曲の始めから終わりまでをひとつながりのものとして聴くからこそ、私たちは音楽が理解できるのである。つまり、直前までに何を聴いたかを記憶していなくてはならない。アーロン・コープランドは「今、そこに存在する音を、個々にばらばらに聴くだけでは、音楽を聴いていることにはならない」[3]と言っている。今、この瞬間に聞こえている音は、直前に聞こえた音、直後に聞こえる音と結びつける必要があるのだ。この本ではすでに、私たちが音楽の調性をどのようにして察知するのかということには触れた。私たちの脳には「どの調ではどの音がよく使われるか」という記憶があるのだ。その記憶と聞こえてくる音とを照らし合わせることで調がわかる。聞こえてくる音と記憶との比較は絶えず続けられ、必要に応じて解釈が訂正されていく。

　記憶すると言っても、何も頭の中に「記憶の箱」があって、その中にメロディがそのままのかたちで一音一音しまい込まれるというわけではない。記憶するのは、メロディの構造やパターンである。つまり、何音かがひとまとまりとして扱われるのだ。どのくらいの長さがひとまとまりとされるかは状況によって違う。また、記憶の忠実度も常に一定ではないし、記憶の薄れ方も一定ではない。たとえば、コンピュータは、画像をそれぞれに色、明るさなどの異なる「ピクセル」の連続として記憶する。しかし、私たちの記憶の仕方はそうではない。いくつかの光や色の情報をひとまとまりとして扱い、「これは赤い薔薇だ」、「これは山の風景だ」という具合に認識し、記憶する。普通は、細部の色や形がどうなっていたかまでは記憶せず、個々の事物がだいたいどういう色、形だったかを記憶する。細部は忘れてしまっているので、記憶を想起するときは、その欠落した細部の情報を無意識のうちに埋めている。記憶がこのように「大づかみ」なものになっていることは、パターンや類似性を発見する上では非常に便利である。同様のことをコンピュータでやろうとすると、大変な苦労をしなくてはならない。コンピュータは人間の脳よりはるかに正確に大量の情報を保持でき、効率的に情報を処理できるのだが、それでも、何かを全体として認識してパターンを見つけたり、類似性を察知したりということは苦手である。

音楽の場合も、画像と同じように、私たちはいくつかの「ピクセル」をひとかたまりにして扱い、大づかみに認識、記憶している。いくつかをひとかたまりにする操作のことを「チャンキング」と呼ぶ。チャンキングには、ルールが必要である。何と何とをまとめて扱うか、それを決める暗黙の基準が必要なのだ。たとえば、「音程変化が小幅な部分をまとめる」、「調が同じ部分はまとめる」などの基準である。

チャンキングは、音楽の認知には不可欠である。もし、私たちの脳が、音を一つ一つばらばらに認知していたら、簡単な子供の歌ですら、複雑すぎて理解ができないだろう。もちろん、一流の音楽家ならば、数千もの音から成る曲をすべて記憶し、一箇所も間違えることなく演奏することもできる。確かに驚異的な能力である。だが、そういう人も実は音を一つずつばらばらに覚えているわけではない。音をかたまりで覚えているからこそできることだ。ピアニストに「モーツァルトのソナタの四一小節目から弾いて欲しい」と頼んだとしたら、そのピアニストはおそらく頭の中で曲の冒頭から四一小節目までを再生するだろう。楽譜がそのままピアニストの頭の中に入っているわけではないので、好きなところから楽譜を読んで弾き始めるというわけにはいかない。道順の記憶に似ているかもしれない。たとえ、ある場所に行くための道順を知っているとしても、途中で通る道の名前をすらすらと言える人は少ないだろう。頭の中で道をたどってみてはじめて、通る道の名前を思い出すのだ。音楽家は、リハーサル中にどこかでミスをすると、間違えた箇所そのものではなく、フレーズの冒頭からやり直す（「じゃあ、二小節目の頭からやり直そう」というような言葉が交わされる）。

私たちは、メロディを聴くとき、その一音一音を、頭の中にある様々な記憶と照らし合わせている。そして、次々に予測をしたり、判断を下したりしている。「音程は、この後、上がるだろうか、下がるだろうか」、「これは前に聞こえたフレーズと同じもの（似たもの）だろうか」、「このフレーズは、前に聞こえたフレーズへの返答だろうか、あるいは、無関係の新たなフレーズだろうか」といったことを絶えず判断しているのだ。今、聴いているメロディの調も記憶しているので、途中で調が変われば（または変わる兆候があれば）それに気づく。これも記憶との照らし合わせのおかげである。聴いているのが交響曲の何楽章なのかということも記憶があるからこそわかる。ある曲を聴きながら、同じ作曲家の別の作品を思い起こすこともあるし、同じ曲の別の人の演奏や、別の作曲家の別の作品を思い出して比較することもある。そして「ああ、この曲なら、シナトラが歌っているバージョンの方がずっと良いな」などと思うこともある。私たちは実にたくさんのことを記憶しているのだ。だが、その記憶はどこまで正確なのだろうか。

たとえば、もし、ある一つの音を聞かされて、その後にもう一つの音を聞かされ、「これはさっきの音と同じですか、違いますか？」と尋ねられたとする。私たちはどのくらい正確に答えられるだろうか。実験によれば、一音目と二音目の間隔が一五秒くらい（音楽にとって一五秒間は長い時間だ）空いても、ほぼ間違いなく答えられることがわかっている。脳には、この「音程の短期記憶」のための機構が備わっている。その機構の少なくとも一部は、「下前頭回」と呼ばれる部位に存在している。これは、この機構を作るための遺伝子が存在しているということだろう。ただし、音楽のために進化したものではなさそうだ。音程の違いを聞き分ける能力が、私たちが生存していく上で価値があったということだと考えられる。音程の違いがわかれば話し言葉も理解しやすいし、声から相手の感情を察知するにも便利である。動物の鳴き声など、自然界に存在する色々な音を区別するのにも役立つ。

ただし、たとえミニマリズムの音楽であっても、一音と一音の間が一五秒も空くようなメロディというのはまずないだろう。普通は、その間に多くの音がはさまることになる。多くの音がはさまれば、それだ

図4.17　生後18ヶ月の子供の歌を聞き取り譜面化したもの

け記憶は攪乱されることになるだろう。また、音程変化の記憶に関しては、変化の幅が小さいほど、正確に記憶できることもわかっている。たとえば、音程変化が全音（ド（C）からレ（D）など）であれば、非常に正確に記憶できる。つまり、しばらく時間が経ってから、同じ音程変化が聞こえたときに、前に聞いたものと同じであると認識できる可能性が高いということだ。だが、これが短六度（ド（C）からラ（A）♭など）になると正確に記憶するのが難しくなり、長六度の音程変化（ド（C）からラ（A）など）との区別ができない可能性が高くなる。大幅な音程変化の使用頻度があまり高くない理由はここにもあるのだろう。小幅な音程変化を主に使っている音楽の方が記憶しやすいし、理解もしやすいということである。

　メロディの認知や記憶にとって特に重要な手がかりとなっているのが、その上昇、下降のパターンである。メロディの上昇、下降のパターンに変化が生じると、生後五ヶ月の子供にさえ、脈拍が変わるなどの反応が見られるという。また、生後一八ヶ月くらいになると、でたらめなメロディ「らしきもの」を歌い始めるが、この歌は、ほとんどの場合、単に同じような短い音程変化パターンを繰り返すだけ、というものである。調は一定していない（図4・17）。

　音程の上下変化のパターンの違いは、子供でも認識できる。だが、音程変化の幅の違いを認識するのは、少し難しいようだ。わずかな違いだと、大人でも、音楽教育を受けていない人は認識できないことがある。音楽教育を受けていない大人を対象に、未知のメロディを聞かせ、聞こえたとおりに歌ってもらうという実験をすると、一音も正確に歌えないということがよくある。ただ、それでも、上下変化のパターンだけは間違えない。既知のメロディを使って同様の実験をすると、一応、何の曲かはわかるように歌う人が多い。ただ、上下変化の幅は圧縮される傾向にある。実際の曲に比べて変化の幅が小さくなるのだ。

同じようなことは、歌を覚えたての幼い子供にも起きる。音程の上下変化の幅は正確には再現できない（幅を圧縮してしまうことが多い）が、それでも、歌っているのが『マクドナルド爺さんの農場』なのか『三匹の盲目のねずみ』なのかは区別がつく。子供の歌の音程変化の幅がもし、半音くらいに圧縮され、メロディが通奏低音のように退屈なものになってしまったとしても、何を歌っているのかわかることもある。*しかし、たとえ音程が極めて正確であったとしても、オクターヴが一音ごとにランダムに変化したとしたら、それが何の曲であるか認識することは非常に難しくなるだろう。上下変化のパターンがまったく変わってしまうからだ（図4・18）。

複雑な音楽は、音程の上下変化のパターンが特徴的な短いフレーズを組み合わせて作られることが多い。音楽心理学者のダイアナ・ドイチュは、図4・19aのようなメロディは、構成音はまったく変えなくても、図4・19bのように休符を入れて分割すると覚えやすくなることを発見した。上下変化のパターンがまったく同じフレーズが並ぶからである（つまり、「平行な」フレーズの連続になるわ

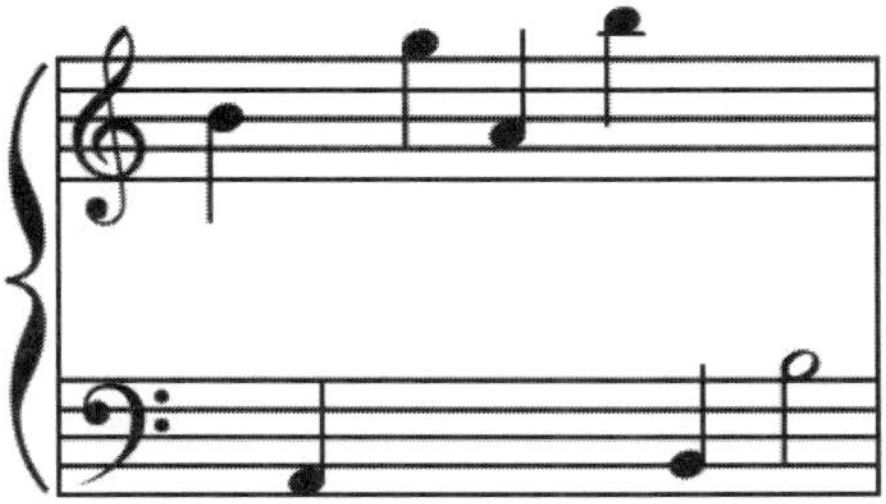

図4.18 『メリーさんの羊』のような有名な曲でも、構成音のオクターヴを一音ごとにランダムに変えると、曲を認識するのが非常に難しくなる。上下変化のパターンが大きく変わってしまうためと考えられる。

*もちろん、ここで手がかりになっているのは上下変化のパターンだけではない。リズムパターンも同時に大きな手がかりになっている。

図4.19　メロディは、いくつかのフレーズに分割して、規則性を持たせるようにすると覚えやすくなる。たとえば、同様の音程変化パターンの繰り返しに聞こえるようにすれば、覚えやすくなるのである。つまり、(a) のメロディは、休符を入れて (b) のように変形すれば、覚えやすくなる。同様の音程変化パターンの繰り返しであることがわかりやすくなるからだ。だが、同じ休符を入れるにしても、(c) のようにしてしまうと、同じパターンの繰り返しではなくなるため、覚えにくくなる。

けだ）。ａよりもｂの方が記憶すべき情報の量が少ないと言える。はじめから終わりまで順に音程の変化を覚えなくても済むからだ。上下変化のパターンは一つ覚えてしまえば、あとはそれを四回繰り返せばいい。そして個々のフレーズの最初の音と二番目の音さえ覚えれば、もう十分である。どのフレーズも、半音下がって半音上がるだけだ。フレーズの最初の音はいずれも「ト長調の長三和音」の構成音になっている*。

これは、「123123123…」というような単純な繰り返しであれば、「121322311322…」という不規則な数字の羅列よりはるかに覚えやすいというのと同じである。専門的には、「アルゴリズムが理解しやすい」というような言い方をすることもある。ただ、休符を入れて同じようにメロディを区切るのでも、図4・19ｃのように区切ったのでは、上下変化のパターンが一定ではなくなってしまうので、図4・19ｂの場合に比べて覚えにくくなる。

私たちは、音程の上下変化のパターンを記憶することができ、まったく同じでなくても、ある程度似たパターンが再び現れれば「同じ」と認識することができる。つまり、ほぼ同じパターンの繰り返しで曲が構成されている場合には、それを察知できるのだ。たとえば、『ジングルベル』（図4・20ａ）の最初の三小節などはその例である。この三小節の音程変化のパターンはどれも正確には違っているが、音符の並んだ形がノコギリの歯のようになっている点は共通している。ベートーヴェンの交響曲第五番『運命』などは、もっとわかりやすい例だろう。この曲では、崖から落ちるような音程変化のパターンが繰り返される。第一楽章には、この極めて印象的なパターンが何度も出てくるのだ。

図4.20 まったく同じでなくても、よく似た音程変化のパターンを繰り返し使えば、メロディにつながりが生まれる。『ジングルベル』のメロディ（a）はその例である。『平均律クラヴィーア曲集第一巻』「前奏曲 四声のフーガ ニ長調」の場合（b）も、同様の音程変化パターンが繰り返されている。これにより、使う音域が次々に変わっても、メロディのつながりは切れない。

バッハは、同様の音程の上下変化パターンの繰り返しを、『平均律クラヴィーア曲集第一巻』「前奏曲 四声のフーガ ニ長調」の中で、もっと洗練されたかたちで使用している。ほぼ同じ上下変化のパターンが繰り返されるのだが、音程変化の幅は正確にはすべてまったく同じではなく、ニ長調の音階に合うよう少しずつ変えられている。たとえば、ある時は全音の変化であったところが、ある時は半音の変化になったりするということだ。ダイアナ・ドイチュは、このような上下変化のパターンを「音程のアルファベット」と呼んでいる。ドイチュによれば、この「音程のアルファベット」は、メジャースケール、マイナースケール、アルペッジョ（和音の構成音を一つずつ順に演奏すること）などを基礎にして作られることが多いという。

＊個々のフレーズの最初の音がすべて長三和音の構成音になっているということも、メロディを記憶する助けになり得る。長三和音の構成音はいずれも、音階の中で重要な地位を占める音だからだ。

図4.21　ベートーヴェン『月光ソナタ』(a)、バッハ『平均律クラヴィーア曲集第一巻』「前奏曲　四声のフーガ　ハ長調」(b) のアルペッジョ

ベートーヴェンの『月光ソナタ』の第一楽章や、バッハの『平均律クラヴィーア曲集第一巻』「前奏曲　四声のフーガ　ハ長調」などは、アルペッジョを基にしたアルファベットの中でも特に有名な例と言えるだろう*（図4・21）。

　このように「まったく同じではないが似ている」というフレーズを繰り返し使うと、メロディにつながりが生じ、覚えやすくなる。この手法は、非常によく使われる。民族音楽やポピュラー音楽の場合は、特にその傾向が強く、二つか三つのメロディを順に歌うことを繰り返すだけ、というようなものも多い。それで簡単に覚えられるのだ。現代のダンス音楽などを「単純な繰り返しが多すぎて稚拙」と非難する人もいる。しかし、実は世界中のほぼすべての音楽、イヌイットの喉歌から、ノルウェーのポルカ、ナヴァホ族の戦勝祈願の歌にいたるまで、数秒以上の長さのある音楽なら、その大部分（約九四パーセント）に何らかの繰り返しが見られるのだ。しかも、これは、完全な繰り返し以外は除外しての話だ。

　繰り返しばかりでは音楽が退屈になるのでは、と思う人もいるだろう。だが、レナード・メイヤーは、たとえ同じフレーズが繰り返されても、私たちの耳には厳密には同じことの繰り返しには聞こえないと主張している。たとえば、あるフレーズを一度聴き、しばらく経ってから、もう一度繰り返し聴いた場合、一度目と二度目ではまったく違う経験になるということだ。少なくとも、二度目は「あ、また同じだ」という気持ちが加わる分だけ違ってくる。同じフレーズの繰り返しには、気分が元に戻るという効果がある。いったん最高潮まで盛り上がった音楽がいったん途切れ、その後で冒頭と同じメロディが静かに奏でられる、という手法は、ロックなどでは「陳腐」と言っていいほど多用されている。しかし、その効果は絶大なので、いくら陳腐でも許されてしまう。たとえば、ピンク・フロイドの『クレイジー・ダイアモンド』の、デヴィッド・ギルモアのギターソロが盛り上がった後に演奏されるメロディなどはその例だ。ジミ・ヘンドリックスの『ブードゥー・チャイルド』などの場合も、やはりジミ・ヘンドリックスのギターとスティーヴ・ウィンウッドのハモンドオルガンの激しいバトルが繰り広げられた後に、静かに冒頭のメロディが演奏される。また、歌の場合は、同じメロディが繰り返されても、歌詞が次々に変われば単調にはなりにくい。歌詞が一篇の物語になっていれば、ストーリーが進行していくので飽きることはないだろう。ボブ・ディランやレナード・コーエンの歌はそれにあたる。レイヴやスーフィー・カッワーリー（イスラム神秘主義の音楽）、フィリップ・グラスやテリー・ライリーらのミニマルミュージックなどには、執拗な繰り返しにより、聴き手をトランス状態にさせる効果がある。

先が予測できるということが、退屈さよりも快さにつながることもある。たとえば『ザ・ワイルド・ローバー』は同じメロディの繰り返しだが、皆、実に楽しそうに歌う。退屈する人はまずいない。前に一度出てきたメロディが、思いがけずもう一度聞こえてくると、人は、古い友人に偶然再会したような嬉しさを覚える。一度使ったメロディをタイミング良くどこかで再び使う、というのも重要な作曲テクニックで

＊『月光ソナタ』のアルペッジョは、正確にはメロディではなく伴奏だが、メロディの音の数が少ないため、アルペッジョがメロディのようにも聞こえる。

ある。聞こえてきたのが知っているメロディだとわかり、その後、どう展開していくのかもわかると、愉快な気持ちになれることがあるのだ。物事を正確に予測できれば、進化的に有利であるのは間違いない。音楽理論家のデヴィッド・ヒューロンは、予測が当たったとき、私たちが心地よい気分になるのはそのためであると主張している。同様のメロディが繰り返されれば、私たちは「また繰り返されるのでは」と予測する。その予測が当たると、音楽が首尾一貫したものに聞こえ、満足感が大きくなる。

クラシック音楽では、繰り返しは一つの「楽式」にもなっている。たとえば、「ソナタ形式」と呼ばれる種類の曲では、提示部に使われた主題が展開部にも形を変えて使われ、その後、再現部でもわずかな変更を加えて使われる。ソナタ形式について何ら知識がなくても、その構成を楽しむことはできる。ただ、ほんの短い間、一度聴いたメロディを記憶できればいいのだ。同じメロディが形を変えてまた現れたことが認識できれば楽しめる。また、繰り返しは、変奏曲においてはさらに顕著である。同じメロディが何度も何度も、形を変えて使われるからだ。全体の構成があらかじめ決められていて、それに合わせて作曲されるソナタとは違い、変奏曲の場合は、ただ、同じ短い主題に変更を加えて繰り返していくというシンプルな作りになっている。しかし、バロック時代には、バッハをはじめとする優れた作曲家たちにより、美しく洗練された変奏曲が数多く作られた。バッハの『ゴルトベルク変奏曲』の均整美、構成美は、今なお、音楽家だけでなく、数学者をも魅了している。

同じメロディの繰り返しは、西洋音楽においては、あまりに「当たり前」のものになっているため、繰り返しについて特に意識しない人も多い。たとえば、ソナタ形式の曲では、多くの場合、最初の主題が後で少し形を変えて（同じ調で）演奏されるが、それに注目する人は（絶対音感を持っている人は別にして）意外に少ない。ある実験によれば、音楽の正式な教育を受けている人でさえ、繰り返しの部分への注目度はさほど変わらないようだ。冒頭で一度演奏されたメロディが最後の方で調を変えて演奏される、というクラシックの曲を聴かせても、繰り返しに注目する人は多くなかった。

音楽の記憶には、一種のパラドックスがあるのだ。私たちは聴いた音楽を通常、すぐに忘れてしまう。たとえ、高度な音楽教育を受けた人であってもそれは同じだ。しかし、場合によっては、音楽教育など受けていない人が、素晴らしい記憶力を発揮することがある。たった一度だけ耳にした音楽の断片が、本人も気づかないうちに頭に残っているということもある。時には、それが一生、頭を離れないということもあり得る。私自身にも経験がある。イアン・デューリー＆ザ・ブロックヘッズのコンサートに行ったときに一度だけ聴いた曲を、一五年後にもう一度聴いたら、すぐに「あの時の曲だ」とわかったということもあった。もちろん、偉大な音楽家の中には、はるかに驚くべき記憶力を持っていた人がいるので、それに比べれば大したことではない。モーツァルトは一四歳の時、グレゴリオ・アレグリの合唱曲『ミゼレーレ』を、システィーナ礼拝堂で一度聞いたときの記憶だけですべて譜面に書いたという（二日後に再度聴いた後、若干の手直しはしたようだが）。ローマ教皇、クレメンス一四世は『ミゼレーレ』の採譜を禁じていたが、あまりの素晴らしい才能に感銘を受け、モーツァルトに勲章を与えた。フェリックス・メンデルスゾーンも、一八三一年に『ミゼレーレ』の採譜をしているが、彼もやはり一度ですべてを記憶したという。

同じような話は『海の上のピアニスト』という映画の中にも出てくる。これは、豪華客船の中で生まれ、生涯一度も船を降りることがなかったピアニストの物語である。ティム・ロス演じる主人公のピアニストは、ある時、自らをジャズの創始者と名乗る巨匠、ジェリー・ロール・モートンと対決する。その対決で、主人公は、モートンの即興演奏をすべて、難なく「おうむ返し」にしてしまうのだ。誇張された話だと思う人も多いだろうが、自閉症（特にサヴァン症候群）の患者の中には、同様の能力を持った人が実際にいる。それに、彼らは単なるランダムな音の羅列を記憶しているわけではないのだ。音楽には、一定のパターンがあり、論理に基づく構造がある。それを理解した上での記憶ならば、さほど驚くことではない。もちろん、パターンや論理だけですべてのメロディが説明できるわけではないが、知っていれば、大いに記憶の助けになるはずだ。アレグリの『ミゼレーレ』などのバロック音楽は、特に形式がきっちりと決まっているので、メロディさえ聴き取ってしまえば、和音を推測することはそう難しいことではない。だからといって一四歳のモーツァルトの離れ業の価値が下がるわけではないが、多くの音楽が本来、覚えやすくできているし、覚えやすいように作られているというのも確かだ。

調性階層の破壊

アルノルト・シェーンベルクは、一九〇七年に書いた『弦楽四重奏曲第二番』の終楽章に調号をつけなかった。楽譜の冒頭にシャープやフラットを一つもつけなかったのだが、これはハ長調（あるいはイ短調）という意味ではない。「この曲には調自体がない」という意味である。シェーンベルクは、この曲にとって調という概念は何の意味も持たないと考えたのだ。特定の音階や調を基本に音を選んだわけではなかった。それはまさに「無調音楽」だった。

シェーンベルクが一体、何を言わんとしているのか、それは、私がこの章にこれまで書いてきたことに照らし合わせれば、より明確にわかるだろう。重要なのは、調号のあるなしそのものではない。中には、エリック・サティのように、ただ「必要に応じて適宜、シャープやフラットをつけられる方が便利だから」という理由で調号を省略した作曲家もいる。シェーンベルクの場合はそれとは違っている。『弦楽四重奏曲第二番』の終楽章の楽譜は、調号をつけ、適宜、臨時記号をつけ加えるというかたちでも書けないことはない。この曲が「無調」なのは何も調号がないせいではないし、形として主音が省かれているせいでもない。この曲が無調だというのは、あくまで聴覚上の話である。聴いていても、どの音が主音なのかがわからない。言い換えれば、この曲には、調性階層が適用できないということだ。調性階層を基に次の音を予測しても、なかなか予測は当たらない。

しかし、一九〇七年当時の西洋の人たちは皆、調性階層を当てはめて音楽を解釈することに慣れきっていた。それは今も変わっていない。私たちは、無調音楽にも無意識のうちに調性階層を当てはめてしまう。無調音楽が不可解に感じられるのはそのせいだ。まるで地図を持たずに道を歩いているような状態になってしまうのだ。

すでに書いたとおり、私たちには、未知の調性階層であっても短時間のうちに学び取る能力がある。異文化の音楽でもかなりの程度、理解できるのはそのためだ。だが、シェーンベルクの無調音楽の場合はそうはいかない。調性階層が「異なっている」のではなく、元から「存在しない」からだ。

シェーンベルクはそうなるよう意図して曲を作っている。調性階層がなくなる作曲法を自ら考え出したのだ。彼は、人が音楽を聴くとき、必ず主音を探すということを知っていた。そして、どれが主音かの判断は、「統計」によるのだということも知っていた。つまり、最も使用頻度の高い音を主音とみなすのだ。シェーンベルクは、一九四八年に「主音の地位が高くなるのは、多く繰り返し使われるからだ[4]」という文章を書き残している。つまり、調性をなくしてしまうには、ダイアトニックスケールの外にある音を多用してやればよい。他のどの音よりも多用されている音があれば、私たちはそれを主音とみなしてしまうので、そういう音を作らないようにするのだ。

それがまさにシェーンベルクの一二音技法やセリエル音楽などの目的だった。オクターヴを構成する一二の音を均等に使い、すべての音が使われる前に同じ音が繰り返されることのないようにする。そうすれば、他の音に比べて重要に感じられる音が生じることはない。これは、偶然にいずれかの音が主音として

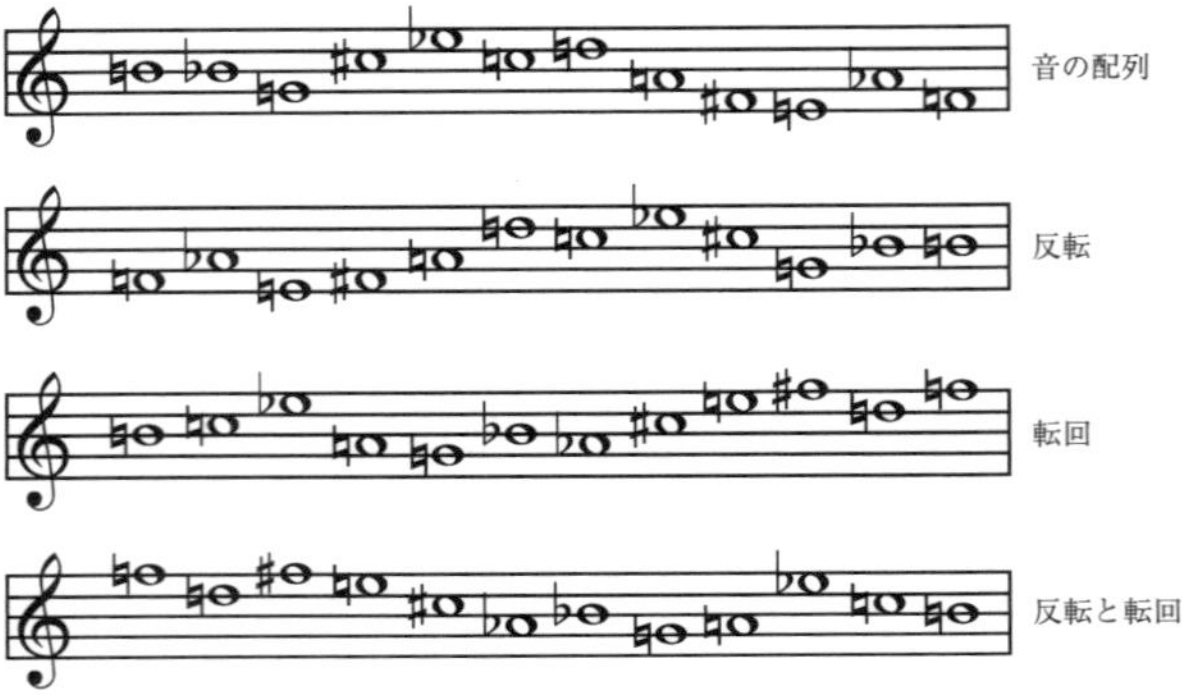

図4.22　シェーンベルクの作曲法で許容される音の配列の操作

認識されることもないということだ。どの音もすべて平等で、階層が分かれることもない。

作曲にそんな制約を設けるのはあまりにバカげていると感じる人もいるだろう。だが、シェーンベルクは、この手法でも音の配列に多様性が生まれるようなルールを設けた。たとえば、一度使った音の配列を、順序を反転させて再度使ってもよいことにした。また、同じ音でも、オクターヴを変えれば繰り返し使えるようにした（図4・22）。また、同じ音を連続で使うのはかまわないということにした。その他、元々、シェーンベルクの考えたルールでは、リズムや音の強弱は自由に変えてよいことになっていた（だが、ピエール・ブーレーズなどの後のセリエル音楽家たちは、さらにルールを厳格化し、制約を強めた）。

私たちは「次の音は何か」を予測する際、まず主音がどれかを判断しなくてはならないが、セリエル音楽家たちは故意に、この判断が揺れ動くような音楽を作った。それは多くの人にとって退屈な音楽であり、聴いていていら立ったり、腹を立てたりする人も珍しくない。まったく理解することができず、作った人間は無能なのではないかとも思う。しかし中には、この種の音楽を聴いて心地よいと感じ、喜ぶ人もいるのだ。注意を惹きつけられること、緊張感を覚えることが快いと思う人もいる。この緊張感は、調性音楽の場合のように解決することがない。主音という「帰る場所」がないので、解決のしようがないのである。これは、曲芸をはらはらしながら見るのに近い感覚かもしれない。音楽の基礎となる構造や論理をほとんど聴き手に知らせることなく注意を惹きつけるという曲芸である。

無調音楽、セリエル音楽を聴いた人がどのくらい戸惑っているかは、先述のキャロル・クラムハンスルの実験をしてみればすぐにわかる。この実験でもやはり、まずは無調音楽の一部を抜き出して被験者にしばらく聴かせる。その後に、オクターヴを構成する一二音からランダムに一音ずつ選んで聴かせ、それぞれ「曲に合っているかどうか」を尋ねていく。すると、被験者の答えには、調性音楽の場合と違い、人によって大きなばらつきが見られる。とても、判断に共通の基準があるようには思えない。大半の被験者は、自分の中にある調性音楽のルールを当てはめて判断しようとするが、うまくいかずにいら立つだけに終わる。だが、無調音楽について一定以上の訓練を受けた被験者の場合は、まったく状況が異なる。最初に抜粋を聞かされた時点で「この音楽には主音がない」と判断すると、調性音楽のルールを当てはめることなく答えを見つけようとする。この実験の結果を見る限り、調性をなくすという無調音楽の目的は十分に果たされているようである。

当然、そこで疑問になるのは、「なぜ、そんなことをするのか」ということだ。シェーンベルクは一体、調性の何が気にくわなかったのだろうか。調性の痕跡すらすべて消したいと思うほどに。研究者の中には、シェーンベルクが目指したのは、調性の抑圧ではなく、調性からの解放だと主張する人もいる。「合う、合わない」という考え方から自由になろうとしたというのだ。「この音は調に合わないので使ってはいけない」という考え方をやめたかったのだという。そう考えると、ベートーヴェンから、ショパン、ワーグナー、ドビュッシー、リヒャルト・シュトラウスまで、およそ一世紀にわたり続けられてきた実験の「論理的な到達点」と言っていいかもしれない。その間には、半音を使用したり、伝統的には不協和と考えられてきた和音をあえて使用したりするなど、調性の束縛から自由になるための様々な実験が積み重ねられてきたのだ。シェーンベルクが、一二音技法を考案する前の一八九九年に作曲した『浄められた夜』は、西洋調性音楽が死を迎える直前の断末魔の叫びのようにも聞こえる。調性音楽はまさに死の淵にいたのだ。ある音楽評論家はこの曲を評して（酷評して）、「誰かが『トリスタン』の楽譜のインクを、乾かないうちに手でこすってしまったとしたらこんな曲になるかもしれない」[5]と言った。二〇世紀の初めになると、作曲家は、どんな不協和な音でも望みのままに使えるようになった。もちろん、使った結果、必ずしも聴衆が喜んだわけではない。一九〇八年、ウィーンで行われたシェーンベルク『弦楽四重奏曲第二番』初演時には、聴衆の暴動も起きている。『浄められた夜』でさえ、一九〇二年の初演時には論議を呼んだ。だが、その頃には、新奇な音楽に対して寛容な聴衆も増えていた。一九一三年の有名な『春の祭典』初演のときのような騒ぎは特例だった（『春の祭典』初演時の話にもかなり誇張があるようだ）。

しかし、シェーンベルクが無調音楽を作った目的は、「新しい音楽を作る」というよりもむしろ「古いものを壊す」ということだった。これは根本的な問題である。いくら自由を語ったところで、実際には、「排除」を目的として考え出した手法だったのだ。シェーンベルクは、調性を痕跡すら残さずに排除したかった。その理由は、音楽的というより、哲学的なものだった。政治的と言ってもいいかもしれない。シェーンベルクにとって、調性音楽はもはや、陳腐な使い古しの音楽であり、自己満足に浸った退廃的な社会階層のものでしかなかった。

シェーンベルクの意図については第11章でさらに詳しく触れる。ただ、ここで一つ言っておきたいのは、シェーンベルクの主張がおそらくいくつかの点で正しかったであろうということだ。シベリウスが作っていたようなベートーヴェン風の形式を持った曲などは、もはや時代遅れで、「袋小路」に入ってしまっているように感じられた。しかし、状況を打開するのに本当に一二音技法以外の手段がないのか、ということになると、説得力のある意見は誰からも聞かれなかった。私は、一二音技法を「非音楽的」なものだと考えている。そう言えるだけの理由は数多くある。そんなことを言えば、反動的に聞こえるだろうということは十分に承知している。私自身はシェーンベルクなどの音楽を楽しんで聴いている人間なのだが、それでもそう言わざるを得ないのだ。「ヴィヴァルディなど、昔の作曲家の曲の方が音楽らしい」などと無意味で陳腐な主張をしたいのではない。ただ、無調音楽が、私たち人間の認知機能の基本的な特性と相容れないものになっているということが言いたいのだ。音の集まりを「音楽」であると認識するための機能がはたらきにくいのだ。シェーンベルクの考案した手法は、少々、乱暴とはいえ、調性を排除するという目的には適うものだった。だが、調性を排除すると一体、何が起きるのかというところまで十分に考えられていたとは言えない。

すでに見てきたとおり、「調性」というのは、単なる恣意的な慣例ではない。音楽の認知に一定の役割を果たすものだ。調性は、一つ一つの音の持つ意味を理解するための枠組みとなっている。調性があるために、重要な音とそうでない音が生じる。それが、メロディを理解する上での手がかりになるのだ。道に迷わないための目印、道標のようなものと言ってもいいかもしれない。私たちは、感覚でその目印を見つけることができる。六歳か七歳になる頃には、もう、よく似た二つのメロディの違いを言い当てるということはかなりできるが、調性音楽の方が、無調音楽よりも正解率が高くなる。調性階層が、区別の手がかりになるためだ。調性階層に加え、音程変化の幅、パターンについての統計データもメロディの解釈に役立つ。音程はどのくらいの幅で変化することが多いのか、また音程はどのようなパターンで上下することが多いのかといったことを過去の経験から記憶しているため、その記憶が役立つのだ。だが、無調音楽では、そうした手がかり、記憶が役立たない。たとえば、「音程変化は多くが小幅なもので、大幅な音程変化は比較的少ない」という記憶を基にメロディの展開を予測しても、まったく予測どおりにならないのだ。使われるオクターヴが突如変わることなども多く、小幅な音程変化と大幅な音程変化の頻度に差はない。

音程変化が不規則なため、メロディは決して「滑らか」なものにならず、連続性が感じられない。そういう意味で、シェーンベルクの音楽を「メロディがなく、曲になっていない」と非難する人の意見にも一理あるとは言えるだろう（単にダイアトニックスケールを逸脱しているということだけが理由ではないのだ）。

だからといって、無調音楽を「音楽でない」とまで言うことは正しくない。あとで触れるとおり、メロディに連続性を持たせる方法は他にもあるからだ。問題は、シェーンベルクやその信奉者たちが、その方法を使っていたかどうかということである。

実は、彼らの作るメロディからも、時折、連続性が感じられることはある。しかし、それは、彼らが一二音技法を使っているために生じている連続性ではない。むしろ、一二音技法を使いながらも、連続性を「排除し損ねることがある」ため、と言った方が正しいだろう。また好意的な見方をすれば、たとえ一二音技法を使ったとしても、彼らが生来持つ音楽的才能を完全に抑圧することはできないのだ、と言うこともできる。私は、個人的には、アルバン・ベルクの『抒情組曲』（一九二五—二六）などを聴いて、理解できずに困るということはない。その曲の構造や、音の強弱の変化などに一定の秩序があるということはすぐにわかるからだ。そして、それで十分に楽しむことができる。ベルクは、たとえ、中心となる「主音」はなくとも、それがメロディであると感じられるように音を並べているのだ。

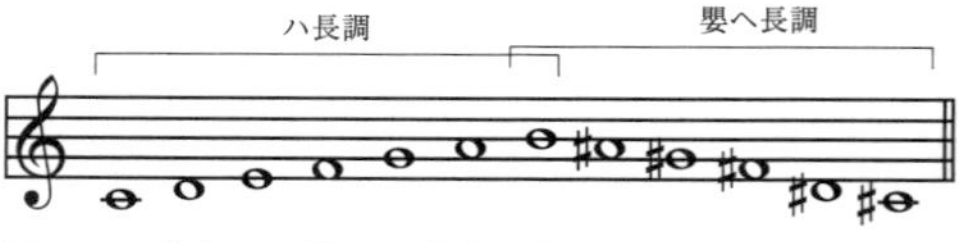

図4.23　前半はハ長調、後半は嬰へ長調に聞こえる。

また、たとえ一二音技法を使ったとしても、すべての音程を均等な頻度で使うようにしたとしても、調性を完全になくせない場合もある。図4・23に示したのはそういうメロディの例である。シェーンベルクの定めたルールに従って音が並べられている。前半部分は、ハ長調の音階の構成音を下から順に演奏するようになっていて、後半は、嬰へ長調のペンタトニックの構成音を上から順に演奏するようになっている。

この場合、前半、後半ともに、一時的にだが、調性が生じてしまう。前半はハ長調、後半は嬰ヘ長調に聞こえる。いずれかの音を他の音より多く使ったためではなく、聴き手があらかじめ、音階の構成音を知っているためである。同様の理由で、「ミ（E）」、「ファ（F）」、「ソ（G）」の三音を連続して使うと、その部分はハ長調に聞こえやすい。

いかにランダムに音を選んで並べたとしても、このような組み合わせがあると（図4・23のような例は極端としても）、聴き手は、その部分に調性を感じ取ってしまう。ストラヴィンスキーなどは、こうした「一瞬の調性」を感じる音列を効果的に使っているし、シェーンベルク自身も、後期の作品ではこの手法を使っている。* ただ、デヴィッド・ヒューロンの調査によれば、シェーンベルクの作品に「一瞬の調性」を感じる音列が使われることは多くなく、完全にランダムに音を並べた場合よりも少ない頻度でしか使われないとわかっている。これは、シェーンベルクが、できるだけ調性を排除できるよう、意図して音を選んでいるということだ。そういう理由から、ヒューロンは、セリエル音楽は「無調」音楽というより、「反調性」音楽と呼ぶべきと主張している。単に調性を無視しているのではなく、ごくわずかな調性の痕

＊シェーンベルクも、アルバン・ベルクも、音列を巧みに操作することで、カデンツ（二七〇ページ参照）などの持つ「調性感」を再現するということはしている。また、ベルクは、自身の『抒情組曲』に『トリスタンとイゾルデ』の前奏曲の冒頭部分を組み込んだり、ヴァイオリン協奏曲にバッハのコラールの一部を組み込んだりもしている。調性を徹底して忌避したとされる作曲家がこういうことをするのは、いささか奇異なことと言えるだろう。第一、これはそう簡単にできることではない。だが、シェーンベルク派の作曲家たちは、一二音技法を使った音楽を過去の（特にドイツの）伝統的な音楽の延長線上にあるものと考え、それを皆にわかってもらいたいという希望を持っていた。新しい技法は、あくまで古い技法を拡張し、応用したものにすぎないというのが彼らの主張だった。シェーンベルクは、革命的な芸術家というよりも、頑固な伝統主義者だったと言えるかもしれない。

跡さえなくそうと努力をしている音楽というわけだ。ただし、シェーンベルク自身が、自分の意図を完全に意識していたかどうかはわからない。一瞬の調性を感じる音列まで排除しなければ、調性を排除できないことを認識していたかどうかまでは明確にはわかっていないのだ。

では、このような「一瞬の調性」が生じる音列を使う以外に、一二音技法のメロディを理解しやすくする方法はないのだろうか。一つ考えられるのは、音の並べ方を工夫するという方法である。たとえば、同じような音の並びを反復させるなどすれば、メロディに秩序が生まれ、前後のつながりが感じられるようになるのではないだろうか。

だが、単に音の並べ方を工夫しただけでは、それはなかなかメロディには聞こえないだろう。通常、私たちがメロディと呼んでいるものは、必ず、何かしらの論理に基づいて音が並べられている。その点では、言語や映画に似ていると言えるだろう。言語や映画も、単語や映像をただ、並べたものではなくて、必ず何かしらの意図、理由があって、並べられている。もちろん、一定の論理に基づいて音を並べれば、それで「良い曲」になるなどと言うつもりはない（当然、そんなはずはないだろう）。ただ、背後に論理があれば、私たちの耳には、メロディに連続性があるように聞こえるだろうということは言える。

一二音技法の音列が理解しにくいのは、単に聴き慣れていないから、とは考えられないだろうか。何度も繰り返し聴けば慣れてきて理解しやすくなるということはないのだろうか。そういうことはまずないと考えられる。まず、一二音という音の数は私たちの脳にとっては多すぎる。単に一二の音程をすべて記憶するだけでも容易ではない。しかも、一二音技法のメロディでは、その一二の音程がランダムに使われるのである。低い方から（あるいは高い方から）順に並んでいても難しいのに、ランダムに並べられては、どれがどの音だか認識することは極めて困難である。ただし、シェーンベルク自身は、その点について楽観的だったようだ。一九五一年に書かれた文章からもそれがうかがえる。シェーンベルクは次のように書いている。「私たちは、ナイフや瓶、時計といった物を、どこに置いてあってもそれと認識することができる。音楽についても同じようなことが起きるのではないか。いずれ、個々の音を、進む方向、前後の関係などとは無関係に扱えるようになるのではないだろうか。作曲家たちがただ、個々の音の持つ音程や音量、長短だけを利用して音楽を作れる時が来るのではと思う」[6]認知心理学者、ダイアナ・ドイチュは、「シェーンベルクの一二音技法の理論は、『楽音は、音程が同じならば、どの位置で使おうと、前後に使う音程の順序を反転させようと、オクターヴを変えようと、知覚上、常に等価である』という考えを基礎としたものである」[7]と言っている。

しかし、実験により、音列を構成する音の順序やオクターヴを変えてしまうと、それを等価と認識する人はほとんどいなくなることがわかっている。一二音技法の専門家が被験者となった場合でも、その実験結果は同じである。同じ音程の音で構成されていても、私たちはそれを同じものであるとは認識しないのだ。たとえば、音程の上下変化のパターンが変わってしまうような変更を加えると、もう、それは元の音列とは違ったものに聞こえてしまう。私たちの脳はまず、音程の上下変化のパターンを手がかりに、おおまかにメロディが似ているかどうかを判断するからだ。つまり、構成音が同じでも、並ぶ順序が変わってしまえば、それは私たちの耳にはまったく違うメロディに聞こえるということだ。

実のところ、シェーンベルクが、どこまで聴く人を意識して音の並びを決めていたのかは疑問である。ただ、自らの定めた原理に従って音を並べ、レンガを積み上げるようにして音楽を作ったとも考えられる。*先に触れた自身の文章の中でも、音楽を作る人間には言及していても、聴き手については言及していない。一二音技法の音列は、いわゆる「楽想」と言うよりは、音楽を構成する「原子」のようなものと考えるべきかもしれない。

音楽理論家のアレン・フォートは、「セリエル音楽は『音程のセット』を単位として構成されている」

図4.24 シェーンベルク『三つのピアノ曲』で使われている「音程のセット」の例。個々に示したのは三音から成るセットの例である（丸で囲んだ部分）。アレン・フォートの理論（その理論は、先行するミルトン・バビットの研究に影響を受けたものである）によれば、無調音楽は、こうした音程のセットを単位に構成されているという。このセットが、普通に言う「モチーフ」のような役目をするというのである。しかし、この例（この例は無調音楽であってもセリエル音楽ではない点に注意）でも明らかだが、音程のセットの存在は、耳で聞いてもわからないことが多い。楽譜を丹念に見て分析しなければわからないのだ。

と主張した（この音程のセットにおいては、オクターヴ違いの音程はすべて同じものとみなされる）。つまり、同時に、あるいは順に鳴らされるいくつかの音程の「セット」を組み合わせることによって音楽が組み立てられているというのだ。音程のセットも、音列と同様、鏡に映したように音の順序を反転させるなどの変形が可能である。反転させた後に元に戻すということも可能だ。つまり、音程のセットを循環させることもできるわけだ。ただ、フォートの分析は、譜面上での理論的、機械的な音程の操作だけに注目したものである。その音程のセットが、実際に聴き手にどう知覚されるかは考慮していないのだ。譜面上の音の並びをよく見てみると、そこに明確な構造が存在することが認められると言っているだけだ。その発見自体はさほど驚くようなものでもない（図4・24）。「音程のセット」を単位に考えれば、確かに無調音楽の形式、構造が明確にわかるのかもしれないが、それがわかっても、その音楽が私たちの耳にどう聞こえるかはまったくわからない。無調音楽の音楽としての特徴をとらえた見解とは言えないだろう。

ただし、このような見解もごく自然なものかもしれない。セリエル音楽自体が、聴き手の耳にどう聞こえるかを意識して作られたものとは言い難いからである。それよりも、譜面上での音符の並び方の方に強い関心が向けられていた。そのことが何よりよくわかる例が、ピエール・ブーレーズの『主なき槌』（一九五四）である。この曲では、シュルレアリスムの詩人、ルネ・シャールの詩が用いられ、アルト（女声）と、ギター、ヴィブラフォンなど六つの楽器で演奏される。初演時から高く評価された曲ではあるが、それでも、奇異に感じた人も多かった。ブーレーズ自身は、これがセリエル音楽の作品であることを示唆していたが、だからといって具体的にどう理解すればいいのかをわかった人はいなかった。ブーレーズの使用した作曲手法は、一九七七年にようやく解明された。それまでのセリエル音楽とは違った手法が使われていたことを、音楽理論家のレオ・コブリャコフが突き止めたのだ。二〇年以上もの間、この傑作の持つ構造を推測することは誰にもできなかったし、ましてや、耳で聴いてそれを知ることなどまったく不可能だったのだ。しかし、だからといって『主なき槌』が聴くに堪えないひどい曲だというのではない。不思議な響きにしばらくの間、身を委ねることが快いのも確かである。それでも、音程がどういう理論に基づいて選ばれ、並べられているのかは、聴いてもまったくわからない（リズムに関しても同様のことが言える）。発表当初にこの曲を聴いて、多くの聴衆がよくわからないと感じたのも無理はないだろう。

＊（一九九ページ）この点に関するシェーンベルクの発言は、必ずしも実際の作品とは一致しない。確かにシェーンベルクは、「意識的に一定のモチーフ（音列）を使用することで、音と音の間に関連性が生じ、一貫性、論理性が生まれる。音楽が滑らかな、理解のしやすいものになるはずである」[8]という発言をしている。しかし、作曲者の意図はそうでも、聴き手の耳にはそれが明確には感じ取れない。

価値ある試み

ヒンデミットは半音階は積極的に活用したが、無調音楽には見向きもしなかった。調性を排除することは、重力の影響を排除するくらいに困難なことであると感じていたようである。無調音楽と称して作られた音楽は、遊園地のメリーゴーランドのように、ただ、音が上下しながら同じところをぐるぐる回っているだけのいら立たしいもの、というのがヒンデミットの考えだった。[9] こんな不快な音楽が一時にせよもてはやされたことを、将来の世代は不思議に思うだろうとも言っていた。[10]

厳しい見方だが、私はこの意見には賛成しない。たとえシェーンベルクが、人間の音楽の認知に関心を向けなかったとしても、それは責められないことだ。彼の時代には、認知の原理はまだ発見されていなかったのである。それがいかに極端なものであろうとも、実験は音楽にとって重要なことだ。そして、当然、実験は成功することも失敗することもある。そのことを忘れてはならないだろう。たとえ、失敗したとしても即、非難するべきではないのだ。シェーンベルクの実験は、少なくともある程度までは成功したと言える。音楽に新しい響きを持ち込むことができたし、新たな音楽のスタイルが見つかる可能性も生まれた。作曲家たちを、ある意味で、束縛から解放する役割も果たした。無調音楽は、ストラヴィンスキーや、ペンデレツキといった作曲家たちを動かす力ともなった。ただ、問題なのは、そうした新しい試みの多くが、哲学的、観念的な動機によるもので、過去の伝統に根ざし、それを発展させようとしたものは少ないということだ。優れた芸術というのは、単にその背後にある理論のおかげで素晴らしくなっているわけではない。過去の伝統や、先人の作品を参照し、それを取り入れていくということが重要になる。既知のものを踏まえ、それに新たなものをつけ加えていくということが必要なのだ。どんなに斬新な音楽であっても、既知のものを出発点とすべきである。過去を無視して、何もかもを新しく一人で作り上げることはできない。完全に新しいルールに基づく音楽などあり得ないのだ。仮にそういう音楽を作ったとしても、聴き手にはそのルールは知覚できないだろう。主音や調性階層を排除したからといって、長年の経験でその存在に慣れてきた聴衆の感覚を突然、変えることはできない。聴き手も、ある程度ならば訓練によって、音楽の聴き方を変えることはできる。かなり過激なセリエル音楽でも、訓練次第で許容できるようになる可能性はある。だが、許容できるからといって、本当に楽しんで聴いているとは言い難い。伝統的な音楽のように、緊張と緩和があり、始めと終わりがある、というような構造になってはおらず、ただ、均一に並べられた音たちと静寂だけから成る音楽を心から楽しむのは難しいだろう。ロジャー・スクルートンは「どこにでも行ける音楽は、どこにも行けない音楽である」[11]と言っているが、まさにそのとおりである。

こんなふうに書くと、反動的な意見のように思われるかもしれない。だが、実は同じようなことは、斬新な音楽だけではなく、伝統的な音楽にも言えることなのだ。たとえば、オペラなどの中の「レチタティーヴォ（しゃべるように歌う部分）」には、重要な存在意義があるとされている。これは、ルネッサンス期のイタリアの作曲家が、古代ギリシャ演劇の話すように歌うスタイルを模倣しようとして始めたものである。だが、音楽的に優れているとは言い難い。音程の上下変化に明確なパターンはなく、リズムも一様ではない。メロディと呼べるようなメロディもない。つまり、音楽として認識するのがとても難しいのだ。要するに、遠い過去への憧れから入れているだけで、オペラだろうと、オラトリオだろうと、カンタータだろうと、その音楽的価値を高めることには貢献していないのである。もちろん、何度も聴いているうちに、その存在には慣れていくだろう。実際、ほとんどの人は慣れてしまう。しかし、調性音楽を聴いているはずの聴衆に、その部分だけ明確でないメロディを許容することを強制するのも、おかしな話だと言わざるを得ない。一九世紀の音楽評論家、ハンスリックも「レチタティーヴォの部分は、音楽的に見れば影のような存在に成り下がっている。それ単独で存在価値を持つことは、はじめから放棄しているかのようだ」[12]と言っている。

近年、研究が進んだことで、私たちがメロディをどのように認知しているのかが、かなりわかるようになってきた。つまり、メロディについて、客観的に論じることができるようになってきたのである。奇異なメロディ、調子外れなメロディ、難解なメロディがなぜ、そう聞こえるのか、その理由も、ある程度説明できるようになった。だが、もし、そうした知識が批評のためだけに使われたとしたら悲しいことである。できれば、新しい音楽の聴き方、作り方を見つけるために利用して欲しい。人間の認知について知識があれば、ただ、勘だけに頼るよりも、良い音楽ができる可能性がはるかに高まるだろう。知識を是非、音楽をより楽しむための道具として使ってもらいたい。

第5章　レガート――音楽とゲシュタルト原理

私が仕事をしている屋根裏部屋は、一見、まったく静寂のようである。しかしよく耳を澄ましてみるとそうではない。実に色々な音がしている。近所の家の庭からは子供たちの声が聞こえるし、階下では、娘が『サウンド・オブ・ミュージック』を観ている（もう一五回目だ）。頭上では、ヘリコプターが飛び回っている。街の道路の騒音も絶えず聞こえている。時折、近くを通る車の音や、救急車のサイレンの音が大きく響くこともある。木々のざわめきや、コンピュータの低い作動音もある。ヒースロー空港に向かって高度を下げる飛行機の音、そして、鳥たち。めったに姿を見かけることはないが、夕方には大きな鳴き声が聞こえる。

見えるわけではない。どれも音だけで、それが何であるかを察知している。ヘリコプターの音も、笑い声も、個別に聞こえてくるわけではない。すべてが渾然一体となって流れてくる音の中から、私たちの脳が、一つ一つを抜き出して認識しているのだ。

音楽にも同じことが言える。チャールズ・アイヴズの音楽などを聴くと、特にそれが感じられる。オーケストラでは普通、同時に演奏される多くの楽器の音が互いに何らかのかたちで関連し合っているものだが、アイヴズの曲では、同時に奏でられる複数の音の間に何の関連性も見られないことが多い。中には、二つのオーケストラが、違う調、違うリズムで演奏し、互いにまったく相容れないという曲もある。まるで、どこまでなら一つのまとまった曲として聴けるか、聴き手の能力を試しているようでもある。特に有名な『宵闇のセントラル・パーク』は、ちょうど、シェーンベルクが無調音楽を作っていたのと同時期の曲だが、一面においては間違いなく、無調音楽よりも前衛的と言えるだろう。アイヴズは、私たちの周囲に常に互いに無関係に存在する様々な音を再現しようとしたのだ。自身の作品を「音の絵画」と呼び、次のような言葉も残している。

この曲では、三〇年ほど前（つまり、エンジンの音やラジオの音に街が埋め尽くされる前のことだ）の、夏の夜のセントラル・パークを描写している。セントラル・パークのベンチに座った人の耳に聞こえてきた音世界を表現しているのだ。弦楽器が表現するのは、夜の静かな闇である。その静寂が、時折聞こえてくる音（弦楽器以外の音で表現している）によって破られる。たとえば、池の上のカジノから聞こえてくる音、コロンバスサークルから聞こえるストリートシンガーたちの声。歌っているのは当時の流行歌だ。口笛の音も聞こえる。陽気なパレードがマーチを奏でながら通り過ぎることもある。遠くの方からは誰かの言い争う声、新聞売りの「号外！」という声。どこかのアパートからは自動ピアノがラグタイムを演奏するのが聞こえる。路面電車の音と、街頭の音楽隊の音がそれに混ざってコーラスになる。消防車や馬車が近づいてきて、走り去る。その音は大きくなったかと思うと小さくなる。通行人も時々、大声で叫ぶ。やがて、闇が、静寂があたりを支配し始める。池の水までが動きを止める。もう家に帰る時間だ。[1]

これは、ただの混沌でしかないようにも思える。だが、これはまさに私たちの周囲に日々、存在しているような世界である。作曲家のアーロン・コープランドは、現代音楽の「難解さ」の評価を行った。これから現代音楽を聴こうと考えている入門者の助けになればと考えたのだ。それによると、ショスタコーヴィチは「非常に易しい」、ブリテンは「とても親しみやすい」、バルトークは「かなり難しい」ということになる。そして、アイヴズは「極めて難しい」と評価された。私はこれにはあまり賛成しない。私たちは毎日、『宵闇のセントラル・パーク』を聴くのと同様のことをしているからだ。私は、今、この文章を書きながらも、ほとんど何の努力もせず、無意識のうちに同じことをしている。単に、それが音楽であるということが受け入れ難いだけである。しかし、周囲に存在する様々な音を一つ一つ聞き分ける力は、ほぼ誰にも同じように備わっている。

私たちは、果たして、音楽を聴くときに、流れる音のすべてを聴いているのだろうか。コープランドが追究しようとしたのはそのことだ。アイヴズの曲にしろ、バルトークの弦楽四重奏曲、ジョン・コルトレーンの『ブルー・トレイン』、ジャワ島のガムランにしろ、間違いなく言えることは、音楽を構成する音は恐ろしく多い、ということである。音程も音色も様々な音が複雑に絡み合っており、多くのリズムが混在している。しかも、聞こえる音は時々刻々と変化し、互いに重なり合い、混ざり合っていく。音楽の中には難解なものもあるが、それは不思議ではない。本当に不思議なのは、どのようなものであれ、私たちがそもそも音楽を「理解できる」ということである。

こんなふうに書くと、「それは大げさでは？」と思う人もいるだろう。童謡のような単純な音楽もあるではないか、という声が聞こえてきそうだ。確かに子供が歌うような歌が比較的、単純であるとは言える。だが、たとえ童謡であっても、多数の聴覚情報が複雑に絡み合っていることに変わりはないのだ。この本でもすでに見てきたとおり、私たちの脳は、ごく単純な音楽を聴くときでさえ、まるで魔法のような芸当をやってのけている。複数の倍音から成る音の音程をどれか一つに絞り込む、瞬時に主音がどれかを見極める、メロディをフレーズに分解するといったことは、そう簡単にできることではない。

こうした聴覚情報の処理に、いわゆる「ゲシュタルト原理」が関わっていることは、すでに前の章で述べたとおりである。私たちは、この原理により、複雑な知覚情報の中に一定のパターン、秩序を見出すことができる。それは、聴覚情報でも視覚情報でも共通である。この章では、ゲシュタルト原理についてさらに詳しく見ていく。この能力には、「生まれつき」の部分もあるが、音楽を聴いた経験や教育によって身につけていく部分もある。規則や慣例を知ることで、無意識にそれに従うという側面もあるのだ。ともかく、私たち人間が「音楽を持った生物」たり得ているのは、ゲシュタルト原理のおかげということが言える。

世界を単純化する

アルバート・アインシュタインは、「何事もできる限り単純化しなければならないが、必要以上に単純化してはならない」と言った。これは、あくまで科学理論の話だが、人生に当てはめる意図もあったようだ。適度に物事を単純化するのは、大事な処世術である。私たちの祖先にとって、危険な動物の鳴き声とそうでない動物の鳴き声を聞き分けること、美味しい果実と毒のある果実を見分けることは、生きていく上でどうしても必要だった。問題は、両者の違いがさほど明瞭でないということである。そのため、慎重すぎるほどの態度をとる必要が生じた。少しでも怪しいものは危険、と判断するのだ。ただ、それも行き過ぎると弊害が多くなる。まったく何の危害も加える恐れのない動物に怯え、みすみす栄養豊富な食べ物を見過ごすということになってしまうのだ。判断が完全に正確である必要はないが、大きな不都合が生じない程度には正しい判断をしなくてはならない。

私たちには、複数の感覚情報をひとまとめにして扱う能力がある。ここで探っていきたいのは、ひとまとめにするものが、一体、どういう基準で選ばれているのか、ということだ。まとめられるものには、やはりそうなるだけの十分な理由があるのだろうか。おそらく、そう考えて間違いではないだろう。そうでないと言えるだけの証拠もないからだ。人間には、パターンを見つけ出そうとする傾向がある。レナード・メイヤーは、「私たちは、無意識のうちに感覚刺激の中にパターンを見つけようとする。できる限り、複数の刺激を一つにまとめようとするのだ」[2]と言っている。時には、パターンを簡単なものにするために、現実を曲げて解釈してしまうこともある。実際に見えたもの、聞こえたものとは違うものを見てしまう、聴いてしまうことがあるのだ。ゲシュタルト心理学では、これを「プレグナンツ（簡潔さ）の法則」と呼ぶ。

ゲシュタルト心理学は、一九世紀末から二〇世紀初頭にかけて、主にドイツで盛んに研究された。中心となったのは、マックス・ヴェルトハイマー、クリスチャン・フォン・エーレンフェルス、ヴォルフガング・ケーラー、クルト・コフカなどの研究者である。彼らが主張したのは、「私たちの脳は、複数の感覚情報をひとまとめにすることにより、その総和以上の体験をする」ということである。全体が部分の総和以上のものになるということだ。たとえば、目がとらえた視覚情報は、多数が組み合わさることで、単なる色の小片の集合以上のものになる。[*]脳は、色の小片を一つ一つ処理するのではなく、いくつかまとめて、それを一つの「物体」と解釈するのだ。それによって、世界は単なる混沌とした場所ではなく、理解可能な場所になる。また、私たちは、成長するにつれ、目の前に見えている物体を分類し、一般化することを

＊正確には、視覚情報には、距離の情報が含まれることになる。目は二つあるので、いわゆる「両眼視差」によって対象物までの距離がわかるのだ。しかし、ここでは便宜上、それは考慮せず、視覚情報を単なる色の小片の集合ということにしている。

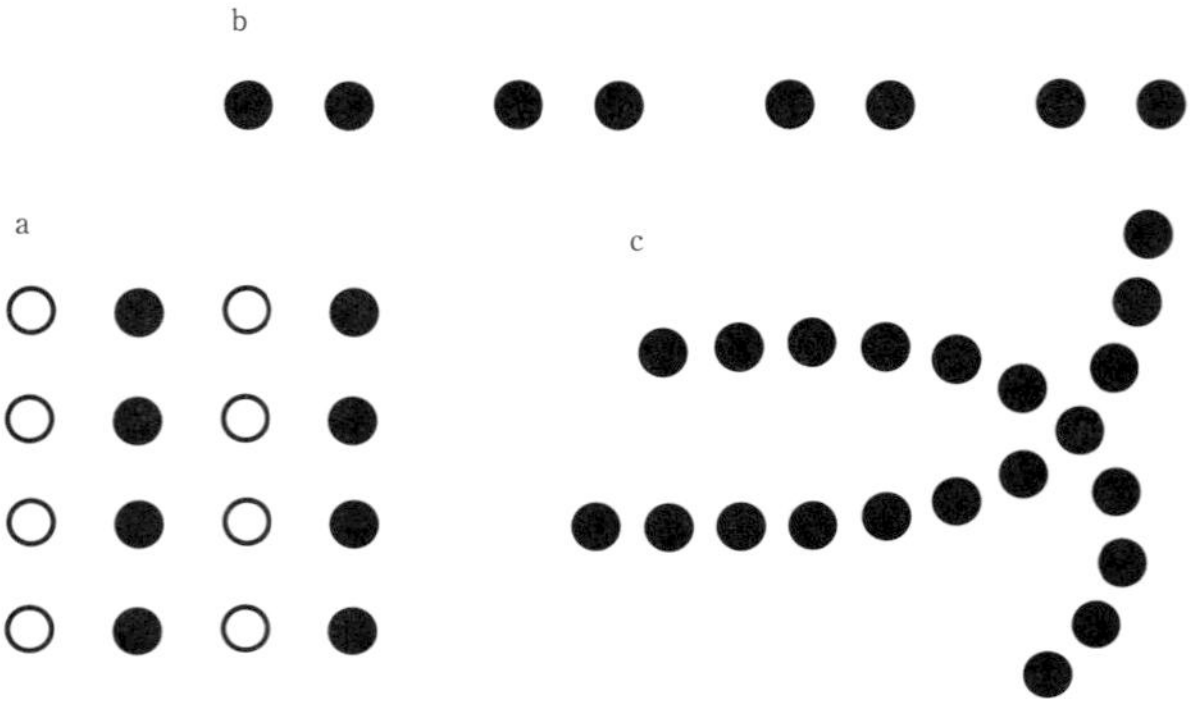

図5.1　ゲシュタルト原理。類同（a）、近接（b）、連続（c）

学んでいく。そのおかげで、初めて見た木を、すぐに「これは木である」と理解できる。以前に見た木にある程度以上、似ていれば、それを木だと解釈できるのである。経験により、「木とはどういうものか」がおおまかにわかっていれば、それで十分なのだ。写実的なものからはほど遠い、マンガの猫や、子供の落書きの猫を「猫」と解釈できるのも同じ理由からだ。時には、かなり離れたところにある断片どうしをつなげて、一つの物体と解釈することもある。断片と断片の間に何か別の物体がはさまり、その部分が見えなくなっていても、つながっていると解釈することができるのだ。また、物体の動きには連続性が見られることも、成長するにつれ、学んでいく。たとえば、目の前にあるものが突然、視界から消えれば、小さな子供は、その存在も消えたと解釈する。しかし、少し成長すると、飛行機が雲の後ろに隠れても、すぐに反対側から現れるだろうと予測するようになる。表面的な知覚情報だけで物事を解釈することはしなくなるわけだ。

「ゲシュタルト原理」という名前のせいで何やら難しそうに感じるが、視覚を例にとって考えると、さほど難しいことではない。ゲシュタルト原理にはいくつかの種類があるが、その中でも「類同の原理」は特にわかりやすい。これは、「見た目が似ているものをひとまとめにしやすい」という原理である。たとえば、図5・1aのように、白いものや丸いものがいくつもあれば、それをひとまとめにしやすいのだ。他には、「近接の原理」もある。これは、「そばにあるものをひとまとめにしやすい」という原理である（図5・1b）。「連続」の原理は、並んでいるものを、できるだけ「連続する同じ線の上にある」と認識しようとするという原理である（図5・1c）。たとえば、二本の電線が電信柱の後ろでつながっているとき、私たちの目に、その電線は一本に見える。「X」という字を見て、「二本の斜線が交差している」と解釈するのも同じである。逆さになった「V」の上に「V」を重ねていると解釈する人はまずいない。無意識のうちに、直線はどこまでも同一方向に伸びるはず、と思い込むのだ。このような認識能力は、狩猟生活を送っている頃には非常に役立っただろう。岩や木の間を走って逃げる獲物を追いかけるときには便利だったに違いない。木や岩で獲物の身体の一部が隠れても、見失うことはないからだ。だが、もし、獲物の前にある木や岩が見えなかったとしたら、この能力は発揮されない。そのことは、図5・2aと図5・2bを比べてみればわかる。図5・2aを見ても、それが何なのかはよくわからないが、図5・2bのように「障害物」があれば、後ろに隠れているものの形がよくわかる。これを「杭垣効果」と呼ぶこともある。

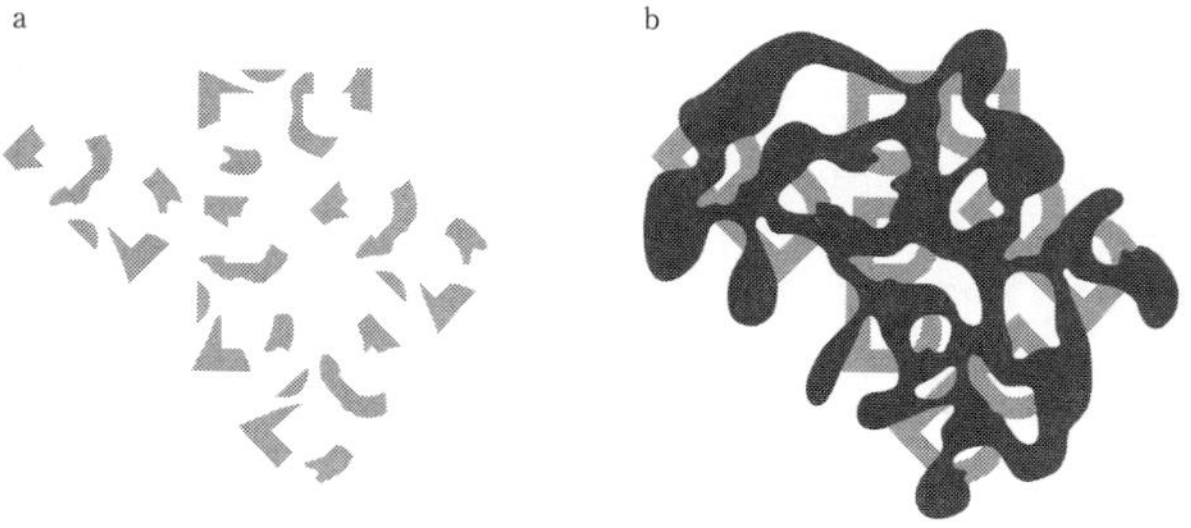

図5.2　杭垣効果。(a) を見ても何なのかよくわからないが、(b) のように「障害物」があれば、後ろに隠れているものの形がよくわかる。

その他、「同一方向に移動するものはすべてひとまとめにする」という原理もある。これを「共通運命の原理」と呼ぶ。たとえば、鳥の群れの中に、一羽だけ違う軌道を描いて飛び始めた鳥がいれば、私たちは瞬時にそれを認識することができる。この原理に関しては、静止画で例を示すのは難しい。だが、紙の上に点をたくさん描き、その上に、やはりまったく同じ点をたくさん描いた透明なシートを重ねてみれば、簡単に実験ができる。

シートが止まっているときには、点はすべてひとかたまりに見えるが、透明なシートをゆっくりと動かしてみると、点のかたまりが二つ存在することをすぐに認識できる。実は同様の現象は音楽でも起きる。私たちの脳は、同一方向に変化していく音、メロディはひとまとめにして扱おうとするのだ。視覚でも聴覚でも共通の現象というわけである。

こうした視覚情報の認知には、意識的な努力はまったく必要ない。私たちは、文字通り、「一目見ただけで」、パターンを見つけ出すことができるのだ。情報の解析を瞬時に終えてしまうわけだ。同じようなことは、言語に関しても言える。私たちは普通、言葉の意味を理解するのに、意識的な努力をすることはない。文法など考えなくても、どれが動詞で、どれが名詞で、どれが前置詞であるか、といったことをいちいち意識して考えなくても、言葉の意味を理解することはできるのだ。ゲシュタルト原理は、この場合、まさに「目に見えないところで」はたらいていると言える。

また、ゲシュタルト原理は、聴覚情報にも、視覚情報と同じようにはたらく。つまり、音楽は、演奏者が生み出す音声だけから成り立つわけではないということである。その音楽がどう聞こえるかは、私たちの脳の解釈によって変わる。この解釈について、明確なことはまだわからないが、ゲシュタルト原理の適用により、複雑な聴覚情報を単純化するということが行われているのはまず間違いないだろう。その能力は、成長の過程で、音を聞いてはその発生源を推測し、それが当たっていたかを確かめる、という経験を繰り返すことで培われたのだろう。

たとえば、「類同の原理」がはたらいていることは、たとえかなり間隔があいても、音色が同じならば、同じ楽器の音だと認識できることなどからも明らかである。また、ヴァイオリンとピアノが同時に演奏されても、両者が完全に混ざってしまうことはなく、両方の音を聞き分けることができることも、その証拠としてあげられるだろう。「近接の原理」がはたらいていることは、音程の変化が少ないときにメロディ

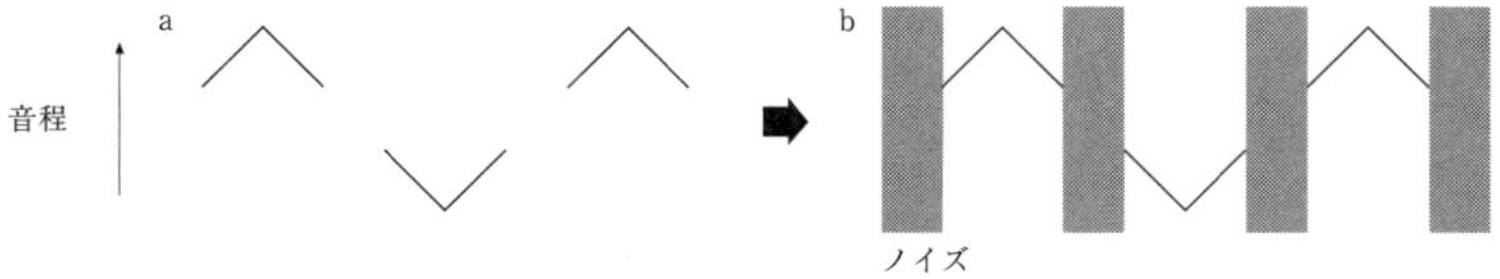

図5.3　聴覚の「杭垣効果」。あるメロディを途切れ途切れに流した場合、他に何の音もない状態では、ひとつながりには聞こえない（a）。しかし、メロディが途切れるタイミングでノイズが聞こえると、メロディがひとつながりになったように感じられる（b）。

をひとつながりのものと解釈しやすい、というところに表れている。大きな音程変化が起きると、そこでメロディに一区切りがついたと解釈しやすいのだ。「近接の原理」は、音源の空間的な位置が近い場合にもはたらきやすい。私たちの聴覚系には、左右の耳に届いた音の違いを基に、音源の位置を特定する能力がある。これは、視覚系が二つの目を使って物体の位置を特定するのとよく似ている。音源の位置を特定できれば、適応上、有利なのは明らかである。自らが捕食者になった場合も、捕食者に追われる側になった場合にも、この能力は大いに役立つだろう。私たちの脳は、空間上の同じ位置から聞こえてくる音は、すべて同じ音源から発せられたものと解釈する。そして、同じ音源から聞こえる音は、すべて、ひとつながりのものと解釈するのである。

メロディの認知に際して、「連続の原理」がはたらくことは、前の章を読んだ人ならすぐにわかるだろう。「杭垣効果」は聴覚にも見られる現象である。聴覚系にこの能力があるのは、視覚系と同様、元々は実用上の理由からだろう。周囲の世界には多数の音が存在するが、その中から、ある一つの音源から発せられている音だけを抜き出して「ひとつながり」のものとして認知できれば、有利なのは間違いない。あるメロディを途切れ途切れに流した場合、他に何の音もない状態では、ひとつながりには聞こえない（図5・3）。しかし、ちょうどメロディが途切れるタイミングでノイズが聞こえると、メロディがひとつながりになったように感じられる。ノイズにかき消されているときにも、メロディが続いているように感じられるのだ。

多くの音の中からひとつながりになった音を抜き出して認知する能力は、乳児にもすでに備わっている。多くのノイズの中から、母親の声だけを（おそらく、声質を手がかりに）抜き出して認知するということもできる。そのおかげで、母親のまねをするとき、同時に聞こえる周囲のノイズまで真似してしまう、ということはないのだ。すでに見てきたとおり、脳には、倍音の集合をまとまった一つの音として認識しようとする特性もある。倍音の中から一つだけを選び、電子的な操作で周波数をずらすと、脳は、そのずれた音に合う新たな基音を探す（一〇六ページ）。実際にはそんな基音は存在しないが、それによって矛盾を解消しようとするのだ。

いくつもの音をまとめ、ひとつながりのものとして認識する高度な能力は、音楽を聴くときにも非常に役立つ。私たちは、歌手の声とバックバンドの出す音とを容易に区別できるし、ギターの音だけ、ピアノの音だけを取り出して聴くことも簡単にできる。しかし、この「分離」が行き過ぎになってしまうことはない。一人一人が勝手に演奏しているのではなく、一緒に演奏しているということは認識できるのだ。脳には、ハーモニーを認識しようとする傾向もある。これも前に見たとおり、楽器の音も人間の声も、実は多くの倍音から構成されているが、その倍音の集合は、常にひとかたまりのものとして認識され、他の音の倍音と混ざり合って聞こえるようなことはない。脳は、「個々の音がばらばらに聞こえてしまうこともなく、すべてが完全に混ざり合ってしまうこともない」という絶妙のバランスが常に保たれるよう、巧みに調整をしているのである。神経学者のオリヴァー・サックスは、この点について、重度の障害を持った患者を例にあげて説明している。この患者は、脳に重い損傷を受けたことで、ハーモニーを認識する能力を失ってしまった。弦楽四重奏を聴いても、四つの音が溶け合って聞こえることはない。患者自身は、「四本の細いレーザー光線が、それぞれ別の方向から発射されているようだ」[3]と表現している。フルオーケストラを聴くと、レーザー光線が二〇本ほどに増えてしまう。これではまったく音楽には聞こえず、単なる苦痛でしかない。これは、もし私たちの脳に「完全な分離」と「完全な融合」の間で絶妙のバランスを保つ能力がなかったとしたら、音楽がどう聞こえるか、ということを示唆している例だと言える。実際、音楽の種類によっては、このバランスが危うくなることもある。何かに妨害されてバランスが崩れ、音が一つ一つばらばらに聞こえたり、ただの混沌に聞こえたりすることがあるのだ。

そうなる要因としては、複数のゲシュタルト原理が競合するということが考えられる。どの原理を適用すべきかが曖昧になる場合があるということだ。図5・4は、そうした例である。類同の原理と近接の原理とが競合している。類同の原理を適用するならば、円は円、四角形は四角形でまとめることになるが、近接の原理を適用すれば、四角形二つと、円二つのグループに分かれることになる。つまり、この図には二通りの解釈があり得るということだ。音楽理論家のデヴィッド・テンパリーも、私たちが音楽を理解できるのは大量の聴覚情報を何らかのルールに基づいていくつかの集合にまとめているためである、と考えて研究をしている。拍子や調、音階などがわかるのもそのおかげだというのだ。そのルールがどう適用されるかは、音の強弱パターンや、音色、音の長さ、音域などによって決まるが、場合によっては複数のルールが競合してしまうことがある。その場合は、いったん解釈が決まっても、新たに得られた情報によって、瞬時に解釈が変わる可能性がある。解釈が短い時間のうちに行ったり来たりするということもあり得る。そういう「曖昧な」音楽の例はあとでいくつか紹介する。

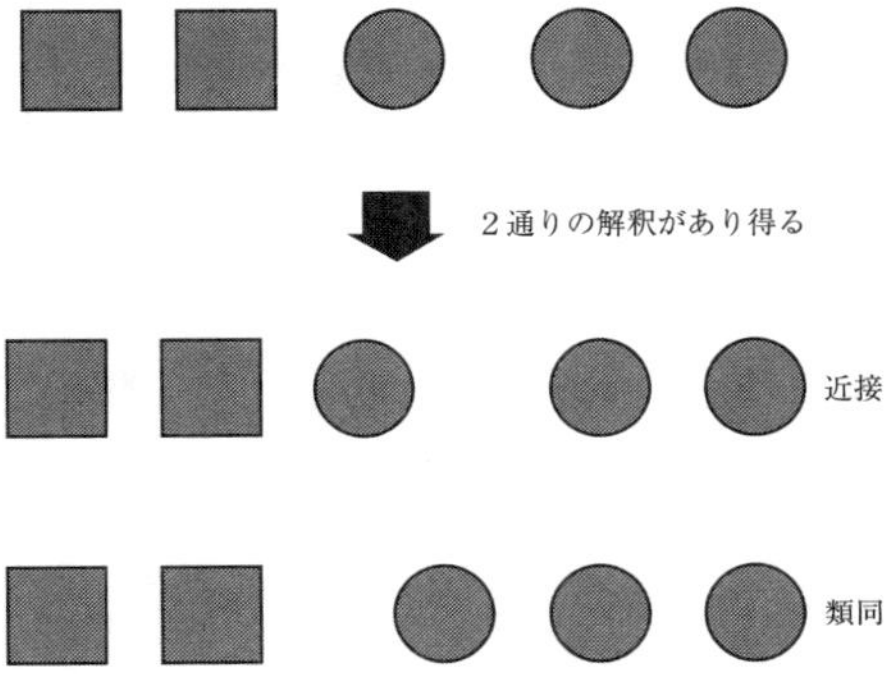

図5.4　上のように図形が並んでいる場合には、「類同の原理」と「近接の原理」のどちらもはたらき得る。どちらの原理が優勢になるかは明確にはわからない。

複数の音が同時に演奏されたときの聞こえ方

世界には数多くの種類の音楽が存在するが、そのかなりの部分が「モノフォニック（単旋律）」の音楽である。つまり、単音から成る音楽ということだ。一つの音は、人間の声かもしれないし、楽器の音かもしれない。また、声と楽器で同時に同じメロディを奏でる（これを「ユニゾン」と呼ぶ）ような場合も、モノフォニー音楽に分類されることが多い。実は、モノフォニックの音楽であっても、それを解釈するためには、ゲシュタルト原理がはたらく必要がある。複数の倍音をひとまとめにして扱うことや、メロディをフレーズに分けることなどが必要になるからだ。ただ、単音なだけに、解釈が比較的容易であるとは言える。

だが、西洋では九世紀頃から、「ポリフォニック（多声の）」の音楽が盛んになり始めた。同時に複数の音を鳴らす音楽である。*はじめのうちは、メロディに、何度か（多くは四度か五度かオクターヴ）音程の離れたもう一つのメロディを合わせるというだけだった（図5・5 a）。これを「オルガヌム」と呼ぶ。これが少し発展して、はじめはまったく同じ音程で、後に音程が何度か離れ、しばらくするとまた同じ音程に戻る、という形式も生まれた（図5・5 b）。一一世紀の終わりには、さらに発展した形式が生まれている。これも、二音の音程の差が開いたり狭まったりする形式である点は同じだが、上下のメロディがちょうど、鏡に映したように逆の動きをする点が特徴である（図5・5 c）。さらに、一二世紀には、「華麗オルガヌム」と呼ばれる形式も生まれている。この形式では、二つのメロディはリズムも違っている。低い方のメロディは起伏の少ない、リズムも単純なものになるが、高い方のメロディはリズムが複雑で、起伏の激しいものになることが多い（図5・5 d）。両方のメロディの歌詞が同じだとしたら、当然、一音節に割り当てられる音の数は上のパートの方が多くなる。一つの音節に複数の音を割り当てる手法を

図5.5 オルガヌム。四度離れたメロディが重ねられた例（a）、はじめは同じ音程で、後にいったん離れ、しばらくするとまた同じ音程に戻っている例（b）、鏡に映したように上下が逆になっている例（c）、華麗オルガヌム（メリスマ）の例（d）。

「メリスマ」と呼ぶ。メリスマが使われた曲の例として特に有名なのは、『ディンドン空高く』だろう。この曲では、"Gloria"一語に多数の音が割り当てられている。メリスマは、西洋以外の音楽でもよく使われている。特に多いのが中近東の音楽で、歌詞の一つの言葉に、長く起伏の多いメロディが割り当てられることがよくあ

＊「ポリフォニー音楽（多声音楽）」というのは意味が曖昧な言葉で、複数の意味がある。厳密には、「あらゆる時点において二つ以上の音程の違う音が同時に鳴っている音楽」という意味になるはずである（同時に複数の音が鳴っていても、すべてがユニゾンであれば、それは「モノフォニー音楽」ということになる）。だが、この言葉は、同時に複数のメロディが演奏される場合にのみ使われることも多い。一つのメロディにハーモニーをつけている場合には使われないことがあるのだ。一つのメロディにハーモニーをつけた音楽は、「ホモフォニー音楽」と呼ぶことがある（二三六ページを参照）。

る。
西洋のポリフォニー音楽は、中世には次第に洗練されていった。その代表例が、一四世紀にフランスの作曲家、ギヨーム・ド・マショーが作曲した『ノートルダム・ミサ』である。これは、四声から成るミサ曲だ。ばらばらに動く複数のメロディを同時に追いかけなくてはならないため、この曲を聴くのはなかなか大変である。同時に聞こえてくる複数の会話を聞き分けるようなものだからだ。他に気をそらされずに一つに集中するのは難しい（音響心理学では、大勢の人が一斉に話している状況で特定の人の声だけを聞き分けられる能力のことを、「カクテルパーティー効果」という、非常にわかりやすい名前で呼んでいる）。しかも、ポリフォニー音楽を聴く場合には、同時に聞こえている複数のメロディのうちの一つだけに集中して、他を無視すればいいというのではない。一つ一つ聞き分けると同時に、全体を一つのものとしても聴かなくてはならないのだ。でも私たちにはそれがなんとか可能である。なぜだろうか。

ポリフォニー音楽の洗練度がバロック時代に大幅に高まったというのは、誰もが認めることだろう。「対位法」という、ポリフォニー音楽を作るための明文化されたルールも生まれた。複数の音をどのように組み合わせると美しく調和して聞こえるのかを、作曲家たちは経験によって学び、学んだことをルールにまとめたのだ。対位法を使用した作曲家たちは、そうとは知らずにゲシュタルト原理を応用していたことになる。

対位法のルールに従うのは、同時に多数の音が存在しても、単なる混沌に陥らないようにするためだ。ルールに従って作曲することで、個々の音が他と明確に区別できるようになり、また、各パートの音の動きを、他と混同することなく追えるようになる。これは、視界に存在する物体を他と区別でき、個々の物体の動きを他と混同せずに追えるというのと同じである。作曲家は、個々のパートの連続性、一貫性を維持し、他のパートと混ざってしまわないようにしなくてはならない。だが、一方で、個々のパートがあまりに明瞭に他と分かれてしまうのもよくない。曲が退屈なものになってしまう恐れがあるからだ。

連続性、一貫性を維持しながら、なおかつ曲が退屈になるのを防ぐためには、各パートのメロディラインを互いにどのように関係させるか、それを慎重に考えなくてはならない。パート間の関係のことを音楽用語では「声部進行」と呼ぶ（この用語を覚えても大して役には立たないが、一応、書いておく）。たとえば、図5・6に示した譜面は、C（ドミソ）、F（ドファラ）、Cという三つのコード（和音）の連続と解釈することもできるが、それぞれにメロディの違う三つのパートであると解釈することもできる。上のパートは「ソ（G）」から「ラ（A）」に上がり、その後に再び「ソ（G）」に戻る。その下のパートは、「ミ（E）」から「ファ（F）」に上がり、その後に再び「ミ（E）」に戻る。そして、さらに下のパートは、「ド（C）」が三つ続く。実際、対位法をある程度以上学んだ人の耳には、これは単なる三つの「ブロックコード」の連続ではなく、三つの違ったメロディの同時演奏にも聞こえる。

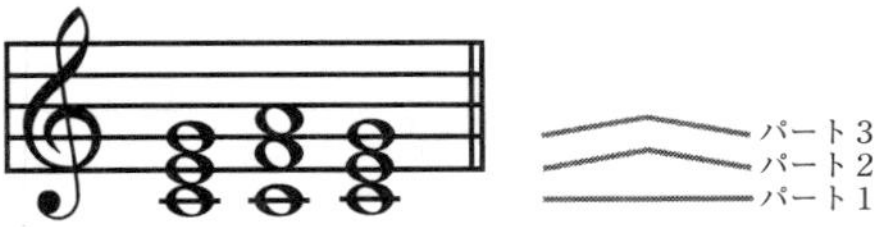

図5.6　これは3つのコードの連続とも、3つの違ったメロディの同時演奏とも解釈できる。

同時に演奏される各パートのメロディが、聴覚上、完全に混じり合わなければならない、というわけではない。そうでないとばらばらに聞こえるというわけではないのだ。各パートが完全にばらばらに聞こえないために重要になるのは、「倍音」だ。複数の倍音が、私たちの耳にひとまとめになって聞こえればいいのだ。ただ、一方で、協和度が過剰になってしまう危険もある。中世初期において、音楽を理解する基礎となっていたのは、ピタゴラスの理論だった。そのピタゴラスの理論では、四度や五度、あるいはオクターヴ離れた二音はよく調和するとされている。だが、常に変わらず四度、五度、あるいはオクターヴ離れた二つのメロディを同時に演奏すると、それは私たちの耳には一つのメロディに聞こえやすいのだ。さらに、同じメロディを同時に二つ演奏する（ユニ

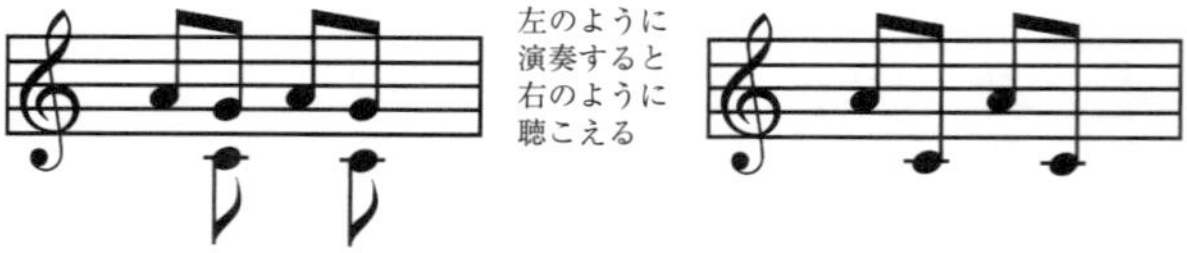

図5.7　オクターヴや五度など、協和度の高い音を同時に鳴らすと、融合して一音に聞こえることが多い。脳が、高い方の音を低い方の音の倍音と解釈してしまうため。

ゾンで演奏する）と、ますますその傾向が強まる。つまり、二つのメロディは、まるで二つの川が一本に収束するように、融合してしまう恐れがあるということだ。その場合、聴き手は、両者を聞き分けるのが難しくなる。たとえば、図5・7の場合、「ソ（G）」と「ド（C）」を同時に演奏したときに、聴覚上は両者が融合してしまい、「ド（C）」一音に聞こえるということが起きる。「ソ（G）」は倍音であると解釈されるのだ。そのため、この譜面の曲は、二つの短音が交互に演奏されるだけの単純なものになってしまう。バッハの対位法では、協和度が高い音が同時に使われることは意外に少ないが、その理由はおそらくこういうところにあるのだろう。意図的に使うのを避けているのだと考えられる。実際、バッハの曲を調べてみると、協和度の高い音ほど同時に使用される頻度が低いとわかる。オクターヴは五度より使用頻度が低いし、ユニゾンはオクターヴよりさらに使用頻度が低い。協和度が高い二音を同時に鳴らす場合、バッハは、鳴らし始めるタイミングを少しずらすなどして、二つが混じり合ってしまうのを防いでいる。始まるタイミングが違うと、二音はそれぞれ違うメロディに属する音であると解釈されやすくなる。

　対位法では、複数のパートの音を平行に動かすということも通常は避けられる（平行に近い動きさえも避けられる）。これもやはり同様の理由からだろう。同様の傾向は、対位法を使っていない作曲家にさえ見られる。古典派、ロマン派の時代にも、複数のパートの音が絶えず平行に、同じように動くような曲はほとんど作られていない。* ここまで頑強に避けた本当の意図がどこにあったのか、それは明確にはなっていない。単に音が融合してしまうのを嫌ったというだけでない場合もあるかもしれない。ただし、一九世紀後半には、ドビュッシーやラヴェルが、あえてこの慣例を破るような曲を作っている（図5・8）。

音が融合してしまうのを防ぐには、すでに書いたとおり、鳴らすタイミングを少しずらすと有効である。たとえば、「フーガ」と呼ばれる種類の曲では、主題となる一つのメロディが複数のパートで順次演奏されるという手法が使われる。つまり、パートによって開始するタイミングをずらしているわけだ（図5・9）。また、音程変化を交差させることによっても、過度の融合を防いでいる。たとえば、一方のパートの音程が上昇するときに、もう一方のパートでは下降させるということをするのだ（図5・10）。一方を上昇、もう一方を下降させると、どこかで交差してしまうことになるが、それは普通、避けられる。交差させてしまうと、どちらのメロディがどちらのパートかが不明瞭になってしまうからだ。バッハもやはり、交差を避けている。

その他、パートの融合を防ぐには、音域を一定以上離すという方法も有効である。それについては、一九七〇年代に、テキサス大学ダラス校の音楽心理学者、ウォルター・J・ダウリングが実験をしている。『フレール・ジャック』や『きらきら星』など、よく知られている二つの曲を一音ずつ交互に演奏し（図5・11）、被験者に何の曲かを当ててもらうという実験である。

図5.8　ラヴェルの『亡き王女のためのパヴァーヌ』。従来の慣例を破り、複数の音を平行に動かしている部分がある。

＊特に、二つのパートの音程差を五度、オクターヴにすることは避けるべきと考えられる。二音が融合してしまう危険性が非常に高いからだ。三度、六度の音程差は意外によく使われるが、これは、協和度が五度やオクターヴに比べて低く、融合の危険性が低いためだろう。

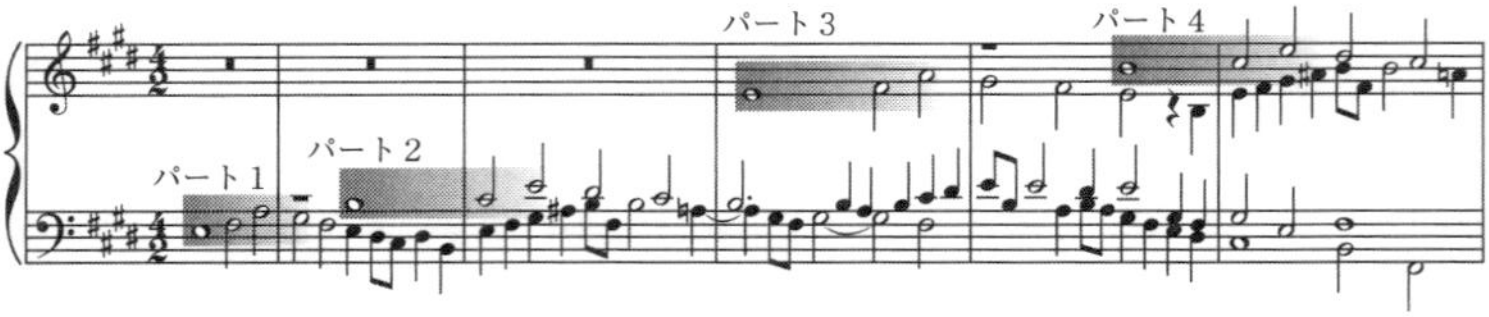

図5.9 『平均律クラヴィーア曲集第二巻』「前奏曲　四声のフーガ　ホ長調」より。同じ１つの主題を複数のパートで演奏するが、開始のタイミングをずらすことで、融合を防いでいる。

この実験では、二曲の音域が近いときにはまったく曲がわからないが、一定以上音域を離すと、比較的簡単に何の曲か当てられるという結果が得られている。*だが、音域を離せば、二つの曲を聞き分けられるというのも驚くべきことだろう。たとえば、次のような文があったとする。これは、二つの文の単語を交互に並べたものだ。見分けがつくだろうか。

To the be lord or is not my to shepherd be, I that shall is not the want question

［訳注　シェークスピア、『ハムレット』の「生きるべきか死ぬべきか、それが問題だ」という文と、旧約聖書の「主は私の羊飼い。私は、乏しいことがありません」（詩篇23編1節）の二文が隠れている］

見分けがついたという人も多いだろうが、そう簡単ではなかったはずである。しかし、音楽の場合は、音域さえ離れていれば、さほど苦労せずに、二曲を聞き分けることができるのだ。このことは、私たちの脳に、聴覚情報から何らかの意味を見出そうとする強い傾向があるということを示している。そして、それと同時に、やはり音域の違いが大きな手がかりになっているという面もあるだろう。先の文を、次のように書き直したとしたらどうだろうか。

the lord is my shepherd I shall not want
To be or not to be, that is the question

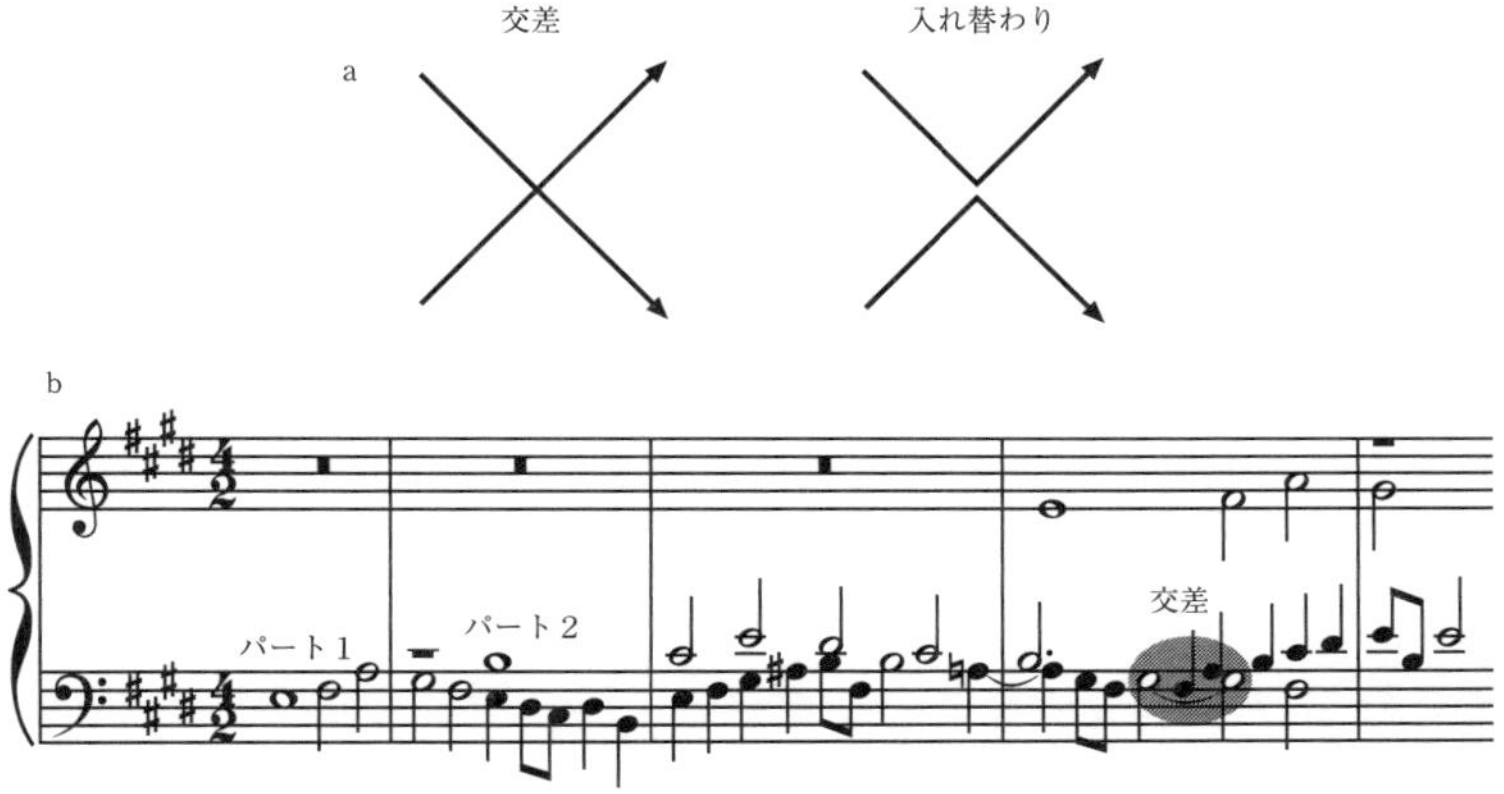

図5.10　２つのパートの音程変化が交差すると（a、左）、両者が混じり合い、入れ替わって聞こえることがある（a、右）。そのため、対位法では、このような交差はできる限り避ける。たとえば、先に例にあげたバッハの『平均律クラヴィーア曲集第二巻』「前奏曲　四声のフーガ　ホ長調」の第２パートは、本来は（b）のように書いた方が、第１パート、第３パートと音程変化のパターンが同じになるのだが、実際にはそう書かれていない。（b）のように書くと、音程変化が交差してしまうからである。第１パートの音よりも音程が下になる「ファ（F）♯」の音は避けたのだ。

すでに見てきたとおり、音程は大きく変化することよりも、小さく変化することの方が多い。つまり、メロディの一部分を取り出すと、音程が連続している場合が多いということだ。ダウリングの実験によれば、たとえメロディは一つでも、音程変化の幅が極端に大きいと、聴き手には、高い部分と低い部分が別のメロディに聞こえるようになるという。脳が、高い部分の音だけ、低い部分の音だけをつないで、異なった二つのメロディを作ってしまうのだ。

同様の現象は、聴覚だけでなく、視覚にも起きることがわかっている。この錯覚を逆に利用することもある。バロック音楽の作曲家は、音程を次々に大きく変化させることで、複数のメロディを同時に演奏しているように感じさせる。これを「ヴ

＊ただし、二つの曲の音域が近くても、事前に何の曲と何の曲が演奏されているかを伝えておくと、多少、困難を伴うものの、被験者は両方の曲を認知できる。

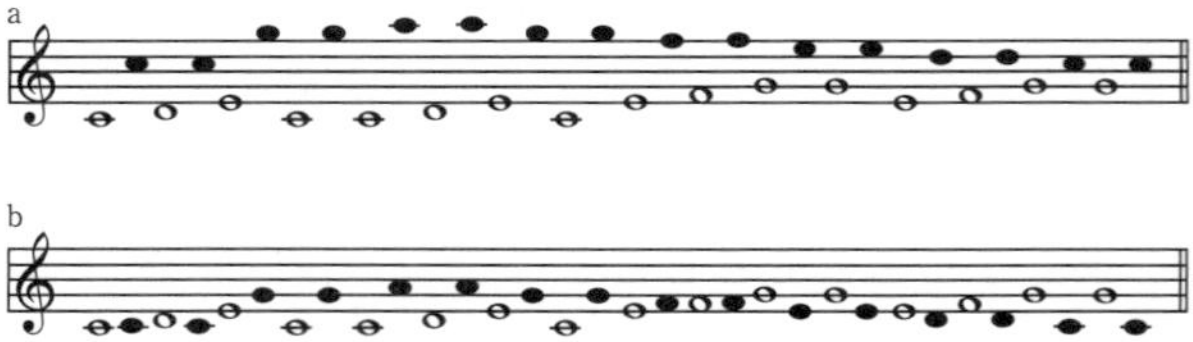

図5.11　よく知られている2つの曲のメロディを、1音ずつ交互に演奏したとしても、十分に（たとえば、1オクターヴ程度）音域を離せば、2曲を簡単に聞き分けられる（a）。しかし、音域が重なってしまうと、ほぼ聞き分けは不可能になる（b）。

ァーチャル・ポリフォニー」と呼ぶこともある。* ヴァーチャル・ポリフォニーの例は『平均律クラヴィーア曲集第二巻』「前奏曲　四声のフーガ　変ホ長調」に見られる（図5・12）。大きな音程変化が繰り返されるために、メロディが二つに聞こえる箇所がある。ただ、メロディが二つに聞こえるかどうかは、音程変化の幅の大きさと、繰り返しの頻度によって決まる。音程変化の幅がある程度以上大きく、繰り返しの頻度もある程度以上高くなければ、メロディが二つに聞こえることはない。一つの音の持続時間がだいたい一〇分の一秒以下で、音程変化の幅が、三半音を超えるくらいでなければ、確実にメロディを二つに聞かせることはできないだろう。

　音程変化が速く、幅が小さければ、二つのメロディの間の区別は曖昧になる。二つのメロディというよりは、一つのメロディで細かく音程が揺れているように聞こえることも多い。いわゆる「トリル」のように聞こえるわけだ。暗いところで二つの電球を交互につけたり消したりすると、まるで一つの光が二点間を行き来しているように見えるが、それに似ていると言えるだろう。脳が受け取った知覚情報を単純化しているのだ。すごい速度で一方向に連続的に音程を変化させる（これは「グリッサンド」と呼ばれる）と、無段階で急速に音程が上がっている、あるいは下がっているように聞こえるが、これも脳による知覚情報の単純化の例だろう。実際には段階的に音程が変化しているのに、そうではないように感じるのである。ストラヴィンスキー『火の鳥』「凶悪な踊り」の冒頭で、フルートが四つの音を続けて素早く演奏するが、これも本当は段階的な音程変化が無段階の変化に聞こえるのだ。駅などによく、字が横に流れていくように見え

図5.12　ヴァーチャル・ポリフォニーの例。『平均律クラヴィーア曲集第二巻』「前奏曲四声のフーガ　変ホ長調」からの引用。大きな音程変化が繰り返されるために、グレーで示した音程の高い箇所は、低い音程の部分とは違うメロディに聞こえる。

る電光掲示板があるが、それに似ている。本当は、止まっている発光ダイオードの光がついたり消えたりしているだけなのだが、いくら目を凝らして見ても、そうは見えず、字が動いているように見えてしまう。

　こうした聴覚の特性は、曲の途中でどれかのパートを際立たせたいときに利用することができる。パートを際立たせる最も簡単な方法は、そのパートの音を大きくすることだが、それだと全体のバランスが崩れてしまう恐れがある。また、音量をずっと大きく保たなければいけないとすると、表現の幅は狭められてしまう。＊＊特定のパートを際立たせる際、鍵になるのは、やはりゲシュタルト原理である。アイヴズは『答えのない質問』という曲の中で、ゲシュタルト原理（近接の原理）を利用して、トランペットが繰り返し演奏する悲しい調子の「質問」を他から際立たせた。トランペット奏者を、オーケストラの他のメンバーから離れた場所（客席など）に配置したのだ。ギリシャ系フランス人の作曲家、ヤニス・クセナキスも、演奏者を客席に配置する実験をしている。た

＊厳密には、「ヴァーチャル・ポリフォニー」とは、二つのメロディを一音ずつ完全に交互に演奏することを指す。二つのメロディが完全に交互に演奏されるわけではなく、時には同じメロディの音が連続するのであれば「インプライド（implied ＝暗黙の）・ポリフォニー」と呼ぶ方が適切だろう。

＊＊ロックでは実際に、この方法が使われている。ロックの場合は音の強弱を変えて細かい表現をするということはあまりないからだ。パロディ映画『スパイナル・タップ』では、架空のロックバンドのギタリスト、ナイジェル・タフネルが、ヴォリュームの目盛りが一一まであるアンプを使っている。

だ、この場合は、特定の演奏者の音を際立たせるよりも、演奏者と聴衆の垣根を取り払うことの方が主たる目的だったようだ。

ピアノのように音程があらかじめ固定されている楽器でなければ、音程をわずかに上げるという手法も使われる。調子外れにならない程度に、かすかに音程を高くするのだ。それによって倍音構成が、他の楽器とはまったく違ったものになり、際立って聞こえることになる。その他、ジャズなどでは、ソロをとる奏者が、他の奏者よりもわずかに早く演奏を始めることもある。これは、バッハがフーガで用いたのと同様の技法で、開始のタイミングをずらすことで、他との区別をしやすくしているのだ。リズムをごくわずかにずらすという手法もよく使われる。最初、あるいは最後の音を鳴らすタイミングを、伴奏より三〇ミリ秒から五〇ミリ秒前か後ろにずらす。そうすれば、伴奏から際立って聞こえるのだ（ただし、これは演奏者に相当の技術がないとできない）。ソリストの演奏が伴奏の中に埋もれないようにするには、音程変化のパターンも重要である。音程の動きが、伴奏と平行にならないよう注意しなくてはならない。たとえば、伴奏の音程が上昇していくときには、ソリストの音程は下降していく、というような工夫が必要だ。このように動きが違っていれば、「共通運命の原理」により、両者の区別は容易につく。ソリストの奏でる音は、まるで、一羽だけ群れと違う動きをする鳥のように認識されるのである。

伴奏から自分の音を際立たせることに特に秀でているのは、オペラ歌手だろう。オペラ歌手の声量は、もちろん、人並み外れたものではあるが、それだけでは、電気的に増幅することもせずにフルオーケストラの音に対抗するのは困難である。では、どうするかというと、声道の形を変えることにより、声の持つエネルギーを特定の周波数帯域にだけ集中させるのだ。口を大きく開けて、喉の筋肉を巧みに動かして咽頭を広げ、声門（声帯が含まれる部分）を下げる。そうすることで、特定の周波数帯域（女性ソプラノの場合は、二〇〇〇ヘルツから三〇〇〇ヘルツの帯域）のエネルギーを高める。この周波数帯域の音はオーケストラの楽器からはあまり出ない。他の楽器と違う周波数帯域の成分が多いので際立つというわけだ。だが、これは非常に高度なテクニックであり、そう簡単に身につけることはできない。

特に大事なのは、母音の発音の仕方だろう。母音をいかに明瞭に発音できるかが決め手になるのだ（声のエネルギーは主に母音によって伝えられるため）。まずは母音が聴き手の耳に届かなくてはならないが、何と言っているのかが明瞭でなくなっては困るので、歌手はそれが両立できるよう、うまくバランスを取らねばならない。女性ソプラノ歌手の場合、非常に高い音域になると、すべての母音が「ア」に聞こえがちになる。伸ばすところでは、実際には他の母音を出しているつもりでも「アー」と聞こえてしまう。また、オペラに慣れない聴き手には、歌の感情表現がわざとらしく、型にはまったものに聞こえやすい。オペラ歌手の声は、私たちが日頃話したり歌ったりするときの声とは大きく違っている。そのため、感情表現も同じようにはできないのだ。オーケストラの音に負けることなく、聴き手の耳に届かせるために、ある程度、表現の自然さが犠牲になるのは仕方がないと言えるだろう。たとえば、ワーグナーはそのジレンマをよく認識していたようである。普通の会話の中で母音を発音したときには、声道が特定の周波数で共鳴することになる。ワーグナーのオペラの曲を調べると、どうも歌の中で母音を発音するときの音程を、その周波数に合わせていることが多いようだ（共鳴周波数に音程を合わせると、母音が聞き取りやすくなる）。共鳴周波数が低い母音が発音されるときには、音程が下がるというようなことが偶然にしては多すぎるのだ。他の作曲家（ロッシーニやモーツァルトなど）のオペラ曲にはそういうことはない。ワーグナーは、おそらく直感によってだと思われるが、母音が聞き取りやすくなるようなメロディを意図的に作っていたと考えられる。

ポリフォニー音楽の各パートの音が他と聞き分けられることも重要だが、それと同時に、各パートの連続性も重要である。音がばらばらには聞こえず、ひとつながりに聞こえるということが大事である。音程

図5.13　音程が急激な上下を繰り返すメロディを左右の耳に聞かせると、滑らかな２つのメロディが聞こえていると解釈される (a)。同様の錯覚はラフマニノフの『二台のピアノのための組曲第２番作品17』の第二楽章でも起きる (b)。２台のピアノが互いに補完し合うメロディを弾くと、同じ音が連続するメロディが２つ演奏されているように聞こえる。

変化の幅が小さい、滑らかなメロディの方が連続したものに聞こえやすいということはすでに書いた。これはつまり、あまり音程に違いのない音が次々に聞こえてくれば、私たちの脳は、それをメロディであると認識しやすい、ということだと考えられる。ダイアナ・ドイチュは、脳のこの特性に関係があると思われる驚くべき錯覚の例を紹介している。ドイチュは、ヘッドフォンを使い、被験者の左右の耳にそれぞれ違ったメロディを聞かせるという実験をしたのだ。どちらのメロディも、その構成音はすべて同じ音源から出ていると脳は解釈するはずである。すでに触れた「近接の原理」により、同じ音源から聞こえる音は、すべてひとまとまりと解釈されやすい*。つまり、この場合、右から聞こえる音と、左から聞こえる音は、それぞれがまとめられ、二つの別のメロディであると解釈されるはずである。

　だが、ドイチュが実験に使った二つのメロディは、お互いを補完し合うようなものだった。一方の音程が上がるときには、もう一方が下がる、というように逆の動きをする（図5・13 a）。左右のメロディは、単独で聴くと、どちらも音程変化が急激で、少々突飛なものになっている（また、前半と後半は、ちょうど鏡で映したように逆の動きになっている）。この場合、脳は左右から聞こえてくる音を交互につなぎ合わせ、滑らかに動く二つのメロディが鳴っていると解釈するのだ。その解釈の方が、突飛な動きをするメロディが二つと解釈するより合理的だからだ。実際には、音程が急激な上下を繰り返すメロディ二つなのに、被験者たちは、ヘッドフォンの左右からそれぞれ、音程が滑らかに下がって上がるメロディと、滑らかに上がって下がるメロディが聞こえる、と言う。この解釈は、「連続の原理」によるものである。連続の原理のはたらきは非常に強固で、左右のメロディの音色が違っていても解釈は変わらない。

例は少ないが、作曲家が意図的にこの錯覚を利用することもある。その一つがラフマニノフの『二台のピアノのための組曲第二番作品一七』である。この曲には、二台のピアノがそれぞれに、音程が交互に上下するメロディを弾く箇所があるが、二つのメロディの動きはちょうど逆になっており、私たちの耳には、同じ音が連続する二つのメロディが演奏されているように聞こえる（図5・13b）。音楽心理学者、ジョン・スロボダによれば、この錯覚は、演奏者自身も混乱させるという。[4]自分でも同じ音が連続するメロディを弾いているように感じられるのだ。指を見ると、実際には違うメロディを弾いているのに、どうしてもそう感じられてしまう。そして、相手も同様に、同じ音が連続するメロディを弾いているように感じる。ただし、ラフマニノフは、ピアニストを幻惑させるためにこういう曲を書いたわけではないようだ。

＊ここでの例のように、「近接の原理」は「連続の原理」に比べると弱い。そうなる理由はいくつか考えられる。その一つは、こだまなどの反響音の存在だ。発せられた音がどこかに反響して、元々の音源とはまったく別の場所から聞こえるということは自然界でも多く起きる。近接の原理があまりに強固だと、反響音と元の音の区別ができなくなる恐れがある。

どうやら、ピアノという楽器の性質上、同じ音を連続して弾き続けるのが難しいため、ということらしい。

パートの聞き分け

ポリフォニー音楽と言っても、パートが二つ（二声）ならば、「ばらばらではないが、混じり合ってもいない」というものを作るのはそう難しいことではない。パートが三つ（三声）でも、二つよりは難しくなるものの、不可能ということはない。では、一体、パートはどこまで増やすことができるのだろうか。たとえば、どれだけうまいピアニストであっても、一〇本の指の一本一本にそれぞれ別のパートを受け持たせるというのが困難だというのはすぐにわかる。だが、原理的には、三〇人から成る聖歌隊のメンバー一人一人に違うメロディを歌わせることや、三〇人の弦楽器奏者それぞれに違うメロディを演奏させることは不可能ではない。問題は、果たしてそういう音楽を聴いて私たちは個々のパートを聞き分けられるか、ということだ。

パウル・ヒンデミットは、訓練を積んだ人であっても、三声を超えるポリフォニー音楽の個々のパートを聞き分けるのは不可能だと考えていた。だが、バッハは特にそういう限界を意識してはいなかったようで、四声の曲も多く作っているし、中には六声の曲もある。ただ、パートを増やすほど、聞き分けるための「手がかり」が多く必要になるということもわかっていたようだ。それに、四声、六声と言っても、すべての音を常に同時に鳴らすというわけではなく、通常、同時に鳴らすのはその一部だけということが多い。

しかし、それにしても、二つ以上のメロディが同時に聞こえても、私たちの脳がそれを理解できるというのは驚きである。二人に同時に話しかけられたとしたら、まったく何を言っているのか理解できないのに、メロディなら、同時に二つ以上理解できるのだ。とはいえ、二人に同時に話しかけられた場合でも、どちらかを完全に無視すれば、一方だけは理解できる。一方ずつなら聞き取ることはできるのだ。たとえ両者が違う言語で話していても、その切替は無意識のうちにできる。

二人の話は同時に理解できなくても、複数のメロディを同時に理解できるのは、メロディの場合、通常はお互いが完全に独立しているわけではないからではないか、と考えられる。同じ曲に属するメロディならば、お互いに無関係ではないのだ。まず、(一部の前衛的な音楽を除けば)、調は同じである。また、たとえ、音程の上下パターンはまったく違っていたとしても、響きは調和し合うようになっていることが多い。音楽心理学者のジョン・スロボダと、スロボダに師事したジュディ・エドワージーは、その点に関して実験をして、ハーモニーが複数のメロディの聞き分けに役立っていることを突き止めた。その実験では、被験者に二つのメロディ(音域が重ならないものが選ばれた)を聞かせたのだが、はじめは二つを個々に聞かせ、その後に同時に聞かせるということをした。同時に聞かせる際には、どちらかのメロディに誤りを混入させ、被験者に「どちらのメロディのどの部分が誤っていたか」を尋ねる。正答率は、二つのメロディの調が同じ場合にはかなり高かった。二つのメロディの調が完全五度違っていると、少し正答率が下がる。そして、最も正答率が下がるのは、調が「三全音(増四度)」違っている場合だった。この結果から、二つのメロディの響きの調和が、聞き分けに大きく影響することがわかる。調が同じであれば、二つのメロディはよく調和し合う。聴き手は、仮にどちらか一方にしか注意を向けていなかったとしても、調和が乱れれば、音が誤っているとすぐにわかる。二つは調和し合うはず、と予測して聴いているからだ。だが、両者が始めから調和し合っていなければ、誤っている音と正しい音の響きの違いがわかりにくくなってしまう。

ただし、多数のメロディを同時に演奏して、なおかつ、いわゆる伝統的な意味での「ハーモニー」を絶えず維持することは容易ではない。個々のメロディがある程度自由に動けば、時にはどうしても不協和な響きが生まれることになるだろう。中世初期までは、響きの調和を保つため、メロディが多少、犠牲になるのは仕方がない、と考えられていた。不協和にならないよう、個々のメロディを単純にするということだ。だが、後の時代には、徐々に、メロディ間の調和よりも、個々のメロディの良さを優先する作曲家が多くなっていった。ハーモニーを気にして、ジグソーパズルを解くように音を当てはめていくようなことはあまり行われなくなったのだ。「メロディかハーモニーか」の二者択一を迫られれば、メロディを優先させることが増えたわけだ。ただし、パート間のハーモニーが顧みられなくなったわけではない。時に不協和が生じるのは避けられないとはいえ、それでもできる限りそれを避けようとする意識は長い間、残っていた。

その意識が「不協和はどこまでなら許容されるか」を定める体系的なルール作りにつながった。たとえば、ルネッサンス期のイタリアの作曲家、ジョヴァンニ・ピエルルイージ・ダ・パレストリーナは、対位法で作曲する際、初めに「定旋律」と呼ばれる基準となるメロディを書いた。残りのパートのメロディは、いくつかの重要ポイントで定旋律と響きが調和するように書く。特に、個々のフレーズの冒頭と終わりの部分の調和が重視された*。対位法で大切なのは、横の方向での（つまり各パートのメロディの）一貫性、連続性を保つことだ、という考え方もある。つまり、他のパートのメロディに干渉されず、独立を保つことが大切というわけだ。だが、それと同時に、他のパートとの調和もある程度、考慮するようにすれば、各パートのメロディがすべて同じ曲の一部であるという印象を聴き手に与えることができる。

パレストリーナは、図5・14のような不協和であれば許容されるとしていた。確かに、この時代には一般に不協和とされた「七度」、「九度」の関係が生じているが、実際に聴いてみるとさほど不協和には聞こえない。おそらく、注意がメロディの流れの方に向かい、二つの音のハーモニーには向かわないためと思われる。メロディに一貫性があると、ハーモニーにはあまり注意が向かわないことがあるのだ。不協和になる音は、音程変化の少ない滑らかなメロディの途中でごく短い間使われる経過音にすぎない。短い間で消えてしまう音であることが聞き手に明らかにわかるため、許容されるという言い方もできるだろう。同じような例は、『三匹の盲目のねずみ』などの曲にも見られる。この曲のメロディの最初の音は、主音とよく調和する三度（ハ長調であれば「ミ（E）」）の音で、その後、主音（ハ長調であれば「ド（C）」）に移動するのだが、その前に二度（ハ長調なら「レ（D）」）の音を通過するのだ。レの音は、この部分の伴奏に使われる「C」のコードとは元来、あまり合わず、不協和とみなされる可能性がある音だが、ここでは経過音になっているために不自然には感じない。ミからレを通ってドに到達するという流れが非常に自然なためだ。

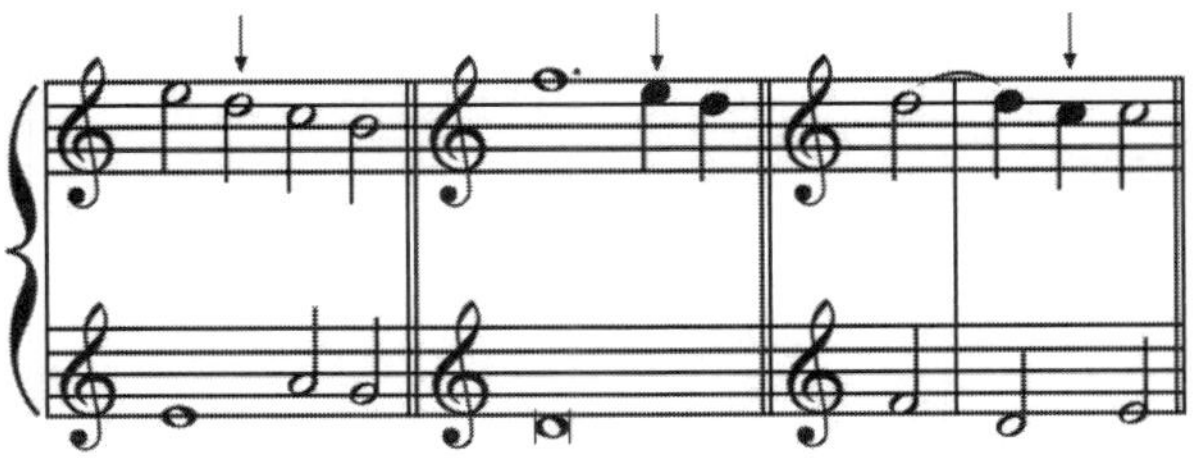
図5.14　パレストリーナが「本来、不協和だが許容される」と考えた音の例。図中、矢印をつけた音は、本来は不協和な音である。しかし、どれも協和音へとつながる経過音になっているので許容されると考えられた。

＊パレストリーナは、一六世紀半ばのトレント公会議で完全に禁止されそうになったポリフォニー音楽を救ったとも伝えられている。禁止されそうになった背景には、ポリフォニー音楽に次第に不協和音が増え、それを不快に感じる人がいたということもあったようだ。また、複数の音を同時に鳴らすポリフォニー音楽は、「神は一つ」という考え方に背くという意見があったとも言われる。だが、どうやら最も懸念されたのは、対位法が複雑になるにつれ、聖歌の歌詞が聞き取りにくくなってしまうことだったようだ。パレストリーナの対位法では、不協和音の使用に一定の制限が加えられただけでなく、歌詞が聞き取りやすくなるよう、普段話される言葉のイントネーションの上下と、メロディの音程の上下パターンを一致させるという工夫もなされた。

図5.15　バッハ『ゴルトベルク変奏曲』第18変奏。開始のタイミングがずれていることで、２つのメロディは区別しやすくなっており、また、本来、不協和になりやすい音の組み合わせがあっても（ここでは長七度と短七度）、あまり不快には感じない。

に不協和が気にならないのだ。

経過音とみなされる音は、必ず、不協和になる音とは鳴り始めるタイミングがずれている。経過音になる音の方が必ず後から鳴り始めるのだ。このタイミングのずれが、「すぐに次の音に移るはず」と予感させる効果を生んでいる。先に聞こえてきた音を手がかりに、次の動きが予測できるのだ。バッハの『ゴルトベルク変奏曲』にもそういう箇所が見られる（図５・15）。注意すべきなのは、これは先に触れた「ヴァーチャル・ポリフォニー」とは違うということだ。たとえ音程を急激に変化させたとしても、この速度では遅すぎてヴァーチャル・ポリフォニーにはならない。この曲の場合は、はじめから意図して二つのパートを作っている。そして、一方からもう一方が連想できるような作りにしている。二つはまるでこだまのように響き合うのだ。

不協和な音を目立たせない方法としては、短いフレーズを繰り返すという方法も使われる。短い間に何度も繰り返すことで、そのメロディの流れを当然のものに感じさせ、中に不協和な音が含まれていても違和感が生じないようにする。短いフレーズを「ひとまとまりのもの」と知覚させることで、ハーモニーに注意が向かないようにするのだ。このように同じパターンを繰り返すことを「オスティナート」と呼ぶ。これと同様の現象は視覚でも起きる。図５・16ｃは、ｂに縦の線を多数書き加えたように見える。ｃの中にはａが含まれているのだが、一見しただけでは、ｃに閉じた正方形が含まれているようには見えない。縦の線が多く並んでいるために、正方形の一部にもなり得る線が、縦の線の集合に属するように見えてしまうのだ。ｂの空いている部分を補い、正方形を完成させる線には見えない。

メロディに自然の流れがあれば、その流れの中で使われた音は、他のパートと不協和であっても、そうは知覚されないことが多いのだ。バッハのフーガにも、実は他とかなり不協和なはずなのに、よほど注意深く聴かないとそう感じない、という音が含まれていることがある。楽譜を見てはじめて気づき、驚くことも多い。たとえば、『平均律クラヴィーア曲集　第一巻』「前奏曲　四声のフーガ　ハ長調」には、高い音域の「ソ（G）」と低い音域の「ファ（F）＃」が同時に演奏される部分がある。この二音は本来、非常に不協和になるはずだが、そうは聞こえない（図5・17）。

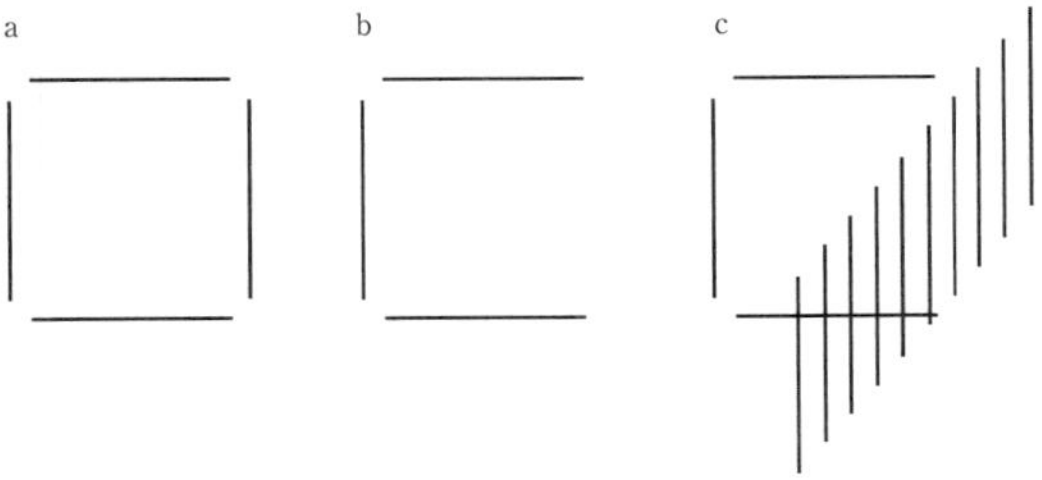

図5.16　繰り返しによって流れが生まれるという現象は視覚でも起きる。(c) には (a) が含まれているが、そうは見えない。ただ、(b) に縦の線の集合を加えたように見える。

このように、メロディの流れによっては不協和なはずの音が不協和に聞こえないのだとすると、先述のスロボダとエドワージーの実験結果とは矛盾するようにも思える。二人の実験では、二つのメロディの響きの調和が、聞き分けに大きく影響するという結果が得られたからだ。響きが不協和になった場合は、いずれかのメロディが「誤っている」と感じる人が多かった。確かに、矛盾であるとも言える。だが、これは単に、私たちが音楽を最初から最後まで同じように聴いているわけではない、というだけのことかもしれない。ある時は各パートを個別に聴き、またある時は、すべてを一体のものとして聴く。そうして知覚の仕方を様々に変えられることが、音楽を聴く楽しみを広げているということだ。

実のところ、「ポリフォニー音楽では、必ず、このように音を重ねなくてはならない」という誰もが認めるルールがあるわけではないし、そういうものを皆が求めているわけでもない。聖歌などの場合、複数のパートに分かれて歌うとは言っても、それは普通、バッハの音楽のように

図5.17　非常に不協和なはずの音が同時に鳴っても、その持続時間が短く、両者がまったく違う流れのメロディに属していれば、さほど不快には感じない。『平均律クラヴィーア曲集第一巻』「前奏曲　四声のフーガ　ハ長調」には、上の楽譜のように、短九度の関係にある二音が同時に鳴る箇所がある。通常、とても不協和になるはずの二音だが、ここではそうは聞こえない。

複数のメロディが複雑に絡み合うようなものではない。ハーモニーも取り入れたいが、聖歌で重要なのは全体の「一体感」である。バッハの音楽も聖歌も、複数の人が同じ目的地に向かって歩いているようなもの、という点では共通しているのだが、前者では、全員がそれぞれに違う道を歩いているのに対し、後者では全員が同じ道を歩いているようなものと言ってもいいだろう。デヴィッド・ヒューロンは、両者をまったく異質の音楽ととらえた。ヒューロンは、聖歌のような音楽は、ポリフォニックと言うよりも、「ホモフォニック」なもの、と考えたのだ。複数のメロディが同時に存在しているのではなく、メロディはあくまで一つで、それにハーモニーがつけられているというわけだ。ホモフォニー音楽の最も極端なかたちは、すべてのパートがまったく同じメロディを演奏する「ユニゾン」である。そこまでいくと、ポリフォニー音楽の要素はまったくないと言ってよい。ヒューロンは、ポリフォニー音楽とホモフォニー音楽とを分ける要素は二つあると考えた。一つは、各パートの音程変化パターンが同じかどうかということ。もう一つは、各パートの開始、終了のタイミングが同じかどうかということ。この二つの要素の組み合わせ方の違いにより、音楽は細かく何種類にも分類できる。ヒューロンは、その分類を図5・18のような図に示している。これを見ると、バッハの対位法音楽は、聖歌とは明確に違う種類の音楽であるとわかる。また、いわゆる「バーバーショップ・カルテット」［訳注　一九世紀アメリカで生まれた男性四重唱のスタイル］の音楽が、完全なモノフォニー音楽とは言えないけれど、聖歌よりはモノフォニー音楽に近いこともわかる。興味深いのは、この図では右下に位置する「ヘテロフォニック」な音楽というのが、実際には存在しないということだ。これは、各パートのメロディはまったく同じだが、タイミングが決して一致しない、という音楽である。極東の音楽の中には、これに近いものは見られるが、現在までのところ、ヘテロフォニーと呼べる音楽は世界に存在しない。

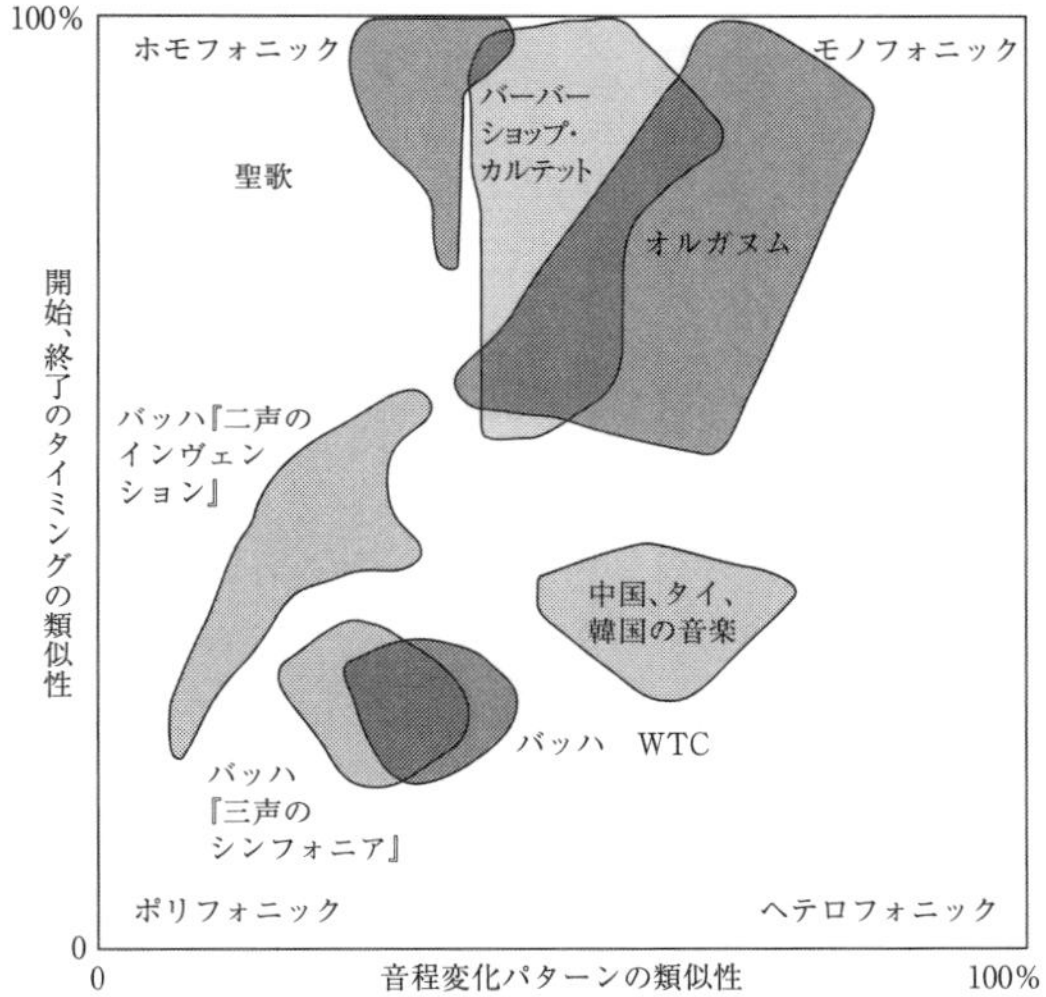

図5.18　デヴィッド・ヒューロンによる音楽の分類図。各パートの音程変化パターンがどの程度類似しているか、また開始、終了のタイミングがどの程度同じかによって音楽を分類している。“WTC”とは『平均律クラヴィーア曲集』のこと。

多数の音の融合

一九世紀になると、作曲家たちは、複数の楽器の音を組み合わせることで、個々の楽器とは違うまったく新たな音色を作り出そうとするようになった。一つ一つはありふれた楽器でも、それを組み合わせることで、誰も聞いたことのない斬新な音色が生まれることがあるのだ。たとえば、ラヴェルは『ボレロ』の中で、チェレスタ、フルート、フレンチホルンの音を並行して鳴らすことで、斬新な音色を生み出した（図5・19）。

各パートの音を聞き分けるための手がかりはいくつかあるが、互いに矛盾する手がかりが同時に提示されると、明確な聞き分けは難しくな

図5.19　ラヴェルの『ボレロ』。チェレスタ、フルート、フレンチホルンの音を並行して鳴らすことで、斬新な音色を生み出した。

る。その、いわば判断の「揺らぎ」によって、音楽がより豊かなものに聞こえることがあるのだ。複数の楽器の音色を個々に聞き取れなくするために、複数の対立する手がかりをわざと提示するという手法を採った作曲家もいた。アントン・ヴェーベルンが、バッハの『音楽の捧げもの』のリチェルカーレ（フーガの先駆けとなった楽曲形式）をオーケストラ用に編曲する際に用いたのがその手法である。ヴェーベルンは、各パートの音色を途中で変化させた。聴き手が、音程、メロディライン、音色のどれを手がかりにしてパートを聞き分けてよいのかわからず、混乱するようにしたのだ（三四六ページ参照）。『宵闇のセントラル・パーク』のような例もある。この曲の場合は、パートごとに調やリズムが違っているので、曲を「ひとまとまり」のものとして認識するのが非常に難しくなっているはずである。ゲシュタルト原理がはたらきにくいということだ。しかし、この曲には、全体としての一体感がある。少なくとも、最後のクレッシェンドまでは混乱した印象にはならない。これは、アイヴズという作曲家の技術の高さを証明していると言えるだろう。各パートをまったくばらばらに書いて、一つにまとまって聞こえるようにするというのは、実際にやってみると想像以上に難しいことだからだ。アルバート・ブレグマンは次のように言っている。

チャールズ・アイヴズの音楽では、一見、各パートの間には何の関連もないようだが、実際にはパートは互いに密接に関係し合っているはずだ。もしそうでないなら、誰でも既存の曲を二曲か三曲、適当に組み合わせれば、いくらでも新しい曲が作れることになってしまう。[5]

実は、この種の音楽の認知に際しても、やはりゲシュタルト原理がはたらいている。何の関連性もなさそうなメロディやハーモニーの集まりを、私たちは、バッハのフーガと同じように一つの音楽として認識できる。ロジャー・スクルートンが言うとおり、私たちはアイヴズの音楽を聴くとき、「局所的に生じるハーモニー」[6]を楽しんでおり、それだけで十分に満足できるのだ。

これまでの歴史の中で、音楽家たちは、様々な試行錯誤をしてきた。そうした試行錯誤のかなりの部分が、実は、ゲシュタルト原理に関わるものだったと言えるだろう。とはいえ、今までに試みられたことは、豊かな可能性のごく一部でしかないのかもしれない。現代音楽の作曲家の中には、大量の音の塊の中に各パートを埋没させるなど、従来のポリフォニー音楽の常識を完全に覆してしまった人もいる。スタンリー・キューブリックの映画『二〇〇一年宇宙の旅』に使われて有名になったジェルジュ・リゲティの『アトモスフェール』などはそうした作品の一つだろう。この曲では、多数の楽器を使い、オクターヴを構成する一二音のほとんどが同時に鳴らされる。一般に言われる「和音」にはなっていないし、メロディ、ハーモニー、リズムなど、通常、音楽にとって重要とされている要素のすべてを放棄してしまっている。冒頭の部分では、五六人の弦楽器奏者がそれぞれに音程の違う音を鳴らす。

リゲティ本人は、自身の音楽に関して、ポリフォニー音楽、ハーモニー等、従来からある言葉を使って次のように説明している。

　私の音楽は、複雑なポリフォニー音楽であり、個々のパートの音は、全体としてハーモニーを奏でながら流れていく。ハーモニーの変化は突如、生じることはない。少しずつ変化して徐々に別のハーモニーになっていくのだ。ある音とある音の間に明確に認識できる音程差があったとしても、それは次第に不明瞭になっていき、同時にまた新たな音程差が明確になっていく。[7]

だが、こういう音楽を果たして「ポリフォニー音楽」と呼ぶべきかは疑問である。多数のパートがあっても個々のパートを聞き分けることはもはや不可能だ。リゲティ本人は、自分で曲を書いていて当然、楽譜を見ているので、各パートがそれぞれ何をしているかはよくわかっている。だが、聴き手にそれを知覚することはできない。作曲者本人は、音楽に何らかの構造を持たせたつもりでも、それを聴き手が耳で聴いてわかるとは限らない。楽譜上どうなっているかは、聴覚とは関係がないのである。

とはいえ、リゲティの音楽にとって、それは大した問題ではないかもしれない。そもそも、聴き手に明確なハーモニーを感じてもらうことを期待して音楽を作っていたかどうかも定かではないのだ。『アトモスフェール』は、その複雑な音の組み合わせにより、聴き手の耳にある錯覚を起こさせるという説もあった。実際には存在しないはずの音が聞こえるというのだ。しかし、その説はどうも正しくないようである。音程が密集した音をこれだけ多く一斉に聞かされると、脳はその全体をひとかたまりの音であると解釈してしまう。幻想的な響きの一つの音が音色を少しずつ微妙に変えながら大きくなったり小さくなったりしている、というふうに聞こえるのだ。聴覚情報があまりに複雑になってしまうと、もはやすべてを一体のものとして扱うしか方法がなくなってしまうのである。刻々と姿を変え、ブレグマンの言葉を借りれば「とらえどころがない」[8]ものには感じられるが、それだからこそ興味を惹かれる。また、元々、数多くの音が組み合わされているだけに、瞬時に音の持つ印象を劇的に変えることも簡単にできる。突然、多くの中の一つの音だけを際立たせ、再び全体の中へ埋没させるということも可能だ。フランスの作曲家、ジャン＝クロード・リセの『インハーモニック』（一九七七）も、そういう技法を使った曲の例である。これは、ソプラノと録音テープで演奏される曲だが、リセは電子的な操作によって音の全体の印象を瞬時に変えたり、ある音を急に際立たせたりといったことをした。

　この、視覚芸術にもよく使われる手法は、スティーヴ・ライヒなどのミニマル音楽の作曲家にも用いられている。『砂漠の音楽』（一九八四）や『一八人の音楽家のための音楽』（一九七四―七六）などの曲はその例だ。ライヒの音楽はリゲティとは違い、基本的には伝統的な調性音楽で、リズムには繰り返しが多い。ただし、複数のリズムが複雑に重なり合うために、聞こえ方は刻々と変化していく。一つパターンを見つけたと思ったら、すぐに別にパターンが見つかるので、いったん採用したパターンを破棄しなくてはならない。私たちの認知システムには、ともかくパターンを見つけ出そうとする性質があるが、ライヒの音楽にとって、それは非常に大切な要素となっている。聴き手は、その音楽を理解する基礎となるパターンを絶えず探している。そして、いったんパターンを見つけても、そのパターンに当てはまらない箇所があれば、即、また別のパターンを見つけようとするのだ。ライヒは、いわば、聴き手に絶え間なく新たなパターンの発見を強要するような曲を作ったわけだ。中には、聴いていていら立ちを覚える人もいるだろう。この曲はどう聴くのが「正しい」のかを知りたいのに、いつまでかかっても正解がわからないからだ。

反対に、次々に聞こえ方が変わるのを面白いと感じ、大いに楽しめるという人もいるに違いない。ライヒの音楽は、対位法を使用したバロック音楽のように、ただ、私たちの認知システムの特性に「合わせて」作られているわけではない。むしろ認知システムを乗っ取り、強制的に音楽作りに参加させていると言った方が正確だろう。

第6章　トゥッティ――協和音と不協和音

ドイツの数学者、天文学者、ヨハネス・ケプラーは、惑星の運動に関する法則を発見したことで知られている。その法則は、アイザック・ニュートンが後に万有引力の法則を発見するヒントにもなった。ケプラーは、現代の天文学の基礎を築いたとも言える偉大な存在である。太陽系外の惑星を見つける目的でNASAが二〇〇九年に打ち上げた宇宙望遠鏡は、彼の名前を取って「ケプラー望遠鏡」と命名された。ケプラーの一六一九年の著書の中には、「惑星運動の第三法則」*についての記述がある。だが、その記述は、次に示すように、現代の天文学者が読むと違和感を覚えるようなものだ。

ウラニア〔訳注　天文を司る女神〕よ、いまやもっと大きな響きが必要なのだ。天体運動の調和の梯子（音階）で、宇宙的建造物の真の原型がひそかに守られている、さらなる高みへと昇るまでは。現代の音楽家たちよ、私の後についてきて、古代には未知だった諸君の技法で問題を考えてみるとよい。二〇〇〇年の抱卵の末に、ようやくこの数世紀になって、諸君を宇宙万有の真の最初の体現者として産み出したのは、いつも潤沢な産出力を示す自然なのだ。自然が、諸君の用いる多声部の協和により、

＊惑星の太陽からの平均距離の三乗と公転周期の二乗の比は一定である。

諸君の耳を介して、最も深い内奥部から現れるそのままの自分の姿を、創造主たる神の最愛の娘たる人間の知性に囁いたのである。[1]［『宇宙の調和』第五巻第七章四五三ページ、岸本良彦訳、工作舎、二〇〇九年刊より。訳注を除く］

なぜ、ここに音楽が出てくるのだろうか。

この『宇宙の調和』という著書には、実に奇妙なことが書かれている。惑星たちが声を合わせてモテット［訳注　声楽曲のジャンルの一つ。複数のパートから成るポリフォニー音楽］を歌っているというのだ。惑星の「声域」は太陽からの距離によって決まる。水星はソプラノ、地球と金星はアルト、火星はテノール、土星と木星はバスだという（その他の惑星の存在は当時まだ知られていなかった）。つまり、天空は神々しいハーモニーで満たされているということになる。

こういう考え方は古くからあった。この「音楽的宇宙論」とも呼ぶべき思想を最初に唱えたのは、おそらく、二世紀のクラウディオス・プトレマイオスだろう。プトレマイオスは、古代ローマの天文学者、数学者で、エジプトのアレクサンドリアで活躍した。天動説を中心とした中世の宇宙観は、彼の思想を基礎に作り上げられた。プトレマイオスは、『ハルモニア論』という音楽に関する著作も残しており、「周波数比が簡単な整数比になる音を積み重ねると協和音になる」というピタゴラス学派の理論を支持する内容となっている。ギリシャ語の「ハルモニア（harmonia）」という言葉は本来音楽用語ではない。元々は、単に「組み合わせる」というだけの意味である。また、「算術（arithmetic）」、「リズム（rhythm）」といった言葉と同じく、数学的な秩序に関係する言葉だった。七世紀の神学者、セビリャのイシドールスは著書『語源』の中で、「音楽には何ができるか」と題し、「宇宙はある種のハーモニーと結びついていると言われており、天空は耳に快い音楽の下で回転を続けている」[2]と書いている。

ケプラーの音楽観は、彼の生きた時代の思想に大きく影響を受けている。一七世紀前半は、幾何学を基礎に宇宙を理解しようとする新プラトン主義が華々しく復活を遂げた時代である。そしてケプラーがティコ・ブラーエの助手として招かれ、一六〇〇年から一六一二年までを過ごしたプラハ、神聖ローマ皇帝ルドルフ二世の宮殿は、まさにその中心だった。しかしながらケプラーの考える「天の音楽」には、それ以前のものとは決定的に違う面があった。古代ギリシャの音楽は、すでにこの本でも触れたとおりモノフォニックなものであったが、ケプラーの頭の中には、パレストリーナやモンテヴェルディなどのポリフォニックな音楽があった。対位法を駆使し、多数の音を同時に奏でる音楽である。だから、惑星はただ共に歌っているだけでなく、皆で美しいハーモニーを奏でていると考えた。

ケプラーは、惑星の運動の法則も、協和音の周波数比と同じような単純な比で表せるに違いないと考えていた。ケプラーはツァルリーノの純正律（九四ページ参照）を支持していた。純正律では、ピタゴラス音階では複雑な比でしか表せない長三度、短三度といった音程も非常に簡単な比（長三度は五対四、短三度は六対五になる）で表せる。ただし、ケプラーが純正律を支持したのは、そういう理由からではないようだ。支持するのは、それが数学的に美しいからではなく、耳で聴いて美しいと感じるからであると自ら述べている。

『宇宙の調和』を読むと、ポリフォニー音楽とその理論が、ルネッサンス期の終わり頃の知的文化に深く影響を与えていたのだということがわかる。複数の音を同時に鳴らして美しい響きを作るということが、当時の音楽にとって重要な課題となっていたこともわかる。これは、調和し合う音とそうでない音の区別が重要になったということだ。ケプラーの著書によって、この課題の重要性はさらに高まったとも言える。ハーモニーの問題が単なる音楽だけのものではなく、宇宙全体の成り立ちにも関わる重大なものになったからだ。英国の詩人、ジョン・ドライデンは、一六八七年（同じ年、ニュートンは『プリンキピア（自然哲学の数学的諸原理）』を出版している）に発表した『聖セシリアの日のためのオード（頌歌）』の中で次のように書いている。

ハーモニーから、天上の快い調べから
この宇宙は始まった…[3]

惑星の運動の仕組みはすでに解明された。しかし、音楽のハーモニーの仕組みはいまだに解明されたとは言えない。音の組み合わせの中に、なぜ耳に快く響くものとそうでないものがあるのか、その理由はわかっていないのだ。

また、ハーモニーに関しては、協和音、不協和音以外にも色々と考えなくてはならないことがある。ポリフォニー音楽は、そのほとんど全体がハーモニーで満たされる。メロディが道だとすれば、ハーモニーはそこから見える風景であると言ってもいいだろう。道はどれも、その周囲の土地と無関係には存在し得ない。この章では、周囲の土地、つまりハーモニーについて詳しく見ていくことにしたい。

世界各地に存在する音楽の多くは、モノフォニー音楽である。そして、その大半が一つのメロディから成る歌である。だが、一方で、ハーモニーを持つ音楽も数多く存在する。中には、サハラ以南の部族社会の音楽のように、高度に洗練されたものもある。とはいえ、西洋のポリフォニー音楽が世界の中でも特に洗練されたものであるということに疑いの余地はないだろう。この章でも主として西洋音楽について触れることになる。

不協和とは何か

語源からもわかるとおり、ハーモニーというのは、複数の音の「組み合わせ」のことである。そして、組み合わせの中に、相性の良いものと良くないものがある、ということは、ほぼ誰もが認めるだろう。通常、前者は協和音、後者は不協和音と呼ばれる。おおざっぱにまとめれば、協和音というのは快い響きの和音、不協和音というのは、不快で落ち着かなく感じる和音ということになるだろう。こう言い切ってしまうと、非常に明快な話に聞こえるかもしれないが、果たして本当にそうだろうか。

実は話はそう簡単ではないのだ。

まず一つ言えることは、不快なはずの不協和音を楽しむ人は世の中にたくさんいるということだ。保守的なクラシック音楽愛好家にそんなことを言えば、即座に否定するに違いない。自分たちが不協和音を楽しむなんてあり得ないというのだ。不協和音というと彼らは、シュトックハウゼンやブーレーズの作品のような、耳障りな音が充満した世界を思い浮かべる。保守的な聴衆には、聴く者を不快にする音の組み合わせを見つけて喜んでいるとしか思えない。頼むからショパンかベートーヴェンにしてくれ、そんな声が聞こえてきそうだ。だがこれは、協和音や不協和音という言葉が音楽の世界においていかに間違って解釈されているかを示す例に他ならない。モダニズムに反発し、ドビュッシーやストラヴィンスキーを忌み嫌う人はいまだに大勢いる。彼らにとって、不協和音を使用することは、音楽に対する侮辱であり、曲はこう作るべきという自然のルールを冒瀆するものだ。二〇世紀後半、民族音楽学や認知科学の研究が進むと、それまで当然とされてきたことに疑問が投げかけられるようになった。だが、それまでの間、特に西洋では一般に、協和、不協和というのは音響物理学や生理学の問題であると受け止められてきた。これは、協和音は誰が聴いても協和音だし、不協和音も誰が聴いても不協和音であるということだ。一方、シェーンベルクやブーレーズなどの無調音楽の作曲家たちは、人間は生まれつき不協和音に対して嫌悪感を抱くようにできているという考え方を否定した。和音に対する感覚は文化的背景から後天的に獲得するものであり、先入観を捨てれば違う感じ方もできるはずと主張したのである。

ただし、協和音、不協和音の問題は、調性音楽、無調音楽の問題とは本質的には無関係である。協和音と不協和音の問題の方がはるかに微妙だろう。ショパンを例にとるとわかりやすいかもしれない。ショパンの音楽は、私たちに作り手の非常に繊細な心を感じさせるものだが、一方で、俗世間とは無縁なところで日々、愛想笑いを浮かべながら暮らしている貴婦人たちのための音楽だ、などと揶揄されることもあった。ところが、よくよく聴いてみると、そんなショパンの音楽は不協和音だらけなのだ。時には、「醜い」とさえ言えるような音（「悪い音」という意味ではない）も使われている。よく知られた作品の中にも、「音楽は綺麗な協和音だけで作るべき」と考える人なら恐怖すら感じるような不協和音が含まれている。ガムランのような例もある。ガムランは、何の予備知識もなしにいきなり聴けば、ただ騒々しいとしか感じられないかもしれない。だが、その音楽を演奏し、聴いているジャワの人たちは、楽しそうに笑っているのだ。ホテルのロビーに行くといつも聞こえる甘ったるいピアノはどうだろう。実に当たり障りのないポピュラーソングばかりだけれど、音楽学者なら迷いなく「不協和である」と指摘するような和音は多く含まれている。

もちろん、嫌がる人に向かって「この和音は好きになるべきだ」などと言ってみたところで意味がないし、そんなことを言うつもりもない。私が言いたいのは、こうした好みのほとんどは生まれつきのものではなく、後天的なものであるということだ。少なくとも、その可能性が高いということは言える。また、不快に感じるのは、どうも「不協和音」そのものではないようなのだ。問題は、不協和音がどこでどう使われているか、曲全体の中でどういう位置を占めているかということである。不協和音は、一種の「生賛」のようになっている。いわゆる現代音楽のことを「難解過ぎる」と非難するとき、不協和音がその難解さの大きな要因のように言われることが多いのだ。現代音楽を嫌う人たちは、本来、合うはずのない音をわざわざ選んで組み合わせていることが「誤り」だと言う。不快な響きの音楽を作りたくて、あえて間違った音ばかりを選んで組み合わせているに違いない、と言う人までいる。しかし、音楽が不快に感じられるのは、音の組み合わせだけのせいではない。不協和音が使われれば即、音楽が難解で神経に障るものになるというわけではないのだ。そこには、リズム、メロディ、音色など、様々な要素が関係している。そのすべてが相まって、モーツァルトを聴き慣れた耳には難解な音楽が生まれるのだ。この音とこの音を組み合わせればどんな場合でも必ず不快な響きになる、そんな考えは捨てるべきだろう。そうすれば、音楽は今までよりもっと楽しいものになるはずである。

まず知っておくべきなのは、一口に不協和音と言っても色々な種類があるということだ。通常、音楽家が「不協和音」と呼ぶのは、慣例的に「調和しない」とされている和音のことである。どの音とどの音の組み合わせを調和するとみなし、また、どの音とどの音の組み合わせを調和しないとみなすかは、文化によって違ってくる。だが、調和するか否かは、そんなにはっきりと区別できるものだろうか。たとえば、ピアノで完全五度の関係にある二音（たとえば「ド（C）」と「ソ（G）」）を同時に弾き、次に「三全音」の関係にある二音（たとえば「ド（C）」と「ファ（F）♯」）を同時に弾いた場合、どう聞こえるだろうか。おそらく、完全五度の方は綺麗な響きに聞こえ、三全音の方は少し耳障りに感じるはずだ。その感覚が果たして客観的に見てどこまで正しいのか、という話はあとでする。ここではともかく、一〇世紀のヨーロッパでは完全五度は一般に協和音程とはみなさなかったという事実だけを書いておこう。当時、協和音程とされたのは、オクターヴだけだった。* その後、五度は徐々に協和音程とみなされるようになり、さらに四度も協和音程とみなされるようになったが、そのとらえ方は今日とは大きく違っていた。現在では、長三和音の構成音であり、完全に協和音程とみなされている長三度（「ド（C）」と「ミ（E）」など）は、一四世紀初頭まではめったに使われなかった。長三度が完全に協和音程とみなされるようになったのは、ルネッサンス盛期になってからのことである。一方、非常に不快な音程のようにも思える三全音は、いわゆる「属七の和音（詳しくは後述）」の一部として使われたときには、むしろ快い響きになる。「ド（C）」と「ファ（F）♯」の下に「レ（D）」の音を加えて同時に鳴らしてみればすぐにわかるだろう。この和音の響きは決して不快なものではないはずだ（ある和音の響きが快いか否かは、その和音に協和音程と不協和音程のどちらが多く含まれているか、といった単純なことで決まるわけではない。そのことは、自分の耳で確かめればすぐにわかることなのだが、あまり知られてはいない）。しかし、三全音の響きは長らく極めて不快なものとされてきた。中世には「音楽の悪魔」とまで呼ばれ、宗教音楽への使用は禁止された。これは有名な話なので、読者の中にも知っている人は多いかもしれない。だが、三全音がここまで嫌われたのは、実は主として理論的な理由からである。あらゆる音程の組み合わせの中で本当に響きが最悪であると耳で確かめたわけではない。特に、ピタゴラス音階などでは事情は複雑になる。第3章で触れたとおり、「ファ（F）♯」は、五度圏の端の音である。ピタゴラス音階では「ファ（F）♯」の音と「ソ（G）♭」の音が一致せず、五度圏が端で閉じない。つまり、音程の数が無限にあり、すべての三全音について確かめることは不可能ということだ。耳で確かめてみれば、三全音より短二度の方が不快と感じる人は多いだろうが、短二度を「悪魔」と言う人はいない。

そもそも、協和、不協和、というのは二項対立ではない。だが、この言葉を使う限り、そういう誤った印象を持たれてしまう。こうなった背景には、音楽理論の不幸な歴史がある。そのおかげで、ドビュッシーやラヴェルの手にかかれば非常に華麗に美しく響く長六度、長七度、長九度といった音程を、程度の差こそあれ、不協和なものとみなすようになってしまった（だが、こうした音程は、実はホテルのラウンジのピアニストや、売れないシンガーソングライターたちには多用されている。感傷的な響きが欲しいときの常套手段である）。

人がある音の組み合わせを快いと感じるか、不快と感じるかは、その人が属する社会の慣例だけで決まるわけではない。慣例とは関係なく、人間が生理的、感覚的に不協和に感じる響きというのもある。その種の不協和を「感覚的不協和」と呼び、慣例上の不協和（「調的不協和」とも呼ばれる）と区別することがある。たとえば、音程の非常に近い二音を同時に鳴らしたときの響きなどは、感覚的不協和に属するだろう。周波数がわずかに違う二つの純音（周波数が一つだけで、倍音を一切持たない音）を同時に鳴らす実験をしてみると、両者の波は干渉し合うことがわかる。干渉により、波は強め合ったり、打ち消し合ったりし、それにより、音は強くなったり弱くなったりする（図6・1a）。つまり、音量が周期的に増減するわけだ。この現象を「うなり」と呼ぶ。音量の増減速度は、二音の周波数の差が大きくなるほど速くなり、速度が一秒あたり二〇回を超えると、もはや速すぎて人間の耳では音量変化は感じ取れなくなるが、それでも響きが綺麗ではないということは感じ取れる。

つまり、私たちが二音の組み合わせを感覚的に「不協和」であると感じるのは、二音の周波数の差が一定の範囲内にあるときだということだ。周波数が非常に近いときは、同じ音程の音が同時に二つ鳴っていて、音量が増減していると聞こえる。周波数の違いが一定以上大きくなると、二音がばらばらに聞こえる。不快な響きに聞こえるのは、その中間のときである（図6・1b）。

驚くのは、ここで言う二音の周波数の差というのが、「周波数の絶対値」の差であるということだ（図

＊（二四九ページ）五度が使われるようになったのは早くても九世紀からであり、正式に協和音程であると認められたのは、もっと後のことだ。

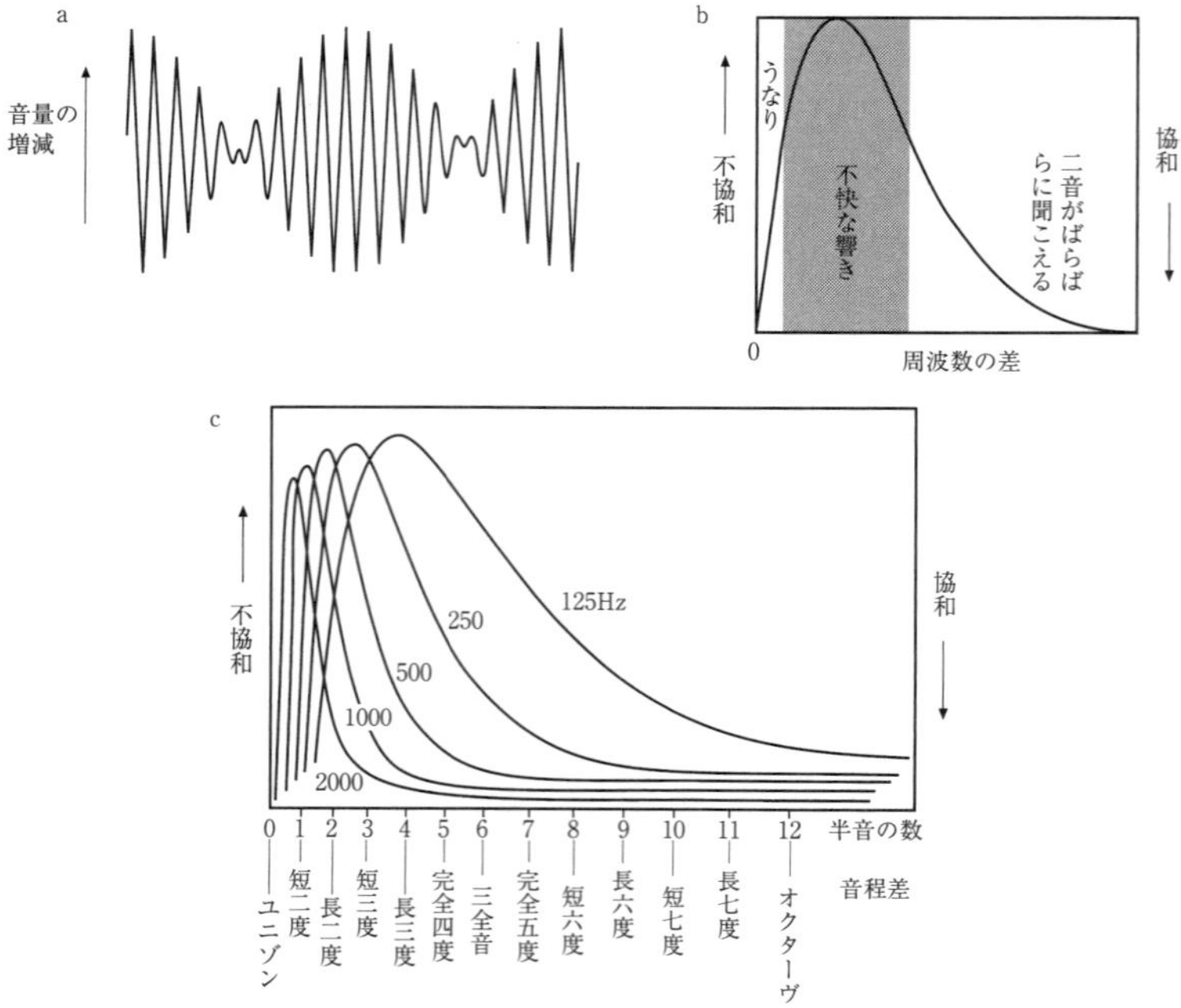

図6.1　和音の響きが不快に聞こえる原因は「うなり」にある。周波数がわずかに異なる2音を同時に鳴らすと、音量が周期的に増減する（a）。増減の速度が1秒あたり20回を超えると、増減自体は感じ取れなくなるが、響きが不快であるとは感じる。音程差が一定以上になると、2音は1つずつばらばらに聞こえ、特に不快な響きは生まなくなる（b）。音程差がどのくらいのとき、最も不快な響きに聞こえるかは、2音の周波数差の絶対値によって決まる。同じ音程差でも、絶対値の差は音域が下がるほど縮まるので、音域が低いほど、音程の間隔をあけないと響きが不快になる。（c）の図は、オランダのライニエル・プロンプとW・J・M・レヴェルトが作成したもの。2つの純音（正弦波）を同時に鳴らし、被験者にどう聞こえるか尋ねる、という実験の結果をまとめたものだ。図中の周波数は、2音の周波数の平均値である。

6・1c）。そのため事情が複雑になっている。音程の差が同じでも、高い音域になると、周波数の差は大きくなるからだ。つまり、高い音域では協和音になる音程差が、低い音域では不協和音になってしまう場合があるということだ。言い換えれば、「絶対に不協和になる音程」というのは存在しないことになる。同じ音程差でも、どの音域で演奏するかによって変わるからである。ピアノの中音域の鍵盤では、短三度（三半音）は協和音になる。周波数の絶対値の差が、不協和になる範囲の外にあるからだ。高音域では、たとえ半音（短二度）の音程差であっても、不協和にはならない。反対に、低音部では、もっと音程差が大きくても不協和な響きになる。一般には非常に協和度が高いとされる完全五度の音程差でさえ、不協和に聞こえることがあるのだ。左手で和音を弾くと右手で弾いた場合よりも不協和に聞こえるわけだ。こういう理由から、一般に西洋音楽には、低音域ほど、和音の構成音の間隔を広げる傾向がある。ピアノの場合、通常「中央ハ」より下の音域を弾く左手では、音程差が一オクターヴかそれ以上ある和音を演奏することが多い。せいぜい、中央ハからすぐ下の「ミ（E）」までの間の音域で四度や五度の和音を弾くくらいである。反対に、より高い音域を演奏する右手では、三度や二度などを含む和音を平気で弾くことが多い。デヴィッド・ヒューロンは、ハイドンの弦楽四重奏曲やバッハの鍵盤楽曲について、使われている和音を調べたが、やはり音域が下がるほど構成音の音程差は広がっていることを確かめている（図6・2）。間違いなく、低音域になるほど音程差を広げなければ響きが不協和になることを、バッハもハイドンも気づいていたのだろう。

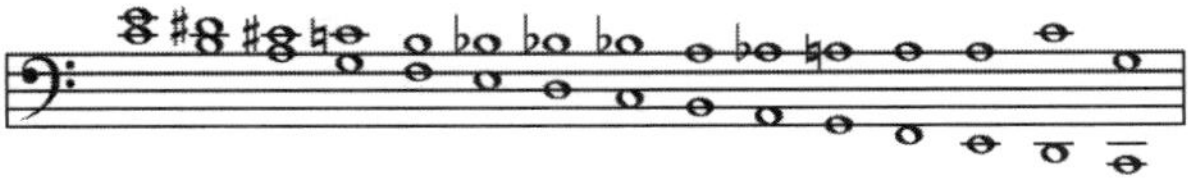

図6.2　ハイドンやバッハの曲を調べると、たとえば、バスの和音を構成する音程の間隔は、音域が下がるほど広がる傾向にあることがわかる。この図に示した間隔は全体を単に平均したものである。この間隔には何ら音楽的な意味はない。

ヘルムホルツの不協和曲線

ここまで書いてきたとおり、音程の組み合わせの中に、私たちにとって生来、不協和に感じられるものがあるというのは確かだ。しかし、たとえそれがわかったとしても、実際の曲の中でどういう音の組み合わせが不協和に聞こえるかはまったくわからない。結局、先に述べたことは、「音程が近すぎれば不協和に感じられる可能性が高い」というだけのことで、それ以上ではないのだ。音程が近すぎると不協和になるというのなら、一定以上、音程を離せばどれも奇麗な響きに聞こえるかというと、そんなことはない。

そうなってしまう理由は、まず、楽器の音にある。私たちが音楽の演奏に使う楽器の音は複数の倍音から構成されている。つまり、二つの音を同時に鳴らすということは、多数の倍音が同時に鳴るということだ。多数の倍音があれば、中には不協和な響きになる組み合わせもあるだろう。周波数が非常に近い倍音が二つあれば、うなりが生じる恐れはある。ドイツの物理学者、生理学者、ヘルマン・フォン・ヘルムホルツは一九世紀にこのことに気づいた。不協和音というものが生じる理由について、科学的に説得力のある説明ができるようになったのは、ヘルムホルツ以降のことである。

ヘルムホルツの研究分野は多岐にわたるが、それには時代背景も大きく影響している。当時のドイツでは、医学生になると、国家から奨学金が支給されたのだ。元は物理学を志していたヘルムホルツだが、とても裕福とは言い難い状況にあったため、必然的に医学にも関心を向けるようになった。いわば、やむを得ず二つの分野を並行して研究するようになったわけだが、そのことが思いがけず、面白い結果を生む。他に類を見ないユニークな研究をするようになったのだ。たとえば、筋肉のはたらきの電気的な特性についての研究、光物理学と生理学を組み合わせた視覚の研究などはその例だ。音響学は、それ自体、複数の分野の学問を組み合わせたような性質を持っている。ヘルムホルツは、耳の構造、機能について確かな知識を持っており、音やその振動についてもよく理解していた。その知識を活かして音の聞こえ方について研究したのである。一八六三年に出版された『音楽理論の生理学的基礎としての聴覚の理論』という本は、音楽の認知について真に科学的に解説した、歴史上最初の著作であると言っても言い過ぎではないだろう。決して、音楽とは無関係の研究者が「物のついでに」書いたような本ではない。

ヘルムホルツは、協和音、不協和音の問題が歴史の古いものであることを十分に認識しており、そう簡単に理解できるものでないこともわかっていた。音楽の慣例は時代とともに変わるものである。だが、ピタゴラス学派がオクターヴ、四度、五度など、周波数比が簡単な整数比になる音程を「調和し合うもの」とみなしていたことは、一九世紀には広く知られていた（オクターヴの整数比は一対二、四度は三対四、五度は二対三になる）。そうした音程がなぜ心地良い響きを生むのか、その理由はガリレオ・ガリレイ、フランシス・ベーコン、マラン・メルセンヌなど、多数の著名な科学者たちが説明しようと試みてきたが成功した者は誰もいなかった。ガリレオは一六三八年に「音と音の組み合わせの中には、非常に快い響きを生むものもあるが、響きの快くないものや、非常に耳障りな響きを生むものもある」[4]と記している。

そもそも「周波数比が簡単な整数比で表される二音を重ねれば綺麗な響きになる」というピタゴラス学派の考え方自体、正しいと言えるのだろうか。果たして私たちが耳で音楽を聞いた実感に合うのだろうか。私たちの耳は、この理想をかなり大きく逸脱しても許容するようにできている。たとえば平均律の音階で和音を作った場合、ピタゴラス音階とは周波数比がかなり異なるが、やはりオクターヴ、四度、五度は調和して聞こえる。そして、ヘルムホルツも指摘しているとおり、たとえ周波数比が同じでも、演奏する楽器によって、協和度が違うという点も重要だ。たとえば長三度の関係にある「レ（D）」と「ファ（F）#」の音をクラリネットとオーボエで同時に演奏する場合は、レをクラリネット、ファ#をオーボエが吹いた方が、その逆よりも良い響きになるとヘルムホルツは言っている。

周波数がわずかに違う二音が同時に鳴ると、「うなり」が生じ、響きが耳障りになりやすいということは、ヘルムホルツも認識していた。そこで彼は、二つの音の倍音（下から五番目までの倍音）の構成を調べることで、二音の協和度を割り出すことを思いついた。そして、ユニゾンからオクターヴまでの間のすべての組み合わせについて、同じことを調べたのだ。その結果をまとめると、図6・3aのようなグラフ

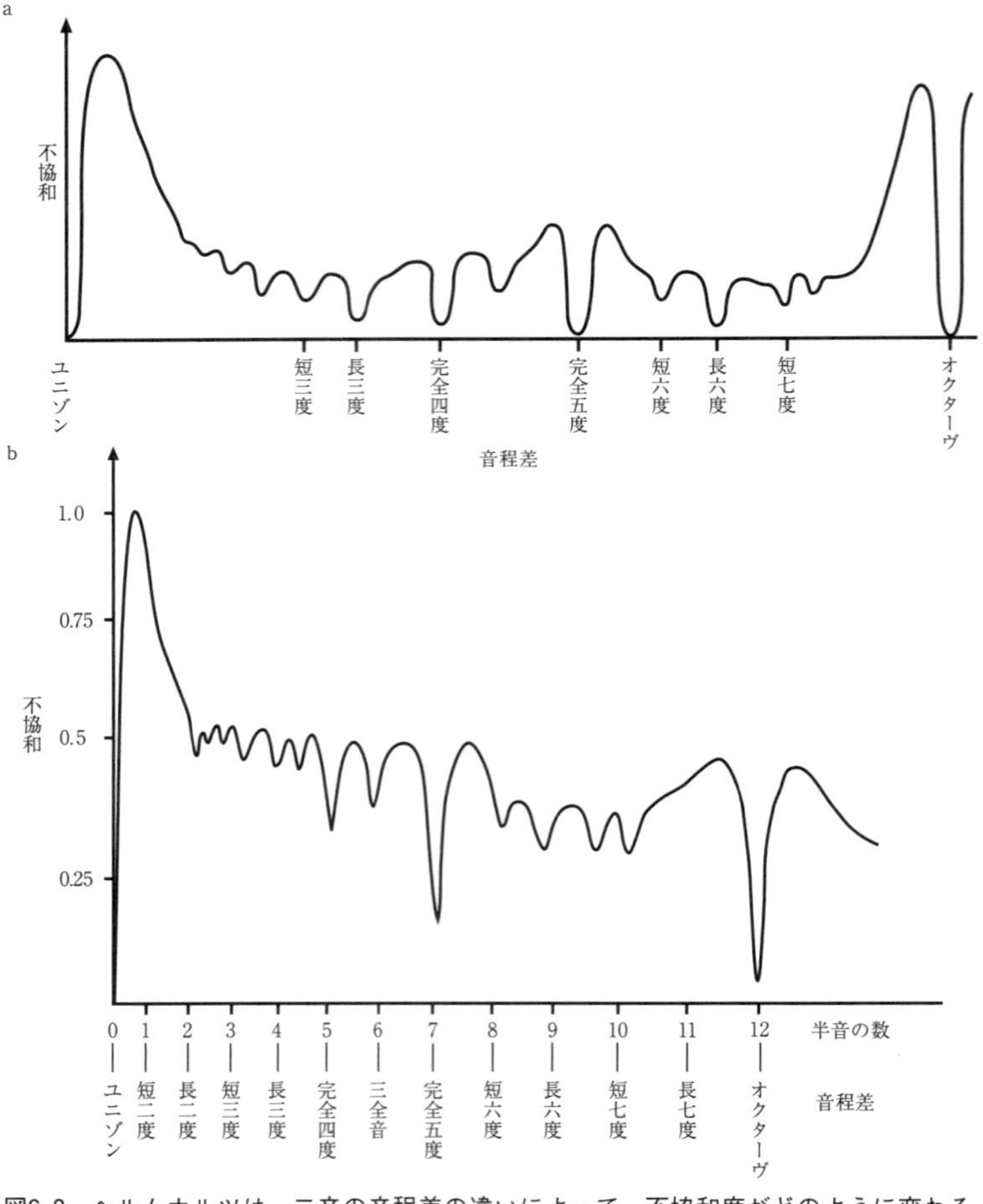

図6.3　ヘルムホルツは、二音の音程差の違いによって、不協和度がどのように変わるかを、倍音構成によって割り出した。周波数の近い倍音が含まれていると、それによって不協和が生じるので、周波数の近い倍音が多いほど、不協和度が上がると考える。グラフを見ると、半音のところでは特に不協和度が上がることがわかる（a)。プロンプとレヴェルトは、純音を使った新たな実験（図6.1c）の結果を基に、グラフを改訂した。ここに載せたグラフは、各音程の下から９つの倍音について調べた結果に基づくもの（b)。

になる。半音のところで協和度が下がることが多いので、グラフは「凸凹」になる。また、このグラフで「谷」が険しくなっている音程ほど、調律の狂いが許容されにくいと言える。半音のずれで協和度が大きく下がってしまうからだ。オランダの心理音響学者、ライニエル・プロンプ、W・J・M・(ピム・)レヴェルトは一九六五年、新たな実験によって得られた結果に基づき、このグラフを改訂した(図6・3b)。二人は、幅広い音域で周波数の近い二つの純音を同時に鳴らし、被験者がどの程度、不快に感じるかを調べる、という実験を行った。この実験の結果に基づき、倍音によって生じる不快感がどの程度になるかを推測したのだ。

グラフを見る限り、倍音の組み合わせに注目するというヘルムホルツの考え方に間違いはないように見える。ダイアトニックスケールに含まれる音程では協和度が上がり、そうではない半音の部分では協和度が下がる、というところは耳で聞いた感覚と一致する。それに、一般に協和度が高いとされるオクターヴや五度、四度、三度のところでグラフに「谷」ができているという点も納得できる。これが偶然の一致であるとはとても考えられない。さらに、注目すべきなのは、短三度のところにも谷ができていることである。基音と短三度の関係にある倍音というのは見つからないのだが、それでも短三度は調和して聞こえる。この結果はその根拠となるようにも思える。谷が険しいものではないことから、調律の狂いはある程度、許容されると考えられる。このように、倍音が協和度に大きく影響するのだとしたら、楽器の音色によって同じ音程の組み合わせでも協和度が変わる理由もうまく説明できることになる。倍音構成は音色を決める重要な要素だからだ。

しかし、倍音だけで何もかも説明できないということも明らかである。まず問題なのは、グラフの谷に浅すぎるものが多いということだ。確かにオクターヴと五度の谷は深い。倍音構成からしても、耳で聴いた感覚からしても、この二つの谷が深いのは納得できる。どちらも、私たちが生来、快いと感じる音程と考えていいのだろう。だが、長三度、完全四度、長六度がさほど深くなく、どれも深さがあまり変わらないというのはどうか。特に、新しい方のグラフ（図６・３ｂ）では、長二度から長七度にいたるまで、完全五度を除くほぼすべての音程で、協和度にさほど大きな変化は見られない。半音より細かい微分音とも、さほど協和度が違わないのである。完全四度の協和度が、短六度と長六度、あるいは、長六度と短七度の間というのも不自然だ。さらに驚くのは、一般に非常に不快な響きだとされる三全音が、グラフ上、長三度や短三度より不協和度が低くなっているということだ。結局、ほとんどの音程の協和度には元来さほど大きな差はないということになる。経験や文化によって、受け取り方が簡単に変わり得るということだ。グラフから間違いなく言えることは、五度とオクターヴの協和度が非常に高いということ、短二度は非常に不協和であるということだけだろう。残りは大同小異である。

不協和度が最も高くなるのは、いわゆる「ユニゾン」に非常に近い音程である。特に、短二度（たとえば、「ド（Ｃ）」と「ド（Ｃ）♯」）の関係にある二音を同時に鳴らせば、相当ひどい響きになるはずである。ただ、このひどさはやはり音域によって違ってくる（ヘルムホルツは主として「中央ハ」の周辺の音域を研究の対象としていた）。この短二度でさえ、音楽的に無価値であるとは言い切れない。いつでも必ず不快に感じるというわけでもない。うまく使えば面白い効果が得られることもある。多いのは、「装飾音」としての使用例である。短二度（つまり半音）上、あるいは下の音を加えて変化をつけるという技法は、モーツァルトやハイドンの音楽にもよく使われている（図６・４ａ）。装飾音の場合は、普通は二音を順に鳴らし、同時に鳴らすわけではない（ハーモニーというよりメロディになっているということだ）。しかし、ごく短い時間に二音が連続するので、感覚上は同時に鳴らされたのとさほど変わらない。特に、ピアノの場合は、二音を同時に鳴らし始めることも多い（ただし、通常は装飾音の方を先に止める）。装飾音が不快に感じられることはまずない。ほんの少し不安定に聞こえるが、それが彩りとなって音楽をさ

図6.4　モーツァルト『ピアノソナタ第１番ハ長調 K279』では、本来、不快とされる短二度の音程が装飾音として使われている（a)。バルトークのピアノ組曲『戸外にて』の中の「夜の音楽」には、不協和な長短二度の音程をいくつも積み重ねた、いわゆる「トーン・クラスター」の技法が使われている（b、c)。

らに楽しいものにする効果をもたらす。プロコフィエフなどの作曲家も装飾音をよく使っているし、ジャズでも多用される。

短二度の和音の響きは打楽器のようでもあり、独特の「厚み」も感じられる。木と木を打ち合わせたときの音にも似ている。楽器の音というより、元々、自然界に存在するような音と言ってもいいだろう。バルトークには、「夜の音楽」という表題のつけられた作品がいくつかあるが、その中ではよく、「トーン・クラスター」と呼ばれる技法を使っている。ピアノ組曲『戸外にて』の第二楽章などはその例である。いくつかの弦楽四重奏曲でも同様の技法は使われている。トーン・クラスターとは、長短二度の音程をいくつも積み重ねる技法だ。これによって、バルトークは、瞑想的な不思議な雰囲気を作り出している。夜の雰囲気だ。夜の空気の中、時折、セミやカエル、鳥などの鳴き声がする、そういう様子を思い起こさせる。少々、不気味な響きではあるが、耳障りではない。トーン・クラスターは不協和音ではないと言う人もいる。ただ、音程を曖昧にしているだけだというのである。音程を曖昧にして、シロフォンやマリンバ、鐘の音などに似た響きを作っているというわけだ。

世界には、長短二度の和音を、ごく当たり前のものとして取り入れている音楽も存在する。二音の干渉によって生じる「うなり」は不協和の要因となるものだが、そのうなりさえも快いものとしてとらえて活用する音楽があるのだ。ボスニア・ヘルツェゴビナの山岳民族に伝わるガンガ音楽がそれだ。民族音楽学者のジョン・ブラッキングは、ガンガ音楽について次のように書いている。「音響学的には不協和とされる長短二度の和音が、ガンガ音楽においては調和した和音とみなされている……演奏の仕方によって協和度はさらに高められる。歌い手たちは皆、互いの近くに立ち、大きな声で歌う。互いの音程が近いことによって生じる振動を身体に感じながら歌うのだ。その振動はとても心地よいものである」[5] このように、音響学的、物理的に不協和と考えられる和音であっても、必ず不快とは限らない。そのため、たとえば短二度の和音は、調性音楽においても「絶対に使ってはならない」とされているわけではない。文化、習慣によって許容されてしまう場合も多いのだ。

和音の協和度について、ピタゴラス学派の考え方と神経科学を組み合わせて説明しようとする人もいる。周波数比が簡単な整数比になる音程を組み合わせるとなぜ、快い響きになるのかを、私たちの神経系のはたらきから説明しようというのだ。彼らによれば「協和度が高い」とされている和音が聞こえると、神経系は強く反応するのだという。すでに述べたとおり、和音の構成音どうしは干渉し合い、音量は周期的に増減するのだが、構成音の周波数比が簡単な整数比になる場合の増減パターンに神経系が特に強く反応するというのだ。ただし、神経系の仕組みはあまりに複雑で、各部分が具体的にどのようにはたらいているのかは、まだよくわかっていない。従って、この説が正しいか否かを判断するのはまだ早いだろう。この説と矛盾すると思われる現象も多い。ユニゾンやオクターヴでは、調律のわずかな狂いによって響きが不協和になってしまうという現象もその例である(説が正しいとすれば、逆のことが予測される)。そもそも、果たして「神経系が強く反応する＝心地よい」と考えてよいかどうかも疑問だ。

人間が協和音を好むのは生まれつきか

すでに書いてきたとおり、和音を音響学的、物理的に分析することで、定量的に協和度を判定するということは一応、不可能ではない。だが、音楽で大事なのは、結局、私たちの耳にどう聞こえるか、ということである。協和音、不協和音の分類の仕方も色々だが、どのような分類にしろ、「協和音」とされる音を実際に耳で聴いて「不協和音」よりも快いと感じるかどうかが重要なのだ。耳で聴いて「協和音」だと感じる和音と「不協和音」だと感じる和音の間に何か明確な違いはあるのだろうか。

これについては実に様々な意見がある。音楽評論家のチャールズ・ローゼンのように、「多くの人にとって、耳で聴いたときに魅力的に感じられるのは、協和音よりもむしろ不協和音なのだ」[6]などと言う人さえいる。しかしこれは、あくまで西洋音楽に精通した人の個人的な感想と言うべきものだ。部族社会に生きる人たちや、日頃、ＦＭラジオなどで気軽に音楽を楽しんでいる人たちなど幅広い層を対象に慎重な実験を行った上での結論、というわけではない。一九五〇年代、フランスの音楽学者、ロベール・フランセは、音楽を職業にしている人たちに、いわゆる協和音より不協和音を好む傾向が見られることを発見した。また、同様のことは、特に音楽の専門家でない人にも言えることを突き止めた。一方、それとは反対に、ヘルムホルツのように「不協和音を聴くと耳が疲労してしまう」などと言う人もいる。耳が疲れるから不快だ、というわけだ。だが、これは、一種の「トートロジー(同語反復)」というものだろう。「不協和音とは不快に感じる和音だ」、だから「不快に感じる音はすべて不協和音だ」と言っているにすぎないのである。

残念ながら、これは単純な実験によって解決する類の問題でもない。大勢の人を集めて多数の和音を次々に聴かせ、どれを快いと感じるかをいちいち尋ねる、という実験をしたところで明確なことはわからない。一つ重要なことは、和音の不協和度を計る客観的な統一基準などないということだ。オクターヴ、五度、四度の協和度が高いことは、ほぼ誰にも異論がないだろうが、それ以外に関しては、何を基準にするかで評価が変わるに違いない。第一、一つ一つの和音を単独で聴いても正確なことはわからない。曲のどういう箇所でどう使われるかによっても聞こえ方は違ってくるからだ。一般には「不協和」とされることの多い和音であっても、使われ方によっては、素晴らしい響きに聞こえることがある。それに加え、人間には、自分にとって馴染み深いものを好ましいと感じる傾向がある。西洋音楽の多くは調性音楽なので、西洋文化に属する人たちは当然、オクターヴ、五度、三度などの音の組み合わせに慣れており、調性音楽であまり使われない和音を耳にすると奇異に感じる可能性が高い。

これはある意味で自明のことであり、特に音楽心理学者と呼ばれる人たちであれば、よく知っていることだろう。ただし、こうした「慣れ」が、和音の感じ方にどの程度まで影響するのか、ということになると、はっきりとしたことはよくわからないとしか言えない。たとえば、同じ西洋人でも、大人はこれまでの経験によって、西洋音楽の慣例に従った判断をするだろうが、子供には経験がないので、白紙状態で偏見なく物事が見られる、という考え方は一見正しいように見える。西洋音楽をまったく耳にしたことがなく、自身の文化には和音を多用する音楽がない、そんな人を探し出して認知実験をすればいいではないか、という意見もある。だが、今の時代にそういう人を探し出すのは難しい。また、民族学の研究ではいつも問題になることだが、実験によって得られたデータが、果たして本当に自分の立てた問いへの答えになっているのか、それを確認するのは極めて困難である。

これまでに行われた実験の結果を見る限り、子供たちの多くが不協和音よりも協和音を好むというのは確かなようだ。しかし、子供たちも、すでにこれまでの短い人生で聴いてきた音楽によって影響を受けているかもしれない。その可能性は否定できないだろう。子守唄や童謡なら、生まれてすぐに、いや、生まれる前から耳にしているはずだ。母親の胎内にいるときから音は聞こえるのだから、誕生前からすでに音楽を耳にしていても不思議はないだろう。音楽に対する好みが経験によって大きく左右されるのは間違いない。そして、乳児期は、特に周囲から貪欲に情報を取り入れようとする時期である。神経科学研究所のアニルダ・パテルによれば、胎児は妊娠三〇週目の時点ですでに「相当な量の聴覚情報を得ているはず」[7]であるという。

和音についての好みには、先天的に決まっている部分もあるのかもしれないが、今のところ確かな証拠は得られていない。たとえば、ハーバード大学の心理学者、マーセル・ゼントナーとジェローム・ケイガンは、生後四ヶ月の乳児を対象に和音への反応の実験を行った。ハーモニーをつけた二つのメロディを聞かせ、反応を見るという実験だ。一方のメロディは、二音が常に長三度の関係になるようにハーモニーをつけたもの。そしてもう一つは二音が常に短二度の関係（つまり半音隣の音を重ねる）になるようにハーモニーをつけたものだ。一般に前者は協和音とされ、後者は不協和音とされる。後者の響きは、大人の耳には不快にしか感じられない。どの音も濁っている。乳児が強い関心を示したのは、長三度の方だった。短二度の方を聴かせると落ち着かない様子で手足をばたばたと動かすなどの反応が見られた。もちろん、乳児のこの「好み」が後天的なものである可能性は完全には否定できない。短い期間の音楽体験によって好みが培われたのかもしれないが、この実験の結果に関しては、その可能性は低いと考えてよい。被験者となった乳児一人一人について、これまでにどのくらい音楽に接する機会があったかを保護者に尋ねているからだ。それによれば、聴いてきた音楽の量と好みの間に明らかな相関関係は見られなかった。

同種の実験をこれまでに最も厳格な条件の下で行ったのは、日本の正高信男だろう。彼の実験は、生後二日の乳児にモーツァルトのメヌエットを聴かせるというものだった。メヌエットは普通のバージョンと、不協和音を多く混ぜた変形バージョンの二つがそれぞれ三〇秒間流される。被験者となったのは、両親が共に聴覚障害者という乳児ばかりである（乳児本人は可聴者）。両親が聴覚障害者のため、母親の胎内で歌を聴く機会は極めて少なかったと考えられる。結果は、可聴者の両親から生まれた乳児と基本的には同じだった。普通のバージョンのメヌエットの方により強い注意を向けたのだ。ただ、その差は本当にわずかなものだ。普通バージョンを聴いたときの方が、音源に顔を向けた時間が平均で二七パーセント長かったというだけである。この違いから何を読み取るべきなのかは明確にはわからない。正高本人も認めているとおり、両親が聴覚障害者だからといって、胎内でまったく音楽を聴いていなかったとは言い切れない。

協和音と不協和音を聞き分ける感覚は、人間以外の霊長類にもあるらしい。サルにもあるのなら、その感覚は生まれつきのものであるとみなせるのではないか、と主張する人もいる。人間でもサルでも、協和音を聞いたときと、不協和音を聞いたときでは、脳の聴覚皮質の活動パターンが違うということはわかっている。研究者の中には、協和音にだけ反応して発火するニューロン、不協和音にだけ反応して発火するニューロンがあると信じている人もいる。幼い子供でさえ、協和音が不協和音に変わればすぐに気づくことが多く、協和音が別の和音に変わった場合よりも気づく確率が高いが、そうした現象も「発火するニューロンが違う」のだとしたら納得できる。だが、仮に、協和音と不協和音で発火するニューロンが違うというのが本当だとしても、協和音と不協和音をどこで識別しているのかはわからないし、協和音の方を快いと感じる理由の説明にもならない。サルをV字路の前に立たせ、一方の道からは協和音、もう一方の道からは不協和音を流すという実験では、特にどちらの道を多く選ぶという傾向は確認できなかった。一方、生後二ヶ月の人間の乳児を被験者にした別の実験では、協和音が流れる道を選ぶ乳児の方が明らかに多く、その差は偶然ではあり得ないほど大きくなったという。

今のところ、この問題は解決からはほど遠い状況にあると言っていいだろう。残念なのは、この問題について論じるときに、自分の趣味嗜好を押しつけようとする人や、感情的に物を言う人が珍しくないことである。「現代音楽の不協和音は擁護すべきもの」と言う人もいれば、「人間の生理に反し、害を及ぼすので一切排除すべき」と言う人もいる。どちらの意見も感情的で根拠の乏しいものだ。そんなことを話し合っても、結局は、ほとんど何一つ解決しない。人間が和音を協和音と感じたり不協和音と感じたりする能力は、おそらく、ある程度まで生まれつきのものだろう。とはいえ生まれつきの部分は決して大きくはない。経験や文化の影響によって、協和、不協和を判断する基準は簡単に変わってしまうだろう（事実、現代の我々ならまったく不協和とは感じない和音の中にも、モーツァルトの時代にはとんでもない不協和音だった、というものは少なくない）。また、ヘルムホルツが考えたように、和音の不協和度が倍音構成などの物理的な特性だけによって決まるのだとしたら、音楽理論はもっと、音域や音色を重視するものになっているはずだ。それに、平均律以外の音階への関心も、もっと高いに違いない。

私自身は、協和音、不協和音を聞き分ける感覚は、ほぼ経験によって決まるのだと考えている。音楽に関係する感覚は、ほとんどがそうだ。早く、「この和音は協和音か不協和音か」などということがまったく問題にされない時代が来ればいいと思う。そういう二項対立ではなく、もっと音楽を広い視野でとらえるような研究がなされるべきだ。ハーモニーをより美しくするため、平均律に代わるより複雑な音階を新たに考えるというのも、あまり意味のある研究とは思えない。音楽は個々の音や和音だけで決まるものではないからだ。重要なのは、音や和音が互いにどう関係し合うかということである。その点について次に見ていこう。

正しい公式

古代ギリシャの音楽は、すでに述べたとおり、主としてリラやキタラなどの楽器を弾きながら歌う、というものだったようだ。そう言うと、つい、ボブ・ディランのような歌手の姿を思い浮かべてしまう。だが、古代ギリシャの歌手の演奏には、ボブ・ディランとは決定的に違うところが一つあった。それは、楽器では歌と同じメロディを弾くだけだったということである。つまり、楽器は今で言う「伴奏」をするためのものではなかったということだ。

ボブ・ディランの歌を抜いてギターの演奏だけを聴いたとしたら、それがどの曲なのかはなかなか当てられないに違いない。ほとんどは単なるコード（和音）の連続である。コードの多くは単純なものだし、その順序は、ほぼパターン化されている。パターンは曲独自のものではなく、他の曲にもよく使われるものが多い。そのパターンが何度も繰り返されるわけだ。音楽家に対して「『ブルーにこんがらがって』（ボブ・ディランの代表曲の一つ）できる？」と尋ねるのは、「ベートーヴェンの『熱情ソナタ』できる？」と尋ねるのと必ずしも同じではない。前者の場合は、和音進行のパターンを知っていれば、一応、演奏できる可能性がある。しかし、後者の場合は、曲がどういう音で構成されていて、それがどういう順序で使われるか、一音一音にいたるまで知らなければ、とても「演奏できる」とは言えないだろう。

シンガーソングライターと呼ばれる人たちは、普通、メロディにコードをつけるという方法で曲を作っていく。使うコードによって、メロディの表情、あるいはメロディの持つ意味が変わる。このコードをつける作業のことを「ハーモナイズ」と呼ぶ。メロディそのものを作るより、ハーモナイズの方が、音楽をより良いものにする上では重要、ということもある。特に、ジャズミュージシャンは、ハーモナイズによって、子供の歌などごく単純な音楽も複雑で聴き応えのあるものに生まれ変わらせることができる。元の

図6.5　モーツァルト『ピアノソナタ第11番イ長調』第1楽章「アンダンテ・グラツィオーソ」の冒頭部分（a）。この伴奏を単純なブロックコードに変えると、元よりはるかに退屈な音楽になってしまう（b）。ただし、このようにしたからといって、音楽的に間違いというわけではない。

曲が、ただ二つか三つのコードを繰り返すだけの（少なくとも大人の耳には）退屈なものだったとしても、ハーモナイズ次第で、まるで違う音楽になるのだ。

クラシック音楽では、ポピュラー音楽よりもさらに高度なハーモナイズが行われる。単に、メロディのパートがあって、他のパートはその伴奏をする、というだけではない。中心になるメロディ以外のパートも、それぞれに独自の論理に基づいて演奏を繰り広げていくのだ。たとえば、図6・5aは、モーツァルトの『ピアノソナタ第一一番イ長調』の第一楽章「アンダンテ・グラツィオーソ」の冒頭部分である。この曲の伴奏は、図6・5bのように、単純な「ブロックコード」にすることもできる。一小節目はポピュラー音楽で言う「A」のコード（ラ、ド♯、ミの和音）、二小節目は「E」のコード（ミ、ソ♯、シの和音）といった具合だ。しかし、これでは元の曲に比べて、あまりに退屈な音楽になってしまう。モーツァルトの書いた原曲の伴奏は、メロディ、リズムともに、主旋律の「こだま」のようになっていて、しかも、転回和音（最低音が主音以外の音になるようにした和音）を使い、上で「ミ（E）」の音が連続して鳴るような工夫もしている。ただ、ここで書いておかなくてはならないのは、この伴奏は何もかもがモーツァルトのオリ

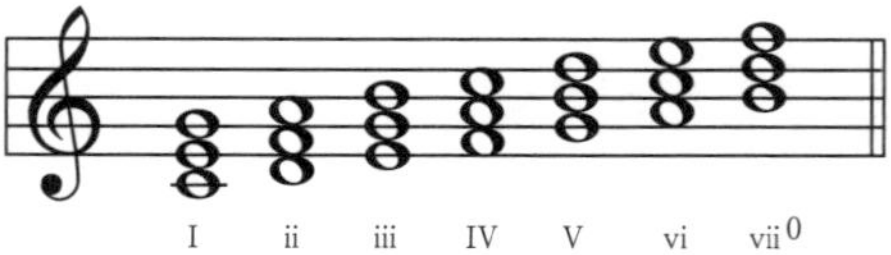

図6.6　長調のダイアトニックスケールに含まれる音を根音とする三和音

ジナルというわけではないということだ。自分の感覚だけに従い、自由に美しいと思える音楽を作ったわけではない。実は、クラシック音楽には、第5章で少し触れた「声部進行」のルールなど、あらかじめ明確に定められたルールがあり、基本的には（意識的にかどうかは定かでないが）それに従って伴奏が作られているのである。また、聴き手が無意識のうちにこうしたルールの存在に影響を受けている可能性もある。

ただ、このように高度な作曲法が使われている一方で、クラシック音楽、特にバロック時代から古典派時代のクラシック音楽に使われる和音の構造そのものは、基本的にそう複雑なものではない。大半が第3章で触れた五度圏を基礎とした「型どおり」の和音で、ポピュラー音楽と大差はない。たとえば、ハ長調（Cメジャー）の曲なら、ハ長調の主和音（ド、ミ、ソの和音、Cコード）に加えて、主音が五度上のト長調（G）、あるいは、五度下のヘ長調（F）の主和音が使われることが多い。童謡から、いわゆる「一二小節のブルース」にいたるまで、数限りない曲が、この三つの和音（スリーコード）を使って演奏される。曲の調は色々だが、その調の主和音と、五度上、五度下の調の主和音が使われる点は同じである。通常、調の主和音のことを「トニック（Ⅰの和音）」、完全五度上の調の主和音を「ドミナント（Ⅴの和音）」、完全五度下（あるいは完全四度上と言ってもよい）の調の主和音を「サブドミナント（Ⅳの和音）」と呼ぶ（短三和音の表記は小文字の「v」、「iv」となる）。

音階を構成する各音を基に作る三和音にはそれぞれ、ⅱ、Ⅲという具合に根音（最低音）に対応した番号が振られる（図6・6）。トニック（Ⅰの和音）と他の三和音の間には密接な関係があり、そのどれにも簡単に移ることができる。言い換えれば、メジャースケールは、いずれかの調のトニックの根音ばかりで構成されているということになる。こうした和音の中には、Ⅳ、Ⅴなどの長三和音（メジャーコード）

もあれば、ii、iii、viなどの短三和音（マイナーコード）もある（ii、iii、viは平行短調の和音ということになる）。そして、一つ、長調でも短調でもない和音も含まれている（ここではvii^{0}と表記している）。この和音は、減七の和音（ディミニッシュコード）と呼ばれる。ハ長調の場合、構成音は「シ（B）」、「レ（D）」、「ファ（F）」となる。ただ、この三音は、状況によって違う役割を果たす場合がある。根音を「ソ（G）」として、その上にこの三音を積み重ねると、「属七の和音（V^{7}、ドミナントセヴンス）」と呼ばれる和音になるのだ。

　ポピュラー音楽の和音の使い方は、ほとんどの場合、非常に保守的で、陳腐と言ってもいいものも多い。つまり、トニック、サブドミナント、ドミナントの三つを基本に作られているということだ。それは、少し例をあげてみるだけでわかる。モンキーズの『アイム・ア・ビリーヴァー（恋に生きよう）』、クリスタルズの『ダ・ドゥ・ロン・ロン』、ビートルズの『アイ・ソウ・ハー・スタンディング・ゼア』、ボブ・ディランの『風に吹かれて』、セックス・ピストルズの『アナーキー・イン・ザ・UK』などは皆そうだ。古典派時代の作曲家たちと同じように、ポップミュージシャンたちは、この和音パターンのわかりやすさ、予測のしやすさをうまく利用しているのだ。馴染みのある安心できるパターンで枠を固めておけば、あとは、リズムやメロディ、音色、歌詞などでかなり思い切った冒険ができる。三つの和音以外には、ii、viの和音が加えられることが多い（ハ長調では、レ、ファ、ラの和音と、ラ、ド、ミの和音。それぞれDマイナーコード、Aマイナーコードとも呼ばれる）。I - vi - IV - V（ウィーバーズの『ライオンは寝ている』*、ロレンツ・ハート、リチャード・ロジャースの『ブルームーン』、エヴァリー・ブラザースの『夢を見るだけ』など）、I - vi - ii - V（ビートルズの『恋のアドバイス』など）といったパターンを延々繰り返すこともある。これは「循環コード」と呼ばれる。こうしたパターンは、どれも、伝統的な音楽理論に忠実に従うもので、クラシック音楽にも同様の技法がよく使われている。たとえば、ベートーヴェンの

図6.7　正格終止

『ピアノソナタ第一九番作品四九の二』のロンド楽章の冒頭に使われている和音のパターンは、少し洗練されたものに変えられているが、基本的にはI‐ii‐Vの循環コードである。

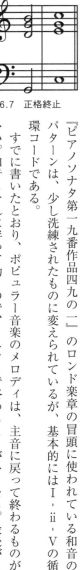

すでに書いたとおり、ポピュラー音楽のメロディは、主音に戻って終わるものが多い。和音もそれに伴って動くので、トニックで終わることが多くなる。最後がトニックでないと、まだ曲が終わっていないような、中途半端な印象になりやすい。もし、『おお、いさましいヨークのしょうぐん』が八小節目（「彼には一万人の部下がいた（He had ten thousand men.）」という歌詞のところ）までで終わってしまったとしたら、苦痛に感じる人も多いのではないだろうか。その部分ではドミナントの和音が使われている。ドミナントの響きを聴くと、私たちは、「曲はまだ続く」という印象を受けるのだ。ドミナントで曲が終わるのは、聴き手にとっては中途半端なところで乗り物から降ろされるようなものである。[**]

メロディやフレーズの終わりの部分では、「カデンツ」と呼ばれる和音進行がよく使用される。この言葉は、ラテン語で「落ちる」ということを意味する“cadentia”に由来する。終わりの部分では、メロディの音程が下がっていくことが多いので、そこからついた名前のようである。ただし、同じようにカデンツを使ったとしても、どの程度、「終わった」という印象になるかは、カデンツが曲のどこで使われるかによっても変わる。子供の歌や民謡の場合、あるいはクラシック音楽でも一九世紀半ばまでの作品であれば、「正格終止」と呼ばれる和音進行が多く使用されている。このカデンツでは最後にトニックの和音が使われ、その前にドミナントの和音が使われる。V‐Iのパターンで終わるということだ（図6・7）。西洋音楽を聴き慣れている人にとっては、この和音進行の響きは、本当に「終わった」という印象を与えるものである。そう感じるのがあまりに当たり前なので、その背後に何らかの自然法則がはたらいているのでは、と考えてしまう。ドミナントの和音が聞こえると、トニックに移動したがっているように聞こえる。こんなエピソードもある。ある若い作曲家がベッドに横になっているときに、ドミナントの和音が聞こえてきた。しかし、そのまま長い間、トニックの和音が聞こえてこないので、いら立った彼はベッドから起き上がってピアノのところまで走り、自分でトニックの和音を弾いた、という。

果たして、西洋音楽を一切耳にしたことのない人でも同じような衝動にかられるものなのだろうか。西洋音楽には正格終止があまりに多く使われるため、それを聴き慣れた人は、ドミナントの和音が聞こえると、無意識のうちに「次はトニック」と予測するくらいになっている。だが、いくら無意識にそう予測するからといって、その和音の進行が自然の摂理であるとまでは言えない。そう考えるよりは、正格終止を何度も耳にしたことで学習をしたと考える方が妥当だろう。「終わりの部分ではこうなる」というのを覚え、その記憶を手がかりに音楽を聴いているというわけだ。古典派時代には、正格終止は「普遍の公式」のようなものになっていた。モーツァルトやハイドンがソナタや交響曲で正格終止を使わないというのは、まずあり得ないことだったのだ。正格終止の中では、メロディの流れを止め、すべてのパートが一斉にドミナント、トニックの和音を演奏するということも行われた。また、最後のトニックの和音は、際立たせ

＊（二六九ページ）この曲には色々なバージョンがあるが、元はアフリカの歌で民族音楽学者、アラン・ロマックスがウィーバーズのリーダー、ピート・シーガーに紹介した。シーガーは、アメリカのフォーク音楽、反戦歌のパイオニアとされる。現在では気の毒なことに、一九六五年のニューポート・フォーク・フェスティバルでエレキギターを抱えて現れたボブ・ディランに腹を立て「斧でケーブルを切ってやる」と脅した人物としてよく知られている。

＊＊ただメロディだけが演奏された場合には、当然、そこには何の和音も伴わない。しかし、西洋音楽を聴き慣れた人は、慣例上、そのメロディとともに使われそうな和音を無意識に感じ取ってしまう。これを「和声感（コード感）」と呼ぶことがある。これについては、またあとで触れる。

図6.8　モーツァルト『ピアノソナタ第１番ハ長調』の正格終止（a)、『ピアノソナタ第11番イ長調（第１楽章第６変奏)』の正格終止（b)、バッハ『平均律クラヴィーア曲集第１巻』「前奏曲　五声のフーガ　変ロ短調」のピカルディ三度終止（c)。

るために強拍に置かれることが多かった（図6・8 a、b）。古典派の時代には、一般に、長調の曲ならば長調のトニックが、短調の曲ならば短調のトニックが最後に置かれた。だが、バロック時代には、短調のトニックは長調のトニックに比べて安定度が低いと考えられたため、短調の曲であっても、正格終止の部分は長調の和音に置き換えられることが多かった。これは「ピカルディ終止」と呼ばれ、バッハの曲に非常によく使われている（図6・8 c）。

ただ、このように決まった和音パターンで終わる曲は、現代に近づくにつれ減っていく。明確に「いかにも終わり」という雰囲気で終わる曲が減るということだ。ストラヴィンスキーの『ペトルーシュカ』のように、何の前触れもなしにいきなり終わる曲なども作られるようになった。聴き手は、突然、自分の立っていた足場がなくなってしまったように感じられる。あるいは、サミュエル・バーバーの『弦楽のためのアダージョ』などのように、すっきりとは終わらず、歯切れの悪い終わり方になっている曲もある。

正格終止は調性音楽では最も一般的なカデンツだが、その他には、「変格終止」と呼ばれるカデンツが使われることもある（図6・9）。これは、サブドミナント（Ⅳ）か

図6.10　ベートーヴェン『交響曲第６番（田園）』の不完全終止　図6.9　変格終止

らトニック（Ⅰ）に進行するというカデンツである（ハ長調なら、Ｆコードから Ｃコード、ファ、ラ、ドの和音からド、ミ、ソの和音に進行するということ）。このカデンツだと、正格終止よりやや穏やかな終わり方になる。賛美歌の終わりで「アーメン」と歌うときによく使われるため、「アーメン終止」という別名もある。クリスマス・キャロルの一つ『ウェンセスラスはよい王様』などにも使われている。

　カデンツの最後は必ずトニックの和音になるとは限らない。「ひとまず終わるが、すぐに続きが始まる」ということを暗示するカデンツというのもある。これは、「不完全終止（半終止、開放終止とも言う）」と呼ばれるカデンツである。このカデンツは、Ⅴの和音で終わるのが特徴である。ⅣからⅤ、あるいはⅠからⅤという順に和音が進行する。たとえば、ベートーヴェン『交響曲第六番（田園）』は、最初のフレーズの終わりが典型的な不完全終止になっている（図６・10）。ここでいったんメロディは途切れるのだが、一呼吸置いたら、すぐに続きが始まるのだということを暗示している。その他には、「偽終止」と呼ばれるカデンツもある。これは、Ⅴの和音から、Ⅰ以外の和音に進行するというカデンツである。なぜ「偽」という名前がついているかというと、曲やフレーズの終わり近くでⅤの和音が使われると、次にⅠの和音が使われることを聴き手に予感させるからだ。次はⅠと見せかけておいて、違う和音を使い、聴き手を欺くのだ。うまく欺けば、非常に小気味良い音楽になる。私が気に入っているのは、バッハ『平均律クラヴィーア曲

図6.11　バッハ『平均律クラヴィーア曲集第１巻』「前奏曲　三声のフーガ　変ホ短調」の偽終止

図6.12　六度の音を使用したカデンツの例。ドビュッシー『ロマンティックなワルツ』

集第一巻』「前奏曲　三声のフーガ　変ホ短調」に使われている偽終止だ。本来、トニックが入るべき箇所にⅥの変化和音が入っている（図６・11）。これこそ、まさに音楽の持つ魔法の力を実感する瞬間である。簡単な和音の連続だが、私はここを演奏するとき、いつも感動を覚えずにはいられない。まったく同じ和音進行は、ショパンの『前奏曲第一五番変ニ長調（雨だれ）』にも使用され、大きな効果をあげている。予想に反して聞こえる和音の響きが、まるで、嵐雲の後ろから突然顔を出した日の光のように感じられるのだ。

ドビュッシーは、カデンツの最後のトニックを変形させるという技法を使った。たとえば六度の音など、本来トニックに含まれない音を加えるのだ（図６・12）。余分な音が加わることで、「まだ終わっていない」という感じが長く残ることになる。こうしてカデンツを変形させるアイデアは、まずジャズに取り入れられ、その後、一九六〇年代頃には、ポップスにも取り入れられた。たとえば、ビートルズの『シー・ラヴズ・ユー』や『ヘルプ！』の終わり方は有名だろう。特に、『ヘルプ！』は、最後の和音の「すっきりと終わらない感じ」が、その部分の「ウー」という悲しげなコーラスや、曲に何度も出てくる「助けて！」という悲痛な叫びによく合っている。このテクニックがポピュラー音楽に広く取り入れられたのは、「ベートーヴェンの曲みたいな、いかにも終わったという感じの重々しい終わり方は嫌だ」という気分が、多くの作り手たちの中にあったためだろう。ロックでは、トニックの和音に七度を半音下げた「減七（フラットセヴンス）」の音を加えるということもよく行われている。こ

図6.13　ジャズで使用される複雑なカデンツの例

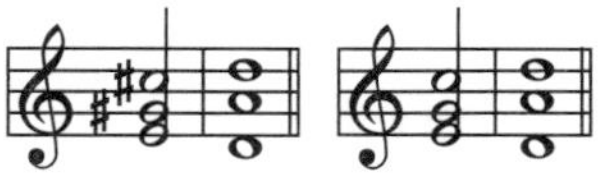
図6.14　中世後期によく使用されたカデンツの例

れは元来、ブルースで用いられていたテクニックを取り入れたもので、「まだ終わっていない」という印象を与えることができる。ジャズではそれよりはるかに複雑な和音も使われる。協和度が比較的高い六度や九度を重ねることもあれば、半音をいくつも積み重ねることもある。タバコの煙の立ちこめる地下のジャズクラブにはそういう響きが合うかもしれない（図6・13）。

　ロックで使われるカデンツの中には、クラシック音楽の伝統に照らし合わせると、かなり奇妙なものもある。その一つは、Ⅶ♭‐Ⅰというカデンツだ。その変形で、Ⅵ♭‐Ⅶ♭‐Ⅰというカデンツもある。ビートルズの『レディ・マドンナ』などに使われているカデンツがそれだ。さらに、録音の技術が発明されて以降は、「フェードアウト」という手法もよく使われるようになった。これは、究極の不完全終止と言えるかもしれない。何度も同じフレーズが繰り返され、「終わった」という印象を与える和音に一度も到達することなく曲が終わってしまう。

　すでに書いたとおり、正格終止をまるで「自然の摂理」のように感じている人はきっと多いはずだ。だが、現在のような音階や調が確立する前には、西洋でも正格終止とは違ったカデンツもよく使われていた。その響きは、現在の私たちの耳には、奇異に聞こえるものである（図6・14）。そして、カデンツと言うと、普通は和音の進行のことを指すが、厳密には、和音にはまったく関係のないカデンツというのも存在する。曲やフレーズが終わるときによく使われるパターンであれば、一応、どれも「カデンツ」と呼んでいいだろう。西洋以外の音楽にはそうしたカデンツの例がいくつも見られる。たとえば、中国の竹製の横笛、「巴烏

（バウ）」を使った音楽は、長いトリルで曲が終わることが多い。その他、文化を問わず、ベートーヴェンの交響曲のように同じ音を何度も繰り返して終わる、という曲はかなりの数にのぼる（図6・15）。

図6.15　アメリカ先住民、ポーニー族の歌のカデンツ。同じ音を繰り返して終わる（a）。ベートーヴェンの交響曲に見られる同じ和音を繰り返すカデンツの例（これは交響曲第２番）（b）。

なぜ和音がわかる？

プロの演奏家であれば、メロディを聴いて、その場で伴奏をつけていくということができる。素人目には奇跡のようにも見えるだろう。まるで何もないところから、次々と色々な物を出して見せる奇術師のようにも見えるに違いない。しかし、実際には、「何もない」というわけではない。簡単なルールに従っているだけのことだ。メロディの中に、合う和音を知るための手がかりになる音が含まれているのである。どういう音にどういう和音が合うのか、そのルールを学習や経験であらかじめ知っていれば、ただそれを当てはめていくだけで、ほぼ適切な伴奏ができる。

たとえば、童謡『ロンドン橋落ちた』のメロディの冒頭部分は、ハ長調だと、「ソ、ラ、ソ、ファ、ミ、ファ、ソ」という音で構成される（図6・16）。童謡の場合、ほとんどの曲は、トニックの和音で始まるので、おそらくこの曲も、トニックで始まると予測するのが最も安全だろう。冒頭のメロディをよく見ると、「ソ」の音を中心に音程が上下していることがわかる。「ソ」で始まって「ソ」で終わっているのだ。ハ長調のトニックは、「ドミソ」の和音（Cメジャーのコード）であり、「ミ」「ソ」の音が含まれるので、このフレーズによく合う（「ファ」と「ラ」の音は、本来、「ドミソ」の和音とは不協和だが、ここでは、一五一ページでも触れた「経過音」と考えられるので、無視できる）。だが、次の「落ちた」という歌詞の繰り返しの部分では、「レ、ミ、ファ」という三つの音が使われる。どの音もハ長調の音階には含まれているが、レとファの音は、どちらもトニックの和音には含まれていない。ここで必要なのは、「ファ」の含まれた和音である。また、「レ」も含まれている方がいいだろう。iiの和音（Dマイナーコード）のコードはこの条件に当てはまる。実際、試してみると、確かに合う。だが、もっと良いのは、ドミナントセヴンスの和音（ソシレファの和音）だろう。レとファが含まれている上、「トニックからドミナントへ」というのは、多くの曲に使われる和音進行だからだ。次の「落ちた」は、「ミ、ファ、ソ」の三つの音で構成されている。この部分は「ド、ミ、ソ」の和音に戻ればいいだろう。

図6.16　簡単な和音をつけた『ロンドン橋落ちた』

　言葉で説明すると何やら難しげになってしまうが、このくらいのことは、少し練習をすれば、比較的簡単にできるようになる。特に、トニック、ドミナント、サブドミナントの三つくらいの和音で対応できるような簡単な曲なら、どの和音が合いそうか、どこで和音を変えればいいか、すぐにわかるようになるだろう。

　読者の中には、楽器を演奏したことのない人もいるだろう。どの曲にどんな和音が合うか、どの和音がどういう音で構成されているか、などということは一切考えたことはないという人もいるに違いない。だが、そういう人であっても、西洋音楽を聴いて育っていれば、メロディに和音をつけるということに関しては、おそらく素晴らしい能力を持っているだろう。西洋音楽は、ハーモニーに重きを置く音楽だからだ。単音だけのメロディを聴いていても、無意識のうちに和音の存在を感じるはずである。鳴っていない和音をメロディと同時に聴いているのだ。これは「和声

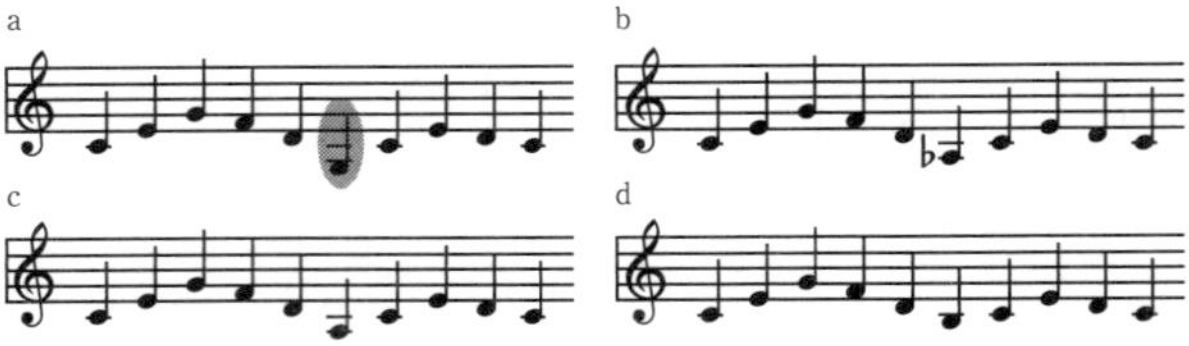

図6.17　和声感についての実験。西洋音楽を聴いて育つ人たちが、果たして何歳くらいから和声感を身につけるのかが調べられた。この実験では、被験者にまず、ハ長調の簡単なメロディを聴かせた（a）。その後はさらに、3つの変更バージョンを聴かせた。6番目の「ソ（G）」の音を3通りに変えたのである（b〜d）。（b）の場合は、ハ長調のメジャースケールに含まれない音に変更している。（c）と（d）の場合は、どちらもハ長調のメジャースケールに含まれる音に変更しているが、（d）の方は、元の「ソ（G）」と和声感が同じになる。大人と7歳児の被験者には、いずれも和声感が同じの場合、変更に気づきにくい傾向が見られた。5歳児の場合は、メジャースケールに含まれない音への変更のみ認知できた。

感」などと呼ばれる。ヒンデミットによれば、西洋音楽を聴き慣れた人は、他の文化のモノフォニー音楽を聴いても、無意識にそこに和音をつけて聴いてしまい、純粋の単音のメロディとしては聴けないという。これまでの経験から「音楽には和音があるもの」という常識が強く染みついてしまっていて、そこから逃れることができないのだ。

　心理学者のローレル・トレーナー、サンドラ・トレハブは、この無意識の「和声感」が、メロディの感じ方にどう影響するかを調べた。二人はそのために、大人と子供（子供は五歳児のグループと七歳児のグループ）を対象にした実験を行った。図6・17aのような、一〇音から成るハ長調の簡単なメロディを聴かせる実験だ。メロディは、少しずつ変化させ、どのくらいの確率でその変化に気づくかを確かめた。変更バージョンのメロディは全部で三種類聴かせたが、いずれも、六番目の音（元のメロディでは「ソ（G）」の音）を変更したものである。一つ目のバージョンでは、六番目の音を半音上げ、「ラ（A）♭」にした。この音は、ハ長調のメジャースケールには含まれない音である。二つ目のバージョンでは、さらに半音上げて「ラ（A）」の音にした。この音は、ハ長調のメジャースケールに含まれる。三つ目のバージョンでは、さらに一音上げて「シ（B）」の音にした。この音もハ長調のメジャースケールに含まれる（図6・17b-d）。どのバージョンも、音程の大まかな上下変化パターンは同じである。当然のことながら、大人の被験者は、どのバージョンについても、五歳児、七歳児よりも変化をよく認識できた。ただ、大人と七歳児に共通していたのは、三つ目のバージョンでの変化（「ソ」が「シ」に変わった）の認知率が他より低かったということである。これは、おそらく和声感が原因であると考えられる。メロディの四番目から六番目の音までの三音（ファ、レ、ソ）を耳にすると、無意識のうちに実際には鳴っていない「ドミナントセヴンス」の和音（ソシレファの和音、G7コード）を聞き取ってしまうのだ。たとえ「ソ（G）」が「シ（B）」に変わっても、どちらもドミナントセヴンスの和音に含まれる音なので、メロディは同じように聞こえる。そのため、音程変化の幅は、三つのバージョンの中で最も大きいにもかかわらず、認知されにくいのだ。

この実験の結果から、西洋音楽を聴いて育つ人たちは、七歳くらいまでには和声感を身につけると考えられる。ただ、五歳児が変化を認知できたのは、メジャースケールに含まれない「ラ（A）♭」の音への変更だけだった（図6・17b）。残り二つの変更は、ほとんど認知できなかった。和声感が変わる場合でも変わらない場合でも、認知には目立った違いが見られなかったのだ。このことから、和声感は、通常、五歳から七歳までの間のどこかの時点で身につくものと推測される。

転調

一九世紀の中頃まで、西洋のクラシック音楽の和声進行はかなり保守的なものだった。どの和音の次にどの和音が来るのか、その順序には一定の「型」があり、それが破られることはあまりなかったのだ。どの和音にも、関係が近いとされる和音があり、そうした関係に基づいて和音が移り変わっていくので、耳障りになるようなことはまずあり得なかった。たとえば、長調の曲ならば、まず、トニックの和音が使わ

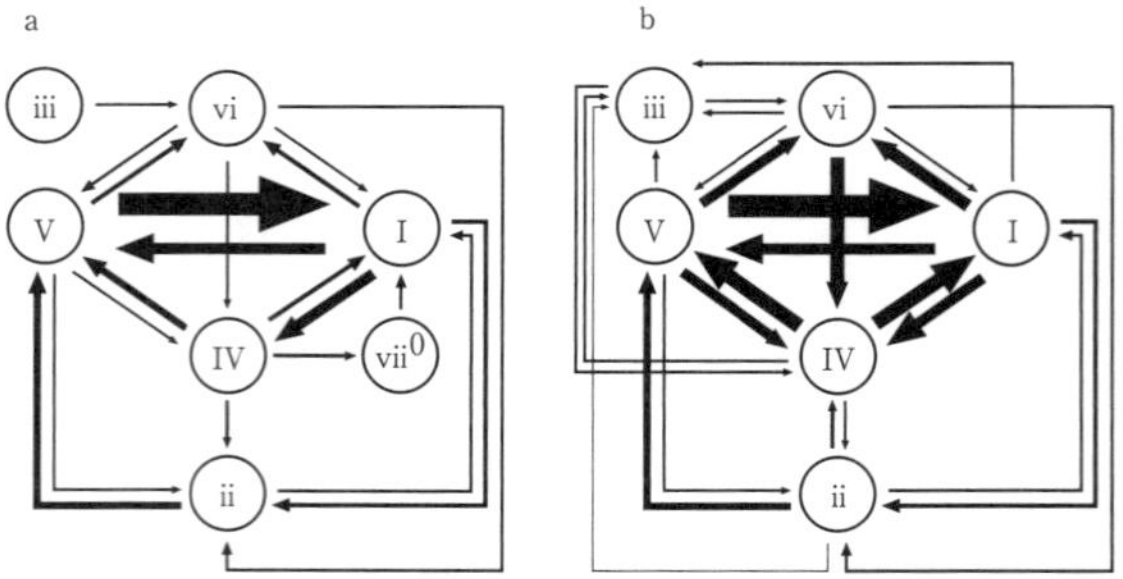

図6.18　バロック音楽（a）とポピュラー音楽（b）でよく使われる和音進行のパターン。両者に大きな差はない。矢印の太さは使用頻度の高さを示す。ただし、減七の和音（ディミニッシュコード。ここではvii^0と表記）がポピュラー音楽に使われることはまずない。

れれば、次は、図6・6に示したような、ダイアトニックスケールのいずれかの音を根音にした和音が使われる（図6・18a）。ポップスやロックでも、ほぼこの伝統を受け継いでおり、和音進行のパターンは一九世紀半ばまでのクラシック音楽とそう変わらない（図6・18b）。だが、元々の伝統になかった新しい進行パターンが徐々に加えられていったのも確かだ。その中には、転調につながるような和音進行もあった。つまり、曲の途中で、和音だけでなく、調までもが変わってしまうのだ。たとえば、「ソナタ形式」と呼ばれる形式の曲では、長調の場合、冒頭の「提示部（主題が提示される部分）」において主調（曲の基本になる調）から属調（主調の完全五度上の調）への転調が行われるのが普通である。曲が短調の場合には、主調から平行長調（主調と調号が同じになる長調のこと）への転調が行われることが多い。たとえば、ハ短調の曲ならば、変ホ長調に転調するということだ。

どの調からどの調に移れるかについては、一応のルールがあり、長い間、それが守られてきた。ただし、たとえルールを守った保守的な転調であっても、何度か繰り返せば、最終的にはかなり「遠い」調に移ることができる。古典派、ロマン派の時代には、転調は五度圏に沿って行うのが普通だった。たとえば、ハ長調からイ長調にいきなり転調すれば、唐突な印象になり、聴き手を戸惑わせるだろう。しかし、まずは属調であるト長調に移り、さらにその属調であるニ長調に移り、そのさらに属調であるイ長調に移る、というふうに手順を踏めば、ごく自然に聞こえる。こうした転調は、元の調と新しい調に共通する和音（ピボットコードと呼ばれる）を仲介として行われる。

転調をすれば、当然、伴奏に使う和音が基本的にそれまでとは違うものになる。また、注意しなくてはならないのは、たとえ構成音がまったく同じ和音であっても、転調後は、それまでと違った役割を果たすようになるということだ。たとえば、ハ長調からト長調に転調すれば、同じ「ソシレ」の和音（Ｇコード）がドミナントの和音からトニックの和音に変わる。つまり、同じ和音なのに、私たちの耳には違ったものに聞こえるということだ。妙な話だが、本当のことである。なぜまったく同じ音から構成される和音が違ったものに聞こえるのだろうか。ここで大事なのは、音楽における個々の音の意味は、その音単独では決まらないということである。音の持つ意味はすべて、他の音との関係で決まるのだ。和音の持つ意味も、やはり、他の音、和音との関係によって変わってくるわけだ。

転調には必ず、「主音の変更」が伴う。仮に、ある人が、ビルの五階にいるとする。そこは、常に五階であって、急に一階に変わるなどということはない。突然、地面がせり上がって来ることはないからだ。だが、音楽の場合は、それに近いことが起きるのである。転調というのは、ハ長調からト長調の転調ならば、五階だった場所が急に一階に変わり、それに伴って他の階の階数もすべて変わってしまうというのに近いことだ。言葉で説明すると、とんでもないことのようだが、実際に体験してみれば、さほど戸惑うことなく受け入れられるはずである。ローリング・ストーンズの『愚か者の涙』という曲は、終わり近くでへ長調から、その平行短調（ニ短調）に転調する。はっきり「あ、転調した。ニ短調に変わった」というふうに認識できる人は多くないだろうが、転調したことは、ほぼ誰にでもわかるだろう。主音が変わり、一つ一つの音、和音の持つ意味がそれまでとは変わったことが認識できるはずである。

キャロル・クラムハンスルとエドワード・ケスラーによれば、音楽を聴いている人が転調を完全に認識するまでには、単純な転調でも数秒を要するという。これは、だいたい和音を三つくらい聴かなければ転調を認識できないということだ。「転調を認識する」というのは、つまり、主音が移動したことを認識するということである。逆に、転調したことを聴き手に伝えるためには、新たな主音から始まる音階の特徴がよくわかるようなメロディを弾くと良い。たとえば、ハ長調からト長調への転調であれば、最も特徴的なのは、「ファ（F）」の音は使わなくなり、代わりに「ファ（F）♯」の音を使うようになるということだろう。また、さらにニ長調に転調した場合には、「ド（C）」の音の代わりに「ド（C）♯」の音を使うようになるというのが特徴だ。

音楽はチェスとは違う。和音は、チェスの駒のように決まった動きしかできないというわけではないのだ。音楽にも「ルール」はあるが、それは、絶対に守らなくてはならない規則ではない。慣例上、そうなっていて、そういう音楽を聴き慣れているというだけのことだ。私たちが、ある和音進行を「正しい」と思うのは、同じ進行をこれまでに繰り返し耳にして馴染んでいるからにすぎない。特に正式な音楽教育を受けた人は、「転調は五度圏に沿って、ピボットコードを仲介として行う」と習うので、そのとおりになっていない音楽を聴くと奇異に感じる。ただし、クラシック音楽も、ベートーヴェン以降は、転調に関し、それまでにない冒険をするようになった。必ずしも従来の慣例どおりの転調をするわけではなくなったのだ。ショパンなどは、これまでどおりピボットコードを仲介としてはいても、聴き手に斬新な印象を与える転調をする曲を作っている。たとえば、『二四の前奏曲作品二八』「第九番ホ長調」には、ホ長調からヘ長調へと劇的な転調をする箇所がある。この転調の際に、ピボットコードとして使われるのが、イ短調の主和音である「ラドミ」の和音（Aマイナーコード）である。この和音は、ハ長調におけるviの和音であり、同時にヘ長調におけるiiiの和音でもある（図6・19）。モーツァルトの時代までは、即座に転調するのが一般的だったが、後の時代になると、すぐには転調せず、しばらくの間は調が明確にはわからないようにする、というテクニックも使われるようになった。また、ショパンやリストは、単に調のわからない和音をいくつも続けるというだけでなく、明らかにどの調にも属さないような和音を使うことさえあった。ワーグナーは、そうした技法をさらに洗練させることで、極めて壮大な音楽を作り上げた。

プロコフィエフなどのモダニストたちは、転調や和音進行に関する古くからのルールを破壊した。たとえば、『ピアノソナタ第五番』の冒頭部分の、ヘ長調から変ホ長調への転調は、過去のルールからすればあり得ないものだ。また、バレエ音楽『シンデレラ』のワルツでは、ホ短調から変ホ長調へ、というさらに大胆な転調が行われる（図6・20）。無調音楽も斬新だったかもしれないが、聴き手にとっては、プロコフィエフが使うこうした転調の方が大きな驚きだったかもしれない。一見、伝統的な調性音楽のように聞こえるため、安心してしまうからだ。そこでいきなり大胆な転調が起きると驚愕する。

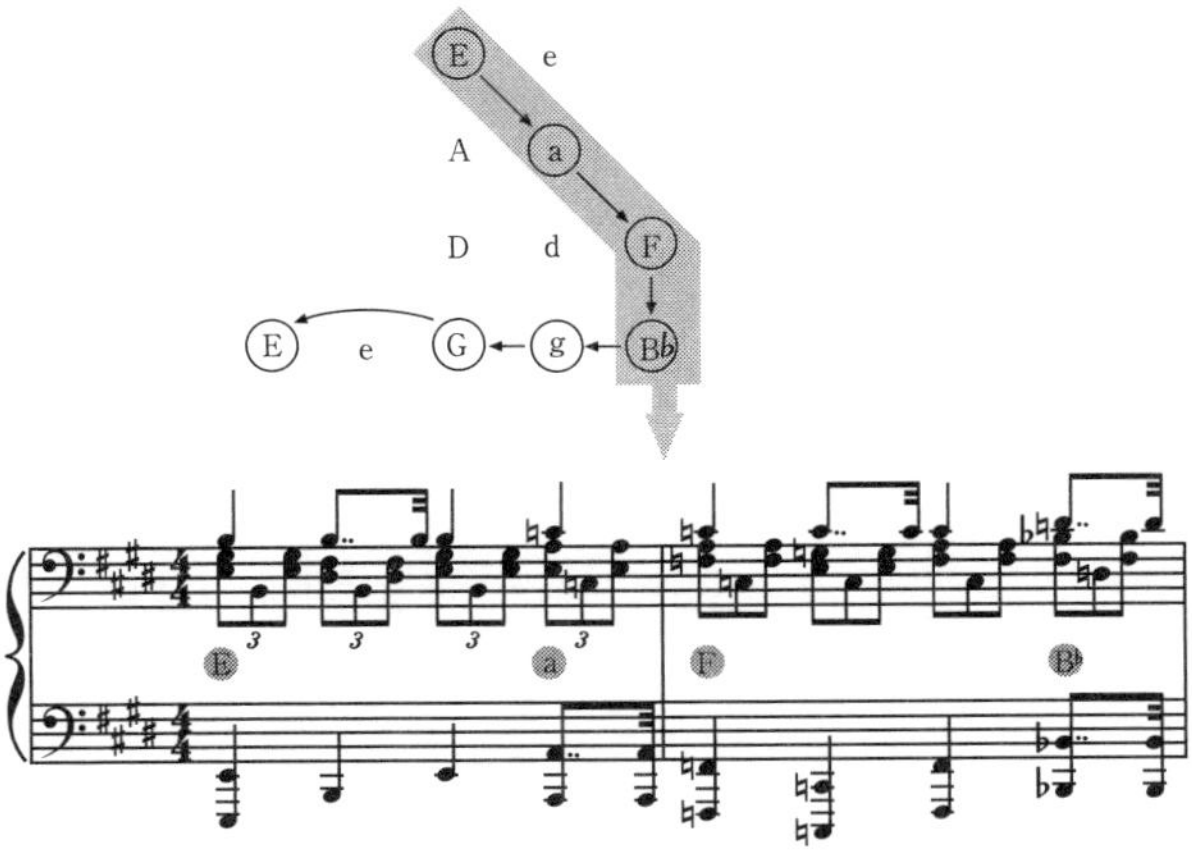

図6.19　『24の前奏曲作品28』「第９番ホ長調」第３フレーズの和音進行。上には、和音進行の軌跡を示した。関係の深い和音ほど近くに配置されている。楽譜に示した部分（上の図でグレーになっている部分にあたる）では、ピボットコードを利用して、ホ長調からイ短調、さらにヘ長調へ、というように、比較的、遠い調への転調が行われている。

　ポップスやロックも、基本的には伝統的な和音進行、転調のルールを守りながら、やはり絶えず独自の冒険を試みている。その結果、クラシック音楽のルールに反するテクニックがいくつも生まれた。その中には、あまりに多く使われたため、

図6.20　クラシック音楽のルールに従わない転調の例。プロコフィエフ『ピアノソナタ第５番』(a) とバレエ音楽『シンデレラ』のワルツ (b)。

今ではほとんど誰も奇異に感じないというものも少なくない。バロック時代の聴衆なら、たとえば、Ⅰ‐Ⅶ♭（たとえば、Cコード‐B♭コード）という和音進行を聴けば奇異に感じたに違いない。しかし、これはロックファンにとっては、ごく当たり前の和音進行である。ザ・フーの『マイ・ジェネレイション』をはじめ数多くの曲で使われている。その逆のⅦ♭‐Ⅰという進行が使われている曲も、キンクスの『ユー・リアリー・ガット・ミー』など無数にある。その他、Ⅰ‐Ⅶ♭‐Ⅵ♭‐Ⅴという和音進行もポピュラー音楽ではよく使われる。特に有名なのは、レイ・チャールズの『ヒット・ザ・ロード・ジャック』だろう。また、ポピュラー音楽で定番になっているテクニックとしては、「半音上げの転調」があげられる。聴き手に新鮮な印象を与え、気分を高揚させる効果がある。実際に使われている曲の例は、スティーヴィー・ワンダーの『サンシャイン』、アバの『マネー・マネー・マネー』などいくらでもあげることができる。単純なテクニックなので、非常によく使われているが、あまりに使われすぎて、もはや「陳腐」と言ってもいい。同様に、全音上げの転調もよく使われている。ビートルズの『ペニー・レイン』が代表例である（イ長調からロ長調への転調）。半音上げ、全音上げの転調が特によく使われるのは、曲の終わり近くである。そろそろ曲に飽きかけていた聴き手の興味をこれで引きつけることができる。クラシック音楽の定義からすれば、これは厳密には「転調」ではなく、「移調」ということになる。変更前の調と変更後の調の間に、何ら理論的な関係がないからである。単に、別の調でまったく同じ曲を演奏しているというだけだ。ちょうど、地面の高さが変わって、それまで二階だったところが一階になるようなものだ。

和声の関係を図示する

和音進行や転調にも、確かにある程度の自由度はあるが、メロディほど自由な動きはできない。たとえば、ダイアトニックスケールを基礎とした調性音楽に慣れ親しんだ人々（マイケル・ジャクソンのファンも、マイケル・ティペットのファンも、その点では同じだ）にとって、和音進行や転調というのは、一定の論理に基づいて行うものであり、一般に認められた論理の裏づけがない進行に出会うと、理解に苦しむことになる。もちろん、勝手な順序の進行をすることは不可能ではないが、ルールから逸脱していれば、聴き手に奇異な印象を与えることになるだろう。適切な和音進行や転調をするためには、そうしたルールを熟知し、和音や調が互いにどのような関係にあるかをあらかじめ知っておく必要がある。

すでにこの本でも書いたとおり、音階を構成する音どうしの関係を図示する方法は何通りもある。それと同じように、和音や調の間の関係も色々な方法で図示できる。たとえば、古くから使われているのは、音楽理論に基づいて図示する方法である。トニックの和音と、メジャースケールの構成音一つ一つを根音とするその他の和音との関係をまとめた図などはその例だろう。その種の図では、トニック（Ⅰ）の和音が、サブドミナント（Ⅳ）の和音やドミナントの和音（Ⅴ）といった長三和音、そして、三つの短三和音（ii、iii、vi の和音）などと近い関係にあることが示されるのが普通だ。トニックの和音から、その五つのうちのいずれかの和音への進行は、「正しい」進行に感じられる。ただ、その「正しさ」は必ずしも同じではない（それについては後述）。この他には、長三和音から、根音が同じ短三和音への進行も一応、「正しい」とされている。この進行はクラシック音楽では非常によく使われる和音進行である。使われている曲の例は、モーツァルト『ピアノソナタ第一一番K三三一』の有名な第三楽章『トルコ行進曲』や、ベートーヴェン『ピアノソナタ第一九番作品四九‐一』のロンド、ショパンの『ワルツ　ロ短調作品六九‐二』など数多くあげることができる。一方、短三和音の場合は、vやivなどの短調の和音の他、平行長調の短三度の音を根音とする三和音（主音が「ド（C）」ならば、「ミ（E）♭」を根音とする三和音のことを指す）とも近い関係にあるとされる。

d♯	F♯	f♯	A	a	C	c
g♯	B	b	D	d	F	f
c♯	E	e	G	g	B♭	b♭
f♯	A	a	C	c	E♭	e♭
b	D	d	F	f	A♭	a♭
e	G	g	B♭	b♭	D♭	d♭
a	C	c	E♭	e♭	G♭	g♭

図6.21　和音、調の関係を二次元的に表した図。この図は無限に拡大できる。

　こうした関係を表す図は、たとえば図6・21のようになる。この図は、縦、横の二次元になっており、関係の近いものほど近くに配置されている。一九五四年に刊行されたシェーンベルクの著書『和声法――和声の構造的諸機能』〔上田昭訳、音楽之友社、一九八二年刊〕でも、これによく似た図が採用されている。縦の列は、五度圏に沿った動きを表しており、横の列は、同主調または平行調への転調を表している。この図をよく見ると、縦の列では、一列おきに同じパターンが現れるということがわかる（ただし、パターンの位置はずれている）。平均律では「ファ（F）♯」と「ソ（G）♭」はまったく同じ音なので、それを考えると、横でも六列ごとに同じパターンを繰り返しているということになるだろう。つまり、これは一見、二次元の表だが、見方を変えれば、両端の閉じた丸いドーナッツのような形をしているとも言える。伝統的な音楽理論で転調と言えば、この表の縦、横、斜めのいずれかの方向に一つずつ進むことを指す。

ただ、問題は、こうした図が音楽の聞こえ方にどのように関係するかである。たとえば、理論上、関係が近いとされる調は、耳で聴いても関係が近いように聞こえるのだろうか。それについては、先述のクラムハンスルが研究している。クラムハンスルはまず、各調の調性階層（一五五ページ）を調べて比較した。調性階層がどの程度、似通っているかを見ることで、調と調の間の相性を一つ一つ調べていくのだ。調性階層が似ているほど、相性が良いと考える。調性階層を調べるというのは、一オクターヴを構成する一二音のうち、その調にとってどの音が重要で、どの音が重要でないかを調べるということだ。重要な音、重要でない音が共通していればいるほど、調性階層が似通っているということになる。従って、調性階層が似ていない調ほど、耳で聴いたときの印象も違ったものになる。クラムハンスルの調査の結果、わかったのは、五度圏を先に進むと、はじめは調性階層の類似性が徐々に低下していくが、途中からは逆に類似性が上昇していくということだ（図6・22）。これは、長調でも短調でもほぼ同じだった。ただし、短調の場合には、グラフが長調のような完全な「V字形」にはならず、類似性が長調であれば下がる地点でいったん上がるという現象が見られる。

　和音間の関係は、調と調の関係よりさらに複雑である。ただ、トニックの和音とその他の和音の関係がわかればいいというものではない。個々の和音と、その他の和音一つ一つとの関係をすべて知る必要がある。たとえば、iiの和音（ハ長調の場合は、「レファラ」の和音。ポピュラー音楽のDマイナーコード）は、聴覚上、Ⅳの和音（ハ長調の場合は「ファラド」の和音。Fコード）と、vi（ハ長調の場合は「ラド

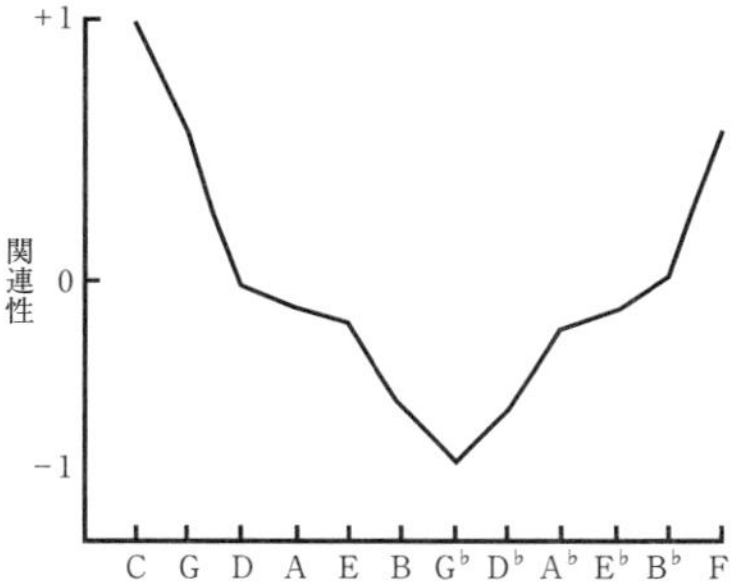

図6.22　クラムハンスルは、調性階層（155ページ）を調べ、比較することで、調と調の関係の深さを計ろうとした。このグラフは、ハ長調と、他の調との関係の深さについてまとめたもの。左から、五度圏の順序で調が並べてある。

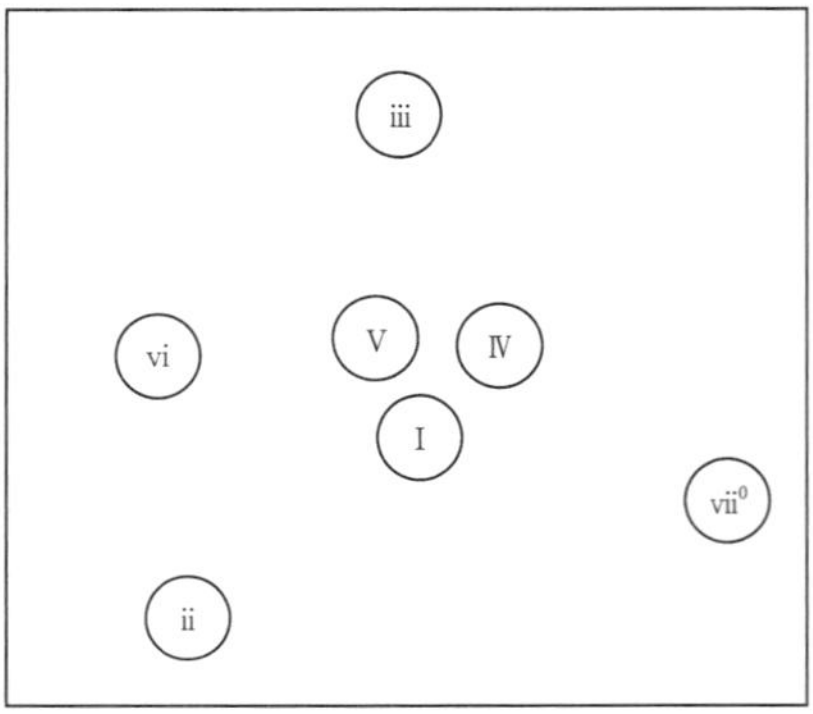

図6.23　和音間の「親しさ」。プローブ音法により和音間の相性を調べた結果をまとめた図。距離が近いほど、２つの和音は聴覚上、関係が近いと言える。

ミ」の和音。Aマイナーコード）のどちらに近いだろうか。図６・21を見ると、どちらもiiの和音からの距離は同じくらいに見える。これは、耳で聴いたときも、同じくらい似ているということだろうか。しかし、関係の近さを判断する方法はいくつも考えられる。つまり、正確には、関係を図６・21のように縦横の二次元で表現するのは無理があるということだ。もっと多くの次元が必要なのだ。これは、人間関係を図にすることにも似ている。私にジョーとメアリーという二人の親友がいるとする。どちらも自分にとっては親友なのにもかかわらず、二人が顔を合わせたことはほとんどない、そういうこともあり得る。もし三人の人間関係を図に表して、ジョーとメアリーをどちらも私のそばに置いたとしたら、その二人の関係を誤って解釈する人は多いだろう。そういう問題が生じないように関係を図示するにはどうしたらいいだろうか。

その方法の一つが、クラムハンスルが考案した「プローブ音法（プローブ和音法）」である。これは、被験者にまず、音階を聴かせて調を認識させ、その後に、二つの和音を続けて聴かせ、その組み合わせがどの程度、相性が良いかを判断してもらう、という方法である。その結果は、図６・23のような図にまとめられた。この図では、ジョーとメアリーは実はお互いをほとんど知らないのに、二人は親しいと誤解するようなことは起きない。図中で近くに配置されている和音はどれも、調に関係なく「親しい」関係にある。聴覚上、関係が近いと感じられるということだ。つまり、この方法ならば、和音間の関係を二次元の図にまとめても問題はないということになる。

図を見てみると、この結果は、特に驚くようなものではない。トニック、ドミナント、サブドミナントの和音が近くに配置され、iii、vi、iiの三つの和音はそこからほぼ等距離にある。そして、vii^0はさらに少し離れている。音楽について少し知っている人であれば、皆、この結果を妥当なものとみなすだろう。

だが、一体、なぜ、こういう結果になるのだろうか。関係が近いと感じられる和音は、やはり共通する構成音が多いのだろうか。あるいは構成音が物理的に調和しやすいのだろうか。それとも、単にこれまでに聴いてきた音楽で共に使われていることが多かったというだけか。クラムハンスルによれば、調性階層と同様、和音の「親しさ」の認識にも、やはり経験が大きく影響するという。一八世紀から一九世紀後半（一八七五年頃まで）にかけてのクラシック音楽でよく使われていた和音の組み合わせと、聴覚上、相性が良いと判断される和音の組み合わせは、ほぼ一致するということもわかっている。言い換えれば、共に使われる頻度の高い和音ほど、相性が良いと認識されやすくなるということだ。一方、二つの和音の（倍音成分に基づく）物理的な協和度の高さと、聴覚上の相性の良さとの間には、あまり一致は見られない。*

とはいえ、これだけではまだ、和音間の関係についてほんの一部がわかっただけである。たとえば、同様の実験を短調で行ったらどういう結果になっただろうか。また、根音が共通の長三和音と短三和音の相性はどうなのだろうか。たとえばCメジャーコード（ドミソの和音）とCマイナーコード（ドミ♭ソの和音）は聴覚上、関係が近いと言えるのか。そして、ハ長調とハ短調の和音は関係が近いのか。クラムハン

＊正確には、これだけの根拠では十分とは言えない。被験者がすべて、一八世紀から一九世紀後半までのクラシック音楽ばかり聴いている人とは限らないからだ。被験者一人一人が実際にはどういう音楽を聴いていて、その音楽での和音の使われ方はどうなっているのかも調べなくてはならないだろう。ただ、ポピュラー音楽の場合、和音の使い方に関しては、ほぼ一八世紀から一九世紀後半までのクラシック音楽と変わらないというのも事実である。

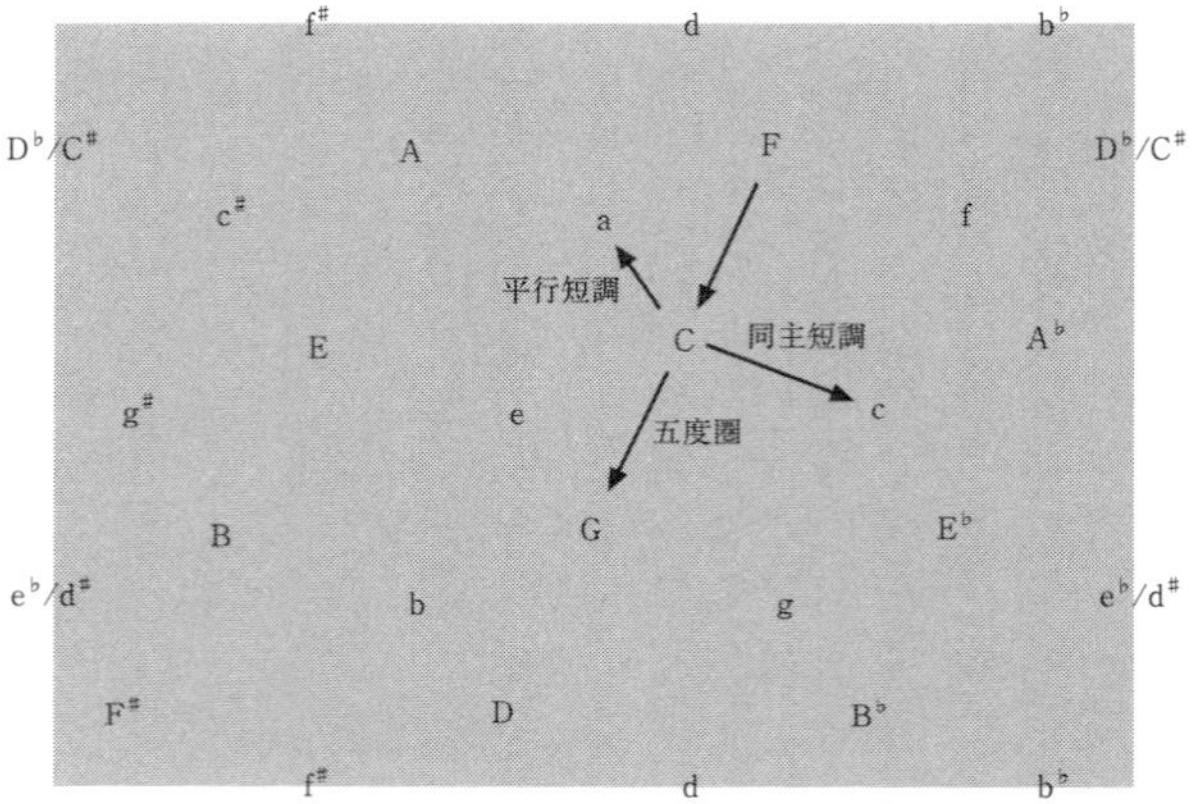

図6.24　長調、短調両方の和音の相関図。聴覚上の関係の近さをまとめたもの。基本的な作り方は図6.21と同じ。

スルは、短調の和音も含めたあらゆる和音の聴覚上の関係について、いくつかの実験を行って調査をした。その結果をまとめたのが図6・24である。これを見ると、和音の聴覚上の関係と、理論上の関係とは基本的に一致することがわかる。*

　近年の神経科学の研究では、音楽家の脳には、まさに図6・24のような和音の相関図が刷り込まれているということがわかっている。これは実に驚くべきことだ。そういうことを予想していた人は誰もいなかった。私たちは、家の近所の様子や、親しい人たちの顔を覚えていて、いつでも頭に思い浮かべることができる。だから和音の相関図が頭に入っているのもそれと同様のことで、当たり前のように思うかもしれない。だが、和音の相関図が「刷り込まれている」というのは、それとはまったく違ったことなのだ。たとえば、家の近所の様子を記憶していると言っても、私たちの脳の中に「自分の家」に対応するニューロンや、「銀行」、「郵便局」、「スーパーマーケット」などに対応するニューロンがあるというわけではない。個々の建物に対応するニューロンが、まるで地図を描くように、脳の中に実際と同じ位置関係で並んでいるなどということはない。しかし、和音の相関図に関しては、まさにそのとおりのことが起きているのだ。

　その事実は、二〇〇二年、アメリカ、ダートマス大学（ニューハンプシャー州ハノーヴァー）の神経科学者、ペトル・ジャナタらによって発見された。彼らは、ＭＲＩ（磁気共鳴画像法）を駆使した実験によってそれを突き止めたのだ。第9章でも触れるが、ＭＲＩを使うと、認知の際に脳のどの部位が活動しているかを見ることができる。神経活動に伴う血流の増加を検知できるからだ。ジャナタらは、音楽を聴いているときの被験者の脳をＭＲＩによって観察し、和音の情報を処理する部位にどのような変化が起きるかを調べた。この部位は、脳の中の「前頭前野」に位置し、様々な種類の情報処理の接点として機能することがわかっている。「様々な種類の情報処理」とは、たとえば、純粋な認知処理（音程など、単純な「事実」の情報の処理）、感情に関する情報の処理、記憶に関する処理などを指す。その他、和音の協和、不協和の判断にも関わっているようだ。簡単に言えば、「音楽を聴く」という体験に関わるあらゆる要素を統合する部位、ということになるだろう。ジャナタは、八人の音楽家を被験者とし、一二の長調、短調に順に転調していく音楽を聴かせ、脳活動を観察した。その結果、わかったのは、調によって活性化する部位（つまり活性化するニューロン）が異なるということである。ハ短調の音楽を聴いたときと、変イ長調の音楽を聴いたときでは、違う部位が活性化するのだ。

この結果をごく単純に解釈すれば、調の感覚というのは脳に刻み込まれたもので、人間が生まれつき持っているものだ、ということになる。脳には生まれつき、調や和音の関係を記した「地図」が描かれている、と解釈する人もいるだろう。しかし、その考えは正しくない。まず、重要なことは、音楽を聴く度に、

＊ただ、この図には若干、歪みがある。たとえば、Ｅマイナーコードが、ＧコードよりもＣに近いように見えるが、これはおかしい。この歪みは、図を無理に二次元にしていることから生じるものだ。和音間の相関図は、正確には三次元のドーナッツ形になる。それを平面の地図にすると、距離に歪みが生じるのだ。これは、丸い地球をメルカトル図法で平面の地図にしたときに歪むのとよく似ている。

この「地図」は臨機応変に描き直されるということだ。どの調でどの部位が活性化するか、ということは完全に決まっていて、ずっと変わらないというわけではないのだ。まるで、音楽を聴く度に黒板の上に地図を描き、音楽が終われば消す、ということを繰り返しているようである。次に音楽を聴いたとき、どういうふうに地図が描かれるかは予測がつかない。調や和音間の関係は、生まれつき知っているわけではなく、おそらく経験によって覚えたものである。その記憶を、音楽を聴く度に想起していると思われる。だが、地図が生まれつきのものでないとしたら、それもまた別の意味で驚きである。音楽という、目に見えず、手で触ることもできない抽象的なものに対応した地図を、瞬時に描く能力を有しているということだからだ。十分な訓練をし、経験を積めば、そういう驚異的な能力を身につけることができるわけだ。

和音や調の旅

和音進行や転調などは、一種の「旅」と考えることができるだろう。あちこちに次々に移動していくからだ。その旅についてもう少し詳しく見てみよう。作曲家は、この旅のツアーガイドのような役割を果たすことになるが、中でもショパンは独創性のあるガイドである。たとえば、すでに触れた『前奏曲第九番ホ長調』では、私たちはたった一二小節の間にかなり遠い場所まで連れて行かれることになる（図6・25）。最初のフレーズ（第一小節から第四小節まで）では、まだ元のホ長調の近辺に留まっているが、第五小節でト長調に転調したかと思うと、次の第六小節ではそこからさらにハ長調に転調する。ここでは、ト長調の三和音（Gメジャーコード）がピボットコードの役割を果たす。その後、第八小節では変イ長調へと転調する。最初のホ長調からは相当離れた地点だが、ハ長調からはそう遠くない。* 次の第九小節には再びホ長調に戻り、そこから即座にイ短調へと転調する。すでに見てきたとおり、イ短調とヘ長調は関係が近いので移りやすい。またヘ長調に移れば、簡単に変ロ長調に移ることができる。さらに、変ロ長調からト短調への転調も簡単である。第一一小節ではト短調に到達し、そこからト長調へと転調する。その後、ごくわずかな間、ロ長調に移った後、最終的にはまたホ長調へと戻る。

とてつもない旅のようだが、一つ一つの転調はどれも伝統的な理論に沿ったものだ。短い間に遠い調に到達する際には、必ずピボットコードが使われている。この作品を見ると、一九世紀においては、和音進行と転調の境目がかなり曖昧になっていたことがわかる。主音がめまぐるしく変わっていくため、聴く側にとってはついていくのが大変である。モーツァルトくらいの時代には、和音進行

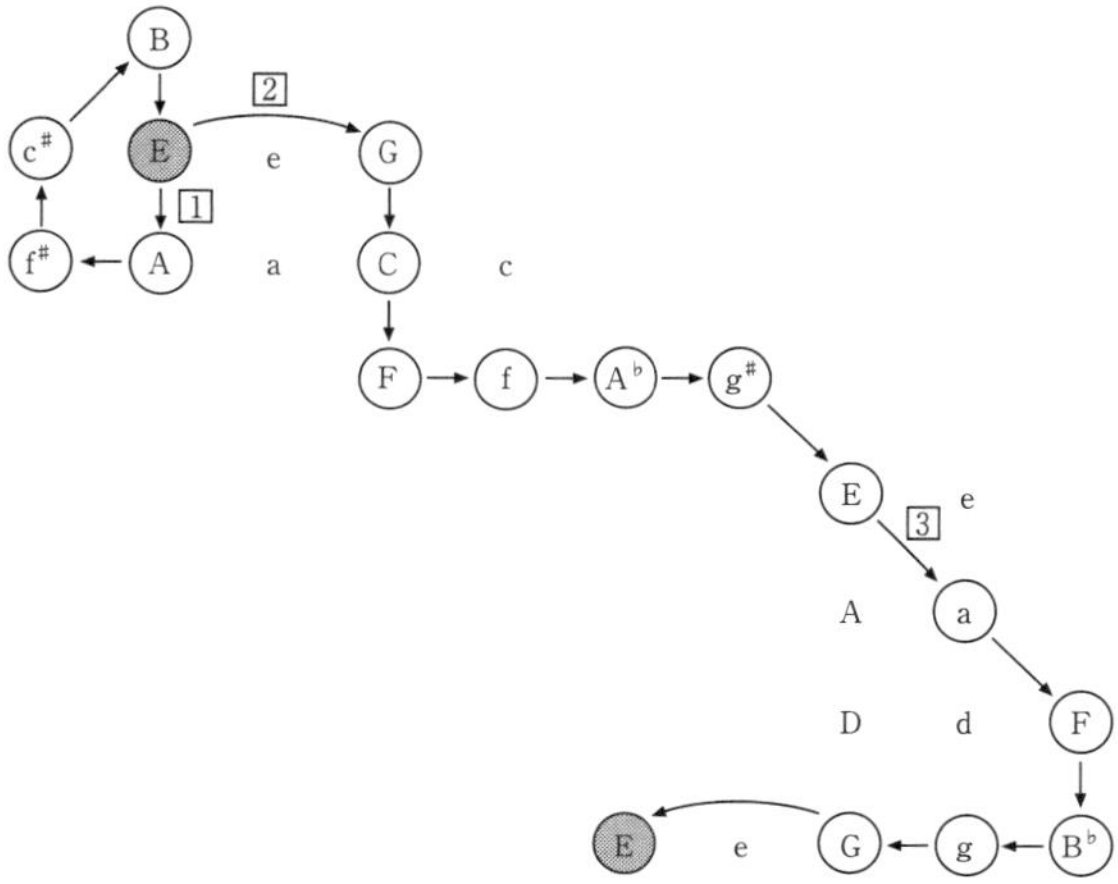

図6.25　ショパン『前奏曲第９番ホ長調』の転調の軌跡。第12小節までを３つのフレーズに分け、それぞれを番号で示してある（1：第１小節から第４小節、2：第５小節から第８小節、3：第９小節から第12小節）。最初と最後の和音（ともにトニック）はグレーになっている。この図は、図6.21（あるいは図6.24）から必要なところだけを抜き出したものと考えることもできる。

＊「ラ（A）♭」と「ソ（G）♯」は同じ音であり、「ミ（E）」の音から見れば長三度にあたる。しかし、ショパンは第八小節で「ソ（G）♯」ではなく「ラ（A）♭」と表記している。なぜだろうか。それは、ハ長調からヘ短調を経て変イ長調に到達したという経緯があるからだ。ヘ短調の音階には、「ラ（A）♭」の音は含まれるが「ソ（G）♯」の音は含まれない。すでに書いたとおり、平均律において結局は音程が同じになるにしても、♭の音と♯の音では、音楽における役割が違ってくる。

図6.26　ショパン『夜想曲ト短調作品15‐3』に見られる半音進行。変ト長調で始まり、その近親調である変ニ長調で終わっている点に注意。

はまだ非常に保守的で、転調が頻繁に行われることもなかった。従って、曲の途中で「これは何調でどの音が主音なのか、どの和音がトニックなのか」がわからなくなってしまうようなことはまずなかった。しかし、ショパンの前奏曲の場合、名目上は「ホ長調」となっていても、最初から最後までそれをホ長調の曲として聴くのはまず不可能だろう。

和音の進行や転調は、一種の「物語」のようなものかもしれない。ショパンは和音の根音が半音ずつ動く、いわゆる「半音進行」を多用し、それがトレードマークのようになっていた。半音進行の箇所では、調が曖昧になる（図6・26）。するると、聴き手は、視界の開けた平原からジャングルの中に迷い込んだように感じる。自分がどこにいて、どちらに向かって進めばいいのか、まったくわからなくなるのだ。ただ、再び調が明確になり、視界が開けるまで待つしかない。こうした和音進行に明確な意味を持たせるべく、作曲家たちは様々な工夫を凝らしてきた。第13章では、そうした工夫について詳しく触れる。だが、意味をどこまで感じ取れるかは、聴き手の和音についての知識、経験によって大きく左右される。音楽について知識のない聴き手が、単にどう聴いていいかわからずに混乱するだけの作品であっても、豊富な知識と優れた感覚を持った聴き手であれば、その和音進行がどういう意味を持っているのかを理解でき、どう展開するかを予測することもできる。

どの調で始まり、どの調で終わらなければならないか、それを定めたルールは特にない。ただ、重要なのは、転調の仕方によっては、聴き手が自分の位置、進むべき方向を見失って戸惑うということである。それをあえて利用するような作曲技法もある。クラシック音楽では「転調が始まったはずなのに、それが完結しない」という印象を与えるような技法もよく使われる。根音が明確でない和音を使うという技法もその一つだ。ショパン『前奏曲第九番ホ長調』では、第七小節の四拍目の和音がそれにあたる。左手で「ファ（F）♭」を弾き、その上で「シ（B）♭」、「レ（D）♭」、「ソ（G）」を構成音とする和音が演奏される。これでは根音がどれかがわかりにくい。

　クラシック以外の音楽でも、転調の途中で曖昧な印象を与える技法はよく使われる。たとえば、伝統的な「一二小節のブルース」では、通常、最初の四小節がトニックの和音（ハ長調ならCコード）で、その後、五小節目、六小節目はサブドミナントの和音（ハ長調ならFコード）になるが、四小節目に半音下げた七度の音を加えて「セヴンスコード」にすることが多い。つまり、「C、C、C、C^{7}、F、F、C、C」というような進行になるわけだ。Cのコードに「シ（B）♭」の音を加えることには、Fコードへの移行が近いことを予感させる効果がある。「シ（B）♭」の音は、ハ長調（Cのキー）のメジャースケールにはなく、ヘ長調（Fのキー）のメジャースケールには含まれる音だからである。「シ（B）♭」の音が加わることで、聴き手はハ長調でもヘ長調でもない、その中間のような印象を受ける。

　クラムハンスルは、聴覚上、和音進行と調の変化がどのように関係するかを、かなり手間のかかる実験を行って確かめた。この実験でもやはり、先述の「プローブ音法（プローブ和音法）」を使う。まず被験者に一定のパターンの和音進行を聴かせる。ただ、一度に最初から最後まで聴かせるのではなく、はじめは一つ目と二つ目の和音だけ、次に三つ目の和音まで、四つ目の和音まで、というように徐々に長くしていく。そして、色々な和音を聴かせて、次の和音としてふさわしいのはどれか、ふさわしくないのはどれかを尋ねていく。これを二つ目の和音が終わった段階、三つ目の和音が終わった段階、四つ目の和音が終わった段階……というふうに繰り返す。根気のいる実験であることはわかってもらえるだろう。しかし、

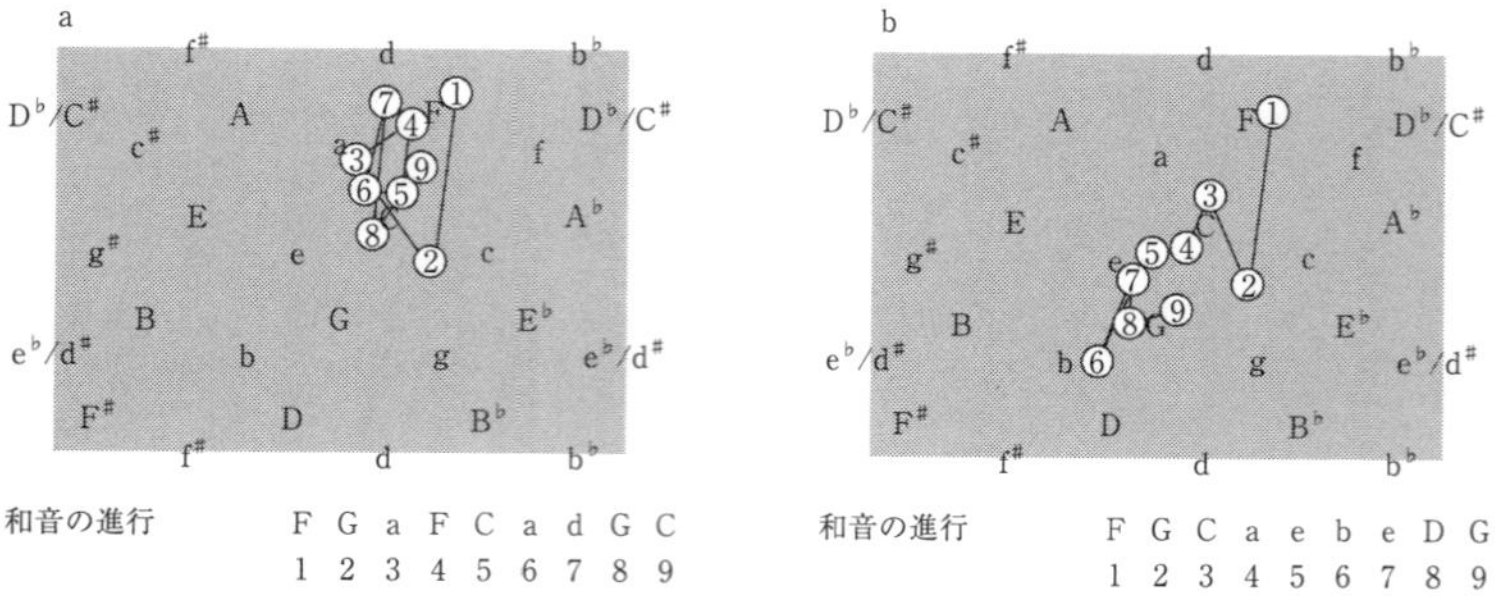

図6.27　和音進行と聴覚上の調の変化の関係。９つの和音から成る２種類の和音進行を聴いたときの、聴覚上の調の変化を記録したもの。(a) の場合、聴覚上の調は、ほぼハ長調のまま変わらなかったが、(b) では、途中でト長調に転調したと感じた人が多かった。

おかげで和音進行によって聴覚上の調がどのように変化するのかを非常に正確に知ることができた（図6・27）。調が変化したとはあまり感じない和音進行もあれば、変化したと感じる和音進行もあるということが明確にわかったのだ。場合によっては、調が次々に変化しているように感じることもあるわけだ。

転調には比較的、関係の近い調への転調もあれば、関係の遠い調への転調もあり得る。関係の近い調への転調なら、受け入れやすいが、遠い調への突然の転調には戸惑う人が多いようだ。実験によれば、関係の遠い調への転調が起きた場合、被験者は、できるだけそれに抵抗しようとするということがわかっている。できる限り、調が変わっていないという前提で音を解釈しようとするのだ。いよいよ解釈が不能だとわかってはじめて、転調を受け入れる。関係の近い調の間で転調をしている間は、安心していられるが、関係の遠い調への転調が起きると不安に陥ってしまうのだ。

同じことは、調だけにとどまらず、音楽の認知全般に言えるだろう。私たちは、自分にとって馴染みのあるルールを基に音楽を解釈しようとする。聞こえている音楽を、過去に音楽を聴いてきた経験から学んだことに照らし合わせ、最も妥当と思われる解釈をするのだ。この解釈は、音楽を聴いている途中ではあくまで暫定的なものなので、その解釈に合わない情報が得られたら、適宜変更していかねばならない。しかし、解釈を変更することは容易ではない。いったん「こうだ」と思ってしまうと、それはなかなか変わらない。どう考えてもその解釈では合わない、という強力な証拠が見つかるまではそのままになってしまうのが普通だ。

　二つの調を行ったり来たりする曲というのはあるが、二つの調が併存する曲というのはあり得るだろうか。チャールズ・アイヴズをはじめとするモダニストたちは、二つのオーケストラに同時に演奏させるなど、様々な実験を行ったが、二つの調の併存についてもやはり実際に試している。中でも特に有名なのは、ストラヴィンスキーのバレエ音楽『ペトルーシュカ』の第二場である。ハ長調の長三和音と嬰ヘ長調の長三和音が同時にアルペジオで演奏され、重ねられる（図6・28）。この和音は「ペトルーシュカ和音」と呼ばれている。この和音があるために、この部分は歪んだ感じに聞こえる。普通に言う「不協和音」とは違う。個々の和音はどちらも協和音だからだ。しかし、それでも聴き手の神経をいら立たせるような効果を生んでおり、主人公の人形「ペトルーシュカ」のギクシャクした動きとも合っている。嬰ヘ長調はハ長調とは最も遠い関係にある調である。「ド（C）」と「ファ（F）♯」の関係は「三全音（トライトーン）」と呼ばれ、五度圏の中ではちょうど反対側に位置している。ハ長調と嬰ヘ長調に共通する音は二つしかない。

図6.28　ストラヴィンスキーのバレエ音楽『ペトルーシュカ』。ハ長調の長三和音と嬰ヘ長調の長三和音が同時に現れる。

　この種の音楽を「多調音楽」と呼ぶ。文字通り、同時に二つ以上の調を持つ音楽ということである。多調音楽を作った作曲家は何人かいる。たとえば、ダリウス・ミヨーはピアノ組曲『ブラジルの郷愁』の中で、右手のパートはニ長調、左手のパートはト長調で書く、ということをしている。ただし、ペトルーシュカ和音が真に多調音楽かどうかについては異論もある。ストラヴィンスキー自身はそうだと考えていたようだが、ハ長調と嬰へ長調の長三和音（CコードとF♯コード）の組み合わせは、一つの音階、ダイアトニックスケールとはまた違った独自の音階であると解釈することもできる。そう考える方が妥当であるという意見もあるのだ。「ド（C）」、「ド（C）♯」、「レ（D）♯」、「ミ（E）」、「ファ（F）♯」、「ソ（G）♯」、「ラ（A）」、「ラ（A）♯」の八音から成る音階というわけである。だが、問題は聴き手がどうとらえるかということだ。果たして聴き手は、これを二つの調の組み合わせと解釈するのか、それとも八音から成る特殊な音階を基礎とする音楽と解釈するのか。

クラムハンスルはこの点についても調査をしている。まず被験者にペトルーシュカ和音を聴かせ、次に一オクターヴを構成する一二音を順に聴かせて、「合うか合わないか」を逐一尋ねていったのだ。ペトルーシュカ和音が多調音楽であると感じていれば、ハ長調、嬰ヘ長調、両方のダイアトニックスケールの構成音すべてが「合う」と感じるはずである。特殊な八音階の音楽だと感じていれば、その音階の構成音が「合う」と感じるだろう。しかし、結果はそのどちらでもなかった。実際には、解釈は三通りに変化していく。はじめはハ長調か嬰ヘ長調のいずれかであるとみなされ、次に「ド（C）」、「ミ（E）」、「ソ（G）」の三音、「ファ（F）♯」、「ラ（A）♯」、「ド（C）♯」の三音から成る和音の組み合わせとみなされる。そして最後に八音の音階から成る音楽と解釈されるのだ。これは、音楽学者、ピーター・ファン・デン・トールンの主張にほぼ合致する結果だった。

ペトルーシュカ和音のような耳慣れない音楽を聴いた場合、どうやら私たちは、それを理解するために、西洋の通常の音楽理論とは違った体系を瞬時に作り上げるようだ。ピーター・ファン・デン・トールンやその主張について知っている人は多くないはずである。にもかかわらず、その主張に合うような体系を、音楽を聴きながら無意識のうちに作り上げるのだ。わずか数秒ほどの部分を理解するために、それだけのことをするわけだ。すでに述べたとおり、異文化の音楽を聴いた場合にも同様のことが起きる。私たちの脳は、短い間に無意識にその音楽の調性階層を推測しようとする（一五九ページ）。正式な音楽教育を受けていない人、音楽理論などほとんど知らない人であっても、その能力を持っている。耳慣れない音楽でもかなりの程度まで理解できるのは、そのおかげだ。

メロディ、和音の関係を幾何学図形で表現する

すでに見てきたとおり、クラムハンスルは、和音や調の聴覚上の関係をわかりやすく図示することに成功した。ただ、その図は完全に正確なものとは言えない。本来、多次元的なはずの関係を、二次元の図に無理にまとめてあるからだ。そのため、どうしても不正確なところはある。プリンストン大学の音楽学者、ディミトリ・ティモチコは、さらに正確な図示を試みた。音楽理論だけでなく、数学をも駆使して、和音や調の関係をすべて、あますことなく図に表現しようとしたのだ。だが、調べれば調べるほど、関係の複雑さが明らかになり、次元を増やしても完璧な図示は非常に難しいということがわかってきた。

だが、図示するというのは、根本的には、「現実を単純化する」ということである。たとえば、ピアノの鍵盤だけを考えても、その組み合わせによって作れるメロディや和音は大変な数にのぼる。天文学的な数字だろう。そのすべてについて逐一知りたい、という人はおそらくいないはずである。慣例上、よく使用される音階、和音、調などを優先しない限り、ただ混乱して何もわからなくなるだけだろう。

また、理解しやすくするためには「グループに分ける」ということも重要である。あらゆるものを一つ一つ把握するのではなく、同種のものはグループにまとめてしまい、グループごとに理解するということだ。たとえば、「ドミソ」の和音と「シ♭レファ」の和音は、いずれも「長三和音」という同じグループに入れることができる。その意味ではどちらも同じであると考えていいことになる。後者の和音は、単に

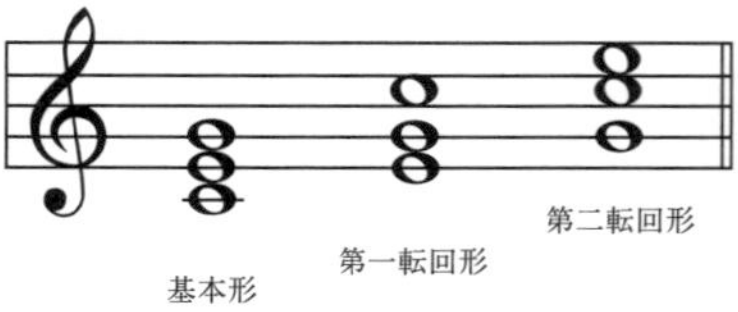

図6.29　ハ長調の三和音の転回

前者の構成音をすべて全音下げただけで、音程の間隔、和音としての役割などは同じだ。また、「ドミソ」の和音は、「ミソド」、「ソドミ」の和音と同じグループに属すると考えることができる。いずれも、ハ長調の長三和音というグループに属する。「ミソド」、「ソドミ」は「ドミソ」の転回形と呼ばれる。構成音はすべて同じだが、並び方が違っているわけだ（図6・29）。その他、オクターヴの違う「ドミソ」の和音はどれも同じグループに属することになる。ティモチコは、同僚の研究者、クリフトン・カレンダー、イアン・クィンらとともに、こうした関係をわかりやすく図示する方法を模索した。転回形、オクターヴ違いなど、一見したところ違うもののようでも、実質は同じ、という関係は、数学的には「対称の関係」と考えることができる。これは、いわば、リンゴと鏡に映ったリンゴの像のような関係である。私たちは、二つが同じものであると認識することができる。このように、対称の関係にあるものをすべて「同じ」であるとみなせば、把握すべきメロディや和音の数は大幅に減ることになる。正確には違う形状のものでも、映った影が同じ形なら同じとみなす、というのに近いかもしれない。実際に、三次元の物体が二次元の影になると、同じ形状に見えるということはある（図6・30）。だが、もちろん、光の当て方を少し変えると、影の形状は違うものに変わることになる。

　ティモチコによれば、たとえば本質的に同じ和音であっても、五種類の操作によって違ったものに見えるという。五種類の操作の中には、オクターヴの移動、音の順序の並べ替え（和音の転回はその一つ）、重複の排除（「ドミソミ」という和音があったら、「ドミソ」に高い「ミ」が加えられているとみなす）などが含まれる。こうした操作は、単独で行われるだけでなく、複数が組み合わされることもある。そのため、合計すれば、同じ和音に三二通りの「変形バージョン」が作れることになる。

このように変形バージョンを考慮に入れると、把握すべきメロディ、和音の数は大幅に減る。もちろん、個々の間の関係が非常に複雑であることに変わりはないが、論理的な解析はかなり容易になる。第一、感覚的にもわかりやすい。メロディや和音の間の関係を図示しようとすれば、変形バージョンを含めて実質的に同一と思われるメロディや和音をまとめて一つの図形で表す、ということができるだろう。個々のバージョンが、その図形を構成する点の一つ一つになるということだ。たとえば、そのグループ全体を円錐で表すとしたら、個々のバージョンは円錐を構成する一つ一つの点になる。長三和音のグループを表す円錐は、色々な形の長三和音に対応する点が集まって作られる。その他、いずれかの音を半音上げた「増和音」のグループなども、やはり色々な形の増和音に対応する点から成る図形として表現できる。

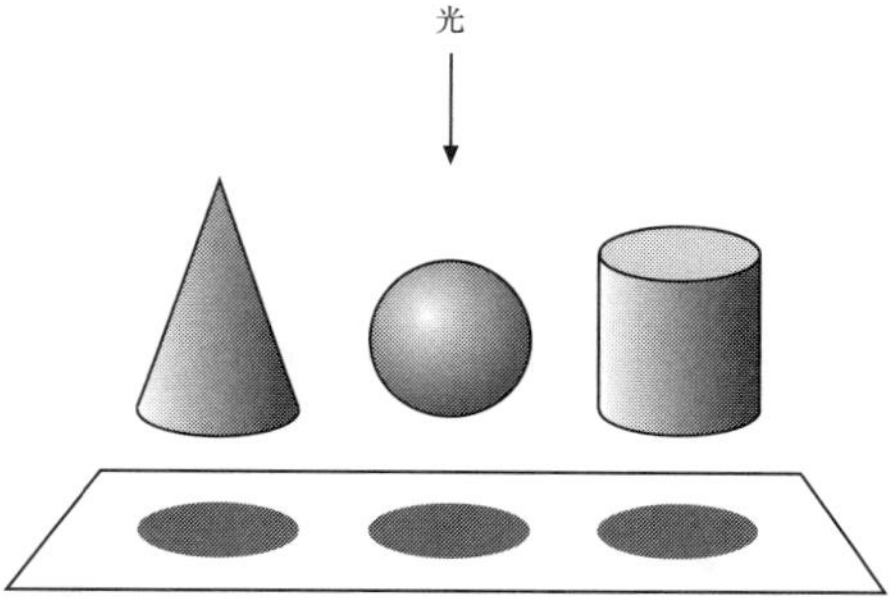

図6.30　一見、違っているが実質的に同じ（対称の関係にある）メロディや和音を１つのグループにまとめれば、関係がかなり簡略化され、図示もしやすくなる。これは、三次元的には違った形状の物体を、二次元に投影するのと似ている。この図では、３つの違った形状の物体の影がすべて同じ形になっている。

音楽を作る、聴くということは、こうした様々な形状の図形が存在する空間を移動していくようなものかもしれない。あらかじめ空間の地図を持っていれば、自分がどこをどう移動しているのかがわかりやすいのは確かだろう。たとえば、ティモチコは、自分の提唱する方法で地図を作れば、ドビュッシー『牧神の午後への前奏曲』の和音進行と、その少し前にワーグナーが『トリスタンとイゾルデ』で使った和音進行の間の関係が見えてくる、と言っている。通常の方法で和音進行を分析しても、その関係に気づくことはまずない。ドビュッシーは何も、意識して自分の曲をワーグナーの作品に似せようとしたわけではないだろう。だが、どの作曲家も皆、同じ空間内で移動をする以上、そういうことは必然的に起きるのだ。これは、一つの山に登るルートが多数存在するように見えても、結局、現実に取り得るルートはごくわずかな数しかないというのに似ている。音楽家も、メロディや和音進行が無数に存在するように見えても、その形状、構造から考えて実際に使用できるものがそう多くはないことを、学習や経験によって知ることになる。

たとえば、ショパンなど、一九世紀前半の作曲家たちは、転調の経路の「ショートカット」を試みるようになった。ある調からある調に移るとき、従来たどるべきとされていた経路を省くことができないかと模索するようになったのだ。半音進行などは、そのために編み出された技法である。専門家の中には、こうした試みを恣意的で無節操だと批判する人もいた。しかし、ティモチコのように、メロディや和音の関係を幾何学的な図形で表現してみると、実は彼らの試みの多くが理に適っていたことがわかる。作曲家たちには、数学や幾何学の素養があったわけではないが、彼らは直感的にそれを知っていたのではないだろうか。ゴットフリート・ライプニッツは、「音楽家たちは自分でもそうと気づかぬうちに数学を駆使している」という言葉を残しているが、まさにそのとおりだったのかもしれない。だとすれば、一九世紀の革新的な作曲家たちは、同時代の数学者ですら存在を知らなかった「音楽の幾何学的空間」を探検していたということになる。

第7章　コン・モート——リズムとは何か

読者が今まで一度もジャズという音楽を聴いたことがないとする（本当に聴いたことがない、という人は、一度、聴いてみてから、この先を読んで欲しい。おそらく、自分が大変な損をしていたことに気づくはずである）。そして、ジャズのリズムについて、実際にジャズを聴かずに、文章と楽譜だけで学ばなくてはならないとしよう。果たしてそんなことが可能だろうか。「音楽のことを文章で説明するのは、建築のことを踊りで説明するのに似ている」エルヴィス・コステロはそんなことを言っている。これは少し大げさな言い方かもしれない。しかし、リズムに関しては、確かに彼の言うとおりだろう。

「そもそもそんなことを考えること自体、バカげている」そう思う人もいるに違いない。だが、ストラヴィンスキーは実際に、そのバカげたことを試みたのだ。『兵士の物語』（一九一八）の作曲をしたときのことだ。ストラヴィンスキーは、第一次世界大戦勃発とともにスイスに亡命していた。当時、ジャズはまだヨーロッパではあまり知られていなかった。ストラヴィンスキーは、この斬新で刺激的な音楽のことは噂には聞いていたが、今のようにちょっとユーチューブで聴いてみるということもできない。彼の手元にあったのは、楽譜だけだ。友人のエルネスト・アンセルメ（指揮者。ローザンヌでの『兵士の物語』の初演でも指揮を務めた）がアメリカへの演奏旅行から持ち帰ったものだ。ストラヴィンスキーは、その楽譜だけを頼りに、ジャズがどんな音楽なのかを想像した。

ジャズは、実際には『兵士の物語』とは似ても似つかない音楽である。『兵士の物語』は、拍子記号が次々に変わる、非常に複雑な構造になっている。ストラヴィンスキーは、どうやらジャズのリズムについて勘違いをしていたらしい。ジャズのリズムは確かに不規則かもしれないが、基本的に拍子は一定である。この勘違いがあったからといって、ストラヴィンスキーの作品の価値が損なわれるわけではない。ただ、偉大な作曲家ですらこういう結果になることを見れば、リズムというものがいかにとらえどころのないものであるかはわかるだろう。理論上は、単なる「時間の分割」にすぎないもののように見えるが、実はそれだけのものではない。その本質は実際に耳で聴いて、身体で感じなければわからないのだ。

しかし、同時に、音楽を構成する要素の中でリズムほど単純なものはないとも言える。音楽を聴いて自然に身体が動いてしまうという体験は誰でもしているだろう。良い音楽は心を動かすものだが、中には、心だけでなく、脚まで動かしてしまう音楽もある。もはや居ても立ってもいられず、まるで操り人形のように、ひとりでに踊り出してしまう。最高に楽しい瞬間である（残念ながら、コンサートホールの規則のせいで、踊ることができない場合もある。子供たちまでじっと座っておとなしく音楽を聴かされるのは可哀想だ）。

こうして私たちの身体を動かしてしまう。これがリズムの持つ力だ。リズムには一体なぜ、こんな力があるのだろうか。誰もが、何の知識もなしに理解できるほど簡単なのに、なぜ、楽譜に書くのは難しいのか。そもそもリズムとは何なのだろうか。

拍子とは

リズムはすべての音楽にあるわけではない。リゲティ・ジェルジュ・シャーンドル（スタンリー・キューブリック監督の映画『二〇〇一年宇宙の旅』の幻想的なクライマックスシーンで使われた曲など）や、ヤニス・クセナキスなどには、まるで一本の糸のように切れ目なく音が流れ、リズムらしきものがまったく感じ取れない曲がいくつかある。一方、カールハインツ・シュトックハウゼンの電子音楽『コンタクテ』（一九五八―六〇）のように、ノイズのような音が切れ切れに、ランダムなタイミングで聞こえるために、リズムが感じられない曲もある。また、サミュエル・バーバーの『弦楽のためのアダージョ』のように、実際にはリズムがあるのに、ほとんど感じ取れない曲もある。弦楽器の奏でる切ない和音が切れ目なく次々に移り変わっていくためだ。中国の「琴《きん》」を使った音楽なども、音の長さが色々に変化するという意味では、リズムがあると言えるが、一定の拍子に合わせて演奏されるわけではないので、通常の意味でリズムがあるようには感じられない。琴の楽譜には、一つ一つの音をどのように鳴らすかの指示は書かれているが、それぞれどのくらい伸ばすかは書かれていない。

図7.1　アボリジニの歌。規則正しく棒を打ち鳴らしながら歌う。

　だが、リズムのない曲、あるいはリズムが感じられない曲というのは、やはり少数派である。世界中に存在する音楽の大半にはリズムがあり、ほぼ一定の拍子に合わせて演奏されるのが普通である。たとえば、オーストラリアのアボリジニは、規則正しく、棒やブーメランを打ち鳴らしながら、あるいは手拍子を鳴らしながら歌う（図7・1）。ただ、リズムというのは打楽器だけのものではない。打楽器が入らなければリズムがない、というわけでもないのだ。リズムは誰にとっても馴染み深いものだが、「リズムとは何か」を改めて定義しようとすると驚くほど難しい。リズムを拍子や拍と混同している人も多い。

図7.2　この楽譜のように、同じ音程変化パターンが繰り返されると、拍子（3音を1組とする拍子）が存在するように感じられ、矢印で示した音が強調されているように聞こえる。

「拍」とは、厳密には、音楽を等間隔に分割する単位のことである。そして、「拍子」とは、拍の連なりのことである。音楽を構成する音の長さや、鳴らすタイミングは、必ずしも拍と一致するわけではない。拍とタイミングが一致する音もあれば、拍とはタイミングがずれる音、あるいは、複数の拍をまたぐ音もある。

拍子というのは理解するのが意外に難しい概念である。たとえ等間隔に分割することができたとしても、実は拍子というものを持たない音楽も存在するからだ。グレゴリオ聖歌などはその例である。「拍子を持っている」と言えるためには、分割した部分（つまり拍）の中に、他より強調される部分（強調される拍）とそうでない部分（強調されない拍）がなくてはならない。「強調される」というのは、ほぼ「音が大きくなる」という意味だと考えていい。たとえば、「一、二、三、四、一、二、三、四」と数えるとき、「一」だけ強く言えば、それは「一」の部分（一拍目）を「強調している」ということになるわけだ。だが、仮にどの拍も強調されていなくても、無意識のうちにどれかを強く感じてしまう傾向が人間にはある。「ダ、ダ、ダ、ダ、ダ、ダ」というように規則的に繰り返される音を聞くと、音の大きさがすべて同じでも「強、弱、強、弱、強、弱」というパターン（つまり二拍子）になっているように感じてしまうことが多い。このように、無意識に拍子を感じ取ってしまう傾向はすでに乳児の段階で見られるので、基本的には生まれつきのものだと考えられる。しかし、文化の影響も無視できない。同じように規則的に繰り返される音を聴いても、イギリス人と日本人では、そこに見出すパターンは微妙に違っているだろう。おそらく、使っている言語によく似たパターンを見出すはずである。人間が拍子を感じ取るのは、「ダ、ダ、ダ、ダ」というような単純な打撃音だけではない。その他にも、同じ音程の音が繰り返し聞こえたとき、

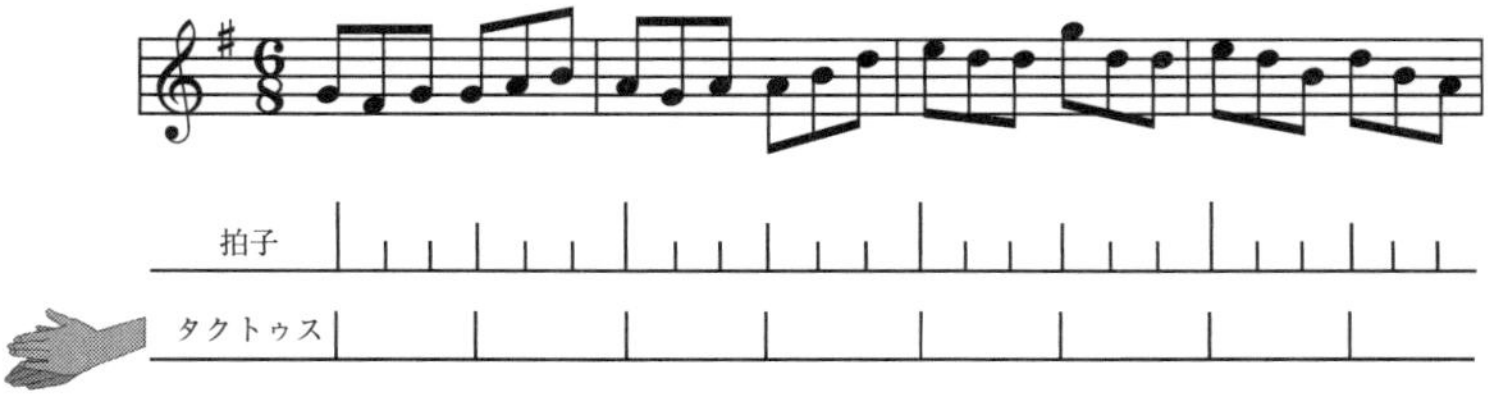

図7.3 『ケーシュ・ジグ』の拍子とタクトゥス

同じ音程変化パターンやフレーズが繰り返されたときなどには、そこに拍子の存在を感じ取る傾向がある（図7・2）。

拍がいくつか集まると拍子になるのだが、具体的にいくつかは曲によって違うし、文化によっても違う。西洋音楽の場合は、比較的少ない数の拍を集めた簡単な拍子が使われることが多い。ほとんどの曲は、二拍、三拍、四拍、六拍のいずれかで拍子が構成されている。拍子が二拍から成る「二拍子」の曲の例としては『きらきら星』があげられ、三拍から成る「三拍子（ワルツ）」の曲の例としては、ヨハン・シュトラウス二世の『美しき青きドナウ』などがあげられる。

リズムに関しては、拍子や拍の他に、「タクトゥス」も大切な要素である。「タクトゥス」というのは、音楽を聴きながら手拍子を入れるときに、最も自然に感じられるタイミングのことである（図7・3）。タクトゥスは文化によって違う。たとえば、同じダンス音楽を聴きながら手拍子を打っても、西洋の人と南米の人とでは、手拍子のタイミングが半拍違う。また、同じリズムを聴いても、無意識に違う拍を強めて認識してしまう。手拍子は、聴き慣れない音楽よりも、聴き慣れた音楽の方が、間隔をあけて打てるようだ。聴き慣れている音楽の場合は、リズムの全体構造がよくわかっているためと考えられる。構造がわかっているので、頻繁に手を打たなくても、打つタイミングを見失うことがないのだ。

「リズム」とは、正確には、音の鳴るタイミング、持続する時間のパターンのことである。拍子やタクトゥスに比べ、規則性はかなり低くなる。リズムと拍子が一致するような音楽は稀であり、もしそういう音楽があったとしても退屈なものになってしまうだろう。『きらきら星』のような単純な曲であっても、リズムと拍子は完全には一致していない。拍と同じ長さの音が六つ続いた後には、拍より長い音が一つ入り、その後に休みが入るようになっている。日常の会話では、「リズム」、「拍子」という二つの言葉を混同して使うことも多い。しかし、ここでは、リズムや拍などを人間がどう認識し、様々な音楽でどのように使われているかを詳細に見ていきたいので、両者を厳密に区別して使うことにする。そうしなければ、話がわからなくなってしまうからだ。

リズムは、規則正しく繰り返される拍子（ビートとも言う）を変形させて作られることが多い。先に触れたアボリジニの歌の場合は、「ディジュリドゥ」という笛のパートがまさにそうなっている。このパートでは、一つの拍を「短い音」と「長い音」の二つの部分に分け、「短い音」＋「長い音」というパターンを繰り返すようになっている。四拍目の終わりから次の一拍目にかけて、毎回、音程が大きく変化する。これによって、四拍が単位になっていることがよくわかるようになっている（アボリジニの音楽には、本来、楽譜はないのだが、この曲の場合は、リズムがこのような構造になっているおかげで西洋音楽の楽譜に書きやすい）。拍を分割し、いずれかの拍を強調すれば、聴き手は明確にリズムを感じるようになる。拍は均一な繰り返しだが、リズムが生じれば、聴き手は自分の居場所を見失いにくくなる。これは、調性階層があるおかげで、個々の音の持つ意味が理解できるというのに似ている。リズムの持つこうした秩序、構造は、どの文化の音楽でもほぼ同じである。たとえば、ジャワのガムランのリズムは、「ゴンガン」と呼ばれる規則的な拍子が、大小様々な銅鑼の音で細かく分割される、という構造になっている。

ただ、問題なのは、リズムは単に、拍を分割するだけのものではない、ということだ。拍とリズムの関係はもっと複雑である。時には、元来、すべて均等なはずの拍の長さをわずかに伸び縮みさせることもある。多くの場合、演奏家が無意識のうちにそうするのだ。それにより、リズムパターンの持つ特徴を際立たせるのだ。強めるべきところをより強め、伸ばすべきところをより伸ばすなどして、特徴を強調する。逆説的だが、拍を正確に均等にするより、伸び縮みさせた方が、聴き手にとっては拍やリズムを認識しやすくなる。音楽心理学者、エリック・クラークは、何人かのピアニストを対象に実験を行い、彼らが拍をかなり柔軟に伸び縮みさせることを確かめた。被験者となったピアニストに、すべて同じメロディを弾い

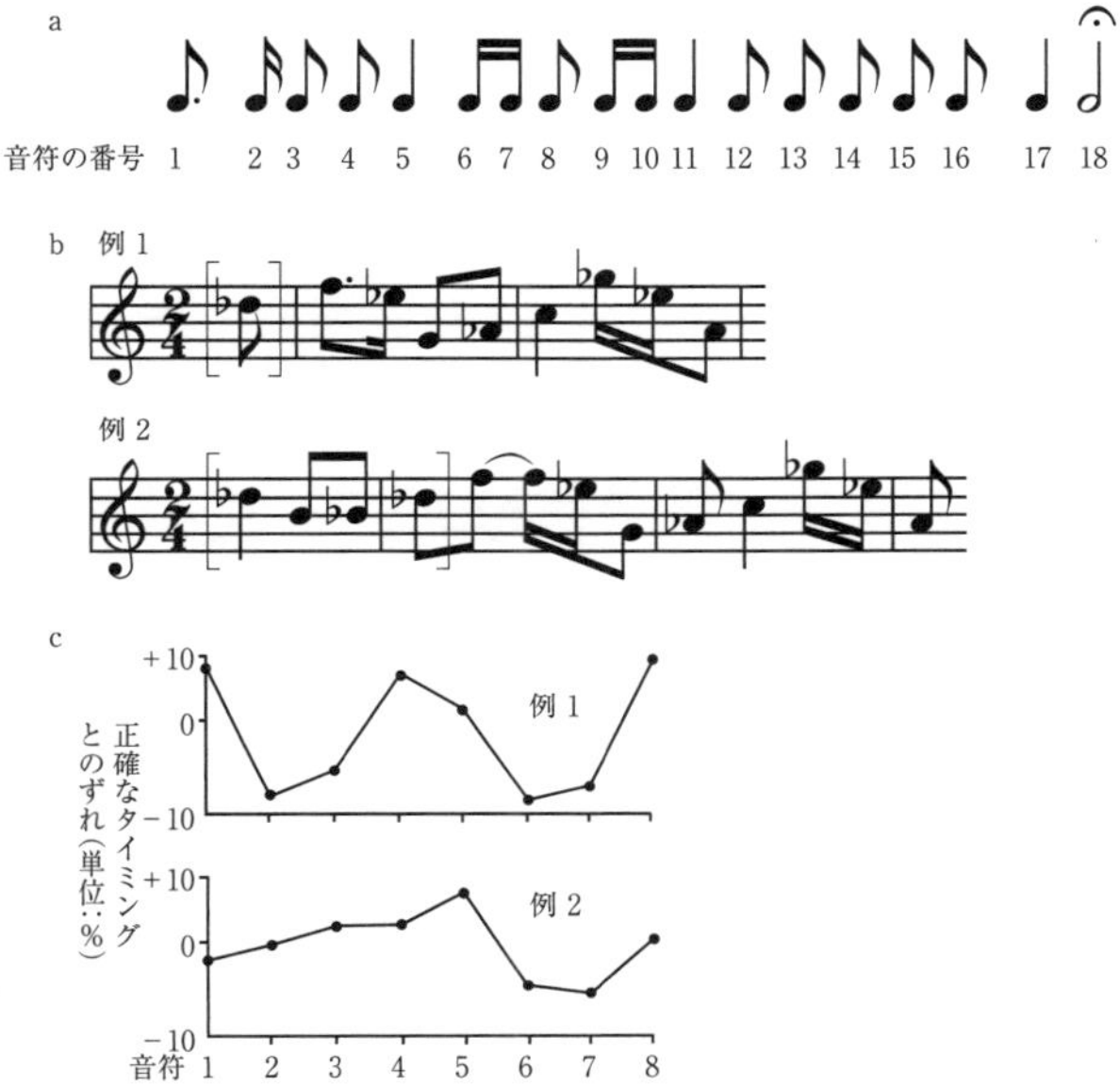

図7.4　同じメロディでも、拍とリズムの関係により、個々の音はかなり伸び縮みする。何人かのピアニストに、同じリズムのメロディ（a）を条件を10通りに変えて弾いてもらった。たとえば、小節の区切り方を２通りに変えるなどした（b）。条件によっては、メロディに適宜音を加えた（[　] の中は追加した音）。その結果、ピアニストは、条件によって拍を伸び縮みさせて演奏することがわかった（c）。たとえば、例１では、第２音がかなり短くなったが、例２では同じ音がほぼ正確に音符どおりに演奏された。

てもらい、演奏された音のタイミングと持続時間を正確に計測したのだ。メロディは、拍子を二通り（四分の二拍子と八分の六拍子）に変え、小節の区切り方も何通りかに変えて弾いてもらった（図7・4）。どのピアニストも、拍を完全に均等にはせず、リズムとの関係によってかなり伸び縮みさせていた。クラークはこの結果について「拍とリズムは密接に関係し合っている。ある音の開始タイミングと持続時間を少しでも変えれば、その他の音すべての開始

タイミングと持続時間に影響を与える」と言っている。
西洋音楽は伝統的に、「二の倍数（二分割）」を基本に構成されることが多い。歌のメロディは二つ、あるいは四つのフレーズに分けられるのが普通だし、一つのフレーズは四小節、あるいは八小節に分かれるというのが通例になっている。一小節は、ほとんどの曲で四拍に分けられ、一拍はさらに二分割、あるいは四分割される（それ以上に細かく分けられるときもある）（図7・5）。もちろん、必ず二の倍数でなくてはならないというわけではない。現に、三の倍数は意外によく使われている。しかし、二の倍数が圧倒的に重要であることは、全音符（四拍。四拍子の一小節）、二分音符（二拍）、四分音符（一拍）、八分音符（半拍）といった音符を見てもわかるだろう。どれも二の倍数を基本とした音符ばかりだ。

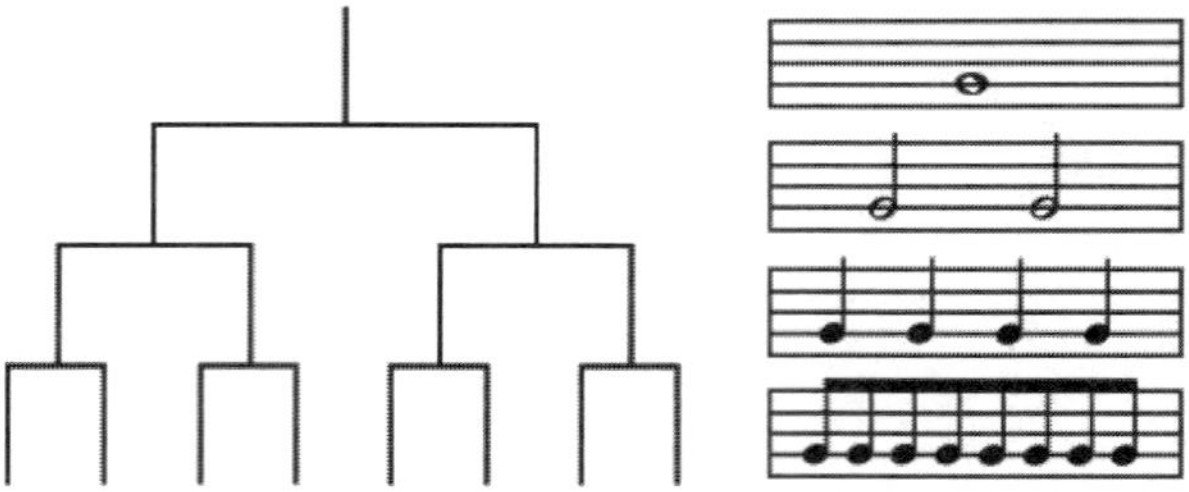

図7.5　西洋音楽では、通常、拍やリズムの基本になるのは２の倍数である。そのことは、音符の種類を見てもわかる。１拍の中に入る音の数は２倍、２倍になっていく。

東欧の伝統音楽は、それとはかなり違っている。「均等に二分割」ではなく、不均等に分けることが多いのだ。たとえば、スラヴやバルカンの音楽の場合には、西洋音楽のような「拍」はない。一小節が均等に四つの拍に分かれる、などということはなく、二拍と三拍が組み合わさって一小節、というような構造になるものが多い。つまり、一小節の拍数が偶数ではなく奇数になるのだ。バルカンの民族舞踊の音楽には、大きく分けて五種類の形態があるが、そのうちの一つだけが二拍子で、あとは、一六分の九拍子が一つ、八分の七拍子が二つで、残り一つは四分の五拍子である。*「二拍子、四拍子の曲が多いのは、人間の脚が二本だからだ。二本の脚で歩いたり踊ったりすれば、リズムは自然に二

図7.6　バルトークが記譜した『ルーマニアのクリスマス・キャロル（子供の歌）』(1935)。装飾音（括弧内の音符）の表記に苦心の跡が見える（451ページ参照）。

拍子や四拍子になる」という説を唱える人もいるが、これはおそらく正しくないだろう。ギリシャ人のように、七拍子に合わせて苦もなく踊る人たちもいる。彼らの文化では、これはごく自然なリズムであり、曲芸の類ではまったくない**。

そもそも、東欧の音楽のリズムは、基本となる拍があって、それを細かく分割していく、というような「トップダウン」の構造にはなっていない。そのため、時には、ほぼ一小節ごとに目まぐるしく拍子が変わっていくこともある***（図7・6）。東欧の音楽のリズムがこのようになったのは、東欧の詩の持つリズムの影響を受けたせいとも考えられる。西欧の詩では、一行あたりの音節の数が一定しないというのは珍しいことではない。すべての行で一定

*ブルーノ・ネトルのように、「バルカン音楽には、一小節の拍数が素数（三、五、七、一一、一三）のものが多い」と指摘する人もいる。だが、これは当然で、取り立てて言うほどのことではないだろう。小さい奇数は、九を除くとすべて素数だからだ。

**現在では、こうした得手不得手は文化的なものであるという意見が大勢だが、一九九九年に日本の神経科学者たちが興味深い発見をしている。リズムの情報が脳内のどの部位で処理されるかを調べたところ、二拍子、三拍子、四拍子などのリズムと、五拍子、七拍子などのリズムでは処理される部位が違ったというのだ。ただし、彼らの実験の被験者の中に、文化的にいわゆる「変拍子」を得意とする人は含まれていない。

***西洋音楽の楽譜は、元来、拍子が一定であまり変化しない音楽を記録するのに向いている。そのため、拍子が次々に変化する曲の譜面は図7・6のように複雑になってしまう。しかも、この譜面のとおりに演奏しても、ルーマニア人の耳には、自分たちの慣れ親しんだクリスマス・キャロルには聞こえないだろう。それだけ、楽譜でリズムを忠実に記録するのは難しいということである。

しているのは、アクセントの置かれる音節の数だけだ（たとえば、アメリカで誕生日などによく歌われる『フォー・ヒーズ・ア・ジョリー・グッド・フェロー』の歌詞を見てみると、すぐにそれがわかる）。一方、東欧の場合は、各行の音節数は常に一定となる。これは、アクセントの置かれるタイミングが行ごとに変わり得るということを意味する。

西洋の音楽家にとって、二拍子や四拍子、あるいは三拍子以外のリズムは易しいものではない。まれにデイヴ・ブルーベックのように「変拍子」に挑戦する人はいるが、『トルコ風ブルー・ロンド』（八分の九拍子）などの曲を聴いても、かなり無理をして「頑張っている」という印象になってしまう。途中で変拍子をやめてしまう曲も多い。『トルコ風ブルー・ロンド』やピンク・フロイドの『マネー』（四分の七拍子）も即興演奏の部分では四分の四拍子に変わる。即興演奏まで変拍子というのは、やはり無理があるのだろう。

リズムの非対称性

リズムにとって重要なのは、アクセントの強弱と、音の長短である。つまり、すべてが均一でないこと、「非対称」であることが大切なのだ。それによって音楽が単調なものにならずに済む。これは音楽だけでなく言語でも同じである。私たちは言葉を話すとき、音節を一つ一つ均一に発音したりはしない。強く言うところ、弱く言うところ、そして、長く伸ばすところ、ほとんど発音しないくらい短くしてしまうところなどができる。すべての音節を同じ強さ、長さで発音すると、まるでロボットが話しているような感じになる。実際の話し言葉は違う。たとえば英語の場合は、主として「弱強格（アイアンブ、短長格とも言う）」と呼ばれるリズムパターンが使われる。これは、短い音節の後に長い音節が続く、というパターン

図7.7　基本的なリズムパターン。弱強格、強弱格、強弱弱格、弱弱強格。曲名は上から『三隻の船』、『さあさ、みんな出てこい』、『おお、いさましいヨークのしょうぐん』、『ジ・アイリッシュ・ウォッシャー・ウーマン』『ベッドの中にこどもが10人』。

である（「ダ-ダー」というリズム）。詩なども、やはり次の例のように弱強格になっているものが多い。これは、「弱強五歩格」と呼ばれるパターン（一行が弱強格五つで構成される）である。

When forty winters shall besiege thy brow
And dig deep trenches in thy beauty's field

シェークスピアの『ソネット二番』より

同じリズムパターンは、クリスマス・キャロル『三隻の船』などにも見られる（図7・7）。弱強格の反対の「強弱格（トロキー）」もある。これは、長い音節の後に短い音節が続く、というパターンである。強弱格は、詩に広く使われる他、次のような子供の歌にもよく使われている。

Boys and girls come out to play
The moon does shine as bright as day
『さあさ、みんな出てこい』より

弱強格も、強弱格も、共通しているのは、非対称性である。長さの異なる音節が組になってリズムを構成しているのだ。その他には、「長い音節一つ+短い音節二つ」あるいは「短い音節二つ+長い音節一つ」というパターンもある。前者は「強弱弱格（ダクティル）」、後者は「弱弱強格（アナペスト）」と呼ばれる（図7・7）。ここで言う「長い」、「短い」は、ほぼ「強い」、「弱い」という意味でもある。つまり、強弱弱格は、文字通り「強い音節一つの後に弱い音節二つ」というパターンになるわけだ。たとえば、“happily”という単語の発音は、強弱弱格になる。さらにテニスンの『軽騎兵の突撃』という詩の冒頭部分、“Half a league, half a league”というのも強弱弱格である。そして音楽の三拍子のリズムも、強い音一つの後に弱い音二つというパターンになっているので、強弱弱格の一種ということになる。

こうしたパターンが、私たちがリズムを認知する際の手がかりになる。非対称性を基礎にしたパターンを手がかりに、流れていく音楽をどこで区切り、どこからどこまでを単位としてとらえればいいのかを知るわけだ。ただし、パターンがパターンとして認識されるためには、何度か繰り返される必要がある。リズムには、ある程度の規則性が必要ということだ。もちろん、音楽の中には、リズムの規則性が高いものと低いものとがある。イギリスやアイルランドの伝統的なダンス音楽である「ジグ」や「リール」、あるいはスカンジナヴィアのダンス音楽などでは、踊りやすくするため、すべての拍が音で埋めつくされてお

図7.8　リズムの規則性が高い曲の例。伝統的なジグとリール（a）と、モーツァルトの『小さなジーグ　ト長調 K574』（b）。

り、ほとんどの音は半拍の長さになっている。一拍と半拍を見失いにくくなっているのだ（図7・8 a）。バロック音楽や古典派時代の音楽のリズムも、元は舞踏の音楽（ジーグ、クーラント、アルマンドなど）をルーツとしているものが多いことから、やはり同様の規則性を持っている（図7・8 b）。規則性が高いと、聴く側は簡単にリズムパターンを認識できるし、その認識を変えずに済む。音楽学者のグローヴナー・クーパー、レナード・メイヤーはこの点について次のように述べている。「聴き手は、いったんリズムパターンを認識したら、その認識をできる限り、変えたがらない。認識したパターンがずっと繰り返されているはずと思い込んでしまうということだ。パターンがすでに変わってしまったことを示す証拠があっても、簡単に認識が変わることはない」[1]

　私たちは、リズムパターンを認識する際、音の長さ以外にも様々な情報を手がかりにする（音の長さは、リズムの規則性の高い音楽の場合は、どれもほとんど同じということもある）。音の長さの他には、音程の上下変化や音の強弱の変化、音色の変化なども手がかりになる。たとえば、『きらきら星』のメロディの構成音の長さが

図7.9　リズムの認識へのメロディの影響。『きらきら星』のメロディの構成音の長さをすべて同じにした場合（a）、聴き手は無意識に「強弱格」であると認識する。しかし、音程に少し変化を加えると、リズムパターンは「弱強格」に聞こえるようになる（b）。また、音の長さを少し変えると、「弱弱強格」に聞こえる（c、d）。曲を聴き始めてからリズムパターンを認識するまでには少し時間を要するが（最初の音は、まったくリズムパターンがわからない状態で聴くことになる）、いったんパターンを認識すると、今度はそれに固執するようになる。

図7・9ａのようにすべて同じだったとする。この場合、聴き手はどのようにしてリズムパターンを認識するのか。何も言われなければ、二音ずつをひとまとめにし、「強弱格」であると認識するだろう。つまり「強い＋弱い」の繰り返しであると認識するわけだ。だが、メロディを構成する音程を図7・9ｂのように少し変えると、聴き手の認識は、「弱強格」へと変化する。「弱い＋強い」の繰り返しのリズムへと認識が変わるのだ。調性階層で上に位置する音ほど「強い」と認識されやすいためだ。本来、音階の外にある＃のついた音などは弱く感じられる。そして、音程が近い音はひとまとめにされやすいという傾向もある。図7・9ｃやｄのように、一部の音を長く伸ばすようにすると、「弱弱強格」と認識されるようになる。ただし、調性階層で比較的下に位置する音（二度や六度）が強くなるところは、やや奇異に聞こえる。こうした法則を知っていれば、作曲の際、聴き手へのリズムの「聞こえ方」を意図的に操作するということ

も可能である。実際、ハイドンのように、リズムを操作して平凡なメロディを魅力的なものにすることに非常に長けていた作曲家もいる。

あえてリズムをわかりにくくする

音楽を作る側の人間は、普通、聴き手に曲のリズムパターンを正確に認識してもらいたいと望む。そのため、認識の助けとなるような要素を曲に盛り込むことになる。リズムを認識する手がかりになりやすいのは、「強拍（アクセントが置かれる拍。たとえば強弱格なら、まず強拍、次に弱拍というパターンになる）」である。強拍を確実に認識してもらうためには、強拍の音をできるだけ明確で聴き取りやすいものにする必要がある。そのため、強拍が短い音符に分割されることは少ない。また、休符になることも少ない。前の拍から音が長く伸ばされるということもあまりない。拍子記号や小節線を使うことをやめてしまったエリック・サティですら、拍を無視するような曲作りをしていたわけではない。

ただ、時には、曲に緊張感を持たせたり、感情を込めたりするために、あえてリズムが認識しにくくなるような操作をすることもある（「感情を込める」というテーマに関しては第10章で詳しく触れる）。メロディやハーモニーに比べ、リズムははるかにそうした操作がしやすいと言える。リズムパターンは、ごく短時間で無意識に認識されるからだ。そのため、パターンの乱れも聴き手は素早く察知する。人間には、パターンを見つけ出す素晴らしい能力があるが、その能力を逆手に取って聴き手を翻弄するということもできるのだ。パターンを知る手がかりを同時に複数提示するというのもその一つの方法だ。互いに矛盾するような手がかりが同時に提示されると、聴き手の注意力は研ぎ澄まされる。うまくやれば、曲が刺激的で活き活きしたものになるということだ。

ベートーヴェン『交響曲第五番』の冒頭はその典型例かもしれない。この曲の冒頭部分はあまりに有名だが、実は、おそらく大半の人が「誤って」聴いていると考えられる。「ダダダダー！」というフレーズの最初の部分は、「強拍」だと認識している人がほとんどのはずだ。しかし、譜面を見ると、この曲の一小節目の最初の強拍は休符になっている（図7・10）。『交響曲第五番』は無音で始まる、ということだ（第六番の冒頭も同じようになっているが、第五番よりは「正しい」聴き方がわかりやすい）。ベートーヴェンは、同じように聴き手の認識を狂わせるような技法を好んで使っている。『ピアノソナタ第一三番変ホ長調』の場合は、メロディの音程の上下変化によって、聴き手のリズムパターンの認識を攪乱する。十六分音符が連続するメロディで、「音程が四つ続けて下がり、いったん上がった後、また四つ続けて下がる」というパターンが繰り返されると、聴き手はどうしても、四つの十六分音符をひとまとまりのものとして認識してしまう。しかし、譜面を見ると、十六分音符は正しくは六つずつひとまとまりになっていることがわかる（図7・11）。レナード・バーンスタイン『ウエスト・サイド物語』の中の「アメリカ」にも同じような技法が使われている。譜面上は四分の三拍子の曲が八分の六拍子に聞こえる（図7・12）。音程変化のパターンも、さらに混乱に拍車をかけるようなものになっている。四分の三拍子の拍ではなく、八分の六拍子の拍の方に合うようなパターンで音程が変化しているのだ。最初に三音ずつ同じ音程が繰り返されるが、この三音の長さが、八分の六拍子の拍と同じになっている。

図7.10　ベートーヴェン『交響曲第５番』の冒頭部分。正確には休符で曲が始まるのだが、多くの人は「誤って」聴いている。

図7.11　ベートーヴェン『ピアノソナタ第13番変ホ長調』。聴き手のリズムパターンの認識を攪乱するような作りになっている。聴き手は、音程が続けて下がっている４つの16分音符（角括弧をつけた部分）をひとまとまりのものとして認識しやすい。ベートーヴェンには、さらにリズムを誤解しやすい作品もある（429ページ参照）。

リズムパターンの認識が攪乱されるような作りの曲はポピュラー音楽にも数多くある。ロレンツ・ハートとリチャード・ロジャースの『ゲッティング・トゥ・ノウ・ユー』（ミュージカル『王様と私』の中の曲）などはその例の一つである。この曲のリズムは、一見、シンプルである。冒頭では、タイトルと同じ「ゲッティング・トゥ・ノウ・ユー」という歌詞が何度か繰り返される。三連符の後に長い音符が二つ続く、というフレーズが何度か繰り返されるのだが、フレーズの小節の中での位置が少しずつ変わっていくので、意外に歌うのが難しい。やや、もたついた感じにも聞こえる（図7・13）。レッド・ツェッペリンの『俺の罪』のような例もある。この曲は、オクターヴの音程変化が変則的な位置に入っているために、拍を正しく認識するのが難しくなっている（図7・14 a）。レッド・ツェッペリンには『ブラック・ドッグ』のような例もある。この曲のリフは複雑に聞こえるが、実際にはそうでもない。ただ、フレーズの開始位置を半拍ずらしてあるだけである。ドラムが普通に一定の拍を刻んでいる上で、半拍ずれた演奏をしているために込み入って聞こえるのだ。これは、混同しやすい、「拍」と「リズム」の違いがよくわかる例だと言えるだろう（図7・14 b）。ベーシストのジョン・ポール・ジョーンズによれば、この曲のリズムはかなり意図的にわかりにくくしてあるらしい。[2] リフは、ブルースシンガー、ハウリン・ウルフが使っていたものを取り入れているという。何度も繰り返され、終わりそうで終わらないように聞こえるリフだ。ボブ・マーリーの『イズ・ディス・ラヴ』なども、タイミングやフレーズを工夫して、聴き手のリズムパターンの認識を巧みに操作している好例である。

時には、ただリズムパターンの認識を少し攪乱して緊張感を生むという程度にとどまらず、拍そのものを乱してしまうというテクニックが使われることもある。単に「あれ、おかしいな」と思わせる程度ではなく、簡単に「間違っている！」とわかるリズムを聴かせて驚かせるのだ。ポピュラー音楽では、必要な拍を省いたり、余分な拍をつけ加えたりして、曲に変化を持たせることがよく行われている（四三一ページ）。現代音楽においても、拍を乱すなどリズムを攪乱することは様々なかたちで盛んに行われているが、聴き手もそのつもりで聴いているので、実はさほど驚かないかもしれない。そもそもリズムが攪乱されることを想定せずに聴いている場合の方が、聴き手の驚きはずっと大きくなるだろう。たとえば、ストラヴィンスキーの『春の祭典』の中の「若い男女の踊り」では、拍は規則正しく刻まれるが、アクセントの位置が次々に変わっていく（図7・15 a）。この場合、聴き手は、リズムの攪乱を想定していないため、かなり戸惑う。ところが、「祖先の呼び出し」の場合は、拍自体が

図7.12　レナード・バーンスタイン『ウエスト・サイド物語』「アメリカ」のメロディ。冒頭の部分は８分の６拍子のように聞こえるが(a)、実は４分の３拍子で作曲されている (b)。通常は、８分の６拍子なら１小節中の２箇所にアクセントが置かれ、４分の３拍子なら１小節に３箇所、アクセントが置かれることになる。だが、１小節目ではアクセントが２箇所、２小節目ではアクセントが３箇所、というふうに演奏されると、聴き手は８分の６拍子なのか、４分の３拍子なのかわからず混乱する。

Get-ting to know you, get-ting to know all a - bout you—— Get-ting to like you, get-ting to hope you like me

図7.13　ハートとロジャース『ゲッティング・トゥ・ノウ・ユー』(ミュージカル『王様と私』より)。「ゲッティング・トゥ・ノウ・ユー」という歌詞が何度か繰り返されるが、小節の中での位置が少しずつ変わり、リズムパターンの認識が攪乱される。

a
b

図7.14　レッド・ツェッペリン『俺の罪』(a)。オクターヴの音程変化が変則的な位置に入っているため、拍の認識が難しい。『ブラック・ドッグ』(b)は複雑に聞こえるが実際にはさほどでもない。ただ、フレーズの開始位置を半拍ずらしてあるだけだ。角括弧で囲った箇所を見ると、フレーズの始めと終わりが小節線をはみ出しているのがよくわかる。

不規則なので、聴き手はあまり戸惑わない(図7・15b)。

一定の拍を刻むことは易しそうに思えるが、意外なほど難しい。音楽を聴きながらではなく、何もなしで自力で正確に拍を刻める人は少ない。正式の音楽教育を受けた人でなければ、いつの間にか狂ってしまっていて、自分ではまったく気づかないということも多い。三拍子で始めたはずが、知らない間に四拍子に変わってしまっているということも珍しくはないし、時々、無意識に余計な拍や小節を加えてしまっているということもある。たとえば、ブルースは基本的に一二小節から成るが、初期にアメリカ南部の田園地帯で演奏されていた頃には、時々、気まぐれに一小節増やされて一三小節になったりしていた。また、ところどころ拍が抜かされたりもしていた(白人のミュージシャンが真似をしようとすれば、苦労するはずである)。もし、その演奏を採譜したとすれば、譜面はまるでバルト

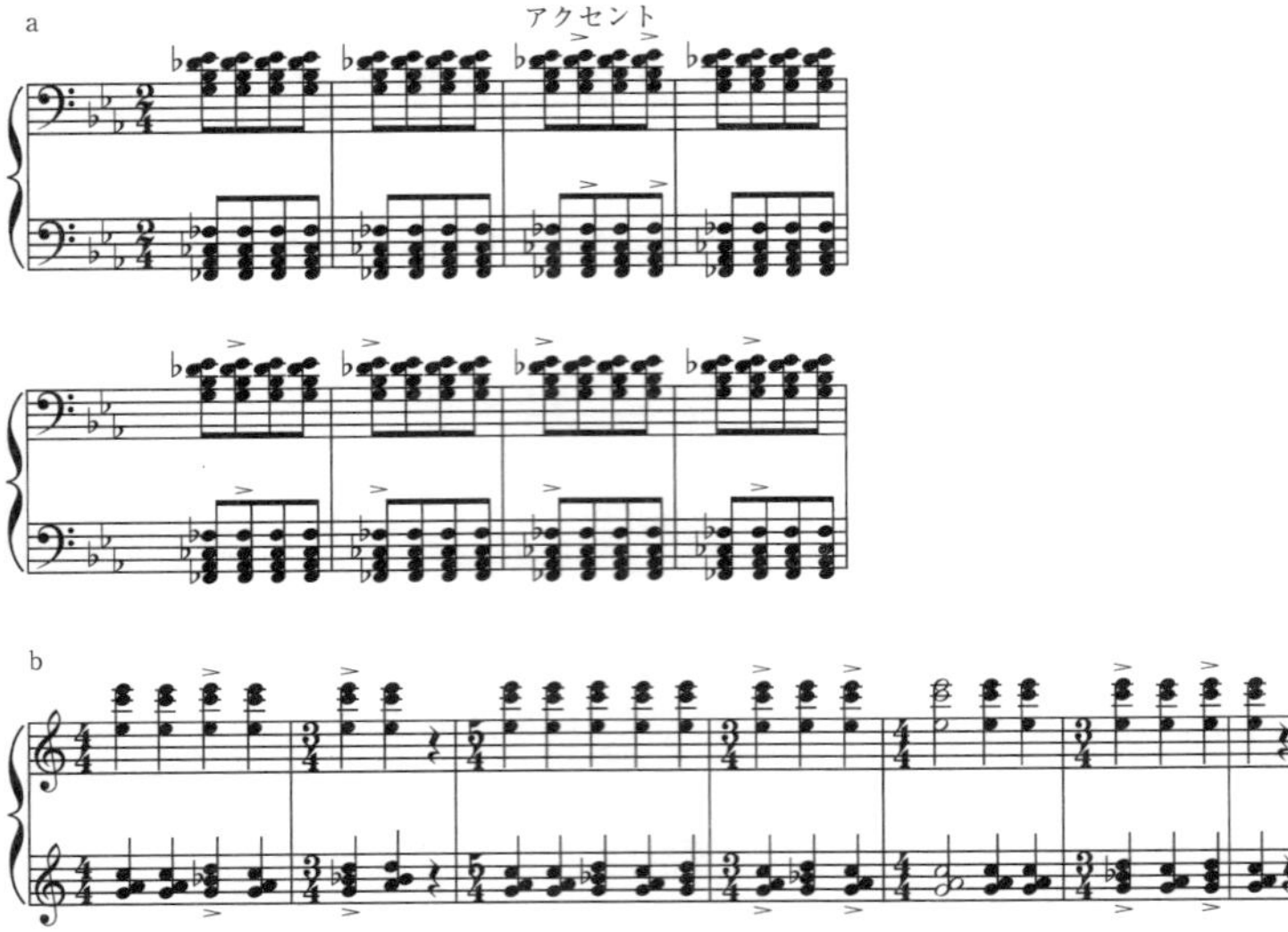

図7.15　ストラヴィンスキー『春の祭典』「若い男女の踊り」(a)。拍は規則的だが、アクセントの位置が不規則なので聴き手は戸惑う。一方、「祖先の呼び出し」のように拍そのものがはじめから不規則ならば、聴き手は意外に戸惑わない (b)。

ークの曲のように複雑なものになるだろう。五連符や七連符の箇所があるなど、読みこなすのが大変に違いない。一定の秩序に従っているとはとても思えない。民族音楽には他にも同様の例が多く見られる。民族音楽学者の先駆けで、自ら作曲家でもあったオーストラリアのパーシー・グレインジャーは、イギリス民謡の演奏などを採譜しているが、それを見ると、リズムや拍がかなり自在に変化していることがわかる（図7・16）。グレインジャーは、こうした民族音楽の影響を受け、自らの作品にも、拍の不規則な変化を取り入れている。『海の歌』（一九〇七）などはそうした例の一つである。この曲は、拍子が非常に複雑に変化し、ほとんど演奏不可能と言っていいほど難しい。当然、聴き手は、リズムパターンをまったく認識できない。最初の一三小節だけでも、四分の一拍子、三二分の七拍子、三二分の三拍子、六四分の五拍子、一六分の五拍子、八分の三拍子、六四分の七拍子、三二分の三拍子、六四分の五拍子、三二分の九

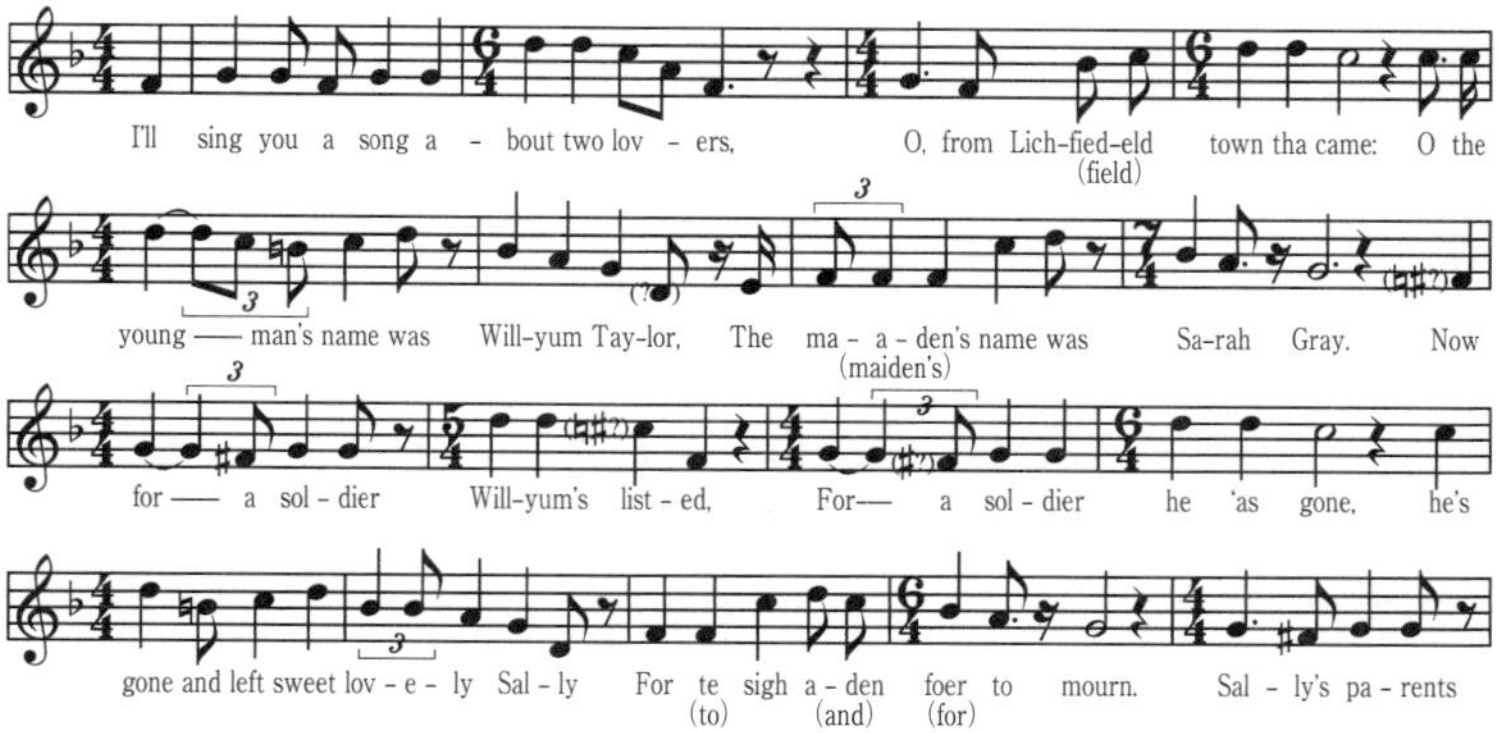

図7.16　イギリス民謡『勇敢なウィリアム・テイラー』。1906年にリンカンシャー州ブリッグでジョージ・グールドソープが歌ったものをパーシー・グレインジャーが採譜した。次々に拍子が変化していることがわかる。また、音程に曖昧なところがある点にも注意。その点については第10章で触れる。

拍子、八分の三拍子、六四分の七拍子、一六分の五拍子……という具合に変化する。

西洋音楽にも、中世やルネッサンス初期くらいまでは、現在のような拍や拍子の概念はなかった。拍や拍子の概念が生まれ、広まった時期は、ポリフォニー音楽が一般的になった時期とほぼ一致する。複数の人が共同で複雑なリズムを作るようになった時期と一致するということだ。ただし、はじめから今のように明確に拍や拍子というものが意識されていたわけではない。図7・17に示したのは、一五世紀の音楽の一例を楽譜にしたものである。拍子は、八分の六、四分の三、四分の二というふうに何度も変わる。それだと収拾がつかないようであるが、最後にはすっきりと区切り良く終わるように作られている。文献資料などはまったく残っていないため、作った人が何を意図し、どのように考えてこのようにしたのかはわからない。おそらく直感だけを頼りに作られたのだろう。自分の耳で聴いて良いと感じるようにリズムパターンを自在に変化させていったと思われる。

伝統音楽の中にも、積極的に聴き手のリズムパターンの認識を攪乱させようとしているのではないか、と思えるも

図7.17　ルネッサンス期のポリフォニー音楽の例。リズムが非常に複雑になっている。現在のような明確な拍子がないので、小節線は書かれていない。

のは少なくない。たとえば、アフリカやインド、インドネシアの音楽には、「クロスリズム」が多く見られる。クロスリズムというのは、複数の異なるリズムパターンを同時に演奏することだが、時には、演奏者のうちの誰かが、他の演奏者を惑わし、リズムを乱すようなことも行われる。これは一種の遊びと考えられるが、特にインド音楽によく見られる。アメリカの音楽評論家、ウィンスロップ・サージェントは、同様のことはジャズでもよく行われていると指摘している。確かに、ジャズの場合は、ドラマーが拍をまたぐようなタイミングで音を出すことが多い。サージェントは、インド音楽の専門家、サラ・ラヒリの協力も得た上で、次のように書いている。

> インド音楽では、ヴィーナ（インドの弦楽器）奏者と打楽器奏者が、あくまで和やかにだが、「対決」を始めることがよくある。相手のリズム感覚を攪乱し、どちらが先にサム（拍）を見失うかで勝負をするのだ。打楽器奏者の繰り出す難解極まりないカウンターリズムに、ヴィーナ奏者は、困ったような面白がっているような表情を見せる。聴いている側は、何が起きているのかよくわからず、戸惑う。しかし、やがてヴィーナ奏者は結局、見事にサムをとらえ、寸分の狂いもない演奏を再び始め、心から満足した表情を見せる。同様のことが毎度、繰り返されるので、慣れてくれば、混沌状態か

ら再び、大地をしっかりと踏みしめているような安定した状態に戻るまでを余裕を持って楽しむことができるようになる。いったん混乱した後に味わう安心感には格別のものがあるだろう。[3]

西洋のクラシック音楽では、クロスリズムはあまり使われない。クラシック音楽では、音と音のハーモニーが重視されてきたためだ。ハーモニーを重視すると、どうしても複数のパートのタイミングを合わせることが多くなる。ただし、スティーヴ・ライヒやフィリップ・グラスなどのミニマリスト（ミニマル音楽の作曲家）たちは、クロスリズムを多用している。たとえば、ライヒは、複数の楽器に、少しずつ違ったテンポで演奏をさせるということをしている。個々の楽器は同じリフを繰り返し演奏するのだが、テンポがそれぞれに少しずつ違っているのだ。全体としては、徐々にリズムパターンが移り変わっていくように聞こえる。ライヒはこれを「フェイジング（phasing, phase ＝位相）」と呼んだ。微妙に位相の違う波がいくつも重なっているようだからだ。ライヒは当初、この種の音楽を作るのに、楽器の音や人の声をテープに録音して使っていた。一人一人の演奏者が極めて正確なテンポで演奏しなければならないため、人間が生で演奏するには難しいと考えたのだ。しかし、実際に試してみると、驚くほど簡単だったため、一九六七年には、二人のピアニストがわずかに違うテンポで同時に同じフレーズ（一二音、八音、四音から成るフレーズ）を演奏する曲を書いている（『ピアノ・フェイズ』*）。ライヒは、このフェイジングの技法を他にも何曲かで使っている。そのうちの一つが『ドラミング』（一九七一）で、この曲には、その当時訪

＊『ピアノ・フェイズ』を一人で弾いてしまった、すごいピアニストもいる。左右の手のそれぞれで違うピアノを弾いたのだ。ライヒの音楽は極端なものだが、こうした例を見ると、人間はリズムに関して思った以上に奥深い能力を持っていることがわかる。

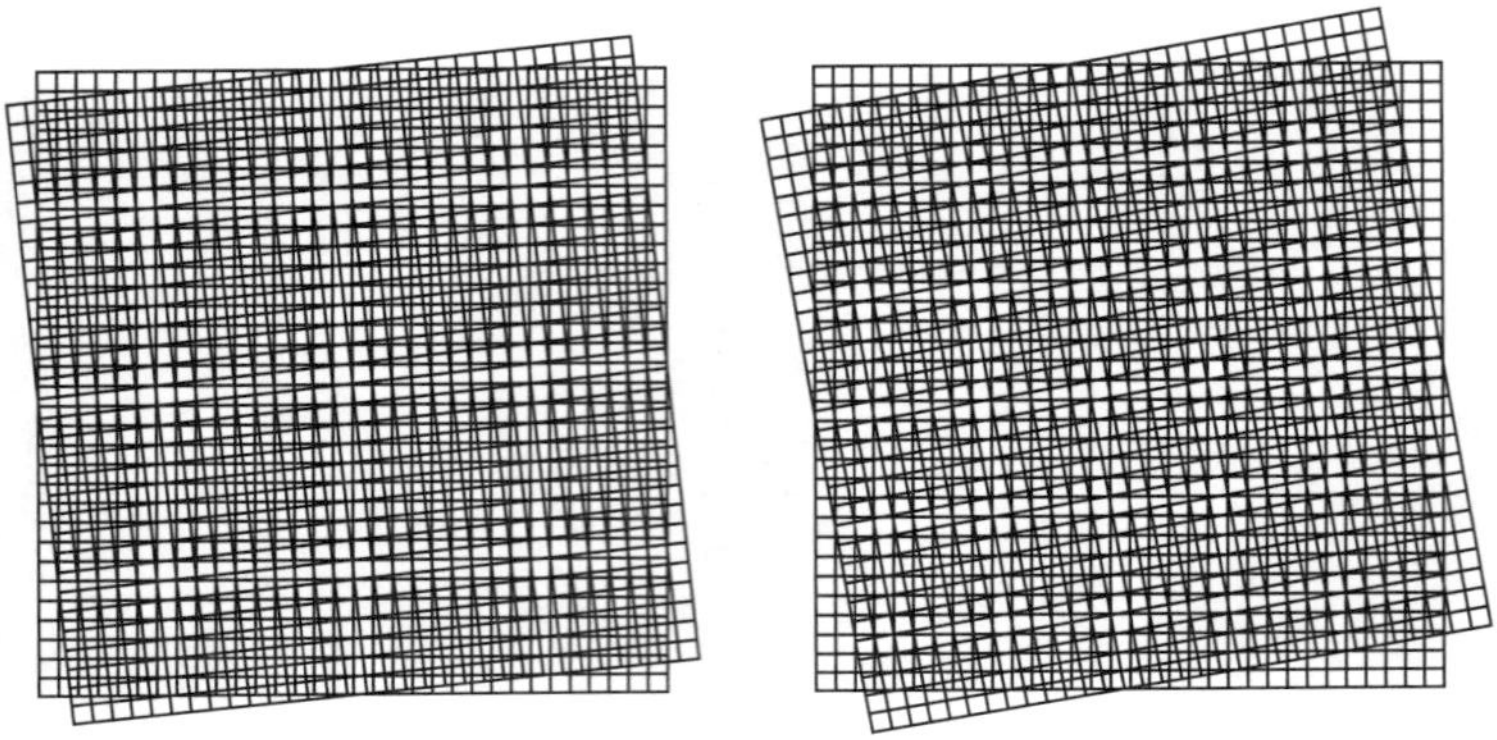

図7.18　スティーヴ・ライヒの音楽では、周期的なリズムパターンの「位相関係」が変化すると、それよりスケールの大きなパターンが一時的に生まれる。これはちょうど、碁盤の目が重なって、モアレパターンができるのと似ている。

れたアフリカのポリリズムの影響が色濃く出ている。

この種の曲は、楽譜を見たときの印象と、実際に耳で聴いたときの印象が驚くほど違う。ただ、テンポの少しずれた簡単なリフが複数重なっているだけ、というふうには聞こえないのだ。すべてが組み合わさって、あるリズムパターンが生まれたかと思うと、それがしばらくして崩れ、また新たなリズムパターンが生まれる……そういうふうに聞こえる。パターンが生まれるのも消えるのも唐突で、はっきりと認識できる。新たなパターンが生まれたときは、物がまったく同じ形の穴にうまくはまったような心地よさを感じる。しかし、しばらくすると、そのパターンは失われて、また新たなパターンが生まれる。その繰り返しなのだ。聴いて退屈だと感じる人も多いだろう（確かにメロディ自体は単調で面白味のあるものではない）。しかし、絶えずリズムパターンが移り変わっていくのを楽しむ人もいる。これは視覚で言えば、すでに触れた「ネッカーキューブ」に似ているとも言えるが、さらにもっと似ているのは「モアレパターン」だろう。モアレパターンというのは、たとえば二つのまったく同じ格子模様を二つ重ね、一方を回転させたときにできる模様のことである（図7・18）。回転させるにつれ、できる模様は次々に移り変わっていく。模様は誰が見てもすぐにわかる明確なもので、できるのも消えるのも唐突である。脳には、できる限りパターンを見つけ出そうとする性質があるので、混沌の中に突如、パターンが現れれば、すぐにそれを認知する。そして、完全に消えてしまうまでは、パターンはそこにあるものと認識し続けるのだ。つまり、曖昧さを嫌う脳の特性が、模様の見え方、音楽の聞こえ方に大きな影響を与えているというわけである。

生まれつきの能力

人間にはどうやら、聞こえる音の中に規則性を見出す能力が生まれつき備わっているようだ。連続して聞こえる音の中に繰り返し現れるパターンがあれば、それを見つけ出すことができるのだ。その能力と、リズムや拍を感じ取る能力とが同じであるとは言えないが、まず、そのパターンを見つけ出す能力がなければ、リズムや拍を感じ取ることが不可能なのは確かだろう。同じパターンが繰り返されていること、アクセントの位置や音の長さの組み合わせに規則性があることを認識できなければ、当然、拍やリズムを感じ取ることはできない。

ここで重要なことは、人間が繰り返し同じパターンで音を出せること（繰り返し同じパターンの動きができること）ではない。それだけならば同じことのできる動物は多くいる。大事なのは、人間には、耳で聴いた音のパターンに合わせて身体を動かす能力があるということである。いわゆる「リズムに乗る」ということができるのだ。私たちはつい、この能力を、原始的なもの、本能的なものと考えがちだ。だが、興味深いことに、高等生物の中に同じような能力を持つものはほとんどいない。二〇〇八年に日本の研究者チームが調べたところでは、「モジホコリ（粘菌の一種）」という単細胞生物には、「拍」を学習する能力があるという。同じ刺激を規則正しい間隔で繰り返し与え続けると、次の刺激のタイミングを予測できるようになるというのだ。研究者チームは、モジホコリに一定の間隔で乾いた空気を繰り返し吹きつけるという実験を行った。モジホコリは、乾いた空気を当てられると、その度に動きが鈍くなる。実験では、一時間おきに三度、乾いた空気を当てたのだが、それ以降は、次に乾いた空気を当てられるタイミングを予測するようになった。三回目から一時間経つと、何もしていないのに、動きが鈍くなったのだ*。

この現象は、「結合振動子系」と呼ばれるシステムに関係があると考えられている。結合振動子系というのは、たとえば、同じ支柱から二つの振り子がつり下げられているようなシステムのことを言う。この場合、二つの振り子は、支柱を通じて伝わる互いの振動を「感じ取って」、やがて同じリズムで振動するようになる。このことは、一六六五年、オランダの科学者、クリスティアーン・ホイヘンスによって発見された。ホイヘンスは、マントルピースの上の二つの時計の振り子を見ていて、はじめはばらばらに動いていても、いずれは必ず動きが揃う（正確には、動くタイミングは同じになるが、向きは反対だった）ことに気づいた。粘菌を含め、あらゆる生命体は、体内に生まれつき「生化学振動子」を持っている。モジホコリは多くが集まってコロニーを形成するが、それぞれが他の個体の振動子の動きを感じ取り、動きを同調させるのに利用しているようだ。拍を認識する能力は、元々、そのためのものらしい。同様の同調現象は、ホタルなどにも見られる。ホタルは、一箇所に集団でいるとき、光るタイミングを同調させることがあるのだ。ただし、この能力は、人間が集団で同じリズムに乗って楽器を演奏する能力と同じものではない。ホタルの光る頻度は、ごく限られた範囲で変動するにすぎない。また、ただ一定の間隔で規則正しく光るだけである。シンコペーションをするわけでもないし、複数のホタルが共同で複雑なリズムパターンを作るということもない。

つい最近まで、音楽のリズムに合わせて動くことができる高等生物は人間以外にいないと考えられていた。それらしい能力を持つ動物はいても、人間のように、誰が見ても疑いなくリズムに合わせられる動物というのは見つからなかったのだ。たとえば、アジアには「拍を刻める」ゾウがいる。鼻で木槌を持ち、規則正しくドラムを叩くことができる。** しかし、他のドラマーの演奏にテンポを合わせて叩くということはできない。それは人間特有の能力であると広く信じられていた。だが、二〇〇八年、アニルダ・パテルによって、そうではないことが確かめられた。パテルは、インディアナ州シラーヴィルの鳥類保護センターで飼われていた雄のキバタン（オウムの一種）の、「スノーボール」を観察した。スノーボールは、ダンスをするオウムで、特に、ダンスをする姿を収めた動画がユーチューブで公開されてからはかなり有名になっていた。動画を見る限り、確かに音楽に合わせて体を動かしているようである。ただ、本当に音楽に合わせる能力を持っているのか、たまたまその曲に動きが合っているだけなのかはすぐにはわからなかった。だが、パテルは実験により、音楽のテンポが変化しても、スノーボールがそれに合わせて体の動きを変えられることを突き止めた。つまり、偶然、動きが音楽に合ったのではなく、自ら意図して音楽に合わせて動いたということである。

これはスノーボールだけの特殊な能力というわけではなく、他のオウムにも広く見られる能力であるこ

＊驚くのは、粘菌が「拍」についての記憶を数時間は保持し続けるということである。刺激を与え、一定時間の沈黙の後、再び同じ刺激を与えるということを何度か繰り返すと、粘菌は、その後も同じ間隔で同様の刺激が与えられることを予期するようになるのだ。日本の研究チームは、この能力が知性の起源に関係しているのではないかと考えている。

＊＊この能力を活かすべく結成されたのが「タイ・エレファント・オーケストラ」である。タイ北部ランパン近郊のタイ国立ゾウ保護センターの楽団で、ゾウが大型の打楽器を演奏する。興味のある人は、ＣＤもあるので是非、聴いてみて欲しい。

とがわかっている。では、この事実から、「オウムには音楽がわかる」と考えていいのだろうか。そうではないだろう。この発見から言えるのは、リズムに合わせて動ける能力は必ずしも「音楽的」な能力ではないということだ。音楽を持っていなくても、リズムに合わせて動く能力を持っているということはあり得る。「音楽は元々、集団のためのものとして生まれた」という説を唱える人がいる。音楽のリズムを媒介にすれば、大勢の人間が一斉に同じ動きをすることは簡単にできるので、元々はその特性が集団の結束を高めるために利用されていたという説である。人間以外の動物が、音楽とは無関係にリズムに合わせて動く能力を持っているとすれば、その説の是非を問う上で大きな意味を持つことになるだろう。オウムがリズムに合わせて動けるからといって、即、その説が間違っているというわけではない。私たちの先祖が音楽というものを生み出せたのは、リズムの感覚を持っていたからであることは間違いない。しかし、リズムの感覚自体は、音楽とはまったく無関係に進化した可能性が高いのである。

人間とオウムが同じようにリズムに合わせて動けるといっても、その進化的な起源が同じとは限らない。今のところは、同じかもしれないし、そうではないかもしれない、と言うしかないのだ。ただ、どうやら人間のこの能力は生まれつきのものではないらしい。西洋人の場合、リズムに合わせて身体を動かせるようになるのは、四歳くらいになってからである。それより幼い子供は自分勝手なリズムで踊ることしかできない（もちろん、それはそれで可愛いのだが）*。また、四歳くらいでは、一定のリズムを保てるのはごく短い間であり、長く続けることはできない。それができるようになるまでには、あと一年は待たなくてはならない。そのくらいになると、手拍子で拍を刻むこともできるようになる。それ以前は、聞こえた音の長さに合わせて手を叩くことしかできない。

必ずしも、幼い子供が拍を感じ取れないというわけではない。その拍に合わせて身体を動かす能力がないだけだ。身体の各部をうまく連動して動かすことがまだできないのである。かなり幼い時期からリズムに対して敏感なことは間違いない。実験によれば、生後二ヶ月から四ヶ月の乳児でも、テンポの変化（一五パーセント程度の比較的小さな変化）を感じ取ることができるし、簡単なものであれば、リズムパターンの違いを識別することもできるという。生後七ヶ月から九ヶ月くらいになると、「規則正しい拍を持ったリズムが少し変化し、拍が不規則になった」というような変化も察知するようになるという（察知したかどうかは、頭の動きなどで判断する。何かに注目するときには、そちらに顔を向けるので、それを手がかりにする。乳児の認知能力を調べるときには、この方法がよく用いられる）**。乳児が、複雑で規則性のあまり感じられないリズムより、規則性のわかりやすいリズムを好むこともわかっている。

耳に聞こえた複雑な音の連続の中から規則的なリズムパターンを見つけ出す、という人間の能力が生まれつきのものなのかどうかは今のところわからない。まだ胎内にいるときに、母親の心臓の鼓動を聴いて、リズムを感じ取る能力を身につけるとよく言われるが、それも単なる憶測にすぎない。仮にそれが本当だとしても、規則的な拍を見つけ出す能力は、元々、音楽のための能力ではなかった可能性がある。規則性を持った音は、音楽以外にも自然界に多数存在しているからだ。つまり、音楽というものが一切なくても、それ自体が役に立つ能力だったということはあり得る。

＊二歳から五歳の時期、子供は徐々に自分から音楽に合わせて踊るようになっていくが、まださほど積極的ではない。ごく幼い時期には、身体を動かさずにただ音楽を聴いていることも多い。おそらく、音楽が聞こえているときにどう身体を動かすべきなのかを、誰かの動きを見て覚え、真似をするのだろうと思われる。最初は自分勝手な動きをしているが、徐々に人に合わせるようになるということだ。

＊＊ただし、アニルダ・パテルは、この実験結果が本当に信用できるかは疑わしいとしている。規則正しい拍を持ったリズムの後で、不規則な拍のリズムを一つしか聴かせていないからだ。さらに次に、拍の不規則な別のリズムを聴かせても乳児の反応は同じかもしれない。

第8章 ピッツィカート――音色

ロックがオーケストラで演奏されるということは珍しくないが、聴いていて、あまり愉快な気分にならないことが多いのは確かだ。それはなぜだろうか。何となくロックを見下しているような、「偉そう」な感じがするからだろうか。「音楽とは本来、こういうものだ」とでも言っているように聞こえるからだろうか。おそらくそうではない。ロックのハーモニーが単純すぎて、多数の楽器を使うオーケストラには合わないということだろうか。それも違うだろう。最大の問題は「音色」ではないだろうか。ロックにはロックにふさわしい音色があるのだ。オーケストラでロックを演奏するのは、肉が食べたい人にベジタリアン向けの料理を出しているようなものではないだろうか。どんなに料理が上手な人でも、その料理の主役の食材を使うことを禁じられたらどうすることもできない。たとえば、『紫のけむり』を木琴で演奏しろと言われるのは、それと同じようなことだ。

音色がその音楽の特性を決定づける重要な要素であるということに疑いの余地はない。特に、歌の場合には、その人の持つ声の質が極めて大切になる。声の質だけで、好き嫌いが大きく分かれるくらいである。ビリー・ホリデイ、フランク・シナトラ、ニーナ・シモン、ボブ・ディラン、トム・ウェイツ、ロバート・プラント、デヴィッド・ボウイ……皆、聴けばすぐに誰かわかるような声の持ち主だ。「どんな曲を歌うか」ということ以上に、「どんな声で歌うか」ということが、その音楽の質を大きく左右することがあるのだ。音色は感情に強い影響を与える。たとえば、ジャズ・オルガン奏者のジミー・スミスなどが使っていたレスリースピーカーは、モーターでスピーカーを回転させることによってオルガンの音を微妙に変化させ、独特の音色を作ることができる装置である。回転数は「遅い」、「速い」の二段階が選べるが、回転数を変えるだけでも、聴き手に与える印象はまるで違ったものになる。

音色と言えば、特に敏感なのはヴァイオリニストだろう。少しでも音色の良い楽器を手に入れようと大変な額のお金をつぎ込む。だが、これは高級ワインなどにも言えることだが、楽器の音色の良さは、かけたお金の額や作る人の技に比例するわけではない。大きなコンサートホールのスタインウェイと、田舎の公民館の古ぼけたアップライトピアノを比べれば、前者の方がはるかに良い音だというのは、ほぼ誰もが認めるだろう。だが、シナトラの艶やかな甘い歌声と、トム・ウェイツの喉から絞り出すようなハスキーボイスのどちらが「良い声」か、ということになると意見は分かれるに違いない。一本のフェンダー・ストラトキャスターの歪んだ音の方が、四〇人編成のストリングセクションの音より聴き手に雄弁に語りかけてくるときもある。音色には絶対的な評価基準はない。音色の善し悪しはすべて相対的なものだと言っていい。

第8章では、この「音色」がテーマになるが、この章は比較的、短くなっている。なぜ短いかというと、音色というものについての研究がまだあまり進んでいないからだ。音楽の主要な属性の中でも、おそらく最も研究が進んでいないものだろう。研究が進んでいないのは、音色の重要性が他の属性に比べて低いからではない。研究しようにも、あまりにとらえどころがないからである。一体、音色とは何なのか、正確に知っている人は誰もいない。一応、アメリカ規格協会（American National Standards Institute ＝ ANSI）などが、音色という言葉の意味を定義してはいるが、それを見ても、音色とは「何でないか」が少しわかる程度である。音程も大きさも同じ二つの音があるとき、二つの違いが聞き分けられるならば、その区別の手がかりになっているのが音色の違いだということになる。私たちは、たとえ音程と大きさが同じであっても、音色が違えば違う音だとわかるわけだ。

だが、こんなことを書いても、果たして「音色」とは何なのか、という問いには一切答えたことにならないだろう。また、問題は、明確な音程を持たない音、というものも世界には無数に存在しており、そのすべてが独特の音色を持っているということだ。たとえば、砂利をシャベルですくう音や、木が切り倒されるときの音などにも固有の音色はある。アルバート・ブレグマンは、音色について率直に、こんなふうに語っている。「音色とは何なのか、どう定義すればいいのか、それはわからない。ただ、音の大きさでもなければ音程でもないことだけは確かだ」[1]

正体がはっきりしないとはいえ、音色が音楽の大事な要素であることは確かである。モーツァルトやストラヴィンスキーの作品について詳細に分析した難解な学術書はこれまでに多数書かれている。それを読むと、どうも、楽器の音色というものは、音楽の質にあまり大きく影響しないと言っているように感じる（はっきりとそう書いてあるわけではないが、そういうふうに読める）。使う楽器がピアノだろうが、トロンボーンだろうが、エレキギターだろうが、作品の価値には大して影響しない、そう言っているように感じられるのだ。もちろん、音程の上下パターンや音の強弱の変化が作品の質にとって重要であることは誰にでもわかるだろう。しかし同時に、音色が適切でなければ、いくら見事に作られた曲でも台なしになり、一切、感動などできないのではないだろうか。音色が変わるだけで、その音楽の持つ意味がまったく変わってしまうことだってあるかもしれない。同じように『マック・ザ・ナイフ』を歌っても、ルイ・アームストロングと、エラ・フィッツジェラルドと、ニック・ケイヴでは違う曲と言ってもいいのではないか。

音色の不思議なところは、その正体が何なのかがよくわからず、明確に定義すらできないにもかかわらず、その微妙な違いを私たちが驚くほど敏感に察知できるということだ。従来、音色は、その音の倍音構成によって決まると説明されることが多かった。だが、その説明はどうも怪しい。たとえば、小さな安物のラジオから流れてくる音の場合、元の音の倍音成分はかなりの割合で失われているはずだ。しかし、私たちはそれでも、サクソフォンの音とトランペットの音を瞬時に聞き分けることができる。一体、なぜなのだろうか。

楽器の特性

すでに書いたとおり、楽器の音にはいくつもの倍音が含まれる。基本になる周波数（基音）以外に、その整数倍の周波数が多数含まれ、複雑な構造になっているのだ。この倍音の集合を「倍音列」と呼ぶこともある。倍音列の中でどの倍音が強く、どの倍音が弱いかは、楽器の種類によって異なる。同じ種類の楽器であっても一つ一つ微妙に違っている。音色の違いの一部は、確かにその違いによって説明できる。たとえば、クラリネットの音色は少し鋭い感じに聞こえるが、これは、奇数

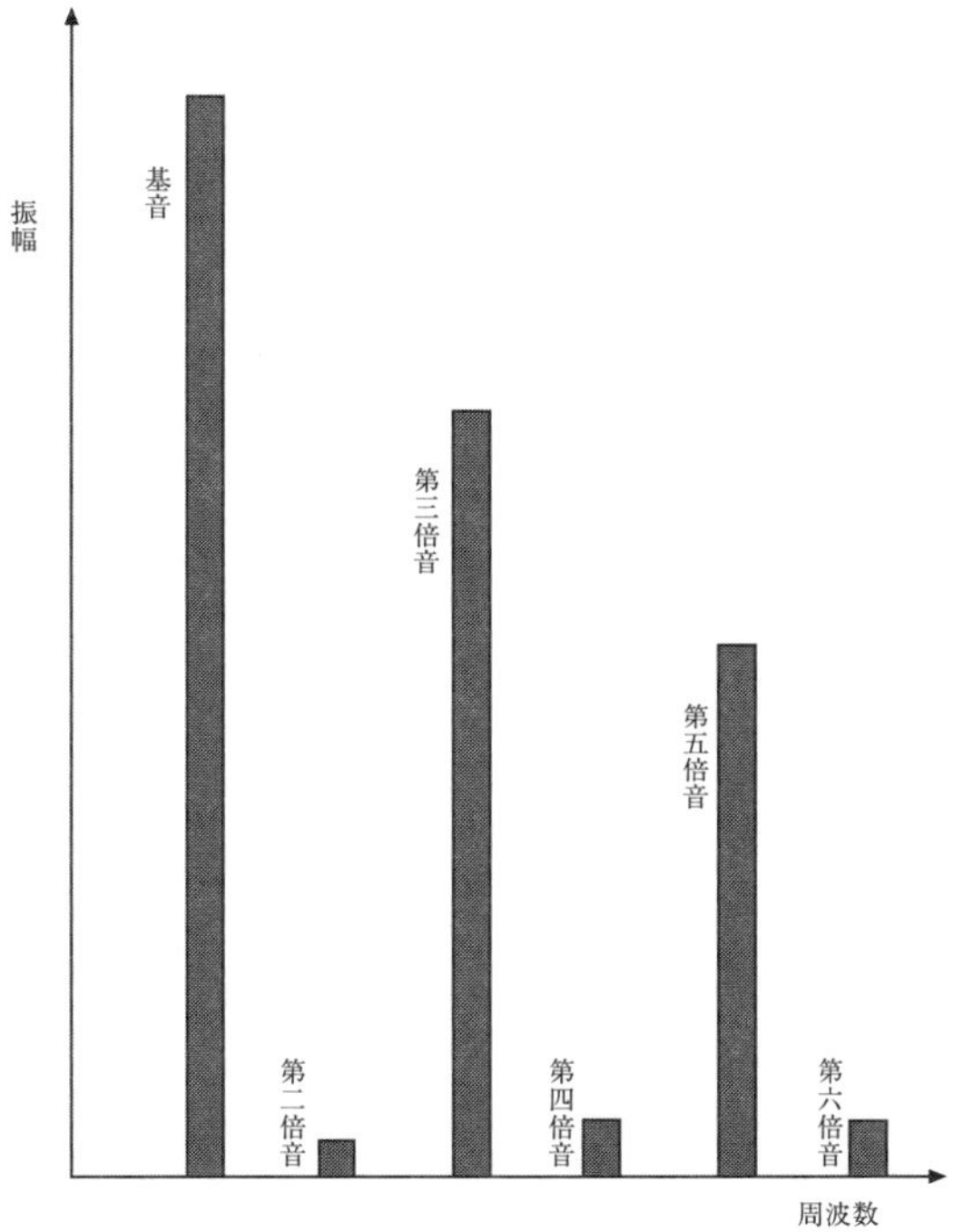

図8.1　クラリネットの倍音構成

次倍音が強いことと関係がある（図8・1）。第三倍音、第五倍音などが強いということだ。トランペットのように、きらびやかな音色の楽器の場合は、高次の倍音が豊かである。ヴァイオリンの音色は、弓の使い方でかなり変化する。弓をどう使うかで、倍音構成が変わるからだ。同じように、ピアノも、鍵盤を叩く強さを変えることで、音色を変えることができる。

倍音の中には、倍音列に含まれないものもある（周波数が基音の整数倍にならないものもある）。すでに書いたとおり、打楽器の音にはそういう倍音が多く含まれている。その場合は音程が曖昧になる。ベルやゴングなどの金属的な音色は、そうした倍音構成によって生じていると言ってもいいだろう。この種の楽器は、他の楽器と組み合わせて使うと問題が生じることもある。基音の音程だけなら調和するはずの和音が、不規則な倍音によって不協和音になることもあり得るからだ。カリヨンという楽器がある。これは、多数の鐘を並べ、それを鍵盤を使って鳴らす仕組みになった楽器である。三〇〇年以上の時間をかけて磨き上げられた独自の調律技術により、鐘の持つ不協和な倍音はかなり抑えられるようになった。だが、それでも、不協和な倍音を排除できてはいない。たとえば、基音の二・四倍の周波数を持つ第三倍音（短三度の音程にあたる）などは、不協和になり得る倍音だろう。不規則な倍音のない鐘が作れるようになったのはごく最近のことである。オーストラリアの作曲家、ロス・エドワーズは、『交響曲第三番』（一九九八―二〇〇〇）の中で、不規則な倍音のない「ハーモニックベル」を使っている。

倍音構成は始めから終わりまで同じではなく、時間の経過とともに変化することもあり、それも音色に大きな影響を与える。特に音色に影響するのは、音の立ち上がり、「アタック」と呼ばれる部分である。始めの何分の一秒かの間に、どのくらいの速度で音が大きくなるかが重要ということだ。試しに、楽器の音を録音して、アタックの部分を取り去ってしまったら、どれがどの楽器の音なのかほとんどわからなくなるはずだ。ピアノの音を録音して逆回転再生すると、まったくピアノには聞こえなくなる。倍音構成が変わらなくても、音色はまるで違って聞こえるのだ。

つまり、音色は、その音が常に変わらず持っている特性だけによって決まるのではないということだ。時間の経過とともに生じる特性の変化も、音色を決める重要な要素になる。私たちの脳は、倍音の周波数、音の強さの変化などの情報を一つ一つ個別に処理するのではなく、そのすべてを「ひとかたまりのもの」として処理する。そして、瞬時に「これはピアノだ」、「マリンバだ」、「トランペットだ」というふうに認知する。ここにはやはり、先述の「ゲシュタルト原理」がはたらいていると言えるだろう。このような能力を身につければ、進化上、有利になることは間違いないだろう。様々な聴覚情報を一つ一つ処理するよりも、いくつかをまとめて扱った方が生存に役立つ可能性が高いのだ。たとえ時間とともに特性が変化しても、その聴覚情報がすべて一つの音源から発せられていると認識できれば、役に立つことは多いだろう。それによってたとえば、敵や味方の存在を早く察知できる。仲間から発せられた警告音もすぐに認識できるし、動物の鳴き声もすぐにわかるのだ。もし、音色を識別する能力が本当にそういう目的のために進化したのだとしたら、それが感情に強く訴えるのは当然とも言える。感情が動かされると、人間はそれに伴って行動を起こすことが多いからだ。

楽器の音色が本当に倍音構成によって決まるのだとしたら、周波数の違う音をいくつか組み合わせれば、色々な楽器の音を人工的に「合成」できるということになる。実際、パイプオルガンにはそのための「ストップ」と呼ばれる機構が備わっている。パイプオルガンの音は、その名の通り、パイプから出る。個々のパイプは、(理論上は)ある特定の周波数の音だけを出す(パイプの長さによって周波数が決まる)が、それを複数組み合わせることができるようになっている。*ストップを使うと、その組み合わせ方を様々に変えられる。つまり、どの周波数の音をどのくらい使うかを指定できるということだ。倍音構成を指定できると言ってもいい。それにより、木管楽器のような音、金管楽器のような音、弦楽器のような音などが合成できる。

ただし、オルガンの音は誰が聞いてもやはりオルガンの音である。せいぜい、何となく似ているというくらいで、他の楽器の音に間違える人はいない。そもそも他の楽器に似ているとすら感じないこともある。その後、「シンセサイザー」と呼ばれる電子楽器も考案された。当初は、電子的に合成した純粋な正弦波を材料とし、それを複数組み合わせて（つまり多数の倍音を組み合わせて）色々な音を作り出すという方式が採られた。その方法で様々な楽器の音色が合成できると考えられたのだ。また、楽器の倍音構成を模倣するだけでなく、立ち上がってから減衰していくまでの音の強さの変化パターンを模倣することも行われた。だが、その結果は思わしいものではなかった。金管楽器や木管楽器はかなり似せることができたが、ピアノやヴィオリンの音は、いくら工夫してもそれらしくならない。これでわかったのは、音色を識別する人間の能力が極めて鋭敏であるということだ。少しくらい似た音を作ってもまったく騙されることはない。一九六八年に発表されたウェンディ・カーロスの有名なアルバム『スウィッチト・オン・バッハ』など、初期のシンセサイザー音楽の中には、幅広い人気を得たものもある。だが、人気を得たのは、おそらく電子的な音色が珍しく、新鮮に聞こえたからだろう。元の楽器に音色が似ていると感じた人は誰もいなかったに違いない。現代のシンセサイザーは、初期のものに比べ、はるかに実際の楽器に近い音が出せるようになったが、それは、初期のような「ボトムアップ（ゼロから音色を作り上げていく）」方式をやめたからである。その代わりに使われるようになったのは、実際の楽器の音をデジタルサンプリングする方式だ（デジタルサンプリングの技術がない頃は、「メロトロン」なども使われた。これは、主にプログレッシブロックに使われた楽器で、サンプリングの代わりに磁気テープを使って録音するという面倒なことをしていた）。また、「物理モデリング」なども使われるようになった。物理モデリングとは、数式、アルゴリズムによって楽器の音響学的特性を再現する方式だ。

楽器にはそれぞれ、他とは違う独自の特徴があるため、それを物語の「登場人物」を表すのに使おうと考えた作曲家もいた。中でも最も有名なのは、プロコフィエフ作曲の『ピーターと狼』だろう。この曲の中では、高く澄んだフルートのさえずるような音で小鳥を表し、オーボエの平板な響きでアヒルを、クラリネットののんびりした音で猫を、少し耳障りにも聞こえる三本のフレンチホルンでオオカミを表現している。ムソルグスキー『展覧会の絵』の「サミュエル・ゴールデンベルクとシュミュイレ」では、二人のユダヤ人のやりとりが表現されているが、ラヴェルが編曲した管弦楽版では、二人にそれぞれ違う音色が与えられている。二つの音色で二人の人物の個性を表そうとしたのである。一方、元のピアノ版の場合、二人の人物は、音の強弱の違いだけで区別されている。

ジャズやロックのミュージシャンの場合は、音色の持つ個性がその人の音楽のスタイルまでも決めてしまう場合がある。同じエレキギターでも、ジミ・ヘンドリックスの重厚な、少し泣いているような音と、ジェフ・ベックのクリアでありながらコクのある音では大きく違う、熱心なファンならば瞬時に区別できるだろう。エリック・クラプトンは、ワウペダルを使って、彼のトレードマークとも言える「ウーマントーン」を作り出した。ワウペダルは、ギターの音の一部の周波数をフィルタリングすることで音色を変化させる装置である。ペダルを踏み込んだり、戻したりすれば、フィルタリングする周波数が次々に変わり、それにつれて音色も変化する。一九七一年に大ヒットしたブラック・パワー・ムービー『黒いジャガー』のテーマ曲でも、ギターの音色は非常に大事な要素になっている。これはアイザック・ヘイズの曲だが、

＊（三三七ページ）パイプオルガンのパイプには大きく分けて二つの種類がある。笛（リコーダー）のような歌口を持つ「フルーパイプ」と、クラリネットのような共振するリードを持つ「リードパイプ」である。どちらも、正確には、単一の周波数だけから成る「純音」を出すわけではない。

ヘイズが起用したギタリスト、チャールズ・ピッツのサウンドが非常に特徴的なのだ。やはりワウペダルをうまく活かした音で、一九七〇年代ソウルの多数の曲に取り入れられている。その他、ローリング・ストーンズのキース・リチャーズが『サティスファクション』で使った、ワウペダルとファズボックスを組み合わせて作った音も非常に印象的である。今ではギターの音に「エフェクトをかける」というのはごく普通のことだが、『サティスファクション』はその先駆けとも言える曲だろう。ギタリストたちは、色々な装置を使い、ロックの歴史にその名を刻もうとあれこれ工夫を凝らしているのである。

ムソルグスキー、リムスキー゠コルサコフ、プロコフィエフ、ストラヴィンスキーなど、ロシアの一九世紀後半から二〇世紀前半の作曲家たちは皆、音色を操る名人と呼ぶにふさわしい人たちだった。常にその時々に応じた的確な音色を選ぶことができ、またいくつもの音色を組み合わせて新鮮な音色を作り出すことができた。リムスキー゠コルサコフは、たとえば、木管楽器の音色の持つ特性について次のように表現している。

	低音域	高音域
フルート	鈍い、冷たい	きらびやか
オーボエ	荒々しい	固い、乾いている
クラリネット	よく響く、不吉な	鋭い
バスーン	不気味な	張り詰めている

しかし、西洋音楽の世界で音色と言えば、最も話題にのぼることが多いのは何と言ってもヴァイオリンの音色だろう。ヴァイオリンの中でも特に有名なのが、一八世紀にイタリアのクレモナという街の二人の

名工、アントニオ・ストラディヴァリとジュゼッペ・グァルネリ・デル・ジェスが製作したものである。いずれも、現在は何百万ドルという高値で取引されている。ストラディヴァリウスには、二〇〇六年、オークションで三五〇万ドルという値がついたこともあった。こんな値がつくのは、もちろん、他とは比較にならない素晴らしい音色を持っていると信じられているためだ。その素晴らしさについては、これまでに実に様々な角度から説明がなされている。ニスの調合にクレモナの職人だけが知っている秘密があるのだとか（どう見ても、現代の家具に使われているニスと違いはないようなのだが）、木の密度が違うのだとか、木に特殊な化学的処理がしてあるのだとか、無数の説がある。

名器とされるヴァイオリンの音色は、本当に他に比べるものがないほど素晴らしいものなのだろうか。一流の演奏家たちにそう尋ねれば、「もちろん、そうです」という答えが返ってくる。著名なコンサートヴァイオリニスト、アラ・グレゴリアンは「ヴァイオリンは一つ一つ、どれも皆、独特の『声』を持っています。つまり、一台一台、音色は違っているのです[2]」と言っている。もし、本当にそうなのだとしたら、その違いをどうにかして計ることはできないのだろうか。しかし、音響学者たちは、長年、努力を重ねてきたにもかかわらず、ヴァイオリンの音色の違いを計るということはできなかった。音楽家であれば瞬時に聴き分けてしまうような違いの正体がどこにあるのか、どうしてもわからなかったのだ。現在、はっきりわかっているのは、名器は安価なものに比べ、あらゆる音域でむらなく音が出せるということである。特に、通常は音量が小さくなりがちな低音域の豊かさが重要だ。とはいえ、その差は、あったとしてもごくわずかだ。とても、今のようなとんでもない価格差の根拠とはなり得ないだろう。

問題なのは、私たちが、楽器の音色について話すとき、つい楽器そのものにばかり注目して、それを演奏する人のことを忘れがちになるということだ。ロシアの偉大なヴァイオリニスト、ヤッシャ・ハイフェッツにこんなエピソードがある。あるコンサートの後で女性ファンが一人、息を弾ませながら彼のところへ来た。そしてこう言った。「あなたが今夜、お弾きになったグァルネリは本当に素晴らしい音色でしたわ」それを聞いたハイフェッツは、身をかがめ、ケースに収められたヴァイオリンに耳を近づけて言った。「何も聞こえませんが」

ストラディヴァリウスへの称賛は時にフェティシズム的にも見える。そのため、一流のヴァイオリニストの中には、あえてストラディヴァリウスを敬遠する人もいる。たとえば、アメリカの若き名ヴァイオリニスト、ヒラリー・ハーンは、ジャン゠バティスト・ヴィヨーム製作の一九世紀のヴァイオリンを使用しており、これ以上の楽器は、いくら名器だろうと自分には必要ないと明言している。現代の楽器でも最高のものならば、クレモナの古の名器に匹敵するか、むしろそれより優れているものも多数ある、と言う人もいる。いずれにしろ、両者の差異が具体的にどこにあるか、科学的に解明した人はまだいない。そして、音響科学も認知科学も、今のところはヴァイオリン製作にはほとんど役に立っていない。*

音色の構成要素

すでに書いてきたとおり、私たちは、音色を聴き分ける素晴らしい能力を持っているにもかかわらず、音色が具体的に何なのかはほとんどわかっていない。フルートの音とクラリネットの音を聴き比べたときに、「あ、こっちの方が奇数次の倍音が多いな」などと思う人はいないだろう。そういう具体的な根拠に基づいているわけではなく、私たちはあくまで感覚的に二つの音色を聞き分けているのだ。フルートの音色が「澄んでいる」、「柔らかい」、クラリネットの音色が「固い」、「明瞭」といった言葉で表現されるのはそのためだろう。認知科学の分野では長年にわたり、音色というものが何を基準にどのように識別されているのか、それを突き止める努力がなされてきた。何か明確な、普遍的な基準はあるのだろうか。それとも、その基準は曖昧で、人によっても違うものなのだろうか。その点に関して、アルバート・ブレグマンは次のような疑問を呈している。

> あらゆる音はいくつもの周波数から構成され、それぞれが時々刻々と変化している、もしそのすべてを逐一記録したとしたら、音にはとてつもない数の種類があるということがわかるだろう。にもかかわらず、私たちは、音を比較的少ない種類に分けて聴くことができる。一体、なぜそんなことができるのだろうか。[3]

音楽学者、ジョン・グレイは一九七〇年代に「音色は主に三つの要素によって決まる」という説を主張した。つまり、音程と大きさが同じにもかかわらず音が違って聞こえる場合、そこには三つの要素が関与するというのだ。三つの要素を簡単にまとめれば、「音の明るさ（高次の倍音の強さ）」、「アタック（音の立ち上がりの速さ）」、「音量の経時間変化（音がどのくらい持続するか、またどのように減衰するか）」となる＊＊。

＊楽器職人たちの多くが非常に保守的であることも、研究の妨げになっていると考えられる。研究にはブラインドテスト（音だけを聴いて、どのヴァイオリンのものかを当てる、など）が欠かせないが、それを冒瀆と感じる職人は多いだろう。

＊＊ここで「簡単にまとめ」ているのは、実はやむを得ないことである。グレイの使っている言葉そのままだと、特に三つ目の要素が一体何なのかが非常にわかりにくい。三つ目の要素は、もう少し正確に言えば、「各倍音の強さの経時間変化」ということになるだろう。

音楽心理学者のジェラルド・バルザーノの意見は、それとは違っていた。私たちは音色をもっと「物質的」に認知しているというのだ。音がどのようにして出ているのか、その物理的なプロセスを音色として認識している、というのである。楽器の中には、息を吹き込んで音を出すものもあれば、弦を弾くものも、叩くものもある。そうした音の出し方の違いが音色に反映されるわけだ。逆に言えば、音の出し方のプロセスに少しでも違いが生じれば、音色が違って聞こえるということだ。

今のところ、誰もが賛成する見解というのは存在しない。私たちの脳には、もしかすると、あらかじめ決まった基準をもとに音色をおおまかに分類する能力があるのかもしれない。あるいは、そういう基準は一切なく、その都度、状況に応じて膨大な聴覚情報を瞬時に処理して音色を認識しているのかもしれない。音色に関してはいまだに多くの謎がある。いくつもの問いに答えが出ないままになっている。たとえば、含まれている周波数はまったく違うにもかかわらず、音色はほぼ同じに感じられるということはあり得るのだろうか。視覚の場合には、含まれている波長がまったく違うにもかかわらず、色がほとんど同じに見える「条件等色」という現象があるが、聴覚にも同じような現象はあるのか。また音色は私たちの感情に具体的にどう影響するのだろうか。ハーモニーの認識に音色が影響を与えること（あるいはその逆）はあるのか。それとも、音色とハーモニーは別々に認識できるのか。文化によって音色の好みに違いはあるのか。あるとしたらそれはなぜか。もし、こうした問いへの答えが見つかったとしたら、単に知的好奇心が満足されるだけでなく、音楽を作る上でも役に立つだろう。これまでにもすでに、音色に関する研究の成果を活かし、斬新な音楽が数多く作られてきている。

幻影楽器

倍音を人為的に複数組み合わせて新たな音色を作り出すということは、電子楽器が生まれる前からすでに行われていた。モーツァルトやハイドンなどの古典派時代には、フルートにヴァイオリンと同じメロディを吹かせるという技法がよく用いられた。これは、ヴァイオリンには少ない高次の倍音を加えることで、音色をきらびやかにするためだ。さらに後の時代、特にベルリオーズ以降の作曲家たちは、同様の原理をさらに広く応用し、いくつもの楽器を様々に組み合わせて多彩な音色を作り出した。個々の楽器が元々持っている音色をそのまま使うのではなく、個々の楽器を新たな音色を作るための素材として使うようになったのだ。楽器の標準化が進み、同じ名前の楽器であれば、どれでもほぼ同じ特性を持つようになると、さらにその傾向は強まった。オーケストラを全体として一つの「シンセサイザー」のように使うことが増えたのだ。ピエール・ブーレーズは、そんなオーケストラを「幻影楽器」と呼んだ。

そのような作曲法だと、個々の楽器の音は全体に溶け込んで識別できなくなる。音色も音程やリズムと同じように、ある程度似ているものは「同じ」とみなされやすい。やはりゲシュタルト原理に従うのである。つまりこれは、人間の認知能力の特性を利用した作曲法であるとも言える。シェーンベルクは、音程ではなく音色を次々に変化させることでメロディを作れないだろうかと考えた。音程ではなく、音色をメロディの構成要素にするということだ。ただ、具体的にどうすればそんな音楽が作れるのかはシェーンベルクにはわからなかった。それはいまだに誰にもわからない。音色というものの根本的な原理がわからないからだ。何をどう変化させれば、私たちの耳に聞こえる音色がどう変わるのか、それはまったくわからないに等しい。もし、音色の音階を作るとして、その中ではどういう音色をどういう順序で並べるのが妥当なのだろうか。調性などはどうなるのか。そもそも、人間の脳が、音程の情報と音色の情報を同様に扱っているのかどうかすら疑問である。たとえば、音色を暗い順に並べた「音階」を作ったとして、その音階による「フレーズ」や「メロディ」を、私たちは「ひとかたまり」のものとして認識するのだろうか。

図8.2　ヴェーベルンが「音色旋律」の技法を使ってオーケストラ用に編曲したバッハのリチェルカーレ

また何かの感情を呼び起こされることはあるのだろうか。そもそも、音色を音程と同じように使おうとする発想が妥当なのかすらわからない*。

それでも、二〇世紀には、音色をある程度、音程と同じように使う試みもなされるようになった。一つのメロディをいくつかに分割し、それぞれの部分を違う楽器で演奏するということが行われるようになったのだ。シェーンベルクとその弟子、アントン・ヴェーベルンもその種の曲を何曲か書き、そうしたメロディのことを「音色旋律」と呼んだ。ヴェーベルンがオーケストラ用に編曲したバッハのリチェルカーレでも、テーマがいくつにも分割され、個々の部分を別の楽器で演奏するようになっている（図8・2）。原曲との違いは明白である。バッハの原曲では、複数のパートの演奏が複雑に絡み合っているような印象を受けるが、ヴェーベルン版は、繊細な色合いの点描画のようになっている。これまでにない新鮮な美しさを持つ作品である。個々の楽器の音色が、まさに絵画における色のような役割を果たしているといってもいいだろう。

同じメロディを演奏するのでも、短い間隔で次々に音色が変わっていくと、揺らめく光を見ているのに少し近い印象になる。メロディを細かく区切って、次々に楽器を変えて演奏していく技法（「ホケット」と呼ばれる。ラテン語でしゃっくりを意味する“ocherus”が語源と思われる）自体は古くからあるので、シェーンベルクらが使った技法はその発展と考えていいだろう。ホケットは一三世紀頃から使われており、ベートーヴェンも、後期の弦楽四重奏曲の何曲かで使っている。また、インドネシアやアフリカの音楽では、この手法がより頻繁に、さらに洗練されたかたちで使用されている。

西洋音楽において、音色が表現の一要素として確固たる地位を得たのは、二〇世紀に入ってからだという意見もある。バロック時代、古典派時代において、作曲家のスタイルは、音色ではなく、主にメロディやリズムによって決まるのが普通だった。しかし、ベルリオーズ以降、特にドビュッシー以降は、メロディやリズムなどとともに、音色が作曲家の「トレードマーク」のようにとらえられるようになってきた。たとえば、ミュートしたトランペットや強く吹いたクラリネットの鋭い音色は、ストラヴィンスキーの特徴となっている。それは、マーラーの男性的で重厚な音色とは明らかに違う。そして、ヴァレーズやシュ

＊これは稀な例だが、北インドのタブラ音楽のように、メロディを持たず、打楽器だけで構成されている音楽の中には、音色がある程度、体系化して使われているものがある。心理学者、ジョシュ・マクダーモットの研究によれば、私たちの脳には、音の明るさの変化パターンを認識する能力があるという。聞き覚えのあるメロディとそうでないメロディの区別にも、その能力が使われているようだ。だとすれば、タブラ音楽と同様の音楽が他にもどこかに存在するかもしれない。

トックハウゼンの録音テープを使った音、オリヴィエ・メシアンの使ったオンド・マルトノのまるで泣き声のような音（『トゥランガリーラ交響曲』に使われている）は、クラシックのこれまでの歴史になかった斬新な音色である。

　音色を表現手段として積極的に使おうとすれば、作曲の仕方も自ずと変化することになる。たとえば、ジェルジュ・リゲティは、一二音技法を使用し、多数の音程を重ねて、飽和したような響きの和音を作り出そうとした。特に目新しい楽器を使ったわけではないが、楽器を数多く同時に使うことで、ただ複雑なだけでなく、それまでとは質的に違った音を生み出した。たとえば、『アトモスフェール』では、多数の弦楽器で不協和音を奏でているが、その音色はもはや弦楽器のものには聞こえない。まるで、神の演奏する天空の音楽が宇宙全体に響き渡っているようでもある。アメリカの作曲家、グレン・ブランカは、『交響曲第六番』で多数のエレキギターを使って同じようなことをしている。個々の奏者は、増幅され、歪んだ音色で単音のメロディを弾くだけだが、すべての音が混じり合うと、まったく違うものになる。この交響曲の副題は、『天国の門での悪魔たちの聖歌（Devil Choirs At The Gates of Heaven）』だが、『地獄の門での悪魔たちの聖歌』と呼んだ方がふさわしいかもしれない。ビートルズの『ア・デイ・イン・ザ・ライフ』に使われているオーケストラ演奏も同じような例と言えるだろう。多数の楽器の音が入り乱れ、混沌とした状態で、徐々に音程と音量が高まっていく、という箇所が二回出てくる。ただ、ブランカの方が、半音階が使われている分、より音程が込み入って濁った音色になっている。恐ろしげな印象だが、刺激的でもある。それはゲシュタルト原理がはたらかないためかもしれない。聴覚情報を整理して単純化することができないため、他にまったく類を見ない斬新な響きに感じるということだ。

　現代音楽には、様々な音色を複雑に組み合わせ、深く濃く、聴く者を少し困惑させるような質感に仕上げられた作品が多く見られる。アルバート・ブレグマンの言葉[4]を借りれば、それは激しく吹きつける水しぶきや、風に揺れる髪の毛を思わせるような質感である。もはや、いわゆる「メロディライン」は認知できず、感じ取れるのは、音の塊の全体としての動きだけである。個々の音は全体を構成する粒子にすぎない。この種の音楽は、通常とは違った聴き方を要求する。調性音楽のように、聴き手の予測の範囲で展開するわけではないし、感情へのはたらきかけ方も調性音楽とは大きく違っている。たとえば、ブーレーズなどの極端なかたちのセリエル音楽を聴く場合には、それを「不協和音と上下変化の唐突なメロディの連続」ととらえず、ポロックの絵画のようなものととらえるといいかもしれない。絵の具をキャンバスに叩きつけるようにして描かれた絵だ。音の前後関係、前後のつながりに注目するのではなく、「音のキャンバス」全体の様相を眺めるつもりで聴くということだ。多分、この聴き方も、ブーレーズ自身に言わせれば、まったくの的外れということになるだろうが、普通の聴き方で理解できる音楽でないということだけは確かである。

章の冒頭にも書いたとおり、音色はロックにとっては非常に重要な意味を持っている。ビートルズやビーチ・ボーイズや、ピンク・フロイドなどにより、レコーディングスタジオの中で様々な手段を駆使して独自の音色を作る試みもなされるようになった。その革新性はヴァレーズにも匹敵するものだろう（そしてヴァレーズよりもはるかに有名だ）。そして、斬新な音色が重要であるという点は、MC5やストゥージズなどのパンクロックにおいても同様である。パンクは一見、非常に単純な作りに思えるので、バカにする人も少なくはない。しかし、そういう人たちは、パンクにおいて大切なのがコードでもメロディでもなく、音色なのだということを理解していない（パンクという音楽には、社会的な意味もあるのだが、そのことについてはここでは触れない）。ロックの場合は、同じ「E」のコードであっても、誰がどんな音色で弾くかによって意味が違うのである。その音色により、単なるメジャートライアド（長三和音）以上の意味を持つ。ピート・タウンゼントが風車のように腕を回してギターを弾き、Eコードを奏でれば、それは他の誰のEコードとも違ったものになるのだ。その音楽的価値は、ワーグナーの有名な「トリスタン和音」に勝るとも劣らないものだろう。新たな音色を追究し、積極的に実験をしていく姿勢は、ソニック・ユースやミニストリーなど、さらに後のロックミュージシャンたちにも受け継がれている。

第9章　ミステリオーソ——音楽を聴くと、脳はどう活動するのか

最近では、幼い子供にクラシック音楽を聴かせるというのは珍しいことではなくなった。乳児にも「お気に入り」の作曲家がいたりする。モーツァルトかベートーヴェンか、あるいはバッハか。もはや、マザーグースなどの童謡だけを歌って聴かせているような親の方が珍しいのかもしれない。クラシック音楽が収録され、「赤ちゃんの脳を育てる」という類の宣伝文句がつけられたCDも多数発売されている。特に多いのがモーツァルトの曲を収めたものだが、その他にもベートーヴェンやヘンデル、パッヘルベル、ヴィヴァルディなど実に様々だ。「遊んでいるとき」、「寝るとき」など特定の場面専用のものまである。

私自身は、こうしたCDに本当に効果があるのかは疑わしいと思っている。乳児を抱え、昼も夜も気を抜けない育児に疲れ切っているときに、モーツァルトの『弦楽四重奏曲第二〇番ニ長調（ホフマイスター）』が聞こえてくれれば嬉しいと思うのは確かだろう。「こんなに素晴らしい曲なのだから、赤ちゃんだって喜ぶはず」そう思う気持ちは私にもわかる。だが、乳児に聴かせるクラシックCDの目的はそういうことではない。何も子供に安らぎを与えたいわけではないのだ。脳を鍛えること、頭を良くすることが目的だ。いわゆる「モーツァルト効果」を狙っているわけである。

「モーツァルトで頭が良くなる」と言われれば、レコード会社がそれを商機と見て飛びついても不思議はない。ただ、問題は、モーツァルト効果が本当に存在するという証拠がどこにもないということだ。音楽

と知性の関連についての研究要請があまりに多かったため、やむを得ず本格的な調査を実施したドイツ教育省は、「モーツァルト効果は存在しない」と結論づけている。モーツァルト効果が一般に知られるようになったきっかけは、一九九三年に『ネイチャー』に掲載された短い論文である。ただし、この論文では、直接的に「モーツァルトを聴くと子供の頭が良くなる」ということを言ったわけではない。そもそも、モーツァルトで知能が発達することを証明しようとした研究でもなかったのだ。

モーツァルト効果の怪しさについては、またあとで詳しく触れる。ともかくここでは、この話がどこからともなく突然現れたわけではないということだけ言っておこう。一九九三年の論文を書いた研究者も指摘しているとおり、「音楽は脳に刺激を与え、認知を助けるのではないか」という考えは、ずっと以前からあった。しかし、それを確かめるすべがあったわけでもなく、長い間、単なる憶測でしかなかった。その状況が変わったのは最近のことである。MRIなどの技術の発達により、神経科学者たちは、音楽を聴いているときの脳のはたらきを詳しく調べることができるようになったのだ。音楽を聴くことが認知機能に影響するか否かも確かめられるようになった。そうした研究の具体例は、後の章で紹介する。

今、「詳しく調べられる」と書いたが、その書き方は少々、正確さを欠いているかもしれない。今は、技術の発達が先行しすぎて、我々の理解力がそれに追いついていないという状況だからだ。高度な技術によって大量のデータが得られても、それをどう解釈すべきかがよくわからないのだ。色々なものが見えていても、見ているものの意味がわからないと言ってもいい。脳の各部位が実際にどのようなはたらきをしているのか、また、部位間の相互作用はどうなっているのか、まだよくわかっていないというのが実情だろう。MRIで撮影した画像は見た目にも印象的で、単なる各部位の機能以上のことを教えてくれるのだが、一体、何を教えてくれているのかが、なかなかわからないのだ。

音楽の認知の研究に関して言えば、MRIは役立っているとも言えるし、かえって害になっているとも言える。視覚情報や言語については、脳のどの部位で主に処理されているかが、非常に明確にわかっているのだが、音楽についてはそうではない。おおざっぱな言い方をすれば、音楽を聴く際には、脳のあらゆる部位が一斉に活動しているようにも見える。身体の動きを制御する運動中枢や、脳の中でも原始的な部位である感情中枢、言語の文法や意味の情報を処理する言語モジュールなどが同時に機能し、そして当然、聴覚経路もはたらく。同じく耳を使うにもかかわらず、音楽の場合は、言語とは違い、少数の専用の回路があって、そこで処理が行われるというわけではない。音楽を聴くというのは、脳全体で行う活動であると言ってもいい。そのため、音楽が脳でどう処理されているかを知るのは容易なことではない。また、同時に、この事実は、音楽が人間にとっていかに重要なものであるかを示していると言える。脳内のこれほど多くの部位が同時に処理に関わるものは、音楽以外には見当たらない。部位間の相互作用も、音楽を聴く際には、他の場合には見られないほど活発になる。一般に論理を扱うとされる左脳と、感情を扱うとされる右脳の間の連絡も盛んに起こる。音楽が子供の認知能力の発達、社会への適応などに大きく影響を与えることは間違いないだろう。それは、モーツァルト効果の実在を証明しなくてもわかることだ。おそらく「音楽を聴くと頭が良くなる」というような単純な話ではないだろうが、これだけ脳が活発にはたらいて影響がないと考える方が難しい。きっと音楽は、脳にとってスポーツのようなものなのだ。

灰白質の旅

神経科学という学問は、一つ大きな問題を抱えていると言える。確かにＭＲＩなどを使えば、いつどういうときに脳のどのあたりが活動しているか、ということはわかる。だが、それと、私たちの日常的な体験とがどう結びつくのか、それがわからないのだ。ある部位の血流が増加したとして、それが一体、何を意味するのか、詳しいことはわからない。頭に取りつけた電極によって、電流が検出されたとしても、それがどの体験にどう関係するのかはわからない。たとえば、バッハやピカソの作品のような偉大な芸術が、グレープフルーツほどの大きさしかない柔らかい物体からどのようにして生まれるのか、そこに何らかの法則性を見出すことなど可能なのだろうか。

私は何も近年の神経科学の手法を否定しているわけではない。取り組んでいる問題がどれほど困難かを言いたいだけだ。ただ、最終的な目標への到達にはほど遠いとはいえ、現在の水準でも、脳のはたらきについてかなりのことがわかっているのは確かだ。十分に価値があると言えるだけの成果はあがっているのだ。たとえば、認知の種類により、対応部位がどう変わるか、ということは細かく調べられている。脳のハードウェア（ウェットウェア）の各部分がどういう仕事を担当しているかが詳しくわかるようになってきたのだ。中には、特定の部位が単独で対応するような仕事もあれば、いくつかの部位が共同で対応する仕事もある。特に、音楽の認知について研究する際には、この「複数の部位の共同作業」が重要な意味を持つ。個々のはたらきについてはすでにわかっている部位が、それぞれどのように関係し合うのかを明らかにしていくのだ。

いささか単純化しすぎのきらいはあるが、脳はよく、巨大な官僚組織にたとえられる。それぞれに決まった仕事を担当する多数の部署に分かれていて、その中のいくつかは絶えず互いに連絡を取り合っているが、中には互いの存在すらほとんどわかっていない部署もある、という具合に。特によく知られているのは、脳が大きく左脳と右脳という二つの部分に分かれているということだ。しかし、音楽の認知について研究すると、この単純な分け方にどれほどの意味があるのか、疑わしく思えてくる。左脳は論理的、分析的、右脳は感情的、直感的と言うが、本当にそんなふうに簡単に割り切れるものだろうか、と思えてくるのである。その見方が完全に間違っているとは言わない。左脳、右脳の機能に一定の傾向性の違いが見られるのは事実だからだ。音楽の認知に際してもそれは同じである。たとえば、音程の認知は、ほとんどが（すべてではない）右脳で行われているようである。だが、音楽の認知全体を見ていくと、非常に複雑であることがわかる。音楽を聴くと、感情が呼び起こされることは多いが、その場合、プラスの感情は主として左脳に、マイナスの感情は主として右脳に関係していることがわかっている。

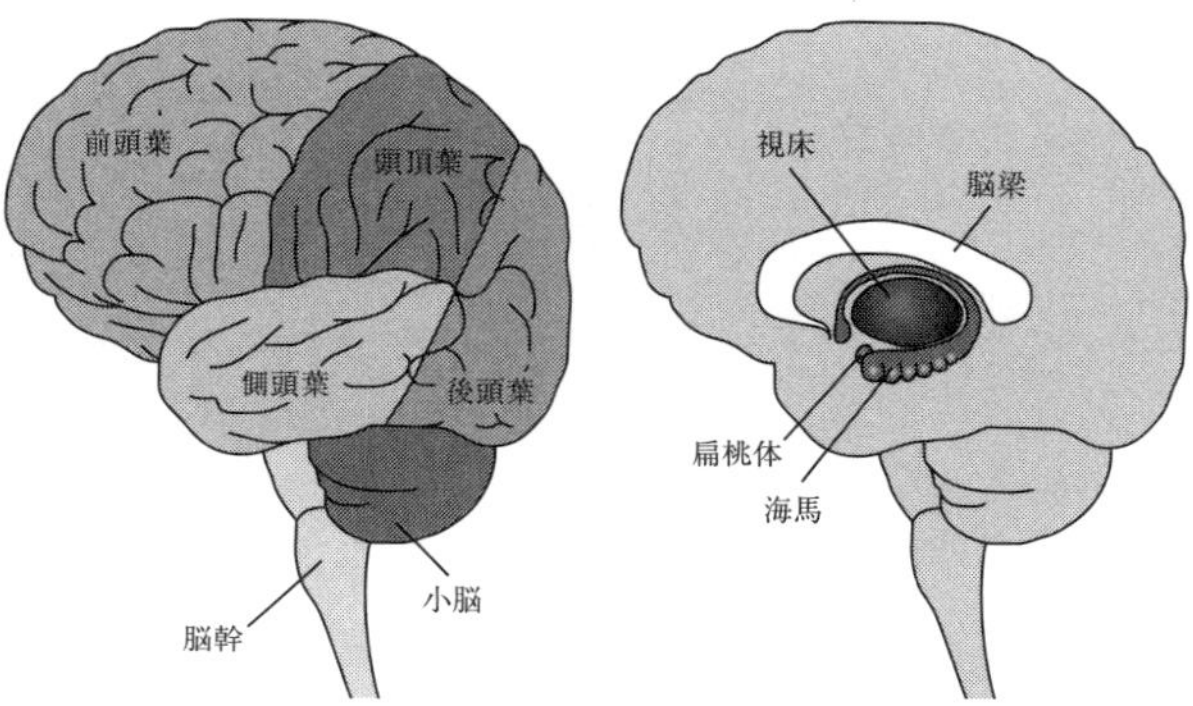

図9.1　脳の解剖図

脳の体積の大半を占めるのは、「大脳新皮質（大脳皮質）」と呼ばれる部位である。大脳新皮質は前頭葉、側頭葉、頭頂葉、後頭葉という四つの葉に分かれる（図9・1）。四つの葉の持つ機能はそれぞれに大きく違っている。前頭葉は、感覚器から送られた多数の情報を整理し、それを元に未来を予測したり、未来の行動の計画を立てたりする機能を持っている。運動の能力や空間把握の能力（の発達）にも深く関わる。側頭葉は、記憶や聴覚に関与する。耳から送られてきた聴覚情報が最初に処理される「一次聴覚野」が位置するのは、この側頭葉である。また、話し言葉の意味の理解にも関与する。頭頂葉には、種類の違う感覚情報を統合する機能がある。感覚情報を統合することで、空間把握なども行う。後頭葉は、視覚情報の処理に際して中心的な役割をする部位である。側頭葉の下、脳幹の近くに位置するのが小脳だが、これは進化的には最も古い脳だ。小脳には、感情を制御する機能と、運動制御の役割がある。身体の各部分がうまく協調して動くためには、小脳の存在が欠かせない。その他、脳の内側には、感情の動きに大きく関与する「扁桃体」や、記憶を蓄える「海馬」などの部位がある。

私たちが音楽を聴くと、その情報は耳の蝸牛から、脳幹（音楽の場合にも、言語の場合にも、音程に関する情報の処理はまず、この脳幹で行われる）を通って、一次聴覚野にまで送られる。* そこからは、脳内の様々な部位に送られることになる。個々の部位ではそれぞれの処理を行うが、中には複数の部位が協調して行う処理もある。たとえば、音程の間隔や、音程の上下移動（メロディ）に関する情報は、合計で三つの部位で同時に処理される。その一つは、側頭葉の「横側頭回（ヘッシェル回）」と呼ばれる部位である。この横側頭回の外側の部分が、まず音程の認知に関与する。もう一つは、「側頭葉平面」と呼ばれる部位だ。音色や、音源の空間的な位置など、聴覚関連の情報の中でも高度なものの処理に関与する。そしてもう一つは「前部上側頭回」と呼ばれる部位で、この部位は複数の音をつなげ、「ひとかたまり」のものとして処理することに関与する。話し言葉の理解にも重要な役割を果たす。音程やメロディは、この本ですでに見てきたとおり、非常に複雑なものなので、その処理に脳の複数の部位が同時に関与しても何の不思議もないだろう。たとえば、音程を認知する際には、個々の音の倍音構成の解析も必要になる（先述のとおり、脳には、倍音構成から基音を類推し、「実際には存在しない基音を聴く」という能力まである）。ポリフォニー音楽の場合には、音の塊をいくつかのパートに分割して処理するということも必要である。そして、音程の上下変化をいくつかまとめて、ひとつながりのメロディとして理解することも必要だ。曲の個々の音程の持つ特性について理解するだけでなく、曲全体のメロディを一つのものとして理解することもしなくてはならない。モントリオール大学の神経科学者、イザベル・ペレッツらの研究によれば、曲全体のメロディを一つのものとして理解することには右脳が関与し、個々の音程について詳しく理解することには左脳が関与しているという。音程に関する情報の処理は、音楽の認知において、特に重要な位置を占めていると言っていいだろう。リズムや音の長さといった情報も重要だが、その情報は、メロディにとって重要な音程とそうでない音程を知る手がかりに利用されることも多い。個々の音程の重要度がわかれば、メロディやハーモニーがどう変化するかを予測することもできる。曲全体のメロディを一つのものとして理解する右脳のはたらきは、言語の処理における「ブローカ野」のはたらきに類似している（ただし、ブローカ野は左脳に位置する）。連続して聞こえてくる音程をばらばらに処理するのではなく、全体における個々の意味を理解してつなぎ合わせ、複数をまとめて処理するのだ。

音楽を聴く際、脳は音程の変化やリズムに一定のパターン、規則を見つける作業をするわけだが、もちろん、脳のすることはそれですべてではない。聴覚信号が一次聴覚野に到達すると、即、大脳皮質下の原始的な脳がその処理に介入する。小脳の「タイミング回路」と呼ばれる部位は、拍やリズムを見つけ出す。視床は、聴覚信号を簡単に調べ、危険の兆候を示す音ではないか、（逃亡など）何か即座の反応を必要とするものではないかを確認する。視床は、扁桃体と連携することで、いわゆる「情動反応」を生み出す。この二つの協力により、音に対して私たちがどういう感情を持つかが決まるわけだ。たとえば、危険の兆候があれば、恐怖を感じることになる。この、原始的な脳による「危険性チェック」が終わってはじめて、聴覚信号の詳細な解析が開始されるのだ。詳細な解析にあたってまず行われるのは、海馬からの記憶の呼

＊実は、私たちは、聴覚情報がまったく入ってこないときにも音楽を「聴く」ことはできる。音楽を頭に思い浮かべることができるのだ。それは誰でも日々、経験していることだろう。オリヴァー・サックスは、脳に損傷を負ったために、本人の意思とは関係なく常に大音量で音楽が聞こえてしまう人について言及している。この現象についてはまだ詳しいことはわかっていないが、カリフォルニア大学デーヴィス校のペトル・ジャナタらは、音楽を実際に聴いている人と、音楽を頭に思い浮かべている人の脳波を比較する研究を実施した。その結果、両者の脳波はほとんど区別がつかないほど似ていたという。

び出しである。呼び出される記憶の中には、今、聴いている曲のすでに終わった部分についての記憶もあれば、過去に聴いた音楽についての記憶もある。過去に聴いた音楽の中で関連性、類似性のありそうなものについての記憶を呼び出すのだ。ここで言う「詳細な解析」には、次の展開の予測などの非常に高度な作業も含まれるが、それを担当するのは「前頭前野」と呼ばれる部位である。予測には、「構文解析」のような処理が必要になるが、それを行うのはブローカ野である。ブローカ野は元来、すでに書いたとおり、言語の処理に関わる部位だ。音楽を聴くのではなく、演奏する場合には、楽譜や指揮者、共に演奏する人たちを見るために、当然、視覚（視覚野）もはたらかせなくてはならない。また同時に、楽器を操作するためには、触覚（感覚野）もはたらかせる必要がある。興味深いのは、リズムの情報を処理する回路である。この回路には、脳内の運動回路も同時に活性化させるはたらきがある。自ら楽器を演奏し、リズムを作り出す場合にはそれは当然と言えるが、不思議なのは、ただ、リズムを聴いている場合にも運動回路を活性化させるということだ。ジェームズ・ブラウンを聴くとじっと座っていられず、思わず踊り出してしまう理由は、これで説明ができるかもしれない。

人間は音楽を聴いたとき、それをただ認知するだけではない。音楽は、人間の身体にいくつもの生理学的反応を引き起こす。たとえば、音楽を聴くと、免疫系のはたらきもその影響を受ける。微生物感染と闘うタンパク質（抗体）を増やすなどの変化をもたらすのだ。また、音楽を聴いたり、演奏したりすると、コルチゾールなど、気分に影響を与えるホルモンが作られることもわかっている。この事実を考えると、いわゆる「音楽療法」には、十分な生化学的根拠があるということになる。

このように、私たちが音楽を聴いたときには、驚くほど複雑なことが脳や身体の中で起きる。おおまかには、情報の処理、あるいは情報への反応は、具体的で単純なものから、徐々に抽象的で高度なものへと移行していくと言えるだろう。脳がまず行うのは、音楽の構成要素の解析である。構成要素とは、たとえば、基音や倍音の周波数、音の持続時間、音の強さなどを指す。それぞれの要素がどの楽器に属するのか、あるいはどのメロディに属するのか、といったことも解析される。この解析の結果は、これまでの経験から得た記憶と比較される。和音の構成音に関する記憶や、カデンツについての記憶、または音楽のジャンル、スタイルについての記憶などと比較されるわけだ。記憶には、本人が自覚しているものもあれば、自覚していない無意識的な記憶もある。さらにそこへ、歌詞の意味など、音そのもの以外の情報も加わり、その音楽の持つ世界はより豊かなものとして認識されることになる。解析され、いくつもの要素に分けて認識された情報は再び統合されて一つのものとなり、全体としての意味を持つようになる。私たちはそれに対し、興奮したり、感動したり、安心したり、いら立ったりといった反応をするのだ。

音楽の処理に関わる脳内の回路は、今まで見つかっている範囲では、どれも音楽に特化しているわけではない、汎用の回路である。他の様々なことにも対応している回路が、音楽の処理にも流用されているわけだ。たとえば、音程やリズムの処理には、話し言葉や普通の環境音の処理にも使われるものと同じ回路が使われる。では、果たして、脳の部位の中に音楽の処理だけに特化したものはあるのだろうか。その問いに答えるのは簡単ではない。もし、そういう部位があるとすれば、人間は生まれつき音楽を持った動物であるということになる。進化によって音楽を獲得したということだ。そして、環境への適応のために音楽が何らかの役割を果たしてきたということになる。音楽があったおかげで、繁殖が有利になったということでもある。もし、音楽に特化した部位が脳内に一切ないのであれば、音楽はおそらく人間の進化にとって大した役割を果たすものでなかったということになるだろう。そのために必要な機能をたまたま持っていたために偶然、音楽を持つようになっただけ、ということだ。そのため、音楽の進化的な価値を信じる人はどうしても、この問題に関して感情的になりがちだ。ただ、今のところは、確実に音楽に特化していると言える部位はまったく見つかっていない。

障害による研究

脳の認知機能について知るには、脳内の特定の部位にだけ損傷を受けた人について調べるという手段が非常に有効である。そういう人には、他の能力には何の問題もないのに、ある特定の能力だけが衰えるという現象が見られる。おおまかに言えば（必ずしもそう考えて正しいとは言えないが）、ある能力は失われたのに、また別の能力はそのまま保持されているという場合、おそらく両者は脳内の別の部位に対応すると考えられる。

視覚や記憶などにも同様のことが言えるが、脳の特定の部位に損傷を受けると、音楽の認知に関して奇妙な現象が起きることが多い。その現象は時に悲劇的とも言えるものになる。幸運な場合は、多少、不便を感じるくらいで済むこともあるが、通常はそうはいかないだろう。

脳に損傷を受けた人について調べることは、脳内に音楽の認知に特化した部分があるか否かを探る上でも役立つ。*今までのところ、はっきりと「これは音楽以外には使われない」という部位は見つかっていない。また、音楽の認知だけに特化した脳の障害というのも、あまり見つかっていない。比較的よく見られる脳の障害のうちで、音楽の認知だけに特化したものと言えば、音程差の認知の障害くらいである。この障害は、だいたい人口の四パーセントくらいに見られる。彼らは、わかりやすい言い方をすれば「真性の音痴」ということになる。音程の高い、低いの違いがまったく（あるいはほとんど）わからないのだ。驚くのは、音程差の認知の障害と、音程そのものの認知の障害は独立して起きるらしいということである。「絶対音感を持っているのに音痴」という人がいる理由がこれでわかる。音痴だからといって、音楽的な才能がないとは限らないのである。楽器を演奏することも、その気になればできるはずだ。ただ、実際には、音痴の人はあまり楽器を演奏しようとはしない。音痴だというだけで、「自分は音楽に向いていない」と決めてしまうことが多いからだ。神経科学の研究によれば、音程差の認知に障害を負った人であっても、曲に「合わない」音を感じ取る能力はあることが多いという。いわゆる「不協和音」などを聴いたときに脳から検出される電流は、一般の人と変わらないことが多いのだ。ただ、何かしらの理由で「合っていない」という情報が意識にまで伝えられず、本人の自覚としては「わからない」ということになってしまう。

自分のことを音痴だと思っている人のほとんどは、真性の音痴ではない。大半の人は、脳の音程や音程差の認知機能に障害があるわけではないのだ。カナダの心理学者がクイーンズ大学の学生を対象に実施した調査によれば、サンプルとして選ばれた学生の一七パーセントが、自分のことを音痴だと思っているという結果が得られた。だが、彼らを対象に音楽の認知能力のテストをしたところ、結果は自分を音痴でないと考える人たちと何ら変わらなかった。自分に音楽の才能がないと思っている人の大半は、それまで自分で音楽を演奏したり歌ったりする機会の少なかった人である。自分は音痴だと思い込み、人前で歌うなんて恥ずかしいと思っている。あるいは、誰かに「向いてないからやめた方がいい」と言われたことのある人も多いだろう。単に音楽の楽しさを教えてくれる人が誰も周囲におらず、音楽を始める動機がなかったということもあるだろう。これは果たして喜ぶべきことなのか、悲しむべきことなのか判断に迷うところだ。ほとんどすべての人に音楽の能力があるということ自体は、喜ぶべきだろう。ただ、多くの人がそれを知らずにいるというのは悲しむべきことである。

＊認知機能が明確に分かれているからといって、その一つ一つが必ず、脳内の特定の部位に対応するとは限らない。ただ、機能が特定の部位に対応することが多いのは確かである。ある部位が損傷すると特定の機能だけに障害が現れるということは実際によくある。

脳内に専用の部位が見つかっていないことからすると、音楽に進化上の意味はなく、他の目的のために進化した能力が偶然、音楽にも使えているだけと考えるのが妥当にも思える。だが、そう考えると説明できないこともある。たとえば、自閉症の人に時折、素晴らしい音楽的才能が見られるという事実である。音楽に使われるのが汎用の認知機能ばかりだとすると、自閉症の人は不利なはずだ。これのみで音楽に何か進化上の意味がある、と言うことはできないが、奇妙であることに違いはない。

音楽の認知のごく一部にだけ障害があり、その他には何の障害もないという事例も少なからず存在する。障害の範囲がごく狭いので、その障害があっても、必ずしも音楽的な能力がないとは言えない。たとえば、先述のオリヴァー・サックスが紹介している事例などは、そうした特殊な障害の一つと言えるだろう。ハーモニーを認識する能力を失った患者の事例である。個々の音は聞き取れるのだが、一つ一つばらばらで、溶け合って聞こえることがないという患者だ（二一四ページ）。その他には、プロのヴァイオリニストが、脳に損傷を受け、そうした範囲の狭い障害を同時にいくつも負ったという事例もある。このヴァイオリニストは、まず、譜面上に連続して書かれた音符をつなげて読むことができなくなり、楽譜を書くこともできなくなった。曲を聴いて自分の知っている曲かどうかを判断することも、音程の間隔を認識することもできなくなった。それにもかかわらず、音程のわずかな違いを聞き分ける能力はそのまま残り、一つ一つの音符を読む能力も残った。曲を聴いて長調か短調かを聞き分ける能力も失われていなかった。

そういう特殊な障害の事例もあるが、多くはもっと範囲の広い障害である。よく見られるのは、音楽の主たる構成要素とされる、メロディ、リズム、音色などの認知に関する障害である。いずれかの要素の認知だけに障害があり、残りの要素の認知には何も問題がないというケースだ。そうした範囲の比較的広い障害の中でも特に悲劇的なのは、音楽自体は完全に認知できるのに、それに対し、何の感情も起きなくなるという障害かもしれない。ロンドン、国立神経科・神経外科病院の神経科学者、ジェイソン・ウォーレンらの研究チームは、そうした事例について言及している。ラジオの元アナウンサーの事例である。この人は、扁桃体に損傷を負ったことで、以前ならラフマニノフの前奏曲を聴くと感じていた「ゾクゾクするような感動」がなくなってしまったという。イザベル・ペレツの研究チームによれば、扁桃体の一部に損傷を負った患者の中には、ホラー映画の音楽を聴いても恐怖を感じなくなった人がいたという。以前とまったく変わらず、楽しい音楽は楽しく、悲しい音楽は悲しく感じるのに、怖い音楽だけ怖いとは感じなくなったのだ。

逆に、メロディを認知する能力は完全に失われたにもかかわらず、音楽に対する感受性は一切失われずに残ったという人もいる。症状としてはこちらの方が不思議だろう。これは、ペレツの研究グループが観察した〝ＩＲ〟と呼ばれる患者の事例である。この患者は、ある疾患の治療のために脳の手術を受けたのだが、その結果、合併症を引き起こし、脳の両半球に損傷を負ってしまった。言語能力にはまったく問題がなく、通常の環境音の聞き分けにも問題なかった。しかし、音楽を聴いても曲の区別ができなくなった。また、曲のメロディの一部を「不協和」なものに変えても、一切気づかなくなった。しかし、それでも、本人によれば、音楽を聴く楽しさは失われなかったという。曲が楽しげなものなのか、悲しげなものなのかは、健常者とほぼ同じくらい正しく認識することができた。ＩＲはどうやら、メロディ以外の要素、とりわけリズムを手がかりに、その曲の雰囲気を察知していたようである。この点については、次の章で詳しく触れることにする。

音楽は頭の栄養？

音楽家の脳は一般の人のものとは違っている。運動選手の身体は一般の人とは大きく違うが、それと似ている。音楽家も運動選手と同様、訓練によって脳を変えたのだ。そのため、音楽家には、一般の人に比べ、より「分析的」に音楽を認知する傾向がある。分析的というのは、より「左脳的」であると従来からよく言われているが、その見方はさほど間違っていないだろう。たとえば、メロディの認知の際、一般の人の場合には主に右脳がはたらくのだが、音楽家の場合には左脳の関与が多くなるのだ。*

だからといって、音楽家は音楽を論理的、分析的にのみ解釈し、何ら感情を持つことはない、そんなふうに考えるのはバカげている。音楽家にとって感情が重要な要素なのは間違いないからだ。音楽家、特に、だいたい七歳以前の幼い時期から音楽教育を受けた音楽家の脳を調べると、普通の人よりも脳梁が大きくなっていることが多い。脳梁は、左脳、右脳を連結し、両者を統合する役割を果たす部位である。神経科学者のクリスチャン・ガゼル、ゴットフリート・シュラウクは、音楽家（特に、ピアニストなど、鍵盤楽器を演奏する人たち）と一般の人の脳の機能を比較し、いくつもの違いがあることを発見した。音楽家は一般の人に比べ、運動、聴覚、視覚、空間把握などの能力が発達していたのである。手を使って楽器を演奏する人の場合、脳内の手に対応する部位が通常より発達していることもわかった。おそらく、一般の人よりも指を多く使うからだろうと想像できる。その他、音楽家の中には、聴覚野の中の音程の情報を処理する部位が発達している人が多い。概して言えば、長く音楽教育を受けている人ほど、こうした解剖学的な違いは顕著になる。つまり、この違いは原因ではなく結果であるということだ。生まれつき脳のある部位が発達しているから音楽に向いていたのではなく、音楽の教育を受け、訓練をしたために、それが原因となって特定の部位が発達したのである。

そう考えると、「音楽で頭が良くなる」というのもあながちウソではないような気もしてくる。モーツァルト効果はやはり本当にあるのだろうか。

一九九三年、『ネイチャー』誌に先述の短い論文を発表したのは、カリフォルニア大学アーヴァイン校の神経生物学者、フランシス・ラウシャーの研究チームである。この論文に書かれたのは、学生を対象に行われた実験の結果である。実験ではまず、学生を三つのグループに分けた。そして、一つのグループにはモーツァルトの『二台のピアノのためのソナタ　ニ長調K四四八』を一〇分間聴かせたが、もう一つのグループには、いわゆる「リラクゼーションテープ」を聴かせ、残りの一グループには何も聴かせなかった。その後、三グループすべてに空間把握力テストを受けてもらったところ、モーツァルトを聴いたグループの成績が他の二グループに比べて若干良かったという。空間把握力のテストというのは具体的には、「パターンを見つけ出すテスト」、「一枚の紙を図の指示通りに折り、一隅を切り取った場合にどういう形になるかを当てるテスト」、「同じ紙を再び開いたときにどういう形になるのかを当てるテスト」の三つである。成績の違いはわずかだったが、偶然とは言えない有意なものだった。IQで言えば、モーツァルトを聴いたグループは他の二グループよりも八ポイントから九ポイント高くなっていたということになる。

このIQの差に果たしてどれほどの意味があるのだろうか。少し考えてみよう。まず、ここで言うIQは、たった三つの空間把握力テストの結果から推測したものである。知性の中でもごく限られた部分を計ったにすぎない（また、論文では明確にされていないが、結果には一定の誤差が含まれている可能性もある）。しかも、「モーツァルト効果」とされるものの効力は一時的なものでしかなかった。三つのテストは

＊この点は性別によって違うようだ。よく知られているのは、女性の方が、男性に比べ、脳の機能の左右の偏りが少ないということだ。女性の場合、こういう認知は左脳、こういう認知は右脳という偏りが、男性ほど強くないのだ。よく似たメロディを聞き分けるテストを左右の耳、片方ずつで受けた場合、男性と女性とで成績に多少の違いが見られる。左耳で聴いた音の情報は右脳に、右耳で聴いた音の情報は左脳に送られるため、これで左右の脳のはたらきの違いを見ることができる。

何度か繰り返したが、効力がはっきり認められたのは初回だけで、二回目、三回目のテストのときには効力は明らかに薄れていた。また、この効果がモーツァルトの音楽だけのものかどうかはわからない（論文でもそう主張されているわけではない）。比較対象のために聴かせたのは、他の作曲家の音楽ではなく、「リラクゼーションテープ」だけだからだ。このテープは非常に退屈で、いかにも頭のはたらきが鈍くなりそうなものだった。*

『ネイチャー』誌の論文発表後は、数多くの研究者がその内容の正しさを検証する実験を行っている。その結果、同様に知性の向上が確認できたとする報告もあれば、また違った内容のテストを実施した結果、効果が認められなかったとする報告もあった。そうした追跡研究の中でも特に注目を集めたのが、一九九六年にロンドン大学インスティテュート・オブ・エデュケーションのスーザン・ハラムとBBCが共同で実施したものである。この研究は、イギリスの一〇歳と一一歳の子供、八〇〇〇人を対象に実施されたが、空間的知性、時間的知性のテストのいずれにおいても、モーツァルトを聴くことによる成績の向上は認められなかった。しかし、一九九九年にカナダ、ウィンザー大学のK・N・ナンテ、トロント大学ミシサガ校のグレン・シェレンベルクが実施した研究の結果はそれとは違っていた。この研究では、被験者を三つのグループに分け、一つのグループにはモーツァルトを、もう一つのグループにはシューベルトを聴かせ、残り一つのグループには何も聴かせず、その後に紙を折り畳んだり、切り取ったりしたときの形を当てるテストを受けてもらうという実験を行った。すると、モーツァルトとシューベルトを聴いたグループの方が、何も聴かなかったグループに比べて成績が良いという結果が得られたという。ただ問題は、音楽でなく「物語」を読み聞かせてテストを受けてもらった被験者も、モーツァルトやシューベルトを聴いた被験者と同様の好成績をあげたということだ。つまり、仮に音楽による何らかの感覚刺激が知性の向上に役立っていたのだとしても、役に立った刺激は音楽特有のものとは限らないということだ。興味深いのは、被験者に、モーツァルトの曲と物語のどちらが好きかも尋ねている点だ。モーツァルトが好きと答えた被験者は、物語を聴いた場合より、モーツァルトを聴いた場合の方が成績が良かった。また、逆に物語の方が好きだと答えた被験者は、物語を聴いた場合の方が成績が良かった。実は音楽や物語そのものに何か知性を高める力があるのではなく、好きなものを聴いたことで気分が良くなり、頭のはたらきが良くなったというだけなのかもしれない。

ナンテとシェレンベルクは、「モーツァルト効果」が起きるのは、聴覚刺激によって覚醒レベルが上がり気分が高揚するからではないと考えた。聴いた音楽や物語が、自分にとって興味の持てるもの、明るく楽しい気分になれるものであることが重要というわけだ。実際、悲しげな曲、たとえばアルビノーニの『アダージョ』のような曲を聴いた後には、何も聴かなかった場合よりもテストの成績が悪化するという結果も得られている。

空間把握能力(のごく一部)が、たとえ一時的にでも好きな音楽を聴くことによって向上するのであれば、子供に聴かせる音楽はモーツァルトでない方がいいのかもしれない。モーツァルトの音楽が他のどの音楽より好きだという子供はさほど多くはないからだ。シェレンベルクは、その点に関してスーザン・ハラムと共同で検証することにした。一九九六年にハラムが一〇歳と一一歳の子供八〇〇〇人を対象に集め

＊ラウシャーのチームは、論文発表以後の検証実験において、ミニマル音楽の批判者が喜ぶような結果も得ている。この実験では、被験者がモーツァルトの曲を聴いた場合にテストの成績が良くなる傾向は確かめられたが、フィリップ・グラスの曲を聴いた場合に成績が良くなることはなかったのだ。これを、伝統的な音楽が前衛的な音楽に比べて優れている証拠ととらえる人もいるかもしれないが、実は別の実験ではこれと矛盾する結果になったこともある。ギリシャのニューエイジ作曲家、ヤンニの音楽を被験者に聴かせたところ、テストの成績が向上したのだ。

たデータを再度詳しく解析したのだ。一九九六年の実験では、子供たちにモーツァルトだけでなく、BBCラジオ1から流れるポピュラー音楽も聴かせていた。聴かせたのは、ブラーの『カントリー・ハウス』など、当時、流行していた曲ばかり三曲である。解析の結果、二種類実施した空間的知性のテスト（これもやはり、紙を折り畳んだり、切り取ったりしたときの形を当てるテストである）のうちの一種類では、ポピュラー音楽を聴いた後にも成績の向上が見られることがわかった。この結果を見れば「モーツァルト効果」ならぬ「ブラー効果」もあると言ってかまわないことになる。*

どうやら、音楽を聴くと、一時的にわずかながら認知能力が向上するということはあるらしい。だが、それは音楽そのものに、能力を向上させる力が宿っているからではなさそうだ。あくまで、音楽を聴くことで気分が良くなるということが重要なのだ。明るい気分で、覚醒レベルが高ければ認知能力もそれだけ向上する。心理学の世界では古くから知られていたことである。興味を惹かれるような刺激、心地良い刺激があれば、覚醒レベルは上がるだろうし、気分も明るくなるはずである。何もモーツァルトの音楽に、子供の頭を良くするような魔法の力があるわけではない。

モーツァルト効果を巡る一連の動きは非常に教訓的と言えるだろう。そもそも、音楽に知性を高める力があるのではないか、と考える人は以前から大勢いた。そういう人たちが『ネイチャー』の論文に一斉に飛びついたのだ。また、安易に「美味しいところ」だけを取ろうとする現代の風潮も関係しているのではないだろうか。ただモーツァルトのCDを聴くだけで頭が良くなるのならば、それは楽だろう。だが、すぐにそういう手っ取り早い解決策を欲しがるのが、我々現代人の悪い癖だ。

厄介なのは、実験してみると一応、音楽を聴けば頭が良くなるかのように見える結果が得られるということだ。ただ、実験結果をよくよく検証してみると、そう単純な話ではないことがわかる。本格的な音楽教育を受けた子供たちは、音楽以外の分野でも他の子供たちより優秀であると言われることもあるが、単に「そういう印象がある」というだけで確たる証拠があるわけではないのだ。ただ、そう見える理由を想像することは難しくない。楽器を演奏すること、楽譜を読むことを学ぶには、集中力、注意力が必要になる。自制心と記憶力も欠かせないだろう。そういう力を持った子供が他の分野の学習でも優秀であるというのは当然のことである。もしかすると、音楽教育を受けることが、そうした力の鍛錬につながるということはあるかもしれないが、逆に、元々そういう資質のある子だからこそ、音楽を持続して学べるということもあるだろう。どちらが原因でどちらが結果なのかを判断することは非常に難しいが、いずれにしても音楽教育と同じような効果は、同じくらい体系的な学習を必要とすることならば、何を学んでも得られるはずである。また、音楽教育を受けられる子供は、高い教育を受けた裕福な両親の元に生まれていることが多い。たとえ音楽教育を受けなくても、そもそも知性を発達させやすい環境に恵まれているということだ。

音楽そのものにＩＱを高める力があるのかないのか、それを断定することは今のところできない。様々な要素が複雑に絡み合っているので、慎重に調べなくては確たることはわからないだろう。一九九九年に結果が報告されたある調査によれば、三歳からピアノを習い始めた子供は、ピアノを習っていない子供に比べ、最初の二年間に限って空間把握力テストの成績が良くなる傾向が見られたという。ただ、最初の二年より後は、両者に差は見られなくなった。被験者となった子供たちの家庭環境や知能などは皆、ほぼ同程度である。シェレンベルクは、この問題に関して、過去に例を見ないほど慎重で詳細な実験を行ってい

＊成績の向上はなぜ二種類のうちの一種類にのみ見られたのだろうか。シェレンベルクとハラムは、その理由を「二種類の難易度に差があったため」と推測している。成績の向上が見られたテストの方が難易度が高かったのだ。適度に難易度が高かったために意欲が高まったと考えられる。

る。まず、実験のために地元紙に広告を出して六歳の子供、一四四人を集めた。「週に一度、無料でアートレッスンが受けられる」という触れ込みの広告だった。一四四人は四つのグループに分け、一つ目のグループには、ピアノなど鍵盤楽器のレッスンを受けさせた。二つ目のグループは歌のレッスンである。これは、ハンガリーの作曲家、コダーイが子供のために考案した手法によるレッスンだ。ただ歌うだけでなく、手を叩いたり、手で合図をしたりといった身体の動きを伴う。三つ目のグループには演劇のレッスンを受けさせたが、四つ目のグループには最初の一年間は何のレッスンも受けさせなかった（ただし、応募者を騙したことにならないよう、二年目には鍵盤楽器のレッスンをした）。一年目が終わった時点で、一四四人全員に完全なＩＱテストを受けさせた。グループ分けに際しては、どのグループも、子供が生まれてからの正確な日数や、両親の収入などに偏りが生じないように留意した。実験の目的は、音楽教育そのものに、ＩＱを向上させる効果があるか否かを確かめることである。

ＩＱテストの結果は、四つのグループすべてで向上が見られた。ただ、向上の幅は、音楽のレッスンを受けた二グループ（約七ポイントの向上）の方が、それ以外の二グループ（約五ポイントの向上）よりも大きかった。シェレンベルク自身は、この結果について「音楽教育に、わずかながら知性を向上させる効果がある証拠ではないか」[1]と言っている。しかし、これには反論もある。たとえば、社会性についてのテストでは、演劇のレッスンを受けたグループの方が、音楽教育のレッスンを受けた二グループに比べ、成績が著しく向上したのだ。「知性がある」という言葉をどう定義するかで解釈が異なってくるが、どちらの教育が子供の知性を向上させることにつながると言えるのか、判断の分かれるところだろう。

「ＩＱが三ポイント上がるなら、音楽教育に余分なお金がかかってもいい」そう考える人もいるかもしれない。だが、忘れてならないのは、音楽の価値はそれだけではないということだ。確かに音楽は知性に幾分かの影響を与えるかもしれない。影響を定量的に評価する方法も一応は存在する。しかし、音楽はそれ以上に、私たちの「心」に影響を与えるもののはずだ。知性の栄養でもあると同時に、心の栄養でもあるはずである。そのことに触れる人が少ないのは残念なことだ。音楽を聴いたり、演奏したりするには、様々な種類の認知機能をはたらかせる必要がある。それを考えれば、音楽が知性を高めることがあっても不思議はないし、その効果がはっきりと数字に表れたとしても驚くほどのことではないだろう。だが、音楽の本当の価値は、そんな数字の評価を超えたところにあるのだ。たとえ知性を高める効果がなかったとしても音楽を学ぶ意味は十分にある。良い音楽を聴き分ける耳を養い、音楽を深く理解するための知識を身につければ、それが自分にとっての財産になることは間違いないだろう。軽く聞き流すのも悪くはないが、音楽を深く知れば、それだけ喜びは大きくなる。その喜びは知らないより知っていた方がいい。そして、できれば、音楽を自ら作ることも学べればさらにいい。うまくできなくてもかまわないのだ。作り方を知っているというだけで、知らなければ絶対に得られない喜びが得られるはずである。民族音楽学者、ジョン・ブラッキングはこんなふうに言っている。

感覚、感情を磨くための教育は決して贅沢ではない。単に「できれば受けた方がいい」という程度のものではないのだ。知性を有効に活かせる人間、バランスある行動の取れる人間になるためには、是非とも必要だと言えるだろう。[2]

ピアノの前に座り、音階を学んだとしても、それで社会性が身につくわけではない。しかし、何人かで集まって歌ったり、演奏したり、カントリーダンス（一七、八世紀にイングランドで流行した民族舞踊）を踊ったりすれば、共に笑ったり泣いたりすれば違ってくるはずだ。音楽という芸術形態には、先人たちの情熱と知恵が詰め込まれている。その豊かさに気づいて驚く人は多いだろう。音楽に触れることは、人間の根源に触れることにもつながるのだ。

音楽は学校でも絶対に必修科目であるべきだ。モーツァルト効果などには関係なく、赤ちゃんにもどんどん音楽を聴かせればいい。マディ・ウォーターズのブルースでも、ビートルズの『リボルバー』でも、トランシルヴァニア地方の音楽でも何でもかまわない。それはきっと何かのかたちで役立つに違いない。

第10章　アパッショナート——音楽はなぜ人を感動させるのか

こんな経験はあるだろうか？

突然、私の頭と身体を何かが貫いた。それはとてつもなく強い感覚だった。強い緊張感と深い陶酔感。私は恍惚となった。興奮に我を忘れた。今、すべての注意が一点に集中している。音楽はまるで自ら生命を持っているかのように流れていった。バッハの精神が自分の中を通り抜けていったようでもあった。音楽はその時、突如として確かな存在感を持った。[1]

あるいはこんな経験は？

音楽は私の身体を支配し始めた。憑かれたような気分だ。私は熱を感じた。温かいもので満たされていた。音が皆、体内に入り込んでいたのだ。すべての楽器が、楽器の発する音の一つ一つが私を捕らえた。そこには音楽の他に何も存在しなかった。私は踊っていた。ぐるぐると回転し、音楽に、リズムにすべてを預けた。大きな喜びに私は笑い声をあげた。目からは涙が流れた。奇妙なことだけれど。自分が何かから解放されるのを感じていた。[2]

読者の中には、音楽を聴いてこんな経験をしたことのない人もいるだろう。そんな人は今、本を読みながら、パーティの輪に入れず一人暗く佇んでいるような気持ちかもしれない。周りはすっかり酔っぱらって、楽しげにしているのに、自分はそこから疎外されている、そういう気分かもしれない。だが、今まで一度も経験がないからといって、これからも絶対にないとは言えない。もちろん、何かそういう体験をするための「マスターキー」のようなものがあって、それが与えられれば必ず扉が開くというようなものではない。先にあげた例のうち、一つ目のものは、バッハの曲を演奏する若い音楽家がリハーサルのときに感じたことの描写である。そして二つ目は、パブでフィンランドタンゴを聴いていた女性の感想だ。ここで興味深いのは、この種の体験がどれも非常に似通っているということである。そのため、表現する言葉も皆、同じような「決まり文句」の連続になる。「私はその音楽を聴いて完全に我を忘れた」というような表現ばかりになるのだ。しかし、本当に誰もが同じような体験をしているのだとしたら、それも仕方のないことだろう。

　音楽を聴いて、一種のトランス状態になるという現象は、世界各国の様々な文化に共通して見られる。だが、それが聴き手にとっていつも幸福な体験になるとは限らない。中には、マーラーの『交響曲第一〇番』を聴いて次のような体験をする人もいるのだ。

> 胸が張り裂けそうな、まるで幽霊に取り憑かれでもしたような和音の響き。*これまでに一度も聴いたことのないような響きだ。私と弟の反応は同じだった。私たち二人は、有史以前から人間が感じてきたような原初的な恐怖にかられていた。どちらも一言も口をきけない。二人とも、大きな黒い窓を見つめているような気がしていた。その窓に、自分たちをじっと見つめる死神の顔が映っていたのだ。[3]

こういう、聴き手を愉快とは言えない気分にさせる音楽を作る人間がいるというのは、文化的に見ても、心理学的に見ても、一見、非常に不思議なことだ（果たしてマーラーがそれを意図していたかどうかについては、意見の分かれるところである。しかし、明らかに、聴き手の気力を奪い、聴き手に不快を感じさせることを目的に作られたと思われる音楽は多数存在する）。また、自ら進んでそういう音楽を聴きたがる人間がいるのも不思議なことだろう（もちろん、中にはその気がなくてうっかり聴いてしまう人もいるが、進んで聴きたがる人が大勢いるのは事実である）。そして、何より驚くべきなのは、そもそも単なる音の羅列でしかないものが、そういう感情、気分を引き起こすということである。

音楽に対する反応が具体的にどういうものになるかは、文化や歴史的経緯によって変わってくる。しかし、音楽に私たちの心を動かす力があるということは間違いなく世界共通だろう。トルストイは「音楽と感情は表裏一体である」[4]と言っている。これは、音楽の持つ力を認め、その力を称賛する意味で発せられた言葉だろう。だが、五世紀に生きた聖アウグスティヌスは、人間の心を動かさずにはおかない音楽の力に不安を感じた。彼自身は音楽を愛していたが、聖歌を歌う礼拝者たちが、歌の内容ではなく、歌そのものに心を動かされているのではないか、と疑い気に病んでいたのだ。中世の聖職者たちも、音楽には神への信仰心を高める力と同時に、人間の欲望、渇望を煽る力があることに気づき、やはり不安に思っていた。カトリック教会内で改革運動（「対抗宗教改革」と呼ばれる）が起きた時期には、宗教音楽への世俗世界からの悪影響を排除することも重要な課題とされた。ジョン・ドライデンが「音楽によって煽ることも鎮

＊第一楽章の二〇三小節目から二〇六小節目にかけての和音。短三度を積み重ねた不協和音だ。勇気があれば聴いてみて欲しい。

めることもできない、そんな熱情が果たしてこの世にあるだろうか」と言っているように、当時の聖職者にとって音楽はまさに諸刃の剣と呼ぶにふさわしいものだったのだ。

　音楽が私たちの心を動かすのはなぜだろうか。音楽の認知についての研究は今も様々なかたちで進められているが、研究者たちにとってもこの問いはおそらく最も難しいものだろう。一体、なぜ音楽にそんなことができるのか。それをどうすれば解明できるのか、その糸口すらなかなか見つからない。たとえば、私たちは偉大な絵画を目にしたときにも感情を動かされる。だが、その場合には、描かれている人物の顔やポーズが素晴らしい、あるいは背景が素晴らしいというように、具体的に感情の動く理由が比較的説明しやすい。抽象画でさえも、形や色など、どの要素が具体的に感情を動かしているのかが明確にわかることが多い。たとえば、イヴ・クラインならば、心を動かすのは「神々しい」と言いたくなるような深い青だろうし、マーク・ロスコであれば、遠くにかすんでいるような水平線だろう。そして、ジャクソン・ポロックの場合は、キャンバスに飛び散った絵の具である。描いた人の激しい感情がそのままぶつけられたような絵の具に私たちは心動かされるのだ。文学も同様だ。ストーリーに感動する小説もあれば、人物描写や比喩表現の見事さに感動する小説もある。ただ、小説の場合、文章の持つ意味にある程度、広がりを持たせてあるとはいえ、解釈には自ずと限界がある。まさかディケンズの『大いなる遺産』を読んで、「炭鉱の話だ」と思う人はいないだろう。そこが音楽とは違うところだ。まず音楽で重要なのは、「目に見えない」という点である。そして一瞬で消えてしまうという点も重要である。ささやくような静かな音楽だろうと、大音響轟く派手な音楽だろうと、すぐに消えてしまうという点では同じだ。さらに、音楽が絵や文章と決定的に違うのは、この世界に存在する他の何物とも関係がないということである。作曲者の意図として、「何かを表現した」ということになっている音楽は確かにあるが、絵や文章のように、誰が見ても何を表現しているかが明らかにわかるということはない。* 確かに、古典派の時代には、特定のフレーズやパターンが特定の意味に結びつけられるということはあった。西洋音楽においては、器楽曲に何か意味を持たせることはよく行われていたし、その意味は、作曲者の意図を知らない第三者にも伝わり得る「客観的」なものだ、と主張する人もいた。だが、その主張は極めて恣意的なもので、根拠に乏しいと言わざるを得ない。何か確かな証拠があって、そう言っているのではなく、確かにそう感じられるからそうなのだ、という程度の底の浅い意見がほとんどである。そもそも、単なる音声信号になぜ、何かの意味を感じることができるのか、そのことについての説明が十分になされていない。そして、音を聴くだけで私たちはどうして涙を流したり、笑ったり、踊り出したり、怒りを覚えたりするのか、というのも考えてみれば実に不思議なことである。

認知科学や音楽学の分野で音楽と感情の関係が注目されるようになったのは、比較的、最近になってからのことである。おそらく現代音楽美学について歴史上初めて（一八五四）本格的に論じた著書『音楽美論』［渡辺護訳、岩波書店］を刊行した音楽評論家、エドゥアルト・ハンスリックは「これまで音楽と言えば、技術的、論理的な側面から極めて無味乾燥に語られるか、大げさな言葉を使って極めて抒情的、感傷的に語られるかのいずれかでしかなかった[6]」と批判している。ハンスリックが注目したのは、音楽によって引

＊ただし、オペラなどはまた別である。オペラや映画において音楽は、ストーリーの補助として使われる。観客がストーリーによってすでに抱いているであろう感情をさらに強める役割を果たすのだ。とはいえ、この場合もやはり疑問は湧いてくる。どうして、音楽にそういう力があるのかということだ。オペラの場合、音楽は補助どころか、主役に近い役割を果たすこともある。元々、陳腐で面白味のないストーリー、会話（演技も上手いとは言えないことが多い）が、音楽の力で素晴らしいものになることがよくあるのだ。オペラは音楽の一ジャンルとは言えない。音楽を用いた芸術形態の一つと言うべきだろう。音楽に無関心であっても（そういう人は多いだろう）オペラを楽しむことはできるし、またその逆のことも言える。

き起こされる感情そのものではなかった。彼が注目したのは、音楽の持つ「美」である。音楽の持つどのような要素によって私たちの心は動かされるのか、そこに注目したのだ。ハンスリックも言うとおり、一八世紀、一九世紀において音楽というのは、主として何らかの感情を表現するため、あるいは何らかの感情を起こさせることを目的として作るものであり、それがごく当然のこととされていた。しかし、ハンスリックは、音楽と、音楽が引き起こすとされる感情の間に、本当に相関関係はあるのだろうか、と疑いを持ったのだ。たとえば、当時、モーツァルトは冷静で明晰であるとされ、それに比較してベートーヴェンは情熱的であるとされていた。ただそのモーツァルトも、ハイドンに比較すれば情熱的だとされた。ハンスリックはそれについて「作曲者がその時に持っていた感情と、実際に作られた音楽が表現するものの間に、直接の関係はないのではないか[7]」と言っている。

「音楽は作り手の感情を伝えることができるのか」という問いに答えることは容易ではない。それについてはまたあとで触れることにする。ただ、音楽を聴いて心が動かされることがある、ということだけは疑いのない事実だろう。そして、今でも、人の心を動かすことが音楽の存在意義であるという、伝統的な考え方に賛同する人は多いに違いない。だが、問題は、音楽が具体的にどのようにして心を動かすのかということだ。

それが解明されることはないだろうとハンスリックは考えた。そして「聴覚情報が感情に変換され、ある精神状態を作るにいたるまでの生理学的過程を説明することはできないし、これからも決して説明されることはないだろう。科学がそれを説明してくれることを期待してはいけない。科学には説明不可能である[8]」と書いている。この意見はあまりにも悲観的（あるいはあまりに楽観的）だろう。確かに今のところ、心理学などの学問は、この点についてさしたる研究成果をあげてはいない。音楽がなぜ人を感動させるのか、その秘密が知りたくて学び始めた人は、きっと失望することになるだろう。まだ、ごく簡単なことを調べているだけの段階であり、音楽と感情の関係を真に知るにはほど遠いと言わざるを得ない。神経科学者は、私たちの耳から入ってきた音楽の情報がどう処理されるかを調べ、音楽に含まれるどのような成分が、「楽しい」「悲しい」といった感情の元になるのかを突き止めようとする。だが、音楽を愛する人はそれを冒瀆と感じるかもしれない。音楽が引き起こす感情はそんな単純なものでない、と思うだろう。たとえば、あるピアノ協奏曲から、そんな成分が見つかったとしても、その曲を聴いて、「楽しい」とだけ、あるいは「悲しい」とだけ感じることはむしろ少ない。

だがそれでも、音楽認知の研究において、「感情」が徐々に重要なテーマになってきていることも確かである。喜ばしいのは、音楽をばらばらに切り刻むような分析的な手法が主流ではなくなってきたことだ。以前は科学的な研究と言えば、対象を要素に分けていくという方法が普通だったが、音楽と感情の研究に関してはそうではなくなってきたということだ。最近では、聴いている音楽そのものを全体としてとらえ、それに対する私たちの反応を研究するという手法に移ってきている。トーンジェネレーターで人工的に作り出した単調な正弦波に心を動かされるという人はまずいない。これはつまり、研究対象は多様であるということを意味する。少し前には、音楽を大まかに二つのカテゴリーに分けて考える研究者が多かった。「二つ」というのは、西洋の古典音楽と、無文字文化の「原始的」な音楽である。そして後者は、主として社会的な役割を果たすものと考えられた。今ではそんな分類をする人は少なくなっている。個人の好みも多様になってきているからだ。イーグルスのようなロックを好んで聴く人もいれば、グランドマスター・フラッシュのようなヒップホップを聴く人もいる。また標準的な研究素材と言えば、以前はモーツァルトだったが、最近ではビートルズに変わってきているかもしれない。

中には、音楽に対する感動について研究する、というだけで嫌悪感を覚える人もいるだろう。冷たい科学の道具を使い、感動をあれこれと分析し、説明してしまうというだけで、とんでもない、と思う人もいるはずである。もし、そんなことができてしまえば、作曲家は、あらかじめ決められた手法を用いて受動的な聴衆の感情を操作するだけの技術者、ということになってしまうかもしれない。抽象絵画の創始者、カンディンスキーは、色と形を体系的に操作することによって見る人の心を自在に操ろうとしたが、本当にそれと同じことが音楽でできてしまうかもしれない。そんな危惧を抱く人はいるだろう。音楽を悪用して、人々の気持ちや行動を支配しようとする人間も現れるかもしれない。権力者が、ホテルや空港、レストランなどに密かに人を無気力にするようなＢＧＭを流すのではないか、などと怖れる人がいても不思議はない。ワーグナーの『ワルキューレの騎行』には、人を殺人へと駆り立てるような力があるとも言われるが、そういう音楽を意図的に作れるようになるのでは、と思う人もいるに違いない。しかし、そういうことはあまり怖れる必要はないと考えられる。確かに、状況によっては、音楽が人を暴力に駆り立てることも、逆におとなしくさせることもあるだろう。同じことは言語や演劇にも言える。時には、色や天気が同じような力を持つことはある。どんな音楽が人を駆り立てるか、またどんな音楽が人を穏やかにするかは、何も認知心理学の助けを借りなくても誰でもわかることである。たとえ認知心理学の知識があったとしても、それによって人間の心に特別強く影響を与える音楽を作る方法がわかるわけでもない。音楽は薬とは違うのだ。聴けば必ず所定の精神状態になるというようなものではない。音楽心理学者、ジョン・スロボダも言っているとおり、音楽と感情の関係についての研究には、どうしてもこういう危険がつきまとう。皆が聴いているはずの音楽を単なる「効能の集まり」に貶めてしまうのだ。壁紙の色を変えて気分を変えるように、カフェインを摂取して眠気を覚ますように、ただ「音楽を利用する」[9]という話になってしまう。スロボダはこれを、「音楽の調剤化」と呼んでいる。* 実際、スロボダ自身、こんな効能を持った音楽はないか、という類の質問をよく受けるらしい。「恋人にプロポーズをしたいのだが、どういう音楽をかければ良い返事がもらえるか」といった具合に。そういうときは穏やかに「音楽にはそんな力はありませんよ」と答えるようだ。

音楽と感情の間の関係が科学的に解明されることはないだろうというハンスリックの考えは、ある意味で正しいのだろう。とはいえ、まったく何もかもわからないままということでもない。音楽が感情にもたらす影響に何らかの法則性があるというのもおそらく確かである。その法則性の一部は綿密な調査をすれば明らかにできるはずだ。ただ、法則がわかったところで作曲家や演奏家がそれを信じるかどうかは別問題である。

音楽が感情を生む仕組み

音楽は果たしてどのようにして、私たちの心を動かすのか。ここではそのことについて考えていきたいが、まずその前に、そもそも音楽によって引き起こされる感情とは一体、何なのかということを考えてみたい。これ自体が相当な難問だ。「作曲家は自分の持っているある感情を伝えようとして曲を作る。聴き手はそれを感じ取る」という考え方は古くからある。しかし、ヒンデミットはその考え方を一笑に付した。チャイコフスキーもそれに賛同して、次のように語っている。

創造性豊かな芸術家であれば、作品を媒介にして自らの感情を表現できる、自分の感動を人に伝えることができる、そう思う人は多いが、それは大きな間違いである。感情は、悲しみであれ喜びであ

＊巻には「リラックスできるＣＤ」や、「恋のムードを盛り上げるＣＤ」、「集中できるＣＤ」というふうに、音楽に効能を求める人のための商品が氾濫している。今後もそれをなくすことはできないだろう。

れ、あとから振り返って表現することしかできないのだ[10]。

演奏者にしても、音楽で感情を表現する際に、自分も同様の感情を持たなくてはならないというわけではない。特にリハーサルのときにはむしろ持っていないことの方が多いと言えるだろう。では、聴き手は音楽のどこから感情を受け取るのだろうか。実際、私たちは音楽を聴くと、多くの場合、何らかの感情が表現されているように思う。たとえ自分が同じ感情を持つことがなくても、音楽が表現している感情は感じ取るのだ。ヒンデミットによれば、音楽は感情を引き起こすわけでなく、感情の「写し絵」のようなものを私たちに伝えるということになる。そして、感情の記憶を呼び覚ます[11]。哲学者、ピーター・キヴィもそれとほぼ同様の意見である。キヴィによれば、私たちは音楽が伝える感情は認識するが、同じ感情を必ずしも抱くわけではないということになる。モーツァルトの『交響曲第四一番（ジュピター）』は、最悪の気分のときに聴いても明るい曲に聞こえるが、だからと言って自分も曲と同じように明るい気分になるとは限らない。「感情を表現する」ということと、「感情を引き起こす」ということは、このように明確に区別すべきなのだ。アルトゥル・ショーペンハウアーも音楽についてほぼそういう意味のことを言っている。

西洋では音楽家も、音楽研究者も、音楽が表現する感情と、音楽が引き起こす感情の違いを長らく曖昧にしてきた。より確かなことが言いやすいのは、前者についてである。前者については、私たちは自分がどのような状況にあってもほぼ同様の意見を持つことになるが、後者についてはそうではない。音楽そのものについて語るときと、音楽を聴いた際の自分の経験を語るときとでは言うことが異なる可能性があるのだ。ある曲を聴けば必ず同じ気分になるとは限らないからだ。たとえ同じ曲を聴いたとしても、それをディナーパーティで聴いたときと、山の頂上で聴いたとき、あるいは朝の四時に隣家から爆音で聞こえてきたときとでは、感じ方は大きく違うはずだ。音楽に対する私たちの反応が音楽そのものだけによって決まるのでないことは明らかである。同じメロディを聴いてある時は感動して涙を流し、別の日には特に何も感じないということは大いにあり得る。反応の少なくとも一部は、聴き手が置かれている状況によって決まるのだ。そのことを考えると、被験者を小さな部屋に閉じ込めてヘッドフォンで音楽を聴かせるような実験にどれほど意義があるのか疑わしくなってくる。特に無文字文化においては、音楽を聴く状況の重要性はさらに高くなる。音楽自体がどういうものかより、いつそれを聴くかの方が、聴く者の感情にはるかに大きな影響を与えるのだ。たとえば、新しい命が生まれたときの音楽は喜びの感情をもたらすし、弔いのときの音楽は悲しみをもたらす。

すでに書いたとおり、音楽に対して私たちが抱く感情は、客観的に見て音楽が表現していると思われる感情とは必ずしも一致しない。悲しげな曲を聴いて泣くことはもちろんよくあるが、実際には（少なくとも私の経験では）楽しげな曲を聴いて泣くことも決して珍しくはない。そしておそらく、たとえ悲しげな曲であっても、そのほとんどは私たちに苦しみよりも喜びを多くもたらしてくれるだろう。そうでなければ、なかなか自分から聴こうという気にはなれないはずである（音楽産業も成立し得ないに違いない）。私たちが音楽を聴いて喜びを感じるかどうかは、その歌で喜びの感情が表現されているかどうかとは直接関係がないのだ。聴いて喜びを感じられるかどうかには、その曲の「美しさ」など他の属性も大きく影響する。音楽では、怒りや絶望、嫌悪など、あらゆる不快な感情が表現されるが、それでも私たちが聴こうと思うのは、たとえ不快な感情が表現されていても、聴けば喜びが感じられるからだ。それはたとえば、バルトークの『中国の不思議な役人』、ムソルグスキーの『展覧会の絵』の中の「小人」、ストラヴィンスキーの『放蕩者のなりゆき』第三幕第二場、教会墓地の場面への前奏曲などに言えることである。どれも意図的にグロテスクで不快なものを表現するよう作られているが、そこに「美」が感じられるからこそ多くの人が聴くのだ。

音楽は、感情を表現すると同時に「雰囲気」も持っている。両者を区別するのは難しいが、やはり区別すべきだろう。音の強弱や明るさ、暗さは一曲の中でも様々に変化するが、持っている雰囲気は、最初から最後まで一貫していることが多い（雰囲気という言葉は、真剣に集中して音楽を聴く場合にはそぐわないかもしれない。音の一つ一つに反応し、音と対話するような能動的な聴き方をしている場合には、逆に雰囲気のようなものは感じないこともあるだろう）。雰囲気とは違い、感情の表現は通常、短時間のうちに行われる。その際には、音に必ず明確にわかるような表情の変化がある。その感情を象徴するような特徴ある音が使われるわけだ。それは長くは続かず、わずかな間で消えることが多い。深い悲しみが表現されていたかと思うと、それが短時間のうちに喜びに変わり、またすぐに冷静さへと変化するということもある。ヒンデミットも言っているが、もし聴き手が本当にそれに合わせて同じように感情を変化させていたら、精神に異常をきたすことにもなりかねないだろう。しかし、まさにこの複雑な表情の変化が、曲の魅力になっていることもある。

スウェーデンの音楽心理学者、パトリック・ジュスリンとダニエル・ヴァストフイエルによれば、音楽によって感情が喚起される仕組みと、日常生活の体験によって感情が喚起される仕組みには共通点が多いという。たとえば、音楽を聴いているときにも、突然、大きな音が聞こえたりすれば、当然、心臓の鼓動は速くなる。「驚愕」という愛称で知られるハイドンの『交響曲第九四番ト長調』はその代表的な例だろう。静かなアンダンテの楽章の中で突如、大音響の和音が響きわたる。ハイドンの作品には、こうしたユーモアが多く盛り込まれていることがよく知られている。これはまるで、図書館で突然、叫び声が聞こえるようなものである。私たちの脳幹には、生まれつき、原始的な警報装置が備わっている。太古の昔、静かな場所で突然、大きな音が聞こえれば、それは捕食者の吠え声や大木が倒れる音など危険を意味することが多かった。それで、自然に警戒態勢に入るように身体ができているのだ。一瞬、驚いても、すぐに何の危険もないことが明らかになれば、それを楽しむことはできる。しかし、進化的に新しい認知機能がはたらいて、危険がないことがわかるまでには多少、時間がかかる。原始的な脳の方が反応が早いので、聴き慣れているはずの曲でも、何度も警戒態勢をとることになる。

人間の感情を、大きく「喜び」、「悲しみ」、「怒り」、「嫌悪」などに分類しようと試みた研究者も何人かいた。また、感情を多次元の座標で表すということも行われた。仮に三次元なら、正負、強さ、行動への影響度といった座標で表すのだ。たとえば、強い感情で、正負で言えば正の要素が大きいけれど、行動への影響度は低い、という具合に。これは、一般には、「平静」などの言葉で表現される感情だろう。また、正負で言うと負の要素が大きく、心臓の鼓動を速め、「逃亡」という行動を促す強い感情、というのもある。これは、一般には「恐怖」という言葉で表現される感情である。感情を一種の階層構造、あるいは木構造ととらえる人もいる。たとえば、「恨み」や「軽蔑」は「怒り」の下の階層に位置するもの、あるいは「怒り」が枝分かれしたものというふうにとらえるわけだ。また、「怒り」という枝自体を、「負の感情」が枝分かれしたものととらえることもできる。こうしたとらえ方は一見、科学的だが、実際には感情というのはそう単純なものではない。非常に複雑なものであり、座標や階層構造で表せるようなものではないのだ。一つの出来事により、嬉しさと悲しさを両方感じることもよくある。そして、感情は刻一刻と変わっていくものである。分類がまったくの無意味とは言わないし、感情について研究する上ではどうしても必要なことだが、あまり正確なものではないというのはわかっておくべきだろう。

問題なのは、音楽によって引き起こされる感情は、「喜び」や「悲しみ」といった典型的なものばかりではないということである。むしろ、そういう簡単な言葉では言い表せない微妙な感情が多い。たとえば、音楽を聴いて「寒気がした」、「鳥肌が立った」といったことを言う人がいるが、これは必ずしも嫌な気分になっているわけではない。正負どちらともつかない感情の表れである。私はよくバッハの音楽を聴くと涙が出てくるが、これは嬉しいからでも悲しいからでもない（この種の感情については、またあとで詳しく述べる）。またスティーヴ・ライヒの音楽を聴くとリラックスすると同時に、張り詰めた気分にもなる。これは決して曖昧な感情ではなく、非常に明瞭な感情なのだが、一言では表現ができないのだ。スイスの音楽心理学者、クラウス・シェーラーとマーセル・ゼントナーも、「音楽を聴いているときの感情について表現するのに、既存の言葉はあまり役立たない」と言っている。また「怒り、悲しみ、怖れといった言葉だけでは不十分である。音楽を聴いているときに特有の微妙な感情を表現するには、もっと他の言葉（憧れ、情愛、畏怖、活気、厳粛など）が必要になる」[12]とも言っている。確かにそのとおりである。だが、憧れや畏怖などの言葉も、音楽を聴いているときに特有の感情を表現しているとまでは言えない。怒りや悲しみに比べれば、より細かく感情を伝えているが、その言葉で表される感情が音楽を聴いているときだけのものとは言えないだろう。

「音楽を聴いているときに特有の感情」と書いたが、それは果たして本当に、音楽のみによって引き起こされる感情なのだろうか。他のときには絶対に現れない感情なのか。そして、アーロン・コープランドが言うように「どんな言葉を使っても正しく表現することができない」[13]ような感情なのだろうか。アメリカの哲学者、ダイアナ・ラフマンも「言語に絶する」と言っており、他にもスザンヌ・ランガーなどの哲学者が同様の見解を示しているが、本当にその見方は正しいのか。音楽を聴いているときに私たちが体験する感情は、他の何物にたとえることができず、言葉で表現できない感情と言っていいのか。スザンヌ・ランガーがその見解を示したのは、一九五〇年代のことである。ランガーは、「音楽は感情を表現するのではなく、感情を模倣する」とも主張した。これは、音の大きさや音程、音色などの変化によって、感情の動きを模倣しているということである。アメリカの心理学者、キャロル・C・プラットも一九三一年に

「音楽の響きは感情の動きに似ている」[14]という発言をしているが、それも主旨は同じだろう。ランガーは次のようにも書いている。

人間の持つ感情というもののかたちは、言語よりも音楽の方にはるかに近いと言える……私たちの内なる世界には、物理的な意味でも精神的な意味でも、音楽に似た特性があるのだ。まず、運動と静止、緊張と緩和、調和と不調和などの対比に類似性が見られるし、予期、充足、興奮、急速な変化なども両者に見られるものである。[15]

同様の考えを持つ人たちは作曲家や音楽理論の研究者の中にもいる。ロジャー・セッションズは、一九五〇年に「音楽における音の変化は、感情の変化を抽象化したものである」[16]と発言している。マイケル・ティペットのように「音楽は内的世界の暗示的な写像のようなもの」[17]などと言っている人もいる。ポーランドに生まれ、オーストリアで活躍した著名な音楽学者、ハインリヒ・シェンカーも「音楽は、人の魂のあらゆる変容と様相を映す鏡である」[18]と言った。また哲学者、エルンスト・カッシーラーは、同じことはあらゆる芸術に当てはまるとし「私たちが芸術に触れたときに持つ感情は単純なものではなく、また単一のものでもない。生命の動きそのものをとらえたことから生じた感情である」[19]と言った。

音楽を聴いたときに特有の感情というのが本当にあるのか、あるとすればそれはどういうものか、明確に突き止めた人は誰もいない。では、どうすれば、そういう感情を発見できるのか。そして、その感情を何と呼べばいいのだろうか。音楽と感情の関係について実験をする際には、実験を行う側が、聴いているときに抱くであろう感情のリストをあらかじめ用意し、被験者はそこから当てはまるものを選ぶ、ということが多い。もし、リストがなければ、被験者の反応はまちまちになり、曖昧で解釈不能な結果が出る可能性が高い。感情が「嬉しい」、「悲しい」という言葉で表現されれば、意味はすぐにわかる。そこまで普通の言葉でなくても「静謐」、「楽観」、「不安」くらいであれば、理解するのに苦労はないだろう。だが、理解しやすいからといって、被験者の抱いている感情をそうした言葉で正確に表現できているとは限らない。結局は、他に適切な言葉が見つからないから使われているだけではないだろうか。

その他に問題なのは、実験の際にどうしても、極端な感情を対象にすることが多いということである。その方が調べやすいからだ。極端というのは逆に言えば、その感情を抱くことは少ないということだ。本来、もっと普通の感情について調べるべきなのだが、なかなかそうはならない。確かに、「音楽を聴いて寒気がする」というような極端な状況について研究することにも意義はある。しかし、その状況についてだけ理解できたとしても、他のもっと典型的な状況にもその理解が応用できるのかどうかはわからない。この章の冒頭では、音楽を聴いたときに抱いた感情について語った談話をいくつか引用した。いずれも「あなたがこれまで音楽を聴いてきた中で生じた一番強烈な体験を教えてください」という質問への答えである。質問をしたのは、音楽心理学者のアルフ・ガブリエルソンだ。実は、この質問をされたときに、「この曲のこの部分に特に感動した」というような話をした人は少なかったという。ほとんどは、「ある時にこの曲を聴いていたら、不意に大きな喜び、圧倒的な高揚感に包まれた」という類の話だった。特にどの部分が原因ということではない。よくわからないが急にそうなったというのだ。人にそれだけの強烈な体験をさせる力が音楽にあるというのも重要なことだろう。それは忘れてならないことである。ただ、研究をするからには、体験がどれくらい強烈になり得るかを知っただけでは不十分である。なぜ、そういう体験をしたのかその理由も探るべきだ。

実のところ、強烈な体験には、聴き手がその時に置かれていた状況が大きく関係しているようだ。周囲にどういう人たちがいたのかということも重要である。そういったことが音楽を聴く前のその人の精神状態を決める。精神状態は音楽に投影される。また、元からあった精神状態は、それが投影された音楽を聴くことでさらに増幅される。そういう「フィードバック」が繰り返されることで、とてつもなく高揚した状態になるということはあるだろう。冒頭で引用した談話の中には、曲の特定の箇所（マーラーの『交響曲第一〇番』の原初的な恐怖を想起させるような和音）に原因を求めているものもある。しかし、この場合もやはり、愛する家族を失ったという絶望感が背景にあったからこそ感情が増幅されたと考えられる。

ここで一つ問題なのは、音楽が強い感情を引き起こすかどうかは、その音楽の洗練度とはあまり関係がないということだ。これは見過ごされがちだが、大事な問題である。人は、ごく単純な歌を聴いただけで涙を流すことがある。映画のバックに感傷的なストリングスの音色が流れれば、さほど高度な技術は使われていなくても泣くことはあるだろう。ロックには、ハーモニーもリズムも他の音楽（たとえばクラシック）と比べて単純なものが多いけれど、たくさんの人の心をつかんでいる。ロックには、様々な感情を引き起こす力があるのだ。非常に強い感情を引き起こすこともある。むしろ、音楽は単純な方がかえって感情に強く訴えるのではないか、とも思える。ドブロギターを抱えて一人で歌うブルースシンガーの素朴な歌を聴くと、自分の根源的な感情が露わになることがある。同じように一二小節から成るブルースのコード進行を使っていても、ビバップのコンボを聴いてそういう生々しい感情が起きることは少ないかもしれない。前述のエドゥアルト・ハンスリックのように、音楽についての専門知識を持った人間は、そういう感情（感傷）は軽蔑すべきものと思うに違いない。だからこそ、「自分の関心はあくまで音楽の持つ美にある。感情には関心がない」というような発言もしているのだろう。* 確かに、私たちはつい「どれだけ感情を強く動かすか」で音楽を評価してしまいがちである。感情が強く動かされるほど質が高い、と考えがちなのだ。しかし、実際には、素晴らしく質の高い音楽であっても、あまり感情には訴えないというものもある。逆に、非常に稚拙だけれども、感情には強く訴える音楽もたくさんあるだろう。音楽には、こうすれば必ず人の心が動く、という簡単な仕掛けもいくつかあるし、実際にそれは臆面もなく利用されているのだ。知らず知らずのうちに、そういう仕掛けに引っかかってしまっていることもあるだろう。

音楽によって引き起こされる感情に関して、一つ不思議なのは、それが「何に対する」感情なのかがはっきりしないということである。たとえば、映画を観たり、本を読んだりして悲しい気持ちになったときは、登場人物に感情移入するか、同化するかして、悲しい体験を共有しているのだろう。だが、音楽の場合はどうか。聴くと悲しくなる（単純すぎる言い方だが）曲があるとして、では、その悲しみはどこに存在しているのか。音楽そのものの中に存在している、というのがごく普通の考え方に違いない。聴いて悲しくなるかどうかは別にして、悲しげに聞こえる音楽というものがあるということは、ほとんどの人が認めるだろう。そういう音楽には、悲しみが宿っているのだろうか。もし、そうだとしたら、その悲しみはどこから生まれたものなのか。感情というのは、通常、何らかの出来事によって生じるものである。友人が亡くなる、など具体的な出来事があって、悲しいという気持ちが生まれる。では仮に、誰かがある曲を調べて、具体的にどの部分から悲しみが生じているのか突き止めたと言ったとしたらどうだろうか。それで「この、ヘ短調の音階を下降している部分が悲しいのです」というふうに説明されたとしたら。何となくバカげているような気はしないだろうか。果たして、音そのものが悲しいなどということがあるのだろうか。それはまるで、木や海が悲しいと言っているのと同じようなものではないか。その木が何かつらい状況に置かれているというのならわかるが、木そのものに悲しみが宿るということがあるだろうか。音自身が悲しいということは、多分、あり得ないだろう。

悲しみは一体、どこにあるのか。それを考えたとき、まず候補にあがるのは、演奏者である。そう言うと否定する人も多いだろうが、演奏者の持つ悲しみが聴き手に伝わるのだと考えられなくはない。だが、「感情があふれ出るような演奏」という言い方はあっても、その感情が演奏者自身から出ているとは言えないだろう。それはオペラなどでも同じだ。見事に感情が表現されたオペラを観て感動したとしても、演者自身のその時の感情がどうだったかはわからない。それを気にする人も少ないはずだ。これは実はかなり複雑な話である。友人のイギリス人ジャズ・シンガー、バーブ・ジュンガーの歌を聴くと、技術とともに感情が大切な役割を果たしていることは疑いないと思う。ビリー・ホリデイが『奇妙な果実』を歌うのを聴けば、たとえそれが録音されたものであっても、彼女が最大限の感情を込めて歌っていると誰もが思うはずである。だが、グレン・グールドの個性的な演奏には、彼の内面がどこまで表現されていると言えるだろうか。人前に出ることを避けるようになった彼の気持ちを、演奏を聴いて推し量ることなどできるのか。たとえ、誰かがそれを感じ取ったと言ったところで、どこまで信用できるものかもわからない。C・P・E・バッハは「音楽家は、自分自身が感動していない限り、聴き手を感動させられない」と言ったが、この言葉は額面通りに受け取るべきものではないだろう。「こういう感情はこう表現する」というように、感情表現の仕方が体系化されていたバロック時代の人の発言だからだ。現代のクラシック演奏家ならば、そのほとんどは、演奏時は感情的になりすぎず、冷静でいるべきと考えているはずである。つまり、少なくともクラシックの場合、音楽で感情を伝えるのに、演奏者自身がその感情を抱いている必要はないということになる。

＊（三八九ページ）ただし、これはエリート主義的な態度と言えるかもしれない。音楽学の世界では、最近までそういう態度が支配的だったことは否定できない。形の上では単純でも、高度に洗練されている音楽が存在することも長く見過ごされてきた。その点についてはあとで詳しく触れる。

音楽は共通言語か？

必ずしも、その音楽を作った人が表現しようとした感情ではないかもしれないが、音楽を聴いて感情を動かされることがある、ということに異論のある人はまずいないだろう。もちろん、世間で「感動する」と言われているからといって、感動しなければならないわけではない。感動しなければ感受性が鈍いというわけでもないだろう（ハンスリックも言うとおり、音楽の美しさと、それが引き起こす感情の間に関係があるとは限らない）。それとはまるで反対のことが言える場合もある。安っぽい映画の、「泣かせよう」という魂胆が見え見えの音楽を聴いて泣きそうになったが涙をこらえた、という経験のある人も多いはずだ。こういう感情操作に、自分でも嫌だと思いながら負けてしまうということもあるだろう。ハンスリックは「音楽には、他のどの分野の芸術よりも強く、速く私たちの感情を操作する力がある。他の芸術は、私たちをゆっくりと説得するが、音楽は不意打ちを食らわせるのだ」[20]と書いている。私は『平均律クラヴィーア曲集』をこれまで何度も聴いてきたが、ある時、どこかで「第一巻の前奏曲嬰へ短調が特に美しい」という記述を読んだ。その後、改めて同じ曲を（もちろん、特別に耳を澄まして）聴いてみると、間もなくひとりでに涙があふれてきた。神経科学者のイザベル・ペレツは「音楽に対する感情は、本人の意識や意思とは無関係に起こるものなのではないか、と私は直感している」[21]と言ったが、どうやら彼女は正しかったようだ。まさにこれこそが解明すべき謎なのではないかと思う。

涙が感情の表れなのは確かである。だが、感情の動きを示す兆候は他にもある。汗をかいたり、心拍数が上がったりというのがそれだ。ただ、それは万人に共通のものではなく、中には音楽に心を動かされてはいても、そういう兆候がまったく現れないという人もいる。つまり、身体に現れた兆候を基に感情を推測するということはできないわけだ。そもそも、同じ兆候を示していても、その原因となった感情はまったく異なる場合もある。キャロル・クラムハンスルは、音楽を聴いているときの人間の生理学的反応を調べる実験を行っている。特定の感情を表現しているとされるクラシックの曲の一部分を被験者に聴かせ、反応を調べたのだ。すると、同じ曲の同じ部分を聴いているときには、どの被験者でもほぼ同様の反応が見られるということがわかった。また、その反応は、別の部分を聴いているときとは明らかに違っていたという。ただ、ここで疑問になるのは、その反応は果たして、特定の感情に結びつくものなのだろうかということだ。もし、別の手段で同じ感情が起きたら、やはり同様の反応が見られるのだろうか。それはつまり、たとえば「悲しい」という感情にだけ結びつく身体の反応はあるのか、ということである。バーバーの『弦楽のためのアダージョ』を聴いて悲しい気持ちになっている人にも、何か他の理由で悲しんでいる人にも、その反応が見られるということはあるのだろうか。今のところ、感情に関して実験をする際には、被験者に「どういう気持ちだったか」を尋ね、話してもらうしかない。だがもし、特定の感情に必ず結びつく身体反応があるのなら、研究に非常に役立つはずだ。MRIなど脳の撮像技術を使えば、ある程度、助けにはなるだろうが、それで感情について完全に客観的に調べられるというわけではない。「悲しいと感じたときには、必ず脳内のAという部位が活発にはたらくようだ」といった推測はできるかもしれないが、被験者が本当に悲しい気持ちでいるのかどうかが確かめられない以上、その推測には神経学的にも、哲学的にも大した意味はないだろう。

音楽と感情の関係について研究しようとすれば、ここまで書いてきたようなことをすべて考慮しなくてはならないわけだ。音楽の音そのものに悲しみが宿っているという考えが、木に悲しみが宿っているというのと同じくらいバカげているということはすでに書いた。だが、木に託して悲しみを表現するということは確かにある。たとえば、『柳よ泣いておくれ』などの歌はその例だ。アン・ロネルが一九三二年に作り、ビリー・ホリデイやエラ・フィッツジェラルド、ニーナ・シモンなど、数々の人が歌っている。柳が

「泣く」というのは、枝の垂れ下がっている様がうなだれて泣いている人に似ているところから生まれた発想だろう。音楽で感情を表現する際の発想も、これとだいたい似たようなものではないだろうか。その感情を抱いている人の表面的、外見的な特徴を音で模倣するのである。特に多いのが、人の話し方、動作などの模倣だ。悲しみを表現した曲は、ほぼどれもテンポが遅く、響きは柔らかい。これは悲しみに暮れている人は動作が緩慢になり、話し方も明瞭でなくなるためだろう。では、遅く、柔らかい曲ならばすべて悲しみを表現しているかというと決してそんなことはない。日本の和太鼓グループ「鼓童」の演奏や、ヘンデルの『王宮の花火の音楽』などを聴いて、悲しいと感じる人は少ないはずである。同様に、一般に、楽しさや喜びを表現しているとされる音楽は、比較的テンポが速く、活き活きとした調子であることが多い。また、通常は音量も大きくなる。このように、音そのものの特性によって感情が表現されている場合には、その音楽を表面的に聴いただけでも、どういう感情が表現されているかはすぐにわかる。古いオペラの音楽にもそういうものが多かった。音楽は、劇中の登場人物の感情を模倣し、またその感情を増幅する役目を果たしていた。

古代ギリシャのモードは、それぞれが、特定の感情に結びつけられていたが、プラトンはそれを一種の模倣であるととらえた。そして、音楽が、軍事力の強化にも役立つと考えた。勇敢な戦士の叫び声をまねたメロディを作り、士気を高めることもできると考えたのである。*一九世紀イギリスの哲学者、社会学者だったハーバート・スペンサーは、人の話し言葉と音楽には、どちらにも感情を知るための共通の手がかりがあるのではないかと言った。確かに、喜び、悲しみ、怒り、怖れなど基本的な感情の、声や話し方への表れ方は、多くの文化で共通しているという意見もあり、それを裏づける証拠も見つかってはいる。それは、(スペンサーも同じように考えたようだが) たとえどこの国の人であっても、感情が人間の発声器官に与える影響はほぼ同じだからかもしれない。たとえば、怒ったときに話すスピードが速くなり、声が大きくなるというのは世界共通だろう。悲しいときには話し方はゆっくり静かになり、嬉しいときには、怒っているときほどではないが少し話すのが速くなるというのもきっと同じである。

ある感情を抱いたときの話し方や動作を模倣するのは何も音楽だけではない。たとえば、古の人々は、嵐を目にすると、それを神の怒りの表れであると解釈した。確かに嵐は、まるで怒った人のように物を破壊したりもするので、そういう解釈も生じるのだろう。ただ、「熱狂」も特性としては「怒り」に似た感情なのに、嵐が熱狂と解釈されることは多くない。つまり、人間の態度や行動の中には、気象に結びつけられやすいものとそうでないものがあるということだ（たとえば、表情が暗くなる、気持ちが急にあふれ出る、声が大きくなる、などの態度は気象に結びつけられやすい）。このように、気象現象を人間の感情になぞらえることは、世界各国で行われている。人間には生来、物事を擬人化する性質が備わっているということかもしれない。人間ではないものを人間のように見てしまうということだ。ジョン・ラスキンの言う「感傷的虚偽」とはこれのことだろう。

＊すでに書いたとおり（八二ページ参照）、古代ギリシャのモードが正確にどういうものだったのかはよくわかっていない。個々の音階が一体何を模倣していたのか、それもよくわからないのだ。プラトンの著作『国家』に記されたグラウコンとの対話の中で、ソクラテスは次のように言う。「ぼくはそれらの調べのことは知らない。しかしとにかく、君に残してもらいたいのはあの調べだ。すなわちそれは、戦争をはじめすべての強制された仕事のうちにあって勇敢に働いている人、また運つたなくして負傷や死に直面し、あるいは他の何らかの災難におちいりながら、すべてそうした状況のうちで毅然としてまた確固として運命に立ち向かう人、そういう人の声の調子や語勢を適切に真似るような調べのことだ」[22]［『国家（上）』藤沢令夫訳、岩波書店］。さらにソクラテスは「それならば君に必要なのはドリアンだ」という意味のことも言っている。こうした言葉から、モードはそれぞれ、特定の種類のメロディだけに使われていたのではないかと言われている。

音楽は感情を模倣するが、その方法は比較的、単純である。たとえば、「喜び」ならば、すでに書いたとおり、テンポをやや速めにし、音量も大きめになるが、それに加え、音域も少し高めになることが多い。そして、メロディはあまり複雑にはしない（これはおそらく、複雑なメロディを聴いて明るい気分になるのは難しいからだろうと考えられる）。「悲しみ」を模倣する場合にも、やはりメロディは複雑にしないが、それに加えて、テンポと音域を下げることになる。一方、「怒り」を模倣する場合には、リズムを複雑にし、テンポや音量を頻繁に変化させる。*「苦悩」の場合はメロディを複雑にすると同時に、テンポを落とす。そして西洋音楽では、半音を多用する傾向も見られる。確かな根拠はなく、ただ慣例でそうしているという部分もあるだろうが、その感情を抱いている人間の態度や行動と一致するところが多いのも事実である。苦悩しているとき、人間は間延びした話し方をするし、声の高さは不規則に変化する。絶望したときや悲嘆に暮れたときに発せられる声を模倣するには弦楽器が合っている。サクソフォンやトランペットでも、グリッサンドなどのテクニックを使うことで悲嘆の声を模倣することはできるだろう。その正反対とも言える「大笑い」は、たとえばデューク・エリントンのビッグバンドならばミュートトランペットで少し耳障りな音を出すことで表現したりもする。ジミ・ヘンドリックスや彼に影響を受けたスティーヴ・ヴァイなどのギタリストは、本当に人が話しているようにも聞こえるプレーをする。話し方や動作、あるいは音楽への感情の「表れ方」は、どの文化でも本当に共通なのだろうか。どの国の人でも、同じ表現を同じように解釈するのだろうか。もしかすると脳は、音楽を、「とても表現力豊かな声」であると認識しているのかもしれない。

音楽は、ごく基本的な感情であれば、あらゆる国の人に伝えることができる「共通言語」のようなものと言ってもいいのだろうか。パトリック・ジュスリン、ペトリ・ロッカによれば、人間は、たとえ異文化の音楽であろうと、その中で表現されているのが基本的な感情ならばかなりの程度まで認識することができるようだ。西洋人に、キルギスタンやインド、あるいはナヴァホ族など異文化の音楽を聴かせ、それが喜びと悲しみのどちらを表現したものかを尋ねると、ほぼ正しく答えられることがわかっている。同様に、カメルーンの奥地に暮らすマファ族の人たち（西洋音楽には一度も触れたことのない人たち）に西洋音楽を聴かせ、「喜び」、「悲しみ」、「怖れ」のうちのどれを表現しているかを答えてもらうという実験でも、偶然より明らかに高い確率で正解できるという結果が得られている。この時、主な手がかりとなるのは、テンポのようである。喜びを表現した音楽の方が、悲しみを表現したものよりテンポが速くなるのだ。

異文化間でこの種の実験を特に綿密に行ったのは、カナダ、ヨーク大学の音楽心理学者、ローラ＝リー・ボークウィル、ウィリアム・フォード・トンプソンの二人である。その実験では、北インドの音楽家たちを集め、演奏してもらった。その演奏を、西洋人の男女、計一五人と、北インド音楽の専門家四人に聴かせ、それぞれがどのような感情を表現しているかを答えてもらったのだ。演奏されたのは、それぞれに「喜び」、「悲しみ」、「怒り」、「平静」を表すとされるラーガである（ラーガはどれも、特定のラサ〔訳注　雰囲気、情感〕を持つとされる。このラサが、身体の中にいくつか存在するとされる「チャクラ」と呼ばれるエネルギー中枢にはたらきかけ、対応する感情を引き起こすと考えられている。感情は、北インド音楽の理論では九つに分類される）。さらに、ボークウィルとトンプソンは、演奏者が感情を伝えるために何を媒介として使っているかも突き止めようとした。そのため被験者に、聴いたラーガそれぞれについて、「テンポ」、「メロディの複雑さ」、「リズムの複雑さ」、「音域」、「音色」という五つの要素が個々にど

＊ただし、これはあくまでそういう傾向があるというだけである。当てはまらない例も多くある。セックス・ピストルズの『アナーキー・イン・ザ・ＵＫ』はメロディもリズムもシンプルだが、この曲で表現されているのが喜びではなく怒りであることには、ほとんどの人が同意するだろう。

の程度、表現されている感情を知る手がかりになったかを評価してもらった。

実験の結果、わかったのは、悲しみ、喜びを表現したラーガはかなりの高率で聞き分けられるが、それに比較すると、怒り、平静を表現したラーガが聞き分けられる確率は低いということだ。特に、聞き分けが難しいのは、平静を表現したラーガのようだった（北インドでは音楽は元来、皆、平和で穏やかなものとみなされていることを考えると、この結果は興味深いと言える）。面白いのは、北インド音楽を聴き慣れていないはずの西洋人の被験者が、五つの要素に関して専門家とほぼ同様の評価をしたという点だ。もちろん、専門家の方が判断は明解だったが、おおまかにはさほど違いはなかった。また、どちらのグループでも、「怒り」が表現されていることを知る上で、テンポやメロディの複雑さ、音色などが重要な手がかりになるという点は変わらなかった。

だが、この実験で一体、何がわかるのだろうか。それは慎重に考える必要がある。たとえば、西洋の場合、音楽の中で何らかの感情が表現されている場合、通常はそれを個人の抱える感情であると解釈する。しかし、その価値観は決して世界共通のものではないのだ。西洋においても、一九世紀初頭以前まで、その解釈は一般的なものではなかった。北インド音楽のラーガは、すでに書いたとおり、「ラサ」というものを持つとされるが、これは元来、人間一人一人が持つ感情のことを指してはいない。ラサというのは、個人や自我というものを離れた感情、個人の外にある感情である。自分が直接抱くのではなく、ガラス窓を通して見るような感情と言ってもいいかもしれない。音楽を聴く者も、その感情を自分が抱くわけではない。ラサに合わせて気持ちが動くわけではないのだ。一方、北インド音楽では、個人が抱く感情のことは「バーヴァ」と呼ぶ。ただし、これは、一切の具体性を排除した抽象的な感情、まるで「ろ過」されたような感情である。意識が変容し、霊的な存在に接近したような状態と言うこともできる（西洋においても、中世の宗教音楽は聴き手を同様の状態にする目的で作られていた）。ジャワの音楽にも、似たようなところがある。ジャワの音楽では、何種類もの悲しみが表現されるが、その悲しみは、西洋人が考えるような負の感情であるとはとらえられない。正でも負でもない、いわば中立的な感情である。ボークウィルとトンプソンの実験で被験者になった西洋人たちも、ラーガが表現している感情はかなり正しく認識したものの、その感情のとらえ方、解釈の仕方は、北インドの人たちと同じではなかっただろう。

感情に対する見方は、文化によって変わるだけでなく、その社会が持つ規範によっても変わる。また、その感情がどう表現されるかも、どう喚起されるかも色々に変わり得るのだ。たとえば「カッワーリー」と呼ばれるイスラム神秘主義の音楽があり、その音楽には一種のトランス効果があるとされる。私は、それを頭では理解できるが、実際に効果を自ら実感することはできない。それは、その音楽の語法、文法に精通していないせいでもあるし、結局、私がその文化の外にいるせいでもある。トランス状態、恍惚状態というと、音楽を聴く本人が自らの意思で自発的になるもののように思えるが、実はその状態にいたるまでには厳格に定められた規則に従った儀式が行われることが多い。その中では、演奏者と、音楽を聴く人間の間でのメッセージの応酬があり、互いに伝え合うメッセージは徐々に強いものになっていく。聴き手が自分の感動を伝える仕草をすると、演奏者はそれを察知し、さらに感動を強めるような演奏をする。こういう儀式をする文化において、感情とは個人のものではなく、コミュニティ全体で共有する一種の「行事」である。社会の中で一定の役割を果たすべく、喚起されるのだ。その喚起の仕方もあらかじめ決まっている。西洋でもキリスト教のペンテコステ教会などでは、この種の儀式が行われる。

すでに見てきたとおり、音楽は確かに感情を模倣するが、それだけでは、なぜ、私たちが音楽を聴いて心を動かすのかを十分には説明できない。模倣によってその曲のだいたいの雰囲気は決まるだろう。だが、それで聴き手の微妙な心情まで操れるわけではない。聴き手が、その音楽が模倣したものとはまったく違った感情を抱くことだってあるのだ。悲しげな音楽を聴いて元気づけられることもある（アイルランドの民族音楽などにはそういうものが多い)。電動ノコギリの音は本来、ほとんどの人が不快と思うものだが、グレン・ブランカのように、電動ノコギリに似た音色を使い、聴く者に大きな喜びを感じさせるような音楽を作った人もいる。そもそも、音楽が模倣できる感情の種類はさほど多くなく、ごく基本的な感情以外は表現できないというのも問題である。たとえば、「希望に満ちあふれている」とか「誰かをひどく恨んでいる」というような状態を音楽で模倣するには、具体的にどうすればよいか、わかる人はいるだろうか。この点に関し、ハンスリックはこんなふうに言っている。「人間には、枠にはまらない感情が数多く存在する。なのに、音楽を愛好する者たちは、そんな自由な感情に枷をはめたがる。無理に枷をはめるものだから、どうしてもきしみが生じてしまうのだ。枷とは、まさに音楽を構成する基本的な要素である音と、その動きのことである」[23]ハンスリックの言葉には、人を見下したような調子はあるが、言っていることはある程度、正しいだろう。もしそうなのだとすれば、音楽で感情を表現するなど、土台無理なことであり、聴き手がそれを感じ取るのも無理ということになる。音楽とは、人間の基本的な感情を不器用にまねただけの単なる音の集まりということになってしまう。ハンスリックはまた、こんなことも言っている。「音楽の至上の目的は感情を刺激することだと考える音楽家は多い。だとすれば、彼らには、この上もなく快活で陽気な音楽を与えればいいことになる。それで絶対に喜ぶはずである」音楽を聴いて明るい気持ちになりたいのなら、若い時のモーツァルトを聴けばいい。あるいは初期のビートルズの曲でもいいだろう。だが、これと同じような心地よさならば、何も音楽を聴かなくても、上等の葉巻を吸ったり、熱い風呂につかったりしても得られるではないか、というのがハンスリックの意見である。シェークスピアの『十二夜』に出てくる「音楽が恋の糧であるというのなら、奏で続けてくれ」[24]という公爵の台詞はとても有名だ。しかし、ハンスリックは、この台詞によって、公爵が音楽をどうとらえているかわかるという。つまり、彼にとっては音楽自体がどういうものかは大した意味はないのだ。自分を気分良くしてくれるものなら何でもいいのである。「チーズケーキがたくさん食べたい。甘くて美味しければどんなのでもいいよ」と言っているのと大して変わらないだろう。

そういうふうに音楽を「利用」している人は実際にたくさんいる。それは否定できないだろう。誰にでもそういうことはあるのではないだろうか。どんなに芸術に造詣が深くても、たとえばテンプテーションズの音楽を聴くときにいちいち「さあ、これからテンプテーションズの音楽を鑑賞するぞ」などと思う人はあまりいないはずだ。たいていは「何かちょっと元気が出る曲が聴きたいな……ああ、そうだ『マイ・ガール』にしよう」そんな感じなのではないか。日常生活の中で、ちょっとした雰囲気作りに音楽を利用している人が多いということは、ジョン・スロボダなどの研究によっても確かめられている。ムードを高めたり、何かをするときに気分を盛り上げたりするのに使うのだ。逆に緊張を緩め、リラックスするのに使うこともある。いい思い出（または悲しい思い出）に浸るために音楽を聴く人もいる。ハンスリックがそんな人たちを目にすれば、「真に音楽を聴いてはいない」と言うだろう（今日でも同様のことを言う人はいる）。単に音楽の持つ表面的な特徴を利用しているだけで、その芸術価値はまったく理解していない、と言うに違いない。確かにそのとおりかもしれないが、本当のところはよくわからない。ともかく、ある気分になりたくて、その目的に合った音楽を聴く、皆がそういうことをするのは事実である。それは無視できないことだろう。それに、評論家などが、あまりに音楽の芸術的価値の大切さばかりを強調すれば、人を音楽から遠ざけてしまう危険もある。ジュスリンとスロボダも言っている。「専門家が音楽の芸術的価値のことばかり言えば、普通の人は、『音楽を聴いて自分が真っ先に感じることは、的外れなのか』と思うはずである。たとえ、その音楽に強く惹きつけられ、もっと聴いていたいと思っても、音楽を正しく評価、理解できたわけではないのだ、と思い込んでしまう」[25]第一、多くの人が自分の気分に合わせ、気分を変えるために音楽を利用しているという事実を無視していては、とても音楽と感情の関係について知ることなどできないだろう。偉大な音楽がセラピーの道具のように扱われることを嘆く気持ちもわかるが、実際に音楽をそういうふうに使う人がいることは事実なのだから、否定するわけにはいかない。

音楽が感情の操作、調整に利用されるというのは、多くの文化で共通して見られることである。おおざっぱには、そもそも人間の聴覚や認知システムの仕組みがその原因を作っているとも言える。西洋音楽の偉大な作曲家の中にも、感情の面だけをとらえれば、素朴でさほど洗練されていたとは言えない人もいる。繊細で微妙な感情を表現できた人ばかりではないのだ。バロック時代には、一曲を通して一つの感情だけを表現し、統一感を持たせるというのが常識になっていた。また、その感情は「客観的」なものであるべきとされた。たとえば、陽気な音楽なら誰が聴いても陽気に聞こえなくてはならないし、荘厳な音楽は誰が聴いても荘厳でなくてはならないということだ。音楽で作曲家自身の感情を表現するなどという発想は一切なかった。こういう感情はこう表現する、という決まりがあって作曲家はそれに従うべきとされ、独自の表現方法が考案されるということはまずなかった。つまり音楽がそのものの力で聴衆の心にある感情を引き起こすわけではなかったのだ。あらかじめ、特定の感情を表すサインが決まっていて、それを作曲家も聴衆も知っていたので、伝達ができたというだけだ。この場合、音楽で表される感情は、言語における「意味」と同じようなものになる。これについて理解するのに、認知システムの仕組みについて調べたりする必要はない。この点については第13章で詳しく述べる。

すべては音楽の中に？

ルイ・アームストロングの『この素晴らしき世界』は、一般に明るい歌だとされている。少し哀愁を帯びているし、感傷的であることも確かだが、歌詞が生きる喜び、楽しさを表現していることは間違いないだろう。だが、私はこの曲を聴く度に涙が出てしまう。ある友人の葬儀で流れたからだ。

音楽によって引き起こされる感情には、多かれ少なかれ、必ずそういう要素が含まれているという意見もある。つまり、音楽そのものが表現していない感情が、音楽以外の理由で聴き手の心に起きることもあるということだ。音楽がきっかけになって、ある感情が蘇ると言ってもいい。心理学者、ジョン・ブース・デーヴィスは、これを「あ、あの曲だ」理論と名づけた。同じことをもう少し格調高く「プルースト効果」と呼ぶ人もいるだろう。プルーストは、（マドレーヌの味だけでなく）音楽をきっかけに鮮やかに記憶を蘇らせているからだ。


自分がまだ一人でいるこのひまを利用し、日ざしが楽譜を読みにくくしないようにカーテンを半分しめて、私はピアノに向かって腰をかけ、そこに置かれていたヴァントゥイユのソナタを出まかせにひらいて弾きはじめた……そして私は音響の波にはこばれて、コンブレーの日々のほうへ連れ去られて行った──コンブレーの日々といっても、モンジューヴァンやメゼグリーズのほうの日々ではなくて、ゲルマントのほうの散歩の日々であり──そうした日々に、私は自分も芸術家になりたいという欲望を抱いたのであった。[26]（マルセル・プルースト著『失われた時を求めて』井上究一郎訳、筑摩書房）

音楽がある記憶、感情を呼び起こすという現象は、映画『カサブランカ』にも描かれている。リックが、ピアニストのサムに『時の過ぎゆくままに』を決して弾くなと言っているのは、その曲に結びついた悲しみや喪失感を呼び起こしたくないからだ。

ハンフリー・ボガート演じるリックほど痛切な思いはなくても、同じようなことは誰にでもよく起きる。

とはいえ、音楽によって引き起こされる感情がすべてこれで説明できる、と言い切るわけにもいかない。もし、そんなことをすれば、音楽自身が伝える感情、誰もがその音楽を聴いて共通して抱く感情というのはないことになってしまう。

音楽に対して抱く感情が、文化によって決められるということもある。その場合には、特定の出来事や事物、人などに結びつかなくても、音楽そのものとは無関係に感情が引き起こされることになる。子供は、歌につけられている詞を手がかりに、また、その曲が使われた映画やテレビの内容を手がかりにして、それが楽しい曲なのか、悲しい曲なのかを感じ取っていく。平均すればだいたい一〇歳頃までには、有名な曲に対して抱く感情は大人とそう変わらなくなるはずである。個人的な感情と結びつく場合にしろ、文化によって特定の感情と結びつく場合にしろ、あらゆる曲にあらゆる感情が結びつき得るということはないかもしれない。やはり、その曲の持っている特徴によって、結びつきやすい感情とそうでない感情があると考えられる。その曲に、一応、誰もが認めるような客観的な特徴があるのなら、それに合うような感情が選ばれやすいということはあるだろう。ただし、その「客観的な特徴」でさえ、ある程度までは、同じ文化に属する人の間での暗黙の合意によって生じている可能性はある。ジョン・スロボダとパトリック・ジュスリンは次のように言っている。「『音楽はなぜ感情にこれほど強くはたらきかけるのか』という問いへの答えは『我々がそう決めたから』かもしれない。音楽を細かく分析していくと、音楽自体は、元来、感情に訴える力をまったく持っていないことがわかる。音楽は、私たちが聴くことではじめて、感情に訴える力を持つのだ[27]」

ただし、記憶や文化との関係だけでは、音楽が私たちの心にこれほど強くはたらきかける理由を十分に説明し切れないというのも確かである。特に、あまり洗練されているとは言えない単純な音楽でさえ、心を強く動かし得る理由を完全に説明できるとは言えない。私たちは、異文化の音楽であっても楽しむことができ、馴染みのない音楽に感動することもある。その音楽で表現されていることや、音楽の構造はまったく理解していなくても、心が動かされることはあるのだ。それも、記憶や文化との関係だけで音楽に対する感動を説明できないことを示す証拠と言えるだろう。

音楽による感情の喚起を、記憶や文化との結びつきで説明しようとする態度を「参照主義」と呼ぶこともある。それに対し、音楽によって感情が喚起された場合、それはすべて音楽自身の持つ力による、と考え、音楽以外の背景状況などは一切関係がないとする態度は「絶対主義」とも呼ばれる。ハンスリックは、絶対主義の創始者の一人とされることが多いが、それは彼の主張をよく理解していないためだと思われる。この本にもすでに書いてきたとおり、ハンスリックは「音楽自身に感情を喚起する力があるか否か」ということには特に強い関心は寄せていない。「音楽は、美しさ、芸術的価値で評価すべき」と言っているだけだ。その曲が明るい曲か暗い曲かより、良い曲かどうかが大事だと言っているのだ。また、彼は、感情を鼓舞することや感情を表現することを音楽の目的とすべきではないとは言っているが、そのすべてを否定しているわけではない。ただ、それは単なる副作用であり、音楽の持つ芸術的価値、美的価値とは関係がないと考えた。この態度は「形式主義」とも呼ばれる。イギリスの心理学者、エドマンド・ガーニーも、一八八〇年の著書『音の力』の中で同様の主張をしている。

形式主義者は第一に、音楽を知的なものだと考える。メロディ、ハーモニー、リズムがどのような形式になっていて、互いにどう関係し合っているか、それが評価の対象となる。たとえば、チェスの「通」は、優れたプレーヤーどうしの高度な対局を見て楽しみ、満足感を得ることができるが、それに似ている。たとえ音楽が何らかの感情を喚起することがあったとしても、形式主義者にとってそれは偶然にしかすぎない。確かに何の感情も喚起しないよりはいいのかもしれないが、それを意図して音楽を作るべきではない。ストラヴィンスキーはまさに音楽をそのようにとらえていた。明解だがあまり情緒的とは言えない曲調はその考え方の反映と言えるだろう。だが一方で、彼は純粋な形式主義的アプローチ自体には反発をしており、作品を聴けばそれはすぐにわかる。『春の祭典』の、感情のおもむくままに踊るような高揚感、「ペトルーシュカ和音」がもたらす不安感、緊張感、『火の鳥』の最後を飾るような喜びに満ちたマーチ。そのどれも、メロディとハーモニーとリズムの組み合わせの美しさだけを追求した結果、偶然生まれたものだなどとはとても考えられない。

要するに「何々主義者」と言っても皆が一様なのではなく、さらにいくつものグループに分かれるということだ。絶対主義者がすべて形式主義者とは限らない。他には、「表現主義者」と呼ばれる人たちもいる。彼らは、音楽で意図的に特定の感情を表現することは可能だと考える。ただ、その感情は音楽自体の力によって伝えられるもので、記憶や文化との結びつきによって喚起されるものではない。メロディ、リズム、ハーモニーの中の何かが、他の何物の力も借りることなく私たちに感情を伝え、心を動かすというのだ。

もし、それが本当だとしたら驚くべきことである。音の周波数があるパターンで変化するだけで、それを聴いた人間の心に何らかの感情を呼び起こすというのだ。それが人の泣き声など、何か感情を動かすような音に似ているわけでもなく、過去の出来事を連想させるわけでもないのに、それだけの力で心を動かせるというわけだ。本当にそんなことができるのだろうか。過去半世紀の間は、「できる」と考える人の方が多数派だった。私も、音楽自身にそういう力があるという考えは否定しない。

現実というのは、「参照主義者と絶対（形式）主義者のどちらが正しいか」というふうに単純明快に割り切れるものではない。両極端の考え方について知れば、世界をよりよく理解するのに役立つというのは確かだが、現実は、その中間のどこかに位置するものである。私たちが音楽を聴くときに、過去に聴いてきたどの音とも比較しないということがあり得るだろうか。過去の記憶が一切蘇らないなどということがあるだろうか。そんなことは考えてみるだけで、すぐにバカげているとわかる。参照主義の考え方を完全に否定することはできないということだ。形式主義者たちの中には、音楽理論についての知識がない限り、音楽の芸術的、美的な価値を理解することはできないと言う人がいるが、それが誤りであることは自明である。現在では、前述の「表現主義者」寄りの考え方をする人たちも、音楽自体が元来持っている力よりも、経験や学習の力の方が大きいと認めるようになってきている。この場合は、学習と言っても正式な音楽教育というよりは、過去に音楽を聴いて無意識のうちに学んだこと、という意味合いの方が強い。私たちは、メロディ、リズム、ハーモニーによって感情がどのように表現されるのかを知らず知らずのうちに学んでいるというわけだ。これは、「音楽は、国や文化に関係なく、感情を伝えられる言語である」という考え方とは対立する。しかし、確かにそのとおりであることを示す実験結果も得られている。たとえば、一九三〇年代にリベリアで行われた実験はわかりやすい。リベリアの学校の先生と生徒に西洋のクラシック音楽を聴かせたのだが、彼らが音楽によって感情を喚起されることは一切なかった。村人たちを被験者にしたときの反応はもっとはっきりしていた。曲が始まると落ち着きがなくなり、すぐに立ち上がってその場を去っていった人も多かったという。

だが、ここまでにも書いてきたとおり、音楽には、ごく基本的な感情であれば、文化を越えて伝達する力があることもおそらく確かである。問題は基本的なものとは違う微妙な感情である。音階やリズム、ハーモニーなどによって模倣した微妙な感情のうち、どこまでが万人に伝わる普遍的なものになり得るのか。逆に、どこからが、特定の文化に固有のものなのか。西洋の文化は、長調は明るく楽しいものだと思っているし、短調は悲しいものだと思っている。きっと、どちらの調にも、それ自体に何か楽しくなる原因、悲しくなる原因があるに違いないと信じている人は多いはずだ。ピーター・キヴィは、「長三度の音が短三度に『下がって』いることが、『沈んだ』印象、悲しげな印象につながっているのではないか」と言っている（それがフロイトの言う「去勢コンプレックス」に関係するのではないか、という異説もある）。キヴィはその証拠として、短三度をいくつも積み重ねた「ディミニッシュコード」をあげている。この和音の響きは非常に悲しげに聞こえる。短三度が悲しげな響きを生む根本原因となっていることが、この和音の存在によって証明されるとキヴィは考えたのだ。

しかし、どんな人でも必ず、短三和音やディミニッシュコードを聴けば、悲しみや苦悩を感じるのだろうか。そう信じてよい理由はどこにもない。短調は暗い、長調は明るいということを生まれてから一度も教わったことのない人でもそう感じるのだろうか。もし、そう感じるのだとしたら、私はその方が驚きだと思う。まず大事なのは、今のような西洋音楽の体系がほぼ確立されたのが、バロック時代の初期であるということだ（かなりおおざっぱなまとめ方だが、こう書いてもそうは間違っていないだろう）。それ以前に、果たして、長三度と短三度を今のように明確に区別できたのだろうか。また、もう一つ忘れてならないのは、バロック時代には、音楽による感情表現をどうすべきか、その方法が成文化されていたということだ。感情を表現するサインはいくつもあったのだが、そうしたサインについてわざわざ成文化する必要があったのは、それがまったく普遍的なものではなかったからである。サインを使いさえすれば、誰にでも通じるというわけではなかった。言語と同様、知らないものにとっては単なる音の連続でしかなかったのだ。

学習によって得た感覚と、音自体が本来持っている性質とを混同するという誤りは広く見られる。たとえば、音楽学者、デリック・クックの唱えた説などはその典型である。クックは、メジャースケールが明るく、マイナースケールが暗く聞こえるのは、それぞれの音階自体が元々持っている性質のせいだと考えた。クックは、音階以外にも、一定の音の並び、音の組み合わせが特定の感情を表現する例を数多くあげている。そのすべてが音楽の持つ元来の性質であるとしたのだ。そして、多くの例が存在すること自体が、自説の正しさを裏づける証拠と考えた。とりあげられた例は、西洋音楽のものばかりだが、クック自身はそれを問題とは考えなかった。まずクックが指摘したのは、悲しい内容の歌詞には、ほぼ必ず短調のメロディがつけられているということだ。それから、長三和音の構成音である一度、三度、五度、あるいは、メジャースケールの構成音、一、二、三、四、五度の音が下から順に演奏されるときは、文字通り、「上昇していく」気分、明るく、元気な状態が表されるということも指摘した。それは確かにそのとおりだろう。こういう事実を知っていれば、未知の曲（特にクラシックの曲）を聴くときにも、作曲家の意図を推測する上で役に立つに違いない。しかし、こういう例をいくらあげたところで、こうした音の並び、組み合わせが、なぜ特定の感情を喚起するのかは一切わからない。ただ、西洋では、そういう方法で感情を表現することが慣例になっているとわかるだけである。「ああ、モーツァルトは、ここを明るい響きにしたかったのだな」というふうに、作曲家の意図を確実に察知するのは、十分な知識を持った聴き手だけである。知識のない聴き手が本当に作曲家の意図どおりに感じるという保証はないのだ。

クックは、一九五九年に刊行された自著『音楽の言語』の中で、音楽の喚起する感情が普遍的なものであることを強く主張した。この本は刊行当時、広く称賛され、大きな影響力を持った。だが、彼の主張は、客観的に見てとても正しいものであるとは言えない。冷静さを欠き、偏見に満ちた主張であると言うべきだろう。たとえば、クックは、中世の教会が宗教音楽から長三度の音を排除しようとした、というエピソードを紹介している。世俗の音楽との結びつきが強い音だからというだけでなく、その音がもたらす幸福感が、現世を苦悩に満ちた場所であるとする宗教観と矛盾するという理由からだ。問題は、民族音楽の中に、西洋の民族音楽の中にさえ、短三度の音が悲しみや憂鬱とほとんど結びつかないものがいくつもあるということだ。スラヴやスペインの音楽などはその例だ。クックはそうした音楽を持つ文化を粗野で洗練されていないものと考えた。そのため、人間には幸福を追求する権利があるという人間中心主義の思想を持っておらず、不幸な人生に甘んじているとした。音楽にも、その生き方が反映されていると言うのだ。これは、西洋の音楽家や音楽学者の傲慢さの表れだろう。彼らは長らく、自分たちの音楽の体系こそが他のどれよりも「自然」なものであるとし、他の文化の音楽はすべて、自分たちの体系を基に評価すべきとしてきた。

短調の音楽がそれ自体、悲しげなものであることを示す証拠はない。中世の教会では、現在の私たちにはマイナースケールと似た響きに聞こえる音階が使われていたが、それは特に曲を悲しげな雰囲気にすることを目的としたものではなく、偶然そうなったにすぎない。また、短調だが比較的明るい雰囲気の曲というのは、西洋音楽にも少なくない。特に「カノン」と呼ばれる種類の曲には多く見られる。バッハの『二つのヴァイオリンのための協奏曲』がそうだし、同じくバッハの『管弦楽組曲第二番』の「バディヌリ」などもそうだろう。後者の場合は、明らかにバッハ自身が明るい曲にしようとしているのが感じられる(「バディヌリ」という言葉自体、フランス語で「ふざけること」を意味する)。同様の例は、ヴァン・モリソンの『ムーンダンス』など、ポピュラー音楽にも多数存在する。これまでの研究によれば、「長調=明るい」、「短調=暗い」というイメージは、すでに三歳の時点でかなりできあがっているようだ。だが、そのイメージが本当に確立するのは、七歳か八歳になってからだと思われる。これは相当な量の音楽を聴いてはじめて身につくのだということを意味する。

クックは、音程の上下変化パターンも、それぞれが特定の感情に結びついていると主張している。同じことを言う人はクック以外にも多く存在する。たとえば、音程が上昇した場合は、上昇の仕方によって「絶望」を表すこともあれば、「喜び」や「至上の幸福」を表すこともある。反対に音程が下降した場合は、「冷静さ」や「落ち着き」を表すこともあれば「満足感」を表すこともあり、「失意」や「激情」などを表すこともある。西洋音楽には、そのように、ある種、記号のように使われる音程変化パターンがいくつもあるのだ。たとえば、ベートーヴェン『ミサ・ソレムニス』の「グローリア」に見られる、一、二、三、四、五度を下から順に演奏するパターンなどは、そうした音程変化パターンの一つだろう。また、モーツァルト『魔笛』に出てくる、一度、三度、五度を下から順に演奏するパターンも同様である。これは、タミーノとパミーナを迎える場面の勝利を称える合唱に使われる。いずれも、高い音で昂揚した気分を、音程の上昇で気分が高まっていく様子を表現しているわけだが、誰にとっても必ずそういう意味になるとは限らない。そうなる確固たる理由がないのだ。すでに書いたとおり、古代ギリシャにおいては、「音が高い」という言葉の意味が現代とは逆だった。それだけをとってみても、音程の高さの持つ意味の曖昧さがわかるだろう。

音楽に対して抱く感情が後天的な学習によって大きく変わり得ることは、いくつかの比較文化的な実験によっても確かめられている。その中の一つに、西洋人と東南アジア人を比較した実験がある。西洋人と東南アジア人の被験者に、西洋のクラシック音楽、インドの古典音楽、ニューエイジ音楽を聴かせ、それぞれどのような感情を表現していると思うかを答えてもらったのだ。回答には、いくつか用意した中から適切な形容詞を選ぶという方法が採られた。その回答を調べると、音楽自身が本来持っている特性よりも、文化の影響の方がはるかに強いことがよくわかる。

文化による影響、後天的な学習による影響が強いということは、異文化の音楽を聴いたときには誤解しやすいということである。*たとえば、ある実験では、大きな喜びを表現しているジャワの音楽を聴いて、西洋人は悲しい音楽であると誤解する傾向が見られた。原因は、その曲に使われていた音階(ペロッグ音階バラン調と呼ばれる)に、西洋のダイアトニックスケールで言う短三度に近い音程が含まれていたことにあった。ジャワの音楽では、悲しみは「スレンドロ音階」と呼ばれる音階で表現されることが多い。演奏者によっては、音階に含まれていない音を使って響きを不協和にし、それで悲しみや苦悩を表現することもある。だが、西洋人が何も知らずにそれを聴いて理解するのは難しいだろう。ただ、西洋音楽とジャワ音楽の感情表現には、共通する部分もある。高い音はどちらの音楽でも喜びに結びつくことが多いし、遅いテンポは悲しみや平穏を表すのに使われることが多い。

予測と裏切り

すでに見てきたとおり、音楽を聴くとき、私たちは無意識に様々な予測をしている。音楽を作る側にとっては、聴き手にどんな予測をさせるか、その予測をどう裏切るかが重要になる。音楽が聴き手にとって楽しめるものになるかどうかは、それによって大きく変わってくるのだ。それは単に、聴き手の注意、関心を惹きつける上で重要というだけではない。現在、音楽の認知に関する研究では、この予測と裏切り（あるいは「じらし」）についての調査が主流になっていると言っていいだろう。研究者の中には、音楽と感情との関係を知る上で、それだけが有効な調査対象であると見る人もいるくらいだ。次の展開を予期できたとき、人間は緊張状態になる。果たして、予測は正しいのか間違いなのかを無意識に考える。その緊張感が、後に新たな感情を生むのである。

パウル・ヒンデミットも、予測と裏切りは、音楽の芸術的価値を決める上で大切な役割を果たすと考えた。ただし、ヒンデミットが重要視したのは、「予測が当たった場合」のみだった。予測が当たり、聴き手が喜びを感じることが重要と考えたのだ。「曲から実際に受けた印象が聴き手の予測に近ければ近いほど、聴き手の得る喜びは大きくなる。その喜びこそが音楽の美的価値である」[28]と言っている。これは、逆に言えば、音楽は聴きながら次の展開を予測できるものでなければならないということを意味する。少なくとも、その曲が聴き手にとって未知のものである場合には、それが絶対不可欠の条件ということになる。

しかも、予測はかなりの確率で当たらなくてはならない。[29] もし、そうでなければ、聴き手は迷子になり、混乱に陥るというのだ。[30] ただ、ヒンデミットは予測が具体的にどういうもので、どのようになされるのか、どうなれば予測が当たったと言えるのか、といったことを明確にしてはいない。ただ、聴き手の音楽についての知識が豊富なほど、予測が当たる確率は上がると言っているのみである。聴き手は皆、過去に聴いてきた音楽を基に、予測のための「鋳型」を作る。先の展開が予測できる曲を作ろうとすれば、その鋳型を大きく逸脱するわけにはいかなくなる。当然、ヒンデミットの音楽に対する態度は非常に保守的だった(彼の作った音楽を聴いてもそうは思わないかもしれないが)。「音楽の構造は、調性、ハーモニー、メロディ、どの点をとってみても、一定の原型から大きく逸脱してはならない」[31] という言葉も遺している。ただ、この本ですでに見てきたとおり、音楽についての知識がない聴き手であっても、実際には、かなりの程度まで未知の形式の音楽を理解することができる。ヒンデミットは、聴き手の能力をあまりに過小評価していたと言えるかもしれない。

そもそも、ヒンデミットの主張には根本的におかしなところがある。聴き手の予測と、実際の音楽が完全に一致するなどということが本当にあり得るのだろうか。たとえ予測がどのようなものであってもそういうことが起きるとは考えにくい。予測と実際が完全に一致したときにのみ、音楽を聴くことが至上の芸術体験になるのだとしたら、そんなことは永遠に起こり得ないとは言えないだろうか。ごく簡単な童謡な

＊(四一一ページ) 音楽評論家、デヴィッド・ハジュは、異文化間の誤解の中でも特に極端な例をあげている。一九七一年にインドの有名なシタール奏者、ラヴィ・シャンカールがニューヨークのマディソン・スクエア・ガーデンで演奏したときの話だ。演奏を数分聴いたところで、二万人の聴衆は大歓声をあげて称えた。それに応えてシャンカールは言った。「ありがとう。チューニングでこんなに喜んでもらえるなら、本番はもっと喜んでもらえると思う[32]」

どは別にして、音楽の展開を正確に予測できる人などいるはずがないだろう。ヒンデミットの言うとおりだとすれば、私たちは決して、音楽に夢中になって我を忘れることなどなく、音楽を聴くたびに少しずつ不満を感じたり、失望したりするということになるのではないか。

ヒンデミットが予測と裏切りについて自説を主張してから六、七年後に、アメリカの音楽理論家で哲学者でもあるレナード・メイヤーが、それとはまた違った主張を展開した。こちらの方が、多くの人にとってヒンデミットの主張よりはるかに納得しやすいはずである。メイヤーは一九五六年に『音楽における感情と意味』という著書を刊行しているが、この本はそのタイトル自体が画期的なものだった。それ以前には、音楽が感情に与える影響について正面から論じようとする人など皆無に近かったからだ。「音楽」と「感情」という二語を結びつけようとする人すらほとんどいなかったくらいである。音楽の持つ「美」について論じるということは広く受け入れられていた。たとえば、バッハの洗練された構成美や、パレストリーナの澄んだハーモニー、ベートーヴェンの交響曲の見事な統制などについて話している限り、問題視されることはなかった。だが、同じ音楽について話しても、それを聴いて「心を動かされた」などと言えば、それは下品であると非難された。芸術を理解している人間のすることではないとされたのである。たとえば、すでに触れたエドゥアルト・ハンスリックなども、教育を受けていない人間の音楽の聴き方に対し、軽蔑を露わにしていた。音楽を聴いて安っぽい感傷に浸ったり、大げさに感動してみせたりする態度を軽蔑したのだ。ただ、一九五〇年代のクラシック音楽には、その当時の時代背景もあり、あまり派手に感情を表現するようなものは少なかった。ストラヴィンスキーの新古典主義もそうだし、シェーンベルクの後継者たちが作っていたセリエル音楽にも同じことが言えた。今日でも、クラシック音楽の世界では、外から見てすぐにわかるような感情表現を抑えることが慣例となっている。演奏を聴く際にも静かに座り、身体もほとんど動かさずに「謹んで拝聴している」という態度をとるべきとされる。感情を表してよい場面はあらかじめ決められている。それは主として演奏会の最後だ。あるいは、長期間続いたイベントの最終夜などもそうだ。通常は演奏者に対して賛辞を送るべきとされている。感情の表し方にも決まった作法があり、まるで芝居のようなわざとらしい表現が求められる場合もある。クラシック音楽のコンサートに行った聴衆は一様に、素晴らしい演奏に心から感動したと言うが、その感動を表に出すことはまずないと言っていい。

ジャズの世界でも一九五〇年代には、似たような風潮が生まれた。ビバップの巨人と呼ばれる芸術家的なプレーヤーが何人も登場し、さらに「クールジャズ」という新しいジャズも流行し始めたのだ。陽気で粋なスウィングは下火になった。だが、主流のポピュラー音楽では逆に、徐々に感情表現が大きくなっていく傾向が見られた。エルヴィス・プレスリーの『ハートブレイク・ホテル』では激しい苦悩がはっきりわかるように表現されるし、ペリー・コモやパット・ブーンの歌も誰が聴いても感傷的なものだとわかる。ただ、音楽学者たちがポピュラー音楽に真剣に関心を寄せることはなかったのである。

二〇世紀には、科学技術を応用して音楽を分析するということも始まった。音楽について真に知ろうとすれば、当然、感情への影響を見過ごすことはできない。だが、科学的な研究をする人の中には、さしあたりそれは重要ではない、と考える人が多かったのだ。ハンスリックの言うとおり、まずは音楽の仕組み、構造を明確に理解することの方が重要と考えた。その上、音楽の仕組みや構造も、深く調べるほど複雑であることがわかり、むしろ明確な理解は遠のいていくように思われた。そのために、感情を研究対象にすることがずっと先送りにされてきたのだ。

メイヤーは、こうした傾向に反発し、音楽を感情の面から真剣に研究しようとしたのだ。メイヤーが開いた扉は、その後、さらに大きく開かれることになる。彼は自ら作曲家でもあり、哲学者でもあった。アーロン・コープランドとの共同研究も行っており、シェーンベルクとも交流があった。音楽の感情に与える影響について話す場合、それ以前には、ほぼ主観と憶測だけが頼りであった。あれこれもっともらしいことを述べても結局は思いつきのレベルを超えることはほとんどなかったのだ。メイヤーは、そこに議論のための明確な枠組みを提供しようとした。感情について触れようとする人が少なかったのは、皆がまさに「ただの思いつき」と非難されることを恐れたためである。科学が隆盛を誇った時代、あらゆる学問分野が、物理学の明晰さを羨むようになっていた。そんな時代に、感情などというつかみどころのないものを相手にすれば、世間から嘲笑される危険があった。下手をすれば、いい加減で怪しげな説を振り回す信用できない人間という烙印を押されてしまう。ヒンデミットもそんな劣等感を抱えていたようだ。そのことは次のような言葉からもわかる。「科学者の目には、我々の言説などは根拠のまったくない、無意味なものに映るのだろう。きっと、研究の名には値しないことをしているとしか思えないに違いない[33]」

　メイヤーが主張したのは、「音楽による感動は、予測が当たったことによって生まれるのではない」ということである。感動はむしろ、予測が多少なりとも裏切られたことによって生まれるとメイヤーは考えた。これは、ヒンデミットとは逆の主張だ。曲が予測どおりに展開したからといって、私たちはそれに幸福感や満足感を覚えたりはしない。仮にそれで心が動いたとしても、ほんの少しに留まる。多くの場合、予測どおりにしか展開しない曲を聴いても退屈を感じるだけである。私たちは何も予測を当てたくて音楽を聴くわけではない。音楽を聴くのは、それが気分を高揚させ、元気づけてくれるから、または心地よい刺激を与えてくれるからである。美しいもの、気高いものに触れられるからである。そういうことがすべて音楽の魅力になっている。そして、そんな魅力の源になっているのが、聴き手の予測を裏切ることであるとメイヤーは言う。

　メイヤーが自説の根拠としたのが、アメリカの哲学者、ジョン・デューイなどの思想である。デューイは、人間の感情は、主として何かが思い通りにならないことによる欲求不満から生まれると考えた。何か刺激を与えられると、私たちの心の中には、それに対して、ああしたい、こうしたい、こうなればいい、ああなればいい、という欲求、エネルギーが生まれる。だが障害があって、その欲求がかなえられないと、あるいは望みとは違うことが起きると、何らかの感情が生じることになる。

この説明はいささか抽象的で無味乾燥に感じられるかもしれないが、言っていることを理解するのはさほど難しくないはずだ。メイヤーは、これについて例をあげて説明している。ある男が煙草を吸おうとポケットに手を伸ばした（現代にはそぐわない例かもしれないが、この説明がなされたのは一九五六年なので了承してもらいたい）。だが、ポケットに煙草はなかった。家に買い置きはない。買いに行こうにも、夜遅いので店は閉まっている。つまり、「煙草を吸いたい」という欲求がかなえられない状態が長く続くわけだ。この状態はまず「いら立ち」という感情を生み、やがては「怒り」という感情を生む。だが、ここで（メイヤーは、この男を怒らせたままではおかない）友人がドアをノックする。その友人のコートのポケットには煙草があった。怒りと不安は、喜びと安堵に変わる。メイヤーは、やや大仰な言葉で次のように言っている。「音楽を聴いているとき、先の展開がわからない状態に置かれると、人間は、未知のものを前にしたときの無力感を覚えることになる」[34]

メイヤーの考えでは、それこそ、カデンツというものが音楽にとって重要な理由ということになる。カデンツとは、すでに書いたとおり、曲やフレーズが終わるときのコード進行のことである。カデンツにも正格終止、変格終止、不完全終止などいくつかの種類があるが、いずれにしても、和音を不安定なものから比較的安定したものへと進行させることで、「終わった」という印象を与えるという点で共通している。西洋人の場合は、過去の経験から、どの曲を聴いても無意識のうちに「終わりの和音はトニックになるだろう」と予測する。トニックが聞こえることを知らず知らずのうちに待ち望むと言ってもいい。いわば、先の例における煙草が、トニックというわけである（どうしても煙草に違和感のある人は、もっと現代的に、よく冷えた一杯の白ワインなどを思い浮かべてもらってもかまわない)。もし、すぐにトニックの和音が聞こえてきたとしたら、誰も欲求不満など覚えないし、感情を動かされるようなこともないだろう。ワインを飲みたくなったときに、冷蔵庫から取り出してすぐに飲めるのであれば、緊張感などまったく生まれないし、その緊張感が解放されたときの満足感も得られることはないだろう。しかし、果たしてワインをいつ飲めるのか、そもそも飲めるときは来るのか、それがわからなければどうだろうか。冷蔵庫は空で、パブはすでに閉まっていたとしたら。素直な、普通の正格終止というのが実は意外に少ないのはそういう理由からである。たとえほんのわずかであっても、予測を裏切るような和音進行をすることが多い。すでに触れた「偽終止」も、そういう予測を裏切る和音進行の一つである。Ⅴの和音からⅠの和音に進まずにⅣの和音に進行するようなことをする(二七三ページ)。あるいは、Ⅴの和音のまま、進行しないということもある。次に来る和音の気配を感じながらも、すぐには来ず、いつ来るのか、本当に来るのかがわからないため、緊張感が生じる。その状態が続いた後、ついに来るはずの和音が聞こえてくれば、満足感は非常に大きなものになるだろう。トニックに移る前に少しテンポを遅くするなど、ほんの少し予測を裏切るだけでも(この手法は実際によく使われる)、聴き手の感情に影響を与えることができる。「予測どおりになるとは限らないぞ」という暗黙のメッセージを伝えることができるのである。

裏切りの効果

次の展開をほのめかしては、そのとおりに展開したり、裏切ったり、音楽はその連続で成り立っているとメイヤーは言う。偶然そうなっていることもあるが、通常は作曲家が意図的にそうなるように作っているのだ。そうして聴き手の感情を操っているわけだ。ほのめかしや裏切りなどには、様々な方法がある。

その中でも特によく使われるものについては、あとで簡単に触れることにする。

メイヤーは、音楽における予測と裏切りの重要性を強調しながらも、実のところ、なぜそれほど人間にとって重要なのかということを明確には説明していない。ただ、人間には未来を思い通りにしたいという願望があるということ、未来を知ることのできない無力な存在だとは思いたがらないということを言うだけだ。未来を予測でき、自分の行動を自分の意志で選べるという確信が得られたとき、人は満足し、快感を得る。反対に、未来を予測でき、思い通りにできるという自信を失い、不確実性に直面したとき、人は不安を感じ、不愉快になる。[35] それは確かにそのとおりだろう。ワインが飲みたいのに、すぐにワインが手に入らず、いつ手に入るのか、いつか本当に手に入るのかがわからなければ、不安に陥り、緊張感が生じるのは当然である。しかし、ピアノソナタを聴いていて、トニックの和音がすぐに聞こえてこなかったからといって、なぜ、それほど不安を感じる必要があるのか。たとえ、トニックが永遠に聞こえてこなかったからといって何か困ることがあるのだろうか。仮に和音が予測どおりに進行しなかったとしても、私たちの身に何か良くないことが起きるとはまったく考えられない。それはわかりきった話である。

だが、進化論的に考えれば、音楽における予測と裏切りを人間が本能的に重大なものに感じるとしても不思議はない、という主張をする人もいる。デヴィッド・ヒューロンはその一人である。将来を予測するという能力は、生物が生存していく上では非常に重要なものである。これは人間だけに特有の能力ではなく、他の生物、アメーバのように単純な生物にさえ見られる。予測したことと、実際に起きたことが近ければ近いほど、その能力は優れているということになる。たとえば、恐ろしげな吠え声が聞こえた場合、私たちは、その声が小さな虫ではなく、大きくて危険な動物から発せられたものだと感じる。捕食者が近くにいると予測するのだ。[*] 古代人たちは、これからの天気の変化をどうすれば知ることができるかを経験によって学んでいっただろう。狩猟のためにも、農耕のためにも、それは非常に重要なことだったはずだ。

その他、スポーツ選手を見てもわかるとおり、私たち人間には、動いている物体の動きを予測する素晴らしい能力がある。その能力のおかげで、物体の動きを途中で止めることも、飛んでくる物体を避けることもできるのだ。

予測能力が発達し、向上してきた背景には、予測が当たれば報酬が得られ、外れれば罰せられるというメカニズムが存在したと考えられる。この場合の報酬には「快感」が含まれ、罰には「不快感」が含まれる。性行為には子孫を殖やせるという利点があるが、それに伴う快感が大きな動機づけになっていることは確かである。予測にもそれに似た側面はあると考えられるのだ。予測が当たれば快感が得られ、外れれば不快感を覚えるのだとしたら、自然に、少しでも正確な予測をしようとするだろう。快感という報酬が、予測への動機づけになっているわけだ。

脳の撮像技術を使った研究でも、この考え方の正しさを裏づけるような結果が得られている。マギル大学（モントリオール）のアン・ブラッドとロバート・ザトールによる研究である。二人は、ＰＥＴ（ポジトロン放出断層撮影）という技術を使い、人間が音楽を聴いているときに脳内の血流がどう変化するかを調べたのだ。選ばれた音楽は、どれも聴くと強い感動（人によっては「鳥肌が立つ」などと表現する）が得られるとされるものである。ＭＲＩなどと同様、ＰＥＴでもやはり、その時々に脳のどの部分が活発にはたらいているかがわかる。この実験でわかったのは、感動的な音楽を聴いているときには、やはり一般に感情に関与するとされる部位が活発にはたらくということである。特に、活発にはたらいていたのは、「報酬系」と呼ばれる部位だった。報酬系は、性行為をしたときや美味しいものを食べたとき、中毒性の薬物を摂取したときにも活性化することが知られている。つまり、音楽を聴いて心地良くなっているときには、セックスや食べ物などの刺激に対するものと同様の反応が脳内で起きているということになる。まさにダンスＤＪ、リー・ハスラムの二〇〇二年のヒット曲のタイトル通り、「音楽はドラッグ」というわけだ。

だが、問題は、報酬系はさほど精密にはできていないということだ。たとえば、予測に関して言えば、「予測が正しければ快感という報酬が得られる」という単純な仕組みになっている。その予測が生存にとって本当に重要かどうかの判断は行われないのだ。生命に関わる重大な予測が当たったときだけ快感が得られる、というわけではない。複雑な仕組みより、単純な仕組みの方が実現するための資源は少なくて済むので、もし機能が必要にして十分なものならば、進化はそれ以上、複雑で精巧な仕組みを作ろうとはしない。** また、重大かどうかの判断をしていると、それだけ反応が遅くなり、判断ができたときには手遅れになるという危険性もある。その意味で、単純な仕組みの方が有利とも言えるのだ。そう考えれば、音楽に関する予測の当否が生きる上で重要でないにもかかわらず、報酬と罰が与えられたとしても不思議ではないことになる。生命の危険にはまったく関係がなくても、予測が当たれば快感が生じるし、続けて外れれば、やはり大きな不安と不快感が生じるのだ。だが、それが私たちにとっては幸運だったとヒューロンは言う。「これはいわば、本能が過剰反応しているわけだが、その過剰反応こそが、音楽家たちに素晴ら

＊（四一九ページ）虫が吠えることはもちろんないが、セミなど、大きな声を出す虫はいる。だが進化により、人間をはじめ多くの生物が、声の大きさだけでなく、声の特性から、それを発した生物の身体が大きいか小さいかを予測する能力を身につけている。主として手がかりになるのは、声の周波数である。同じ音に関する予測でも、これは、生存に大きく関わる予測と言えるだろう。

＊＊ヒューロンも指摘しているが、驚くべきなのは、たとえ予測が好ましくないものでも、当たれば報酬が得られるということである。私たちが時に、決して実現して欲しくないような最悪の事態をあえて予測してしまうのはそのせいかもしれない。最悪の事態が実現するのは困ったことだが、予測が当たれば報酬が得られ、少しは埋め合わせになるというわけである。

しい幸運をもたらしているのだ。本来は、まったく毒にも薬にもならないはずの刺激を利用して、聴衆の感情を驚くほど大きく、自在に動かすことができるからだ[36]」

ヒューロンは、本能的な無意識の反応と、意識上の反応とを区別して考えている。予測に反した出来事が起きれば、その瞬間、予測が外れたことによる不快感が生じる。これは無意識の反応である。しかし、その時起きた出来事が、自分にとって良いものだった場合、不快感は「嬉しい驚き」に変わる。この嬉しい驚きは、意識上の反応だ。最初の不快感が起きるとき、感覚情報は、視床（感覚情報を中継する役割を果たす部位）から扁桃体へといたる原始的な経路を通る。扁桃体は、感情と深い関連がある部位である。この情報伝達は非常にスピーディーに行われ、一瞬にして不快感を生じさせる。意識上の反応が起きるためには、感覚情報がもっと進化した経路を通り、理性的な判断が下されなくてはならない。「嬉しい驚き」という反応は、そうした判断の後に起きる。そのため、少し時間を要し、どうしても不快感よりも後になるのだ。理性的な判断を経た反応が起きると、扁桃体による反応は和らげられる。「起きているのは良いことだから落ち着くように」というメッセージが出されるからだ。

こんなふうに、あとで訂正が必要になることが多いのなら、咄嗟の反応などやめればいい、と思う人もいるだろう。はじめから予測などしないで、事態がどうなるかを見届けてから反応すればいい。何度か間違えたら学習をして、それができるようになればいいのに、と思う人もいるに違いない。だが、進化はそんな贅沢を許してくれなかった。私たちの祖先は常に最小限の情報で素早い反応をしなくてはならなかったのだ。たとえ、鹿の足音に驚いて咄嗟に逃げるという間違いが百回起きても死ぬことはないが、ライオンの足音が聞こえているのに逃げないということが一回でもあれば死んでしまう。

予測が正しかったことで快感という報酬が得られるという考えが正しいのだとすれば、予測を何度も裏切るべく作られている音楽を聴くことは不愉快な体験にならないのだろうか。これは、そう単純な話ではないとヒューロンは言う。まず言えるのは、予測を裏切るよう作られている部分が多いとはいっても、普通は予測が当たる場面の方がずっと多いということである。たとえば、ヴィヴァルディやハイドンを聴いていて、突然、調に合わない音、ダイアトニックスケールから外れた音が聞こえて驚かされるということはまずないだろう。音の出現頻度が第4章で触れた調性階層と大きく食い違わない限り、突然、予測もしない音が聞こえることは少ないはずである。メロディの音程変化の幅に関しても、私たちはかなり正確な予測ができる能力を備えている。多くの場合、音程変化は小幅に留まり、一気に大きく変化することは少ないが、それをあらかじめ予測して音楽を聴くことができるのである。だが、これは言ってみれば当たり前の話である。人間は生まれつき、物事を予測する本能を持っていて、絶えず自分の周囲に起きることを予測している。そして、無意識のうちに絶えず、予測の精度を高める努力をしているのだ。過去の経験から、どういうときにどういうことが起きやすいかというデータを大量に蓄積しているし、予測が外れれば、予測の仕方の修正もしている。つまり、予測はほとんどの場合、当たるはずなのだ。過去に聴いてきた音楽と極端に違った種類のものでない限り、そうそう外れることはないだろう。こう考えていくと、私たちの好みは、保守的なのが当たり前ということになる。予測が当たる方が快感なら、当たりやすい音楽を好んで聴くはず、というわけだ。よく知られた童謡やポピュラー音楽の曲に、無調のものは皆無である。日常的にそれを聴いている西洋人は、どの音楽を聴いても、それが調性音楽であると予測する傾向が強いはずだ。一九世紀後半以降、調性から逸脱しよう、または調性を一切排除しようと試みる作曲家が何人も現れたが、彼らの作品を耳障りと感じる人が多かったのも、その傾向があるとすれば理に適っている。長年にわたって培ってきた予測能力を捨て去ることは容易ではないだろう。調性から逸脱した音楽、調性を排除した音楽には、「難しいもの」というイメージがあるが、本質的に難しいものであるとは言い切れない。私たちが予測に使うデータは絶えず更新されていくからだ。いわゆる現代音楽を愛好する人たちは、グリーグからショスタコーヴィチ、ストラヴィンスキー、そしてベリオというように徐々に段階を追って聴いていった人が多い。そうすれば、データベースが無理なく徐々に進化していくので、予測が外れすぎて不快になるということは起きにくい。*

このように、私たちの予測は、概ね、当たるのだが、それでも時折は外れることがある。だが、外れたからといって、即、問題になるわけではない。時々外れるからこそいい、ということもあるのだ。予測が当たった場合の報酬は、当たる確率が低い場合の方が大きくなる、とヒューロンは言っている。それは、先に触れた、煙草がなくて困っていた男の場合と同じだ。ポケットからすぐに煙草を取り出せた場合より、煙草が手に入るかどうかわからず不安な時間を過ごした後の方が、煙草が手に入った喜びは大きくなるだろう。これはまさに、すでに書いたメイヤーの主張と同じである。トニックの和音を使うタイミングを遅らせるなど、よくあるパターンに従うと見せかけて、すぐには従わず、不安な時間を設けた方が、最終的に従ったときに聴き手の得る満足感は大きくなるのだ。どう展開するのか確信できない空白の時間があると、聴き手の注意は研ぎ澄まされる。自然に次の展開を知るための手がかりを探すようになるのだ。ずっと予測どおりで何も変わったことが起きなければ、ただぼんやりと聞き流してしまうかもしれない。つまり、予測が難しくなると、音楽は面白くなるということだ。普通にあっさりとトニックが聞こえてくれば、かすかに心地よさを感じるくらいになるが、どう展開するかわからない状態が続いて、ようやくトニックが聞こえれば、喜びは洪水のように押し寄せるかもしれない。時には恐ろしさを感じるほど喜びが大きくなることもある。

カデンツが緊張感をもたらすことは、一五世紀終わり頃には知られ始めたようだ。それ以前はカデンツと言えば、単に曲の区切りを示すため、決められた場所で必要に応じて使われるだけのものだった。だが、ルネッサンス期に活躍した作曲家、ジョスカン・デ・プレなどは、カデンツが感情に与える効果をかなり認識していたと思われる。そのことは、曲の中にドミナント（V）の和音を長く続けている場所があることからもわかる。ドミナントの和音を聴かせると、聴き手が次のトニックへの進行を予期することを知っていたわけだ。トニックへの進行を予期しているのに、しばらくトニックが現れなければ、聴き手はそのまま待ち続けるということも認識していた。ジョスカンは、トニックへの進行を遅らせる以外に、「いったんトニックに進行してからドミナントに戻る」ということを何度も繰り返すテクニックも使った。同時代の人たちも彼の意図を理解していたが、中には非難する人もいた。「自らを表現したいという荒々しい衝動は抑えるべきだ[37]」と言うのである。聴き手の感情を操ったりすることは不作法だという考え方もあった。

一九世紀頃になると、作曲家たちは、カデンツによる聴き手の感情操作をもっと大胆に行うようになる。たとえば、最後のカデンツに向かって徐々に音量を上げ、テンポも落として盛り上げておきながら、最後のトニックの前に突然、余分な展開をして肩すかしを食わせたりする。そうした例は、グリーグの『ピアノ協奏曲』の第一楽章や、バルトークの『ピアノ協奏曲第二番』第一楽章の最後の部分などに見られる。聴き手は、高まった期待が裏切られ、戸惑うことになる。まるで、ずっと上から降りてきて、地面に到達する直前に成層圏へと舞い上がった、というような気分にさせられる。マヌエル・デ・ファリャは『火祭りの踊り』でまた違った技法を使っている。トニックの和音を、リズムを変えながら何度も反復するのだ。レコードの針が飛んでいるようにも聞こえ、聴き手は「この曲は永久に終わらないのでは」という気分に

＊たとえば、バルトークを聴いて困惑してしまう人というのは少なくないだろう。だが、私は十代後半に初めて聴いたときに、いきなり馴染むことができた。バルトークの音楽は、同じパターンを執拗に繰り返す「オスティナート」が特徴的だが、ロックにも似たようなものが多いので、あまり違和感がなかったのかもしれない。

なる。ワーグナーもカデンツの進行を遅らせる技法を多用している。聴き手はじらされ、やはり永久に終わりにたどり着かないような気分にさせられる。オペラ『パルジファル』第三幕への前奏曲のように、結局、トニックに到達しないまま終わる曲もある。

メイヤーは、音楽を聴くとき、私たちの頭の中には、その曲を評価するための「枠組み」のようなものが徐々に形作られていく、と主張した。そして、この枠組みのことを「スキーマ」と呼んだ。「音楽を聴くという知的な行為の楽しみ、そして、それに伴う感情の動きの大きさは、その音楽が典型、もしくはスキーマからどの程度逸脱しているかによって著しく変わり得る」[38]そうメイヤーは書いている。真に偉大な作曲家は、この逸脱を作り出し、操作する方法を知り抜いているというわけだ。時折、決められた道を逸れ、聴き手を少し戸惑わせるだけのこともあれば、音楽が完全に混沌に陥ってしまう危険を冒し、崩壊の縁まで行って引き返すようなことをする場合もある。そうして、壮大で、恐ろしいほどに美しい景色を目の前に見せてくれるのだ。フランスの著述家、フランソワ・ラグネによれば、一八世紀初頭には、この点に関してフランスとイタリアの作曲家のスタイルに違いがあったという。フランスの作曲家の場合は、逸脱があったとしてもほんのわずかで、聴き手の耳をくすぐる程度のものだったが、イタリアの作曲家はもっと大胆だった。コンサートに音楽を聴きに来たはずの聴衆を裏切り、「結局、ただの騒音を聞かされた」と思われかねないぎりぎりのところまで行ってしまうことがあったというのだ。そして、本当の瀬戸際で、急に規則通りにカデンツを進行させる。聴衆は、突然、音楽に調和が戻ったことに驚く。その調和は、一時は音楽を崩壊の危機へと追いやった大きな逸脱があったからこそ、より一層、美しく感じられる。[39]もし、ラグネが一九五〇年代に生きていたとしたら、ジョン・コルトレーンの音楽を聴いてまったく同じことを言ったのではないだろうか。

予測を操る

聴き手に次の展開を予期させたり、それを裏切ったりするために使える手法は数多くある。この本ではすでに音楽というものの持ついくつもの特性について触れてきたが、その特性の一つ一つが、この目的のために利用できると言ってもいいだろう。ここでは、そうした手法の一部を紹介してみよう。

まずは、リズムに関わる手法だが、たとえば、「意図的に拍を逸脱する」という手法が考えられる。C・P・E・バッハはこれについて「うまく使えば音楽が極めて美しくなる」[40]と言っている。第7章で書いたとおり、人間には、音楽のリズムに規則性を見出そうとする強い傾向がある。そして同時に、いったん認知した規則が乱れることに非常に敏感、という性質もある。

図10.1　シンコペーションを取り入れた「ボ・ディドリー」ビート。「x」という記号が使われた音符は、打楽器の音を示す。

拍を逸脱する手法として最も一般的なのは、おそらく「シンコペーション」だろう。シンコペーションというのは、本来弱いはずの弱拍を強く、強いはずの強拍を弱くする手法である。通常は、強拍の直前を強くするということが行われる。ポピュラー音楽でよく使われる、いわゆる「ボ・ディドリー」ビートもそうした例の一つだ（図10・1）。ボ・ディドリーは、このリズムパターンを有名にしたロック歌手の名前である。同じリズムパターンは、ローリング・ストーンズの『ノット・フェイド・アウェイ』、ザ・フーの『マジック・バス』など数多くの曲に使われている。普通、シンコペーションというと、ジャズ（特にスウィング）やR&Bなどの音楽を連想する人が多いだろう。「ファンキー」という類の言葉と結びつきやすい技法である。しかし、実は、クラシック

図10.2　モーツァルト『交響曲第25番ト短調 K183』（a）とベートーヴェンの『交響曲第９番』（「喜びの歌」）（b）に使われているシンコペーションの例。

の世界でも遅くとも一八世紀頃には広く使われるようになっていた。たとえばモーツァルト『交響曲第二五番ト短調Ｋ一八三』（映画『アマデウス』のドラマチックなオープニングシーンでよく知られる）の冒頭部分では、同じ音が整然と繰り返されるが、ここにシンコペーションが使われることで、より切迫感が増している（図10・2ａ）。また、ベートーヴェンの『交響曲第九番』の中の「喜びの歌」には、クラシックの中でもおそらく最も有名なシンコペーションが出てくる（図10・2ｂ）。主題が現れて間もない段階でこのようにリズムが撹乱されることによる心理的な効果は大きい。ここで少し興奮を覚えるという人は多いようだ（私自身は興奮を覚えるというより、少しいらいらしてしまう。どこか普通ではないのかもしれない）。

　シンコペーションが聴き手の拍の感覚を撹乱するということは、少し実験してみるとすぐにわかる。シンコペーションを含んだリズムを聴きながら、手拍子で一定の拍を刻んでもらう、という類の実験だ。シンコペーションの箇所でつられて、拍がずれてしまう人が多い。これは、見方を変えると、拍をずらすことで、シンコペーションを無意識のうちに排除してしまうということだ。できる限り、シンコペーションが存在しないものとしてリズムを解釈しようとするのだ。実際にはシンコペーションは広く使われているので、その事実を考えると、私たちの持つこの性質は奇異なものと言えるかもしれない。何度も聴いているのなら、あらかじめシンコペーションが起きることを予測して音楽を聴くようになってもよさそうなものだ。だが、どうやらそうはならず、シンコペーションの存在を排除するような認知が起きるらしい。そのために、シンコペーションについての情報が、予測の基礎となる「データベース」に入りにくくなっているようなのだ。もしそうでなければ、緊張感を生み、感情を動かす手段としてシンコペーションを利用することは、すぐにできなくなってしまうはずである。

図10.3　ベートーヴェンの『ピアノソナタ第10番作品14 - 2』の第3楽章は実際には3拍子だが、冒頭部分は2拍子に聞こえるように作られている。聴き手には、第3小節でようやく3拍子であることがわかる。

攪乱のために他によく使われるのは、リズムを実際とは違うものに見せかけるという手法である。その例は第7章ですでに紹介した。ベートーヴェンは、『ピアノソナタ第一〇番作品一四 - 二』の第三楽章でこの手法を使っている。この楽章は、はじめは二拍子に聞こえる。だが、第三小節で実は三拍子（八分の三）であることがわかる（図10・3）。聴き手は一瞬、戸惑うが、すぐに真実を悟り、騙されていたことに気づく。その時に少し心地よい感覚を味わうのだ。一九世紀以前の作曲家は、たとえこの種の「騙し」の手法を使っても、比較的早い時点で本当のリズムを聴き手に知らせるのが常だった。しかし、その後の時代になると、もっと長い間騙し続けることも多くなり、最初から最後までリズムが曖昧なままという曲も作られるようになった。アレクサンドル・スクリャービンの作品にもそういうものがある（図10・4）。この作品は、音程変化パターンと音符の長さの操作により、正しい拍が最初から最後までつかめないようになっている。だが、リズムが把握できないような曲など、不愉快で

図10.4　スクリャービン『24の前奏曲作品11』では、8分音符5つをひとまとめにすることで、実際の拍、小節の区切りをわかりにくくしている（8分音符5つは、五連符に聞こえるように演奏される）。

聴く気がしないのではないだろうか。実はそうとは限らない。音楽を秩序立てる要素は他にもあるからだ（調性などもその一つである）。他の要素が定型を逸脱しなければ、リズムだけが普通と違っても完全な混乱に陥ることは少ない。それに、正しい拍を隠すような「偽の」リズムパターンであっても、同じパターンが繰り返されれば、その規則性によって違和感が消えることもある。たとえ曖昧でも、ずっと曖昧ならばあまり問題はないということだ。

　リズムは一定のパターンを繰り返すものばかりではない。一定のパターンを繰り返すものでなくても、先の展開が予測できるリズムもあるのだ。日本やチベットなどでは、太鼓を叩くとき拍を徐々に速くしていくことがある。これは、おそらく、物体が地面に落下して跳ね返る様子を模倣しているのだと考えられる。徐々に跳ね返る高さが下がり、地面に当たる音が聞こえる間隔が小さくなっていく、という誰もが日常よく目にする現象を太鼓で表現しているのだ。

　ポップスやロックでも、リズムに関する聴き手の

図10.5　余分な拍の付加、あるいは拍の欠落の例。ビートルズ『愛こそはすべて』(a)、『ヒア・カムズ・ザ・サン』(b)、バート・バカラック『小さな願い』(c)

予測を攪乱する技法は使われるが、その種類はあまり多くない。同じような技法が繰り返し使われていると言っていいだろう。ただし、効果はかなり大きい。ポップスやロックではほとんどの曲が四分の四拍子で最初から最後までまったく変化しないことが多いので、聴き手は無意識にずっと四分の四拍子が続くと予測してしまう。その土台があまりに強固なので、そこにほんの少し変化を加えるだけでも、聴き手は大きく攪乱されてしまう。余分な小節をつけ加えたり、拍子記号を曲の途中で変えたりということを意図的に行ったのはおそらくビートルズが最初だろう。『愛こそはすべて』や『ヒア・カムズ・ザ・サン』などはそうした例である（図10・5 a、b）。バート・バカラックも、拍子の違う小節を途中に挿入するという技法を多用している。これをうまく使うことで、曲を前へと推進させる力が生まれるのだ。例としては『小さな願い』などがあげられる（図10・5 c）。突然、あるはずの拍を抜いたり、余分な拍を加えたり、といった技法が使われることもある。これは、曲を活気づけるのに役立っている。レッド・ツェッペリンの『オーシャン』の

図10.6　レッド・ツェッペリン『オーシャン』に見られる拍子の変更

場合は、それにより、いったん息つぎをしてまた歩き出しているような印象になっている（図10・6）。『シック・アゲイン』では、余分の拍が大胆に何箇所にも加えられる。こうした拍の操作は、その曲の構造に合わせて行うと、良い効果が得られる。ブロンディの『ハート・オブ・グラス』のように、ごく平凡な和音進行をしている箇所で拍を一つ抜かすくらいなら、聴き手はさほど強い違和感を持たず、心地よい刺激になる。だが、プログレッシブロックによく見られるように、さほど必然性もないところで次々に拍子を変化させると、聴き手が逆に退屈してしまう危険性がある。

演奏者が、先の展開を予測する手がかりになるようなちょっとした「サイン」を聴き手に送ることもある。そして、実際にその予測通りに曲が展開すれば、聴き手は大きな快感を得ることになる。クラシックの場合は、カデンツが現れる前にはっきりそれとわかるような「サイン」が送られることも多い。ロックの場合は、ドラムの「フィルイン」や「ロール」が、何か変化が起きることを知らせるサインとして広く使われている。ドラム以外の楽器も、即興でそれまでのパターンと違う演奏をして、曲が展開することを予告する。つまり、それまで規則正しかったドラムの演奏パターンが乱れても、聴き手は混乱するわけではないということだ。逆に、その乱れによって次の展開が予測しやすくなり、予測どおりに展開したときには大きな快感が得られる。

リズムに関わる手法の紹介はこのくらいにして、次は、カデンツや和音進行に関わる手法をいくつか紹介しよう。一つは「アンティシペーション」と呼ばれる手法である。これは、次に現れる和音に含まれる音を、先取りして演奏することを指す。それによって、いち早く次の和音を聴き手に予期させるわけである。アンティシペーションは、たとえば、カデンツ

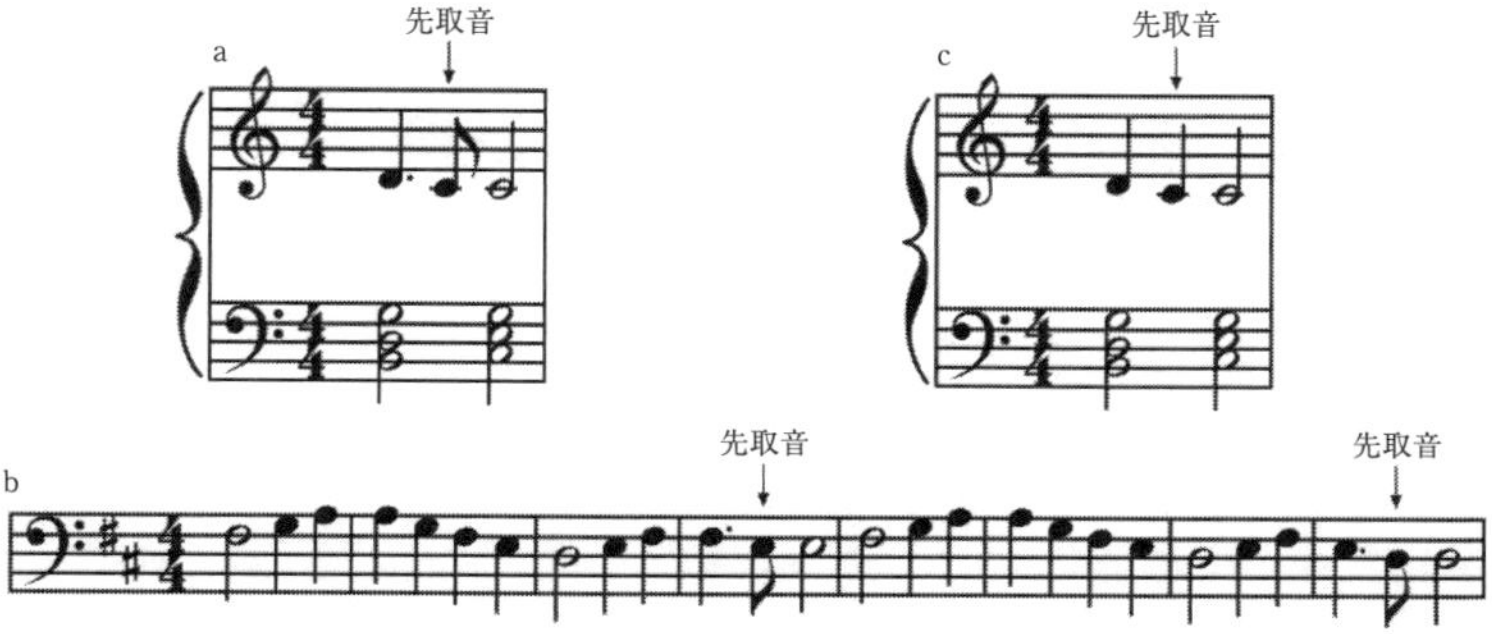

図10.7　カデンツでのアンティシペーション（a）。『喜びの歌』での使用例（b）。ただし、時間差が大きくなると、予測を促す力は弱くなる（c）。

の最後の二和音の間で使われる。まだ一つ目の和音が鳴っている間に、二つ目の和音の構成音が演奏されるのだ。この音は、カデンツの最終音と同じ音であることが多い（図10・7a）。言葉で説明すると難しそうだが、よく知られている曲にも使用例は非常に多いので耳にしたことはあるはずだ。ベートーヴェンの『喜びの歌』のメロディにもアンティシペーションは使われている（図10・7b）。少し先走っているようであるが、この手法を使うことで、すぐ後にトニック（I）が現れることを聴き手に予期させることができる。聴き手が完全終止を予期したとすれば、ドミナント（V）の次にはトニックが現れることを予期しているということになる。ただ、もちろん確実にそうなるという保証はないし、いつトニックが現れるのかはわからない。一般的には、次の小節の最初の拍でドミナントからトニックに変わることになるので、多くの人はそれを予期するが、実際にはそうならないこともあるのだ。この予測が当たる確率はさほど高くないと言っていいかもしれない。ヒューロンの理論のとおりだとすれば、当たる確率の高くない予測だからこそ、当たったときの報酬（快感）は大きくなるだろう。

　アンティシペーションを使えば、こちらの意図したタイミングで聴き手に予測を促し、報酬を与えることができる。トニックの構成音を拍の頭ではなく、その半拍前に聴かせれば、「次の拍の頭にト

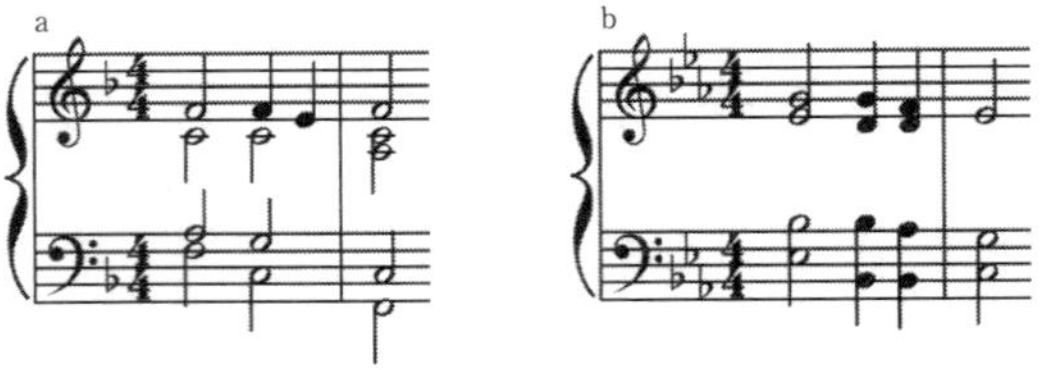

図10.8　掛留音が使われると次の展開が予感される（a）。賛美歌『日暮れて四方は暗く』での使用例（b）。

ニックが現れるのではないか」と予期させることができる。そう予期させておいて、実際には次の小節の頭までトニックに進まなかったとしたら、それまでの間、八分音符が宙に浮いておかしな響きに聞こえることになる（図10・7ａ）。同様のことは、次の和音の構成音を半拍ではなく、一拍先行させたアンティシペーションについても言える（図10・7ｃ）。ただし、時間差が大きくなる分、予測を促す力の強さは、半拍先行の場合よりは若干弱くなる。つまり、すぐにトニックが現れなかった場合に生じる不安感も小さくなるのだ。アンティシペーションの効果の大きさには、リズムも大きな影響を与えるということである。

　和音進行に関しては、「掛留音」もよく使われる。これは、ある和音から次の和音に進行するときに、進行後も前の和音の構成音の一つを消さずに残すという技法である。たとえば、図10・8ａの場合、和音はトニックからドミナントに進行している。一つ目の和音はトニックなので、通常であれば、聴き手は次の展開について何の予測もしないことになる。次にドミナントの和音が聞こえたとしても、違和感を持つことはないが、事前にドミナントの出現を予期していたわけではないので、ごく自然な動きというわけでもない。ここで仮に、トニックの構成音の一つが、ドミナントの和音に進んだ後も鳴り続けていれば、聴き手は違和感を覚える。和音進行が完了していないような印象を持つのだ。その上、鳴り続けている音が、ドミナントと不調和なものであれば、なおさら違和感は大きくなるだろう。図10・8ａの場合、「ファ」の音が残っていることが違和感を生んでいるので、聴き手は、この音が間もなく「ミ」に変わって違和感が解消されるはずと予期する。そして実際、小節の最後の拍にミの音は現れるのだ。どの音が現れるか、いつ頃現れるかが、かなり正確に予測できるということだ。この技法は、特にバロック音楽の声部進行によく使われる。図10・8bに示した賛美歌『日暮れて四方は暗く』の冒頭部分は同様の例である。この場合は、ドミナントの六度の音が掛留音になっている。掛留音を含む和音は当然、不安定な響きになり、「このままでは終わらない」印象を聴き手に与える。これからどこか別のところへ移動する途中であるという印象を与えるのだ。動きを感じさせる和音ということもできる。そのため、ロックでも掛留音は多用されている。ザ・フー『ピンボールの魔術師』、レッド・ツェッペリン『永遠の詩』などの冒頭部分はその例だ。どちらも次々に先へと進んでいく推進力を感じる。

聴き手の予測を操作するためには、特に、あるフレーズの終わりの部分で「テンポを遅くする」という技法（ラレンタンド）もよく使われる。テンポを遅くするというのは、言い換えれば、意図的に拍を長くするということである。それにより、聴き手は、次に現れるはずの音が本当に現れるのかがわからなくなり、不安感、緊張感を覚える。原理上、この技法は、曲のどの部分で使うこともできるはずだが、通常は、曲の区切りとなる部分か曲の終わりの部分で使われる。これは、よくあるフレーズやカデンツなどが多く使われ、他の部分に比べて展開が予測しやすいためだと考えられる。多くの聴き手が共通して同じ展開を予測していれば、その予測を攪乱する効果もそれだけ大きくなるわけだ。

実際、西洋音楽、特に古典派時代、ロマン派時代のクラシック音楽においては、曲の終わりの部分にラレンタンドが使われることは非常に多くなっている。ただ、バロック音楽の場合は、さほど明確なかたちでは使われない。大半は、ほんの短い間、「終わりの前にちょっと一息ついてみた」という感じに、少しテンポを落とすくらいである。後の時代の音楽のように、終わりそうで終わらない状態がしばらく続くというようなことはないし、極端にテンポが落ち、今にも眠りに落ちそうな雰囲気になって終わるというようなこともない。* ラレンタンドに緊張感を高める効果があるのは確かだが、むやみに使うのはよくない。やはりただ、聴き手を混乱させるだけに終わる恐れがあるからだ。最も効果が高く、混乱が少ないのは、曲の終わりの部分だろう（使われる展開のパターンが限られていて、多くの人が同様の予測をするため）。実際にどのくらいのペースでテンポを落としていくかは演奏者が感覚で決めることが多いが、感覚で決めた場合には、ほぼ誰が演奏しても同じような落とし方になるようだ。音楽心理学者のアルフ・クロンマン、ヨハン・スンドベリの研究によれば、転がっているボールの減速の仕方と、曲のテンポの落とし方は似通っているという。だいたいどちらも同じような数式で表せるらしい。

　音楽のテンポが変わるのは、何もラレンタンドの技法が使われた場合だけではない。ラレンタンドは単にわかりやすい例の一つというにすぎない。西洋音楽は、いつもメトロノームで測ったような均等なテンポで演奏されるわけではなく、それをあえて逸脱することも多い。正確なテンポより少し速くしたり、遅くしたりということを頻繁に行って、表現力豊かな演奏をするのだ。テンポを自在に伸縮させる「ルバート」と呼ばれる技法は、特にロマン派時代に好まれた。時には、演奏者の自然な感情を表現するためではなく、ただ聴衆を喜ばせるために必然性もなく使われるようなこともあった。表現力豊かになるか、わざとらしくなるかは、微妙なバランスである。有名なピアニスト、マウリツィオ・ポリーニは、この点について次のように言っている。「ルバートは、音楽そのものから自然に生じるものでなくてはならない。頭で考えてはいけないし、また、何物にも縛られず、自由でなくてはならない。教えたり教わったりもできない。演奏家自身の感受性だけが頼りである」[41] ルバートは西洋音楽においてはごく当たり前に使われる技法なので、本能的なもののようにも思えるが、実は万国共通の表現手段というわけではない。たとえば、アフリカの音楽は、常に一定のテンポを守って演奏されるのが普通である。アフリカの演奏家から見れば、西洋音楽のテンポは実にいい加減なものに感じられるだろう。仮に西洋音楽の基準からすれば、かなり正確に演奏されたとしても、アフリカの基準からすればとても正確とは言えないと思われる。

　ポピュラー音楽の場合は、曲の終わりの部分で徐々に音量を小さくしていく「フェードアウト」という手法が使われることも多い。ヒューロンは、これをラレンタンドの一種ととらえている。結果的に、解決を永遠に先送りしていることになるからだ。カデンツの最後の和音が現れることを聴き手に予期させながら、結局、その和音は一度も現れることなく曲が終わってしまう。ただし、それで聴き手がストレスを感じるということは少ない。徐々に音量が小さくなるため、そのまま消えてしまうことも予期されるからだ。ちょうど転がるボールの速度が徐々に遅くなっていくのを見ている場合と同じように。速度が徐々に遅くなっていれば、いずれは止まることが予期されるのだ。音がいずれ消えてしまうだろうという予測は当たるので、その点では満足感が得られる。一方で、和音が解決されるという予測はついに当たらないので、聴き手の心は複雑な状態になる。満足しつつも、かすかに、永遠に手に入らないものに憧れるような気持ちも残るのだ。

フェードアウトに似た手法はクラシック音楽でも使われることがある。ロマン派時代の交響曲のように最高潮にまで盛り上げたり、ショパンのピアノ曲のように超低音を響かせたりするのではなく、静かに沈黙するように曲を終わらせたいというときに使われるのだ。アイヴズの『宵闇のセントラル・パーク』は、本当に夜の闇に消えていくように終わるし、コープランドの『静かな都市』は、ドのユニゾンで穏やかに終わりを迎える。トニックで終わる点はごく普通なのだが、おそらく聴き手が予期する終わり方とはまったく違っているだろう。

ロックの場合は元々、同じような終わり方をする曲がとても多いので、稀に変わった終わり方をする曲

＊（四三五ページ）ラレンタンドに似た言葉で「リタルダンド」というのもあるが、リタルダンドの方が若干、テンポの遅くなり方が急である。リタルダンドの方はどこかの時点で急に、ためらったかのようにテンポが「遅れる」という印象だが、ラレンタンドの方は、明確な意図を持って少しずつテンポを遅くしているという印象になる。

があると非常に目立つことになる。聴き手の側が、普通とは違う終わり方をほとんど想定していないためだ。実際に使われた手法の例としては、カデンツの構成音を変更する（たとえば、ビートルズの『フロム・ミー・トゥ・ユー』はトニックではなく、平行短調の和音viで終わる）、混乱のまま収拾がつかずに終わる（ジミ・ヘンドリックス『ブードゥー・チリ』）、まるで電源コードを抜いたように、前触れもなく唐突に無音になる（ビートルズ『アイ・ウォント・ユー』）、まったく「解決」を感じさせない異様な響きの和音で終わる（ZZトップ『コ・コ・ブルー』）、伴奏がなくなり歌だけで終わる（PJハーヴェイ『リッド・オブ・ミー』）、切れ目なく次の曲へと移る（レッド・ツェッペリン『ハートブレイカー』。次の『リヴィング・ラヴィング・メイド』との間に切れ目がない）、などがあげられる。曲と曲の間の切れ目をなくすという手法が極端になると、アルバムの最初の曲から最後の曲まで切れ目のない、いわゆる「コンセプトアルバム」になる。その先駆けとなったのは、ビートルズの『サージェント・ペパーズ・ロンリー・ハーツ・クラブ・バンド』で、その後のピンク・フロイドの『狂気』などへと引き継がれた。だが、実は、この手法を発明したのは、ワーグナーかもしれない。ワーグナーがカデンツの進行を遅らせる技法を多用していたことはすでに書いたが、カデンツを終止させないまま次のセクションに移ってしまうという作品もいくつかある。それを聴くとカデンツという概念そのものを放棄していたようにも思えるが、実際にはそうではないだろう。聴き手がカデンツの終止を予期しているからこそ、終止させずに次のセクションに進めば、緊張感が高まることをワーグナーは計算していたに違いない。ヒューロンも指摘するとおり、特に一九世紀後半のクラシック音楽の作曲家にとって、カデンツは、聴き手の予測を操作する上で最も便利な道具のひとつだったと言える。聴き手の側に「曲はカデンツで終わるはず」という強い固定観念があったためだ。その固定観念は、調性や拍に対するものと同じくらいに強かった。調性や拍に対する固定観念をうまく利用したのは、シェーンベルクやストラヴィンスキーである。

調性に対する聴き手の予測を操作するには、よく半音階が使われる。つまり、臨時記号を使って、本来、音階の中に含まれない音を使うという手法である。これはずっと以前から、聴き手の感情を動かすための有効な手段であるとされてきたが、そう言える理由については誤解している人も多い。ルネッサンス期には、半音は何らかの「異常」を表現する音であるとされていた。[42]そして通常、大きな精神的苦痛のために嘆き悲しんでいる様を表すと言われていたのである。確かに、あらかじめそういう意味であると聴き手の側も了解していれば、半音を悲しみの記号にすることは可能だろう。だが、半音が元々、そういう意味を持っていると言うのはどうだろうか。本当にそうだと信じられていた時代もあった。そのために、臨時記号だらけの無調音楽は、不安や不快感など、ごく限られた感情しか表現できないのだと主張する人さえいた。

実際には、ダイアトニックスケールから逸脱した音だからといって必ずマイナスの意味を持つというわけではない。私たちが臨時記号のついた音を聴いて緊張感を覚えることが多いというのは確かだが、それは、「音楽にはダイアトニックスケールの音が使われるはず」という固定観念があるからにすぎない。これまでの経験を基にした予期に反した音だから、戸惑いを覚えるのだ。もし、生まれてから無調音楽だけを聴いて育った人がいたとすれば（西洋では、虐待を受け監禁でもされていない限り、まずあり得ないが）、半音を聴いても一切、緊張もせず、不安になることもないだろう。事実、後期ロマン派の時代になると、半音が使われることが増えたため、それ以前のように、無条件にマイナスの感情に結びつけられることはなくなった。聴き慣れると、そう異常な響きにも感じなくなったわけだ。

半音という音自体には、元来、マイナスの感情と結びつくような性質はまったくない。それでも、私たちの耳にそう聞こえることがあるのは、半音がよく苦悩や不安を表現するのに使われていて、それを繰り返し耳にしてきたからにすぎない。現在でも、ダイアトニックスケールを外れた音は、不快なものとして扱われ、ホラー映画やミステリー映画などのBGMに使われることが多い。しかし、実は半音も使い方次第では、愉快で活き活きとした感じに聞こえることがある、ということは、ジャズ（特に「ビバップ」と呼ばれる種類のジャズ）のソロを聴けばわかるはずである。

半音が緊張感や不安感を生みやすいのは、出現頻度が低いせいもあるが、それ以外に「次に聞こえる音を強く予期させるから」という理由もある。第4章でも書いたとおり、ダイアトニックスケール外の音が聞こえると、私たちは最も近いスケール内の音への強い結びつきを感じるのだ。たとえば、四度のシャープなら、すぐに半音下の四度か、半音上の五度に移りそうに感じる。この予感は強いだけに、そのとおりになったときの快感（報酬）は大きい。また、この快感は、予感を覚えてから実現までに時間がかかると大きくなる。逆に、実現までにほとんど時間を要せず、半音が単なる経過音として使われただけの場合は、せいぜいちょっとした「スパイス」くらいにしかならない。音階の外の音が使われたことを聴き手がまったく気づかないこともある。

西洋音楽において音階の外の半音が使われるようになったのは、比較的最近のことだと思っている人は多いかもしれない。パレストリーナくらいの時代にはまったく使われなかったが、その後、徐々に使われるようになり、ついにはワーグナーの作品のようにほぼ無調音楽に近いものにまでなった、という認識だ。デリック・クックによれば、一九世紀末になって半音が多用されるようになったのは、モダニズム時代の不安感の反映だということになる。だが、こういう見方は正しくない。半音は実は中世の音楽にも多用されていたのだ。特にマドリガーレでは、表現を豊かにする目的でよく使われていた。「こういうときは必ず半音を使う」というお決まりのパターンのようなものも存在した。

モダニズムの時代には、感情表現のためではなく、修辞的な効果を狙って半音を使う作曲家もいた。音楽理論家のデボラ・リフキンはそういう作曲家の例として、プロコフィエフをあげている。彼が調性音楽の中に元来それに合わないはずの半音を取り入れたのは、その音に「現代の象徴」のような役割を担わせるためだったのではないか、というのだ。「ほら、今はこういうことができる時代なんですよ」と聴衆に訴えていたというわけである。ショパンやブラームスが慎重に半音を取り入れて、調性音楽に課せられていた制約を徐々に緩め、新たな表現の道を切り拓いた。そのおかげでかなり大胆な表現ができる準備が整ったのだ。プロコフィエフは事前に警告をすることもなく、以前なら「誤り」とされた音を鳴り響かせた。使っても問題にならないと思ったから、というより、耳障りで聴衆に衝撃を与えることがわかっていたからこそ、その音を選んだのだ。調性音楽の枠組みに亀裂を生じさせ、混乱を引き起こすのが目的だった。

　たとえば、プロコフィエフは、メロディの中のいずれかの音をあえて半音ずらし、音階外の音にするという手法を好んで用いている。その一例が『ピーター と狼』の主題（図10・9）である。聴き手が「ド」の音を予期するであろう箇所で「シ」の音を使っている。このくらいなら、少し不思議な印象になるくらいで耳障りというほどでもない。この音を聴いても「間違っている」とは感じず、メロディがややねじ曲がっているような気がするだけだ。注目すべきなのは、プロコフィエフがこの音を二度使っていることだ。まるで「そう、この音で合っているんですよ。この音が使いたいんです」とでも言っているようだ。二度繰り返すことで、聴き手が無意識に音を修正して認識することを防いでいるわけだ。時には、もっと聴き手の不安を煽るようなかたちで半音を使うこともある。カデンツの箇所で使う場合などがそれにあたる。カデンツの箇所は、聴き手がある一定の展開を強く予期するために、音階を外れた音が聞こえたと

図10.9　プロコフィエフは、音階外の半音を多用している。ここに示したのは、『ピーターと狼』での使用例。矢印で示した部分では、通常であれば「ド」が使われるはずだが、半音下の「シ」が使われている。

きの違和感が他の箇所より大きくなる。ここで重要なのは、プロコフィエフの音楽が基本的には調性音楽であるという点だ。調性音楽だからこそ、使われるはずの音を強く予期するわけである。それだからこそ、音階を外れた音が効力を持ち得る。リフキンの言うとおり、プロコフィエフが半音を使った背景には一種哲学的な意図があったのかもしれない。リフキンが「予定調和への反発こそが、モダニストにとって『美』であった[43]」という言葉で表現したような哲学が。しかし、その意図とは関係なく、従来のパターンからの逸脱によって、必然的に聴衆の感情を大きく動かすことになった。

メロディにおいて半音を使うと、聴き手に次の展開を強く予期させることになる、ということはすでに書いた。それと同様、ハーモニーにおいて半音を使った場合も、聴き手に何らかのメッセージを伝えることになる。すでに述べたとおり、転調の際には「古い調の音階には含まれていないが、新しい調の音階には含まれている」という音がよく使われる。そのため、半音が聞こえると、聴き手は「もうすぐ転調をするのではないか」という予感を抱くことがあるのだ。古典派時代まで、転調は即座に行われるのが普通だった。また、誰が聴いてもそれとはっきりわかるように転調されることが多かった。転調の際には、短三度の音程を積み重ねた減七の和音（ディミニッシュコード）が広く使われていた。この和音を使うと調性が曖昧になるが、減七の和音を使った場合の転調は一定のパターンに従って行われるのが常だったので、聴き手が戸惑うことはなく、作り手側にも戸惑わせる意図はなかった（図10・10a）。だが、ロマン派時代になると、あっさりと転調しないことも増えた。途中で半音を多用して、どの調へ向かうのか、方向が容易にわからないようにする手法も採られるようになった。それを得意としたのがショパンである。どの調に属するのかわからない音を重ねた和音を続けて聞かせ、どこに向かうのか、どこまでそれが続くのか、まったくわからないような展開をさせたのだ。『ワルツ第八番変イ長調作品六四‐三』では、短調から長調へと転調している。それ自体はさほど難しいことではない。第4章でも触れたとおり、短調と長調でも

図10.10　古典派時代の曲には、減七の和音を使った転調がよく見られる。モーツァルト『ロンド　ニ長調 K485』での使用例 (a)。ここでは、減七の和音のアルペッジョを使い、ニ長調からホ長調へと転調している。ショパンの『ワルツ第８番変イ長調作品64－３』では、変イ短調から長調への転調が行われるが、即座に転調するのではなく途中で色々と回り道をし、進む方向がなかなかわからないようにしている (b)。

関係の近い調はいくつもあるからだ。しかし、ショパンはあえて非常に複雑な手順を踏んでいる（図10・10ｂ）。意味もなくやたらに聴き手を惑わしているわけではない。まさにそこにこそショパンの非凡な才能が発揮されていると言っていいだろう。短調から長調への転調自体は平凡なのだが、その過程が非凡なのだ。途中、あちらこちらへと回り道をするが、その後にようやく目的の長調にたどり着いたとき、聴き手は新鮮な甘い感動を覚えることになる。まるで深い藪から開けた野原にでも出たような爽快感に包まれるのだ。

　カデンツの進行を遅らせたり、進むべき和音とは別の和音に進んだりするのは、聴き手の予測を裏切るということだが、調性やリズムを曖昧にするというのはそれとは違っている。予測を裏切るのではなく、予測自体、できなくしてしまうのだ。「カデンツはいつ終わるんだ?」、「あれ、リズムが変わったぞ」などと思わせるのではなく、「一体、何がどうなっているんだ?さっぱりわからない」と思わせてしまうのである。曖昧さが解消され、混乱が収束したとき、聴き手が得るのは、予測が当たった満足感ではない。曲の構造がわかるようになった安心感、これからどう展開していくのかが再び予測できるようになった安心感である。すでに書いたとおり、拍の認知などを攪乱する

図10.11　バッハ『平均律クラヴィーア曲集第一巻』「前奏曲　5声のフーガ　嬰ハ短調」の冒頭部分

など、リズムを操作して聴き手を予測不能の状態に陥らせることは可能だ。だが、二〇世紀以前のクラシック音楽の場合は、リズムより和音や調性が操作されることが多かった。

　調性を曖昧にすることは、半音を使わなくても可能である。それは、たとえばバッハ『平均律クラヴィーア曲集第一巻』「前奏曲　五声のフーガ　嬰ハ短調」の冒頭四音からもわかる。重苦しい印象を受けるこの部分では、ダイアトニックスケール外の音は一切使われていない（図10・11）。しかし、この四音は、いずれも狭い範囲から選ばれている。上下の幅はわずか長三度である。冒頭からこれだけ狭い範囲の音程が続くと、聴き手には調が明確にはわからない。まさにそれこそがバッハの意図なのだ。*

　半音が聴き手の感情に訴える力を持つというのは何も西洋音楽に限った話ではない。同様の現象は中国の音楽にも見られる。通常の五音階を補うかたちで使われる「変音（pièn tone）」（一五二ページ）と呼ばれる音が西洋音楽における半音に似たはたらきをする。変音は、世俗的な欲望を煽るものとされ、音楽に熱情を鎮める役割を求めた宮廷や寺院では使用を禁止されたこともあった。

　ここまでに紹介してきたのは、どれも、聴き手が音楽に対して持っている先入観や固定観念を利用して予測を操作する方法だった。音楽に一般に使われているパターンにあえて従わなければ、予測を裏切り、感情を動かすことができる。だが、そうした聴き手側の意識とは無関係に使える方法というのも存在する。曲自体が持つ特性のみによって、聴き手を驚かし、戸惑わせ、感情を大きく動かすこともできるのだ。たとえば、曲の中で同じ主題、モチーフを何度も繰り返し使うというのも、そうした手法の一つである。この種の手法のことを「イントラ・オーパス（その曲の中に、という意味）」などと呼ぶこともある。この手法を使えば、聴き手に、通常であれば決してあり得ないような予測をさせることもできる。普通は変だとされることを逆に、「当然」と思わせることもできるのだ。

たとえば、ホルストの組曲『惑星』第一曲「火星」で使われる、三連音符と八分音符を組み合わせた四分の五拍子のリズムパターンは、それ自体、調性音楽では変則的なものである（図10・12）。だが、それが執拗に繰り返されることで、そこに独自の秩序が生まれている。もし、この曲のリズムが突然、ワルツに変わったとしたら、聴き手は驚くことになるだろう。実は、ワルツの方が五拍子よりもはるかに馴染みのあるリズムであるにもかかわらず、この曲に出てくると違和感を覚えるのだ。

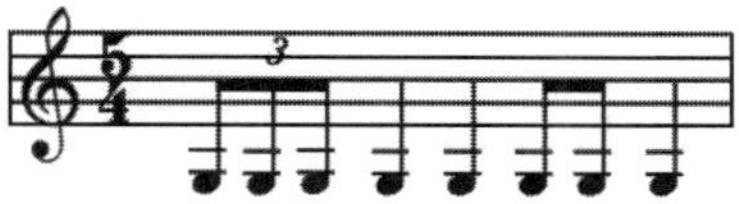

図10.12　ホルストの組曲『惑星』第１曲「火星」のリズムパターン。本来は変則的な４分の５拍子のリズムが執拗に繰り返されることで、独自の秩序が生まれている。

ドヴォルザーク『交響曲第九番（新世界より）』の第四楽章には、聴き手側の先入観に頼った操作手法と、曲自体に独自の特徴を持たせる手法の両方を組み合わせたようなモチーフが出てくる。図10・13に示した箇所がそれにあたる。第二小節では、「ミ-ファ#-ソ」と順に音程が上がっていて、聴き手は自然に、この後「ラ」まで音程が上がると予測する。これはすでに述べた「ゲシュタルト原理（連続の原理）」によるものである。しかし、実際には、第三小節で「ラ」には上がらず、再び「ファ#」に戻っている。予測と違っていたために、この音程変化パターンは聴き手の記憶に残る。そのパターンを曲の独自の特徴として記憶するのだ。そして、再び同じような音程上昇パターンが現れたときには、また「ラ」

＊この四音の連続が私たちを困惑させる理由は他にもある。中でも、「七度から短三度へ」という音程変化が含まれている点は重要である。使われることが非常に少ないだけに、この音程変化に違和感を覚える人は多いだろう。めったに聴いたことがないので、曲の調がまったく推測できずに戸惑うのだ。

に上がらずに「ファ♯」に下がるのではないかと予測する。だが、『新世界より』では、二度目に同じパターンが現れたときには、「ファ♯」に下がらずに「ラ」に上がるため、聴き手は予測を裏切られることになる。元来、普通であるはずの音程変化パターンが、それ以前の展開が原因で逆に、少し意外性を感じさせるものに変わったわけだ。

図10.13　ドヴォルザーク『交響曲第９番』にみられる、予測の演出と裏切り

　ここで大事なのは、「少し」意外ということである。引用した箇所は、メロディの面でもリズムの面でもさほど変わっているわけではない。音程が下がっている箇所も、上がっている箇所も、はっきり「おかしい」と感じる人はいないだろう。さほど大きく感情を動かされるわけではないのだ。これは、先に触れたメイヤーなども言っていることだ。音楽はいつも、我を忘れるほど私たちを興奮させるわけではないし、そういうことだけが音楽の価値ではない（もちろん、それも大事なことだが）。瞬間瞬間に流れる一つ一つの音、フレーズが、かすかに無意識のうちに何かを私たちに予期させること、あるいはその予測に応えたり、予測を裏切ったりすること、それも音楽にとって大事なことである。まるで音楽が自分に向かって何かを話しかけてくるように感じれば、それは素晴らしいことだろう。考え方によっては、音楽にとって何より大切なことかもしれない。

　聴き手の予測を操作するには、音楽のスタイルやジャンルに対する先入観も利用できる。誰かに「これからモーツァルトのピアノソナタを聴いてもらいます」と言われたら、あるいは「メタリカの曲を聴いてもらいます」と言われたら、聴き手は、これから聞こえてくる音楽について必ずある程度の予測をすることになる。その音楽についてまったく何も知らなければ別だが、ほんの少しでも予備知識があれば、予測はするだろう。非常に詳しいとは言えないジャンルの音楽であっても、そのジャンルの音楽について無意識に様々な予測をするはずである。どういう予測をするかで、実際に音楽を聴いたときの感情の動きはかなり左右されることになる。世の中には多分、「メタリカのファンだけれど、モーツァルトも好き」という人もいるだろう（絶対にいないと誰が言えるだろうか）。しかし、たとえそういう人であっても、モーツァルトの音楽を聴くときと、メタリカの音楽を聴くときでは、事前に予期することは大きく違っているはずである。同様のことはジャンルだけでなく、曲についても言える。同じ人であっても、どの曲を聴くかで何を予測するかは違うのだ。ポピュラー音楽のミュージシャンは、皆によく知られているヒット曲をコンサートなどで演奏するときに大胆にアレンジを変えることがある。同じことばかりをするのに本人が飽きているせいもあるだろうが、聴き手に新鮮な印象を与えたいという意図もあるのだろう。デヴィッド・ボウイのように、歌詞を聴かないと何の曲かわからないくらい大幅にアレンジを変えてしまう人もいる。

たとえば、ブルースを聴いているときは、多くの人が、トニックの次はサブドミナントに進行するはず（I‐Ⅳという進行をするはず）という予測を無意識にしているに違いない。そのため、ハウリン・ウルフがトニックを延々と続けて、いつまでもサブドミナントに進行しなかったとしたら、聴き手はスリルと緊張感を味わうことになるだろう。同じコードがずっと続いていても退屈するとは限らないのだ。I‐Ⅶ♭‐Ⅵ♭‐Ⅴというのは、ロックでは非常によく使われるコード進行だが、ベートーヴェンの交響曲に出てくれば奇異に感じるだろう。どのジャンルにも、こうした典型的なパターンのようなものがあり、それを利用すれば、聴き手の感情をかなり操作できるというわけだ。その点については、二〇世紀アメリカの作曲家、フレッド・ラダールも自らの見解を述べている。音楽は形式によっておおまかに何種類かに分けることができる。たとえばクラシック音楽なら、ソナタ、ロンドなど、形式ごとに名前がつけられている。そうした分類があるからこそ、私たちはそれを手がかりに、個々の音楽についてある程度の予測を立てることができるというのが、ラダールの考えである。もし、音楽がまったく分類されていなければ、事前の心構えが何もできず、多様すぎる音楽を前に大混乱に陥ってしまうだろうと言う。どの種類の音楽にどういう特性があるか、それを詳しく知るほど、多くのことを予測するようになる。音楽を聴いたときの反応も、それに伴って変わる。だが、もちろんこれは、十分な知識がなければ音楽を楽しめないという意味ではない。ロンドに同じ旋律が繰り返し現れることなどは、知識がなくてもすぐに気づくことである（多くはＡＢＡＣＡＤＡというパターンになる）。モーツァルト『ピアノソナタ第一一番』の第三楽章「トルコ行進曲」もロンド形式であり、やはり同じ旋律が繰り返し現れる。そして、同じ旋律が現れたときには少し嬉しい気分になるのだ。同様に、交響曲の構成がだいたい似通っていることも、クラシック音楽をしばらく聴いていれば容易に気づくだろう。第一楽章はテンポが比較的速く、勢いのあるものが多い。第二楽章は反対にテンポのゆっくりしたものが多く、そして、第三楽章はスケルツォ、あるいはメヌエットと呼ばれるスタイルになり、最終楽章は、アレグロやロンドになることが多い。このパターンに慣れてしまうと、たとえば第二楽章がスケルツォになっていると驚く、というようなことが起きる。

ロックバンド、センセーショナル・アレックス・ハーヴェイ・バンドの『フー・マーダード・セックス』などは、ロックというジャンルの典型的なパターンを破った曲の好例と言えるだろう。「5-4-3-2-1」というカウントダウンが入れば、ロックファンならば、その後、一気に大盛り上がりになることを期待するはずである。しかし、『フー・マーダード・セックス』では、その期待とは裏腹に、カウントダウンの後はいたって穏やかな展開になる。思わず失笑、という場面だろう（アレックス・ハーヴェイのファンにとっては、失笑も慣れっこということだろうが）。このように、そのジャンルの典型的なパターンを破り、肩すかしを食わせるという手法は、音楽を楽しく、面白い感じにしたいときによく使われる。この本でもすでに触れた、モーツァルトの『音楽の冗談』などでも、この手法は用いられている。何もかもを普通とは逆にしてしまう、というのもそれと似た手法だろう。ストラヴィンスキーの『春の祭典』の冒頭部分では、実際にその手法が使われている。この曲の場合、まず器楽のソロで始まるというのが普通あまりないことである。また、さらに珍しいのは、バスーンがソロをとるということだ。しかも、バスーンの演奏する音域も異常に高い。

音楽に生命を吹き込む

たとえば同じベートーヴェンのピアノソナタでも、ウラディミール・ホロヴィッツよりアルフレッド・ブレンデルの演奏の方が好きだ、という人がいる。それはなぜだろうか。また同じ『ゴルトベルク変奏曲』でも、アンドラーシュ・シフの方がいいという人もいれば、グレン・グールドの方がいいという人もいる。一つ確かなのは、これがバッハのせいでもベートーヴェンのせいでもないということだろう。どの演奏家も手にしているのは同じ譜面である。にもかかわらず、誰が演奏するかでまったく違う音楽になってしまうのだ。

曲のメロディ、ハーモニー、リズム、楽器の音色などが、音楽を聴く人の感情を大きく左右するのは間違いない。ただ譜面を丹念に見ていくだけでも、その音楽がどういう感情を生むのか、かなりの程度まで知ることができるだろう。しかし、一方で、単に譜面どおりに正確に演奏されただけの音楽を聴くと、どこか無味乾燥な印象を受けるというのも事実である。この本に例として載せた譜面の演奏例は、すでに書いたとおりインターネット上で聴けるようになっているが、おそらく演奏例を聴いて感動する人はいない（例として提示しているものだから、余計にそうなっているという面もある。余分な演出があると、ついそちらに気を取られ、曲の作りそのものに注意が向かなくなってしまうからである）。ただ譜面どおりに演奏すればいいというものではないのだ。どの曲にも、聴き手の感情に訴えるための仕掛けが数多く用意されているのだが、演奏者がそれを活かせなければ、せっかくの仕掛けが機能しなくなってしまう。高い演奏技術があれば、それで必ず聴き手を感動させられるというわけでもない。だが、元々、陳腐で平凡で退屈な曲が、演奏者の表現力によって感動的なものになることもある。一体、なぜそんなことが可能なのか。

表現力の鍵となるのは、あえて一言にまとめれば「逸脱」である。音楽心理学の先駆者、カール・シーショアは次のように言っている。

> 音楽における表現の源泉は、声楽においても、器楽においても、純粋さ、忠実さ、正確さ、完璧さ、厳密さ、均一さ、精密さなどからの逸脱にある。その逸脱から無限の表現が生まれるのである。それこそが、美を創造し、感情を伝える媒体だと言ってもいい。[44]

ただ、これは見過ごされがちなことでもある。西洋の音楽学者たちは、今でこそ、民族音楽、伝統音楽を正当に評価するようになってきているが、過去にはまったくそうではなかった。音程やリズムが正確ではないことをあげつらい、見下すような態度がよく見られたのである。実はそうした「ずれ」や「揺れ」こそが、感情を豊かに表現する手段であることを理解していなかったのだ。民族音楽、伝統音楽を演奏する人たちは、自分たちの表現手段が、たとえそうしたくても譜面には書き表せないものであることをよく知っていた。実際に演奏して、聞かせる以外に人に伝える方法はないのである。

西洋音楽の作曲家の中でも、そのことに最も早く気づいたのはおそらくバルトークだろう。バルトークは、自らが生まれたハンガリーとその周辺地域の伝統音楽に強い関心を寄せ、謙虚な態度で接していた。

たとえば、農民たちの歌は、西洋音楽の音階に照らせば音程が外れているように思えるときもあるが、決して「間違えた」わけではなく、意図してそうしているのだということをバルトークは知っていた。技術が未熟でうっかり音を外してしまうというのとは違い、自らの意思で、自信を持ってその音程で歌っていることを正しく認識していたのだ。[45] レナード・メイヤーもやはり同じように考え、こんなふうに発言している。「伝統音楽の歌い手たちは、［西洋音楽のプロに比べて］必ずしも音程が悪いというわけではない。ただ、彼らの方が音程に関して柔軟なだけだ。私たちの感覚からすれば、音程が高すぎる、あるいは低すぎると感じられる箇所が多々あるが、それは表現のために故意にそうしているのである」[46] パーシー・グレインジャーは、民謡について詳しく研究し、音程やリズムの「ずれ」が、毎回、正確に再現されている例が多いことを突き止めた。技術の未熟さ故に間違えているわけではないことが、これによって裏づけられている。その譜面を見ると、音程に曖昧なところがあることがわかる）。自らも作曲家だったグレインジャーは、こうした研究結果をヒントに、「自由音楽」と名づけた新たな音楽を創造しようとした。これは、通常の西洋音楽とは違い、音程が段階的にではなく、無段階に変化する音楽である。人間の歌手では技術的に限界があるので、簡単な機械装置や電子装置を自作したりもした。だが、グレインジャーは、この音程やリズムの「ずれ」が持つ意味を十分に理解していなかったのかもしれない。メイヤーも指摘しているとおり、この「ずれ」は表現のためのものであり、ずれ方を正確に再現するのは、毎回同じことを表現したいからである。

同じような傾向は、世界各国の様々な音楽に見られる。メイヤーは「チェンティン」と呼ばれるジャワ文化の詩も例にあげている。その詩がルバーブという弦楽器に合わせて歌われる際には、「音程が時折、揺れ、いわゆる正しい音程からは逸脱するが、それが音楽の魅力を高めている」という。[47] その他、ブルースヤジャズでも、「ブルーノート」と呼ばれる曖昧な音程（主として短三度、あるいは短七度に近い音）が長く使われている。アンドレ・オデールは「ブルースの場合、楽器でも歌でも、何かを強く表現しようとするときに使われるのは、十中八九、ブルーノートだ[48]」と言っている。ブルーノートは、直前に近い音を出し、その音程を無段階に変えることによって（ポルタメント）出すことが多い。そういう出し方をするために必然的に音程が曖昧になるわけだ。ブルースにおいてギターが、ジャズにおいてサクソフォンが重要な役割を果たしているのには、そういう無段階の音程調節がしやすいという理由もあるのだろう。

　演奏家が既成の曲に独自の表現を加えるために使える手段は、音程を揺らすことだけではない。同じ音を演奏するのでも、人によって微妙にタイミングや強弱が違うし、時にはメロディ、フレーズにわずかな変更を加えることもある。そうしたことすべてが、聴き手に与える印象を変えるのだ。加え得る変更には、いわば無限の可能性があるのだが、その時々にどういう変更をどの程度加えればいいかを的確に感じ取れるのは、感受性の鋭い演奏家だけである（訓練を積んだからといって必ずそうなれるとは限らない）。逸脱のさせ方が不適切だと、機械的で無味乾燥な演奏か、装飾過多でわざとらしい演奏になってしまう。強弱やテンポの変化が大げさすぎれば、聴き手はすぐにそれを感じ取る。そして安っぽい演奏だと思うのだ。また、たとえ高度な技術があっても、それを見せびらかすような演奏をすると、それもまた品がないなどと言われる（中国のピアニスト、郎朗《ラン・ラン》はそういう評価を受けることがある）。ただ、世界でも一流とされる演奏家には、他の優秀な演奏家と比べて確かにやや「大げさ」な演奏をする傾向があるのは間違いないようだ。それを裏づけるような調査結果も得られている。過剰さは時に「深み」の表れだと解釈されることがあるのかもしれない。過剰さの中にも好ましく感じられるものとそうでないものがあるということだ。

　メロディに即興で余分な装飾音を加えるということは、あらゆる種類の音楽で行われていると言ってもいいだろう。C・P・E・バッハは「装飾音の必要性を疑ったことのある者は、おそらく一人もいないだろう」[49]と言っている。インドの芸能についての書物『ナーティヤ・シャーストラ（紀元前二〇〇年から紀元二〇〇年頃の作とされる）』にも「装飾音のない旋律は、月のない夜、水のない川、花のない蔓、宝石をまとわない女性のようなものだ[50]」と書かれている。西洋音楽は、他の音楽に比べて異質だとも言える。ほとんどの演奏者の裁量による逸脱に対し、他の音楽よりもはるかに厳しい制限が加えられているのだ。ほとんどの音楽は、西洋のクラシック音楽に比べれば、はるかに自由である。装飾音を加えるなどの変更を、演奏者が自分の意思でかなり自由に行える。その場合、「作曲」というのは、単に曲の骨組み、枠組みを作ることにすぎないことになる。『オール・オブ・ミー』や『ダニー・ボーイ』などについて、「この曲は情感豊かだ」などと評したりしても、ほとんど意味はない。その曲が情感豊かになるかどうかは、大部分が演奏者にかかっているからだ。民族音楽学者、ジョージ・ヘルツォークは、一九五一年の著書の中でスラヴ音楽について「この音楽の魅力は、元々は極めて単純な曲に、演奏者が生命を吹き込むところだろう。装飾音を加えるなど独自の表現を加えることで、音楽は活き活きと脈を打ち始める[51]」という記述を残している。同じことは、世界中のほとんどの音楽に当てはまることだろう。『ティペラリー・ソング』でも、キューバのダンス音楽でも、ウェストコーストロックでも皆、同じだ。たとえば、譜面だけを見てロックを分析しようとしても、肝心のことはまったくと言っていいほどわからないだろう。譜面は、ほぼ無意味なのだ。たとえば、ザ・クラッシュのアルバムの譜面を読むのは、サッカーの試合の新聞記事を読むのとあまり変わらない。

演奏者が曲に変更を加えて感情を表現する手段には、無段階に音程を変えるポルタメント（チョーキング、グライドなど）や装飾音（前打音、回音など）以外にも、トリル、ヴィブラートなど様々な種類がある（図10・14）。こんなふうに言葉を使って分類すると、どれも定型的な技法のように感じられるかもしれないが、実際にはそうではない。どれもはじめは演奏者が自然に、半ば無意識に使っていた技法だろう。

図10.14　クラシック音楽で使用される一般的な表現技法。回音（ターン）、モルデント、トリル、前打音（アッチャカトゥーラ）など。

だが、西洋では、その自然に存在した技法をあえて分類し、明文化してきたというだけのことだろう。その、様々なものを分類し、明文化する、というのが西洋文化の特性だったわけだ。また、楽譜に表すためにも、数々の技法が明確になっている方が都合がよかった。ジミ・ヘンドリックスのギター演奏の特徴はまず、トリルを多用することだが、同じ特徴はクープランが鍵盤楽器のために書いた曲にも見られる（クープランも元は、弦楽器のトリルにヒントを得て、それを鍵盤楽器に取り入れたのだ。もちろん、その時代には、フェンダー・ストラトキャスターは存在せず、クープランが見た楽器はおそらくリュートだと考えられるが）。ポルタメントにしろ、トリルにしろ、ヴィブラートにしろ、重要なのは、どれも音程を曖昧にするという点である。特に、トリルは短い時間に音程が大きく上下するのが特徴である。ピアノやオルガンなどの鍵盤楽器は、ギターなどの弦楽器と違い、本来は音程が固定されているのだが、工夫次第で弦楽器に近いこともできるということである。ジャズのピアニスト、オルガニストがよく使う「グリッサンド」もそうした技法の一つである。音程を波打つように揺らすヴィブラートの技法も、感情に訴える力は大きい。カール・シーショアは、感情が高ぶったときや動揺したときの人の声が、ちょうどヴィブラートをかけたようになるからではないかと言っている。

クラシック音楽でも、かつては民族音楽などと同じように、演奏者が即興で曲に独自の変更を加えるということが広く行われていた。バロック時代や古典派時代には、まだ、即興でカデンツに改変を加えてしまうことすらあったが、徐々にそういうことは減っていった。すでに、バッハ一族が活躍した時代には、様々な技法を即興で使用するのではなく、あらかじめ楽譜に指示を明記する傾向が強まってきていた。演奏者の側も、いつ、どんな技法をどう使うのか、ということに関して、自らの勘ではなく楽譜の指示に従って判断するようになっていったのだ。そういう音楽がクラシック音楽以外にまったく存在しないというわけではない。たとえば、アイルランドの民族音楽などは、あらかじめなされた指示に従って演奏することが多い。正確には、どのような種類の音楽にも、多少はそういう面があると言っていいだろう。また、何をしても自由というわけではなく、していいことと良くないことが暗黙のうちにおおまかに決まっていることも多い。エレキギターの耳障りなフィードバック音でさえ、使う際にはある程度の作法を守らないと、あまり効果が上がらない結果になる可能性が高い。

ただ、クラシック音楽では、他の音楽に比べて、各種の表現技法をはるかに体系的に使用していることは確かだ。古典派時代以降は、音量の指示（フォルティッシモ、メゾピアノ、など）や、速度の指示も楽譜に入れるようになった。さらに、「ジョコーソ（おどけて、楽しく）」、「グラツィオーソ（優雅に）」、「ドルチェ（優しく、柔らかに）」など、曲全体の雰囲気に関する指示を楽譜の冒頭に入れるようにもなった。これは厳密には、今までは暗黙のうちに決まっていたことを明文化するようになったということにとどまらない。表現というものに対する態度が変わったことの表れでもあるのだ。バッハの時代には、音楽の演奏を個々の人間の日常的な感情に結びつけることはまだ一般的ではなかった。そういう考え方が普通になったのはもっと後の時代である。そうした変化につれ、感情表現を楽譜に明記することも増えていったと考えられる。一九世紀末には、あまりの指示の細かさに反発したエリック・サティが、それを皮肉ったようなパロディ曲を作っている。「指が腫れないように気をつけて」、「カッコーのように乾いた感じで」、「実に素晴らしい！」などという具合に、意味不明のふざけた指示や注意書きを数多く入れたのだ。

音楽の価値、音楽から受ける感動などは、演奏の仕方にどの程度、左右されるのだろう。同じ曲であっても、演奏者によって違うのは確かだが、その違いはどのくらいのものなのか。もちろん、演奏が下手で、作曲者の意図がまるで伝わらないということは起こり得るだろう。だが、演奏の仕方によって曲の意図そのものを変えてしまうということはできるだろうか。たとえば、バルトークの『アレグロ・バルバロ』で静けさを、ベートーヴェンの『月光ソナタ』で浮き立つような歓喜を表現しろと言われれば、どれほど優れた演奏家であっても相当な苦労を強いられるのではないだろうか。しかし、そんなふうにはじめから特定の感情に強く結びつけられた曲ばかりではないのも事実である。ポピュラー音楽では、同じ曲に色々な人が違った感情を込めるということがごく普通に行われている。解釈によって曲の持つ雰囲気を大きく変えることは可能なのだ。同じ曲であることは誰が聴いてもはっきりわかるようにして、なおかつまったく違う価値を持たせることは十分にできるのである。ジョー・コッカーの『ウィズ・ア・リトル・ヘルプ・フロム・マイ・フレンズ』からは、原曲とは違った苦悩が伝わってくるし、ジミ・ヘンドリックスの『見張塔からずっと』の切迫感は原曲にはないものだ。

感情を表現するための技法は、すでに触れたとおりいくつもあるが、問題は、同じ技法を使えば必ず同じようなことが表現できるのか、ということだ。バロック音楽では、どの技法が何を表すのかがあらかじめ決められていた。その決まりを知っていれば、その音楽で何が表現されているかを確実に知ることができたというわけだ。ドイツの音楽理論家、ヨハン・マッテゾンは、一七三九年の著書の中で、「演奏技法は、感情の向くべき方向を指し示し、その曲と演奏の意味するところを明らかにする」[52]と書いている。それはそのとおりだろう。ただ、この場合、技法は一種の暗号である。暗号の文法を知っていれば意味はわかるだろうが、知らない場合にはどうなるのだろうか。

演奏に込められた意味を聴き手はどの程度、理解できるのか。音楽心理学者、レニー・ティマーズとリチャード・アシュレイは、それを知るための実験を行った。この実験では、ヴァイオリン奏者とフルート奏者に、バロック音楽のごく標準的な技法を使ってヘンデルのソナタ（HWV三六〇）を演奏してもらい、被験者に聴かせた。バロックの「文法」では、それらの技法により、喜び、愛、怒り、悲しみなどの感情が強く表現されるはずである。実験の目的は、被験者が果たしてその感情をどこまで正確に受け取れるかを確かめることだ。*被験者に選ばれたのは、いずれも音楽の教育を受けた人たちだったが、バロックが専門というわけではない。ヴァイオリンとフルート以外のパートには録音済みの音源を使い、それに合わせて演奏をしてもらった。テンポを即興で微妙に揺らすなどして、感情表現を強めることを防ぐためである（ただ、これだけでは、強弱や音色の調節を防ぐことはできない）。

実験の結果、わかったのは、演奏が表現しているはずの感情を被験者はほとんど受け取れないということだ。たまに正解をすることはあるが、その確率は単なる偶然の域を出るものではなかった。中には、偶然よりも高い確率で正解する被験者がいるが、それでも正解率はせいぜい五〇パーセントである。よく混同されたのは、「愛」と「悲しみ」である。確かにどちらも心をかき乱すような表現で、かなり似ているので仕方がないとも言える。注目すべきなのは、どの技法でどの感情を表現するかについて、演奏者の間でも意見が一致しなかったということだ。たとえば、「喜び」を、ヴァイオリン奏者はトリルで表現すると思っていたが、フルート奏者は回音で表現すると思っていた。つまり、演奏技法と感情の関係に関しては、被験者の側だけでなく、演奏者の側にも曖昧な認識しかなかったということだ。

＊これは本当に厳密な実験方法とは言えない。本来は、その音楽によって何が表現されるのか、被験者に事前に知らせてはならない。知らせると、それがヒントになってしまうからだ。だが、一方で、本当に厳密な実験をすることが容易ではないのも確かである。

演奏技法によって感情が表現できる、という考え方は間違いなのだろうか。この実験結果は、それを証明したと言えるのだろうか。いや、そうとは言えない。この実験でわかるのは、バロック時代の表現技法のルールが現代の聴き手にはもはや通用しないということだけだ。少なくともバロック時代と同じかたちで通用することはない。では、バロック時代のソナタを聴いて、現代の私たちが喜びや怒りなどの感情を受け取ることは本当にできないのだろうか。それとも、私たちもやはり、その音楽で何かが表現されていることは感じ取るのだろうか。ひょっとすると、誰かが「痛切な気持ちが表現されている」と感じたときに、別の人は「穏やかな気持ちが伝わってくる」などと思っているかもしれない。ハンスリックも同様のことを言っている。モーツァルトやハイドンの交響曲の同じ主題を聴かせて、「どういう感情が表現されているか」と尋ねたとしても、人によって答えは違ってくるだろうというのだ。ある人は「愛」と答えるかもしれないし、またある人は「憧れ」と答えるかもしれない。そのどちらも間違いだとは言えないのだ。さらに別の人に尋ねれば、「厚い信仰心」と答えるかもしれないが、誰がそれを否定できるだろうか。[53] 聴き手はただ、与えられるものを受け取るだけの存在ではない。自ら能動的に解釈を加え、作曲者や演奏者とともに音楽を創っていくのだ。与えられるものは、そのための素材にすぎないと言ってもいいだろう。

緊張度の評価

メイヤーの説に従うならば、良い音楽とは、「聴き手の予測通りになりすぎず、また予測を裏切りすぎないもの」ということになるだろう。つまり、聴き手にとって「易しすぎず、難しすぎないパズル」のようなものであればいい、ということだ。あっさりすぐには解けないけれど、解けることは間違いない、そう見えるものなら理想なのだ。確かにこの説明は感覚的に納得しやすい。また、音楽と感情の動きの関係について、これまでに知られている様々な事実とも合致するようである。だが、果たしてメイヤーの説明は本当に正しいのだろうか。

メイヤーの言うことが多少なりとも真実を突いていると信じるに足る証拠は、いくつも見つかっている。たとえば、曲には、大抵の場合、「ホットスポット」とでも言うべき箇所、聴き手が特に強く感情を動かされる箇所というのがある。そういう箇所について調べてみると、聴き手の側の予測が感情の動きに大きく関わっている場合が多いのだ。ジョン・スロボダは、涙を流す、身体を震わせる、心拍数が上がる、といった「生理学的反応」が、曲のどういう箇所で起きるのか、その関連性について調べている。たとえ音楽を聴いて感情が動いていても、外から見てはっきりわかるほどの大きな反応が現れることは少ないので、スロボダの調査は適切なものとは言えないかもしれない。だが、涙が出ているかどうか、心拍数が上がっているかどうか、といったことは客観的に判断できるので、科学的な調査には向いていると言える。実験の結果、わかったのは、上記の生理学的反応が曲のどの箇所で起きているかは驚くほど明確に特定できるということだ。被験者の三分の一くらいは、「この主題のところで必ず反応が起きる」というくらいのレベル（あるいはもっと細かいレベル）で、箇所の特定が可能だった。また、特定できた箇所の大半は、「反応が起きやすいだろう」と事前に予測できるような展開になっていた。具体的には、カデンツの進行が通常よりも遅い、あるいは速い、それまで使われていなかった和音が急に現れる、強弱変化のパターンや音色が急激に変わる、シンコペーションが使われている、といった特徴があったのだ。被験者が涙を流したり、身体を震わせたりした箇所では、多くの場合、「倚音」と呼ばれる音が使われていた。倚音とは、「強拍の音を、和音の構成音に隣接する不協和な音にする」という技法である（図10・15 a）。通常、倚音をしばらく続けた後は、和音の構成音に移ることになる。西洋音楽では、哀愁や情感を表現するのに使われるのが一般的である。ポピュラー音楽にもよく使われている。レナード・コーエンの『バード・オン・

図10.15　大きな感動を呼ぶ箇所には倚音（a）が使われていることが多い。アルビノーニ『弦楽のためのアダージョ』は、最初の７音のうち３音が倚音である（矢印部分）（b）。

ザ・ワイヤー』などはその一例だろう。アルビノーニの『弦楽のためのアダージョ』は、聴く人の涙を誘う名曲だが、調べてみると、メロディの最初の七音のうち三音が倚音になっているとわかる（図10・15ｂ）。ここで重要なことは、フレーズの基本的な構造が非常に単純であるということだ。結局は短調の音階を順に降りていっているだけである。このように構造がわかりやすいため、聴き手は展開を予測しやすい。そして、無意識のうちに、強拍に置かれるのは和音と調和した安定感のある音になるはず、と予測してしまう。しかし、倚音を使えば、一瞬の間、その予測を裏切ることができるのだ。

「震え」の反応は、その他、いわゆる「エンハーモニック転調」の箇所でも多く見られた。エンハーモニック転調とは、ある調の音階中の音を、別の調の音階中の音とみなす、という方法で行う転調のことである。実際にエンハーモニック転調が行われている曲の例としては、バート・バカラックとハル・デヴィッドのコンビによる『ウォーク・オン・バイ』などがあげられる。これは、基本的にはイ短調からへ長調への転調だが、途中（ヴァースとコーラス部の間）で変ロ長調を経由する。そこで重要な役割を果たすの

図10.16　バート・バカラック『ウォーク・オン・バイ』のエンハーモニック転調。歌詞が“private”になっている部分に使われている「ラ」の音（矢印で示した音）は、イ短調においては主音だが、変ロ長調においては長七度の音になり、転調先のへ長調においては長三度の音になる。ここで重要なのは、同じ音の聞こえ方が調によって変わるということである。

が、変ロ長調になっている部分の冒頭の「ラ」の音である。この「ラ」の音は、最初と二番目のヴァースで、歌詞が“private”、“tears”になっている部分に使われているが、イ短調においては主音、変ロ長調においては長七度の音になる。これは非常に大きな変化であり、聴き手にとっては予測を大きく裏切るものだろう（図10・16）。ルイ・アームストロングの『この素晴らしき世界』では、歌詞が“And I think to myself”となる部分で、メロディが主音のままで、コードだけが長三度分下がるということが起きる（ト長調、つまりキーがGであれば、コードはGからE♭に下がることになる）。このとき、聴き手は、メロディが一種、コードから離れて「宙に浮いている」ように感じ、コードがすぐにトニックに戻ることを強く予期する。そして、実際にそのとおりになる。つまり、この場合、メロディがあくまでダイアトニックスケール上の音から構成されるという点では聴き手の予測どおりに展開しているが、一方で、同じ音の意味が途中で変わっている（いったん調が変わっている）という点では予測を裏切っていると言える。このように、一方で期待に応え、一方では期待を裏切るような展開は、感情に強く影響を与えることが多い＊。

　こうした事実は、すべてメイヤーの説の正しさを裏づけているようにも思える。スロボダが行った実験は、あくまで定性的なものであり、純粋に科学的な実験とは言い難い。科学的な実験をしない限り、正しさが証明できたことにはならないだろう。たとえば、メイヤーの弟子のユージーン・ナームアの行った実験などは、スロボダのものよりは科学的ということになる。定量的な基準があるからだ。ナームアは、たとえば、音楽の中に「緊張と緩和」がどのくらいの周期で現れるかを測るといったことをしている。この種の調査方法は、「形式主義的」なものと言ってもいいだろう。あくまで音楽の形式、音と音との間の形式的な関係に着目しているからだ。また、すでに触れた調性階層の概念や、ゲシュタルト原理なども、科学的な調査においては重要な役割を果たす。それにより、聴き手が曲のどの部分でどのような予測をし、その予測がどこで当たり、どこで裏切られるかがほぼわかるからだ。音程がどのように上下変化しているか、どういう音が組み合わされているか、など、形式を見るだけで、かなりのことがわかるのだ。実際、作曲家もそれを知っていて、意識的に聴き手を操っている場合が多い。音楽に対する人間の予測に関するナームアの理論は非常に複雑で、簡単にはなかなか説明しづらいが、音楽学者、グレン・シェレンベルクによれば、大きく二つのことに要約できるという。まず一つは、人間は急激な音程変化をあまり予測しないということ。次に聞こえる音程も、今、聞こえているものに近いはず、と無意識のうちに思うわけだ。そして、もう一つは、仮に急激な音程変化が起きた場合は、その「揺り戻し」の動きを予測するということ（すでに書いたとおり、統計的に見て「揺り戻し」が起きるのは当然とも言える。急激に音程変化をしてしまうと、その後に使える音には必然的に逆方向のものが多くなるからだ。一七〇ページ参照）。ナームアが主張していることでもう一つ重要なのは、私たちが音楽に「終了感」を求めているということである。つまり、どんな音楽にしろ、聴き始めれば、どこかで「ああ終わった」という感じがすることを予期しているというわけだ。その感じを起こさせるものが、カデンツであり、強拍に置かれた主音である。また、リズムの変化によって終了感を得ることもある。

ナームアの理論は、カナダの音楽心理学者、ローラ・カディ、キャロル・ラニーによる心理学実験の結果などを見る限り、正しいようにも見える。ナームアの理論に従うならば、連続する二つの音の音程差がどれだけかによって、また、音程が上下どちらの方向に動いたかによって、次に聞こえると聴き手が予測する音の音程は変わるということになる。彼はそれに関して、いずれもゲシュタルト原理を基礎とする五つの原理を提唱した。音程は次に上下どちらに動くのか、変化の幅は大きいのか小さいのか。それについての私たちの予測がどう変わるかが、五つの原理によってわかるというわけだ。カディとラニーは、本当にそうなのかを実験で確かめようとした。被験者は皆、有志で集まった人たちで、その中には音楽教育を受けた人もそうでない人もいた。彼らの実験は、原理的には、キャロル・クラムハンスルが調性階層に関して行った実験とほぼ同じである（一五四ページ参照）。まず、被験者に、二つの音を聴かせる。そして、さらにもう一音を聴かせて、先の二音とどのくらい「合う」かどうかを尋ねていくのだ。この実験の結果は、ナームアの唱えた五つの原理のうちの四つ（ただし、うち一つはナームアが唱えたままではない）には合致するように思われた。聴き手が曲に終了感を求めているという証拠は見つからなかったが、おそらくそれは、これが実験であることを被験者が知っていたためと考えられる。一曲まるごとを聴かされるわ

＊（四六一ページ）ロックやポップスでは、モードを変えることで曲の途中で雰囲気を変えるということがよく行われる。すでに書いたとおり、ロックやポップスのメロディには、モードが使われることが多いのだが、モードの変更もよく行われているのだ。長調から短調への転調と同様、モードを変えると、感情に与える影響もかなり変化する。歌詞の内容によって曲調を変えたいときなどに有効な手段だ。たとえば、ビートルズの『ア・ハード・デイズ・ナイト』の場合、ジョン・レノンが歌う、いわゆる「Aメロ」の部分ではマイナースケールに似た響きを持つドリアンやミクソリディアンが使われている。しかし、「ブリッジ」または「Bメロ」の部分（“When I'm home ……”と歌われる部分は）、メジャースケールに似たイオニアンになっている。後者の方が歌詞の内容が明るいので、それに合っていると言える。ブリッジ部分をポール・マッカートニーが歌っているのは、ジョン・レノンには音程が高すぎたためと言われている。

けではないとわかっていたからだろう。その他、実験の結果を見ると、被験者の予測には、調性が大きな影響を与えているとわかる。これは、ナームアの理論では触れられていなかったことである。聴き手は、最初の調がずっと変わらずに続くものと予測するのだ。

五つの原理は、メロディに関するものだったが、ナームアは、同様の原理がハーモニーやリズム、音色などについても適用できると考えた。また、私たちの予測には、曲の細部から全体にいたるまで、いくつものレベルがあるとも考えた。つまり、私たちが音楽を聴くときには、無意識のうちに、細部の小さな構成要素をいくつかひとまとめにして少し大きな構成要素とし、その少し大きな構成要素をいくつかまとめて、さらに大きな構成要素にする、というようなとらえ方をしているということである。言い換えれば、音楽を「階層的」にとらえているということになる。たとえば、フレーズがいくつか集まってヴァースやコーラスが構成され、また、ヴァースやコーラスが集まって曲が構成される、という認識である。音楽を聴きながら、「この曲はどういう構成になっているか」、「個々の構成要素はどういう構造になっているか」といったことを逐一予測しているのだ。一つの曲を色々な倍率で観察し、個々のレベルで展開を予測していると言ってもいいだろう。

もし、本当にそうだとすれば、階層ごとに「緊張と緩和」があるということになる。予測を裏切られれば緊張し、予測のとおりになれば緩和するということが、いくつもの階層で起きるわけだ。これは、作り手の側からすれば、聴き手に何らかの予測をさせたり、それを裏切ったりする方法が数多くあるということになる。しかも、まったく同時に、ある予測には応え、別の予測は裏切る、ということも可能だ。曲が複数のパートから構成されていれば、そのすべてが他と違うことをする、ということも可能だろう。あるパートではメロディが終わりに到達しているのに、別のパートでは同じパターンを繰り返し続けているということもあり得る。一つの要素の中で色々な要素が絡み合い、重なり合って、それぞれが聴き手の興味を惹こうと競い合っている、という状態になることもあるわけだ。たとえば、モーツァルトのソナタを四小節聴いただけでも、同時にいくつもの力がはたらき、それぞれが相互作用し合っていることがわかるだろう。まるで目のくらむような複雑さである。デンマークの物理学者、ハンス・クリスチャン・エルステッドは「モーツァルトの交響曲の美しさを数式で表すなどということは、きっと何人もの数学者が一生かけて挑んだとしても不可能だろう」[54]と言ったが、確かにその通りだろうと思える。だが、まさにこの複雑さが私たちの心を捕らえているのだろう。大事なことは、その複雑さが程よいレベルにあるということである。複雑すぎれば、聴き手はただ混乱に陥るだけで、単純すぎれば退屈してしまうが、そのどちらでもない程よい複雑さが保たれていることが重要なのだ。

科学的な研究のためには、仮に調性音楽の枠内だけであっても、通常のパターンからの逸脱によって、つまり聴き手の予測を裏切ることによってどの程度の緊張感が生じるか客観的に評価する基準を定めるのが理想だろう。どの音程、どの和音、どのリズムが、個々の状況でどのくらいの緊張感を生むのかを正確に評価できればいいわけだ。評価基準ができれば、曲が進行するにつれて緊張の度合いがどのように上下していくかを譜面に書き込むこともできるだろう。あるいは、緊張感の上下を折れ線グラフで表すこともできるだろう（図10・17）。評価が本当に正しいかは、その曲を誰かに実際に聴いてもらい、聴きながら緊張感の上下をリアルタイムに報告してもらう、という方法で、一応、確かめることができる。すでに、一定の理論を基に仮に定めた基準によって評価を行い、それが聴き手の主観とどのくらい合致するかを確かめる実験は行われている。実験の結果、理論に基づく評価と、聴き手の主観はだいたい一致することがわかった。また、被験者が誰でも、結果は概ね同じになった（図10・17d）。これは、もしかすると、使用した評価基準が真に客観的なものであることを意味するのかもしれない。

しかし、まだそう断定できるわけではない。疑問が数多く残されているからだ。緊張の度合いは、メロ

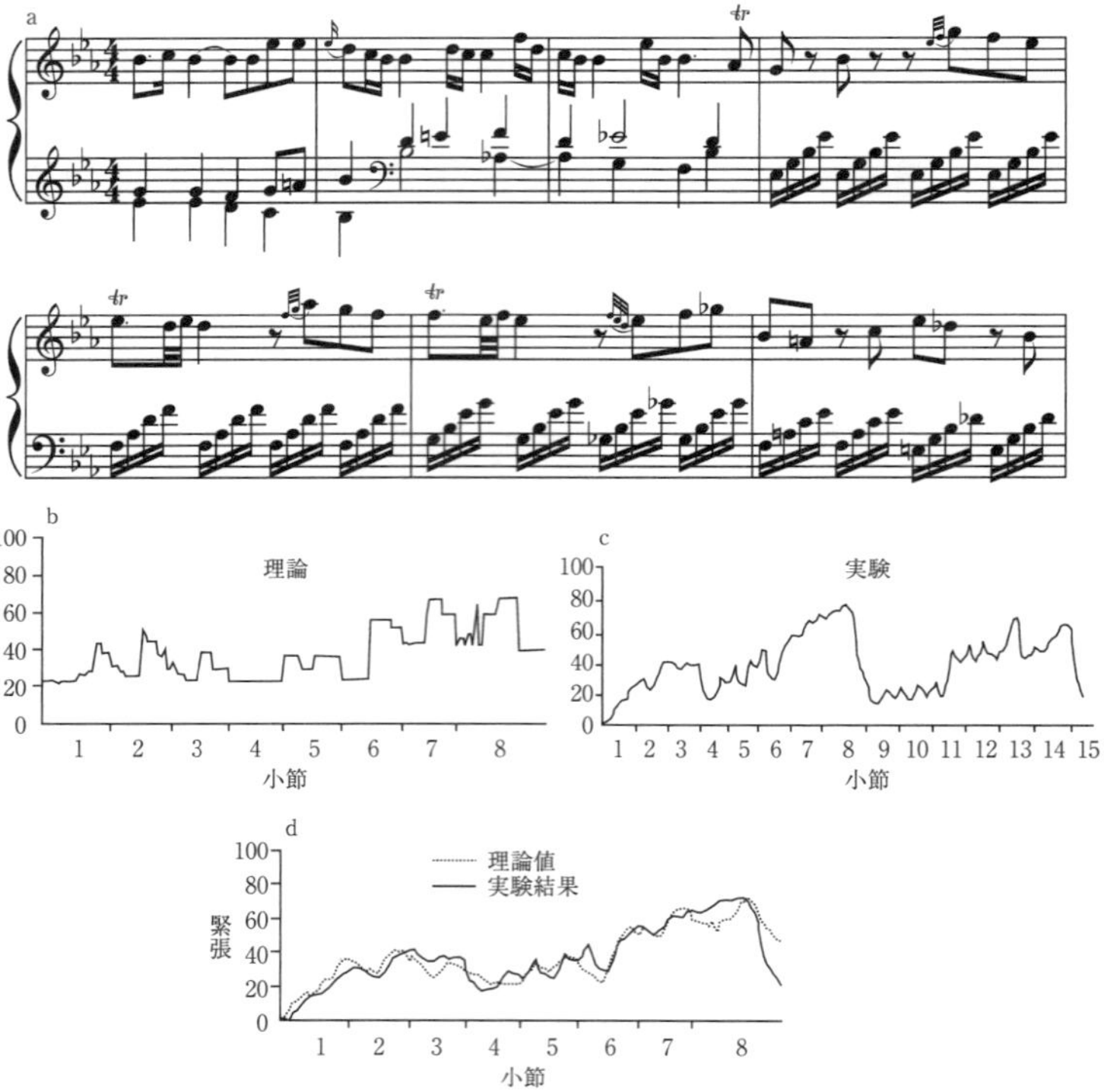

図10.17　モーツァルト『ピアノソナタ第４番変ホ長調 K282』第１楽章（a）の緊張度変化。（b）は、フレッド・ラダールの理論（第12章で詳述）を基に推測した緊張度変化のグラフ。（c）は、聴き手がテンションスライダーを使って実際に報告した緊張度変化のグラフ。２つを比較すると、かなりの程度、一致することがわかる。特に、実際の聴き手の判断が曲の展開に比べて若干、遅れることを考慮に入れて修正すると、２つがよく一致しているとわかる。聴き手の判断が遅れるのは、聴覚情報が耳から脳へ送られて処理されるまでにわずかながら時間が必要なため。修正後の２つのグラフ（理論値のグラフは変化が滑らかになるように修正してある）を重ね合わせると（d）のようになる。

ディ、ハーモニー、リズムだけで決まるのか、それとも他の要素も影響を与えているのか。緊張感は、瞬間、瞬間に決まるのか、それとも、ある程度の数の音が組み合わさり、フレーズなどを形成しなければ、緊張感は生まれないのか。音どうしの関係、相互作用が必要なのか。緊張感は一種類なのか、それともいくつか種類があるのか。もし、種類があるのだとしたら、その種類ごとに評価基準がないと正確とは言えないのではないか。その他、メイヤーやナームアの主張を疑う根拠としては、音楽心理学者のエマニュエル・ビガンとリヒャルト・パーンカットが行った実験の結果などもあげられる。二人が行った実験もやはり、被験者（音楽の教育を受けた人と、そうでない人が含まれていた）に曲（ショパンの前奏曲と、実験のために自作した曲）を聴かせ、緊張感がどう変化するかを評価してもらうというものだった。この実験でわかったのは、被験者が緊張感を非常に「局所的」に評価しているらしいということだった。曲全体の構成や構造も踏まえて判断しているというよりは、その箇所のカデンツの和音進行など、部分的な要素によって判断しているようなのだ。レイ・ジャッケンドフ、フレッド・ラダールの二人が、曲の全体の構成、構造から緊張感を評価するモデルを考えているが（第12章で詳述）、ビガンとパーンカットの実験結果を見る限り、被験者がそのモデルに近い基準で判断しているようには思えない。ジャッケンドフとラダールのモデル自体が誤っているというわけではないが、実験結果に合うとは言えないのだ。ただ、この結果を額面通りに受け取っていいかはわからない。曲を一部分聴くごとに止めて、緊張感の程度を尋ねる、という方法を採っていたからだ。現実にはそんなふうに音楽を聴く人はいないだろう。音楽を途中で止めず、緊張感の度合いを連続的にリアルタイムに報告してもらう（それには「テンションスライダー」という道具を使う。緊張感の度合いに合わせて被験者がスライダーを動かす）タイプの実験では、被験者が曲の全体の構成や構造を踏まえて判断していることを示唆する結果が得られている。これは、言い換えれば、これまで聴いてきた部分がどうなっていたかによって、同じ音を聴いても緊張感が違ってくるということである。ただし、現状では、聴き手が具体的にどういう情報をどの程度利用して判断をしているのかは明確にはわからない。人によって違っている可能性もあるだろう。

音楽と感情との間の関係はあまりに複雑で、しかも人によって大きく違っているため、それについて何か体系的な説明を試みたとしても無駄である、という意見もある。また、そういうことを示唆する実験結果もある。たとえば、被験者に、バロックからジャズ、ファンクまで様々なジャンルの音楽の中から五種類を選択して聴かせ、「何かを感じたら」その都度ボタンを押すように指示する、という実験もなされている。指示が非常に曖昧になっているが、これはあえてそうしている。この実験をしてみると、同じ曲の同じ箇所で必ずボタンを押す被験者が多いことがわかる。これは、その箇所に、本質的に何か人の感情を刺激するような特性が備わっていることを意味するのかもしれない。何年か後、同じ被験者に同じ音楽を聴かせても、やはり同じ結果になるケースも少なくないという（その中には、初回の実験で同じ曲を聴いたことを忘れていた被験者もいた）。感情を刺激したのが、音楽的に見て具体的にどういう部分なのかが明確にわかることも多い。クレッシェンドで音量が徐々に大きくなっていき、最高潮に達したときにボタンを押した被験者もいれば、歌手が歌い始めた瞬間にボタンを押した被験者もいた。その他、ボタンが押されたタイミングの例としては、五度圏に沿って和音が進行したとき、リズムが突然変わったとき、エンハーモニック転調をしたときなどがあげられる。この結果は、総じて言えば、メイヤーの理論に合致しているとも言える。

実験では、曲を聴き終わった後、具体的に何を感じたのか、なぜ、その箇所で心が動いたのかを被験者に尋ねている。すると、その答えにはまるで一貫性がなかった。音楽の教育を受けた被験者ですら、同じ箇所についてまったく違うことを言う、ということも珍しくなかった。実は、心が動いた理由を本人もわかっていないということだろうか。それとも、わかっていながら、誰一人、正しく答えられないということだろうか。

「予測と裏切り」は本当に大事か

メイヤー自身は、音楽と感情の関係を客観的、定量的に評価することに対して懐疑的だった。「音楽を聴くことによる深い感動は、音楽の持つ構造のみによって生まれるわけではない。重要なのは、音響と静寂の相互作用、そしてそれとの我々の心身の関わりである。それにより種々の感情、連想が生じるのだ」[55]という発言もしている。それは確かにそのとおりだろうとは思う。先に触れたような「定量的な」実験はどれも、大多数の人の普通の音楽体験とはかけ離れている。実験と同じような音楽の聴き方をしている人はまずいないだろう。普通の人は、調性階層や五度圏、エンハーモニック転調などについて知識があるわけではないのだ。感情に影響するとされる技法はいくつもあるが、知識のない人の耳にどう聞こえ、実際に感情をどう動かすのかを知ることは難しい。聴き手に先の展開を予期させるとされる数多くの技法は、実際にどこまで有効なのだろうか。

音楽に対する聴き手の予測によって感情が生まれるのは確かだろう。しかし、それに関しては解けない謎がいくつもあるのだ。実際に、聴き手の予測とそれに対する裏切りが感情を生んでいる例を示すことは難しくない。問題は、そういう例が多すぎるということだ。私たちが日頃聴いている音楽を少し調べれば、いくらでも例は見つかる。厳密には、何らかの予測をさせて、それを裏切っているという箇所ばかりであり、そうでない箇所を探す方が難しいとも言えるだろう。予測と裏切りが実際にどのように起きるのか、それには様々な可能性があるからだ。たとえば、ジョン・スロボダは例として『きらきら星』をあげている。この曲のメロディでは、最初の二音が主音の繰り返しになっている。主音が二度繰り返された時点で、聴き手は次も主音であると予期するはずである。だが、実際には違う音が聞こえるためにその予測は裏切られる。この裏切りは、聴き手の心に何らかの感情を生むだろう。それは一つの可能性だ。だが、同じ箇所について別のことが起きる可能性もある。そもそも、メロディというのは、大部分が小幅な音程変化から成るのが普通で、同じ音の繰り返しの出現頻度は多くない。そのため、同じ音が繰り返されれば、聴き手は「次は違う音になるはず」と予測するのではないか。どちらの主張ももっともなようであり、どちらが正しいとも決めかねる。スロボダによれば、音楽による「予測の裏切り」には一〇通りのパターンがあるということになる。ただ、もしその一〇通りのうちのどれか一つにでも当てはまればいいということになれば、当てはまらない箇所の方が少ないことになるだろう。そのことはスロボダ自身も認めている。[56] つまり、感情が動いた原因を予測の裏切りに求めたとしても、それではほとんど何も言っていないに等しいというわけだ。聴き手が曲のどの箇所に感動したとしても、当てずっぽうに「予測が裏切られたからだ」と説明すればいいことになってしまう。

第一に、聴き手の「予測」というのが具体的に何なのかも明確ではない。たとえば、「ド」の音の後に「レ」の音が聞こえたとしたら、次は「ミ」の音が聞こえると予測する人は多いかもしれない。だが、これは本当に「今、レの音が聞こえたから次はミだな」と思っているのだろうか（絶対音感のある人でなければ、それはまずあり得ない）。それとも、「ド」と「レ」はメジャースケールの最初の二音だから、次は同じ音階の第三音になると思っているのか、あるいは一音目より二音目の方が音程が上がったから、次も同じ幅だけ音程が上がるはず、と感じるだけなのか。たとえ簡単な予測であっても、細かく見れば、色々な種類があるということだ。その中には、互いに矛盾するようなものも含まれている。仮に、あるメロディの断片を聴いて、それがハ長調であると判断したとする。だとすれば、ハ長調においては「ミ」よりも「ド」の方が安定しているので、次は「ド」だという予測の方が「ミ」だという予測より強くなるとは考えられないだろうか。この時、実際に聞こえた音が「ミ♭」だったとしたらどうだろうか。これは、音階がメジャースケールであるという予測には反した動きである。しかし、一方で、「メロディにおける音程変化は小幅で連続的なものになるはず」という予測には応えている。また、上方向の音程変化が維持されている点でも予測に応えていると言えるだろう。一般的には、こうした予測の方が強いと考えられる。もし曲が短調であれば、「ド」、「レ」の次が「ミ♭」というのは、ごく普通の音程変化だからだ。一部の神経科学者も主張しているとおり、私たちは聴いている曲に関して同時にいくつもの種類の違う予測をしているのだろう。中でもどの予測を優先させるかは、実際に聞こえた音によって刻一刻と変えていく。ダーウィンの進化論と同様に、曲に合っていた予測は生き残り、そうでなかった予測は消えていくということだ（これを「ニューラルダーウィニズム」と呼ぶ）。一つの予測が当たった、当たらないですべてが決まるわけではないのだ。フレッド・ラダールも、メイヤーの予測と裏切りに関する理論は、あまりに単純で一面的であると主張した。音楽はメロディ、リズム、ハーモニー、などのいくつもの要素から成る、もっと多次元的なものであり、個々の次元が皆、聴き手に違った予測をさせるということは当然あり得るというのだ。しかも、たとえ各要素の構成がまったく同じでも、実際にどういう予測をさせるかは、それまでの展開がどうだったかによってもまったく変わってしまう。ラダールは次のようにも言っている。

重要なのは、各瞬間の曲の構造と、それまでの曲展開の間の相互作用である。各瞬間の構造がまた、その後の方向づけを示し、また次の瞬間の構造と相互作用をする。そして、曲は示された方向づけのとおりに進むとは限らない。こうして、数々の力と動きが相まって、音楽は聴き手の感情を動かしていくのだ。[57]

曲展開を予測させる力は、その曲を初めて聴いたときだけにはたらくものなのだろうか。強くはたらくのは初めて聴いたときだけで、後はその曲を聴き慣れるに従い、急激に衰えていってしまうものなのか。メイヤーの理論に対しては、そういう疑問を呈する声も多い。実は、私たちの曲に対する評価の高さは、逆U字型に変化していく傾向がある。最初はさほど良いと思わないが、聴き慣れるに従い急激に好きになり、その状態がしばらく続いた後、また急激に飽きていく、という変化をするのが一般的ということだ。予測を予測させる力が、初回だけ効力を発揮するのだとしたら、この事実とは矛盾するように見える。予測させる力の効力（そして、「裏切り」の効力）は、すぐには消えず、繰り返し聴くことでむしろ高まるのだろうか。レイ・ジャッケンドフはこれについて、「音楽を聴くときの情報処理のかなりの部分は無意識下で行われ、記憶の影響を受けないからではないか」という説明をしている。原始的な認知処理の中には、意識にのぼる前に瞬時に行われるものが多い。そうした処理の場合は、記憶の影響を受けない可能性もあるのだ。つまり、その曲を何度繰り返し聴いていようと、効力に変化はないということだ。まるで、同じ食べ物を一〇回連続で食べても変わらずに美味しいと思うようなものである。また、これとは別の説明も考えられる。期待や裏切りの効力、作用はあまりに複雑に絡み合っているため、そもそも私たちにそれを完全に把握することなどできないという説明である。完全には把握していないので、繰り返し聴いた後でもやはり、何かしらの要素によって予測を強いられ、裏切られることもあるということだ。確かにその通りなのかもしれないが、もしそうだとすると、そもそも「予測と裏切り」によって音楽の感動を説明すること自体、無理があるということになりかねない。特に近代以降の難解な作品の場合には、同時にいくつもの方向性を感じさせるような重層的な作りになっている。予測が裏切られる可能性を多く秘めているとも言えるが、あまりに複雑すぎて予測すらできない恐れもある。たとえば、アルテュール・オネゲル『交響曲第一番』のような曲の場合、調が移り変わっていくことはおぼろげにはわかるが、高密度で多面的な音の塊を前にしてしまうと、先の展開の予測などできるとはとても思えない。

その他、メイヤーの理論に対しては、音楽のもたらす感動はもっと精妙で、もっとバラエティに富むものではないか、という根強い反論もある。予測が当たったから良い気分、予測が外れたから良くない気分、という説明ができるほど単純なものではないというのだ。デヴィッド・ヒューロンによれば、予測や裏切りによって生まれる感情にも多様な種類があるという。たとえば、喜びや興奮、畏怖などと言っても一種類だけでなく、いくつもの種類の感情について、予測や裏切りで説明がつくというわけだ。だが、それで説明できる感情の種類に限度があることは間違いない。そのことはヒューロン自身も認めている。そもそも、「悲しみ」のような感情が、曲展開の予測やその裏切りによって生じるものなのだろうか。それで説明するのは無理があるのではないか。ジョン・スロボダ、パトリック・ジュスリンは次のようなことを言っている。「予測に対する裏切りは緊張を生じさせ、予測が当たれば緊張は緩和する。その時に生まれるものは厳密にはまだ『感情』とは言えない。『感情の原型』とでも呼ぶべきものだ[58]」ただ、この『感情の原型』は、本物の感情に発展しやすい性質を持っている。音楽の中に少しでも心を動かす要素があれば、比較的簡単に本物の感情へと形を変えるというのだ。しかし、この説明だと、「心動かす要素」とは具体的に何なのか、それはどこから生じるのかという新たな疑問が湧いてしまう。

以上のように、音楽と感情の関係を、予測や裏切りで説明する理論には、まだ大いに検討の余地がある。何より大事なことは、この理論では、「なぜ音楽は楽しいのか」という根本的な問いにはまったく答えることができないということだ。ただ、残念ながら、その問いにまともに答えるような理論は今のところどこにも存在しない。ひとまずこれ以上、深く追求するのはやめておこう。私たちが音楽に対して抱く感情には、音色や、その音楽の持つ全体的な質感とでも言うべきものが影響しているのは確かだろう。たとえ同じように弦楽器を使っていても、ストラヴィンスキーの場合は簡潔で無駄がないという感じがするが、

a

b

図10.18　ベートーヴェン『ピアノソナタ第17番作品31 - 2』第３楽章。主題の和音の構成（a）が、最後の反復部分では少し変更されている（b）。

チャイコフスキーの場合は、何か力がこもっているような、活き活きとした感じがする。たとえ同じ旋律を演奏したとしても、トランペットとフルートでは、かなり違った感情を抱くことになるだろう。和音のちょっとした構成音の違いも、感情に影響するはずである。ベートーヴェン『ピアノソナタ第一七番作品三一 - 二』第三楽章の最後で主題が再現される部分などはそうした例だろう（図10・18）。この反復部分では、それ以前に主題が演奏されるときにはなかった、高い「ラ」の音が加えられている。この「ラ」の音が聴き手の感情を動かすのだとしたら（動かすのは間違いないだろう）、それは、今までなかった音が加えられたことで、予測が裏切られたからだろうか。聴き手が主題を何度も繰り返し耳にしているのは事実なので、予測が裏切られたことも感情に影響しているだろうが、この箇所の厚みのある和音の響きそのものにも、感情を動かす強い力があるとは言えないだろうか。

　芸術に関して何か理論ができると、「はじめに理論ありき」という状態に陥りやすい。理論に合わない作品を「良くないもの」とみなす人が現れるのだ。実際、ハインリヒ・シェンカーは、自身の考えた「音楽学的分析」の理論（五四九ページ参照）に合わない音楽を低く評価した。それと同様にメイヤーも、聴き手に先の展開を予測させる力に欠けるとして、ミニマリストの音楽やポピュラー音楽を批判した。私は、「予測させる力に欠ける」という意見自体、正しいとは思わないし、たとえそれが正しかったとしても、その音楽が与えてくれる体験が豊かなものでないとは言えないと思う。もっと他の要素（音色や歌詞など）によって聴き手の心をとらえ、感情を動かすということはあり得るからだ。メイヤーは「たとえば、ベートーヴェンの交響曲では先の読めない不安定な状態が長く続くことがあるが、現代の聴き手はそういうことに耐えられなくなっているのではないか」[59]とも言っている。ポピュラー音楽は、ある目的地に向かって進むような展開はせず、ただ、派手な音を鳴らして、その場その場の満足だけを与えようとしている、というのだ。しかし、実はベートーヴェンやモーツァルトの熱心な愛好家も、必ずしも音楽を全体的に聴いているわけではないはずである。「この曲のこの部分の響きが好きだ」というふうに、部分的、表面的な要素を楽しむことも多いはずだ。それに、メイヤーの批判は、現代のポピュラー音楽だけでなく、ルネッサンス期の大衆音楽にも当てはまるに違いない。

残される謎

音楽と感情の関係を正しく知るためには、「予測と裏切り」の理論だけでは不十分で、もっとたくさんの要素について考える必要がある、ということはすでにわかってもらえたと思う。音楽が私たちにもたらしてくれる体験、喜び、その正体を知ろうとすれば、音楽を構成する数多くの要素について調べていかなくてはならないだろう。では、具体的に何を調べればいいのか、章の最後に少しそれについて触れておこう。

音楽のもたらす感情について説明する際には、認知科学が援用されることが多い。ただ、そのことに抵抗のある人も少なくないようだ。それは多分、科学の対象となることで、音楽の感動が冷たい数式に還元されてしまうような気がするからだろう（実際にはそんなことはないので、気のせいなのだが）。イギリスの哲学者、ロジャー・スクルートンは次のように言っている。「認知科学の理論によって芸術表現を理解しようとする動きがあるが、我々はそれには断固として抵抗すべきだ。たとえどれほど精緻な理論を打ち立てたとしても、本当に重要なことは説明できないだろう。本当に重要なこととは、我々が芸術表現に対して抱く共感である。認知科学は、その共感をただばらばらに分解して組み立て直すようなことをするだけである[60]」この意見は正しいのかもしれないが、スクルートン自身、音楽に対する人間の感情をどう説明してよいのかはまったくわからないということだろう。認知科学では説明できないと言っているだけで、ではどうすれば説明できるかということは言っていないのだ。「音楽の素晴らしさは、独自の構造を持ち、独自の論理に従って展開していくところにある。そのすべてが全体として作用することで、私たちの心を動かし、他の何物に対しても抱くことのない感情を抱かせる[61]」スクルートンはそう言う。この意見に異を唱える人は少ないはずである。ただ、問題は、なぜ音楽にはそんなことができるのかということだ。この言葉からは、その理由はまったくうかがい知れない。

スクルートンはまた「我々は音楽に対し、誠実であるべきだ。そして、自分が真に良いと思い、共感できる音楽だけを称賛すべきである」とも言っている。この意見も反論の余地がない。だが、現実には、明らかに不誠実で、聴き手に媚びるだけのわざとらしい音楽につい、心動かされてしまうということもある。自分の美意識からすれば、優れた音楽でないことが明らかでも、心が動くことはあるのだ。その理由をスクルートンは一切説明せず、ただ「まったくそれに値しないような音楽に心動かされてしまっている人は多い。感傷に訴えるだけの安っぽい音楽に[62]」と嘆いている。まったく彼の言うとおりである。私自身にもそういうところはある。読者も同じではないだろうか。私はそれを悪いことだとは思わない。自分でそうだとわかっていれば悪いことではないだろう。スクルートンのように優れた審美眼の持ち主から見れば、無価値な音楽に思わず感動したりするのはくだらないことでしかないだろう。しかし、音楽の認知に関心を持つ者にとって、これは重大事である。安っぽくて、感傷的なだけの音楽に、なぜ私たちは心を動かされてしまうのか。心を動かしているものは何か。おそらく、その多くは、「クリシェ」と呼ばれる、陳腐な、お決まりのパターンのせいだろう。いかにも「ここで泣かせよう」としていることが見え見えのパターンはいくつかある。だが、そもそもなぜ、そうしたパターンが繰り返し使われ、「クリシェ」となったのか。なぜ、それがクリシェだとわかっている人間に対してさえ、効力を持つのか。もちろん、安っぽい音楽と芸術的価値の高い音楽を分ける明確な境界線はない。境界線があると考えること自体、バカげているだろう(フォーレのように両方の音楽を作った作曲家もいる)。安っぽい音楽に対する疑問は、同時に、価値の高い「本物の」音楽に対する疑問でもある。クリシェの効力の秘密が明らかになったら、私たちが音楽の芸術的価値を判断する際の基準も明らかになるかもしれない。

音楽の認知研究が現在、行き詰まっている最大の原因は、音楽に対して人間が持つ感情を基本的に二種類に限定してしまっていることではないだろうか。基本的には肯定的な感情と否定的な感情の二種類だけで、ただ、その両極端の間を揺れ動いているだけ、という見方である。音楽に対して私たちが持つ感情は、総じて言えば、肯定的なもののはずである。それは当然のことだ。私たちは、音楽を聴いて楽しんでいるからだ(楽しいからこそ聴く、とも言える)。その楽しみの中には、確かに「自分の予測したとおりに曲が展開した」ということによる満足感もかなり含まれているだろう。しかし、それだけではないはずだ。単に音の与える感覚刺激が心地よいというときもあるに違いない。その音自体は、音楽的に喜びも悲しみも表現していない中立的なものであったとしても、ただ心地よいがために肯定的な感情を生むことはあり得る。それは、ちょうど花火を見ると楽しい気分になるというのに似ている。見ること、聴くこと自体が楽しいということはあるのだ。「暗闇が続くことを予測しているときに突如、花火が炸裂するとその予測が裏切られる。それによって緊張が生まれる。花火が楽しいのはその緊張感のせいだ」などと言う人は多分、いない。もちろん、色々な花火が次々に打ち上げられたときには、その模様の移り変わりのパターンが美を生むということはあるだろう。暗闇と光の鮮やかなコントラストが美しいということもある。正直なところ、心理学者が花火の美しさについてどう説明するか、私にはわからない（フロイト派の心理学者がどう言うかは、だいたい想像がつくが）。しかし、見る側の予測とは関係なく、花火自体の色合いや明るさによる刺激が程よいということが重要なのは確かだろう。夜空を昼間のように明るくする花火があったとしても、ただ圧倒され、戸惑うだけで、美しいなどとは感じないはずだ。

哲学者、ピーター・キヴィは、「質の高い音楽によって生じる感情は、喜び、悲しみ、怒り、愛情、などありきたりの言葉で表現できるような単純なものではない」と言っている。それはそのとおりだろう。キヴィは、中世やルネッサンス期の宗教音楽を引き合いに出している。ジョスカン・デ・プレやトマス・タリスなどの音楽のことだ。美しく荘厳な音楽だ。聴くと涙が出てくる人も大勢いるに違いない。だが、この種の音楽は、当然のことながら世俗的な感情を一切表現していない。そして、聴き手の感情を動かそうという意図はまったくないのである（もっと後の時代の音楽家、たとえば、モーツァルトにはそういう意図があったはずである）。現に、こうした宗教音楽や、バッハの複雑な対位法を駆使した曲などが、音楽と感情の関係についての心理学的実験に使用されることはまずない。その音楽でどのような感情が表現されているのか、誰にも正確にはわからないからだ。

ただし、これはキヴィも言っていることだが、その種の音楽もやはり、私たちに何らかの感情を起こさせることは確かだ。喜びや悲しみなど、わかりやすい名前のついた感情ではないが、とにかく、感情は起きるのだ。経験した人なら、その感情がどういうものだか自分ではわかるはずである。あえて言葉で表現するとすれば、興奮、高揚感、あるいは驚嘆、そういう言葉を使うしかないような感情である。別の言い方をすれば「その音楽を聴けることに対する喜び」ということになるかもしれない。たとえば、「愛情」というのは、愛する人と関わりたい、関わっていたいと思い、関わっていることを喜ぶ感情だが、それに似ていると言えばわかりやすいと思う。この感情は、音楽を聴いているときに特有のものというわけではなく、その他の場面にも同様の感情を抱くことはあるが、ともかく、ありきたりの言葉で表現できない感情であることだけは理解しておく必要がある。

「悲しい音楽」や「怒りに満ちた音楽」というのはあるが、私たちはそういう音楽を聴いて、日常生活と同じ意味で悲しんだり、怒ったりするわけではない。それは考えてみれば不思議なことだが、音楽によって生じる感情が、先に述べたような言葉で表現しにくい類のものだとすれば、その謎が少しは解けるだろう。キヴィはそう主張する。音楽によって感じる「悲しみ」は、実は、「悲しみについて深く考えること」に近いのだ。キヴィによれば、たとえ悲しみが表現されている音楽であっても、それを聴いて私たちが抱く感情は、高揚感や喜びに近いものであるという。ベートーヴェンの『交響曲第三番（英雄）』の第二楽章「葬送行進曲」を聴いて高揚感を覚えることもあるし、恐れや怒りが表現された音楽で大きな喜びを感じることもあるのだ。恐れも怒りも悲しみも、日常生活においてはプラスの要素のない感情だろう。哲学者のスティーヴン・デイヴィスもキヴィとほぼ同意見である。音楽によって感情を喚起される場合、その感情に結びつく事象や、感情の原因となる出来事などは存在しない。そのため、私たちはその感情に対し何ら行動をする必要はなく、ただ、ひたすら感情に浸ることができるのだ。もし、悲しみの原因となる出来事が存在したとしたら、「あんなことが起きなければよかったのに」という悔恨に苛まれるかもしれないが、音楽による悲しみにはそれがない。具体的に何か問題が起きているわけではないので、それを解決しなくてよいし、解決できない焦りもないのだ。

こういう見方には賛同しない人もいるだろう。音楽のもたらす感情の正体など誰にも明確にはわからないのだから、どうとでも言いたいように言えるのではないか、という意見もあるに違いない。しかし、音楽を聴かされ、「楽しい」、「悲しい」などと書かれた四角にペンで「✓」マークをつけていく、という心理学実験よりも、この方がよほど真実に迫っているのでは、と私は思う。音楽の認知に関する実験手法はほぼこれでいいという合意が研究者の間ではできているようだが、それだと結局、いくら実験を繰り返しても、人間が音楽を聴いてどう感じているかはほとんどわからないのだ。

キヴィの見解を、先述の「音楽は聴覚のチーズケーキ」という考え方に近いものととらえ、反発する人もいるかもしれない。キヴィの言うとおりだとすれば、音楽を聴くことは「音のマッサージ」を受けるようなものというふうにもとれるからだ。音楽を聴くことで快感が得られるのは確かである。しかし、それは、砂糖や脂肪を摂取することによる満足感や、熱い風呂に浸かったときの快感とは種類の違うものである（それと重なる部分もあるが、少なくともそれだけではない）。そこには生きる喜びや、他者とつながる喜びが含まれている。そして、他者の偉大な能力が生み出したものに触れることによる驚異の念も含まれているのだ。

第11章　カプリッチョーソ――音楽のジャンルとは何か

世界には実に多種多様な音楽があり、私たちは今、どこにいてもその多くを簡単に聴くことができる。少し前にはとても不可能だったことだ。トロムソ（ノルウェー北部の中心都市）でも東京でも、その街の大規模ＣＤショップにちょっと足を踏み入れてみるといい。そうすれば、ウィリアム・バード［訳注　一五世紀後半から一六世紀初頭にかけて活躍したイングランドの作曲家］のヴァージナル曲（チェンバロで演奏される曲）でも、チベット仏教の詠唱でも、スカンジナヴィアデスメタルでも、とにかくありとあらゆる音楽の音源が手に入る。それまで存在すらまったく知らなかった音楽を発見することもあるだろう。いや、もはやＣＤショップに足を運ぶ必要すらないかもしれない。インターネットなら、マウスのクリック一つでどんな音楽でもすぐに聴けるのだ。

このように音楽には色々な種類があるが、私たちにはそれを区別する能力がある。確かに、三〇過ぎの人間にとって、ヒップホップや、ギャングスタラップ、レゲトン、スナップミュージック、クランクなどの違いを聞き分けるのは難しいだろう。だが、知らないジャンルの音楽であっても、驚くほど細かく違いがわかることもある。ある程度音楽に詳しい人であれば、ある作曲家やバンドの音楽を、まったく曲を聴いたことのないほかの作曲家やバンドと区別することは簡単にできる。最初の数小節だけですぐに違いがわかることもある。

人がどういうスタイルの音楽を好きになるかは、それまでの経験や周囲の環境によっても大きく変わってくる。音楽の教育（必ずしも本格的なものでなくてかまわない）を受けたかどうか、また自分自身を自分でどういう人間だと思っているかという「セルフイメージ」も音楽の好みに影響するだろう。好みが具体的にどのように生じるのか、それは明確にはわからないが、推測をしてみることはできる。音楽をよく知っている、いわゆる「耳の肥えた」人は、その曲の構造や、曲に含まれたパターンを見つけ出すことに長けている。そして、そうした構造やパターンからの逸脱も敏感に察知する。前章で触れた「予測と裏切り」を楽しむことができるのだ。かなり複雑な曲であっても、楽しんで聴くことができるだろう。一方、あまり音楽に詳しくない人は、シンプルで繰り返しの多い音楽を好む傾向にある。メシアンやオーネット・コールマンが好きな人もいれば、ドリー・パートンが良いという人もいるわけだ。同じ人でも、オーネット・コールマンが良いと思うときもあれば、ドリー・パートンが良いと思うときもあるかもしれない。また、あるジャンルについて優れた審美眼を持っている人であっても、ジャンルが変わるとそうはいかないことが多い。ロックならどれだけ複雑で難解な曲でも楽しめるが、クラシックとなると、ベートーヴェンよりも複雑な音楽はわからないという人もいるだろう。優れたクラシック音楽家であっても、ポピュラー音楽はまるでダメという人もいる。音楽のジャンルどうしを比べて、どちらがより優れているか、などということを考えても仕方ない。だが、音楽のジャンルの違いがどこから生まれるのか、ということは詳しい考察に値するのではないだろうか。

なぜ、音楽にはジャンルの違いがあるのか、これは実に不思議なことである。この本では、調性、メロディにおける音程変化パターン、和音進行、あるいは「予測と裏切り」、音楽と感情の関係、といったことについてあれこれと書いてきたが、たとえそのすべてを理解したとしても、音楽にジャンルがある理由を説明することはできないだろう。第一、ジャンルが違っても、使う音階や音程変化のパターンはそう違わないことも多いのだ。それなのに、聴いてみると違うということはわかる。それが不思議なのである。ビバップは大好きだが、ベルリオーズは大嫌いだという人がいる。パリのカフェ音楽なら好きだけど、京劇は一切受けつけないという人もいるに違いない。私自身もそうだ。私にもやはり、どうしても好きになれないジャンルというのがある。いくら聴いても何が良いのかわからないのだ。その感じは、きっとほとんどの読者にわかってもらえるだろうと思う。

好みは人それぞれで理由などない、と言われることも多いが、私は実はそう思わない。ただ、好みの理由を説明してみようと思ったことがあまりないのも事実だ。たとえば、子供の頃から慣れ親しんでいるような音楽が耳に馴染みやすいというのは当たり前のことだろう。遠い異国の、まったく知らない音楽よりも、心地よく感じる可能性は高い。ほとんどの人は、大人になるまでの間に音楽の好みがだいたい固まって、その後はさほど大きくは変わらない。そこまでは特に不思議でもない。ただ、わからないのは、そもそもなぜ私たちは、音楽の微妙な種類の違いを区別できるのかということだ。ベートーヴェンとモーツァルトの違いがわかるのはなぜか。アイリッシュフィドルとスコティッシュフィドルの違いは？　作曲家、音楽家一人一人の音楽世界に違いを与えているものは一体何なのか。

違いを知る手がかり

音楽家の中には、「音の署名」とでも言うべき、その人を象徴するような特徴を持っている人もいる。たとえば、セロニアス・モンクなら、それはパーカッシブなトーン・クラスターである。ビーチ・ボーイズなら、他に類を見ないほどの豊かなハーモニーだろう。ドビュッシーなら、全音音階や、七度、九度の和音の平行移動などがそれにあたる。そうした音の署名が特徴と感じられる理由はどこにあるのだろうか。

メロディやリズム、ハーモニー、音色といった音楽の構成要素がどのように他と違えば私たちは「特徴的」と感じるのだろう。音楽家は、数多くの選択肢の中から自分の音楽の構成要素を選び取っているのだが、具体的にどういう選択をすれば、スタイルやジャンルの違いが生じるというのか。

まずはメロディについて考えてみよう。ピアノの鍵盤からわずか四音を選んで並べるだけでも、六〇〇万通りの組み合わせが考えられる（音符の長さの違いも考慮に入れれば、組み合わせはさらに大幅に増える）。つまり、作り得るメロディの数というのは、まさに「天文学的」な数字になるということである。だが、その中で実際に音楽に使えるものだけを選び出すとすると、作れるメロディの数はかなり減ることになる。音の組み合わせを音楽にするためには一定のルールを守る必要があるからだ。ルールの中には明文化されたものもあれば、暗黙のうちに守られている経験則のようなものもあるが、いずれにせよ、それを守っていないとなかなか音楽には聞こえない。仮に、その曲を調性音楽にしたいと思えば、選べる音の組み合わせの数は半分ほどに減るだろう。また、あまり急激な音程変化を続けるわけにもいかないので、その点を考慮すると、さらに使える組み合わせは減る。こう書くと、作曲とは何と窮屈な仕事かと思う人もいるだろう。しかし、ルールや制約は芸術には欠かせないものなのだ。芸術家は皆、それを知っている。選択肢が多すぎる方が逆に困ってしまうだろう。シェーンベルクは調性を放棄したが、その一方で創作にまた新たな制約、ルールを必要とした。それが「一二音技法」である。この一二音技法の導入により、シェーンベルクは多数の作品を生み出すことができた。

皆が同様のルール、制約のもとに作曲をすれば、必然的に、時にはメロディやハーモニーがよく似た曲が生まれてしまうことになる。図11・1に示したモーツァルト、ベートーヴェン、ドヴォルザークのメロディは、どれも図11・1ａのバリエーションと言える。彼らは特に他人の作品を盗用したわけではないだろう。当時、それを禁じる法律はなかったが、この例に関しては盗用とは考えにくい。敬意を表する意味

図11.1　基本になるメロディは同じでも（a）、モーツァルト（b）とベートーヴェン（c）とドヴォルザーク（d）では、まったく違う作品になる。

で、あるいは風刺の意味で故意に引用するということはよく行われたが、この例はそうではない（ポピュラー音楽の場合は、競争の世界であり、お金もからむため、既成の曲に似てしまうことに対してかなり不寛容になる。ジョージ・ハリスンの一九七〇年のヒット曲『マイ・スウィート・ロード』などはその中でも特に有名な例だろう。この曲はメロディがシフォンズのヒット曲『イカした彼』に酷似しているとして訴えられ、ハリスンは、アメリカ連邦裁判所に「潜在意識における盗用」であるとして損害賠償金の支払いを命じられている）。一八、一九世紀においては、調性音楽に課せられたルールが非常に厳格だったことから、時折、曲が似てしまうことは不可避だったとも言えるだろう。西洋音楽の作品の中には、それが偉大な作曲家のものであっても、メロディや和音進行などに「どこかで聴いた」という印象を持つものが含まれていることが多いのだ。ただ、似ているからといって、それが作品の価値を損なうほどの重大事であるとは限らない。図11・1に示した例では、基本的なメロディはすべて同じであるにもかかわらず、作曲家はそれぞれに独自の改変を加え、リズムやハーモニーにも工夫を凝らすことで、結局は他とまったく違う作品に仕上げている。そこが重要なのである。

作曲とは「音の配列を見つけ出す作業」であるという考え方がある。認知音楽学と呼ばれる学問などでもそういう認識のようだ。音程をどのように組み合わせ、どのように並べれば美しく、心地よくなるかを探る、それが作曲だという考え方である。だが、それはまったく事実とは異なるだろう。優れた音楽を作るのに、必ずしも美しいメロディは必要ないからだ。バッハは、平凡で陳腐なメロディを素材に素晴らしい曲をいくつも創り出した。フーガなどの技法を駆使することで、一つ一つは退屈なメロディを基に驚くほど美しい作品を生み出したのだ。

メロディは一切変えなくても、和音を工夫することで、曲の持つ雰囲気や意味合いをまったく変えてしまうことは可能である。たとえば『サマータイム』は元々、アメリカ南部が舞台のオペラのために書かれた曲だが、デューク・エリントンのバージョンは、アメリカ南部というより、南米の雰囲気になっている。ハーモニーだけでなく、強弱変化やテンポを変えることによっても印象を変えてしまうことはできる。アーロン・コープランドは次のように言っている。

忘れてならないのは、主題というものは、それ自体は結局、ただ音を並べたものにすぎないということだ。だが、そこに強弱の変化を加えれば、それだけで感情を込めることができる。ハーモニーを工夫すれば、さらに強い気持ちが伝わるかもしれない。リズムによっては、同じメロディが子守唄にもなるし、戦いの踊りのための音楽にもなるだろう。[1]

西洋のクラシック音楽の場合は、個々の作曲家の個性が非常に際立っており、細部にいたるまで、その人らしいと思わせる作りになっていることが多い。そのため、ほんの少し聴いただけで、それが誰の作品なのかわかってしまう可能性が高い。これは、音楽以外の芸術にもよく見られることである。そのため、たとえば絵画の真贋を見極めるときには、細部に現れるちょっとした癖を手がかりにする。構図や光源の方向など、絵の全体に関わることを決めるときに比べ、手や石など細部を描くときには無意識になっていることが多いので、癖が出やすい。文学作品の真贋鑑定でも同様の方法が使われている。スタンフォード大学でコミュニケーション学を研究していたウィリアム・ペイズリーは、同じ方法が音楽にも応用できるのではないかと考え、一九六四年に調査をしている。それぞれに違った作曲家の書いたメロディをいくつか選び出して調べたのだ。その結果、最初の四音を見ただけで、誰が作ったのかがわかる特徴がはっきり出ていることがわかった。つまり、四音だけで、たとえば、ベートーヴェンの書いた主題を、モーツァルトやハイドンのものと区別することができたということだ。

　心理学者、ディーン・キース・サイモントンは、この調査結果に刺激を受け、さらに詳しい研究をした。一人一人の作曲家のメロディが、他の作曲家たちのメロディの平均からどのくらい逸脱しているかを調べたのだ。その逸脱が「オリジナリティ」であると考えたわけだ。まず彼は、「平均」を知るために、二〇世紀半ば以前の作曲家四七九人の一万五〇〇〇曲を選び、メロディの最初の六音の音程変化を調べた。具体的に何を調べたのかというと、それは「二音間の音程変化のパターン」である。六音の中から無作為に二音を選び出したとき、その二音がどのような組み合わせになっていることが多いかを調べたのだ。「主音と二度」、「主音と五度」、「三度と五度」などいくつもの組み合わせがあり得るが、それぞれ何パーセントくらい出現するかを調べた。当然だが、ほとんどの作曲家は、調性音楽の伝統を頑なに守っていた。「主音と五度」の間の音程変化が最も多かったのだ（「主音と主音」、「五度と五度」もこれに含まれる）。また、メジャースケール、マイナースケールの外の音は、稀にしか使われていなかった。

　おそらく、調べる範囲が最初の六音だけと狭いことや、「平均」の求め方などについて疑問を持つ人はいるだろう。しかし、少なくとも、この調査によって西洋の調性音楽というものがだいたいどういう基準で作られてきたのかがわかるのは確かだ。サイモントンは、メロディのオリジナリティの程度を、平均か

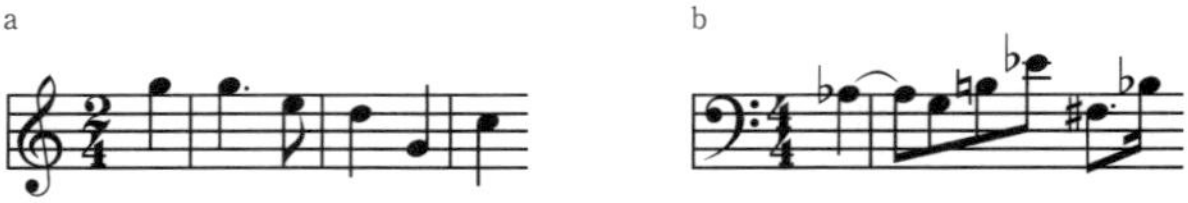

図11.2　作曲家のオリジナリティ。ベートーヴェン『ピアノソナタ第21番ハ長調作品53』最終楽章の冒頭部分（a）を調べると、２音間の音程変化の幅には際立った特徴は見られない。だが、リストの『ファウスト交響曲』（b）の場合は、音程変化の幅に特徴があることがわかる。

らの逸脱の度合いで評価した。たとえば、ベートーヴェン『ピアノソナタ第二一番ハ長調作品五三』最終楽章の冒頭部分は、音程変化の幅がどれもごく普通に見られるものばかりである（図11・2a）。しかし、リスト『ファウスト交響曲』の冒頭の主題には、かなり特異な音程変化が見られる（図11・2b）。たった六音の音程変化を調べただけとはいえ、サイモントンは、作曲家のオリジナリティというものを一応、定量的な方法で評価してみせた。その意味では一定の成果はあがったと言えるだろう。ただ、この方法では当然のことながら、リズムやハーモニー、そして編曲のオリジナリティを知ることはできない。そして、もう一つ重要なのは、オリジナリティがあることと、音楽の質が高いことの間に直接の関係はないということだ。伝統に則った「個性のない」メロディが非常に美しいということもあれば、ここで言う「個性的な」メロディが耳障りであるということもある。

　とはいえ、一方で、この種の調査により、どういう場合に作曲家がオリジナリティを発揮しやすいのかがある程度わかるのも事実である。たとえば、器楽曲のメロディは、声楽曲よりもオリジナルなものになりやすいという傾向が見られる。音程変化の間隔が普通と違っても、楽器であれば歌よりも対応しやすいから、という理由もあるだろう。あるいは、メロディがあまり目立ちすぎると、歌詞が伝わりにくいからということもあるだろう。また、室内楽曲の方が、オーケストラ曲よりもオリジナリティが高い、という傾向もある。やはり大作よりも、小規模の作品の方が実験がしやすいのかもしれない。その他、いくつもの楽章に分かれた作品の場合は、最初と最後の楽章の方が、間の楽章よりもオリジナリティが高い。曲の冒頭では、新奇なメロディで聴き手の注意を惹きつけたいと思うのだろうし、曲の最後でも、聴き手の気分を盛り上げようという意図がはたらくのだと考えられる。

オリジナリティの程度が時代とともにどう変化していくかもよくわかる。全体として見れば、ルネッサンス以降、後の時代になるほどオリジナリティが着実に増していくのは確かだ。ただ、一本調子で増していくわけではない。多少の上下はあるし、モーツァルト、ハイドンなどの古典派時代のように、停滞する時期もある。こういう結果から、古典派時代の音楽は「形式主義的」であると言う人もいるかもしれない。調性音楽に関するルールは一八世紀の前半にほぼ確立される。そして、確かにその時期の作曲家たちは、ルールに忠実に従ったごく標準的な主題を使うことが多いし、感情表現も定型的な技法を使って行うことが多い。だからといって、即、この時代の音楽が退屈だとか、独創性に欠けるというのは間違っている。言えることは、この時代には、メロディにおいて新奇の試みをすることが重要視されていなかったということだけである。同じ作曲家でも、年齢が上がるほど、独創性が増し、晩年にはそれがピークに達するという見方もある（たとえば、ベートーヴェンは五六歳で亡くなっているので、その頃に独創性がピークに達したということ）。現代においては、芸術家は若いときの方が創造性に富んでいると考えるのが一般的である。しかし、過去においてはむしろ逆だった。絵画もそうだが、音楽においても、駆け出しの頃に独創的なものを作るということはあまりなかった。試みに、J・M・W・ターナーの絵画や、ベートーヴェンの弦楽四重奏曲などを、若い頃のものと晩年のものとで比較してみるといいだろう。

メロディのオリジナリティの程度が高まるといっても、それは、たとえば、音階外の半音が増えるなど、他の人が使わない音を使うという意味ではない。少なくともバッハ、ハイドン、モーツァルト、ベートーヴェン、ブラームスに関してはそうだ。ベートーヴェンの作るメロディのオリジナリティは晩年に近くなるほど高くなるが、使う音は若い頃とあまり変わらない。ただ、使い方が独創的になるのだ（これはあくまでメロディの話である。和音に関して、ベートーヴェンが後の時代になるほど半音など不協和な音を多用するようになっているかどうかは、今のところ明確にはわかっていない)。

メロディの中には、あまりに印象が強いために、他の曲には決して使えないというものがある。印象が強すぎると、特定の曲に強く結びついてしまい、切り離すことができなくなるのだ。ベートーヴェン『交響曲第五番』の有名な「ダダダダーン」というモチーフを他の曲に使うことは誰にもできない(使うとしたら、聴き手にベートーヴェンのことを思い起こさせたいという意図があるときだけだ)。二〇世紀半ばまで、西洋音楽においては、曲の中で繰り返し使われる主題やモチーフが音楽の重要な構成要素とされ、曲について分析する際にもそれに注目することが多かった(二〇世紀後半以降は、主題そのものがないという作品も増えた)。ただ、主題に注目して分析するといっても、特にそのための体系立った方法があるわけではなかった。第一、どういうものを「主題」とみなすのかに関してさえ、明確なルールがあったわけではないのだ。デヴィッド・ヒューロンはこれに関して「ある曲の中で、一応、認識できるかたちで同じパターンが繰り返されていたとしても、それだけでそのパターンを『主題』と呼ぶことはできない。『主題』と呼ぶためには、そのパターンが他の曲には出てこないものだと明確に認識できなくてはならない」と言っている。この考え方からすれば、単に音階を上昇するだけ、というようなありふれたパターンは、曲の中に繰り返し現れていても「主題」とは呼べないことになる。言い方を変えれば、そのパターンがごくありふれたものと一定以上違っていなくてはならない。客観的、定量的に見て、そのパターンが「情報」を持っていなくてはならないということだ。たとえ、何度繰り返して現れようとも、その曲ならではの情報をまったく持っておらず、他の曲からでも得られる情報しか与えないようであれば、それは主題ではないということだ。ただし、これは、あえて形式ばった言い方をすればこうなる、という程度の話でしかない。作曲家自身は、「何か印象に残るようなメロディを」とあくまで感覚的に作っていることがほとんどだろう。ポピュラー音楽の「サビ」についても同じようなことが言える。

伝統的な音楽分析法は、あまりに主題を重視しすぎていると言えるかもしれない。チャールズ・ローゼンはこの点について次のように言っている。「クラシック音楽の作曲家は、メロディや和音に『主題』がなければ、優れた曲が書けなかったというわけではない。優れた曲を作る上で何より大事なものは『構造』である」[2]つまり、素晴らしい主題さえ見つかれば、あとはそれを変形させ、発展させていけば名曲が生まれる、というわけではないのだ。どのような部品をどのように組み合わせるか、全体の構造をどれだけ、均整のとれた、首尾一貫したものにするか、そこが重要なのである。だが具体的にどうすればいいかは決まっていないし、処方箋のようなものがあるわけではない。感動的な音楽を耳にすると、まるで、そうなるべくしてなった、必然的にそういう曲になったように感じられる。しかし、実際には、何かの公式に当てはめたらできたというわけではない。モーツァルトのソナタだろうが、ジョニー・ホッジスのサックスソロだろうが、それは同じことである。大事なのは音楽家の持つ想像力と創造性だ。

音楽とコンピュータ

個々の作曲家の特徴、癖を、ごく基本的なレベルであっても統計的に分析できるのであれば、その分析結果に基づいて、たとえばバッハやドビュッシーの音楽を模倣することができるのではないだろうか。もちろん、私たち人間は、そんな統計分析などしなくても、かなりうまく人のものまねができる。人間の脳には、優れたパターン認識能力があるからだ。私も、ピアノさえあれば、いつでも「ドビュッシー風」の曲を演奏できる自信がある。そんな演奏に音楽的な価値はまったくないが、それでも音楽をある程度知っている人が聴けば、確かにドビュッシー風だと思わせることはできるだろう。自分とは違うジャンルに属する音楽のものまねを趣味にしている音楽家は意外に多いはずだ。

だが、わざわざ統計分析に基づいて個々の作曲家を模倣するということにもそれなりの意味はある。仮に、バッハの音楽スタイルを決定づけているルールがいくつかあるとして、それを数式で表すことができるとしよう。そして、もし、その数式を基にコンピュータプログラムを書き、作曲をさせたとしたらどうだろうか。プログラムが作った曲を、音楽に詳しい人間が聴いて、本物のバッハと区別がつかなかったとしたら。これは、バッハの作曲法を解き明かしたと言えるのだろうか。実のところ、まったくそうは言えない。現在では自然科学者、社会科学者ともに認識していることだが、たとえコンピュータのプログラムを使って自然界に起きる何らかの現象をある程度再現できたとしても、その現象の背後にある法則を見つけ出したということにはならないのだ。だが、それでもやはり、コンピュータでバッハの音楽に非常によく似たものを作れたとしたら、そのこと自体は重要な意味を持つ。プログラムの基になった数式は、たとえ無意識にせよバッハ自身が作曲に際して適用していたルールの一端ではあるのかもしれない。

ただし、本当にコンピュータでバッハの音楽が再現できたとしたら、ショックを受ける人が多いのではないだろうか。音楽を作るという行為は、高い創造性を必要とする、神秘的なもので、機械にはとてもまねのできないものだと信じている人は多いはずだからだ。コンピュータにできてしまったら、それが完全に覆ってしまうことになる。「コンピュータにバッハのように美しく感動的な音楽が生み出せるとはとても思えない。傑作はおろか、目立たない小品にすらとてもかなわないはずだ」そう言う人もいるだろう。私もそう思う。ただ、一曲は無理でも、ほんのわずかな断片くらいなら、十分にバッハに似せることはできるのではないだろうか。それも、独創的な部分ではなく、比較的、型通りに作られた部分なら、どうだろうか。バッハの作品をくまなく探せば確かに似た部分が見つかる、というくらいのものならできるのではないか。それが可能ならば、その「型通りの断片」と『ブランデンブルク協奏曲』の間の差異が、バッハの真の価値、ということになるのだろうか。この差異は果たして、大きいのか小さいのか。また、実際、断片をまねるということは、難しいことなのか、それとも易しいことなのか。

察しのついていた人も多いだろうが、これは単なる思考実験ではない。実際にコンピュータでバッハ風の音楽を作るということを試みた人はいるのだ。たとえば、一九八〇年代には、ケマル・エブジョルというコンピュータ科学者が「CHORAL」というプログラムを開発している。これは、合唱曲にバッハ風の和音をつけるというプログラムである。和音をつける対象となるメロディは本物のバッハのコラールから取るので、先述のようにゼロからバッハ風の音楽を作るというのとは難しさがまったく違うが、それでも基本的には同様の試みである。CHORALがつけた和音を、本物のバッハと直接、比較できるという利点もある（図11・3）。CHORALは、声部進行などの音楽理論を忠実に守るよう作られている。一方、バッハも当然、理論を守ることは考えていただろうが、同時に「歌詞に合わせる」ということや、各パートの「歌いやすさ」ということも考えていただろう。CHORALは一応、少なくとも表面的にはまともに聞こえる音楽を作ることができた。人間が聴いて「これは音楽ではない」と感じるようなものにはならなかったということである。ただ、残念なことに、エブジョルは、CHORALの「作品」を音楽の知識を持った人に聴かせる実験などは行っていない。人間の脳の

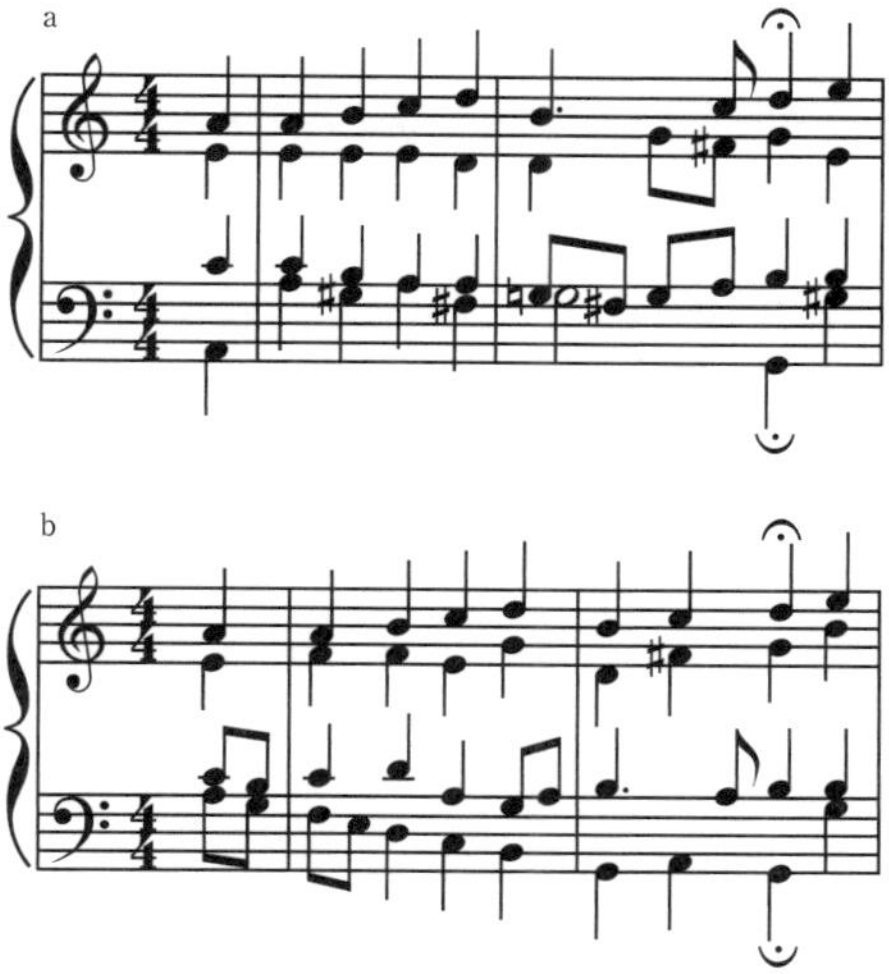

図11.3　バッハのコラール第128番の原曲（a）と、コンピュータプログラム「CHORAL」が和音をつけたもの（b）。

図11.4　アリス・テグネールの童謡（a）と、コンピュータで生成した「テグネール風」の曲（b）

抽象的な活動をコンピュータで模倣できるか否か、ということに主な関心があったため、CHORALが作った音楽の質が高いか低いかということは考えなかったのだ。

一九七〇年代にスウェーデンの研究者、ヨハン・スンドベリとビョルン・リンドブロムが作ったのも、「人間のまねをして音楽を作るプログラム」だが、まねをする音楽の種類はエブジョルのものとは大きく違っていた。彼らが模倣しようとしたのは、アリス・テグネールが一九世紀後半から二〇世紀初頭にかけて作曲した童謡である。そのプログラムにより、テグネールの作曲の背後にある法則を解き明かそうとしたのだ。テグネールの作る曲はとても単純で、ちょっと聴くと、ありきたりのようでもある。スンドベリとリンドブロムは、彼女の作る曲の背後には、言語学で言う「生成文法（第12章参照）」のような法則があるのではないかと考えた。そして、その法則さえわかれば、コンピュータを使ってテグネールのような曲をいくらでも作り出せるのでは、と考えたのだ。コンピュータが実際に作った曲（図11・4）を正しく評価することは、テグネールの作品を聴き慣れていないと難しいだろう。だが、このくらい単純で、調性音楽の枠をまったくはみ出ることのない音楽であれば、コンピュータでスタイルをまねることもかなりの程度まで可能なのだということはわかる。

コンピュータで音楽を自動生成するなど、考えただけでぞっとするという人もいるかもしれない。だが、作曲を自動化しようという試みは、実は一八世紀から行われている。当時の作曲家たちが「音楽のサイコロ遊び」と呼んでいた遊びがそれだ。あらかじめ作っておいた曲の断片を、サイコロを振り、出た目に従って並べていく。一七九二年には、ベルリンの音楽出版社、ジムロックが、この遊びで作った曲の楽譜を出版している。ジムロックはモーツァルトの楽譜を出版していた会社である。曲の作者は不明だが、モーツァルトではないかとも言われている。ほぼ間違いなくモーツァルトの作品であると認められた曲の中にも、K五一六fのように、サイコロ遊びのために作られたと考えられているものがある。楽譜にそう明記されているわけではないのだが、二小節から成るメロディが数多く書かれており、それぞれに小文字や大文字のアルファベットが振られている。モーツァルトが実際にメロディを組み合わせてみた例も添えられている。ハイドンも同様の作品を残している。こういうものを作った意図は明らかになっていないが、モーツァルト、ハイドンはともに、冗談好きなことで知られていたので、単なる楽しみ、気晴らし以上の意味はないことも考えられる。だが、後の時代には、このような「偶然による音楽の自動生成」にもっと真剣に取り組んだ作曲家もいた。中でも有名なのは、現代音楽作曲家、ヤニス・クセナキスだろう。クセナキスは、コンピュータによる音楽の自動生成に取り組んだ。シェーンベルクのセリエル技法も、自動生成に近い方法であると言えるだろう。シェーンベルクの後継者たちは、彼の手法を、より人間の介入を減らし、自動の部分を増やす方向に発展させた。

偶然によって自動生成した音楽が、人間が聴いて「音楽に聞こえるもの」になるかどうかは、自動生成に使う素材やアルゴリズムによって変わってくる。素材やアルゴリズムがあらかじめ強い制約の下で作られていれば、音楽に聞こえるものになりやすい。モーツァルトやハイドンが利用した曲の断片も、調が限定されるなどの制約があり、突出したものがなかったため、組み合わせたときに穏当でわかりやすい曲ができた。穏当すぎて面白味がなかったと言ってもいいかもしれない。エブジョルの場合も、調性や和声に関するルールを忠実に守るアルゴリズムに基づいていたため、突拍子もないものができることはなかった。そもそも、バロックは厳格なルールに則って作られていることから、自動生成に向いているとは言える。ストラヴィンスキーやベートーヴェンを模倣する自動生成プログラムよりは、バッハを模倣するプログラムの方が作りやすいということだ。

現在もコンピュータによる音楽の自動生成は行われているが、通常、そのためのアプローチは、ここまでに書いてきたものとは異なっている。あらかじめ設定したルールに基づいて、「ボトムアップ」的に作られることは多くない。今、主に用いられているのは、「トップダウン」的なアプローチである。つまり、すでに存在する「本物」の音楽から、何らかのルール、法則を導き出す手法だ。人工知能についての研究にも、同様の傾向が見られる。過去数十年は、「適応学習」という概念が研究の中心を成してきた。あらかじめ用意したいくつかのルールに従って判断を行うというアプローチではなく、実際に受けた刺激から次々に新たなことを学習していく、刺激の中にパターンを次々に見つけていくというアプローチが採られるようになってきたのだ。これはおそらく、人間の脳の中で行われていることに近いと考えられる。完全に同じとは言えないまでも、似たようなことが行われているのは確かだろう。適応学習を応用した音楽の自動生成の試みの中で最も有名なのは、おそらく、ロチェスター工科大学のコンピュータ科学者、ジョン・〝アル〟・バイルスによるものだと思われる。このバイルスが考案したアルゴリズムが「GenJam」である。これは、ジャズの即興演奏を学習するアルゴリズムだ。自身がトランペット奏者であるバイルスは、GenJamとともに「アル・バイルス・ヴァーチャル・クインテット」を結成し、生演奏をしている。GenJamを利用して彼が開発したシステムは、いわば学習によって進化するコンピュータシステムということになるが、バイルス本人も言うとおり、コンピュータシステムが現役のミュージシャンであるという例は、まず他に類を見ないだろう。ただ、システムの実力に関する本人の評価は控えめで「かなりの訓練を積めば、ほんの短い間なら何とかまともな演奏をするようになる」[3]と言っている。*この「訓練」は、GenJamに、人間による「お手本」の演奏を聴かせ、それをまねさせるところから始まる。まねをした演奏を人間が聴いて、逐一「良い」、「悪い」を評価していくのである。その評価を基に、演奏のプログラムを徐々に修正していくことになる。これはいわば、コンピュータに「ダーウィン的進化」をさせる訓練と言えるだろう。バイルスによれば、GenJamは、この種の訓練を一〇回くらい繰り返すと、何とか聴くに耐える程度の即興演奏をするようになるという。だが、訓練数回くらいでは、「何から教えていいかわからず、先生が途方に暮れてしまう生徒」のような演奏しかできないらしい。

楽器を演奏するのに訓練が必要ということならば、それは人間も同じである。誰でも最初のうちは、とんでもなくひどい演奏しかできない。また、人間の場合も、先生が褒めたかどうかで善し悪しを判断して先へ進むという部分があるのは確かだ。だが、それがすべてではない。いちいち、何もかもを先生の評価に委ねるわけではないのである。特に、プロの演奏家、作曲家ともなれば、聴衆に聴かせる前に自分の演奏や作品が良いかどうかを判断する批評家は自分一人ということが多い。果たしてコンピュータシステムに同じことができるだろうか。自分で自分の演奏を評価し、それによって上達していくということが果たして可能なのか。実際、自分の美的基準に照らして自らの演奏や作品を評価できる、批評能力を兼ね備えた「人工芸術家」のシステムの開発に取り組んでいる研究者もいる。ハンプシャー大学の認知科学者、リー・スペクター、アダム・アルパーンが一九九〇年代半ばに開発した「GenBebop」などはそうしたシステムの一つである。これは、チャーリー・パーカー風のソロを即興で演奏させることを目標とした（とて

*果たして本当に「まとも」かどうかは、www.ist.rit.edu/~jab/GenJam.html にアクセスして、自分の耳で確かめて欲しい。

つもなく高い目標だが、志は高い方がいいだろう）システムである。GenJamと同様、学習は「遺伝的アルゴリズム」によって行う。この場合、お手本となるのは、当然、チャーリー・パーカー自身の演奏だ。ただ、このシステムの特徴は、自分の中に「批評家」を抱えているということだ。二一回の「訓練」の後、GenBebopは、四小節にわたり、この批評家を満足させる即興演奏をすることができたという。ただ、スペクターとアルパーンによると、この演奏は「人間が聴いてもさほど楽しいものではなかった」ということである。二人は「芸術家を育てるのはやはり簡単ではない」[4]と至極冷静に話している。

音楽を生み出すためには、何らかの判断基準が必要だが、重要なのは、「良い判断基準」を見つけ出すということだろう。デタラメなもの、あるいは平凡で陳腐なものしか生み出さないような基準は、ふるいにかけて排除しなくてはならない。音楽には一定のルールがあるが、いつもいつも忠実にそのルールに従っているだけでは、なかなか良い音楽はできない。問題は、いつ、どういうときにルールを破れば、ただの混乱に終わらず、良い結果につながるかを見極められることである。それが非常に大切な能力になる。寛大であると同時に厳しい、そういう「自動批評家」を内蔵したシステムを作るのは相当、難しいだろう。だが、そういう批評をすることが人間にとっても難しいのは確かだ。

自動即興演奏システムを開発しようとしたときに、明確になるのは、そもそも人間の演奏家がどうやって即興演奏をしているか、それ自体、ほとんどわかっていないということだ。即興演奏に関する理解が進んでいないのは、音楽認知の研究が長い間、ヨーロッパ中心だったせいもあるだろう。西洋のクラシック音楽、特に一八世紀から二〇世紀初頭までのクラシック音楽では、即興はほとんど行われず、最初から最後まで譜面通りに演奏されていたからだ。だが、世界の音楽の中では、それはむしろ特例に属すると見るべきだろう。即興音楽のない音楽の方がむしろ珍しいのだ。クラシックの場合も、一八世紀より前、そして二〇世紀以後には即興演奏が見られる。どのようなものであれ、音楽には必ず、偶発性という要素がある。この偶発性が音楽にとって非常に重要なものであるということにおそらく異論はないだろう。優れた即興演奏とは、いわゆる「手癖」や「ストックフレーズ」の組み合わせではない。知性と感覚を最大限に駆使した、音楽の世界の「探検」とでも言うべきものだろう。これもやはり、一種の作曲と言っていい。演奏している本人でさえ、一体、何をどうしているのかと尋ねられてまともに答えることはおそらくできないに違いない。もちろん、ずっと謎のままにしておくべきだと考える人も少なくないはずだ。

馴染みのない音楽

音楽のスタイルがある程度確立されると、今度は、どうしてもそのスタイルに皆が縛られ始める。枠から出ようとする動きには、強い反発が起きる。そうして変化が妨げられ、しばらく停滞が続くことになる。一九六五年にボブ・ディランがエレキギターを持って聴衆の前に現れたとき、大ブーイングを浴びたというのは、そうした反発の例と言えるだろう。二〇世紀初頭には、クラシック音楽で新作が発表される度に小さな暴動が起きることがお決まりのようになっていた時期もあった。シェーンベルクやベルクの新作発表への反応は、（特に極端に保守的なウィーンでは）有名なストラヴィンスキー『春の祭典』のパリでの初演時（一九一三）より、さらにひどかったようだ。そういう反発は、ある程度はやむを得ないのだろう。新しい音楽に聴衆の耳が馴染むまでには、どうしても時間がかかるからだ。馴染むまでの間は、音楽ではなく騒音にしか聞こえないということもある。

宗教儀式などに音楽が使われている場合には、特に反動的になりやすい。中世や宗教改革時代のカトリック教会で、音楽における実験的な試みに制限が加えられたのはそうした例の一つである。これを狭量だと言って嘲笑するのはたやすいが、音楽というものを真剣にとらえていたからこそ、態度が保守的になったのだということも忘れてはならない。音楽を単なる快楽の手段、あるいは一種の装飾品のようにとらえ、軽く見ていたとしたら、こうはならなかっただろう。古代ギリシャ人や中世の聖職者たちのように、音楽には道徳的な影響力があると信じていたとしたら、「悪い」音楽を聴けば道徳的に堕落すると信じていたとしたら、音楽の変化を恐れ、変化に反発するのはむしろ当然のことではないだろうか。

今日のポピュラー音楽に対する批判にも、これと同じような要素があると考えられる。前述の哲学者、ロジャー・スクルートンは、現代人は音楽に対する審美眼が衰えているとし、それは、道徳的に堕落しているせいだと主張する。[5]しかし、本当にそうだろうか。たとえば、パンクは、批判する人たちにとっては、虚無的な若者たちが発する無秩序な騒音にしか聞こえないだろう。しかし、最高のパンクは非常に品位の高い音楽であり、道徳的ですらあると言える。少なくとも、戦後社会に氾濫した、商業主義にまみれた音楽、耳に心地よいだけの偽善的な音楽に比べれば、はるかに良心的である。そもそも、「現代人の音楽に対する審美眼が、過去に比べて衰えている」などという主張自体、あまり賢明だとは言えない。同様のことはきっと、啓蒙時代や宗教改革の時代にも言われていただろう。スクルートンはビートルズをポピュラー音楽の模範のように言っているが、そのビートルズが、かつて青少年を堕落させるとして非難の的になっていたことは周知の事実である。

ただ、興味深いのは、スクルートンの主張がまるで無根拠というわけではないということだ。彼は新旧の音楽について分析し、その結果を踏まえて発言をしている。スクルートンの指摘によれば、ポップスやロックの問題はまず、リズムが非常になおざりにされていることだという。ただ、ドラムの音が強烈に響くだけで、リズムは単調であり、ほとんど何の工夫もないというのだ。ハーモニーに関しても同様である。ギターでやたらにコードをかき鳴らすだけで、コード進行はありきたりなものばかりだという。メロディも、二音か三音の間をただ行ったり来たりするだけの単調なものばかりだと言っている。こうした指摘は、あながち外れてはいない。とはいえ、これは、ポップスやロックを、モーツァルトの曲と同じような基準で評価した結果である。そういう評価に大した意味があるとは思えない。*

クラシック音楽と同じ基準、同じ視点でポップスやロックを評価することが妥当とは言えないことは、ロック研究家のアラン・ムーアなども主張している。それは、リゲティやシュトックハウゼンの音楽をカデンツや和音進行、リズムなどを基準に評価するのとあまり変わらないというのだ。また、これはスクルートンも言っていることだが、ある音楽ジャンルの世界がどのくらい豊かであるかは、曲の中で他人の曲、他のジャンルの曲がどのくらい引用されるかでわかる。その意味では、ロックほど豊かな音楽はないとも言えるだろう（デヴィッド・ボウイやトーキング・ヘッズの曲を例にとれば、それがよくわかるはずである）。ロックは他のジャンルの技法なども貪欲に取り入れるし、過去の作品の引用も盛んである。その他、第6章でも触れたが、ロックという音楽を語る際には、絶対に音色や、音の質感というものを無視することはできない。それはアフリカの音楽について語る際に、絶対にリズムを無視できないのと同じことである。

ポップスやロックと同様のことは、多くの場合、近現代のクラシック音楽にも当てはまる。一般の人が「いかにもクラシック音楽」と思う一九世紀のロマン派音楽の基準で評価しようとしても、まず何も得るものはないだろう。近現代の音楽には、それとは違う聴き方が必要なのだ。こう書くと、とても大変なこ

*スクルートンは、ポップスやロックはどれでも似たり寄ったりだと思っていたようだ。そのことからも、分析結果を妥当なものとみなすことはできないだろう。分析の対象の選び方も実に恣意的で、その中には二流としか言えない作品も多く含まれている。これは、クラシックで言えば、ツェルニーとベートーヴェンを同列に並べて評価しているようなものである。

とのように思うかもしれないが、意外にそうではないのだ。まず、目を開いて、その音楽がどういう原理で作られているかをよく見てみればいい。たとえば、第3章で触れたジュディス・ベッカー、オールトン・ベッカーのように、ガムラン音楽について研究している人たちもいるわけだが、ある意味で彼らと同じような目が必要になるということだ。西洋の調性音楽とは違う種類の音楽である、という点では、近現代のクラシック音楽も、ガムラン音楽も共通していると言える。調性音楽のルールには従わず、主題を基礎に構成されるということもないが、それでも一貫した体系を持った音楽というのはあり得るのだ。それを理解せずに聴くと、ただのノイズに聞こえてしまう恐れはあるし、そうでなくても、まったく何にも感じられないということはある。また、自分たちの慣れ親しんだ音楽と基本的に同じだが質が低いもの、洗練されていないものと解釈してしまうこともあり得る[6]（クラシックを専門とする批評家は、ロックやジャズについて、まさにこういう解釈をしがちである）。

　一般の通念では、音楽とは、音や拍の連なりのことを指す。いくつもの音が連なり、不可分に組み合わされていて、その組み合わせそのものが作品である、ということだ。しかし、現代音楽の中には、それとは違い、まるで「音の彫刻」のようになっているものが多い。そういう音楽は、一つ一つの音を他から独立したものとして個別に聴くべきなのだ。一つ一つを質量と体積を持った物体のように受け止めるべきだ。モーツァルトやベートーヴェンの音楽とは違い、時間とともに進行していく物語のような構造にはなっていない。そうではなく、時とは無関係の存在、永遠の存在となっているのだ。音楽理論家、ジョナサン・クレイマーの言葉を借りれば、それは「垂直の時間」ということになる。出来事が因果関係によって連続的に起きていくのではなく、出来事が次々に縦に積み重なっていく、というイメージだ。この種の作曲法を模索し始めたのは、ヴェーベルン、ストラヴィンスキー、メシアンといったモダニストたちである。その最も極端なかたちは、ラ・モンテ・ヤングや、ヤングの師匠でもあったシュトックハウゼンの「超ミニマル音楽」だ。たとえば、ヤングの作品『コンポジション一九六〇#七』では、「完全五度の和音をずっと長く伸ばせ」という指示がなされる。シュトックハウゼンの『シュティムング』（一九六八）は、基本的には、六人の歌手が七二分間、一つの和音を歌い続けるだけだ。ただ、その間、和音の構成音の音程はゆっくりと変化していく。時間が縦に積み重なっていくという点では、ブーレーズの『構造Ⅰ』、『構造Ⅱ』も共通していると言える。この曲では、音が、ほぼ無作為、不規則に使われており、大量の音が互いに無関係に現れるように聞こえる。ちょうど気体の分子が個々に無秩序に運動しているような状態だ。気体は、個々の分子がそのように無秩序に動いていても、一定以上の体積を全体として見れば、だいたい均一な状態に見える。ブーレーズの曲にも同様のことが言えるだろう。こういう曲にカデンツの出番がないのは当然のことである。垂直の時間には始まりも終わりもないのだからカデンツは必要ない。正しい聴き方さえわかれば、必ず現代音楽の真の豊かさ、素晴らしさがわかるようになるとまでは言わない。たとえば『シュティムング』は、確かに価値の高い音楽で、聴く者を瞑想に誘うような独特の魅力を持っている。だが、人によっては聴き始めるとあくびが出たり、落ち着きがなくなったりするかもしれない。そうなると、すぐに「この音楽はつまらない」、「自分にはわからない」と思ってしまう人は多いはずだ。それもやむを得ないだろう。ともかくここで重要なことは、音楽によって聴き方を変えないと良さがわからない場合がある、ということである。

実験的な現代音楽であっても、人間の認知のはたらきを十分に知った上で、それに合うように作れば受け入れられやすいと考えられる（ブーレーズの『構造Ⅰ』、『構造Ⅱ』は、決して人間の認知を考慮したわけではなく、あくまで論理に基づいて作り上げたものである）。たとえば、いくつもの違った音色を層のように積み重ね、その組み合わせによって斬新な音色、質感が生み出されていたとしたら、しかもその音色や質感が徐々に変化していったとしたら、私たちの脳はそれを認知するだろう。音色や音の質感は、一一九六〇年代のクセナキスやシュトックハウゼン、ルチアーノ・ベリオ、クシシュトフ・ペンデレツキなどの作品においては、主要な音楽の構成要素となっている（三四七ページ参照）。ジェルジュ・リゲティは、それまでに例がないような斬新な音の質感を何種類も生み出した。これは、いわば、音楽を視覚的な芸術に近づけようとした試みと言っていい。現実世界に存在する物体の質感が様々であるのと同じように、音楽を構成する音にも多様性を持たせようとしたのだ。調性音楽における転調の代わりに質感が変わると言ってもいい。リゲティは『ロンターノ』（一九六七）という曲では、色ガラスを通して差し込む太陽光線を表現している。また、『メロディーエン』（一九七一）は、不完全な無数のメロディの断片がまるで泡のような質感を生み出している。一般によく知られる音楽が流れる川のようなものだとしたら、リゲティらが作る音楽は、レンガを積み上げた建築物のようでもある。その中でも先駆的だったのがストラヴィンスキーの作品ということになるだろう。ジャクソン・ポロックは、キャンバスに絵の具やペンキを滴らせるという方法で絵を描いたが、それに似ているとも言える。初期のセリエル音楽にも似た部分がある。アントン・ヴェーベルンは、「一曲の中で、一二音階の構成音すべてを使い尽くそうとしていた」という発言をしている。

現代音楽は決してわかりやすい、聴きやすい音楽とは言えない。たとえ「自分にはわからない」と言ったとしても、まったく恥ずかしいことではないだろう。時には、ちょっとした聴き方のコツがわかるだけでかなり理解できることもある。一般の調性音楽と違って、そこに何種類ものわかりやすい感情が表現されているということは少ないかもしれない。ただ、そこには喜びや驚きが秘められているはずだ。先入観さえ取り払えれば、それで楽しめることもあるに違いない。

スタイルとクリシェ

音楽と感情の関係についてのメイヤーの理論に良い面があるとしたら、音楽の形式の神聖視、絶対視が防げるということだろう。平均からの逸脱が感情を生むのだとしたら、決められた理論、形式にただ忠実に従う必要はないことになる。音楽は次々に形を変えていけるし、その方が良いということだ。平均から逸脱したことをすれば、はじめのうちは聴き手に十分な刺激を与えることができ、感情を大きく動かすこともできる。だが、同じことを多くの人が繰り返し行うと、やがてそれは逸脱ではなくなる。ついには、「お決まりのパターン」、つまり「クリシェ」であるとみなされるようになるのだ。現在、弦楽器奏者は、バロック時代以降の曲を演奏する際には、盛んにヴィブラートを使う。これは元々、音程を揺らして曖昧にするために誰かが始めたことである。最初は、普通の演奏法ではなく、新奇であったがために聴き手の感情を動かすのに効果があった。だが、今では、ヴィブラートを使った演奏を聴いても、特別な感想を抱く人はいない。弦楽器とはこういうものと思うだけである。過去には、こうした逸脱に関しては、教会から禁止令が出されるということがよくあった。だが、一つ禁止されると、また新たな逸脱が生じるのだ。一九六〇年代には、フォークソングの世界で、ピート・シーガーやユアン・マコールが「古く正しいフォークのスタイルを守れ」というような主張をしている。どの音楽に関しても、通俗化、大衆化に抵抗しようとして、この種の主張をする人は時折、現れる。言いたいことは確かに理解できるが、音楽の持つ本質的な特性からすれば、変化を止めようとするのは無理があると言わざるを得ないだろう。

一方で、逸脱もあまり行きすぎると問題である。メイヤーの言うように、さしたる意味もなく「逸脱のための逸脱」をするようになるのは、堕落と言う他はない。芸術に関わる者は、伝統的な規範がどういうもので、それを逸脱するのがどういうことかをよく知っていなくてはならない。その上で、逸脱しない範囲のことだけをするのが保守的な芸術家ということになる。[7] 反対に、真に革新的な芸術家とは、どこまでなら逸脱してよいかをよくわきまえた上で、あえて逸脱する人のことである。

はじめは斬新だった手法も、数多くの人がそれをまねることで、やがて陳腐なものに変わってしまう。「マンネリズム」に陥ってしまうわけだ。そのマンネリズムを打ち破ろうとする力がクラシック音楽を大きく変えてきた。エドゥアルト・ハンスリックは次のように言っている。

転調やカデンツ、音程変化パターン、和音進行になどに関わる技法は、どんなものであれ、五〇年、いや三〇年も経つと陳腐になってしまう。いかに独創性を持った作曲家であっても、そうした技法を使って新鮮な曲を作ることは不可能になる。そのため、どうしても新たな技法を考えなくてはならなくなるのだ。[8]

この発言から一〇年ほど後にシェーンベルクが、一二音技法による無調音楽を作り始める。それはまさに、ハンスリックの言った理由からであった。シェーンベルクは、調性音楽は繰り返しが多く冗長で、感傷的にすぎると主張した。それに取って代わる新たな音楽が必要だというのだ。そして、繰り返し、重複を排除できるよう計算して音を並べていくセリエル技法を使った音楽こそが、調性音楽に代わる新しい音楽だと考えた。セリエル技法では、音の並べ方、音と音の関係に、すべて論理的な根拠があるとされた。アーティキュレーションにも必ず、論理的に説明できる明確な意図が求められた。曲の各部分には、その重要度と機能に合うような性格づけがなされることになっていた。それぞれの部分にどういう意味があるのかが、聴き手に明確に知らされるというわけだ。[9] だが、実際のセリエル音楽、特に極端なものは、とてもそうした理念に合うものではなくなっている。また、セリエル音楽では同じ音の繰り返しを避けているにもかかわらず、どの曲も皆、同じに聞こえてしまうという皮肉な結果も生んでいる。

問題は、「調性音楽の技法はすでに使い古され、死んだも同然」というシェーンベルクの考えがそもそも正しかったのかということだ。当時はバルトークやストラヴィンスキー、ショスタコーヴィチ、ヒンデミット、オネゲルなどの絶頂期である。シェーンベルクの主張はまるで根拠のないものに思えたはずだ。その時期にあえてこんな主張をした意味を考えるべきだろう。実を言えば、シェーンベルクの支持者たちの一部、とりわけ、社会学者、音楽評論家だったテオドール・アドルノにとって、これは単なる音楽の問題ではなかった。調性音楽体系は、彼にとってブルジョア資本主義の産物、利己主義と自己満足の象徴に他ならなかった。一九世紀の保守主義体制全体の象徴と言ってもいいだろう。保守主義体制からの解放を目指したモダニズムにとって、調性音楽は、新しいものに置き換えるべき旧時代の音楽だったわけだ。ただ、ことはそう単純ではなかった。彼らにとって保守的なはずのストラヴィンスキーも、調性音楽を作っていたとはいえ、そのあまりの斬新さから、まさにブルジョアたちの非難を浴びたのである。その事実は都合よく無視している。また、セリエル音楽自体があっという間に、かつての調性音楽でさえあり得なかったほどエリート主義的で硬直化した世界になってしまった。これはシェーンベルクにとっても予想外のことだっただろう（この後のコラム「聴き手の存在は無視？」を参照）。

シェーンベルクもアドルノも、調性音楽が陳腐だとは言うが、具体的にどこが陳腐なのか、ということは明確には言っていない。確かに、聴き手の感情を動かすため、あちこちの曲に安易に多用されているパターンは、探せば数多く見つかるだろう。たとえば、シベリウスとか、ヴォーン・ウィリアムズの音楽にもそんなパターンが使われている箇所は間違いなくある。ポピュラー音楽の場合は、クラシック音楽よりさらにひどいという意見もある。セリエリストたちが特に軽蔑したのが、減七の和音である。「その響きの卑しさ、貧しさは、どれほど感覚の鈍い人にも明らかにわかるはずだ」とアドルノは言っている。この和音は、すでに見てきたとおり、遅くともモーツァルトの時代から、転調のピボットとしてよく使われている。だが、ロジャー・スクルートンは「ある和音を指してそれ自体を陳腐だとか陳腐でないとか言うのは無意味だ」と言っている。和音の「使い方」が陳腐ということはあっても、和音自体が陳腐ということはあり得ないというのだ。スクルートンは「ある色を、一人の画家が下手に使ったからというだけで、いちいちパレットから排除していったとしたら、果たして一つでも残る色はあるのだろうか[10]」と言う。また、シェーンベルクが減七の和音を嫌ったのは、調性が曖昧な和音だからではないか、と考えた。調性が曖昧ということは、つまり、調性から自由であるということだ。それはまさにシェーンベルクが目指したことである。調性音楽の中に、自身の目指す性質を持った和音が紛れ込んでいるのが許せなかったということはあるかもしれない。

　無調音楽、セリエル音楽の歴史からわかることは、音楽のスタイルを一人でゼロから新たに創り出すことはできない、ということだ。誰かが一定のルールを設定するなどして、まったく新しいスタイルを生み出そうとしても、それはなかなか思うようにはいかないのだ。もちろん、モンテヴェルディからルイ・アームストロングにいたるまで、一人で新しいスタイルの音楽を作った人は、音楽の歴史に何人もいる。しかし彼らは決して古いものをすべて否定して、ゼロから新しいものを生み出したわけではない。従来から存在した音楽を複数組み合わせたり、少し改変を加えたりして、新しいものにしたのだ。シェーンベルクとて、過去の音楽のあらゆる要素を拒否したわけではない。彼の無調音楽の枠組みの部分は、基本的に伝統的なクラシック音楽と同じである。シェーンベルクの後継者たちの中には、もっと積極的に従来の音楽のスタイルを取り入れた者もいた。たとえば、ベルクは、セリエル音楽の『ヴァイオリン協奏曲』に、調性音楽の要素を取り入れている。一二音技法が使われているのだが、音列の中に、調性音楽になっている部分があるのだ。その部分は、大きく、ト短調になっているところと、ロ長調、嬰ヘ長調になっているところに分かれている。新奇な音楽であっても、耳慣れた要素が中に含まれていると、それが橋渡しの役割をするため、受け入れやすくなる。隅から隅まで何もかもが新しいと、なかなか受け入れるのは難しいだろう。

聴き手の存在は無視?

音楽が一種のコミュニケーションであるということには、ほとんどの人が賛成してくれると思う(そう言える具体的な理由については次の二つの章で詳述する)。作曲家が、自分の感じていること、言いたいことを音に託して伝えるということもあるだろう。クラシック音楽には、「標題音楽」と呼ばれるものもある。文学、絵画、劇などの内容を音で描写した音楽だ。聴き手を踊らせるためだけ、楽しませるためだけに作られる音楽もあるだろう。演奏家の高度な技で聴き手を魅了する、あるいは壮大な音の壁で聴き手を圧倒する、そういう種類の音楽もある。いずれにしろ、音楽を作る側は、聴き手がこちらの伝えることをある程度、知ろうとしてくれるはず、と考えて作るだろう。話し相手がいる、話しかければ、一応、コミュニケーションが成り立つというのが前提である。

もちろん、聴衆がいない状況で音楽が演奏されるというのは、さほど珍しいことではない。リハーサルでの演奏などはその例だろう。楽器を弾くけれども、自信はないし、その必要も感じないので、人前では一切、演奏しないという人もいる。だが、そういう人たちであっても、やはり普通は、誰かに聴かせているつもりで、聴き手の存在を意識して演奏しているのではないだろうか。

苦労して複雑な曲を作りながら、聴衆の存在にはまるで無関心、そういう作曲家がいるとしたら、それは相当の変わり者ということになるだろう。ひねくれ者と言ってもいい。だが、聴衆が何を望み、何を喜ぶか、ということにまったく関心がないという作曲家は実際に何人かいる。ハリソン・バートウィスルなどは、自らそういう作曲家であることを認めている。創造性を存分に発揮するためには、そうして聴衆から自由になることも確かに必要なのかもしれない。また、バートウィスルも結局は聴衆がいるからこそ音楽を作っているということを疑う人はいないだろう。

だが、今から数十年前には、「聴衆を顧みない」ことは作曲家にとって望ましいことであると主張した人たちもいた。アメリカの作曲家、音楽理論家、ミルトン・バビットが一九五八年に『ハイ・フィデリティ』誌に書いた記事は、今日にいたるまで激しい論争の種となっている。記事のタイトルは「聴き手がいようといまいとどうでもいい」だった。

ちょうど、極端なかたちのセリエル音楽が盛んに作られていた時期でもある。バビットの記事は、よく聞かれる「現代のクラシック音楽はわかりにくすぎるのではないか」という意見に応える意味で書かれたと言えるだろう。音楽を愛する人たちの中にも、クラシックだけは好きになれないという人は多い。それは現代音楽に何か問題があるせいではないかという意見もあった。バビットはその意見に反論しようとしたのだ。バビットは、「現代音楽の作曲家たちは、聴衆から敵意を向けられても、気に病む必要はなく、むしろ歓迎すべきである」と書いた。大衆が新しい音楽に無関心でいてくれれば、作曲家はもはや彼らの反応を気にする必要はなくなる。彼らを惹きつけるために、わざとらしい演出をする必要もない。ひたすら、自分の満足だけを追求すればいいのだ。バビットは、作曲を、ある種、真理を追い求める科学の研究のようなものととらえていたようでもある。

当時流行していた無調音楽の持つ属性（音程変化、リズム、など）が、一般の聴き手にとって難解であること、理解するためには聴き手の側にかなりの訓練が必要になることなどは、バビットも認めていた[11]。だが、それが無調音楽の問題であると認めたわけではないのだ。後にバビットは、無調音楽が難解に感じられるのは聴き手の側の資質の問題であるという痛烈な批判を展開するのだが、記事はそうした批判の序章とも言えるだろう。「音程変化、音域、強弱変化、音の長さ、音色などがそれぞれ何を意味するのか正確に理解している聴き手は少ない。そのため、作曲者の意図を正しく理解できないのだ」とバビットは主張した。

しかも、その音楽の与える体験に満足できなかった聴き手は、それを作曲者のせいにする。バビットはそれも不満だった。無調音楽は、高度な音楽である。その資質のない人間に理解できなかったとしても、それは音楽を作った人間の責任ではない。高度な数学が理解できないからといって、「この数学は良くない」と怒る人間がいるだろうか。そういう理屈だった。数学者や物理学者は、何の気兼ねもなく、思う存分、難解なことを追究できる。そのせいで、退廃的にすぎる、社会的責任を放棄しているなどの非難を浴びることはない。なのに音楽家が同じことをしてはいけないのか。

バビットは次のように言っている。

私はあえてこう言いたい。作曲家は、自分自身のために活動し、自分自身のためだけに音楽を作ればいい。そして、自分の音楽を聴きたいと思う人だけに、直接、奉仕すればいいのだ。それもはじめから奉仕するつもりでなくてよい。結果的に奉仕になっていればよい。大衆との関わりは、断固として、強い意志を持って断つ。ごく限られた聴衆に対する演奏会や、電子媒体による作品の発表を除き、外の世界との接触は避ける。音楽の創作から、「公共」の側面、社会的な側面を完全に排除する可能性も考えるべきだろう。[12]

バビットがなぜこれほどいら立っているのか。何に対して怒っているのか。ある程度なら理解できるという人は多いのではないだろうか。「現代音楽は難しい」という嘆きは、その多くが、現状に満足しきった保守的な聴衆から聞こえてくる。彼らは、明けても暮れても飽きることなくロマン派の音楽ばかりを聴いている。稀に、ストラヴィンスキーやプロコフィエフなどを受け入れる態度を見せはするものの、それは単に、自分の趣味の広いところを人に知らせたいがためにすぎないのだ。「現代音楽はわからない」という人は現在も多いが、彼らのほとんどは、実はバビットの時代以降の現代音楽を聴いたことすらない。当然、調性音楽が復活していることなども知らないだろう（すべてが調性音楽というわけでもないが）。バビットは、「音楽に多くを求めるべきではない」という考え方にもいら立っているが、それは当然のことだろう。その他、バビットが電子媒体の有効性を見抜いていたのは、先見の明があったというべきである。電子媒体により、商業的に成功しなくてはならないという圧力、成功のためにありきたりで画一的な音楽を作らねばならないという圧力から、音楽家は解放されると考えたのだ。実際、現在はインターネットなどを活用することで、音楽家は気軽に様々な実験をすることができる。それで確実に音楽の世界は豊かになっているはずだ。音楽にとって何が大切かは市場原理で決まるわけではないとしたバビットの考えは至極正しかったと言える。

ただし、バビットと同じように、大衆の好みは一切無視して良いと考えた作曲家たちの態度が、その後、あまりに独善的で偏狭になってしまったというのも事実である（ブーレーズなどは、一時、セリエル音楽の外の世界の音楽家たちと話をすることすら拒否していた。ストラヴィンスキーに対してさえ、見下すような態度をとった）。作曲家は何をしても自由かもしれないが、どんなものを作ってもそれが人から音楽とみなされるとは限らない。そんなことを言うと、あまりに教条的と感じる人はいるだろう。「芸術とは何か？」という古い問いが頭に浮かぶ人もいるかもしれない。芸術とは何かをここで論じてもあまり意味はない。それは不毛というものだろう。ただ、この本の性質上、「音楽とは何か」という問題になら、多少踏み込むことは許されるとは思う。音楽には実に色々な種類がある。だからといって、どんなものでも、音楽と呼びたければ呼んでもいいということにはならない。私たちの脳は、いくつかの手がかりを基に、耳から入ってきた音が音楽であるか否かを判断する。もし、その手がかりをすべて排除してしまったら、脳はそれを音楽とみなさず、ただの音であるとみなすはずである。

後期のセリエル音楽、中でも特に実験性の強いものには、まさにそういうことになってしまう危険のあるものが多かった。たとえば、聴き手に先の展開を予測させるような要素をすべて排除したとしたらどうだろう。その音楽は、聴き手の感情に訴える力を失うに違いない。たとえ、音楽に明確な構造があったとしても、それが譜面を見ない限りわからない構造だったとしたら、聴き手にとっては何の意味も持たないことになる。譜面上は音と音の間に関係があっても、耳で聴いてわからないのなら、意味はないのだ。同様のことが文学作品で起きたら、果たして受け入れられるだろうか。たとえ作者が言葉と言葉の間に関連性を持たせていたとしても、読んでもそれがわからないのだとしたら。難解なことで有名な小説『フィネガンズ・ウェイク』ですら、ばらばらの言葉の羅列にしか見えないということはないだろう（おそらく、読者の中には、『フィネガンズ・ウェイク』を小説であるとは認められないという人もいるだろうが……）。最初から最後までランダムに文字を選んで並べた、というものを「文学」だと主張する人がいたとして、あなたはそれに賛同できるだろうか。そういう「作品」ばかりを書いている作家の一派がいたとして、あなたは彼らを支持し、尊敬することができるだろうか。彼らの活動を少しでも価値のあるものとみなせるだろうか。

私自身は、個人的にはブーレーズとその一派の無調音楽をさほど極端なものだとは思っていない。それを音楽だと認めることにまったくためらいはないし、実際、時々聴いて楽しんでもいる。自分の居場所がわからなくなるような、不思議な気分に身を任せるのだ。疾風のような音の連続の中に、ほんの束の間、秩序のようなものを見つけることもあるが、果たして作曲家が意図して作った秩序なのか、それはわからない。作曲家の技能や感性によって生まれたものなのか、それとも偶然の産物なのかはわからないのだ。本当は、私が勝手に見出しただけの秩序かもしれない。他の種類の音楽を聴いて培われた先入観のせいで、セリエル音楽にはない秩序が見えてしまったということもあり得る。

音楽家には、聴き手とのコミュニケーションを重要視する人が多いため、それを否定したバビットはよく非難の的になっている。だが、バビット自身は、自らの作る音楽について、「これは一体、どういう意味なのか」などと尋ねられ、説明を求められたことなどなかったのではないか。人によっては、単なる音の羅列としか感じないものを、彼が「音楽」と呼ぶ理由はどこにあるのか、それを徹底的に問い質すべきだった。彼らの「音楽」を私たちはどう受け止め、どう反応すべきなのか。どのように音を並べ、組み合わせるのが良いのか、それを判断する暗黙の基準のようなものはあったはずである。仲間うちでは、きっとそれをわかり合っていたのだろう。その基準に照らして良いものができれば、仲間からの称賛は得られたのかもしれない。何も知らない人が耳で聴いて良さがわからないとしても、それには関わりなく。そういう状況では、作曲が単に綺麗なビー玉を並べて喜ぶだけの遊びに陥ってしまう危険性が高いとは言えるだろう。もしそうなれば、それに音楽的な価値があるとみなすのは難しい。

バビットは重要な問いを投げかけているが、その問いに正面から答えることは避けている。答えにくいことは確かだ。その答えは、人間の音楽の認知をどうとらえるかで大きく変わってくるからだ。バビットの時代の「新しい」音楽は、聴き手の側に非常に多くを求めるものだったと言える。聴く側が努力しなければわからないものだったのだ。それは必ずしも、理解できない聴き手が怠惰であったということを意味しない。また、知識や美的感覚に欠けていたから理解できなかった、とも言えないだろう。「新しい」音楽が難解になったのは、一つには、作り手の側が、聴き手の慣れ親しんできた音程変化や和音進行などのパターンを無視したからである。そして、聴き手がどのようにして音楽を認知しているか、そのメカニズムに作り手が無関心だったからでもある。フレッド・ラダールは、「最高の音楽とは、人間の認知資源を最大限に活用する音楽のことである」[13]と言っている。これは何も、未来永劫、モーツァルトのような音楽を作り続けるべきという意味ではない。むしろその正反対だろう。ただ、人間の認知機能の性質、制約を無視して作った音楽はおそらく愛されないというのも事実である。

音楽の「好み」とは？

「好き嫌いの理由を説明することなどできない」とよく言われる。本当にそうだろうか。音楽心理学者のパトリック・ジュスリン、ダニエル・ヴェストフィエルの二人によれば、ある音楽を聴いて良いと思うかどうかは、音楽自体の質だけでなく、聴き手のその時の気分に大きく影響されるという。つまり、たとえば、いつ、どこでどんな状況でその曲を聴いたか、といったことも好き嫌いにかなり影響するというわけだ。音楽を聴くときには、無意識のうちに様々な連想がはたらく。それも、その音楽に対する気持ちに影響するというのだ。そうした連想を司るのは、扁桃体など、大脳皮質の下の「原始的な」脳である。扁桃体は感情と記憶に密接に関わる部位だ。時には、無意識ではなく、連想が起きたことをはっきりと意識できる場合もある。ある曲を聴いたことをきっかけに、次々に色々なことを思い出した、という経験は誰しも一度はしているだろう。この種の連想がはたらく脳の部位は、無意識の連想とは違っている。一五歳から二五歳までの間によく聴いていた曲を後になって耳にしたとき、特に強い連想がはたらく人が多い、ということもわかっている。その時期に流行った音楽には愛着があり、心が強く動かされる人が多いのだ。そして、それ以前、以後に流行った音楽よりも詳しく知っているのが普通だ。

音楽の好みが、音楽そのもの以外の要素に大きく影響されていると言っても、あまり驚かない人もいるだろう。だが、私たちの好みがどれほど気まぐれで、偏見に満ちているかを知ったら驚くかもしれない。それは「ブラインドテスト」で明らかになる。クラシック、ロック、フォーク、ジャズ、どの音楽にも愛好家はいるが、それぞれに「スノビズム」があり、曲に対する好み、評価もその影響を受けているのだ。

つまり、個々の曲を自分が聴いてどう思うか、というだけでなく、「他の愛好家たちがどう言っているか」に強く影響されるということだ。周囲の圧力によって好みを変えていると言ってもいい。一九七三年、ウプサラ大学の社会学者ゴラン・ニロフは、ジャズの愛好家たちを被験者にし、人によって違う情報を与えて同じ曲を聴かせるという実験を行っている。その結果、同じ曲であっても、演奏家の知名度や人種（ジャズの場合は、黒人による演奏が「正当」とされやすい）によって評価が変わることがわかった。また社会学者、カール・ワイクは、それとはまた違った実験を行っている。二つのジャズオーケストラに、未知の曲を三曲提示し、演奏してもらったのだ。事前に、そのうちの一曲は、すでに芸術性が高いという定評を得ている作曲家の作品、もう一曲は、いわゆる「売れ筋」の曲ばかりを書くとされている作曲家の作品であると伝えた。そして、残りの一曲は、対照のため、何の事前情報も与えずに演奏してもらった。そして、一曲目と二曲目に関しては、二つのオーケストラで与える情報を逆にした。同じ曲について、二つのオーケストラには正反対の情報が与えられたというわけだ。すると、どちらのオーケストラでも、「芸術性が高い」作曲家の作品と言われた方の曲をより注意深く演奏する傾向が見られた。そちらの曲の方がミスも少なかったし、後になっても曲をよく覚えていた。これは、まだ名声を確立していない駆け出しの作曲家にとってはつらい結果かもしれない。無名の人が認められるためには、相当、高い壁を越えなくてはならないということだろう。

だが、もちろん、音楽自体の持つ特性も好みに影響することは間違いない。それに関しては、トロント大学の心理学者ダニエル・バーラインが一九六〇年代に行った調査の結果が参考になる。バーラインは、芸術作品の善し悪しの判断に、その作品の持つ定量的な特性がどの程度影響するのかを調べたのだ。「定量的な特性」の中でも特に重要視されたのは、その作品の「情報量」である。すぐにわかるのは、情報量に関しては、一種の「トレードオフ」があるということだ。たとえば、メロディがたった二音からできている、というように、情報量があまりに少なければ、その曲は退屈であるとみなされ、高く評価される可能性は低いだろう。一方、オクターヴを構成する一二音がランダムに選択されている上、半音より細かい微分音までが使われている、という具合に情報量があまりに多ければ、複雑すぎて理解できずに興味を失ってしまう人が多いはずである。バーラインの行った心理学的実験でわかったのも、基本的にはそういうことだ。作品の情報量（複雑さ）と、鑑賞者の持つ好感の高さの関係をグラフに表すと、逆U字型になる。単純すぎず、複雑すぎず、情報量が程よい作品が最も好まれるということだ（図11・5）。

バーラインが調査対象としたのは、視覚的な芸術作品だが、音楽にも同様のことが言える。それは、一九六六年にアメリカの心理学者、ポール・ヴィッツによって確かめられている。ただし、ヴィッツに関しては、その後の心理学と宗教の関係についての研究の方がよく知られている。一九六六年の実験でヴィッツは、ランダムに選ばれた音程を順に並べたメロディを被験者に聴かせた。それでわかったのは、メロディの複雑さと、被験者の持つ好感の高さの関係もやはり逆U字型のグラフで表せるということだ。メロディの複雑さが増すと、はじめのうち、被験者はそれにつれて強く興味を惹かれるようになるが、複雑さが一定レベルを超えると、逆に複雑さが増すほど興味を失っていく。興味深いのは、ヴィッツが二年前に同様の実験を行ったときには、このパターンを見出せなかったということだ。この時には、メロディに使う音をメジャースケールの中だけから選んでいたのだが、複雑さが増すほど被験者の好感が高くなるだけで、複雑さが一定レベル以上になると好感が下がるということはなかった。メジャースケールなら馴染みがあるので、しばらく聞けばメロディの音が

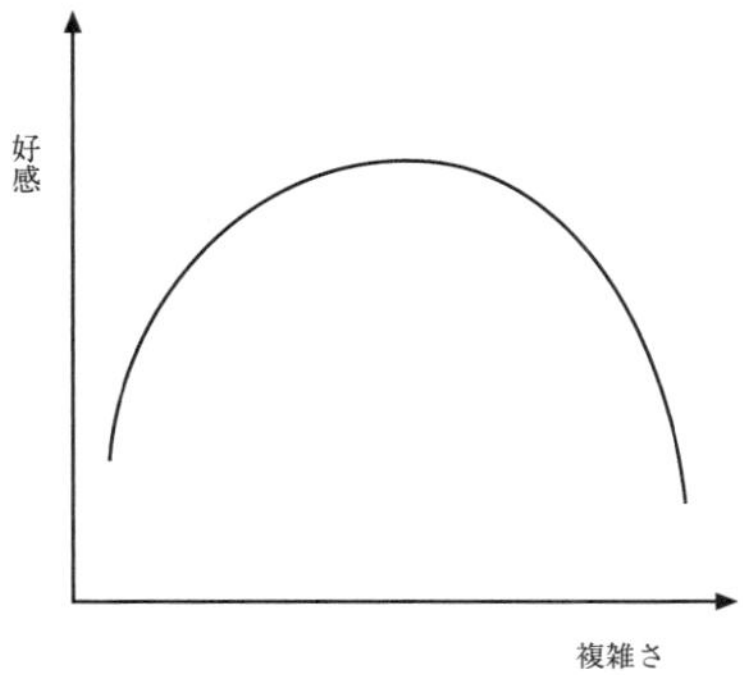

図11.5　単純すぎず、複雑すぎもしない、適度な情報量を持つ作品が最も好まれる。

メジャースケールからのみ選ばれていることはすぐにわかる。そのため、ある程度、先の予測がつくようになるのだろう。個々の音の持つ意味や、音と音との関係も理解しやすいため、メロディがかなり複雑になっても複雑すぎてわからないというほどにはならないのだと考えられる。これでわかるのは、音楽の複雑さも、ある程度までは主観で決まるということだ。その音楽の理解の助けとなる前提情報を聴き手が持っているかどうか（その音楽の形式に馴染みがあるかどうか）で、複雑さは変わり得るのだ。

複雑な音楽ほど辛抱強く繰り返し聴かなければわからない、また聴き続けていればかなり複雑な音楽でも理解できることがある、というのは、誰しも日常的に経験していることだろう。実験結果は、そうした経験とも合致すると言える。この結果は、若く野心的なクラシック作曲家にとっては厳しいものかもしれない。野心的な曲ほど、繰り返し耳にしなければ理解できないということだからだ。まだ実績のない作曲家の曲の場合、オーケストラに一度演奏されるだけでも大変なのに、理解されるまでに繰り返し演奏される必要があるとなれば、さらに壁が厚くなってしまう。

重要なのは、聴き手が難解すぎると感じない範囲で最大限、複雑さを高めることだ。でも、それはどのくらいの複雑さなのだろうか。大部分の人にとって、それがセシル・テイラーよりはベニー・グッドマンに近いレベルの複雑さであろうということは、容易に想像がつくことだろう。ポピュラー音楽の場合、何度か聴いてようやく良さがわかる、というタイプの曲がヒットすることはまずない。はじめて聴いた人をいきなり惹きつける力がなければヒットは難しいだろう。そのことは、音楽心理学者、トゥオマス・エーロラ、エイドリアン・ノースの二人が、ビートルズの曲を題材に行った実験によっても裏づけられている。二人は、メロディの複雑さを定量的に評価する方法を考案した。その基になったのは、この本にもすでに書いた、聴き手の「予測」である。調性階層、音程変化パターン、音符の長さに関して聴き手がどういう予測をするかを考慮し、その予測を裏切っている箇所が多いほど、また大きく裏切っているほど、その曲は複雑と考えたのだ。二人はまず、音程変化パターンや音符の長さなど、各項目についてどの程度、聴き手の予測を裏切っているかを調べ、ビートルズの曲一つ一つに、〇から一〇までの評点（数値が大きいほど複雑）をつけた。次に、実験の被験者に、各曲のメロディの複雑さを主観的に（やはり〇から一〇までの評点で）評価してもらい、定量的な評点と比較した。それにより、どの項目の評点が主観的な評点に特に近いかを調べたのだ。そうして最終的に、五つの項目を選び出し、それを組み合わせて一つの評点とした。この評点が一応、各曲の客観的な複雑さということになる。

エーロラとノースは、ビートルズのオリジナル曲（全一八二曲）すべてについて、この手法で複雑さの評価をした。それでわかったのは、一九六二年のデビューから一九七〇年の解散までの間、一貫して、後になるほどメロディが複雑になっていく傾向が見られるということだ。これは、ビートルズのファンなら皆、感じていることではないだろうか（試みに、一九六三年の『オール・マイ・ラヴィング』と一九六九年の『ミーン・ミスター・マスタード』を比べてみて欲しい）。そのため、二人の評価手法は、おそらく妥当なものであろうと考えられる。では、この傾向は、曲の人気にどう影響したのだろうか。それは、レコードの売れ行きから推測できるだろう。売れ行きは、シングル盤が英国のヒットチャートにチャートインした期間で判断してよいと思われる。チャートインの期間を調べると、曲が複雑になるほど総じて期間が短くなっていることがわかる。アルバムについても同様である。収録されている曲が複雑なほど、チャートイン期間は短くなっている。

これはつまり、ビートルズのメロディの複雑さは、最も単純な初期の作品ですら、「これ以上、複雑になると人気が下がる」というギリギリのレベルだったことを意味する。初期の時点ですでに逆U字型のグラフの頂点だったわけだ。愕然とする結果かもしれない。童謡より少し複雑になると、もう「複雑すぎる」と感じる聴衆が多いことになるからだ（『イエロー・サブマリン』や『オブ・ラ・ディ・オブ・ラ・

ダ』など、童謡に近いメロディを持つ曲は、それを巧みに利用しているのかもしれない)。だが、このようにレコードの売れ行きのみから人気を推し量る方法には、異論もあるかもしれない。売れ行きと、その作品の芸術的価値の評価は一致しないことも多いからだ。ビートルズの場合も、その才能が存分に発揮されているのは、初期よりも後期の作品であるというのが一般の評価ではないだろうか。

同様の調査は、クラシック音楽に関しても行われている。ディーン・キース・サイモントンが行った調査では、ビートルズの場合とよく似た結果が得られている。サイモントンは、クラシックの曲について、それぞれの「独創性」を評価するということをした。この場合、独創性とは、慣例からの逸脱の度合いを指す。具体的には、個々の曲のメロディの最初の六音を取り出し、慣例からどの程度逸脱しているかを調べた。独創性が高いほど、その曲は複雑、難解であると考えることもできる。独創性が高いということは、聴き手にとっては展開が予測しづらいということだからだ(サイモントンは、音程変化のパターンだけを独創性の尺度にしたため、エーロラとノースよりは、評価基準が単純ということになる)。サイモントンの調査でわかったのは、独創性の高い曲ほど、聴き手の注意を喚起できるということである。これは、ある程度、予測できる結果だろう。ただ、注意を喚起するからといって、その曲が必ずしも好まれるとは限らない。先が予測できる曲の方が好まれるという可能性もある。実際にどの曲がどのくらい好まれているかを、サイモントンは、その曲の演奏される頻度で評価することにした。あちこちで繰り返し演奏される曲ほど、聴衆に好まれているはずと考えたのだ。クラシックのレパートリーとして多くの人に受け入れられている曲ほど、演奏される回数も増えるはずということである。厳密には、演奏される回数は人気だけで決まるわけではなく、その他にも色々な要因が影響する(たとえば、大人数を要する曲は、少人数でできる曲よりも演奏頻度が低くなりがちであるとは言える)のだが、一応の目安にはなるだろう。独創性と人気を表すグラフも、やはり逆U字形になる(正確には、右の端が左の端よりも少し下なので、逆J字型と言うべきかもしれない）（図11・6）。

ある曲に人気があるからと言って、芸術的な価値も高いとは言い切れないのは当然のことだ。また、サイモントンには、自分が評価した「独創性」が、その曲の芸術的な価値やわかりやすさに本当に関係するのか明確にはわからなかった。芸術的な価値やわかりやすさは、あくまでも主観的なものであり、一人一人違うはずである。だが、サイモントンはともかく、それを一人の人間の判断に委ねることにした。その一人とは、サイモントン自身ではなく、リチャード・S・ハルシーという人物である。ハルシーは、一九七六年に『クラシック音楽レコード名鑑』という大著を出版しており、その中でとりあげているすべての作品に、「芸術的価値」と「わかりやすさ」の評点をつけている。この評点を利用することにしたのだ。ハルシーは、「芸術的価値」を、その曲が繰り返し聴けるものか、すぐに飽きがこないかということを基準に評価した。また、「わかりやすさ」は主として、学校の音楽の授業で使いやすいかどうかを基準に評価した。サイモントンは、芸術的価値の評点が、曲の独創性が高くなるにつれ一貫して高くなっていくことを発見した。だが、それとは反対に、わかりやすさの評点は、独創性が高くなるほど下がっていくことも発見した。曲の人気が最も

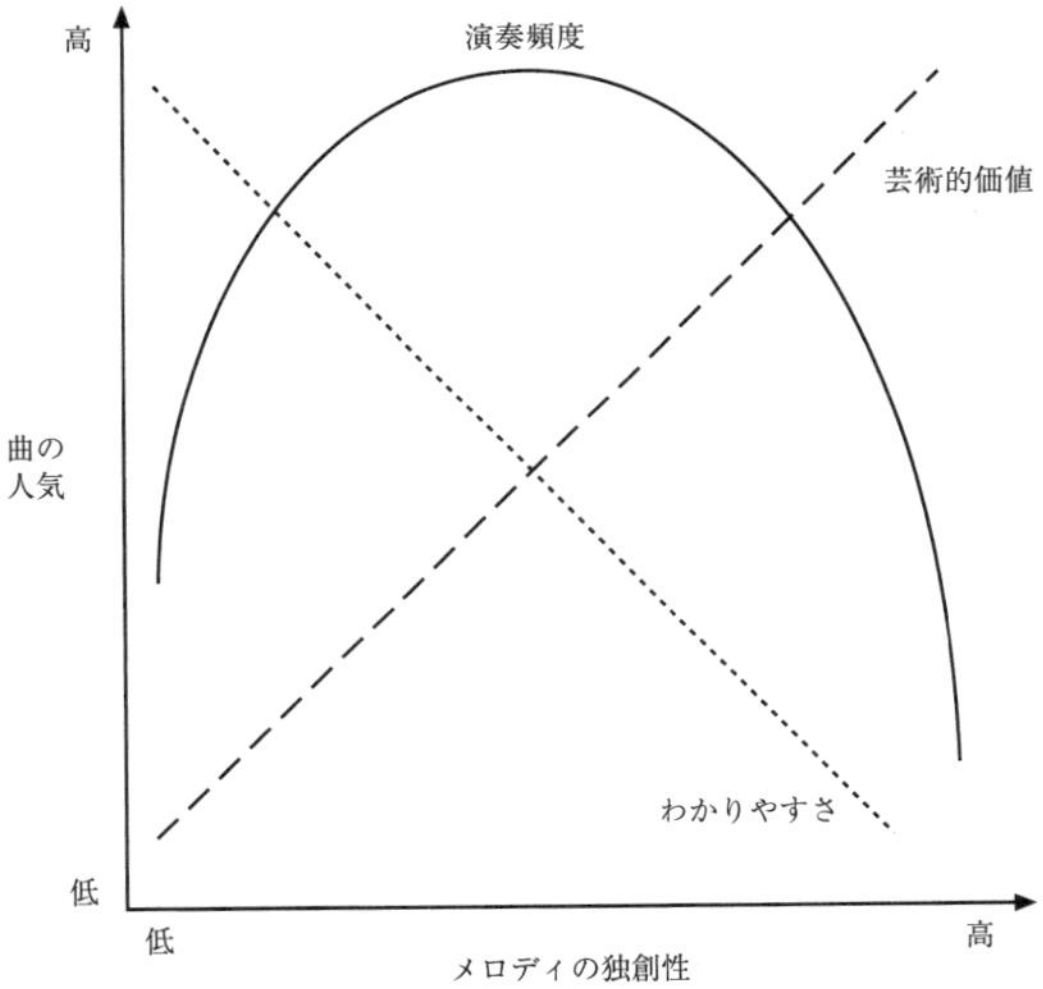

図11.6　曲の人気（演奏される頻度）と独創性の関係。このグラフから、人気を得るための「最適な独創性の高さ」があるとわかる。また、わかりやすさと芸術的価値の間にはトレードオフがある。

高まるのは、芸術的価値の評点が適度に高くなり、わかりやすさの評点が適度に低くなるときであることもわかった。芸術的価値がいくら高くても、曲があまりにわかりにくいと、聴き手は理解しようとする努力を放棄してしまうと考えられる。

芸術の価値を数値で評価しようとするなど、とんでもないこと、してはならないことだと感じる人もいるだろう。サイモントンが行ったように、メロディの、それもごく一部だけを見て、その曲について評価などできるわけがないという考えもあるだろう（だが、一九七〇年代のディスコブームのときに流行した曲のように、リズムもハーモニーもごく単純で、どれも似たようなものであれば、メロディの一部だけで評価ということも十分に可能と考えられる）。ただ、ポピュラー音楽の世界なら、そもそも曲の芸術的価値が高いか低いかが問われることがあまりない。繰り返し聴かれ、後の時代にまで残るように、とはあまり誰も考えないのだ。大事なのは、その時にヒットするかどうかである。この種の調査結果を見る限り、これから発売する曲がヒットする可能性を数値で表すこともできそうに思える。多くの人に支持され、ヒットするかどうかを予測できるかもしれないということである。これまでに、曲の複雑さ、独創性などを基にヒットの可能性を予測しようと真剣に研究した人は私の知る限り一人もいない。だが、それと方法は違っても、「ヒットの方程式」のようなものを見つけ出そうと考えたことのある人は少なくないはずだ*（ただ、おそらく彼らの多くは音楽そのものよりも、聴き手の側の意識や社会状況などに着目したと考えられる）。

レコード会社は曲がヒットしてくれなければ困るが、聴き手である私たちは、曲がヒットしようがしまいがどうでもいい。単に、自分が「良い」と思える曲があればそれで満足である。しかし、現代、特に西欧社会では、あまりに選択肢が多すぎてかえって自分の気に入る音楽を見つけるのが難しくなっている。音楽をジャンルに分けることは、好きな曲を探しやすくするのには、一応、役立っていると言えるだろう。

ジャンルというものがあればこそ、私たちは「アシッドジャズは大嫌い」、「ルネッサンス期のモテットが好きだ」という言い方ができるのである。一曲一曲を聴いてみなくても、同じジャンルに属する曲であれば、おおまかには同じだろうという予測ができるのだ。また、私たちが、信じ難いほど細かく音楽のジャンルの違いを聴き分けられるというのも事実だ。音楽心理学者のロバート・イェルディンゲン、デヴィッド・ペロットの調査によれば、西洋人は、一般によく知られたジャンルの音楽（ジャズ、ブルース、ロック、クラシック、カントリー&ウェスタンなど）であれば、四分の一秒くらい聴いただけで違いを聞き分けられるという。これは普通の曲なら一拍にも満たない短い時間なので、たとえば、リズムを手がかりにすることはまずできないと考えられる。ほぼ一音を耳にしただけで、すぐにわかってしまうということだ。おそらく、音色が重要な手がかりになっているのだろう。前にも少し触れたとおり、私は、音色は一般に信じられているよりはるかに音楽にとって重要な要素だと考えている。この調査結果は、私の考えの正しさを裏づけるものと言えるかもしれない。通常は、ジャンルの違いというと、メロディやハーモニーのパターンの違い、曲の全体的な構造の違いなどが強調されることが多いが、このとらえ方はあまり正しくな

＊「ヒットの方程式を探る」という類の試みの中には、あまり真剣ではない、お遊びに属するものも多い。たとえば、神経科学者のデヴィッド・サルツァーは、数百人にアンケートを取り、その結果を基に、史上最大のヒット曲を作るという試みをしている。アンケートでは、一人一人に、楽器の編成や歌詞、テンポなど、曲の様々な要素について、どういうものが一番好きかを尋ねた。だが、「史上最高の歌」になるはずだったその歌は、結局は世にもひどい代物になってしまった。メロディも歌詞も、まず誰にも好かれることはないだろうというものになったのだ。実はこれは、皆の意見を取り入れて「科学的」に音楽を作るという発想がバカげたものであることを証明するための実験だった。サルツァーの狙い通りの結果になったというわけだ。ただ、その曲のレコードは八〇〇〇枚も売れたという。一体、どういう人が買ったのかが気になるところだ。

いのかもしれない。もちろん、これほどの短時間で聴き分けられるのは、かなり聴き慣れているジャンルだけである。南アフリカのンバクアンガとカメルーンのマコッサ、あるいは、コートジヴォワールのマプーカを瞬時に区別できる人は、西洋人にはまずいないだろう。また、当然のことながら、普段からよく聴いている音楽ほど、細かく違いを区別する傾向もある。ただ、その一方で、私たちには、聴いたことのない種類の音楽であっても、その違いを直感的に区別する能力があるらしい。音楽心理学者のイザベル・ペレツ、シモーネ・ダッラベッラは、音楽の専門知識がない西洋人と中国人の被験者に、様々な種類のクラシック音楽を短時間ずつ聴かせ、どれがどれに似ているかを尋ねるという実験を行った。すると、聴いた曲についてほとんど（あるいはまったく）知識がないにもかかわらず、時代の近い曲ほど「似ている」と答える傾向が見られたという。この実験の場合、被験者は主としてテンポやリズムの違いを手がかりに「似ている、似ていない」を判断したと考えられる（西洋音楽の場合、音が途切れることなく連続する時間が、時代とともに一貫して長くなる傾向もあるので、それも手がかりになると思われる）。また、被験者が自分だけの判断基準を持っているということもあるようだ。

音楽家の中には、ジャンル分けを嫌う人は多い。細かな違いを無視して、他とまとめられてしまうことに反発を覚えるのは当然と言えるだろう。だが、ジャンル分けというのは、何もCDショップが商品を並べるのに便利というだけのものではないのだ。実は、私たちが音楽を聴くときにも、知らない間に役立っている。「この曲はこのジャンル」という先入観があるおかげで、認知が容易になっているのである。「このジャンルの曲はだいたいこういう構造になっていて、こういうルールに従うはず」という意識があるから聴きやすい、というわけだ。だからバッハの曲の中では耳障りに響くような不協和音を、バルトークの曲の中でならごく当たり前のものとして受け入れられるということが起きる。

しかし、今の時代は音楽が多様化していて、次々に新しいジャンルが生まれている。そして、テクノロジーの進歩により、誰でも簡単に多種多様な音楽に触れられるようになっている。そのため、従来のようなジャンル分けは時代に合わなくなってきているとも言える。最近では、インターネットで買い物をする機会が増えた人も多いだろう。企業の側では、買い物をした顧客がどういう商品を欲しがっているのかを、様々な方法を駆使して探ろうとしている。顧客が何を欲しがっているのかがわかれば、こちらから勧めることができるからだ。音楽の場合、何を勧めればよいかは、ある程度まですぐに想像がつく。すでに購入済みの作品があれば、まずは同じ人の別の作品を勧めるべきだ。次に思いつくのが、同じジャンルの別の作品を勧めるということだが、インターネットショップでは、そういうふうにジャンルに頼るということは減ってきている。それよりは、多くの顧客が過去に実際にどういう商品を購入したか、という統計データを駆使することが主流になってきているのだ。たとえば、アマゾンは、必ず「この商品を買った人はこんな商品も買っています」ということを知らせてくる。これは統計データの典型的な利用例だろう。おおまかには、同じ人なら同じジャンルの商品を買っていることが多いが、従来の区分から言えば違うジャンルに属する商品を買うことも決して珍しくはないのだ。

　音楽の好き嫌いがジャンル分けと一致しなければ、自分の好きな音楽を見つけ出すことは容易ではない。実際に聴いてみない限り、好きか嫌いかを知る手がかりがないからだ。ＭＰ３プレーヤーに入れておいても、ジャンルがばらばらだと、どこに何が入っているのかがわかりにくくなるし、自分で何を入れたのかを忘れがちになってしまう。プレーヤーにシャッフル機能がついているのは、そういう人が多いせいだろう。シャッフルを使えば、何を入れたのかを思い出すことができる。ランダムに選曲された曲を不意に耳にすると「ああ、こういう曲もあったな」と嬉しい驚きを感じることができる。*だが、驚きが不快なものになることもある。その時の気分に合わない曲を無理に聴かされることもあるからだ。それまで聴いていたのとあまりに種類の違う曲が突然流れ、変化についていけないこともある。「ｉＰｏｄむち打ち症」などと呼ばれる状態になってしまうのだ。マイルス・デイヴィスを聴いてくつろいだ気分になっているときに、急に轟音のようなピクシーズの曲が聞こえてきたら、切り替えができずに戸惑ってしまうだろう。ランダムには良い面と悪い面があるということだ。

だが、同じジャンルの曲ばかり続けてかければ、そういう不快なことが起きないかと言えば、必ずしもそうではない。一口にアイルランド音楽と言っても様々である。陽気で軽い感じの音楽を聴きたい気分のときに、ザ・ポーグスがかかったとしたらどうだろう。モーツァルトの明るい曲が聴きたいのに『レクイエム』がかかってしまうということもあり得る。従来のジャンル分けでは、個々の曲が明るいか暗いか、その曲を聴いて楽しい気分になるか、哀しい気分になるか、といったことは考慮されていない。本当に似た雰囲気の曲ばかりを並べたいと思えば、ジャンル分けに頼らず、自らの手でリストを作るしかないだろう。実際、「ハイペースのジョギングのためのリスト」や「ロマンチックなディナーのためのリスト」などを自分で作っている人は多い。とはいえ、デジタル音楽ライブラリの曲数が一万曲を超えているという人も珍しくないので、リスト作りも決して楽ではないはずである。

だが、選曲の助けとなるようなシステムも作られ始めてはいる。音楽を単純にジャンルで分けるのではなく、その音響学的な特性なども考慮して、似ているものと似ていないものを区別してくれる、そんなシステムが作られ始めているのだ。その中でもおそらく最も有力なのが、アメリカ、カリフォルニア州のパンドラ・メディア社が二〇〇〇年に始めた「ミュージック・ゲノム・プロジェクト」である。メロディ、ハーモニー、リズム、楽器の編成、編曲、歌詞、声の質など、その曲のあらゆる属性（それをパンドラ・メディア社では「遺伝子」と呼んでいる）を基に、曲を分類するというシステムだ。三〇人の分析者が、最大四〇〇もの属性によって音楽を分類し、その結果に基づいてオンラインで音楽をストリーミング配信する。ユーザーが一定の料金を払い、曲やアーティストを指定すれば、似た曲ばかりを選んで配信してくれるのだ。パンドラ・メディア社のライブラリには、二万のアーティストの四〇万を超える曲が用意されている。選曲の精度は、ユーザーからのフィードバックによって徐々に高められていく仕組みになっている。

類似のシステムの例は、少なくとも他に二つあげられる。どちらもまだ現在開発中だが、一つは、コロンビア大学の学生が考案した“Playola”、もう一つは、サン・マイクロシステムズ社の「サーチ・インサイド・ザ・ミュージック」である。Playolaの方は、音楽を自動的にジャンルに分けてくれるシステムだが、一般に知られているものよりもさらに細かい、システム独自のジャンル分けが可能だ。ジャンル分けは、曲の中に、各ジャンルの特徴となるパターンが含まれているか否かを手がかりに行われる。ジャンル分けの精度は、ユーザーからのフィードバックによって高めていくことができる。ユーザーは、曲を聴いて分類が少し違っていると思えば、具体的にどう違うかをシステムに知らせることができる。「サーチ・インサイド・ザ・ミュージック」は、ポール・ラメールというソフトウェアエンジニアが発案したものだ。ラメールは、以前は、音声合成システムの開発に携わっていたエンジニアで、現在は音楽関連の情報処理を専門とするエコー・ネスト社（マサチューセッツ州ソマーヴィル）に勤務している。「サーチ・インサイド・ザ・ミュージック」システムは、個々の曲の音響学的属性（メロディやテンポ、リズム、音色、楽器の編成など）を比較して、似ているか否かを判断する。ユーザーが自分の好きな曲を指定すれば、それに

＊（五二五ページ）ただし、シャッフルでは、本当にランダムに曲が選ばれているわけではない。真にランダムにしてしまうと、同じ曲が繰り返しかかったり、関係の近い曲が続けてかかったりということが意外に多く起きてしまい、かえって私たちにはランダムに感じられなくなってしまうからだ。聴き手にとってランダムに聞こえるようにするためには、特殊なアルゴリズムが必要になる。

似た曲を探して勧めてくれる。音響学的特性以外に、「同じ曲を聴いているユーザーが他にどんな曲を聴いているか」という情報を加味して、お勧めの精度を高めることもできる。だが、ラメールによれば、こうしたユーザーからのフィードバックを加えると、お勧めにバイアスがかかってしまう恐れもあるという。どうしても、ヒット曲の方が無名の曲よりも選ばれやすくなってしまう。斬新な曲は、その時、流行しているタイプの曲よりも不利になる。二〇〇六年にコロンビア大学で行われた実験でも、他人からのフィードバック情報を加えると、加えない場合と比べ、元々人気のある曲が選ばれやすくなるという結果が得られている。これは、フィードバック情報を操作すれば、本来、さほど人気の出るはずのない曲を人気曲に仕立て上げてしまうことも可能、ということである。

私たちが音楽を聴くときには、その音響学的な属性によって種類の違いを感じ取り、好き嫌いも判断している。音響学的属性というと普通はメロディやリズムやハーモニーということになるが、それ以外にはないのだろうか。実は、それ以外の属性を手がかりにする選曲システムも作られてはいる。ミュンヘン大学のコンピュータ科学者、オトマー・ヒリゲスらが開発している"AudioRadar"は、まだプロトタイプの段階だが、その一例と言えるだろう。このシステムでは、「テンポが速いか遅いか」、「リズミックかメロディックか」、「穏やかか不穏か」、「ゴツゴツしているか滑らかか」という四つの属性を基に曲を分類する。後ろの二つは、一定の時間内（ごく短い時間と比較的長い時間の両方）にリズム、音程にどの程度の変動が見られるかで判定する。つまり、どの曲も、四つの次元から成る空間上の座標を持つということになる。座標が近いほど似た曲ということだ。ユーザーは四つの属性の優先度を設定できる。四つの属性のうち、どれが似ていることを優先するかを決められるわけである。四つの次元から成る空間を、二次元のグラフとして表現する方法もすでに開発されている。このグラフ上では、指定の曲が中心に表示され、それに似た曲が、その周囲の同心円上に表示される。また、「他の三つの属性はほぼ同じだが、テンポだけが速い曲を表示する」というようなこともできる。このシステムをMP3プレーヤーに利用すれば、四つの属性をランダムに変えて選曲をすることも可能である。

まだプロトタイプなだけに、システムにはいくつか解決すべき問題がある。一つは、ヒリゲス自身も認めているように、「偉大なオリジナル」と「価値のない二番煎じ」の区別がつかない、ということだ。また、まったく違ったタイプの音楽を同時に扱わせると、思わぬ誤作動をすることもある。クラシックの曲とヘヴィメタルの曲の座標がごく近くになることもあるのだ。これは人によっては、恐怖すら感じるような誤りだろう。*

こういう誤作動があると、機械に曲を選ばせようとすること自体が間違いだと思ってしまう人もいるはずである。それは無理もないことだ。少なくとも、ヒリゲスのシステムの場合、分類の仕方が粗すぎるとは言えるかもしれない。クラシックの曲とヘヴィメタルの曲を「似ている」と判断する時点で、私たちとは音楽の「聴き方」がまるで違っていると考えざるを得ないだろう（クラシックにも色々あるが、さすがにヘヴィメタルに似ているものはない）。さらに、現時点では、自動選曲システムに私たちのような「美的感覚」が欠けていることは間違いない。その曲が良い曲なのか、まあまあなのか、ひどい曲なのか、判断することはできないのだ。それは音楽のジャンルがどれであっても同じことである。仮に、フランツ・ダンツィ（ドイツの作曲家。一七六三—一八二六）とベートーヴェンの曲の違いを定量的に表現する方法が見つかったとしても、どちらが良い作曲家かを機械に判定させることはまずできないのだ。

＊「サーチ・インサイド・ザ・ミュージック」の初期バージョンでも、同様の混乱は見られた。これはどうやら、（驚くべきことに）ハープシコードの音色と、ディストーションのかかったエレキギターの音色を「似ている」と判断したためのようだ。

とはいえ、従来のジャンルにとらわれずに似た曲を探し出す技術を開発しようとする試みは決して無駄ではない。研究が進めば、曲そのものの内容を基に、一定の条件に合う曲を探し出すシステムなどもできるかもしれない（たとえば、ある特定のミュージシャンのソロを含んだジャズの曲だけを検索する、といったこともできる可能性がある）。あるシーンの雰囲気に合う音楽を探すということができれば、映画作りにも役立つだろう。鼻歌を聴かせるだけで、それが何の曲か教えてくれるというシステムも考えられる（これは、すでに「ミュージペディア」という名ですでに存在する）。

不安なのは、「好きな曲を指定すると自動的に似た曲を探してくれる」というシステムの精度があまりに上がってしまうと、世界が狭まってしまうのではないか、ということだ。まったくの未知の音楽に触れるチャンスがなくなってしまう。これは、昔で言えば、芸術家のパトロンたちが皆、「ティツィアーノのみたいな感じの絵を描いてくれ」というふうに、過去の巨匠に似た作品ばかりを注文するようなものかもしれない。もちろん、多かれ少なかれ、（少なくとも西洋においては）、自分を元気づけるために、あるいは雰囲気作りのために音楽を利用するということは誰にでもあるだろう。ラメールらが開発しているようなシステムは、さらに精度が上がっていけば、その用途には非常に有効である。「こういう気分になれる曲」、「こんな雰囲気の曲」とこちらで指定すれば、コンピュータが望み通りの曲を選んでくれる、そんなことができるようになる可能性はある。そうして音楽を「利用する」ことは何も悪いことではないし、利用する人を非難したところで仕方がないだろう。

だが、いくらそれが好きだからといっても、似たような曲ばかりを聴いて、新しいものを知ろうとしないというのも寂しい話だ。機械が自動的に曲を選んでくれるのなら、普通に考えれば、選択の幅を広げてくれそうだが、実際には逆のことが起きる恐れは十分にある。居心地の良い場所に留まったまま、一歩も外に出ようとしない、そんな人が増えてしまうかもしれない。好きだとわかっているものばかりを聴いていれば確かに安心だが、何も考えず、ずっと受身の姿勢のままでは、想像力や思考力が衰えてしまうだろう。そうして音楽の持つ大きな可能性に目を向けないというのは、あまりにもったいない話だ。

第12章　パルランド——音楽は言語か

フランスの作曲家、アルベール・ルーセルは、「音楽家は、世界で唯一、明確な意味のわからない言語を扱う人たちである」[1]と言っている。この発言は、二つの理由で注目に値するだろう。一つは、暗に「音楽は言語である」と言っていること。そして、もう一つは、音楽は言語であるにもかかわらず、その意味は誰にも明確にはわからないと言っていることだ。作曲家や演奏家は、聴き手にとっては異邦人のようなもので、向こうは懸命に何か伝えようとしているのだけれど、こちらはうつろな顔でそれを見ているしかない、そんなふうに言っているようだ。

だが、幸い、音楽はルーセルが言うほど理解不能なものではない。そう言っていい理由は、ここまで読んできた人にはある程度、わかるはずだ。[*] 問題は、果たして音楽は言語なのか、ということである。

音楽と言語の関係は根深いものだと考えられる。第2章でも触れたとおり、研究者の中には、二つが遠い過去には同じものだったと考える人もいる。人類のコミュニケーションは、「ミュージランゲージ（音楽言語）」とでも言うべき、両者の共通祖先から始まったというのである。音楽には、今日でも、言語に似た面はある。言語における文法のような、一定のルールに基づいて作られていることは確かである。レナード・バーンスタインもそう考えていた一人だ。一九七六年刊行の著書『答えのない質問』の中では、音楽の持つ言語的な特性をいくつかあげている。

ただ、たとえ音楽に文法のようなものがあるとしても、普通の言語と同じような「意味」があるとは限らない。何か言わんとしていることがあるとは限らないのだ。このことについては様々な意見があるが、詳しくは次の章で触れる。音楽と言語がよく比較されるのは決して偶然ではない。そもそも両者は、構造が非常に似通っているのだ。

すでに見てきたとおり、音楽には「カデンツ」というものがある。たとえば、I‐V‐Iというカデンツについて考えてみよう（図12・1a）。これは、ハ長調であれば、C‐G‐Cという和音進行である。

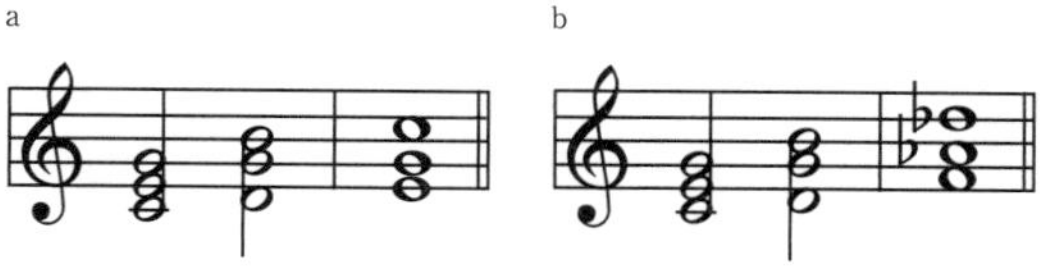

図12.1　カデンツから私たちは「物語」を感じる（a）。突然、カデンツに含まれない和音が使われると、規則に反しているように感じられる（b）。

この場合の「Cコード」に何か意味があるだろうか。この和音自体には元々、何の意味もない。だが、西洋音楽を聴き慣れている人間ならば（特にクラシックの専門知識などなくても、普通に暮らして音楽を耳にしている人間ならば）、I‐V‐Iという和音の流れに「物語」を感じる。始まりがあって、展開して、終わりを迎えるという物語だ。では、その物語の内容は？　何もわからない（「普通の言語では表現できない、音楽だけの物語だ」という言い方もできるだろう）。話の内容はわからないが、そこに流れがあることは確かである。

カデンツは、言語における「構文」に似ているかもしれない。言語の場合、構文とは、言語を構成する要素の組み合わせに関する規則のことを指す。先の例で、C

＊クロード・レヴィ＝ストロースは、同じことをもっと慎重に言葉を選んで言っている。レヴィ＝ストロースによれば、音楽は、理解不能なのではなく、他の言語に「翻訳不能」な言語ということになる。音楽が何を意味しているのか、私たちには理解できるのだが、通常の言語でそれを言い表すことができないということだ。この点についてはあとで詳しく触れる。

コード、GコードのあとにCコードではなく、D♭コードが来たとしたらどうだろう（図12・1b）。物語はどう変わっただろうか。どう変わったのか、具体的には言いにくいが、奇妙な物語になったことは確かだろう。少なくとも、正しく終わった感じはしない。多くを語りかけてくる感じもない。構文の規則に違反しているようにも思える。

たとえば、次のような二つの文があるとしよう。

I went to the shops.
（私はその店に行った）
I went to of beguiling.
（私は面白いに行った）

図12・1で言えば、どちらの文がどちらの和音進行に近いだろうか。きっと答えは誰にでも簡単にわかるはずだ。一つ目の文は英語の構文規則に従っている。特に努力しなくても、どういう規則に従っているかすぐにわかる。だが、もう一方は、規則に反した文なので、考えても構文がわからずにいら立たしい思いをする。

こんなたとえに何の意味があるのか、と思う人はいるに違いない。実はこれを考えたのは私ではない。二〇世紀の著名な音楽学者、ハインリヒ・シェンカーが考えたものである。シェンカーによれば、音楽を構成するフレーズは、細かく分解していくと、最も基本となる構成要素に行き着くという。その基本の構成要素を、シェンカーは「原楽理」と呼んだ。そして、この原楽理にはいくつかのタイプがあるとした。その中でもI‐V‐Iというカデンツは最も重要なものとされた。ドミナント（Vの和音）は、いわばトニック（Ⅰの和音）とは相反するもので、構成音の中には「レ」や「シ」など、トニックには含まれない音がある。それで緊張感が生じるが、再びトニックに戻ればそれは解消される。「いったん展開して元の状態に戻る」という物語が語られるわけだ。「安定していた状態が混乱して不安定になり、再び安定に戻る」という構造になった物語は数限りなく存在する。ただし、カデンツの場合、不安定とは言ってもそれは一定の範囲にとどまる。完全に何の秩序もない大混乱に陥るわけではない。ドミナントの構成音もすべて、結局はトニックと同じ調のダイアトニックスケールの中の音である。何の関係もない音程が使われるということはない。

シェンカーの提唱する「原楽理」という概念（あとで詳しく触れる）に関しては色々な意見があるだろうが、次の二つのことは、ほぼ誰もが正しいと認めるに違いない。

一、音楽は一定の規則に従って展開する。

二、規則は階層構造を成す。つまり、規則の中に別の規則が入れ子になる、という構造になっている。

上の二つは、いずれも言語にも当てはまることである。ある意味で、「I went to the shops（私はその店に行った）」と「I went to the cinema（私は映画館に行った）」という文は同じであると言える。どちらも構文は同じである。どちらも同じような出来事について言及している。それと同様に、Ⅰ－Ⅴ－Ⅰというカデンツには、いくつかのバリエーションが考えられ（図12・2）、それぞれに持っている雰囲気は少しずつ違うが、語られる「物語」はどれも基本的に同じだ。言語にしろ、音楽にしろ、作ることのできる「文」はこのような単純なものだけではない。たとえば、次のような、もっと複雑な文も作れる。

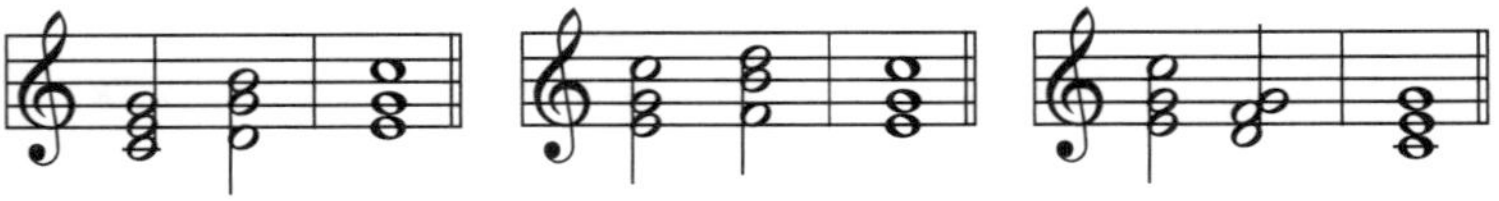

図12.2 「I-V-I」のカデンツのバリエーション。どれも構文的に正しい。

I went to the shops, and there I bought a radio.
（私はその店に行き、そしてそこでラジオを買った）

この文は、二つの節から成る（文の中に節が入れ子になっている）。音楽でも、たとえば同様の構造になっているメロディは無数にある。有名なバッハの『メヌエット　ト長調』などはその例だ（図12・3）。最初の節が小休止という感じで終わると、その後に、少し違った節が続くという構造になっている。二つの節は一つ目の節に返答をしているともとれるし、あるいは、二つ目の節が一つ目の節の説明をしているともとれる。

これも、一見、どうでもよいことのように思えるかもしれない。確かに、音楽と言語には似ているところがある、だから何だというのか。だが、よく見てみると、実は、言語と音楽の類似性は、単に表面的なことだけではないとわかる。まず、二つの節は、どう組み合わせてもいいというわけではない。組み合わせ方によっては、おかしな印象になるし、完全に「間違っている」と感じさせるような曲になってしまうこともある。先に示した『メヌエット　ト長調』冒頭の四小節、もし前後を入れ替えたらどうなるだろう。ひどい曲とは言わないまでも、かなり変わった曲になってしまうのではないだろうか。同様に、先に例にあげた二つの節から成る文も、前後を入れ替えたからといって意味不明になってしまうわけではない。だが、正しい文であるとは感じられない。構文の規則に従っていないためだ。

この章では、音楽の「構文規則」について詳しく見ていきたい。音楽の構文規則とは具体的にはどういうものなのか、どこから生まれたのか、私たちが音楽を認知する上でどう役立っているか、といったことに触れる。言語にも構文規則があるが、両者の脳内での処理のされ方は果たして同じなのか、ということに興味を持つ人も多いだろう。もし、同じなのだとしたら、音楽と言語が元々一つだったという説の正しさを裏づけることになるのだろうか。

図12.3　バッハ『メヌエット　ト長調』冒頭の４小節。この部分は、互いに関係し合う２つの節から成ると解釈できる。１つ目の節に２つ目の節が返答をしているようにも聞こえる。

言語と作曲

言語と音楽に少なからず関係があるだろうということは、おそらく誰もが感じているに違いない。世界中の多くの地域で、音楽と言えばまず「歌」であり、歌詞がついている。そのため、音楽は必然的に、それぞれの言語の持つ韻律、リズムに支配されている（あるいは、少なくとも影響されている）。たとえば、古代ギリシャにおいては、音楽と詩は不可分のものであった。叙事詩のことを“lyric”と呼ぶのは、元々、竪琴（lyre＝リラ）の伴奏とともに歌われるものだったからである。

また、歌詞のない音楽にも、言語に似た部分はある。リズムもそうだが、音程の高低変化も、話し言葉におけるイントネーションの変化に似ていると言える。そもそも、言語のイントネーションが元になって、メロディというものが生まれたという説は昔からある。チェコの作曲家、レオシュ・ヤナーチェクはよく、自分が耳にした話し言葉のイントネーションを、それがまるでメロディであるかのように楽譜に書き留めていた。そうした話し言葉のイントネーションやリズムを取り入れることが、音楽で感情を表現するのに有効であると考えていたのである。ヤナーチェク自身はこのことについて次のように言っている。

誰かに話しかけられても、私はその言語を言葉として理解していないことがあった。私はイントネーションの高低を聴いていたのだ。そうすると、その人がどういう人で、何を感じているのかがすぐにわかったし、本当のことを話しているか、怒っていないか、といったこともすぐにわかった。人間、そして生きとし生けるものすべてが発する声の抑揚が、私に深い真実を教えてくれたのだ。[2]

バルトークも、ヤナーチェクと同じように、話し言葉のイントネーションやリズムが、音楽における感情表現に有効であると考えていた。二人はともに、民族音楽の収集にも熱心だった。その民族の真実の声が聞けると考えたからである。ロシアの作曲家、ミハイル・グリンカは、「音楽は民族が作る。作曲家の仕事はそれをうまく組み合わせ、並べることだけだ[3]」と言っている。だが、実際、民族の言語は、その音楽にどの程度、影響しているのだろうか。

ロンドンでは毎年、夏に「ザ・プロムス」というクラシック音楽祭が開催される。その最終夜には、ロイヤル・アルバート・ホールでエルガーの『威風堂々』が演奏されるなど、大変な盛り上がりになる。イギリス人の民族意識が最高に高まるときである。『威風堂々』や、同じくエルガーの『エニグマ変奏曲』などは、確かにどこかイギリスを感じさせる曲である。同じように感じている人は多いだろう。ヴォーン・ウィリアムズや、ホルスト、バックスなど、他のイギリス人作曲家の曲にも、同じようなことを感じる人は多いと考えられる。それと同様に、ドビュッシーやラヴェルやフォーレの曲には、どこかフランスらしさを感じるということはあるだろうか。もちろん、「作曲者が何人なのかを知っているから、そう聞こえるのでは」という意見はある。ただ、神経科学者、アニルダ・パテルの研究によれば、どうもそれだけではないらしい。パテルは、一九世紀末から二〇世紀初頭のイギリス人作曲家とフランス人作曲家の曲を比較し、それぞれの言語の持つイントネーションやリズムが確かに両者の音楽に影響を与えているという証拠を得ている。*

パテルと共同研究者のジョゼフ・ダニエルは、まず、イギリスとフランスの作曲家、合計一六人の作品から三一八の主題を選び出した。選び出す対象は慎重に検討し、民謡や合唱曲、セレナーデなどが元になっているものは除外した。つまり、元々、歌詞がついた歌のメロディだったものは除外したわけだ（歌詞がついていると、必然的に、その言語の特性により制約を受けることになる）。選び出した主題は詳細に調べ、作曲家の母国語とリズムやイントネーションが類似している箇所を探し出した。

英語とフランス語では、まずリズムに明確な違いがある。たとえば、英語の場合は、単語の第一音節か、前の方の音節に強勢が置かれることが多いが、フランス語では、強勢は最後の音節に置かれることが多い。自分の話で恐縮だが、良い例は、私の名前〝Philip〟である。これは、フランス語では〝Philippe〟となり、強勢の位置も移動する。言語学者の中には、英語は「強勢リズム言語」、フランス語は「音節リズム言語」という別のカテゴリーに属するのだと言う人もいる。英語では、強勢がほぼ一定の間隔で置かれる（童謡『ジャックとジル』などを聴くとそれがすぐにわかる）。それに対し、フランス語では、強勢の位置には関わりなく、音節の頭から次の音節の頭までの間隔が常にほぼ一定である。ドイツ語やオランダ語は英語と同じ強勢リズム言語に属し、イタリア語やスペイン語はフランス語と同じ音節リズム言語に属するとされ

＊調査対象を、一九世紀末から二〇世紀初頭の作品に絞ったのには意味がある。まず重要なのは、この時代には意識的に自らの民族意識を作品に反映させようとする作曲家が多かったことだ。また、あまり古い時代になると、イントネーションやリズムがどうであったかが完全にはわからず、意味のある比較ができないという理由も大きい。

る。

英語の場合は、強勢から強勢までの間隔が一定に保たれるために、文中で隣接する母音の長さが同じにならないことが多い。「長い母音の後には短い母音が来る」というパターンが見られるのだ。フランス語の場合、母音の長さはあまり変化しない。フランス語の歌に同じ長さの音符が連続するものが多いのは、そのためだと考えられる（『フレールジャック』など）。逆に、英語の歌には、長い音符と短い音符が混在するものが多い（『イングリッシュ・カントリー・ガーデン』など）。この違いは、「ｎＰＶＩ（標準配列間変動指標）」という何やら難しげな指標を使うことで正確に知ることができる。これは、話し言葉の中で、隣り合う母音と母音の間隔がどの程度変動するかを示す指標である。イギリス英語のｎＰＶＩの平均値は、フランス語のそれと比較してかなり高くなる。

パテルとダニエルの研究では、この指標を、器楽曲のメロディに適用した。調査の結果わかったのは、どの作曲家の作品にも、ｎＰＶＩ値にその作曲家ならではの偏りが見られるということだ。一部の作曲家だけを比較すると、一見、民族による傾向の違いはないように思える場合もある。たとえば、ドビュッシーとフォーレのｎＰＶＩ値は、バックスとそう違うようには見えない。だが、調査対象となったイギリス、フランスのすべての作曲家のｎＰＶＩ値を平均してみると、やはり、両者には明らかな違いがあった。話し言葉の場合と同様、イギリスの作曲家の曲の方が、フランスの作曲家のものより、ｎＰＶＩ値が高かったのだ。

音楽のリズムが、言語のリズムの影響を受けるというのは、おそらく間違いがないだろう。英語圏には、八分の六拍子の童謡が数多くあるのに（『さあさ、みんな出てこい』、『ヒッコリー・ディッコリー・ドック』など）、日本にはほとんどない。これは、日本語を三拍子のリズムで話すことがほとんどないからだろう。

言語の場合も、音楽の場合も、リズムに関する情報の処理は、脳の同じ部位で行われている可能性がある。たとえそうであっても不思議ではない。言語障害にも色々な種類があるが、中には、遺伝子の突然変異によるものもいくつかある。脳の発達に関係する「ＦＯＸＰ２」という遺伝子の突然変異に由来する障害もその一つである。この遺伝子に突然変異が起きると、まず、音楽においてはリズムをとることや、リズムを認知することができなくなる。しかし、音程の認知には何の問題も生じない。強弱のつけ方には、話し言葉にも音楽にも同じようなパターンが見られる。もちろん、音楽のパターンの方が規則正しいが、基本的に似たようなパターンが使われるのは確かである。特に、詩などの韻文などは、音楽と同じように拍を感じながら朗唱することも多い。時には音楽で言う休符の箇所と同じように休みを入れることもある。「リメリック」と呼ばれる滑稽な五行詩では、最初の二行の終わりに調子を整えるための「休み」の拍を入れる（次の二行の終わりには休みは入らない）。たとえば、こんな具合だ。

To listen is good, in a way, ［休み］
（ただ聴くだけでも、まあ楽しい）
But it's better to join in the fray. ［休み］
（でも、ほんとは自分も中に入ればもっと楽しい）
Musicians agree
（音楽家ならみんなそう）
They hear what they see;
（見たものすべてが音になる）
The audience hears what they play. ［休み］*
（聴き手はただ奏でられる音を聴くだけ）

メロディの場合はどうだろうか。果たして、言語のイントネーションがメロディに影響を与えているということはあるのか。確かに、両者には、ある程度の類似性が認められる。まず、どちらも、アーチを描くように音程が上下することが多い。いったん上がってその後、下がるというパターンになることが多いのだ（英語の場合、疑問文は上がったまま戻らないが、そのおかげで、「この話をまだ続けたい」という気持ちが表現される。ただし、イギリスでは、若者の間で、疑問文でなくてもイントネーションを上げたまま文を終わらせるという話し方が流行っている。おそらく三五歳以上の人にとっては耳障りだろう）。中国語や、西アフリカの一部の言語のような「声調言語」では、音程の高低自体が意味を持つ。音程の上下パターンが変わると、文の意味が変わるのだ（あまり注目されることはないが、世界で現在も話されている約五〇〇〇の言語のうちの半分以上は実は声調言語である）。本格的な音楽教育を受けた人は、音程の高低パターンを正確に認知できるため、声調言語を習得しやすいという話もある。また、すでに述べたとおり、中国語を話す人の中には絶対音感の持ち主が多い、という調査結果もある。言語のイントネーションと音楽における音程変化には、一定の相関関係があると考えて間違いないだろう。パテルは、ジョン・アイヴァーセン、ジェイソン・ローゼンバーグらとともに、音楽と言語、両方について、国による音程変化パターンの違いを調べた。たとえば、英語とフランス語を比べると、全体として、英語の方が音程変化は大きいように聞こえる。フランス語は英語に比べると、音程があまり変化せず単調な印象である。同じことは音楽にも言えるのだろうか。英語圏の音楽の方が、フランス語圏の音楽よりも音程変化が大きいという傾向はあるのか。これは実はかなり昔から言われていることだ。ドナルド・ジェイ・グラウトは、一九六〇年刊行の著書『新西洋音楽史』の中でその点について触れている。それによれば、エルガーの書くメロディラインは、英語のイントネーションに似ているという。一方、グラウトは、一九三五年にワーグナーのオペラ作品のメロディについて「実際に話されているドイツ語のイントネーション変化を強調したもの」[4]とも言っている。

こうした意見は正しいように思えるが、本当に正しいことを証明するのは容易ではない。まず問題なのは、話し言葉には、西洋音楽のような「段階的な音程」がないということである。話し言葉の音程は、音楽のそれとは違い、無段階に変化する。しかも、決まった音階があるわけではない。つまり、両者の音程は、単純には比較できないのだ。そこでパテルらが参考にしたのは、言語学者、ピエト・メルテンスの研究だった。メルテンスによれば、話し言葉の音程は確かに無段階で変化していくが、聴く側はその無段階の変化をすべて認知するわけではなく、音節ごとに「前の音節より上がったか下がったか」を比較的、段階的に把握していることも多いという。主として、その音節の母音の音程だけをとらえるのだ。つまり、言語の場合も、各音節の母音の音程だけに注目すれば、音楽と同様、段階的に音程変化をしていると考えることもできるわけだ。

パテルらは、調査の結果、フランス語は、英語に比べて、母音の音程変化が一定していることを突き止めた。平均すれば、フランス語でも英語でも、音程変化の度合いは同じくらいなのだが、英語の方がフランス語に比べ、音程変化のパターンが様々に変化し得るということだ。また彼らは、フランス語圏の音楽と英語圏の音楽にも、言語と同様の違いが認められることを発見した。リズムの面でも、メロディの面でも、言語はその民族の音楽に影響を与えているということだ。

＊（五四一ページ）この例は、「プラハからやって来た、若いご婦人が一人（There was a young lady from Prague）」という調子の典型的なリメリックとは違っている。ただ、ヴァージニア・C・アルベディの『平均律リメリック』という音楽家のための作品集に載っている例なので、本書に使うにはふさわしいと言えるだろう。

英語とフランス語以外の言語についても同じことが言えるのかどうかはまだわかっていない。パテルとダニエルによると、ドイツ語は強勢リズム言語で、nPVI値は比較的高いが、バロック時代、古典派時代のドイツやオーストリアの音楽にはnPVI値が比較的低い傾向が見られるという。これは、当時の音楽がイタリアの影響を強く受けていたためと考えられる。イタリア語は音節リズム言語であり、nPVI値は比較的低い。一七世紀以降、ドイツ、オーストリアの音楽のnPVI値は徐々に高くなっていく。イタリアの影響を離れ、独自性を高めていったためだろう。

　パテルの調査結果は、皮肉にも、民族音楽の韻律に関するヤナーチェクの考えを否定するものだったと言える。ヤナーチェクは、民族音楽は話し言葉をそのまま音楽にしたようなものだと考えていたが、言語によって音楽に明確な違いが生じるとは考えていなかった。ヤナーチェクは次のように言っている。「チェコでも、イギリスでも、フランスでもいい、どこかの国の民謡を耳にしたとする。もし私が、それがチェコのものか、イギリスのものか、フランスのものか知らなかったとすれば、どの歌がどこのものかを言い当てることはできないだろう。民謡の魂はどこの国のものでも同じである。神の創造物たる人間の生まれたままの純粋な精神が作った歌だからだ。生まれた後に接木されたものはそこには関わらない。もし、そういう民族音楽を基に芸術音楽を作ることができれば、世界の誰であろうと完全に理解できる作品になるだろう」[5] これは、とても希望の湧く言葉ではあるが、実際には、民族音楽の方がむしろ、芸術音楽よりも民族の個性が強く出ていると言えるのだ。

　歌詞のある歌はどれも、まず間違いなく言語の持つ特性の影響を受けることになるが、おそらくスティーヴ・ライヒの『ディファレント・トレンズ』ほど、明確に言語の影響を受けている曲はないだろう。この曲のメロディは、録音された人の話し言葉の断片を基に作られているからだ。話し言葉の中で、音程変化が明確にわかる部分を取り出して、その音程変化をそのままメロディにした。その結果、驚くほど感情表現が豊かな作品になっている。この曲は、ライヒの作品の中でも特に人間味のあふれたものとされている。

音楽の文法

言語と音楽の間に一種不思議な関係があるということは十分にわかってもらえたと思う。だが、ここまで書いてきたのは、いわばどれも「表面的」なことである。もっと深い根本的な構造の部分で両者がどう関係しているのか、そのことについては触れていない。果たして、言語と音楽がどこまで似ていると言えるのか。たとえば音楽にも一応、言語と同じような構文規則、文法のようなものがあることはすでに述べたが、それはどこまで言語の文法に似ているのか。

言語において、構文規則、文法とは、簡単に言えば、単語の組み合わせ方のルールである。単語を組み合わせて句や文を作る際に守るべきルールと考えればいいだろう。そのルールを守って作られた句や文が全体として、何らかの意味を持つことになるというわけだ。ただし、文の中には、文法的には完全に正しいのに、意味はまったくないというものもある。"I saw a green smell.（私は緑色の匂いを見た）"という文はその例だろう。この文は文法的にはどこも間違っていないが、何も意味がない。逆に、"She have six tomato.（彼女は六つトマトを持っている）"のように、文法的には間違っているけれど、意味はわかるという文もある。このように、言語には文法、つまりルールがあるが、一つのことを表現する方法が必ず一つしかないというわけではない。同じことを表現する文を複数作れることは少なくないのだ。それが言語の素晴らしいところだろう。文法は、話し手にとっても聴き手にとっても、言葉を使う際の手がかりになるが、私たちを強く縛りすぎることはない。私たちには、かなりの自由が与えられている（音楽にも果たして同じことが言えるのか、ということがこの後の話で重要なポイントになる)。

人間が成長の過程でどのようにして文法を習得するのかはまだわかっていない。幼い頃に実際に触れた言語から類推している、というのも一つの考え方だが、アメリカの言語学者はそれはあり得ないと否定している。幼い子供が類推だけで理解するには、文法はあまりに抽象的で、あまりに精緻だというのだ。そもそも、そんな短い期間に触れた実例だけではあまりに種類も数も少なすぎ、そこに共通するルールを見出すことなどとてもできないという。アメリカの言語学者ノーム・チョムスキーは、人間の脳には生まれつき文法が組み込まれていると主張し、その文法を「普遍文法」と名づけた。

英語の文法を例にとると、まずすぐにわかるのは、文には「主語」があるということである。そして主語の後には「動詞」がある。動詞の後には「目的語」が来ることが多い。"I saw the tree.(私はその木を見た)"という順序で単語が並べられるわけだ。この場合、"I"が主語、"saw"が動詞、"the tree"が目的語である。文法上、主語、動詞、目的語は基本的にこの順序で並ぶことになっている。言語によってはこの順序が違う場合もある。たとえば、ゲルマン系の言語の中には、動詞が最後に来るものもある。また、この順序が流動的な言語もある。そういう言語は、語順以外の要素によって、構文がわかるようになっている(たとえば、ラテン語では、語尾変化でわかるようになっている)*。

語順を変えると奇妙な印象になったり、構文解析が困難になったりするが、それでも意味はわかることもある。先の"I saw the tree.(私はその木を見た)"を"I the tree saw."に変えても、何とか意味はわかるだろうし、他の意味に取ることはまずない。だが、"Mary saw John.(メアリーはジョンに会った)"を、"John saw Mary.(ジョンはメアリーに会った)"に変えると、意味がまるで変わってしまう。どれが主語でどれが目的語なのかが、語順によって示されるためだ。つまり、同じ単語でも、位置によって役割が変わるのだ。音楽にも同様のことが言える。同じ音でも、どの順序で並ぶかによって意味が違って感じられる。たとえば、ハ長調の曲で、「ド（C）」の後に「シ（B）」が来れば、私たちは音程がさらに下がると予期する。しかし、「シ（B）」の後に「ド（C）」が来れば、そこでフレーズやメロディが終わったと感じる。

言語学では、構文を木構造、あるいは階層構造を持ったものとしてとらえる。次の文を例に考えてみよう。

The driver whom the policeman stopped got a caution.
（警官に止められた運転手は警告を受けた）

この文も、基本的には、先の例と同じように、「主語」、「動詞」、「目的語」という要素から成っている。"The driver whom the policeman stopped（警官に止められた運転手）"の部分が主語で、"got（受けた）"の部分が動詞、"a caution（警告）"の部分が目的語である。だが、この場合の主語は、先の例よりも複雑になっている。この中には、"The policeman stopped the driver.（警官は運転手を止めた）"という文が埋め込まれており、"The driver（運転手）"は、この文においては目的語となっているのだ。"the policeman stopped（警官が止めた）"の部分も、やはり「主語」＋「動詞」という構造になっている（図12・4）。この部分をさらに複雑にして、次のような文を作ることもできる。

＊英語の語順にも、ある程度の流動性はある。特に、今のように規則が明確に決まる前の時代の英語では、様々な語順が使われている。そうした例は、シェークスピアの戯曲の中に多く見ることができる。たとえば、『リア王』の中には、エドガーが父親のグロスター伯に、"Sit you down Father; rest you.（座ってください、父上、休んでください）"と言う場面がある。これは、現代の英語ならば、"You sit down, Father; you rest."となるはずだ。

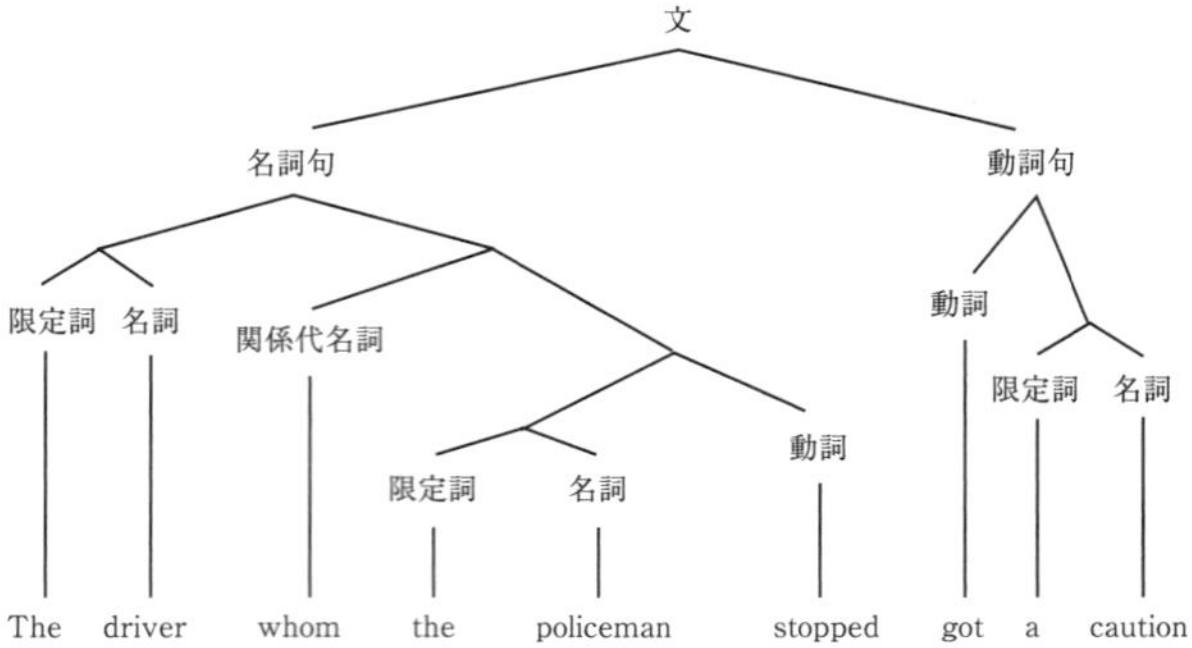

図12.4　文の階層構造（やや単純化してある）

The driver whom the policeman waiting at the corner stopped got a caution.
（角で待っていた警官に止められた運転手は警告を受けた）

文の構造がわかったからといって、文の意味がすぐにわかるとは限らない。だが、文法や構文規則を知っていれば、少なくともこのように文の構造を解析することはできる。また、文法がわかっていれば、単純な文はすぐに作れるし、単純な文をただつなぎ合わせただけではない複雑な文も作れる。先の例と同じことは次のように言い換えることもできる。

The policeman waited at the corner. He stopped the driver. The driver got a caution.
（警官は角で待っていた。彼は運転手を止めた。運転手は警告を受けた）

意味が曖昧でない、深い階層構造を持った文を作るための構文規則は、英語だけでなく、他の多くの言語にも見られる。

音楽にも同様のことが言えるのだろうか。どうもそのようである。言語の場合、構造を変えずに主語や

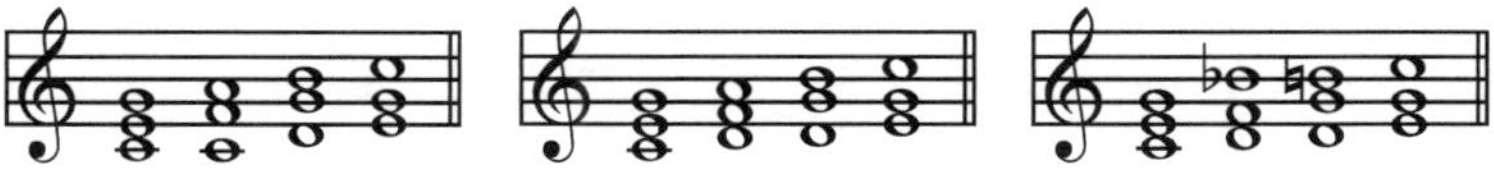

図12.5　トニックに始まりトニックで終わるカデンツのバリエーション。これは、言語で言えば、基本的な文の構造は変えずに動詞だけを入れ替えるのに似ている。

動詞を色々な単語に置き換えることで数多くの文を作ることができる。音楽でも、それと同じように、構造を変えずに音程や和音を別のものに置き換えることは可能である。たとえば、次の三つの文は皆、基本的な構造は同じだ。

I saw you.
（私はあなたに会った）
I regarded you.
（私はあなたをじっと見た）
I inspected you.
（私はあなたを調べた）

音楽では、「カデンツ」で同じようなことができる。図12・5に示した和音進行は、基本的な構造はどれも同じだが、二つ目の和音がそれぞれに違っている。この二番目の和音の違いにより、全体として持つ意味が一つ一つ違ってくる。

ただし、音楽は、こうしたカデンツのような定型だけを組み合わせて作られているわけではない。とはいえ、言語と同様の木構造、階層構造は、確かに音楽にも見られる。次にその例を見てみよう。

ハインリヒ・シェンカーは、おそらく、音楽の「構文」というものについて最初に詳しく考察した音楽学者だろう。シェンカーは、あらゆる音楽は、単純な要素に分解できると考えた。そして、そうした要素の中には、その音楽を成り立たせるための本当に基

図12.6　バッハ『イタリア風アリアと変奏』（BWV989）をシェンカーの手法に従って単純化した例。(a) はオリジナル。(b) は、オリジナルから装飾的な音を取り去ったもの。(c) は、メロディとハーモニーの骨格となる音だけを残したもの。棒のついた音符は、棒のついていない音符に比べて重要である。また、スラーで結ばれた音は、互いに依存し合う関係になっている。

本的な要素と、基本的な要素を「修飾する」ための要素があるとした。修飾的な要素を取り払うと、根本の音程、和音だけが残るというわけだ。調性音楽の場合は、調性階層の高い音、安定度の高い音（主音や五度の音）ほど、基本の要素になる可能性が高いと言える。その音が存在しなければ、曲が何調なのかもわからなくなってしまう恐れがあるので大切である。半音など、音階から外れた音は、通常は単なる経過音で重要度が低く、省いてしまっても何の曲だか認識できることが多い（図12・6）。それと同様、拍から外れたタイミングに置かれる短い音も、多くは重要度が低く、なくなってもさほど印象は変わらない。そのような「なくなってもかまわない」音を徐々になくしていくと、どこかで、「これ以上、音を減らすと何の曲かわからなくなる」というところへ行き着く。それで残った音が曲の骨組みということになるだろう。骨組みとなる音は、どれかを取り去ると、他の似た曲との区別ができなくなってしまう。ただし、何の曲だったかを知っている状態で聴いた場合には、それでもまだ、元の曲の輪郭が残っているのを感じられることもある。

シェンカーは、装飾的な音と基本的な音とを区別するためのルール（あまり厳格なルールではない）を定めている。装飾的な音をすべて取り去って最終的に残る要素をシェンカーは「原楽理」と呼んだ。最後に残る要素の多くは、「三度、二度、一度」あるいは「五度、四度、三度、二度、一度」と音階を順に下がっていくパターンであることが多いという。和音進行で言えば、正格終止が多い。*聴き手が果たしてそのことを認識して音楽を聴いているのか、シェンカーはそれには関心を持っていなかった。ただ、音楽の形式だけを手がかりに、ある曲とある曲（あるいは、同一の曲の中の部分と部分）が似ているのか、それとも似ていないのかを区別する方法を探していたのだ。また、作曲が成功するか否かは、曲の基礎を成す原楽理の特性、はたらきを作曲家が十分に理解しているかどうかにかかっているとシェンカーは考えた。シェンカーの理論は二〇世紀初頭のものだが「バロック時代、古典派時代の、（主としてドイツの）調性音楽の巨匠たちの作品の方が、ストラヴィンスキーやシェーンベルクといった、いわゆるモダニストたちの作品より、構造の面や一貫性という点で優れていたことを証明したい」という暗黙の意図があったと思われる。

シェンカーのアプローチの最大の問題は「曖昧性」だろう。曲を要素に分解し、重要でないものを取り去る際に基準となるルールが明確でないのだ。曲の表層から奥深くの階層へとどう進んでいけばいいのか、それが明確に示されていない。さらに、もう一つ問題なのは、逆方向、つまり奥深くの階層から表層へ向かう際のルールも明らかにされていないことだ。仮に、ある曲の骨組みをうまく見つけられたとしても、

*同じようなことを、アメリカの小説家、カート・ヴォネガットが小説のプロットについて言っていた。ほとんどの小説のプロットは、要約してしまえば、「人生は山あり谷あり」ということになってしまう、というのだ。

それはティツィアーノの絵の下書きを見るのに似ていて、ただそれだけでは大した意味を持たないのだ。作曲家たちがその骨組みに肉付けをする際、一体どういうルールに従っているのか、肝心なのはそこなのだが、シェンカーの理論からそれはわからない。肉付けには、作曲家たちの無意識の思考が大きく関わっているとシェンカーは言う。それは確かにそうだろう。無意識は重要な役割を果たしているはずだ。そして、私たちが知りたいのは、まさにその無意識のはたらきなのである。クラシック音楽の作曲家たちが、肉付けをするために必要な何らかの能力を確かに持っていたということだけはわかるが、シェンカーの説明では、ベートーヴェンの『英雄』や、モーツァルトの『ジュピター』がなぜ、どのようにしてああいう曲になったのかはまったくわからない。シェンカーはただ、すでに存在している曲を観察して、「こういう構造であると解釈しても間違いではない」と言っているだけだ。しかも、このアプローチは、一八世紀、一九世紀の伝統的なルールに則った曲以外には通用しない。たとえクラシック音楽であっても、バッハ以前、あるいはブラームス以後の音楽の解析にはほとんど役に立たないし、ロックなどのポピュラー音楽の解析にも役立たない（シェンカー自身は、理論を提唱したつもりはなく、ただ過去の音楽を詳しく調べてみた、というだけだったのかもしれない）。

とはいえ、音楽が言語と同じように階層構造を成しているというシェンカーの考え方自体は正しいと思われる。そのため、音楽の「文法」について調べようとする際には、今日でもシェンカーの解析手法を基礎に置くことが多い。いずれにしろ、「曲を構成する音には地位の違いがある」ということが前提になる。地位が上の、重要性の高い音と、それよりは下位の音、重要性の低い音があるということだ。地位が下の音を省いて、曲を「要約」することもできる。これは、画像の解像度を下げ、粗くしていくのに似ている。粗くすると細部はわからなくなるが、色や明るさの大まかな変化はよくわかるようになる。*

ビートルズの『ノルウェーの森』の冒頭部分（図12・7 a）を例にとって見てみよう。この曲の階層構

図12.7 ビートルズ『ノルウェーの森』の冒頭部分（a）。重要な音はすべてEコードの構成音で音程の高いものから順に並んでいる（b）。それ以外の音を加えても、全体として徐々に音程が下がっていっていることがわかる（c）。

造は、音楽理論家のフレッド・ラダール、レイ・ジャッケンドフによって解析されている。ラダール、ジャッケンドフによれば、この中で特に重要な音は、歌詞で言えば“I”、“girl”、“say”、“me”の部分だという（図12・7b）。この構造は非常にわかりやすい。重要な音はすべて強拍に置かれ、長く伸ばされているからだ。しかも、音程は「シ」、「ソ#」、「ミ」、「シ」で、どれもホ長調のトニック（Eコード）の構成音なので、安定度は高い。この四音だけを聴けば、元のメロディ全体が思い浮かぶだろう。四音はEコードの構成音というだけでなく、音程の高いものから順に並べられていて、まるでアルペッジョのようになっている。また、このメロディは全体としても、徐々に音程が下がっていっている。四音以外の音をいくつか加えても、ほぼ、音程の高いものから順に並んでいることがわかる（図12・7c）（ただ、この曲の音階はメジャースケールではなく、モードになっている点に注意。

＊実を言えば、画像の解像度にたとえるのは、厳密には正確とは言えない。画像の場合は、解像度が下がると、その周辺の色や明るさが「平均化」されることになるが、この音楽解析手法では、ただ重要な音を抜き出しているだけである。

図12.8　ラダール、ジャッケンドフの調性音楽生成理論（GTTM）による『ノルウェーの森』の木構造

"she"の部分はメジャースケールならばシャープになるが、ここではナチュラルになっている。モードが使われていると、やや民族音楽風になる）。

ラダール、ジャッケンドフの解析手法は、基本的にはシェンカーと同様のものである。二人は、解析のための「調性音楽生成理論（GTTM）」を提唱している。これは、曲を「要約」する手順を標準化する理論である。この理論に従えば、装飾的な音を剝ぎ取って骨組みだけを取り出すことができる。GTTMの特徴は、一見、どの音が重要でどの音が重要でないかが明確でない曲でも、要約が可能という点である。*GTTMによって解析をすると、曲のメロディを木構造で表すことができる。この木構造では、重要な音ほど幹に近い枝に位置することになる。幹から離れるほど、重要度の低い、装飾性の強い音ということだ。『ノルウェーの森』を木構造で表すと、図12・8のようになる。

図を見ると、最も重要な音は最初と最後であることがわかる。どちらも「シ」の音であるが、高さは最初の音の方が一オクターヴ高い。つまり、この部分のフレーズは、ごく乱暴にまとめれば一オクターヴの音階下降であるということだ。途中、装飾的な音は入るけれど、基本的には一貫して音階を下降していると見ていい。注意すべきなのは、この図における重要度は、知覚上の重要度と必ずしも一致しないということだ。たとえば、歌詞が"once"となる「ラ」の音は、GTTM木構造の中ではかなり重要度の低い音とされている。だが、この音は聴いていると比較的強く印象に残る。ここで他に比べると音程が大きく変化するためだ。「レ」から「ラ」に上がって、また「ド#」に戻ってくる。音程が急激に上下すると、聴き手は驚き、緊張感が高まることになる。メロディがこれからどちらに向かうのかがわからず、不安になるのだ。こうしたことも、一応、GTTM木構造のかたちには反映されている。その音（音程）の与える緊張感は、木構造の中では、枝の「傾き」で表現される。緊張の高まる音ほど、枝の傾斜は少なくなる。枝が寝ているほど、緊張する音ということだ。「ラ」の音は、図中でも最も枝の傾きが少なくなっている。最も緊張する音ということである。**

曲の構造について、これですべて言い尽くせたというわけではない。メロディだけではなく、リズムにも階層構造があるからだ。まず、どの曲でも、重要な音は強拍に置かれるという傾向がある。メロディの階層構造においては、メロディが、連続する三つくらいの音から成るグループに分かれることになる。

＊ただ、GTTMも、シェンカーの手法と同様、恣意的だと批判する人はいる。ロジャー・スクルートンも「ルールの数も種類も多すぎる。その中には、特定の場合にしか適用できないような普遍性のないルールも多い」と言っている。しかも、要約する手法で解析をしても、あるメロディが別のメロディよりもなぜ良く感じるのかを説明できない。木構造がほとんど同じにもかかわらず、一方のメロディは良くて、一方のメロディは良くないということも起きるからだ。この批判は、ある意味では正しい。同様のことは、言語学の構文解析にも言えるかもしれない。しかし、だからといって、言語学の構文解析の存在意義を疑う人は少ないだろう。

＊＊第4章でも触れたとおり、大幅な音程変化が一箇所だけで単独で起きることは少ない。何の前触れもなしに、急に大きく音程が変化しても、聴き手にはその意図がわからない。ただ、でたらめな動きに感じられる。だが、同様の音程変化が何度か繰り返されれば、それがさほど奇妙なものには聞こえなくなる。では、『ノルウェーの森』は例外なのか。そうではない。歌で音程が大きく上下した直後に、シタールがそれを反復しているからだ（図12・7 a）。

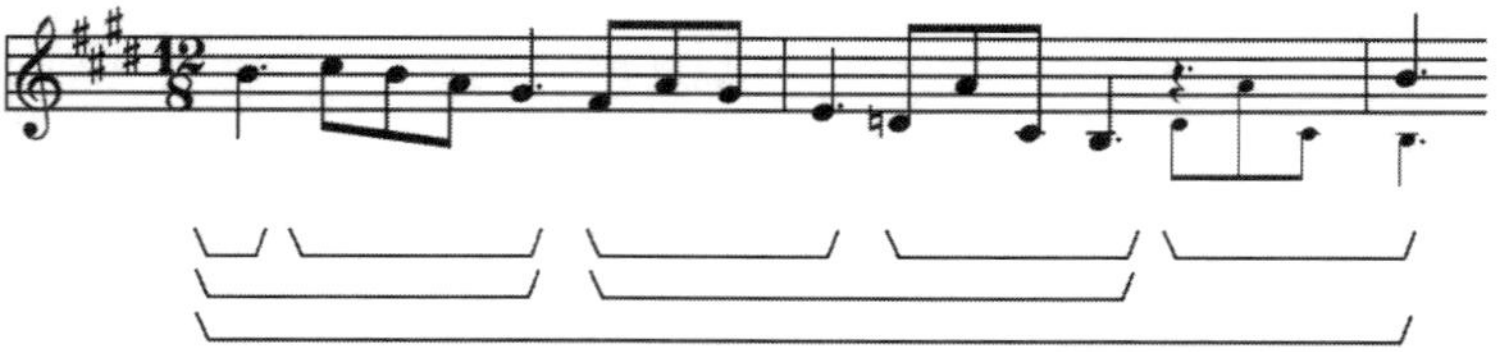

図12.9 『ノルウェーの森』のリズムの階層構造。メロディの構造（図12.8）との違いに注意。

『ノルウェーの森』の場合、歌詞で言えば、［I once had］［a girl or］［should I say］［she once］［had me］という具合に分かれるわけだ。だが、実際に歌ってみるとすぐにわかるが、こんなふうに区切ろうとすると、リズムが非常に取りづらい。リズムに合っているのは、［I］［once had a girl］［or should I say］［she once had me］という分け方だろう。ＧＴＴＭには、このようにリズムの階層構造を解析するためのルールもある。そのルールに基づいて『ノルウェーの森』のリズムの階層構造を解析すると図12・9のようになる。

『ノルウェーの森』という曲が音楽的に豊かなものになっているのは、このようなメロディやリズムの階層構造、あるいは音の持つ安定感、音程変化のもたらす緊張感といったいくつもの要素が相互に作用し合うことによって生まれている。それに加え、レナード・メイヤーの提唱する「予測と裏切り」に関する理論なども考慮すれば、曲に対して聴き手がどのような感情を抱くかもある程度わかるだろう。「裏切り」には、半音などの音階外の音の使用、リズムの急激な変化などが関係する。

ここに示したのは、曲のごく一部を切り取った例にすぎない。正確には、曲全体が階層構造を成すことになる。例に示した部分は、他の部分と関わりを持つわけだ。同じ部分が繰り返されることもあるし、その際、若干の変更を加えられることもある。音程変化パターンが大きく変わることもあれば、調が変わることもある。「音楽の構造」というと、ヴァース、コーラス、主題、展開部、楽章など、一般に広く知られている要素のことを思い浮かべる人も多いだろう。また、ソナタ、交響曲など、西洋のクラシック音楽でよく使用される形式のことを連想する人もいるだろう。確かに、その曲が交響曲かソナタなのか、どこからどこまでがヴァースなのか、どれが主題なのか、といったことを知るのも、音楽の構造を知ることではある。ただ、こうしたことが必ずしも、私たちの音楽の認知と深く関わっているとは限らない。音楽学者の中には、よく知られた形式や構成要素に関する「期待と裏切り」が、聴き手の感情に大きく影響するという人もいる。しかし、認知科学の研究によって、どうもそうとは言い切れないことがわかってきた。音楽の教育を受けた人でさえ、はじめて聴いた曲の場合には、その形式を当てたり、構成要素に細かく分けたりすることがほとんどできないということが実験で突き止められているのだ。もちろん、楽章の始めと終わりがどこなのかくらいはわかる人が多いし、アンダンテ楽章とスケルツォ楽章の区別もつく人が多いだろう。つまりそのくらいおおまかな構造ならば、多くの人が把握できるということだ。だが、もっと細かい構造となると、そうはいかなくなってくる。細部についての記憶はせいぜい数分しか保持できないためだ。作曲家は隅々にまで気を配って曲の構造を決めているのだろうが、その効果についてはかなり割り引いて考えるべきかもしれない。結局、構造が完璧にわかるのはおそらく作曲家自身だけである。耳で聴いても、その意図は伝わらないことが多い。前もって譜面を仔細に調べない限り、曲がどういう作りになっているかわかる人はあまりいないのだ。

「音楽の構文解析」をする際に、そうした耳で聴いてわからない要素を解析しても意味はない。音楽に関する専門的な知識のない人にも納得できるような文法、理論が必要である。誰もが無意識のうちに体得しているような、音楽の「暗黙のルール」に合致するような文法が必要なのだ。誰もが六歳か七歳くらいになれば、音楽教育など受けなくても自然に体得しているような暗黙のルールだ。

音楽の文法は、言語の文法と似ているが、同じでない部分もある。たとえば、言語の場合、文法に照らせば、ほぼどのような文でも「正しい解釈」は一つに決まってしまう。そのため、「文法的には完全に正しいのに、意味は曖昧」という文は非常に作りにくい。一方、音楽の場合は、一つのメロディを何通りにも解釈できるということは珍しくない。ある見方をすればこう解釈できるが、別の見方をすればそれとは矛盾する解釈も成り立つということは十分にあり得るのだ。もし、同じことが文章で起きたら（詩は例外だろうが）、私たちはすぐに読むのが嫌になるだろう。だが、音楽の場合は、むしろその方が望ましいことも多い。たとえ同じ曲でも、メロディを解析した場合の解釈と、ハーモニー、リズムを解析した場合の解釈が一致することもあれば、しないこともある、その方がいいということだ。一致しない音楽の方がおそらく聴いて楽しめる可能性が高いだろう。同じ箇所についての解釈が、聴いている途中で刻一刻と変わっていく、その方が楽しめるに違いない。構造が非常に明快で解釈が一通りしかない、そんな音楽は、ほんのしばらくの間は心地よいかもしれないが、結局は童謡のように幼稚なものに感じられ、退屈してしまうだろう。

言語の場合は、「この文は文法的に間違っている」ということを、かなりの確信を持って言うことができる（中には、正しい、間違っている、の境界線が曖昧なルールもあるが）。同じことが音楽についても言えるだろうか。きっと意見は分かれるだろう。確かに、「文法的に見ておかしい」と思われるような曲、「本来こうなるはず」という展開をしない曲というのはあり得る。たとえば、カデンツだと思った部分の最後がトニックではなく、まったく違う別の和音になっている、そんな曲があれば、「おかしい」とは感じるだろう。しかし、仮にそう感じても、そういう曲を絶対に間違っていると言い切る人はあまり多くないはずだ。それに、はじめは「おかしい」と感じても、後の展開によってその印象が訂正されることも大いにあり得るのだ。

ＧＴＴＭなどの理論に従えば、確かに、曲を要素に分け、どういう構造になっているかを一応、知ることはできる。問題は、脳が音楽を認知する際には、そうした体系的な理論に基づいて構造解析をしているわけではないということだ。もちろん、聴いていて漠然と「これは正しい」「これはおかしい」と感じることはある。だが、そもそも、私たちは普段、少しでも「文法」らしきものを意識しながら音楽を聴いているのだろうか。それは難しい問いだ。普通の人は『ノルウェーの森』を聴いたとき、どういうことを感じるのか。おそらく、リズムがゆらゆらと揺れるようなものであることと、メロディの音程が全体として徐々に下がっていくことくらいは多くの人が何となく感じるだろう。しかし、ラダール、ジャッケンドフのように、木構造を感じながら曲を聴く人がいるとはとても思えない。そもそも、聴きながら木構造を感じるなど、不可能なことである。曲のメロディの構造が正確にどのようなものになっているかは、曲の全体を眺めてはじめてわかることだからだ。音楽の構造、文法に関する理論が妥当なものであるかは、実験によって確かめるしかない。たとえば、緊張感が曲のどこで高まるか、あるいはどこで緩和されるかを理論に従って予測し、実際にそのとおりになっているかを被験者に答えてもらうといった実験が考えられる。第10章で触れたとおり、その種の実験はすでに何度か行われているが、どれも結果は納得のできるものとは言えない。第一に、音楽を聴いたときの緊張感の強さを客観的に正確に測る基準がないという点が問題になる。私たちは音楽を聴くとき、全体の構造も意識しているが、それと同時に「逐次的」に理解してもいる。ラダールはそう考えた。曲がどういう要素からできているか、その要素がどのように組み合わされているか、といったことも把握しようと努めているが、同時に、メロディやハーモニーが時々刻々どう変化していくかにも注目しているということだ。ラダールは、聴き方は聴き手の知識や経験によっても変わ

＊「いや、言語の場合も、正しい解釈がいくつもあり得るような文は少なくないぞ」と主張する人もいるかもしれない。確かにそうかもしれないが、形式上は複数の解釈があり得るような文でも、私たちは、文脈を手がかりに唯一の正しい解釈をすぐに察知してしまうことが多い。たとえば中国語では、英語よりもさらにそういう場面が多いようである。

ってくるだろうと考えた。[6] 日頃からさほど音楽を聴かず、知識もあまりない人は、どうしても表面的な聴き方になる。しかし、多くの音楽を聴いていて、知識も豊富な人であれば、その曲の深い構造まで察知することができるというわけだ。緊張感がいつ高まり、いつ緩和されるかも、両者の間では違っているという。後者の人の場合は、ある程度のまとまりごとに曲の展開を予測するので、緊張感の上下もまとまりごと、ということになる。一方、音楽をよく知らない聴き手の場合は、ほぼ、今聞こえている音と直近の音との関係しか把握できないので、専らそれによって緊張感が上下する。その調の中で、より安定した音程に移動すれば緊張感は緩和されるし、不安定な音程に移動すれば、緊張感は高まる。

「調性音楽生成理論（GTTM）」という名前からもわかるとおり、ラダール、ジャッケンドフの理論は、調性音楽のみに適用される理論である。無調音楽にも同様の理論があり得るのかは明確ではない。無調音楽の「文法」が調性音楽とまったく異なっているのは間違いない。調性音楽のような階層構造も存在し得ないだろう。無調音楽には、カデンツなども存在せず、「この和音の後にはこの和音が来なくてはおかしい」といったルールもない（ただし、セリエル音楽では、繰り返しが否定されるなど、使う音に一定の制約は設けられた）。仮に、GTTMを無調音楽に無理に適用したとしても、そこには非常に曖昧な構造しか見つけられないだろう（まず、音程の高低だけを手がかりにする限り、フレーズの始まりと終わりがどこなのかがわかりづらい）。しかも階層はごく浅いものだけに留まるだろう。ほぼ、最上位の層だけで曲ができていることがわかるはずだ。いくつかの小さな要素が組み合わさって大きな要素ができているということはほぼないのである。そのことは、音楽学者、ニコラ・ディッベンが音楽大学の学生や、音楽家たちを対象に行った実験によっても証明されている。この実験では、被験者にある無調音楽のメロディを聴かせ、その後、メロディの「要約」を二種類聴かせて、どちらが「正しい」要約かを答えさせるということをした。すると、誰もどちらが正しいのか答えられないという結果になったのである。これは、誰も無調音楽の階層構造を明確には知覚していないことを意味する。階層構造を知覚しなければ、要素間の組み合わせによって生じる緊張感を知覚することもおそらくまずないだろう。近接する音と音との不協和の度合いによって緊張感の強さが変化することはあるだろうが、調性音楽のような緊張と緩和は起きないのだ。無調音楽(セリエル音楽)にも、音楽を支配するルール(このルールは通常、非常に厳格に適用される)はあるのだが、それは、体系的な文法と呼べるような種類のルールではないのだ。言語や調性音楽のような、重層的な構文を有してはいない。

これは重要な事実ではないだろうか。音楽が私たちの注意を惹きつけるのは、多くが言語に似た構造や文法を持っているからかもしれない。私たちの耳に音楽は「擬似言語」のように聞こえるということだ。だとすれば、音楽は、心地よいだけの無意味な音の羅列ではないことになる。脳内の言語処理機能がはたらくことで、私たちは音楽にある種の論理の存在を感じ、その論理により、複雑な音楽を理解できるのではないだろうか。世の中に存在する音楽が童謡のような単純なものばかりにならずに済んでいるのは、私たちが音楽に言語のような構文の存在を感じられるおかげなのかもしれない(もちろん、童謡にもやはり簡単な構文はあるわけだが)。逆に言えば、ただ音を直線的に並べたような音楽、明確な構文、階層構造を持たないような音楽は、言語のようには認知できないことになる。シェーンベルクの代表作に小品が多いのはそのせいかもしれない。

資源の共有

音楽と言語にいくつか構造上の類似点があるのは間違いないだろう。では私たちの脳は、両者を同じように処理するのだろうか。そのことは長い間、論議の的になってきた。聴覚処理の初期段階においては、どちらもまったく同じ扱いを受けるはずである。耳にとっては、言語だろうが音楽だろうが、音には変わりなく、二つを区別することはできない。言語の情報と音楽の情報をより分けて、それぞれを脳内の適切な部位に送るということも耳にはできない。とはいえ、二つは必ずいずれかの段階でより分けられるはずだ。そうでなければ、私たちは、言語と音楽を明確に別のものであると感じるはずがない。だとすれば、「構文」のような高度な属性の処理も、言語と音楽では脳内の別々の回路で行われている可能性が高いだろう。ただ、構文の処理にあたってすべきことは、言語でも音楽でもかなり似通っている。似通った処理をする回路が二つ存在するのは、脳の資源の浪費ではないだろうか。

　音楽と言語の脳内での処理がどう関係し合っているかについては様々な意見があり、長年、論争が続いているがいまだに明確なことはわかっていない。重要なのは、脳の損傷により失語症になった人が、音楽の認知に関しては何の問題もないというケースがあり、またその逆のケースもあるということだ。中でも特に有名なのは、一九五九年に重度の脳卒中に見舞われたソ連の作曲家、ヴィッサリオン・シェバーリンのケースだろう。それ以後、シェバーリンは言語機能に障害を負った。ごく短い、簡単な文でさえ、三つ並ぶと、相手に言われたとおりを復唱することができなくなったのだ。しかし、音楽に関する能力は失われなかったので、その後も作曲を続け、一九六二年に書いた『交響曲第五番』などは、ショスタコーヴィチから、「情感にあふれた、素晴らしく独創的な作品」[7]と激賞された。重度の自閉症で、言語の認知に深刻な問題を抱えた人が、音楽に関しては素晴らしい才能を発揮するという、驚くべき例も知られている。しかも、ただテープレコーダーのように教わったとおりの演奏をするだけではなく、事もなげに即興演奏をやってのける人までいるのだ。かと思えば、話し言葉のイントネーションは完璧に聞き分けられるのに、音楽のメロディは一切認知できないという人もいる。もし、音楽と言語の処理が脳内の同じ回路で行われているのだとしたら、こんなことは起きないのではないだろうか。

全般的に見れば、音楽と言語の処理回路が同じでないことはすでに明らかになっている。言語の処理は、かなりの部分が、脳内の特定の部位で行われている。それに対し、音楽の処理回路は、脳内のあちこちに分散していて、特定の場所に集中しているということはない。にもかかわらず、構文に関する処理回路だけが、音楽と言語の共有になっていることはあり得るだろうか。音楽の機能に一切問題のない失語症患者がいるという事実が、この問いの答えにはなるかどうかはわからない。まず問題なのは、そうした患者は非常に稀だということだ（専門的な医学文献に数えるほどの症例が載っているにすぎない）。そして、報告されている症例が、元々、音楽に関して高い能力を有していた人に関するものに偏っているということも問題だろう。シェバーリンのような特殊な才能の持ち主を一般の人と同じに扱っていいかどうかは疑問である。

ただ、現代では、脳の撮像技術が進歩したため、脳に損傷を受けた患者がいなくても調査ができるようになった。アニルダ・パテルなどは実際にそうした技術を利用した調査をしている。その結果、ごく一般的な和音進行の中に急に不調和な和音がはさまったときに見られる脳の活動と、構文的に適切でない文を耳にしたときの脳の活動が似通っているとわかった。意味のわかりにくい言葉を聴いて、「えっ？」と聞き返すときと、不調和な和音を聴いたときとで、脳の反応が似ているということだ。しかし、脳で行われている処理が同じかどうかまではこれだけではわからない。それに、そもそもこの反応が「構文の不適切さ」によって起きているとは限らないのだ。文の「意味がわからない」ということ自体、あるいは和音が不調和であるということ自体に反応している可能性もある。仮に、構文の不適切さが原因の一部だとしても、それはさほど重要でないということもあり得る。

幸い、脳が構文の不適切さにだけ反応して発する信号が存在することはわかっている。その信号がまるで指紋のように、動かぬ証拠になってくれるのだ。電極センサーを頭蓋に取りつけて脳内の電気的活動を調べると、その信号を検出することができる。ただ意味がわからないだけの文を耳にしたときには現れず、構文が不適切なときにだけ特徴的に見られる信号である。その信号、電気パルスは「P六〇〇」と呼ばれている。構文的に適切でない言葉を聴くと、その六〇〇ミリ秒後くらいに最も強くなる信号だ。P六〇〇が検出されるのは、たとえば、"The broker hoped to sell the stock was sent to jail.(その株を売ることを望んでいた仲買人は投獄された)"という文を耳にしたときだ。この文はまったく意味が通じないというほどではないが、それでも、構文が明らかに不適切でわかりにくいところはある。わかりにくいのは、"stock"の後に"was"が来ている部分だ。P六〇〇は、"was"が聞こえ始めてから約六〇〇ミリ秒後に最も強くなる。*

パテルは、同じ信号が音楽の場合にも現れるかを確かめた。まず、いくつかの和音を並べて、ポピュラー音楽風の短い曲を作った。ラジオなどでよく流れる、いわゆる「ジングル」のような曲である。そして、その曲の中に、その和音進行とはやや不調和な和音を入れた。たとえば、ハ長調のカデンツの中に、「E♭」や「D♭」のコードを入れるといったことをしたのだ。E♭のコードは、聴き手はまず予期しないものだが、トニックとまったく無関係とは言えない(また響きが不協和ということはない)。一方、D♭となるとトニックからの距離はE♭よりさらに遠くなり、E♭よりさらに不調和になる。ここで重要なことは、どちらの場合も、使っている和音自体はごく普通のものであるということだ。普通でないのは、和音の「進行」だけである。途中でピアノの鍵盤を拳で叩くような極端な演奏をするというわけではない。この実験の結果、わかったのは、不調和の度合いに関係なく、一般の和音進行から外れた和音が聞こえると、やはりP六〇〇が現れるということだ。そして、不調和の度合いが強いほど、信号も強くなる。

ドイツの神経科学者、シュテファン・ケルシュらの実験では、これをさらに補強するような結果が得られている。彼らは被験者に、何種類もの和音進行を聴かせた。その中には、正格終止のような一般的なカデンツもあれば、一般にはあまり使われない進行もあった。この実験では、構文が不適切な際に発せられ

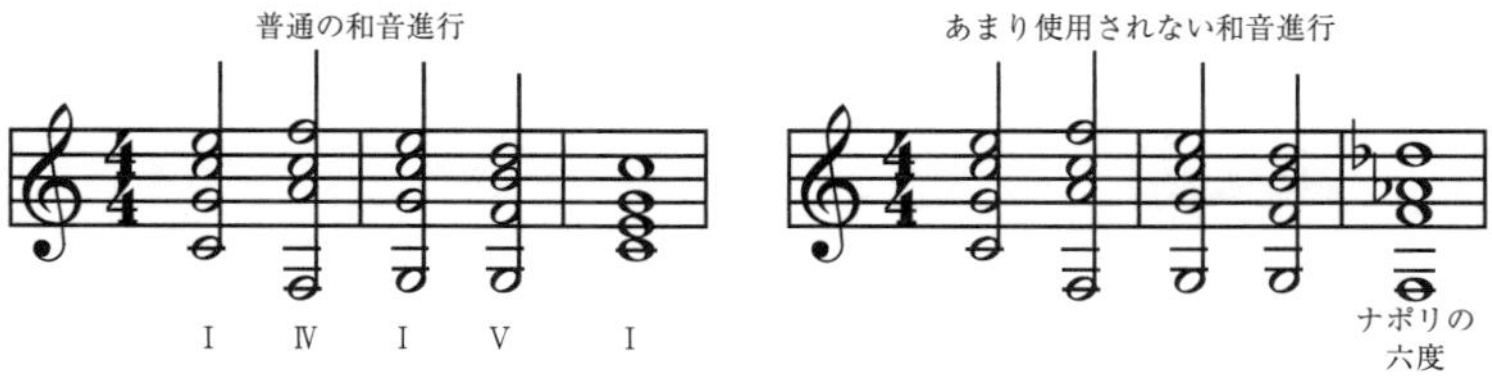

図12.10　シュテファン・ケルシュらが実験に使用した和音進行の例。ごく普通のカデンツと、あまり使用されることのない（完全に誤っているというわけではない）和音進行の両方を使った。

る何種類もの信号の検出が試みられた。具体的には、「早期右前頭葉陰性成分（ＥＲＡＮ）信号」、「後期両側前頭葉陰性成分（Ｎ５）信号」などである。前者は、構文上、不適切な語が聞こえて始めてから約一八〇ミリ秒後、後者は、不適切な語が聞こえ始めてから〇・五秒後に現れる。

実験に使用された和音進行はいずれも五つの和音から構成されたもので、最初と最後はほぼどれもトニックだった。ただ、中には、二番目、三番目に「ナポリの六度」と呼ばれる少し変わった和音を使った進行も混ざっており、最後がナポリの六度になっている進行もあった（図12・10）。ナポリの六度は、「サブドミナントマイナー」を基礎とした和音である。つまり、トニックが「Ｃ」のコードならば、「Ｆマイナー」のコードを基礎とした和音になるということだ。ただし、「Ｆマイナー」コードの五度の音（ド）の代わりに、六度の♭（レ♭）を使う。かなり不思議な響きの和音だが、完全に不協和というわけではない。バロック時代からロマン派時代のクラシック音楽には比較的よく使われている。** つまり、パテルの実験の場合と同様、決して構文的に「誤っている」和音を使ったわけではなく、前後関係からしてあまり使われないため聴き手が困惑しそうな和音を使ったわけだ。

＊Ｐ六〇〇は、構文の誤りを警告する信号というわけではない。正確には、構文がわかりにくいときに、それに反応して出る信号と言った方がいいだろう。たとえ正しくても、わかりにくくて理解するのに努力がいる構文であれば、Ｐ六〇〇は現れる。

実験の結果、ナポリの六度が使われた和音進行では、被験者の脳にＥＲＡＮとＮ５の両方が現れるとわかった。それは、被験者が音楽家の場合でも、西洋の調性音楽に馴染みのある一般の人の場合でも同じだった。しかも、ナポリの六度を三つ目の和音に使った場合よりも、最後の和音に使った場合の方が、信号は強くなった。これは、最後の和音については、被験者の予期がより強くなるためと考えられる。慣例上、カデンツの最後はトニックになるはずという予期は非常に強いはずである。ケルシュらは後に、作曲家が意図的に普通とは異なった和音を使った箇所でも、ＥＲＡＮとＮ５は現れると確認した。ベートーヴェン、ハイドン、モーツァルト、シューベルトのソナタから、意図的に和音を普通とは違うものに変えたと考えられる箇所を抜き出し、被験者に聴かせたのだ。その結果、実験のためにわざと変にした曲だけでなく、一流の作曲家による「本物の」作品でも同じ結果になることがわかったのだ。これでわかるのは、言語の場合と同じく、音楽においても、文法、構文規則というものは、芸術家に「何をすべきか」を指示するわけではないということだ。一定の基準とはなるが、表現のためには多少なりともそこから逸脱することはあり得る。もし、一切の逸脱が許容されないとしたら、たとえば詩などは何の面白味もないものになるだろう。

ケルシュらはさらに研究を進め、ＥＲＡＮ信号が脳内のどの部位から発せられるかも突き止めた。ＥＲＡＮ信号が発せられていたのは、脳の左半球の「ブローカ野」と呼ばれる部位、そして、ちょうどそれと対応する右半球の部位であった。音楽を聴いた場合にも、話し言葉を聴いた場合にも同じような部位から同じような信号が出るのだ。また、「構文」に不適切な部分があったとき、その情報の処理に使われる脳内の回路は、音楽の場合でも言語の場合でもかなり似通っていることがわかっている。音楽でも言語でも、「構文」の解析に使用されるメカニズムは少なくとも一部共通しているということだ。ただし、その事実のみから、音楽と言語の構文が似たものだと断定することはできない。構文の解析に使用されているメカニズムが実は、一定の秩序を持ったあらゆる知覚情報の解釈に使用される汎用的なものであるという可能性もあるからだ。その可能性は低くない。

こうした研究結果から、構文解析に使用される脳内資源は音楽と言語である程度共通していると見ていいのではないか、と考える人もいる。アニルダ・パテルもその一人だ。だが、「脳内に構文解析のための回路があり、言語の情報も音楽の情報も同じようにその回路に送られる」そんなふうに考えていいかどうかはまだわからない。どちらも同じ回路で、共通のルールに基づいて構文解析されるのか、それはわからないのだ。少なくとも、言語、音楽の基本的な構成要素、言語ならば単語や句、音楽ならば楽音や和音の処理は、それぞれに脳内の違う部位で行われているようである。ただ、そうした要素がどう組み合わされているのか、それを理解するための処理は、ある程度、共通の回路で行われている可能性がある。現状で言えるのはそれだけだ。

レナード・メイヤーの「期待と裏切り」の理論からすれば、ケルシュらの実験のように「普通とは違う」和音進行を聴かされた被験者は、それによって何らかの感情を抱くはずである。単に脳内で信号が発せられるだけということはないだろう。記録によれば、どうやら実際にそのとおりだったようだ。被験者にナポリの六度で終わる普通ではないカデンツを聴かせた場合には、感情に関わりの深い部位である扁桃体が活性化したという。また、被験者に尋ねたところ、ナポリの六度で終わるより、通常のトニックで終

＊＊（五六五ページ）ナポリの六度は、「主音の短二度上（つまり、主音がドならば、レ♭）の音を根音とする長三和音」と考えることもできる。通常は、第一転回形（主音がドならばファから始まる形）で演奏される。アレッサンドロ・スカルラッティをはじめ、一八世紀イタリアの「ナポリ楽派」と呼ばれる作曲家たちが使用したためにこの名がある。その他、ベートーヴェンも好んで使っており、『月光ソナタ』の第一楽章にも使われている。

わるカデンツの方が心地よいという回答が得られたという（ここで注意すべきなのは、ナポリの六度は協和音であり、それ自体の響きは耳障りではないということだ。被験者が「心地よくない」という印象を抱いたのは、あくまで前後関係が原因である）。その他、興味深いのは、構文的に不適切な和音進行を聴いた被験者の皮膚の導電性が上がることである。この現象は、主として、感情に変化が起きたときに見られるものである。構文的に不適切な箇所が表情豊かに演奏されるほど、N５信号が強くなるという結果も得られている（ただし、ケルシュらの実験では、デジタル録音された音源が使用されたため、この場合の「表情」とは再生ヴォリュームの変化のことである）。構文の不適切さの度合いだけでなく、その演奏がどのくらい感情を強く動かすかによっても、信号の強さは変わるということだ。こうした事実は、レナード・メイヤーの理論に科学的な裏づけを与えるものと言えるかもしれない。

一方、不思議なのは、N５信号と違い、ＥＲＡＮ信号には、感情との関連性が見られないということだ。これは、構文的に不適切な音楽に対応する認知回路が二系統存在するということかもしれない。一方は感情と関係が深い系統、もう一方はそうではない系統ということである。言語の場合、感情に関わる要素は、意味や構文に関わる要素とはまったく別に処理されているようだ。脳に損傷を負った人の中には、言葉の意味を理解することはできないのに、話者の感情は察知できるという人がいるからだ（ただし、同様のことは健常者にも起こり得る）。また、その逆の人もいる。問題は、音楽の場合、どこまでが音楽の持つ意味で、どこまでが感情表現なのかを明確に分けるのが難しいということである。

意味プライミング

音楽の「意味」については、すでに述べたとおり、次の章で詳しく触れる。だが、一点、この章に入れた方がよいと思うこともあるので書いておこう。実は、どうやら音楽がそれ自体で意味を持つということはあるようなのだ。最近の神経科学の研究により、それがわかってきた。言語の意味とまったく同じとは限らないにせよ、音楽もやはり何らかの意味を持ち得るのだ。

意味の上で関係の深い単語、あるいは文が二つあったとする。私たちがそれを二つ続けて読んだとしたら、または耳にしたとしたらどうなるだろうか。その場合、脳にとっては一つ目よりも二つ目の方がずっと処理が容易になる。これは、一つ目の単語や文があるおかげで、二つ目に関しては基礎条件がある程度整った状態で処理を始められるからだ。仮に一つ目の文が、「彼女は歌う」だったとしたら、二つ目の文に「音楽」という単語が出てきたときは普通より速く処理ができる。しかし、二つ目の文に「靴下」という単語が出てきても、その処理が速くなることはない。この現象は「意味プライミング」と呼ばれ、言語学の世界ではその存在が広く認められている。意味プライミングが実際に起きていることは、脳波を調べることによって確かめることができる。私たちがある単語を耳にすると、必ず約四〇〇ミリ秒後に電気活動が発生する。これは、脳がその単語に意味を与えているときに発生する活動だと考えられる。「N四〇〇」と呼ばれるこの活動は、前に関連する情報をすでに得ていた単語を耳にしたときには小さくなるのだ。

音楽が何かの意味を持つことがあり得るのだとしたら、音楽を聴いてこれと同じような意味プライミングの現象が起きることもあり得るはずだ。果たして、本当にそんなことが起きるのだろうか。前述のシュテファン・ケルシュらは、それを確かめる実験を行っている。被験者にベートーヴェンの交響曲の一部を聴かせ、その後に話し言葉を聴かせた場合、処理が速くなる単語とならない単語ができるかを確かめたのだ（たとえば、「英雄」という単語の方が、「ノミ」という単語よりも速く処理できたとすれば、その音楽から「英雄」に関係するような意味を受け取っていることになる）。実験の際にはまず、使用する箇所の選定が行われた。曲の中から一〇秒程度の部分をいくつか抜き出して被験者に聴かせ、それぞれ、あらかじめ用意した単語とどの程度関係が近いと思うか評価してもらったのだ。その結果、特に関係が近いと評価された組み合わせを実際の実験に使用することにした。別の被験者に同じ部分を聴かせて、同じ単語との間に強い関係を感じるか、その単語（あるいは類似した言葉）を耳にしたときに意味プライミングが起きるかを確かめたのである。

　実験の結果、意味プライミングは起きるとわかった。曲と単語の間には驚くほど多様な関係が見られた。たとえば、曲の中でも音程が小幅に変化する箇所を聴いたときには、「狭い」という単語で、逆に音程が大幅に変化する箇所では、「広い」という単語で意味プライミングが起きた。その他、低い音が連続する箇所では「地下室」という単語で意味プライミングが起きた（つまり、「鳥」など他の単語を耳にしたときよりも「N四〇〇」の活動が小さくなった）。ストラヴィンスキーの曲の情熱的な箇所を聴いたときには、「赤い」という単語で意味プライミングが起きている（被験者はドイツ人なので、ドイツ語で情熱という言葉と意味的に関連するとされる「赤い」は速く処理できたと考えられる）。後から被験者に尋ねたところ、八〇パーセントから九〇パーセントのケースで意味プライミングが起きた理由を被験者自身が説明できるとわかった。

　ケルシュらはこの結果から、「音楽は、その曲の感情表現とは無関係に、具体的、抽象的な意味を聴き手に伝えることができる」と考えた。[8] 音楽というのは、どうやら、従来考えられていた以上に、意味を持っているらしいのだ。

　ただ、「この音楽を聴くと何となく英雄のことを考える」というのと、音楽が聴き手に明確に「英雄」という意味を伝えるというのはまったく別のことだ。仮に「絶望に打ち勝って前進していく英雄の姿を描写した」という曲があったとしても、その曲が聴き手に明確に「英雄」という意味を伝えるとは限らない。たとえばモールス信号のように、一定のパターンで音を並べれば、それで何か意味が伝わるというものでもないだろう。もし音楽がそういうものだとしたら、かなりつまらない話だし、これまでの研究成果を見る限り、どうやらそういうことはなさそうだ。では、音楽が何かの意味を伝えるとき、その意味は一体どこから生まれているのだろうか。最終章ではそのことについて考えてみたい。

第13章　セリオーソ——音楽の意味

ベートーヴェンの『交響曲第三番』は「英雄」とも呼ばれる。ベートーヴェンは、この曲で一体、私たちに何を伝えようとしたのか。「わかりきった話だ」と思う人もいるかもしれない。英雄、ナポレオン・ボナパルトを賛辞する曲であるとベートーヴェン自身が語っているからだ。実際、音楽学者の中にも、この曲がナポレオンを讃えるために作られたことを当然の前提としている人は多い。「英雄の調」とも呼ばれる変ホ長調を選んだこともその目的のためだった、と考える人さえいる。一八〇四年、ナポレオンが皇帝に即位したときには、ベートーヴェンは落胆のあまり、楽譜に書かれていた「ボナパルト」という名前を消してしまったとも伝えられている。その時、あまり力を入れすぎたために、紙に穴が空いたとも言われる。ともかく、元々、この曲がナポレオンを念頭に書かれたことは事実のようだ。

だが、こういう背景情報があっても、それで『交響曲第三番』という曲が私たちに何を伝えるのかがわかるわけではない。ベートーヴェンがそういうつもりで曲を書いた、というだけのことである。本当に意図通りのことが伝わるとは限らない。これに関しては、作曲家、アーロン・コープランドの「作曲家が偉大であればあるほど、聴き手がその作品の意味を言葉で説明することは難しくなる」という言葉が真実を突いているのではないかと思われる。また、コープランドは「チャイコフスキーの曲の方が、ベートーヴェンの曲よりも、その意味を言語で説明しやすい。それこそが、ベートーヴェンが偉大な作曲家である証拠だろう」[1]とも言っている。

音楽というのは一体、どういう芸術なのか。それは当の音楽家たちにすら、よくわからないことだろう。自分たちの作る音楽によって果たして何が聴き手に伝わるのか、そもそも音楽によって何かが伝わるということがあるのか、それすら明確にはわからないのではないか。「音楽に意味などあるのだろうか」コープランドはそう問いかける。「その問いに対する私の答えは『ある』だ。しかし、『その意味は、言葉を費やせば説明できるものか』と問われれば、『そうではない』と答えるだろう。重要なのは、まさにその点である」[2]マーラーも、ほぼ同様のことを言っている。「言いたいことがもし言葉で言えるのであれば、作曲家がわざわざ音楽にする必要などない」[3]

メンデルスゾーンもこれには同意見だったようだ。ただ、言語で伝えられる意味が明確なのに対し、音楽で伝えられる意味は曖昧であるという意見には次のように反論していた。

音楽は多義的すぎると言う人がいる。言語で伝えられる意味ならば、誰にとっても明確なのに、音楽によって伝えられる意味はあまりに曖昧だというのである。私はまったくその反対だと考える。誰かが話すのを聞いても、私にはその意味するところが正確にはわからないのだ。全体として何を言っているかがわからないだけではない。言葉の一つ一つにいたるまで、その意味は明確ではない。言葉はあまりに曖昧すぎるのだ。同時にいくつもの意味が伝わってしまうので誤解が生じやすい。真に価値ある音楽ならば、そんなことは起きない。素晴らしい音楽は、私たちの魂に同時に一千ものことがらを正確に伝えてくれる。言葉にはとてもそんなことはできない。私の愛する音楽。その音楽によって伝えられることは、確かに言葉では伝えられない。だが、それは言葉で伝えるには曖昧すぎるからではない。あまりに明確すぎて言葉では伝えられないのだ。[4]

メンデルスゾーンは何も、ただ単に自らの芸術を誇っているわけではない。自分ならば、作品を通じて作家たちよりも多くのことを伝えてみせると言っているわけではないのだ。フランスの詩人、ポール・ヴァレリーも、だいたいメンデルスゾーンと同じ意味のことを言っている。

言語は役に立つ道具であり、誰にでも使える道具でもある。だが、そのため、どうしても時に乱暴な使われ方をすることになる。皆が自分の必要に応じた勝手な使い方をするし、自分の都合、自分の人品に合わせるために言葉を醜く歪めてしまうことすらあるのだ……その点、音楽家は幸いである。音楽は、細部の要素から全体にいたるまで、作る側の都合では歪められないようになっている。[5]

イギリス、ヴィクトリア朝時代の批評家、小説家であるウォルター・ペイターは「すべての芸術は常に音楽に憧れている」[6]という名言を残した。ペイターがこのような言葉を発したのも、「音楽なら伝えるべきことを明確に伝えられる」という思いからだったようだ。

だが、一方で、音楽が何かを伝えるということ自体を否定する人がいるのも事実である。ストラヴィンスキーは「音楽を聴いていて、何かを言いたそうに感じることは確かにある。だが、それはすべて錯覚にすぎない。本当に何かを言っているわけではないのだ」[7]と言っている。他には、ジャン゠ジャック・ルソーや、イマヌエル・カント、ゲオルク・ヴィルヘルム・フリードリヒ・ヘーゲル、ヘルマン・フォン・ヘルムホルツなども、音楽には「言いたいこと」などないという意見だった。音楽はただ音楽であり、音楽が何かを表現することなどあり得ないという考えだったのだ。二〇世紀半ばにオックスフォード大学で音楽教授を務めたジャック・ウェストラップはこんなふうに言っている。「厳密に言えば、音楽について何かを書くというのは不可能である。音楽が表現するのは、音楽でしか表現できないことだからだ。それを言語に翻訳することはできない。ちょうど、絵を言語に翻訳できないのと同じことである」[8]

とはいえ、こうした主張に納得できない人も多いに違いない。音楽はただの音でしかないと言っているようにも思えるからだ（本当はそうではないのだが）。それに、音楽は一切の意味を伝えないのだ、と言い切ってしまうのも、あまりに狭量かもしれない。イギリスの音楽学者、デリック・クックが、一九五〇年代末に音楽の意味を解読しようと試みたのは、おそらく当時の音楽批評家たちの姿勢に反発を覚えたせいだろう。いささか的外れではあったが、試み自体は興味深いものだ。当時、批評家たちの間には、作曲家に作品の意味を尋ねるなどとんでもないこと、という空気があったので、かなり思いきった試みとも言える。自らの見解が恣意的、主観的なものになってしまうのを恐れ、批評家たちは、ストラヴィンスキーの強い言葉の前に屈してしまったのだ。ストラヴィンスキーは、音楽を形式以外の側面から分析してはならない、と言った。これに対し、クックは「そんなことを言っていては、音楽が単なる装飾芸術に堕してしまう」と主張した。彼は、音楽は人間の深い内面を表現できるものだと信じていたのだ。

音楽の意味については、多くの人が様々な発言をしているが、その大部分は、西洋のクラシック音楽についての発言である。ただ、それもある程度は仕方のないことだろう（もちろん、その態度は主として文化的偏見から生じたものだ）。クラシック音楽が高度に洗練されていること、種類が非常に豊富であることは否定できない事実である。明確な意図を持って音楽で何かを表現しよう、伝えようとしてきた歴史もある。そうした事情からすれば、西洋人自身が長い間、自らの文化であるクラシック音楽だけに目を奪われてきたのも、やむを得ないことだったかもしれない。また、西洋には、音楽に限らず、芸術一般を、哲学的な思想、人間の真実に触れるような思想の伝達手段とする伝統がある。それは西洋だけに特有のこととは言えないが、少なくとも、仮に西洋のクラシック音楽で「意味を伝える」ということが不可能なのだとしたら、他の文化の音楽でもそれが非常に困難だろうということは言える。

ただし、クラシック音楽に言えることを、他のあらゆる音楽に無条件に当てはめるのはやはり乱暴だろう。たとえば、ポピュラー音楽の場合には、レコードジャケットに伝えたいメッセージが記されていることも多い。歌詞や、ミュージシャン自身の演奏時の態度に、何らかのメッセージが込められていることもある。通常、どういうことが言いたいかは、すぐにわかるようになっている。この本でもすでに書いてきたとおり、西洋以外の文化の伝統音楽には、明確な社会的機能を持っているものも多くある。社会的機能自体が、その社会の中では音楽の「意味」であるとみなされていることも多いのだ。儀式の際に踊りとともに音楽が演奏され、それによって重要な社会規範などが伝達されることもある（正確に言えば、西洋音楽にも同様の側面はある）。

結局は、何を「意味」と呼ぶかによって話はまったく変わってしまう。歌詞のない器楽曲であっても、非常に具体的なことを語り得ると言う人もいる。あるいは、感情の表現こそが音楽の意味だと言う人もいる。コープランドはこんなふうに言っている。「音楽は実に様々な感情を表現する。穏やかな気持ちが表現されることもあれば、浮き立つような気分が表現されることもある。また時には、後悔の念や勝利感、憤怒や歓喜などが表現されることもある。また一見、似た感情でも、皆、少しずつ違った表現になっている。その種類は無限に近いだろう。言語ではとてもこれだけの違いを出すことは不可能である」[9] コープランドは、たとえ同じ曲であっても常に同じ感情を表現するわけではないと考えていた。聴き手にいつも同じことしか語りかけてこない音楽があるとしたら、それは退屈な音楽だ、というのである。聴く度に少しずつ違うからこそ、音楽はいつまでも生命を失わないという。[10] コープランドの言うことはもっともなようだが、果たして、音楽が表現する感情を音楽の「意味」だと考えていいのか、それはコープランドの言葉だけでは判断できない。感情を表現することこそが、音楽の主要な目的、機能だと考えていいのだろうか。

そもそも感情を「表現する」というのは正確にはどういう意味なのか。そうしたことについては少しあとで詳しく触れることにする。

実を言えば、この章の本当の目的は、ただ「音楽に意味はあるのか」という問いに答えを出すことではない。「あるのか」と問われれば、答えは「ある」に決まっているからだ。本当に知りたいのは、音楽が記号のように機能して、何かを伝えられるかということではない。あらかじめ「この音楽にはこういう意味を持たせる」と誰かが決めておき、そのことを皆に知らせれば、当然、意味は伝わるだろう。だが、私が知りたいのはそういうことではないのだ。音楽を構成する音それ自体には何か意味があるのか、音が私たちに何かを語りかけてくることはあるのか、それを探りたい。

メロディとモラル

アリストテレスは、音楽は道徳や倫理に深く関わるものだと信じていた。音楽は、人間の魂に起こる熱情を模倣するものであり、また、聴く者の魂に熱情を起こすものである、とも考えていた。「人は音楽を聴くとき、リズムやメロディとともに、模倣された感情も受け取ることになる。そして、自分の魂もその感情に共鳴することになる」[11]アリストテレスはそう言っている。そして、著書『政治学』には、悪い音楽を聴けば、悪い人間になり、反対に、良い音楽を聴けば、良い精神が養われると書いた。ちょうど運動をすれば身体が鍛えられるように、良い音楽によって精神が鍛えられることがあるというわけだ。六世紀にはボエティウスがこれと同様のことを言っている。「音楽には、私たちの人間性を向上させる力も、悪化させる力もある」[12]というのだ。音楽は、民衆を教化するための道具となり得ると考える人もいた。プラトンは、「法を誰が作ろうと私は気にしないが、民のための歌だけは私に作らせて欲しい」[13]と言った。アテネやスパルタなど古代の都市国家において、音楽が厳格な規制に従って作られていたのも同じ理由からだった（ただし、すでにこの本でも触れたとおり、古代ギリシャの音楽には歌詞があるのが普通だったので、その音楽が何を伝えようとしているのかは、歌詞を聴けば明確にわかった。プラトンは、器楽曲を認めていなかったが、それは、「歌詞がなければ、ハーモニーやリズムが何を意味しているのか認識することが困難になる」[14]という理由からだった。その音楽にどれほど崇高な目的があったとしても、歌詞がなければそれを明確に知ることはできないというのである）。

聖アウグスティヌスは、著書『音楽論』の中で礼拝における音楽の使用を容認する発言をしている。精神をより高みへといたらせること、信仰心を強めることに音楽が役立つと考えたのだ。[*]宗教儀式から余分なものを排除することに熱心だったマルティン・ルターでさえ、音楽の価値は認めており、次のようなことを言っている。

> 音楽は豊かなもの、尊いものである。あまりの素晴らしさ故に、それを言葉で言い表すことができない……神の福音を別にすれば、音楽ほど高貴な芸術はないだろう。この世で最も貴重な宝である。音楽には人の考えを変えさせる力がある。知性に影響を与え、精神、魂を揺り動かす力を有しているのだ。[15]

ルターの考えでは、音楽というのは、人間に一種の規律をもたらすものであった。[16]人間に秩序や礼儀を与える力を持っている。音楽によって人の態度は優しく穏やかになる。人間がより道徳的、理性的になるのだ。二〇世紀の作曲家、パウル・ヒンデミットもほぼ同じような考えだった。やはり音楽には精神的、道徳的な価値があると信じていたのである。音楽が聴く人の人間性に影響するという考え方は、現代にも生きているとみていいだろう。ある種の音楽を聴くと人間が堕落してしまうというような言葉は、今でもよく聞かれるからだ。しかし、これは、確かな学問的根拠に基づく意見というよりは、異質なものを嫌う気持ちや、スケープゴートを求める気持ちの表れと言える。たとえば、一九二〇年代には、ジャズが非難の的になった。ジャズを聴くと、男も女も子供も先祖帰りをして未開人のようになってしまうというのである。[17]今、若者を反社会的行動に走らせるとして非難されているのは、ヘヴィメタルやギャングスタラップなどだ。音楽が時として、人の心を高ぶらせたり、反対に心を静めたりするのは紛れもない事実だ。それが良い結果につながることもあれば、悪い結果につながることもあるだろう。だが、いついかなる状況で聴いても、魂を浄化する音楽、あるいは堕落させる音楽というものが果たしてあるのか、人間に必ず良い影響を与える音楽、悪い影響を与える音楽というのがあるのかというと、それは疑わしい。絶対的に良い作用をする音楽、悪い作用をする音楽というのは、ないはずである。

音楽には何も伝えられないと言っているのではない。ある種の想念や心象風景を聴き手に伝えることを意図して作られる「標題音楽」と呼ばれる音楽もある。たとえば、『レニングラード』という通称を持つショスタコーヴィチの『交響曲第七番ハ長調作品六〇』は、ソ連へのナチスドイツの侵攻に反対する愛国心を表明する音楽である。ドイツ軍がまさにレニングラードを包囲したときには、前線のドイツ兵たちに

＊『音楽論』には、実はあまり音楽のことは書かれていない。全六巻のうち、第五巻までは、詩の韻律についての本である。しかし、アウグスティヌスが音楽についてかなり深い見識を持っていたことは確かだろう。音楽は、ただ受身の姿勢で聴いているべきものではなく、積極的に参加すべきもの、そして教育、訓練を必要とするものと考えていたようだ。ヒンデミットの「音楽は、庭の腐葉土と同じく、耕すことによって豊かになるものである」[18]という発言もほぼ同じ意味である。

聴かせ、敵意を伝えるべく放送されたこともあった（ただし、この曲に込められたメッセージがイデオロギー的に許容できないとして、ショスタコーヴィチはスターリン主義者に批判されている）。聴き手にメッセージを伝えるためには、よく知られた曲の一部をさりげなくはさみ込む、曲のスタイルを取り入れるといった手法もよく使われる。使い方によってそれは皮肉の意味になることもあれば、聴き手を懐かしい気持ちにさせることも、憧れの気持ちを抱かせることもある。ただ、こうした「参照」の手法によって伝わる意味は、音楽そのものではなく、音楽の外から来たものである。その音楽が置かれた状況によって意味が作り出されているわけだ。つまり、状況が変われば、意味が変わってしまうこともあり得る。時には、作曲家の意図とは異なった使われ方をし、元とはまったく違った意味を持つこともある。ワーグナーの音楽がナチスに好んで利用されたことや、プロコフィエフの音楽がテレビのスポーツ番組によく使われたことなどはその例である。ストラヴィンスキーは、ディズニー映画『ファンタジア』の中で、自らの作品である『春の祭典』をバックに恐竜たちが浮かれ騒ぐシーンを見てぞっとしたと言っている。もっとも、これは体面を保つために後から作った話かもしれない。偉大な芸術が、作り手の最初の意図を超越するというのはごく普通のことである。ヘンデルの曲の中には、宮廷で演奏されるために書かれたものもあるが、長らくそのことは忘れられ、今でもそんなことを考えながら聴く人はほとんどいない。指揮者のダニエル・バレンボイムは、イスラエルでワーグナーの作品を演奏したが、これは、音楽には何の罪もないと言いたいためだった。ナチスとの結びつきは後から与えられたイメージであり、ワーグナーには当然そんな意図はなかったと言いたかったのだ。

ストラヴィンスキーは、音楽には聴いているだけで誰にでも自然に伝わるような意味はないと主張した。音楽を形式以外の側面から分析してはならないとも言った。逆に言えば「形式だけが音楽の意味」ということになる。この形式主義的な態度は、この本ですでに見てきたとおり、エドゥアルト・ハンスリックの考え方にも通じるものである。だが、この考え方には失望する人が多いのではないかと思われる。彼らの言うとおりなのだとしたら、音楽についてある程度、専門的な教育を受けた人以外は、どの曲を聴いても作曲者の真の意図がわからないことになるからだ。最悪なのは、音楽を聴くという行為から、感情の側面が一切、排除されてしまうことである。音楽を聴いても、形式の美しさを愛でる以外の楽しみ方をしてはならないということだからだ。何とも味気ないと思う人がいても無理はない。音楽を感覚で楽しんではならない、それは恥ずべきことだ、などと言われれば、気分の良くない人もいるはずである。

しかし、ハンスリックの冷静すぎるように見える態度も、彼の生きた時代背景を考えるとかなり理解できる。当時は、ロマン派音楽が全盛で、感情表現が過剰なほど重要視されていたからだ。ハンスリックの態度には、その風潮への反発もあった。彼は、あまりに程度の低い感傷に浸っている聴衆が多いと批判した。そして、クラシック音楽が、空想の物語を語るための単なる道具に成り下がっているのではないかと疑義をさしはさんだ。ベートーヴェンの時代以降は、聴き手が音楽に物語をつけ加えて解釈するというのも、ごく普通のことになっていた。その物語の多くは、「主人公が元いた場所からいったん離れ、そして最後に再び元いた場所に戻る」という筋立てだった。帰ってくるとき、主人公は啓蒙され、最初とは違う人間になっている。ベートーヴェンの作品は、まだ本人が存命中だった時代から、数多くの人によって解釈が加えられ、注釈がつけられた。「この曲でベートーヴェンは何を言おうとしているのか」それを聴衆は知りたがった。音楽だけで十分ではなかったのだ。皆がそこに言葉を求めた。当然のことながら、その物語は多くの場合、音楽の作り手に関する物語だった。ベートーヴェンの曲であれば、ベートーヴェンの人生に起きた出来事に結びつけられたのだ。感情表現は、すなわち、作曲者自身の感情の発露であるとみなされた。バッハやモーツァルトの時代には、そういう発想自体がなかった。彼らの作品に彼らの人生が盛り込まれているなどと考えるのは無意味なことである。だが、音楽が音楽以外の何かを表現している、という考え方は広く行きわたった。現在でも、そういう考え方をする人は多くいる。

果たして本当にそうなのか。検証してみたいが、その前に一つはっきりさせておかなくてはならないことがある。それは、仮に作曲者が「この曲ではこういうことを伝えたい」と思ったとしても、聴き手に必ずそのとおり伝わるわけではない、ということだ。作り手の意図だけで、その曲の意味は決まらないのである。元々、西洋音楽における感情表現とは、決して特定の個人の感情の描写ではなかった。従って、モーツァルトやハイドンなどは、個人の感情、意思などを自らの作品に込めることはしていない。しかし、ベートーヴェンやシューマンの時代になると状況が変わり、音楽は作曲者の自己表現の手段とみなされるようになる。実際、作曲家たちは、音楽を通じた自己表現を試みるようになった。ただ、問題は、表現されたことを聴き手は理解できているのか、ということである。作り手の意図はどれほど明確に聴き手に伝わっているのか。作曲家と聴き手の間のコミュニケーションは成立しているのだろうか。

確かに、曲全体の雰囲気から、皆が何となく「こういうことが表現されているのだろう」と感じることはある。しかし、それは一般的に言う「意味が伝わる」というのと同じことではないだろう。

困ったことに「絶対に何か言いたいことがあるはずだ」と思いながら聴くと、多くの場合、曲から何らかのメッセージを受け取ることはそう難しくない。聴き手は好き勝手に自分の受け取りたいメッセージを受け取ってしまう。そうしたメッセージのほとんどは、まるで三文小説のストーリーのように、手垢のついた、陳腐なものである。たとえば、シューマンの『交響曲第二番』はよく、苦悩から癒しと救済にいたる物語と解釈されている。ショスタコーヴィチの『交響曲第一〇番』は、暗闇から光にいたる物語、あるいは、苦闘の末に勝利をつかむ物語と解釈されることが多い。つまり『スター・ウォーズ』や『シンデレラ』とほとんど同じということだ。こういう物語がつけ加わることで、ショスタコーヴィチの『交響曲』の芸術的価値が少しでも高まるのだろうか。もっと難しい解釈をする人もいるが、そうなると、今度はあまりに主観的すぎて、その正しさを証明することが非常に困難になってしまう。『交響曲第一〇番』に描かれる「希望」は、「偽りの希望」である、などと言われても、それが本当かどうかを確かめる方法はない。実際に「偽りの希望」になぞらえられるような部分が曲中に存在したとしても（そもそも「偽りの希望」とは何なのかがわかりにくいが）、なぞらえるのが本当に正しいのかは誰にもわからない。もしショスタコーヴィチ自身がそういう意図で曲を作っていたとしても、その意図どおりに曲を作る方法をショスタコーヴィチが知っていたとは考えにくい（この本にも書いてきたとおり、音楽で特定の感情を正確に聴き手に伝える方法はまだ誰も知らないはずである）。一体、どんな曲を作れば、「偽りの希望」を表現したことになるのか、知っていたわけではないだろう。

　音楽に物語を見出すような態度が一般に広まったのは、一九世紀以降のことだろう。たとえばワーグナーが、ベートーヴェンの『英雄』の中の一節について「陽気な男が、野原を元気に歩いている。笑いながら牧草地の方へ目を向ける。やがて木の茂る丘で力強く角笛を吹き鳴らす」[19]という描写をしたのはその先駆けと言える。* 音楽学者、ローレンス・クレイマーは、後の時代の感覚からすればこんな描写はお笑い種だと言ったが、そのクレイマー自身も、シューマンのピアノ曲『謝肉祭』について、こんな解釈をしてい

＊ベートーヴェン自身は、『交響曲第三番』の意味を人から尋ねられたとき、何も言わずにピアノの前に座り、まさにその『交響曲第三番』を演奏し始めたと言われている。彼の曲を「解釈した」と称する人はそれこそ無数にいたが、この話がもし本当だとしたら、ベートーヴェンはその誰よりも分別をわきまえていたということになる。

る。「シューマンの男性的なペルソナがいくつも現れているが、そのすべてが、元来は女性を象徴する記号、さらには女嫌いを象徴する記号に結びつけられている。これが一種の風刺であることは確かだ。女が男に媚を売る態度、あるいは男をからかうような態度、女の虚栄心や些細なことへの執着を皮肉っているのだ[20]」

さらにもっと突飛な解釈もある。信じ難い話だが、ベートーヴェンの『交響曲第九番』の中には、強姦魔が抱く殺人の妄想を描写している箇所がある、と主張した人さえいるのだ。*そして、ベートーヴェンの曲は（ベートーヴェンは、ではなくベートーヴェンの曲は、である点に注意）、一貫して「女嫌い」の態度で貫かれていると言う人もいる。一体どうすれば、女嫌いを表現する音楽が書けるというのか。読者の中にその方法がわかる人はいるだろうか。その他、シューベルトの『ピアノソナタ第二一番変ロ長調D九六〇』の左手によるトリルは、同性愛者であり「のけ者」である自分を表現しているなどと解釈した人もいる。シェーンベルクはこうした解釈に対して強い不安を抱き、こんな発言をした。「今から何世代も先には、心理学者たちが、『音楽の言語』を解読する日が来るかもしれない……ベートーヴェンもブラームスもシューマンも、真意を他人にわからないよう曲の中に隠すことで、言論の自由を行使したというのに、心理学者の魔の手に落ちてすべてが暴露される時が来るかもしれないのだ[21]」シェーンベルクは、音楽の意味がいつか本当に解読されるのでは、と恐れていた。しかし、彼が本当に憂えるべきだったのは、多くの人によって次々に思いつきのバカげた解釈が披露される状況だったのではないだろうか。

こうした解釈を現在の私たちが嘲笑するのはたやすいことだ。しかし、ただ笑い飛ばしても得るものは少ない。そもそもなぜ、そういう解釈が生まれたのか、またなぜ、多くの人がそれを信じたのか、ということを考えてみた方がいいだろう。前述の哲学者、ピーター・キヴィは、音楽が、絵画などの視覚芸術よりも文学に近いものであると言っている。どちらも第一に、時間の経過とともに展開していくところが共通しているというのだ。音楽がまるで物語のように解釈されがちなのはそのためだという。また、形式だけが音楽の意味であるという考え方、音楽の意味は言葉には翻訳できないという考え方についてキヴィは、「確かに専門家には理解されやすいが、一般の人にとってはあまりに味気なく、人間味に欠けるものに感じられるだろう」と言っている。音楽には、小説や詩と同じような意味が存在しないのだと言われてしまうと、普通の人には近づき難いものになってしまう。音楽が何か物語を語ってくれる、そう思った方が安心するのだ。中には哲学思想を表現している曲すらある、と思えた方が、音楽を聴く楽しみが増す気がする。

ただし、キヴィ自身は、音楽に物語や哲学思想を見出すべきだと言っているわけではない。そういう音楽の解釈は説得力のある言葉で否定している。仮にベートーヴェンが本当に哲学思想を伝えたかったのだとしても、なぜ媒体としてわざわざ音楽などという、抽象概念を伝える力に欠けた芸術を選んだのか。音楽を使うと、考えを明確に伝えるどころか、曖昧にでも伝えられるかどうか怪しい。相当の工夫をすれば、どうにか「困難に直面しても負けずに進むべき」というくらいのメッセージは伝えられるかもしれないが、これではとても「哲学思想」とは呼べない。そう呼ぶにはあまりに陳腐だ。哲学思想は、言葉を尽くして詳しく説明しなくては伝わらないものだ。音楽で伝えられるくらいの思想ならば、それはたとえばサッカーを媒体にしても伝えられるものだろう。

音楽では、物語も伝えられない。万が一音楽で伝えられる物語があったとしても（あるとは思えないが）、その物語には、真に「筋」と呼べるようなものはなく、あるとしてもそれは「大まかな流れ」くらい

＊これは、スーザン・マクラリーが一九八七年に発表した解釈である。ただ、後年に同じ箇所の解釈を披露した際には、強姦や殺人には言及していない。どうやら本人もさすがに問題が多すぎると考えたようだ。

いなものである。登場人物もなく、当然、会話が交わされることもなく、何の事件も起きない。時には、かなりのこじつけで「故郷への長い旅路」の物語、と言えば言えなくはない、ということもあるかもしれない（なかなかない）。だが、それにしたところで、『オデュセイア』や『オズの魔法使い』のように、私たちに多くを語りかけてくれる豊かな物語とはとても言えない。音楽の物語を読むには、まず聴き手が音楽特有の、いわば「抽象的な登場人物」の存在を感じ取る必要があるという人もいる。この「抽象的な人物」は、私たちが普段接する、現実世界の具体的な人間と同じではない。彼らの行動や、彼らの感じていることは、すべて音楽によって表現されるというのだ。この考え方は確かに魅力的ではある。そうなのだとすれば、音楽によって表現される感情は連続的に変化していくべきということになる。人間の感情は連続的に変化するものだからだ。表現される感情が、何のつながりもなく飛び飛びに変化するような音楽は人間らしくないし、優れた音楽とは言えないということになる。もし、文学作品の中で登場人物の感情が飛び飛びに、脈絡なく変化したりすれば、とても高く評価されることはないが、それと同じというわけだ。問題は、どうすれば音楽で文学のような細かい心理描写ができるのかがわからないということだ。仮に作曲者が人物の微妙な心理を描写したつもりでも、聴き手にそれが伝わる保証はない。聴き手は一人一人まったく違った受け取り方をするはずである。聴き手に確実に伝えようとすれば、「喜び」、「悲しみ」、「緊迫」、「平穏」といった、おおざっぱでありきたりな感情を描くしかなくなってしまう。

音楽学者、スーザン・マクラリーは、チャイコフスキーの『交響曲第四番』を物語であると解釈し、その物語の構成を細部にいたるまで解説した。それによれば、物語の主人公はどうやら同性愛者のようであり、父親からの型どおりの期待に苦しんでいるということになっている。そしてやがて、ある女性の策略にかかって陥れられてしまうのだ。この話から思い起こされるのは、チャイコフスキーという人の実人生である。確かに、この曲を書いていた当時の彼は、女性との関係に問題を抱えていたと言えるかもしれない。この曲は、富豪の未亡人、パトロンだったナジェジダ・フォン・メックに捧げられている。結局は長くは続かなかった不幸な結婚生活に苦しんでいた時期でもある。表には出さなかったが、チャイコフスキーが同性愛者であったという意見に賛同する人は多い。父親が、彼を音楽家ではなく、役人にさせたがっていたこともわかっている。作曲家の実人生を知った上で、曲をくまなく調べれば、関係のありそうな箇所を見つけることはできるかもしれないが、そんなことをしても無意味である。絶対に見つけようとすれば、それらしい箇所はほぼ必ず見つかる。「ノストラダムスの大予言」と同じことである。スーザン・マクラリーがチャイコフスキーの実人生について何の知識も持っていなかったとしたら、あるいは、チャイコフスキーについて何も知らない別の人間が同じ解釈をしたとしたら話は違ってくるかもしれない。だが、それはまずあり得ないだろう。「同性愛の性向があるがそれを隠している」という状態を表現する和音や和音進行があれば別だが、そんなものを知っている人がいるだろうか。同じように、「カトリック教徒なのにそれを隠している」とか、「大志を抱いていたが、挫折した」といったことをどうすれば音楽で表現できるというのか。

ローレンス・クレイマーも、音楽のこうした解釈の正しさがまったく証明できないことを認めていた。だが、解釈に異議を唱えると、かえってその解釈の真実味が増すことになるとも言っている。[22] 正しいか否か議論されれば、議論されるだけの価値があることになり、それだけ信憑性が高まってしまうという。本当にバカげていると思えば、バカげているかどうかを議論すること自体、無意味と考えるべきということだ。

「本当に作曲者自身が作品に具体的な意味を込めていることもあるのでは?」と思う人もいるだろう。本人が意図を説明していることも実際にあるからだ。[*] たとえば、ショスタコーヴィチは手記の中に「これまで作った曲の中には、わかりにくいようにはしてあるが、自分を容赦なく責め立てたスターリン主義者たちを攻撃する意図で作ったものがいくつか含まれている」ということを書いている。そういう事実を知ることは確かに非常に意義深い。演奏会のプログラムに、特定の箇所のメロディや和音進行に作曲家が込めた意味が説明されていれば、私たちはそれを意識して聴くだろう。それでより音楽が楽しめるのなら、無意味とは言えない。だが、音楽を聴くのに、そういう背景情報が欠かせないというのもおかしな話である。それは、音楽というものを間違ってとらえていることになるだろう。背景情報なしにその曲を聴いた人が大きな満足感を味わったとしたらどうか。それは誤った、あるいは不完全な満足感だとでも言うのか。音楽を文学のように読み解きたがる人は多くいる。そして彼らは自分の解釈が正しいことを証明するのに躍起になる。作曲者の意図が自分の解釈と同じであった証拠を必死で探し出そうとするのだ。しかし、彼らは音楽というのが本来、楽譜を読むものではなく、耳で聴くものであるということを忘れている。耳で聴いた音から人が何を感じるか、それが最も重要なのだ。譜面で見れば明確な構造を持っているとわかる曲であっても、耳で聴いてそれがわかるとは限らない、というのはすでにこの本でも見てきたとおりである。同じことは音楽の「意味」についても言える。ショスタコーヴィチが反スターリン主義の気持ちを作品に込めたというのはおそらく本当だろう。しかし、それは本人が書き残していなければ知り得なかった事実である。予備知識なしに音楽だけを聴いて感じ取れることではない。

作曲家がどの調（キー）で曲を書くかも一つのメッセージであるというのはよく言われることだ。たとえば、ベートーヴェンの『英雄』は、変ホ長調で書かれているが、それ以降、変ホ長調は「英雄の調」であると言われるようになった。また、ハ短調は「破綻のハ短調」とも言われ、「悲劇的」であるとされている。その他、ニ長調は華やか、変ニ長調は豪華、変イ短調は悲哀に満ちている、へ長調は牧歌的、ハ長調は好天の昼を表す、など調ごとに色々とイメージの違いがあると言われている。その中には、単に特定の有名曲に使われたことによって生まれたイメージもあるだろう。へ長調が牧歌的というのは、ベートーヴェンが『交響曲第六番（田園）』をへ長調で書いたことによって生じたイメージと考えられる。逆にへ長調で書いたから『田園』は牧歌的になったのかもしれないが、どちらが先かは明確ではない。いずれにしても、調にはそれぞれの個性があると感じている音楽家は多い。そのため、どの曲であろうと、勝手に移調して演奏することは、作曲家の意図に反することになり、音楽家の態度としては到底、容認されるものではない、という人さえいる。そのことについては、ハンガリーの心理学者、ゲーザ・レーヴェースなども言及している。[23]

ベートーヴェンも、調の持つ個性の違いについて発言をしている。ただ、これはおそらくベートーヴェンが他の多くの音楽家と同じく絶対音感を持っていたためだろう。絶対音感があれば、各調の真の違いが聴き分けられる。とはいえ、現在のように、一オクターヴを均等に区切った平均律であれば、調を変えれば絶対的な音程は変わるものの、同じ曲であれば基本的に響きは同じになるはずである。聴いて明らかに「個性が違う」と思えるほどの大きな違いにはなりにくいと考えられる。注意すべきなのは、調の個性が言われ始めたのが、まだ一オクターヴを一二等分した平均律が主流になる前の一八世紀のことである、という点だ。音程の間隔が完全に一定でないと、当然、調が変われば曲の個性は変わってしまうことになる。イタリアの作曲家、音楽学者であったフランチェスコ・ガレアッツィが一七九六年に書いた文章には「変

＊（五八七ページ）チャイコフスキーは、『交響曲第四番』の作曲意図を説明している。メック未亡人に頼まれ、コンサートプログラムに説明文を書いたのだ。ただし、説明文はごくありきたりで退屈なもので、読んでも得るものはさほど多くはない。「誰の人生も絶え間ない苦難の連続であり、たとえ夢のように幸福な時があったとしてもそれはすぐに行き過ぎてしまう」というようなことが書かれているだけだからだ。作曲家が自らの作品についてどう言っているかよりも、作品そのものにだけ注意を向けた方がいい、そういうことだろう。

ロ長調は優しく、柔らかく、甘く、女のような響きがする。ホ長調は、鋭く、若々しい響きだが、やや薄っぺらく耳障りなところがある」[24]などとある。ただし、現代のピアニストの中にも、調による個性は確かにあるという人は少なくない。ピアノ自体は確かにオクターヴを一二等分した平均律に調律されているのだが、それでも違いが出るというのだ。それは、たとえ同じ曲でも、調が違うと運指が違ってくるから、ということらしい。たとえば、変イ長調は響きが柔らかいが、イ長調は硬いということが起きるのだ。私自身、実際に聴いてみたところ、確かに変イ長調からイ長調に変わるときには、はっきりそれとわかるくらい響きが変わると感じた。違いが本当に運指によって生じているのか、私にはわからない。演奏する側もそう思って弾いていて、聴く側もそう思って聴いているからそう感じるだけなのかもしれない。過去に作られた曲の個性によってたまたまそんなイメージになったということもあり得る。調ごとの響きの違いを生みそうな要因は他にもある。弦楽器の場合は、開放弦の音と、弦を指で押さえた音では響きに違いがあるので、それが調ごとの違いを生む可能性はある。このように、演奏上の都合によって違いが生じそうな楽器は多い。また、そもそもそうした都合から調が選択されることもよくある。ジャズは、フラットの多い調で演奏されることが多いが、これは金管楽器にとって都合が良いからである。ロックでE（ホ長調）、A（イ長調）といったキーが多用されるのは、ギターで開放弦を多く使えるからだ。フォークでは、G（ト長調）、D（ニ長調）、Eマイナー（ホ短調）がよく使われるが、これはフィドルにとって都合が良いキーだからだ。

音楽の「正しい聴き方」とは？

音楽に与えられた物語は、それが作曲家自身の与えたものであれ、評論家の与えたものであれ、音楽の本質とは関係がないし、その曲を構成する主たる要素というわけでもない。少なくとも西洋クラシック音楽の器楽曲についてはそう言える。「この曲には隠された意味がある」などと言われていても、ほとんどの人はそれに気を留めずに聴いている。それは音楽をよく知らない人だけではなく、熱心な音楽愛好家や、プロの演奏家や作曲家、指揮者など、音楽に対する感受性が豊かなはずの人たちですらそうだ。しかし、隠された意味を無視しているからといって、その音楽の価値を軽んじているわけではない。ピーター・キヴィは、文学にたとえてこう問いかけている。ドイツの詩が好きだという人が、もし、ドイツ語を一言も解さず、ドイツ語を読むことすらできないとしたらどうか、と。ただ録音された詩を聴くだけで、「ドイツ語の響きが好きだ」などと言っているとしたら。詩の意味、内容をまったく理解していないのに、真にドイツの詩を体験していると言えるのか。そう問われれば、そうとは言えない、と答えるしかないだろう。では、もし、物語が、あるいは哲学的、政治的な「意味」が音楽の中心的な要素なのだとしたら、それをまったく知らない人は真に音楽を体験していないのか。そういう人は音楽について何もわかっていないのか（逆に、物語や意味をよくわかっている人がいれば、その人は音楽の価値を重んじているのか）。キヴィは、「音楽の『物語』や『意味』の中には真偽の疑わしいものや、陳腐でありきたりなものも多いので、そんな解釈をせずに音楽そのものだけを鑑賞したとしても、大きな違いは生じない」と言っている（このとおりの言い方ではないが）。つまり、仮に隠された意味を知った上で聴くのが「正しい聴き方」なのだとしても、そんなことを気にする必要はほぼないということである。

「正しい聴き方」などと言ってしまうと、では「音楽に間違った聴き方などあるのか」という疑問も生じる。音楽の聴き方は一人一人違い、そのどれにも価値があるという「相対主義的」な考え方をする人にとっては、その問いにはほとんど意味がないだろう。一つ言えることは、音楽についての知識が増せば、その分だけ、同じ曲を聴いたときに聞き取れることは増えるということだ。ヘンデルの音楽にあってヴィヴァルディの音楽にないものがわかるようになるには、音楽そのものの知識と同時に、音楽の背景についての知識も必要である。インドのラーガを聴いて、エキゾティシズム以上のものを感じ取るのにも、知識が必要だ。知識を持たず音楽を聴くこと自体は悪いことではないが、知識がないと損をするということだけは認識しておくべきだろう。イギリスの指揮者、トーマス・ビーチャムは、母国の聴衆を「音楽を聴くことは好きだが、音楽そのものには関心がない」と評したが、そういう態度が損なのは間違いないのである。こんなことを書くと、エリート主義だと批判する人がいるかもしれないが、そうではないと思う。今はその気になれば、誰もが音楽について学べる時代だからだ。それに、学ばないより学んだ方がいいというのは、誰にでも言えることだ。たとえ音楽家であっても、世界中のあらゆる音楽に精通しているというわけにはなかなかいかないだろう。

知識がなくて、音楽の与えてくれるものを十分に受け取れなかったとしても、それは「聴き方が間違っている」ということにはならない。たとえ音楽の持つ価値がわからなかったとしても、間違った聴き方をしているわけではない。では、間違った聴き方というのは本当にあり得るのだろうか。音楽を聴いて間違った解釈をすることはあり得るのか。この本でもすでに書いてきたとおり、状況によって、そういうことはないとは言えない。たとえば、西洋人には、ラテンのリズムを聴き慣れていない人が多いので、強勢や拍を正しく把握できない可能性がある。異文化の音楽を聴いて、感情表現の解釈を大きく間違えてしまうというのは十分にあり得ることだ。ただ、この場合でも、疑いの余地なく絶対的に間違いだとまでは言えない。この「解釈」というのは結局、耳から入ってくる聴覚刺激にどのような構造を見出すかということにすぎないからだ。どういうときにどういう構造を見出すべきかのルールは文化によって決まっているわけだが、所詮は人間の決めたルールであり、自然界の普遍的なルールではない。文化的には間違った解釈であっても、認知科学的に見ればどれも至極正しい、ということになる。それぞれの人が、自分の頭の中にある枠組みに当てはめて音楽を解釈しただけだ。ただし、音楽が最も雄弁になるのは、やはり送り手と聴き手の文化的背景が一致したときであると思われる。

ある音楽を聴いて誰かが受け取った意味について、正しいか間違っているかを話し合ったところで、空虚な議論になってしまうことが多い。音楽には常に言語と同じような意味があり、聴き手はそれを必ず理解しなくてはならないという意見の人もいるだろうが、それは適切とは言えないだろう。評論家と呼ばれる人の中には、クラシック音楽の傑作には、例外なく明確なメッセージが含まれているなどと言う人が少なくない。そのメッセージを受け取れないのは、美に対する感受性が欠如しているせいだ、とまで言う人もいる。デリック・クックは、ベートーヴェン『交響曲第七番』第二楽章に関するヒンデミットの発言に激怒した。「深い憂鬱の中に落ち込んだように感じる人もいれば、下品なスケルツォだとしか思わない人もいる。あるいは、やや控えめで牧歌的な音楽だと感じる人もいるだろう」と言ったからである。しかもヒンデミットは、「どの聴き方もそれぞれに正しく、間違ってはいない」と言ったのだ。[25] クックは、この発言を受け、「こんなことを言う人物は、物事を表面的にしか見ておらず、音楽についても何もわかってはいない。ベートーヴェンに対する共感も欠けている。ともかく無知であることは疑い得ないだろう」と言っている。[26]「下品なスケルツォ」という感じ方があまり普通ではないのは確かだ。しかし、クックの「音楽を解する人間ならば、また普通の感受性を持った人間であれば、自分と同じようにこの曲の意味を感じ取れるはずだ」という発言[27]はどうだろうか。これは一種のスノビズムであり、クラシック音楽から人を遠ざけるような態度である。音楽の持つ役割を根本的に誤解しているようにも思える。ロジャー・スクルートンは、シューベルトの『弦楽四重奏曲第一五番ト長調D八八七』の第二楽章について次のように述べているが、この発言も同じようなものと言える。

トレモロを使用した一節が不吉なことを予感させる。つぶやくような音の連続で不安を募らせた後、突如、身のすくむような一撃が私たちを襲う。恐怖と絶望の一撃である……ここで恐怖を感じない者は誰もいないだろう。誰もが、見えない水平線から死が姿を現しているのに気づくはずである……耳から入る音によって、私たちは、人間の心について知ることになるのだ。[28]

音楽を聴いて、こんなふうに解釈するのはある種、楽しいことである。自分の提案した解釈に皆が賛同し、誰もが同じ聴き方をするようになれば、痛快かもしれない。だが、曲の中のある一節を聴けば、誰もが必ずスクルートンと同じように感じる、同じ解釈をするなどということが果たしてあり得るだろうか。たとえば、ホルストの組曲『惑星』の中の「火星」を「愛に捧げる歌」だなどと言えば、でたらめな思いつきだと一蹴されるのがオチだろう（「愛に捧げる歌」はさすがにあまりにひどいが、あくまで例である）。しかし、このように、明らかに否定できる解釈があるからといって、ある曲の解釈は一つしかあり得ないということには決してならない。音楽には何通りもの聴き方がある。そのうちの一つだけが重要なのではないのだ。何通りもの聴き方をしてはじめて、その曲の持つ良さを存分に味わえるということは多い。バッハのフーガを聴くとすれば、その形式、構造に注目することは大事だろう。まず、それだけでも大いに楽しめる。だが、同時に感情表現の側面に目を向けないのはもったいない。もし、両方の側面から楽しめる曲を自らの手で作ろうとすれば、それが容易でないことは誰にもすぐにわかるだろう。逆に言えば、一通りの聴き方しかできないような音楽には、さほどの価値はないということである。

音楽哲学者、ダイアナ・ラフマンは、「ある音楽を聴いて人が抱く感情が『正しい』とか『間違っている』とかいうことはない。他の多くの人と比べて普通であるとか、変わっているとかいうことはあるが、正しい、間違っているということはないのだ」と言っている。[29] 偉大な作曲家の間でさえ、同じ曲の解釈が異なっていることはある。ベートーヴェンの『交響曲第七番』の解釈は、ベルリオーズとワーグナーではかなり違う。だというのに、ごく普通の音楽愛好家が「正しい」解釈に到達できるということがあるだろうか。また、ラフマンも言っているが、もし他人の解釈が間違っていると思っても、それを証明できる人はまずいないに違いない。もちろん、フレーズの切れ目を間違って把握していたり、曲想の展開の仕方について何か誤解をしていたりする人がいれば、その誤りを指摘することはできるかもしれない。それによって、曲に対する解釈が変わることもあるだろう。しかし、何を言っても自分の解釈を変えない人というのもいる。前述のクックやスクルートンのような「聴き手に十分な知識と能力があれば、同じ曲に対する解釈はほぼ同じになるはず」という考え方もある。だが、実際に多くの人の意見が一致するのは、曲調が明るいとか暗いとか、楽しい悲しいとか、そういうおおまかなところだけである。それも、雰囲気や構成が比較的わかりやすい曲の場合に限られる。サミュエル・バーバーの『弦楽のためのアダージョ』を聴いて陽気な曲だと思う人がいれば、確かにそれは異常と言えるが、それが間違っている理由を説明できる人がいるだろうか。万人を納得させられる理由があるだろうか。

私は、スーザン・マクラリーによるベートーヴェンやチャイコフスキーの解釈が「間違っている」とは思わない。彼女の耳には確かにその物語が聞こえたのだろう。私はそれを否定できる立場にはいない。ただ、はっきりさせておきたいのは、私が彼女の解釈を重要視することはないということだ。おそらく、誰の意見にも影響されず、独力で同じ解釈にたどり着く人は他に一人もいないと思われるからだ。それだけで、その解釈が見当外れで無意味だということにはならない。人によっては、独自の物語を見出すことで、その曲をより楽しめることはあるかもしれない。優れた芸術批評とは、私たちに「こう考えろ」と指図するものではないと思う。そうではなく、「こんな聴き方もできるよ」と普通の人が気づかない提案をする批評こそ優れていると言えるだろう。音楽の意味は、そういう観点で解釈すべきである。たとえ他人の解釈があなたの思いも寄らないものだったとしても、それはあなたが無知だからではない。あなたとその人とで音楽の聴き方が違っただけである。また、批評家の意見を聞いて、「なるほど」と思ったとしても、それは「答えがわかった」ということではない。単にその批評が優れているだけのことだ。

ロマン派時代のように、音楽を聴くことを「作曲家との心の交流」ととらえる考え方もある。たとえば、デリック・クックは、ベートーヴェンの音楽を聴くと「ベートーヴェン自身の悲しみを感じる」と言っている。音楽を聴くことで、聴き手は偉大な芸術家の心に直接触れることができるというのだ[30]。もしそれが本当なら素晴らしいことだが、こういう発言にほとんど意味はないだろう。そもそも、誰かの心に「直接触れる」というのは、具体的にどういう状況を指すのだろうか。自分が、二〇〇年も前に亡くなった人の心に触れているとどうしてわかるのか。シェークスピアの作品を読んだからといって、シェークスピアの心がわかるというものではない。それと同じように、ベートーヴェンの曲を聴いたからといってベートーヴェンの心がわかるわけではないのだ。

音楽を聴くことを「心の交流」などと言ってしまうのは、いささか軽薄なことだし、音楽の価値を下げることにもつながる。ベートーヴェンに共感できない限り、ベートーヴェンの心と自分の心が共鳴しない限り、『英雄』を真に体験したことにはならない、と言っているようなものだからだ。そんな、まるで神秘体験のようなことが音楽を聴く目的であると言っているのだ（それは、絶対に達成不可能な目的なのに）。それでは、音楽を聴くこと自体は二の次になってしまう。特に作曲者の心に触れたいと思わなければ、聴いても意味はないということにもなりかねない。エドゥアルト・ハンスリックも言っているとおり、こういう見方をする限り、音楽はただの仲介者になってしまう。作曲家と聴き手の心をつなぐだけの存在というわけだ。

私自身は実のところ、ベートーヴェンやワーグナーと直に心を通わせたいとはまったく思わない。ジョン・ブラッキングも言うとおり、偉大な作曲家や演奏家の中には「素晴らしい業績に比べると悲しくなるほど惨めな実人生」を送った人が多いだろうと思うからだ。そして「態度は利己的で、驚くほど他人への配慮を欠いた」人物が多いともいう。[31]この数世紀の間に驚くべき傑作を生み出してきたのは、うぬぼれ屋、エゴイスト、偏屈、人種差別主義者、極端な女嫌い、など、ろくでもない評判を立てられた人ばかりである。同性愛者や外国人に対し、敵意を露わにしていた人もいる。ともかく総じて、愉快な人たちとは思えない。そんな人たちとの心の交流が音楽を聴く目的なのだとしたら、とても楽しいとは思えない。厳密には、音楽が言語のような「意味」を何も伝えないからこそ、私たちはそれを作った人間がどういう人であってても気にせずにいられるのではないだろうか。私たちは、その音楽が何を語っているのかを考えなくても音楽を聴けるし、楽しむことができる。そして、そういう聴き方、楽しみ方をしても、偉大な音楽が偉大でなくなることはないのだ。

音楽の暗号

実を言えば、音楽が、あらゆる事象、概念を表現し得る媒体になるのは確かである。たとえば「中央ハ」から上の（半音も含めた）二六音をそれぞれ、アルファベットの一文字一文字に対応づければ、あらゆる英語の文章を音楽で「書ける」ことになる。シェークスピアの『リア王』だろうが、ジョン・オズボーンの『怒りをこめて振り返れ』だろうが、ともかくすべての文章をメロディに置き換えることができるのだ。登場人物の違いは、楽器の違いで表現すればいいだろう。言うまでもなく、そのようにして作った音楽は、音楽とはとても思えないものになるだろう。そして、書かれている「文章」は耳で聴いてもわからず、楽譜を見て苦労して「解読」しなくてはならないだろう。そんな音楽には大した価値はない。音楽でなくても、何か別の適当な記号を使えば同じことはできるはずだ*。

西洋音楽に付随するとされる「意味」の多くは、このように、音楽を一種の記号とみなしてはじめて伝わる種類のものである。ただ、その意味が文化によって決定されていて、子供の頃から繰り返しそうだと言われていれば、やがて何も考えなくても理解できるようになる。西洋の国に生まれ育った人であれば、特別の音楽教育を受けなくても、スーザの行進曲には軍隊のイメージを持つし、ドビュッシーの『夜想曲』を聴けば、夢を見ているような気分になるのだ。だが、それは西洋の文化の中で育ってきたからそう思うだけである。それ以上の意味はない**。

デリック・クックは、自著『音楽の言語』の中で、音楽によって表現される感情と意味を解き明かそうとした（四〇九ページ）。だが、問題だったのはクックが、文化によって決まっていることと、音楽の生来持っている特性とを混同したことだ。クックは、音楽の「基本の語彙」を発見した、と主張している。音楽家たちは何世紀にもわたり、その語彙を使って音楽に意味を込めてきたというのだ。ただ、その意味は、個々の語彙の意味をあらかじめ知っている人にしか伝わらないはずである。クックはそのことに一度も触れていない。それどころか、その意味が万国共通の普遍的なものと思っていた節もある。西洋音楽の中でも主流とされるもの以外には一切、言及していない。その必要を感じていなかったようだ。単に西洋音楽を他の音楽より上に見ていた、と言うより他の種類の音楽の存在を認めていなかったと言う方が正しいだろう。それはともかく脇に置くとしても、クックの主張はそれ自体、かなり疑わしいものである。音楽の語彙で、いかにして複雑な情報を伝えるのか、その方法を説明しているのだが、ルールがいかにも恣意的なのだ。しかも、説明が細部にいたるほど、恣意性は増す。たとえば、「一度、三度、五度」という順序で音を積み重ねる基本形の三和音は、クックによれば、活力や勝利、強い願望などを表すとされる。しかし、第二転回形（五度、一度、三度）は、「喜び、純粋、素朴」などを表すというのだ。当時、ヴォーン・ウィリアムズは、自身の『交響曲第六番』の解釈について発言をしている。クックは、その内容が自らの理論に合わなかったことから、「イギリスの作曲家は自分の作品についてすら理解していない」と決めつけた。

文化的、歴史的に意味が定められてきた「語彙」の例としては、「三全音（トライトーン、あるいは増四度）」などもよく知られている。これは、たとえば「ド」と「ファ#」の組み合わせのことである。すでに書いたとおり、中世にはこの音程は「音楽の悪魔」などとも呼ばれていた。実際、西洋音楽においては、悪魔や悪魔的なものを表現するのによく使われた。響きが耳障りで不安定な和音なので、聴いた人が悪魔を連想したり、曲の中で悪魔の象徴として使われたりするのもごく自然なことと受け止められがちだ。しかし、実際には、私たちがそう思って聴くからそう聞こえるにすぎないのだ。三全音よりも濁った響きの和音も存在する。この和音が伝統的に嫌悪されたのは、皆がそうしようと決めたからであり、和音の響きが本質的に悪魔のようだから、というわけではない（第4章参照）。とはいえ、西洋において「三全音＝悪魔」のイメージが非常に強固であることは確かだ。リストは、『メフィスト・ワルツ』を、「シ」から「ファ」の間（シからファまでは三全音の間隔である）を急いで駆け上がるメロディで始めている。サン

＊コーネル大学の研究者たちは、ＤＮＡの塩基配列を音楽に変換するシステムを開発した。ただし、これは単なるお遊びではない。人間の音楽認知システムは非常に精度が高く、ほんのわずかな違いも瞬時に聞き分けることができるからだ。音楽にすることで、塩基配列のリストを目で追っただけではなかなか発見できない微妙な違いが察知できるようになる。

＊＊ここで選んだのは、どちらも、単純に音の響きだけからはそういうイメージは持ち得ない、という例である（第10章も参照）。西洋音楽にまったく馴染みのない人が聴けば、スーザは単に「明るく元気」、ドビュッシーは「悲しげ」としか感じられない可能性が高い。

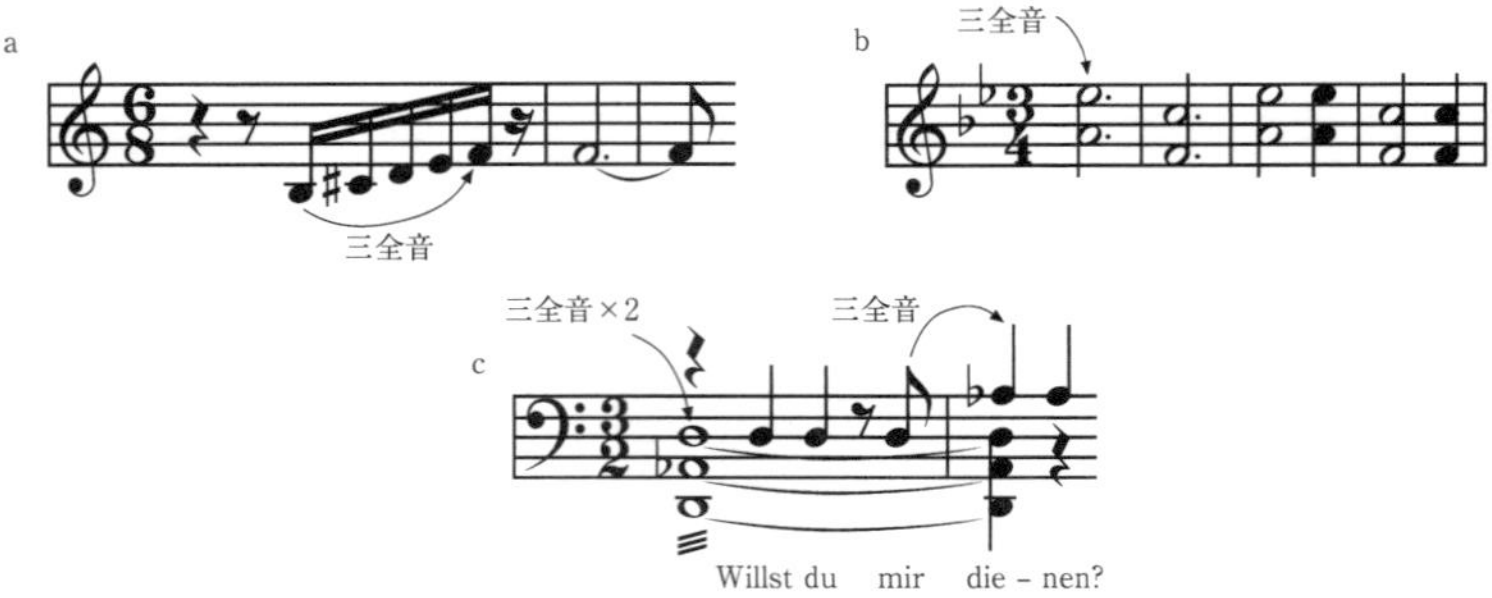

図13.1 「音楽の悪魔」三全音の例。リスト『メフィスト・ワルツ第２番』(a)、サン＝サーンス『死の舞踏』(b)、ブゾーニ『ファウスト博士』(c)

＝サーンスの『死の舞踏』では、死神がヴァイオリンを弾いているとされる箇所でやはり三全音が使われている。さらに、ブゾーニのオペラ『ファウスト博士』では、ファウストがルシフェルを呼び出す場面で三全音が使われている（図13・1）。これだけの顕著な例があれば、意識的に真似をした作曲家が少なからずいただろうと思わざるを得ない。ただ、ロックバンド、ブラック・サバスがデビューアルバム『黒い安息日』のタイトルナンバーの中で使用している三全音にはまた違った価値があるだろう。これ以降、クラシック音楽でなく、まったく異質のヘヴィメタルという音楽において、宗教的な雰囲気を出すために、あるいは悲運や破滅の象徴として三全音が使われるようになったからだ。

あらかじめ定められたルールに従って音楽で何らかの意味を表現するということは、西洋音楽においてはバロック期から始まった。怒り、興奮、驚異、畏怖など、心の状態を描写しようとしたのだ。ルールを定めたからといって、聴き手にそのように感じるよう強制したわけではない。これは、音楽を「記号の体系」、もしくは一種の「言語」にしようとした試みだった。ルールさえ知っていれば、そこにどのような思想や感情が表現されているか明確にわかるようにしたのだ。記号として使われたのは、音楽の種々の構成要素やいくつもの技法である。また、ルールを定めるにあたっては、古典的な修辞学の理論も多く流用された。作曲には、「インヴェンツィオ（着想）」、「エラボラーツィオ（推敲）」、「エクセクーツィオ（演奏）」の三つの過程があるとされたこともそうした例である。音楽そのものに、意味を伝える力があるなどとははじめから誰も思っていなかった。聴き手の頭に思想や概念を想起させる神秘的な力が宿っているなどと考える人はいなかったのだ。ただ、ルールを知っている聴衆に、言語と同じように意味を伝達できればよいと考えただけだった。しかし、古典派時代、啓蒙時代になると、音楽そのものが持つ力だけで、それ自体の美しさ、叙情性だけで人を感動させ、楽しませることが重要とされるようになった。音楽歴史家、チャールズ・バーニーも自著に書いているとおり、音楽は「数々の心地よい音の組み合わせだけで人に満足を与えられる芸術[32]」でなければならなくなったのである。

一九世紀になると、作曲家たちは、バロック時代のようなルールの助けを借りなくても、音楽そのものだけで人間の感情を活き活きと表現できると信じるようになった。聴衆も、ルールを手がかりに音楽を理解することはできなくなったが、音楽を聴けば、それだけで現実世界とは違う空想の世界に連れて行ってくれると信じるようになった。こうした動きは、特定のパトロン、聴衆、行事だけのために音楽を作る作曲家が減ったことと無関係ではない。また、永久に残る曲が書きたいと望む作曲家が増えたことも大きく影響している。ショパンやシューベルトは、自分の作品が、サロンに集う選ばれた人たち、高い教育を受けた人たちだけに聴かれることを望んでいたが、ワーグナーやマーラーは、全世界に聴かせるつもりで曲を書いていた。作曲家は画家と同じく、もはや職人ではなくなり、芸術家となったのだ。そして、人々をあるべき方向へ導いていく存在とも見られるようになった。音楽家が神秘的な存在であるというのは、ほぼ世界中どこでも共通して言えることだ。ただ、西洋の場合、特殊だったのは、音楽家が何か深遠な哲学的真実を語ってくれる人種であると誤解されたことである。そして、不幸なことに、彼らが表現手段として言語ではなく音楽を選んだために、聴き手は自力で難解なパズルを解かなくてはならなくなった。音楽家の中には、おそらく、彼らだけの特別な窓から聴衆の心の中に入っていける、そんな素晴らしい才能の持ち主もいるに違いない。しかし、たとえそんな偉大な音楽家の作品であっても、音だけを聴いてそこに込められた意味が理解できるわけではない。どうしても知りたければ本人に尋ねるしかないだろう。本人に尋ねた結果、込められた意味が期待外れのものだったとしても、それで失望してはいけない。支離滅裂な暴言だったり、ありきたりな格言程度のものだったりすれば、それは確かに残念なことだが、責任は勝手に誤解したこちらにあるのだ。

パレストリーナの時代（一六世紀）には、たとえ、音程の上昇によって聖書に書かれた「キリストの昇天」を表現することがあったとしても、それが普遍的にキリストの昇天を意味する表現だとは作曲者自身も考えていなかった。ただ、聴衆も自分と同じルールを知っているはずと信じて、そのルールに従っただけだ。こうしたルール、記号体系は、何も西洋音楽だけに特有のものではなかった。どのような音楽であれ、ある程度成熟すれば、いずれその文化に属する人の間だけに通用するルールが生じるのは、ほぼ不可避なことと言ってもいいだろう。音楽学者、フィリップ・タッグによれば、同様のことは現代のポピュラー音楽にも言えるという。タッグはこれを、「ミュージーム」と呼んだ。これは、リチャード・ドーキンスの提唱した文化の遺伝子「ミーム」からの連想でつけた名前である。たとえば、アバの『悲しきフェルナンド』は、よく言われているようにポップスとしては革新的とも言えるものだが、ありきたりなミュージームが多用されているため、その革新性が弱められているという。

私たちは、音楽について表現するとき、上、下、前、後ろなど、本来、空間に関係するはずの言葉を使うことがある。つまり、音楽をある程度、空間的にとらえているということだ。実は、音楽によって「意味」を伝える際には、私たちのそうした認知の特性も利用されているらしい。本当だとすれば興味深い話だが、それについては、フレッド・ラダールがワーグナーのオペラ『パルジファル』を題材に調査をしている。この本の第6章で、和音間の関係を空間的に表現するということをした。ラダールもワーグナーの曲についてそれに似たことをしているのだ。ラダールの描いた図を見ると、曲全体がいわば「象徴的な空間」になっているということ、曲を聴く人の心はその空間の中を旅するのだということがわかる（図13・2）。ラダールによれば、『パルジファル』というオペラには、和音進行をこのような形の図で表せる箇所がいくつもあるという。オペラの物語の進む方向と、図中の和音の進行方向とは一致する。和音が「悪」から「善」の方向（左から右）に進むとき、物語も悪から善に向かい、和音が地上から天国の方向（下から上）に進むとき、物語も地上から天国に向かって進むのだ。そして、ここで重要なのは、和音を並べた図が、十字架の形をしているということである。ワーグナーが果たして同じような図を描いて作曲をしていたかどうかはわからないが、その可能性はある。ドイツの音楽理論家、ゴットフリート・ヴェーバーが一九世紀前半に書いた著書の中に、そういう記述があるからだ。仮にそうだとしても、一般の聴衆の多くがこの事実に気づくとは思っていなかったに違いない。だが、長い歴史を経る間には、音楽の知識を持った人が何人かこの構造に気づいた可能性はある。音程変化や和音進行を図に描いてみて偶然、発見した人もいれば、もしかしてそうではないかと思って図を描いてみた人もいるだろう。

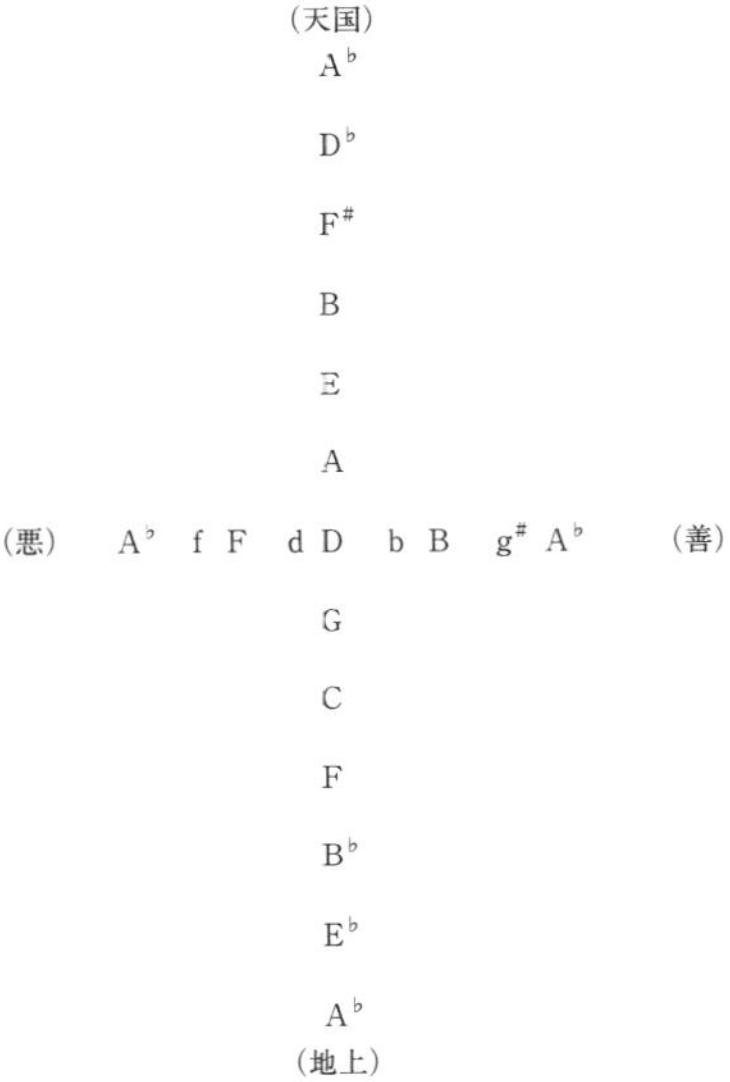

図13.2　ワーグナー『パルジファル』の和音進行の図。十字架を描くような構造になっていることがわかる。ワーグナーが意図的にこのようにした可能性もある。小文字は短調を表す。

音楽に隠された言葉

すでに書いたとおり、音楽を記号のように使って意味を伝えることはできても、その意味は、あらかじめ記号の意味を了解している人にしか伝わらない。では、音楽そのものは聴き手に何も伝えられないのだろうか。決してそんなことはない。音楽が聴き手に多くのことを伝えるというのは紛れもない事実だ。アーロン・コープランドも言っているように、伝わったことを言葉で表現するのが難しいだけだ。ジョスカン・デ・プレにしろ、B・B・キングにしろ、偉大な音楽家は、「人生」や「人間のあり方」について何か表現していると感じる人が多い。私もおそらくそうだろうとは思う。ただ、セルバンテスやカフカの作品ならば、それが言葉で表現されているので、言葉を手がかりにして著者が何を伝えたいのかを知ることができる。絶対に正しいという確信は持てなくても、皆が自分なりの解釈をすることは間違いなくできるだろう。その解釈について他人と話し合えば、ある程度、客観的な評価もできる。音楽の場合、特に歌のない器楽曲の場合、それは不可能である。ショパンの『前奏曲』を聴いて、何かを訴えかけていると思っても、それが何なのかは誰にも明確にはわからないのだ。「いや、自分にはわかる」という人はいるかもしれないが、その解釈が他人の解釈よりも妥当であることを証明する手立てはない。

だが、本当は音楽が表現していることを言葉で表現しなければならない、という思い込みがおかしいのだ。音楽は暗号ではない。解読したら小説や戯曲ができあがる、というようなものではないのだ。実にバカげた思い込みである。私たちが言語を使う存在であるために（また言語というものが不完全なために）、こういうバカげたことが起きる。音楽について言葉で語る必要が生じることはあるが、それは実に困難だ。満足にできる人はほとんどいない。音楽評論家と呼ばれる人たちは、純粋の器楽曲よりもオペラについて多く言及する傾向にあるが、それはその方がお金になるからではない。オペラなら映画と同じように、プロットや舞台装置や、衣装や演技など、色々と語るべきこと、批評すべき材料が見つかる。音楽そのものについてはあまり語らなくて済むのだ。せいぜい、演奏の出来が良かった、悪かった程度でいい。

音楽理論家、フレッド・マウスによれば、私たち人間には、自分の体験する事象の一つ一つを「生命あるもの」とみなす癖、擬人化してしまう癖があるという。また、自分の周囲に起きた出来事を、意思を持った誰かの仕業であると考える癖もある。音楽を聴くときもそれは同じだ。人間にこうした傾向があることは、一九四〇年代に心理学者のフリッツ・ハイダーとマリ＝アン・ジンメルが実験で証明している。二人は、色のついた抽象的な図形（三角形と円）が画面上を動き回るアニメーションフィルムを制作した。図形はただ動くだけでなく、相互に複雑に影響し合う。実験では、このフィルムを被験者に見せ、どんな内容だったかを尋ねた。すると、ほとんどの人が、内容を複雑な「物語」にして話したのである。しかも、図形は皆、擬人化されていた。「二つの図形は恋人だったけれど、もう一つの図形が現れて、一方を奪い取ってしまった」といった具合だ。被験者たちは、そのアニメーションから物語を感じ取っていただけでなく、図形たちの動きから感情も読み取っていた。フレッド・ラダールによれば、音楽にも同様のことが言えるという。人は音楽に物語を感じるだけでなく、メロディやリズムを構成する個々の音を擬人化しているというのだ。音がそれぞれに感情を持ち、互いに惹かれ合ったり、反発し合ったりしているのも感じる。

音楽の表現することを言葉にするのは難しいので、言葉ではなく、視覚芸術にたとえて伝えようとする人もいる。たとえば、ストラヴィンスキーは「音楽によって与えられる感動を表現するには、それを、優れた建築物の構造を鑑賞したときの感動にたとえるのがよい」と言っている[33]。実際、音楽は昔からよく建築にたとえられている。確かに、どちらも数々の要素から成り、要素間の調和が大事という点では共通している。たとえとしては便利だろう。ただし、限界もある。すべての音楽が建築に似ているわけではないからだ。バッハの音楽ならば、そのとらえ方が有効になることも多い。単純な要素の組み合わせで壮大な作品ができあがっているところ、他の曲の引用の多いところ、対称性、論理性など、建築にたとえられる特徴を数々備えている。しかし、ドビュッシーの音楽を建築にたとえるのは無理がある。彼の音楽は建築と言うよりも絵画だろう。水の流れや、煌く月、優しい雨を、まるで印象派の絵画のように描いたのだ。

音楽について言葉で説明するのも危険なことだが、視覚芸術にたとえることにもやはり危険がつきまとう。元々耳で聴くものを目で見るものにたとえるのだから、不自然なのは確かである。音楽が言葉を超えたものであるのは間違いない。それは食べ物の味が言葉で表現しきれないのと似ている。この章の冒頭に書いたとおり、アーロン・コープランドはまさにそこにもどかしさを感じていた。ただ、複雑なのは、音楽には言語に似たところもあるということだ。コープランドのもどかしさはそのためにさらに大きくなったと思われる。まず、音楽には、「構造」がある。リズムや拍、音階、音程などの要素が組み合わさってできている。また、要素は互いに関係し合い、依存し合っている。複数の要素があれば、そこに複雑なパターンが生まれる。そのパターンにより、単なる「味」や「匂い」とは比較にならないほど豊かな情報が伝えられるはずである。それは科学的に間違いのないことと言ってもいい。音楽を構成する各要素はランダムに組み合わされているわけではなく、明確な意図を持って組み合わされているのだから、音楽の伝える情報は偶然ではなく、必然的に生まれているのだ。聴き手はその情報を知覚できる。だが、音楽以外の何物にも変換できない。これはおそらく、情報というものを考える上で極めて重要なことだろう。情報は必ずしも、「何かについての情報」であるとは限らないのだ。言語が伝えるような情報だけが情報ではないということである。音楽が何か音楽以外のことを伝えているのではなく、音楽そのものが情報であるということだ。音楽に力があるのは、私たち人間という動物が、あらゆるものから情報を得て、あらゆるものに意味を見出すよう進化してきたせいではないだろうか。私たちが自然の風景を見ても、ターナーや朱奋［訳注　中国、明代末期から清代初期の画家、書家、詩人］などが絵に描いた風景を見ても同じように感動できるのはそのためである。私たちが同じ音楽を繰り返し繰り返し聴いてしまうのは、その意味がつかめそうでつかめないからかもしれない。意味を言葉で明確に説明できない、まさにそのことが音楽の魅力かもしれないということだ。

楽譜の歴史

楽譜は非常に便利なものである。楽譜があるおかげで、作曲家は簡単に曲を書き残せるし、演奏家もその曲をどう演奏すればよいかすぐにわかる。だが、実は音楽を紙に書き表すというのは容易なことではなかった。曲の構造を示すと同時に、個々の音をどのように演奏すべきかの指示も必要だったからだ。どうすれば書きやすく読みやすく、理解しやすくできるかが重要だった。また、第一にそんな表記法があり得るかどうかも問題だった。現在、楽譜と呼べるものは世界各地にあるが、西洋のクラシック音楽で使われているものは、その中でも最も進歩したものであるのは間違いない。この楽譜のおかげでポリフォニック音楽は生まれたと言えるし、口頭の伝承のみではとても不可能なほど複雑な音楽が作れるようになったのだ。

西洋音楽の楽譜も、はじめは音程の高低変化を示すだけのものだった。これは「ネウマ譜」と呼ばれるもので、歌詞の上に、「ネウマ」と呼ばれる記号を書いて、音程を上げるのか、下げるのかを指示する。音程を上げるよう指示するときは「／」、下げるよう指示するときは「＼」、上がったり下がったりなら「V」と書く。この楽譜を読んで理解するためには、あらかじめルールを熟知していなくてはならない。まず、楽譜の読み手は、当然、中世の「モード」で歌うものと考えられており、歌の始めと終わりがどの音程になるかも知っていることが前提になっている。楽音が一つ一つ分かれて表記されるようになるのは、一〇世紀頃のことである。水平方向の基準線が引かれ、その線との位置関係で音程が示された（線は現在のように五本ではなく一本だけだった）（図13・3）。線が四本の四線譜が使われ始めたのは一一世紀のことで、考案したのはグイード・ダレッツォである。彼については、「ドレミファ」という階名を考案した人物としてこの本でもすでに触れた。音の高さではなく、長さが表記されるようになったのは一〇世紀からだが、はじめは絶対的な長さではなく、相対的な長さだけが示された。私たちが現在目にしているような楽譜が姿を現すのは、ようやく一七世紀になってからのことだ。バッハが一八世紀初頭に書いた楽譜ならば、現代の私たちも苦労なく読むことができる（図13・4）。

楽譜では、表記の難しい要素は省略されることが多い。音程の無段階の変化、あるいは半音より細かい微分音、リズムの柔軟な変化、即興演奏といったことがらは楽譜には表記されないことが多いのだ。そのため、この本でもすでに触れたとおり、西洋音楽の楽譜は、たとえば東欧の伝統音楽の複雑なリズム構造の表記には適していない。また音楽は楽譜に書かれてしまうと、それ以降、進化を止めてしまう。楽譜を一種、神聖なものとみなし、少しでも改変して演奏すると冒瀆と考える人も現れる。そうなると、音楽が硬直化する危険が生じる。楽譜に頼りすぎると、演奏の妨げになることもある。現在でも、クラシック音楽の世界には、非常に有能でありながら、楽譜の指示がないとまったく音を出せない演奏家が存在する。バロックの時代にはそうではなかった。当時はまだ正確な記譜法が生まれたばかりだったせいもあるが、演奏家は常に、作曲家の書いた楽譜に従うだけでなく、即興で独自の演奏を加えることを求められた。時には、それまであまり誰も使わなかった不協和音を駆使するなどして、曲に新たな生命を吹き込んだ。一七世紀前半に活躍した作曲家、ジローラモ・フレスコバルディはオルガン向けの曲を数多く書いたが、トッカータの終わり方はオルガン奏者の自由に任せることが多かったし、自分の判断で曲をばらばらにし、再構成するよう演奏家に求めた曲まであった。

二〇世紀の前衛作曲家たちは、演奏家が曲を独自に解釈することを促すような、新しい楽譜の書き方を模索した。リゲティやシュトックハウゼンの電子音のパッチワークのような音楽を、正確に譜面に書くことが果た

a

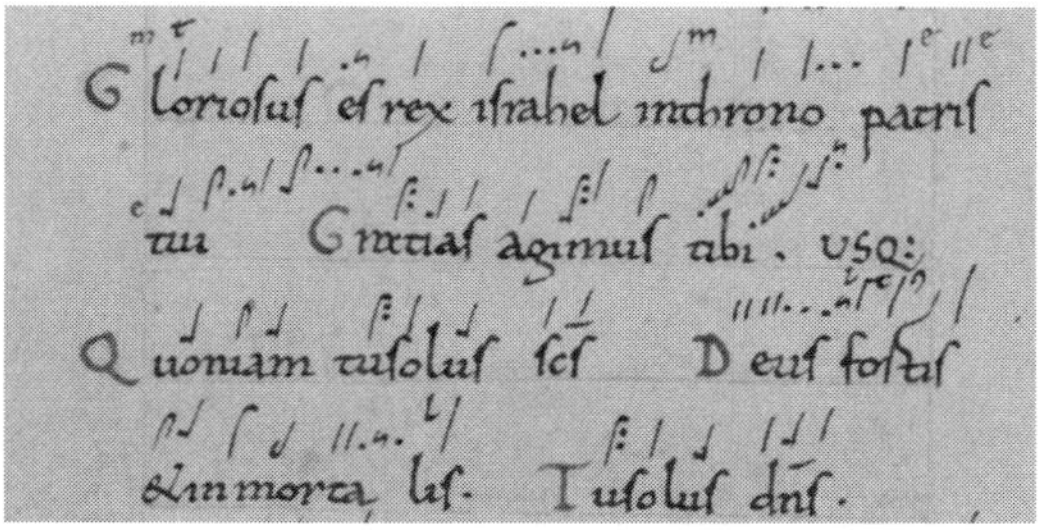

b

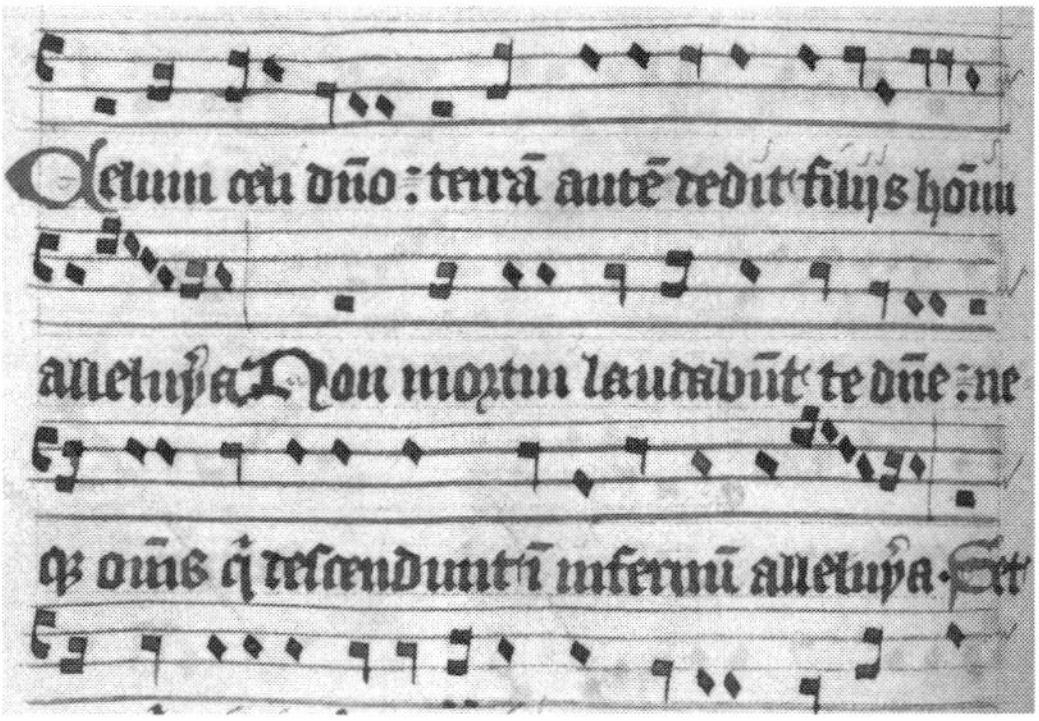

c

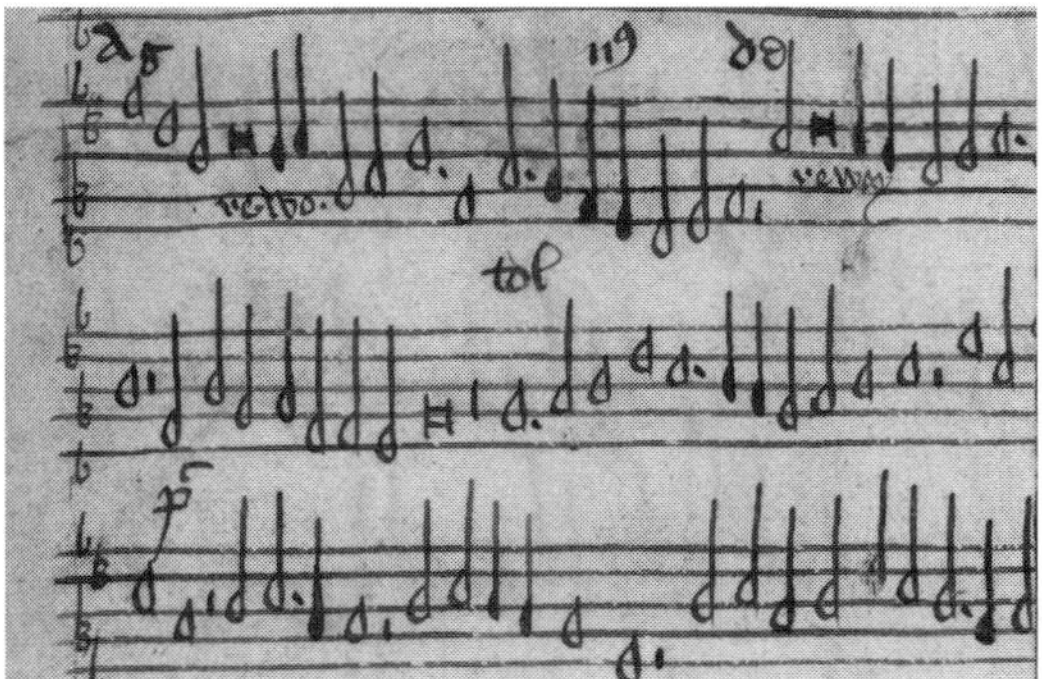

図13.3　楽譜の変化。11世紀（a）、13世紀（b）、15世紀（c）

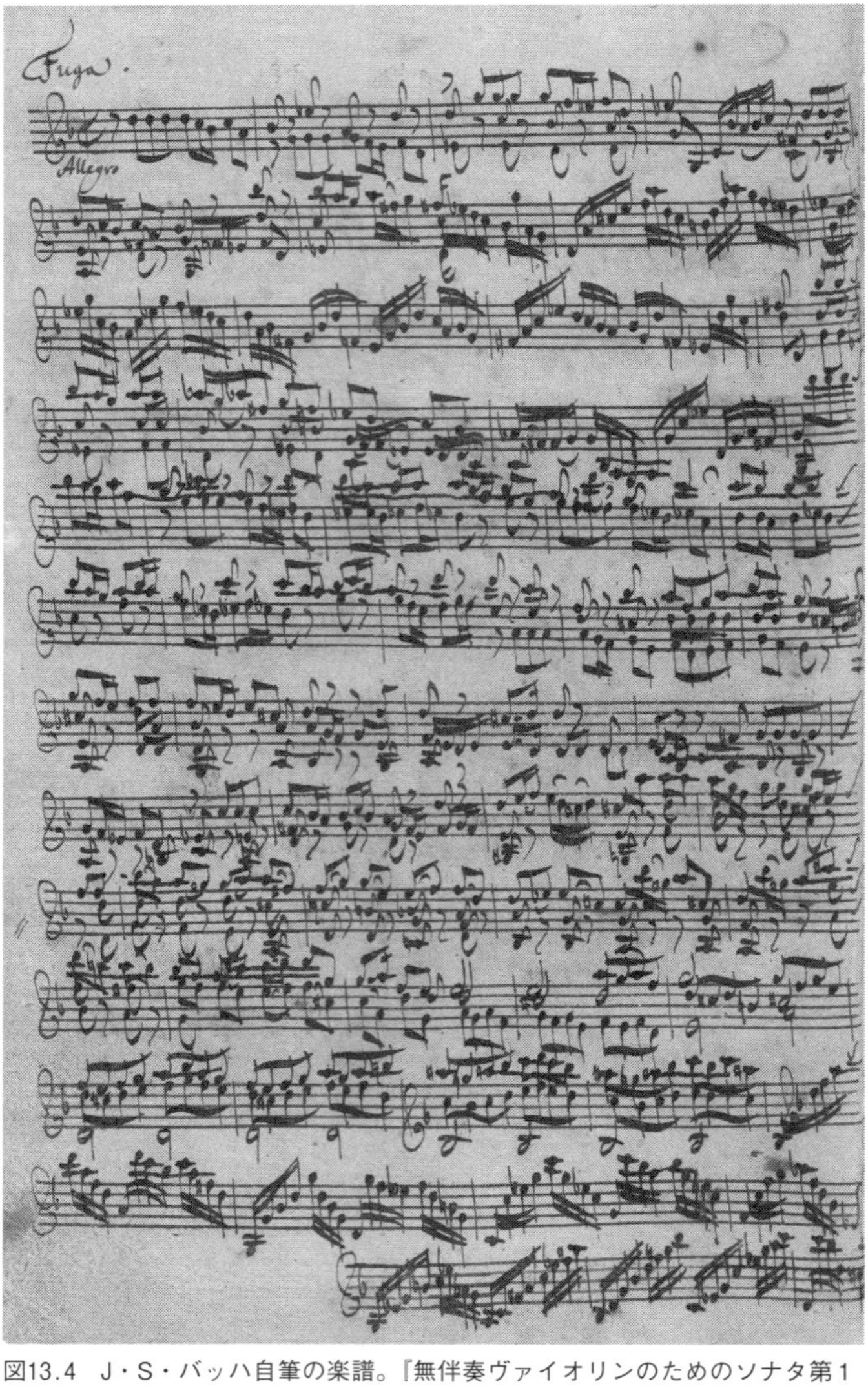

図13.4　J・S・バッハ自筆の楽譜。『無伴奏ヴァイオリンのためのソナタ第1番（BMV1001）』第２楽章の冒頭部分。1720年に書かれたもの。

して可能なのか、またそうすることにどれほどの意味があるかはわからない。だが、リゲティは、「聴く楽譜」というのを考案した。これは、どのように演奏すべきかを指示する楽譜ではない。「どう聴こえるように演奏すべきか」を指示する楽譜である（図13・5 a）。シュトックハウゼンは、伝統的な記譜法と印象派的な記号を組み合わせたような楽譜を使うことがある（図13・5 b）。だが、演奏家の想像力に委ねる部分が多いという点では、ジョン・ケージの楽譜が最も顕著だろう（図13・5 c）。彼が作るような実験的音楽の場合、演奏家に対して「どの音をどう弾け」という指示よりも、「何をしろ」という指示がなされることが多い。たとえば、『フォンタナ・ミックス』という作品では、演奏者は磁気テープを使ってもよいし、楽器も何を使ってもよいことになっている。テープのトラック数や演奏者の人数にも指定はなく、曲の長さも明確ではない。楽譜は一〇枚の紙と、一二枚の透明なシートである。紙には、それぞれに太さと質感が違う六本の曲線が描かれている。一二枚の透明シートのうち一〇枚には、いくつもの点がランダムに配置されており、残り二枚のうちの一枚には格子が、そしてもう一枚には直線が一本描かれている。演奏者は、曲線の描かれた紙と、点が配置されたシートを一枚ずつ選び、それと格子の描かれたシート、直線の描かれたシートを重ねて、自分だけのその場限りの楽譜を作るのだ。直線の描かれたシートは、格子の中にある点と外にある点がちょうど直線でつながるように配置する。演奏者のすることと、そのタイミングは、直線と格子が交差している部分の縦横の長さと、曲線のパターンによって決まる。この種の楽譜を読むには知識と訓練がいるので、当然のことながら、ジョン・ケージの作品の楽譜を読んで演奏するのは、ほぼいつもごく限られた人たちだった。

こうした前衛音楽は、音楽家を、楽譜という暴君から解放するものと言う人はいるだろう。しかし、そもそもその「暴君」が本当に君臨できたのは、西洋のクラシック音楽の世界だけであるという事実を忘れてはならない。たとえば、イギリスの民族音楽なども、一応、採譜はされているけれども、それはあくまで骨組みにすぎない。もし、楽譜のとおりに演奏されたとしたら、恐ろしく退屈な音楽になってしまうだろう。演奏者が各

a

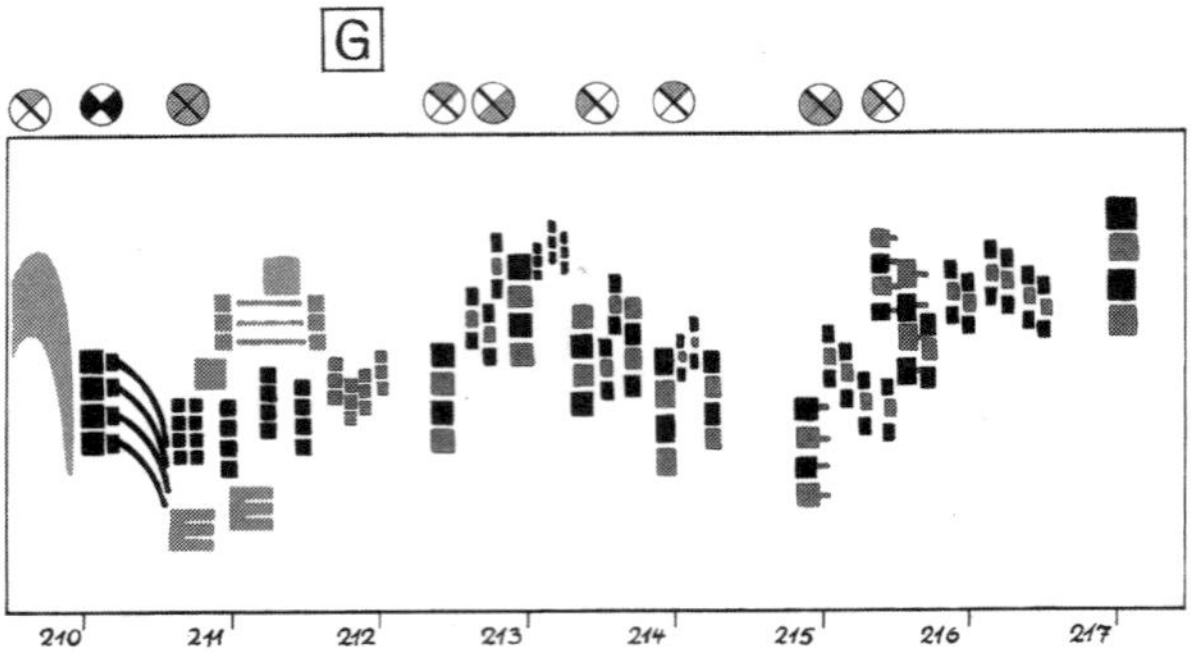

b

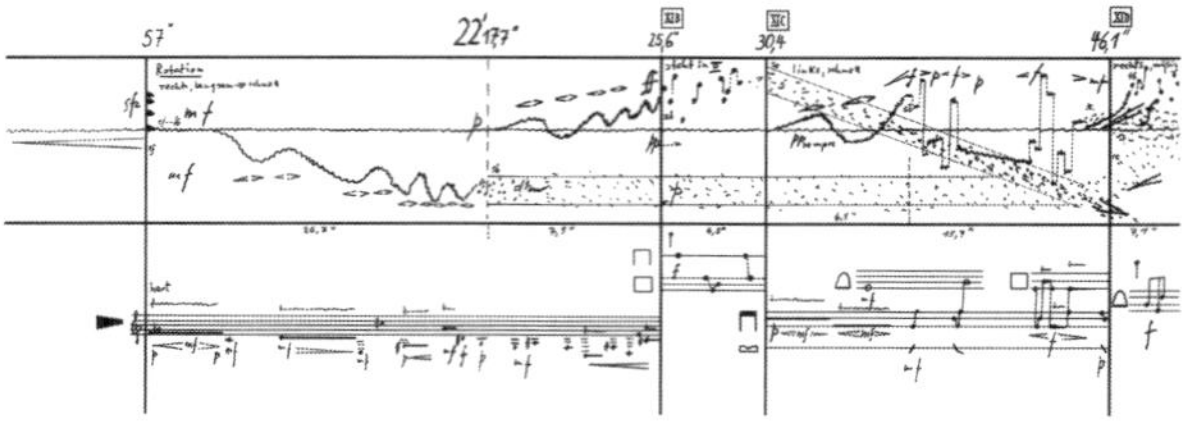

c

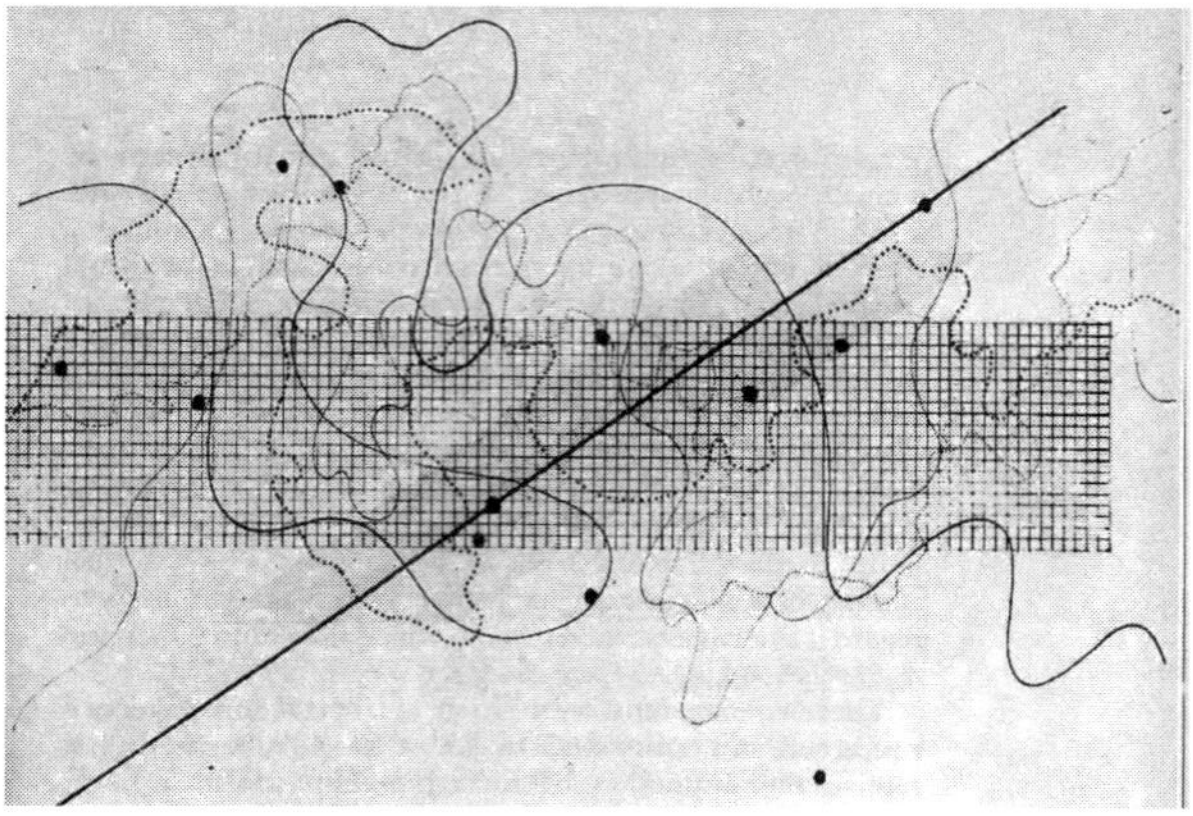

図13.5　前衛音楽家の「楽譜」の例。リゲティ『アーティキュレーション』(1956) (a)、シュトックハウゼン『コンタクテ』(1958-60) (b)、ジョン・ケージ『フォンタナ・ミックス』(1958) (c)。

図13.6　イギリスの民族音楽『鋤めでたかれ』の採譜（a）。イライザ・カーシーとナンシー・カーによる同曲の演奏（b）。

自工夫をすることではじめて、魅力的な音楽になるのだ（図13・6）。ロックやジャズなどのポピュラー音楽の場合も、楽譜はあってもさほど重要ではない。生でも、録音でも、大切なのはあくまで実際の演奏である。ある程度、守るべきとされる枠はあるが、その範囲内で即興演奏を加えていくのが普通だ。スティーヴ・ライヒのように、「音楽は、クラシックとかロックとかいうジャンルで分けるより、楽譜があるかないかで分ける方がいいのではないか」[34]という人までいる。「楽譜のない」音楽の醍醐味は、ごく簡単な素材を元に、即興によって次々に新しいものを生み出していけるということだ。オランダの民族音楽学者（「民族音楽学」という用語を作った人物、と言うべきかもしれない）ヤープ・クンストは、一九四九年刊行の著書『ジャワの音楽』に次のように書いている。

> インドネシアの歌手の仕事は、西洋音楽の演奏者たちのそれに比べて創造的である。ラグ（ガムランの曲の中心を成すメロディ）は、歌われる度に新しい花を咲かせる。伝統で定められた基本の部分、変わることのないメロディの核はあるのだが、それをどう育て、どう花開かせるかは歌手一人一人の手に委ねられている。先祖が守ってきたスタイルを尊重し、それを十分に学んだ者は、大きな喜びを得られるのだ。[35]

ここからわかるのは、楽譜と演奏者の間には適度な緊張関係が必要ということである。作曲家の意図を記したものとして、楽譜は尊重すべきだが、音楽に生命を与え、呼吸をさせるという役割は、かなりの程度、演奏家に委ねるべきなのだ。そのバランスが重要である。曲を作るのと同じように、演奏もやはり創造行為だということだ。

コーダ――音楽の条件

この本を読んでいる間、一切、音楽を聴かなかった、という人はおそらくいないと思う。私も、音楽を一切聴かずにこの本を書くことは絶対にできなかった。書くために実際に聴いて確かめるという意味もあったがそれだけではない。ジョン・スロボダは自著『音楽知能を探る』の中で、「音楽について研究する科学者は皆、研究を続ける限り、自らの音楽への愛をそのまま保ち続けなくてはならない。私はそう信じている」[1]と書いているが、これは非常に賢明な見解と言えるだろう。神経科学などの論文の中には、音楽について触れたものも多いが、読んでいて、「この人は本当に音楽を愛しているのだろうか」と疑ってしまうこともよくある。音楽が不思議なのは（そして素晴らしいのは）、それが一種の魔法であり、その仕組みを詳しく知ったとしても、魔法の効き目がなくなることはないということだ。どうしても、そこに何かの奇跡が起きているとしか考えられない。

ともかく、私にしろ、他の誰にしろ、「自分は音楽という魔法の箱を開けて中身を見た」と言うことはできないだろう。音楽の謎を完全に解き明かした人は誰もいないのだ。音楽については、わからないことがいまだに多い。まずそれを認識しなくてはならない。わかっていることも少しはあるが、ごく限られた範囲にとどまっているのだ。とはいえ、私は、音楽を単なる「ブラックボックス」とみなすべきだと思っているわけではない。ただ音をその中に入れるだけで、自動的に中から涙や喜びが飛び出してくる、音楽をそんな不思議な箱のように思ってもらいたいわけではないのだ。

音楽に関しては、現時点でどういうことがわかっているだろうか。

まず言えるのは、音楽は私たちの脳で作られるということだ。耳に聞こえた複雑な音の組み合わせに意味を見出し、音楽であると理解するのは脳なのだ。大変な能力だが、脳には生まれつきその能力が備わっている。この世界で生きてきた間に、この世界に適合するために生まれた能力である。人間はあらゆるものにパターンを見つけ出そうとする。わからないことがあればわかろうとする。他人と自然にコミュニケーションをとろうとするし、自分の経験したことを物語にしようとする。人間が聞こえてきた音を音楽であると認識する背景には、人間の持つそうした特性があるのだ。

ただ、音楽を解する能力には、「学習によって身につくもの」という側面もある。誕生の瞬間から(正確にはその少し前から)、人間は周囲の環境から情報を取り入れ、そこに何らかの法則性を探す営みを開始する。感覚刺激には様々な種類があるが、それぞれが互いにどう関係し合うかを知り、脳の中にいわば「感覚の地図」のようなものを作ろうとするのだ。現実の世界にはどういうことが起こりやすいか、また起こりにくいかを学ぶことで、次に何が起きるかを予測できるようにもなる。それは音に関しても言える。私たちは、音程が次にどうなるか、リズムや音色がどうなるかを予測するようになるのだ。その予測と、現実に起きたこととを照らし合わせ、もし予測が正しければ報われたと感じて気分が良くなる。また、しばらくすると、さらに高度な喜びが存在することも学び始める。次にどうなるかがわからない状態が続くことの心地よさや、少し遅れて予測どおりの展開になったときの大きな喜びを知るようになるのだ。だが、音楽の楽しみはそれですべてではない。まだほとんど理解できていない要素もあるし、存在すらまだ誰も知らない要素が存在する可能性も高い。音楽を聴き、それを感じ取る、というのは、非常に複雑な体験である。音の質の変化により感じ方はどう変わるのか、音から私たちはどういうメッセージを受け取るのか、まだまだわからないことだらけである。ただ、必ずしも音そのものが直接、何らかの感情を引き起こすわけではないということもわかってきている。音は感受性を高めるのだ。そのため、芸術的な表現に感動しやすくなる。

優れた作曲家、演奏家たちは、人間のそうした特性を直感的に知っている。そして、どうすれば人間の感情を自在に操れるかわかっている。どこでどの音を聴かせれば緊張感が高まるか、ある箇所を特に注意して聴いてもらいたいときはどうすればいいか、それを知っているのだ。何らかの理由で聴き手を思い通りに操れなかったとき、その音楽は「頭でっかち」、「計算ずく」などと言われて低く評価されてしまう。ただし、そういう曲であっても、音楽の楽しさがまったく失われてしまうことは少ない。作った人間の意図が透けて見えたとしても、思いがけない箇所に良さを感じることは多いのだ。

同じ曲であっても演奏の仕方で大きく変わることもある。計算ずくで面白味がないと思っていた曲に、演奏家の力で命が吹き込まれることはあるのだ。その音楽の善し悪しを決めるのは音の並べ方だけではないということだ。優れた演奏家は、曲に独自の解釈を加えて、退屈だった曲を心震えるものに変えてしまうことができる。その技術は、なかなか教えて身につくものではない。教育がまったく不可能とは言わないが、神秘の才能であることは間違いない。一つ一つの音が人の心に何をどう訴えるかを敏感に察知する鋭敏な感覚が必要なのだ。

音楽は脳のすべてを駆使する活動である。音楽には、理性や論理的思考も必要だし、それに加えて原始的な本能も必要になる。私たちには、音階や、リズム、拍などを無意識のうちに識別し、理解する能力が備わっている。また、それと同時に、言葉を発し、運動を制御することもできる。そうした能力は訓練によって向上することが多い。生まれつき重い障害を負っている人は別にして、誰でもが音楽の能力を持っているし、訓練によってそれをかなりの程度まで高めることができるのだ。もちろん、生まれつき持っている能力や、訓練によって到達できるレベルには個人差がある。音楽に対する素晴らしい感受性を生まれながらに持っている人もいるし、激しい訓練の末、ほとんど誰も真似のできない驚くべき演奏技術を身につける人もいる。そういう人がいて、皆が彼らの音楽を楽しめることには感謝すべきだろう。しかし、音楽の能力自体は、ほぼ誰もが持っているものなのだ。ジョン・ブラッキングも次のように述べている。「これは、一九七六年にレッドクリフ＝モード卿がカルースト・グルベンキアン財団に提出した「芸術振興」に関する報告に反論するものだ。

芸術は、読み書きや算術と同様、社会にとって重要なものである。教育に携わる者はまず、そのことを理解しなくてはならない。芸術は、決して、従来よく言われたような、「あってもなくてもよいもの」などではないのだ。まずは、レッドクリフ＝モード卿の報告にも見られるような、芸術的才能は天からごく一部の人間にのみ与えられるものだという、敗北主義的、エリート主義的な考えを捨てるべきだろう。そんな考えは不適切なものだと言わざるを得ない。[2]

音楽には楽しむだけではなく、「実利的」な一面もある。まず、音楽は人間の知性にとって有用である。脳に良い効果をもたらすのだ。ただし、その効果は「幸運な副作用」とでも言うべきもので、音楽はそのために存在しているわけではない。そして、音楽は人の身体や文化にとっても良いものである。しかし、音楽というのは、何かの役に立つというより、ニーチェの言葉を借りれば「ただ、それが地上に存在するというその事実が、それだけで価値を持つ」[3]というようなものだろう。

忘れてならないのは、音楽は社会的状況とは切り離せないものだということだ。音楽の認知についての研究は盛んに行われているが、社会の価値観というものに関心が払われていない研究は空虚と言わざるを得ない。特に、音楽の意味を問うような研究においては、その音楽の属する社会の価値観を知ることは重要になる。アメリカの知覚心理学者、ジェームズ・ジェローム・ギブソンは一九六〇年代、私たちの知覚には文化的背景が影響を与えるという主張をした。これはつまり、音楽を聴くという行為と、文化的背景とは切り離せないということである。音楽がどう聞こえるか、ということ自体を、文化的背景がかなりの程度決めてしまうのだ。音楽についての比較文化的研究でよく誤解されているのはその点である。文化によって違うのは、音楽の「解釈」であると考えられがちだ。しかし実は、もう耳に聞こえた時点で違ったものになっている可能性が高い。異文化の音楽を聴いても決して理解ができないということはない。脳が聞こえる音に手を加え、自分の文化の枠内にある音楽であるかのように錯覚させるからだ。相当な努力をしないと、その枠から外に出ることは難しい。

音楽ジャーナリスト、デヴィッド・スタッブスは、「人は音楽に対して、ある種の恐れを抱いているのではないか」と言っている。マーク・ロスコのような現代芸術は比較的多くの人に受け入れられている一方で、シュトックハウゼンなどの現代音楽があまり受け入れられていない理由はそこにあるという。その意見には確かに一理あるかもしれない。ポストモダニズムの時代になって、「難解な」芸術音楽と、ポピュラー音楽の間の障壁は低くなったとはいえ、現代音楽に馴染めない人がいまだに多いのは確かである。一部の現代音楽は、実際に聴き手に「怖い」という印象を与える。人の耳にどう聞こえるかということに留意せず、ただ内に閉じこもって音の羅列に終始しているように聞こえるものもある。ただ、現代音楽が恐ろしく感じられる原因は音楽そのものだけにあるのではない。受け手の、あらゆる芸術に感覚的体験を超えた「意味」を求める態度にも原因があると思われる。この態度は、現代主義ではなく、ロマン主義の時代からの伝統に根ざすものだ。人は、「意味がわからない」と思うものに対し、恐怖を感じるのだ。そして、その恐れは、自己増殖することがある。わからなければ、わかるために何度も触れて学習しようとする場合があるからだ（同じことは、現代音楽だけでなく、ハードロックなどのポピュラー音楽についても言える。芸術音楽に慣れている人にとって、ハードロックなどの音楽は理解できず恐怖の対象になり得る。どちらが高級でどちらが低級という分け方には問題があるだろうが、両者の間に断絶はあるだろう）。音楽を一種の「暗号」とみなすような考え方には問題があると言える。それはたとえば、「ベートーヴェンの『交響曲第三番』は英雄についての物語である」というような考え方だ。音楽について解釈を述べてはいけないとは言わないが、それはあくまで「こういう聴き方もできますよ」という述べ方をすべきだ。「この音楽はこういう意味です」、「テーマはこれです」という具合に人に押しつけるようにすべきではない。また、イアン・デューリー&ザ・ブロックヘッズの『ヒット・ミー・ウィズ・ユア・リズムスティック』のような曲に、ベートーヴェンの『交響曲第三番』のような意味を探すのも無意味なことだろう。

結局、音楽はあくまで音楽として楽しむべきなのだと思う。音楽でしか味わえない感覚、音楽だけに引き起こせる感情、そういうものを大事にすべきだ。それは言葉では表現できないし、おそらく表現する必要もない。音楽は他のどの芸術とも違う、独自のものであり、言葉を超えたものである。人間の脳には、音楽の認知だけに特化した部分があるわけではない。しかし、何ら特別でない部分がいくつも連携することで、音楽を理解するという、他の動物にはできない離れ業をやってのけるのだ。そんな能力を身につけることは容易ではなかったはずだが、実際に身につけることができたのだから、そのことに何らかの価値があったということである。おかげで私たちは音楽を楽しむことができる。実に素晴らしいことだ。

訳者あとがき

子供の頃、近所の友達につられてエレクトーン教室に通い始めた。エレクトーンにおいては、コード（和音）が大事になる。なので、早いうちから基本的なコードを教わる。これはギターなどでも同じだろうと思うが、最初に教えてもらうのは、C（ドミソ）、F（ドファラ）、G7（ソシレファ）の三つ。つまり「スリーコード」である。この三つを知っていれば、相当な数の曲が演奏できる。

さほど難しくはないので、コードの弾き方はすぐに憶えることができた。ただ問題は、その「響き」だった。C、Fは何となく「綺麗だな」と思っていた。綺麗なので弾いていても気分がいい。だけど、困るのはG7。どうにも汚い。耳障りなのだ。濁った響きがする。「間違ってるんじゃないの？」とも思う。わざわざこんな汚い音を出すなんて。弾くのが嫌でしょうがない。さらに嫌だったのは、このG7コードが先生のお気に入りだということだ。CやFよりかっこいいでしょう、というのである。何を言っているのかさっぱりわからない、おかしいよ、と思っていた。

その後、何年かすると、G7に対する違和感は完全になくなった。そして、さらに何年かすると、一般にもっと濁っているとされる9th（ナインス）、11th（イレヴンス）、13th（サーティーンス）といったコードですら何とも感じなくなった。いつの間にか、こういうコードを自分も「かっこいい」と言うようになり、C、Fなど、子供の頃、綺麗だと思っていたコードを「ダサい」と感じるようになった。相当な時間がかかったけれど、先生が何を言っていたのかを理解したというわけだ。

ただし「理解した」といってもそれは、数学の公式や物理の法則を理解したのとはわけが違う。自分が何をどう理解したのか、言葉で説明ができないからだ。G7はなぜ濁って聞こえるのか、また、濁って聞こえるものを不快に感じたり、心地よく感じたりするのはなぜなのか。コードをかっこいいと思ったり、ダサいと思ったりするのはなぜなのか。そもそもかっこいいとは何か。どれも説明ができない。ただ感覚としてわかったような気がしただけである。

音楽は感覚で楽しむものなのだから、それで当然かもしれない、とは思っていた。だが、一方で、感覚は人それぞれと言いながら、多くの人が同じコードについて、好き嫌いを超えて、同じように「濁っている」、「澄んでいる」と言うことを不思議には思っていた。コードだけに限らない。ある曲を聴いて、綺麗な曲、楽しげな曲、悲しげな曲、軽い曲、重い曲などと思う感覚も、大半の人に共通するようなのだ。また、私と同じように、大人になるに従い、響きの濁ったいわゆる「不協和音」を、かっこいい、心地よいと感じ始める人も多いようだ。これも考えてみればとても不思議なことである。もしかすると、音楽には、また私たち人間の音楽の認知には何か普遍の原理があるのではないか。数学や物理のような公式や法則があるのではないだろうか。それさえ知れば、音楽のすべてがわかる、というような。そんな疑問を長年の間、漠然と抱えていた。

日頃から音楽を楽しんでいる人ならば、誰でも一度くらいは私と同じような疑問を持ったことがあるのではないだろうか。実に素朴な、しかし大きな疑問。ひょっとすると音楽に関わる問いの中でも、最も答えを見つけるのが難しいものかもしれない。

本書は、この素朴な難問に正面から立ち向かった「勇気ある」本である。そして、この問いに完全とは言えないが、かなりの程度、答えてくれた本と言えるだろう。この本で正解がわかる、というわけではない。だが、どう考えれば少しでも正解に近づけるかを教えてくれるのだ。数々の偉大な先人たちがこの問いにどう挑んできたか、またそれによってどのような成果が得られたかもわかる。音楽を愛する人ならば、ぜひとも手元に置き、折に触れて読み返してみるべき本だと思う。読めば読むほど、音楽を聴く楽しみ、音楽を作り、演奏する楽しみが増すに違いない。

音楽は知識がなくても楽しめる芸術だが、知識が増えれば増えるだけ、より楽しくなる芸術でもある。本書を読むことで、読者が音楽をより深く理解し、音楽をより深く愛するようになったとしたら、私にとってそれに勝る喜びはない。

最後になったが、翻訳にあたっては、河出書房新社の九法崇氏に大変お世話になった。この場を借りてお礼を言いたい。

夏目大

二〇一一年一〇月

28. Scruton (1997), p. 43.

29. Raffman (1993), p. 59.

30. Cooke (1959), p. 19.

31. Blacking (1987), p. 40.

32. C. Burney, 'Essay on musical criticism', *General History of Music* の序文，Book III, 1789; Grout (1960), p. 451 に引用.

33. I. Stravinsky, *Chronicle of My Life*, Gollancz, London, 1936, p. 93.

34. *Guardian* Review 27 June 2009, p. 12 に引用.

35. J. Kunst, *Music in Java*, Martinus Nijhoff, The Hague, 1949, p. 401.

コーダ

1. Sloboda (2005), p. 175.

2. Blacking (1987), p. 120.

3. F. Nietzsche, *Beyond Good and Evil*, transl. R. J. Hollingdale, Penguin, London, 2003, p. 111.

第13章　セリオーソ

1. Copland (1957), pp. 10–11.
2. 同上 p. 9.
3. Mahler が Max Marschall に送った手紙, 26 March 1896.
4. L. Botstein, 'Recreating the career of Felix Mendelssohn', *Mendelssohn and His World*, ed. R. L. Todd, Princeton University Press, Princeton, 1991, p. 60 に引用.
5. P. Valéry, *Pure Poetry: Notes for a Lecture, The Creative Vision*, ed. H. M. Black and Salinger, Grove Press, New York, 1960, pp. 25–6 に引用.
6. W. Pater, *The Renaissance: Studies in Art and Poetry*, Macmillan, London, 1873, p. 111.
7. I. Stravinsky, *Igor Stravinsky: An Autobiography*, W. W. Norton, New York, 1962, p. 53.
8. Critchley and Henson (1977), p. 217 に引用.
9. Copland (1957), p. 10.
10. 同上 p. 11.
11. Aristotle, *Politics* 8, part V, transl. B. Jowett.
12. Hindemith (1961), p. 8 に引用.
13. Grout (1960), p. 8 に引用.
14. Plato, *Laws* Book II, transl. B. Jowett.
15. M. Luther, G. Rhau, *Symphoniae iucundae* (1538) の序文, H. Lockyer, Jr., *All the Music of the Bible*, Hendrickson, Peabody, 2004, p. 144 に引用.
16. J. E. Tarry, 'Music in the educational philosophy of Martin Luther', *Journal of Research in Music Education* 21, 355– 65 (1973) に引用.
17. Anon., 'Condemns age of jazz', *New York Times* 27 January 1925, p. 8; Merriam (1964), p. 242 に引用.
18. Hindemith (1961), p. 6.
19. R. Wagner, *Judaism in Music and Other Essays*, transl. W. A. Ellis, London, 1894, pp. 222–3.
20. Kramer (2002), p. 113.
21. A. Schoenberg, in *Style and Idea*, ed. L. Stein. Faber & Faber, London, 1975; Cooke (1959), p. 273 に引用.
22. Kramer (2002), p. 16.
23. Révész (2001), p. 113.
24. Duffin (2007), p. 44 に引用.
25. Hindemith (1961), p. 47.
26. Cooke (1959), p. 23.
27. 同上 p. 22.

54. H. C. Oerstedt, *Der Geist in der Natur*, Vol. III, p. 32 (Hanslick による翻訳).
55. Meyer (1996), p. 462.
56. Sloboda (2005), pp. 229–30.
57. Lerdahl (2001), p. 190.
58. Juslin and Sloboda (eds) (2001), p. 93.
59. L. B. Meyer, 同上 p. 357.
60. Scruton (1997), p. 359.
61. 同上.
62. 同上 p. 371.

第11章　カプリッチョーソ

1. Copland (1957), pp. 19–20.
2. Rothstein (1996), p. 96 に引用.
3. Biles (1994), p. 136.
4. Spector and Alpern (1994), p. 7.
5. Scruton (1997), p. 502.
6. Becker and Becker (1979/1983), pp. 34–5.
7. Meyer (1956), p. 71.
8. Hanslick (1891), p. 81.
9. A. Schoenberg, *Style and Idea*, ed. L. Stein, Faber & Faber, London, 1975, p. 279.
10. Scruton (1997), p. 291.
11. Babbitt (1958), http://www.palestrant.com/ babbitt.html で読める.
12. 同上
13. Lerdahl, in Sloboda (ed.) (1988), p. 255.

第12章　パルランド

1. Cooke (1959), p. ix に引用.
2. M. Zemanová, *Janáček: A Composer's Life*, John Murray, London, 2002, p. 75 に引用.
3. F. Bowers, *Scriabin: A Biography*, 2nd revised edn, Dover, Mineola, New York, 1996, p. 20 に引用.
4. *Grove's Dictionary of Music and Musicians*,Vol. 5, Macmillan, New York, 1935, p. 605.
5. Z. E. Fischmann (ed.), *Janáček-Newmarch Correspondence*, Kabel, Rockville, 1989, p. 123 より.
6. Lerdahl (2001), p. 143.
7. Sloboda (1985), p. 260 に引用.
8. Koelsch *et al.* (2004), p. 306.

26. M. Proust, *Remembrance of Things Past*, Vol. 2, transl. C. K. S. Moncrieff and S. Hudson, Wordsworth, Ware, 2006, p. 576.
27. Juslin and Sloboda (eds) (2001), p. 98 より.
28. Hindemith (1961), p. 20.
29. 同上 p. 23.
30. 同上 p. 23.
31. 同上 p. 24.
32. D. Hajdu, 'Fascinating rhythm', *New York Review of Books* 20 July 2000, p. 41.
33. D. Hajdu, 'Fascinating rhythm', *New York Review of Books* 20 July 2000, p. ix.
34. Meyer (1956), p. 29.
35. L. B. Meyer, Juslin and Sloboda (eds) (2001), p. 359 より.
36. Huron (2006), p. 6.
37. Grout (1960), p. 205.
38. L. B. Meyer, *Explaining Music*, University of California Press, Berkeley, 1973, p. 213.
39. Meyer (1956), p. 208 に引用.
40. C. P. E. Bach, *An Essay on the True Art of Playing Keyboard Instruments*, transl. W. J. Mitchell, W. W. Norton, New York, 1949, p. 150.
41. M. Pollini, Carsten Dürer が Deutsche Grammophon のために行ったインタヴュー；http://www2.deutschegrammophon.com/special/insights.htms?ID= pollini-nocturnes を参照.
42. E. E. Lowinsky, *Secret Chromatic Art in the Netherlands Motet*, transl. C. Buchman, Columbia University Press, New York, 1946, p. 79.
43. Rifkin (2006), p. 146.
44. C. E. Seashore, introduction to M. Metfessel, *Phono-photography in Folk Music*, University of North Carolina Press, Chapel Hill, 1928, p. 11.
45. Bartók and Lord (1951), p. 4.
46. Meyer (1956), p. 204.
47. J. Kunst, *Music in Java*, Martinus Nijhoff, The Hague, 1949, p. 59.
48. Hodeir (1956), p. 227.
49. Grout (1960), p. 455 に引用.
50. A. Danielou, *Northern Indian Music*, Christopher Johnson, London, 1949, p. 102 に引用.
51. G. Herzog, Bartók and Lord (1951) の序文より， p. xiii.
52. J. Mattheson, *Der vollkommene Capellmeister* (1739), transl. E. C. Harriss, University of Michigan Research Press, Ann Arbor, Michigan, 1981, p. 370.
53. Hanslick (1891), p. 44.

第9章　ミステリオーソ

1. Schellenberg (2004), p. 513.
2. Blacking (1987), p. 118.

第10章　アパッショナート

1. A. Gabrielsson, Juslin and Sloboda (eds) (2001), p. 437 より.
2. 同上 p. 437.
3. 同上 p. 439.
4. S. E. Anderson, *The Quotable Musician*, Allworth Press, New York, 2003, p. 2 より.
5. J. Dryden, 'Ode for St Cecilia's Day', S. Johnson (ed.), *The Works of the English Poets, from Chaucer to Cowper,* Vol. 8, J. Johnson et al., London, 1810, p. 607 より.
6. Hanslick (1891), p. 17.
7. 同上 p. 33.
8. 同上 p. 116.
9. Sloboda (2005), p. 376.
10. J. Fisk (ed.), *Composers on Music*, Northeastern University Press, Boston, 1997, p. 157 に引用.
11. Hindemith (1961), p. 45.
12. K. Scherer and M. Zentner, Juslin and Sloboda (eds) (2001), p. 381 より.
13. Copland (1957), p. 10.
14. Kivy (2002), p. 40.
15. Langer (1957), p. 235 と 228.
16. Sessions (1950), p. 23.
17. M. Tippett, 'Art, judgment and belief: towards the condition of music', P. Abbs (ed.), *The Symbolic Order*, Falmer Press, London, 1989, p. 47 より.
18. H. Schenker, *Free Composition*, Longman, London 1979; N. Cook, 'Schenker's theory of music as ethics', *Journal of Musicology* 7, 415–39 (1989) に引用.
19. E. Cassirer, *An Essay on Man: An Introduction to a Philosophy of Human Culture*, Meiner, Hamburg, 2006, p. 161.
20. Hanslick (1891), p. 107.
21. I. Peretz, Juslin and Sloboda (eds) (2001), p. 126 より.
22. Plato, *The Republic*, Book III, transl. B. Jowett.
23. Hanslick (1891), p. 123.
24. W. Shakespeare, *Twelfth Night*, Act I, i.
25. Juslin and Sloboda (eds) (2001), p. 458 より.

第5章　レガート

1. C. Ives, Victor Ledinのレコーディングノートより引用, http://www.medienkunstnetz.de/works/central-park-in-the-dark/ を参照.
2. Meyer (1956), p. 162.
3. Sacks (2007), p. 113.
4. Sloboda (1985), p. 158.
5. Bregman (1990), p. 461.
6. Scruton (1997), p. 65.
7. たとえば S. Gerfried, G. Stocker and C. Schof (eds), *Ars Electronica 2004: Time Shift – The World in 25 Years*, Hatje Cantz, Berlin, 2004, p. 285.
8. Bregman (1990), p. 532.

第6章　トゥッティ

1. Kepler, *Harmonia mundi* 441, Pesic (2005), 3.18 に引用 (http://www.sscmjscm.org/v11/no1/pesic.html).
2. Isidore of Seville, *Etymologies*, Book III.17.1, in *Isidore of Seville's Etymologies*, Vol. 1, transl. & ed. P. Throop. Lulu.com, 2006.
3. J. Dryden, 'Ode for St Cecilia's Day', S. Johnson (ed.), *The Works of the English Poets, from Chaucer to Cowper,* Vol. 8, J. Johnson et al., London, 1810, p. 607 より.
4. Fauvel, Flood and Wilson (eds) (2003), p. 84 に引用.
5. Blacking (1987), p. 15.
6. Rosen (1976), p. 32.
7. Patel (2008), p. 382.

第7章　コン・モート

1. Cooper and Meyer (1960), p. 13.
2. M. Snow, 'The Secret Life of a Superstar', *Mojo* December 2007, p. 81–2 に引用.
3. W. Sargeant and S. Lahiri, 'A study in East Indian rhythm', *Musical Quarterly* 17, 427–38, pp. 435–6 (1931).

第8章　ピッツィカート

1. Bregman (1990), p. 93.
2. A. Gregorian, 私信.
3. Bregman (1990), p. 647.
4. 同上 p. 117.

19. I. Stravinsky, *Poetics of Music*, Vintage, New York, 1947, p. 21.

20. E. Dissanayake, Wallin, Merker and Brown (eds) (2000), p. 401 より.

21. Patel (2008), p. 412.

第3章　スタッカート

1. Varèse, *The Liberation of Sound* (1936), A. Hugill, *The Digital Musician*, Routledge, New York, 2008, p. 68 に引用.

2. Plato, *Laws* Book II, transl. B. Jowett.

3. H. von Helmholtz, *On the Sensations of Tone as a Physiological Basis for the Theory of Music*, transl. A. J. Ellis, Dover, Mineola, New York, 1954, p. 428.

4. N. Cazden, 'Musical consonance and dissonance: a cultural criterion', *Journal of Aesthetics* 4, p. 4 (1945).

5. Helmholtz (1954), p. 236.

6. C. McPhee, *Music in Bali*, Yale University Press, New Haven, 1966. D. Deutsch (ed.) (1982), p. 258 に引用.

7. J. Becker and A. Becker (1983), p. 36.

8. B. Nettl (1973), p. 33.

9. T. Balough, *A Musical Genius from Australia: Selected Writings by and about Percy Grainger*, Music Monographs No. 4, University of Western Australia Press, Nedlands, 1982, p. 70 に引用.

10. A. Hodeir (1956), p. 155.

第4章　アンダンテ

1. Hindemith (1961), p. 112.

2. Bregman (1990), p. 475.

3. Copland (1957), p. 5.

4. A. Schoenberg, 'Composition with twelve tones (Part 2)', 1948; L. Stein (ed.), *Style and Idea*, Faber & Faber, London, 1975, p. 246.

5. Rosen (1976), p. 11 に引用.

6. Schoenberg, *Style and Idea*, Deutsch (ed.) (1982) に引用.

7. D. Deutsch, Deutsch (ed.) (1982) より.

8. Schoenberg, Strang and Stein (eds) (1982), p. 8 より.

9. Hindemith (1961), p. 64.

10. 同上 p. 65.

11. Scruton (1997), p. 303.

12. Hanslick (1891), p. 57–58.

原　註

第1章　前奏曲

1. Pinker (1997), p. 534.
2. 同上 p. 528.
3. Carroll (1998), p. xx.
4. Charles Dickens, *Bleak House*, Chapman & Hall, London, 1868, p. 177.
5. Boethius, *Fundamentals of Music*, ed. C. V. Palisca, transl. C. M. Bower, Yale University Press, New Haven, 1989, p. 8.

第2章　序曲

1. Davies (2005), p. 29.
2. Cross (2001), p. 32.
3. J. Molino, Wallin, Merker and Brown (eds) (2000), p. 169 より.
4. Hindemith (1961), p. xi.
5. M. Mead, 'Community drama, Bali and America', *American Scholar* 11, 79–88, p. 81 (1941–2).
6. Merriam (1964), p. 64.
7. 同上.
8. 1 Samuel, 16:14–23.
9. St Augustine, *Confessions* X, Ch. 33, transl. J. G. Pilkington, in W. J. Oates (ed.), *Basic Writings of Saint Augustine*, Random House, New York, 1948.
10. Scruton (1997), p. 502.
11. Merriam (1964), p. 5.
12. Sloboda (2005), p. 320.
13. Hanslick (1891), p. 146.
14. Darwin (1871/2004), p. 636.
15. 同上 p. 639.
16. Brown, Wallin, Merker and Brown (eds) (2000), p. 277 より.
17. A. R. Radcliffe-Brown, *The Andaman Islanders*, Free Press, Glencoe, 1948, p. 252.
18. J. G. Roederer, 'The search for a survival value of music', *Music Perception* 1, 350–6, p. 356 (1984).

8, 547–58 (2007).

Zbikowski, L. M. *Conceptualizing Music: Cognitive Structure, Theory and Analysis.* Oxford University Press, Oxford, 2002.

Zentner, M. and Kagan, J. 'Perception of music by infants', *Nature* 383, 29 (1996) musical structure', *Journal of Experimental Psychology: Human Perception and Performance* 18, 394–402 (1992).

Trainor, L. J. and Trehub, S. E. 'Musical context effects in infants and adults: key distance', *Journal of Experimental Psychology: Human Perception and Performance* 19, 615–26 (1993).

Trainor, L. J. and Trehub, S. E. 'Key membership and implied harmony in Western tonal music: developmental perspectives', *Perception and Psychophysics* 56, 125–32 (1994).

Trainor, L. J., Tsang, C. D. and Cheung, V. H. W. 'Preference for conso-nance in 2-month-old infants', *Music Perception* 20, 185–192 (2002).

Trehub, S. E., Thorpe, L. A. and Trainor, L. J. 'Infants' perception of good and bad melodies', *Psychomusicology* 9, 5–19 (1990).

Trehub, S. E., Schellenberg, E. G. and Kamenetsky, S. B. 'Infants' and adults' perception of scale structure', *Journal of Experimental Psychology: Human Perception and Performance* 25, 965–75 (1999).

Trehub, S. E. 'The developmental origins of musicality', *Nature Neuroscience* 6, 669 (2003).

Van den Toorn, P. C. *The Music of Igor Stravinsky*. Yale University Press, New Haven, 1983.

Wallin, N. L., Merker, B. and Brown, S. (eds). *The Origins of Music*. MIT Press, Cambridge, Ma., 2000.

Walser, R. *Running with the Devil: Power, Gender and Madness in Heavy Metal Music*. Wesleyan University Press, Hanover, NH, 1993.

Warren, J., 'How does the brain process music ?', *Clinical Medicine* 8, 32–6 (2008).

Waterman, M. 'Emotional responses to music: implicit and explicit effects in listeners and performers', *Psychology of Music* 24, 53–67 (1996).

Weber, M. *The Rational and Social Foundations of Music*, transl. D. Martindale, G. Neuwirth and J. Riedel. Southern Illinois University Press, Carbondale, Ill., 1958.

White, B. 'Recognition of distorted melodies', *American Journal of Psychology* 73, 100–7 (1960).

Winkler, I., Haden, G., Ladinig, O., Sziller, I. and Honing, H. 'Newborn infants detect the beat in music', *Proceedings of the National Academy of Sciences USA* 106, 2468–71 (2009).

Zajonc, R. B. 'On the primacy of affect', *American Psychologist* 39, 117–23 (1984).

Zatorre, R. J. and Peretz, I. (eds), 'The Biological Foundations of Music', *Annals of the New York Academy of Sciences* 930 (2001).

Zatorre, R. J., Chen, J. L. and Penhune, V. B. 'When the brain plays music: auditory-motor interactions in music perception and produc-tion', *Nature Reviews Neuroscience*

Spector, L. and Alpern, A. 'Criticism, culture, and the automatic gener-ation of artworks', in *Proceedings of the Twelfth National Conference on Artificial Intelligence, AAAI-94*, pp. 3–8. AAAI Press/MIT Press, Menlo Park, Ca. and Cambridge, Ma. 1994.

Steedman, M. J. 'The perception of musical rhythm and metre', *Perception* 6, 555–69 (1977).

Stewart, L., von Kriegstein, K., Warren, J. D. and Griffiths, T. D. 'Music and the brain: disorders of musical listening', *Brain* 129, 2533–53 (2006).

Storr, A. *Music and the Mind.* Collins, London, 1992.（『音楽する精神』アンソニー・ストー著、佐藤由紀／大沢忠雄／黒川孝文訳、白揚社）

Stravinsky, I. *Poetics of Music in the Form of Six Lessons*, transl. A. Knodel and I. Dahl. Harvard University Press, Cambridge, Ma., 1947.

Strong, G. (ed.) *Fundamentals of Music Composition*. St Martin's Press, London, 1967.

Stubbs, D. *Fear of Music*. Zero Books, Ropley Hants., 2009.

Sundberg, J. (ed.) *Gluing Tones: Grouping in Music Composition, Performance and Listening*. Royal Swedish Academy of Music, Taberg, 1992.

Sundberg, J. and Lindblom, B. 'Generative theories in language and music descriptions', *Cognition* 4, 99–122 (1976).

Tagg, P. 'Analysing popular music: theory, method and practice', *Popular Music* 2, 37–65 (1982).

Temperley, D. 'Syncopation in rock: a perceptual perspective', *Popular Music* 18, 19–40 (1999).

Temperley, D. *The Cognition of Basic Musical Structures*. MIT Press, Cambridge, Ma., 2001.

Thompson, W. 'From sounds to music: the contextualizations of pitch', *Music Perception* 21, 431–56 (2004).

Tillmann, B., Janata, P. and Bharucha, J. J. 'Activation of the inferior frontal cortex in musical priming', *Cognitive Brain Research* 16, 145– 61 (2003).

Tillmann, B. and Bigand, E. 'Does formal musical structure affect perception of musical expressiveness?', *Psychology of Music* 24, 3–17 (1996).

Timmers, R. and Ashley, R. 'Emotional ornamentation in performances of a Handel sonata', *Music Perception* 25, 117–34 (2007).

Trainor, L. J. 'The neural roots of music', *Nature* 453, 598–99 (2008).

Trainor, L. J. and Heinmiller, B. M. 'The development of evaluative responses to music: infants prefer to listen to consonance over disso-nance', *Infant Behavior and Development* 21, 77–88 (1998).

Trainor, L. J. and Trehub, S. E. 'A comparison of infants' and adults' sensitivity to Western

listeners', *Psychological Science* 7, 272–7 (1996).
Schoenberg, A. *Fundamentals of Musical Composition*, ed. G. Strang and L. Stein. Faber & Faber, London, 1982.（『作曲の基礎技法』アルノルト・シェーンベルク著、G・ストラング／L・スタイン編、山縣茂太郎／鳴原真一訳、音楽之友社）
Scruton, R. *The Aesthetics of Music*. Clarendon Press, Oxford, 1997.
Sessions, R. *The Musical Experience of Composer, Performer, Listener*. Princeton University Press, Princeton, 1950.
Sethares, W. A. 'Adaptive tunings for musical scales', *Journal of the Acoustical Society of America* 96, 10–18 (1994).
Sethares, W. A. 'Real-time adaptive tunings using Max', *Journal of New Music Research* 31, 347–55 (2002).
Sethares, W. A. *Tuning Timbre Spectrum Scale*, 2nd edn. Springer, Berlin, 2004.
Shepherd, J., Virden, P., Vulliamy, G. and Wishart, T. (eds). *Whose Music ? A Sociology of Musical Languages*. Latimer, London, 1977.
Slevc, L. R., Rosenberg, J. C. and Patel, A. D. 'Making psycholinguis-tics musical: self-paced reading time evidence for shared processing of linguistic and musical syntax', *Psychonomic Bulletin and Review* 16, 374–81(2009).
Sloboda, J. A. 'The uses of space in music notation', *Visible Language* 25, 86–110 (1981).
Sloboda, J. A. *The Musical Mind: The Cognitive Psychology of Music*. Clarendon Press, Oxford, 1985.
Sloboda, J. A. (ed.) *Generative Processes in Music*, Oxford University Press, Oxford, 1988.
Sloboda, J. A. and Lehmann, A. C. 'Tracking performance correlates of changes in perceived intensity of emotion during different inter-pretations of a Chopin piano prelude', *Music Perception* 19, 87–120 (2001).
Sloboda, J. A. 'Music structure and emotional response: some empir-ical findings', *Psychology of Music* 19, 110–20 (1991).
Sloboda, J. *Exploring the Musical Mind*. Oxford University Press, Oxford, 2005.
Sluming, V. A. and Manning, J. T. 'Second to fourth digit ratio in elite musicians: evidence for musical ability as an honest signal of male fitness', *Evolution and Human Behavior* 21, 1–9 (2000).
Smith, J. and Wolfe, J. 'Vowel-pitch matching in Wagner's operas: impli-cations for intelligibility and ease of singing', *Journal of the Acoustical Society of America* 125, EL196–EL201 (2009).
Smith, N. A. and Cuddy, L. L. 'Perceptions of musical dimensions in Beethoven's Waldstein sonata: an application of tonal pitch space theory', *Musicae Scientiae* 7.1, 7–34 (2003).

Révész, G. *Introduction to the Psychology of Music*. Dover, New York, 2001.

Rifkin, D. 'Making it modern: chromaticism and phrase structure in 20th-century tonal music', *Theory and Practice* 31, 133–58 (2006).

Rifkin, D. 'A theory of motives for Prokofiev's music', *Music Theory Spectrum* 26, 265–90 (2004).

Robinson, J. (ed.) *Music and Meaning*. Cornell University Press, Ithaca, NY, 1997.

Rohrmeier, M. and Cross, I. 'Statistical properties of harmony in Bach's chorales', in *Proceedings of the 10th International Conference on Music Perception and Cognition* (ICMPC 2008). Sapporo, Japan, 2008.

Rosen, C. *Schoenberg*. Fontana, London, 1976.（『シェーンベルク』C・ローゼン著、武田明倫訳、岩波現代選書）

Ross, A. *The Rest Is Noise*. Fourth Estate, London, 2008.（『20世紀を語る音楽』アレックス・ロス著、柿沼敏江訳、みすず書房）

Rothstein, E. *Emblems of the Mind*. Harper, New York, 1996.

Sachs, C. *Our Musical Heritage*. Prentice-Hall, New York, 1948.

Sacks, O. *Musicophilia*. Picador, London, 2007.（『音楽嗜好症（ミュージコフィリア）オリヴァー・サックス著、大田直子訳、早川書房）

Saffran, J. R., Johnson, E. K., Aslin, R. N. and Newport, E. L. 'Statistical learning of tone sequences by human infants and adults', *Cognition* 70, 27–52 (1999).

Sakai, K., Hikosaka, O., Miyauchi, S., Takino, R., Tamada, T., Kobayashi Iwata, N., and Nielsen, M., 'Neural representation of a rhythm depends on its interval ratio', *Journal of Neuroscience* 19, 10074–81 (1999).

Samplaski, A. 'Comment on Daniel Perttu's "A quantitative study of chromaticism"', *Empirical Musicology Review* 2 (2), 55–60 (2007).

Schellenberg, E. G. 'Music lessons enhance IQ', *Psychological Science* 15, 511–14 (2004).

Schellenberg, E. G. 'Music and cognitive abilities', *Current Directions in Psychological Science* 14, 317–20 (2005).

Schellenberg, E. G. 'Long-term positive associations between music lessons and IQ', *Journal of Educational Psychology* 98, 457–68 (2006).

Schellenberg, E. G., Bigand, E., Poulin, B., Garnier, C. and Stevens, C. 'Children's implicit knowledge of harmony in Western music', *Developmental Science* 8, 551–6 (2005).

Schellenberg, E. G. and Hallam, S. 'Music Listening and cognitive abil-ities in 10- and 11-year-olds: the Blur effect', *Annals of the New York Academy of Sciences* 1060, 202–9 (2005).

Schellenberg, E. G. and Trehub, S. E. 'Natural musical intervals: evidence from infant

Cognitive Sciences 11, 369–72 (2007).
Patel, A. D. *Music, Language, and the Brain*. Oxford University Press, New York, 2008.
Patel, A. D., Iversen, J. R., Bregman, M. R. and Schultz, I. 'Studying synchronization to a musical beat in nonhuman animals', *Annals of the New York Academy of Sciences* (in press).
Pederson, P. 'The perception of octave equivalence in twelve-tone rows', *Psychology of Music* 3, 3–8 (1975).
Peretz, I., Gagnon, L. and Bouchard, B. 'Music and emotion: percep-tual determinants, immediacy, and isolation after brain damage', *Cognition* 68, 111–41 (1998).
Peretz, I. and Gagnon, L. 'Dissociation between recognition and emotional judgements for melodies', *Neurocase* 5, 21–30 (1999).
Peretz, I. and Hébert, S. 'Towards a biological account of musical experience', *Brain & Cognition* 42, 131–4 (2000).
Peretz, I. and Zatorre, R. (eds). *The Cognitive Neuroscience of Music*. Oxford University Press, Oxford, 2003.
Peretz, I., Radeau, M. and Arguin, M. 'Two-way interactions between music and language: evidence from priming recognition of tune and lyrics in familiar songs', *Memory and Cognition* 32, 142–52 (2004).
Perttu, D. 'A quantitative study of chromaticism: changes observed in historical eras and individual composers', *Empirical Musicology Review* 2 (2), 47–54 (2007).
Pesic, P. 'Earthly music and cosmic harmony: Johannes Kepler's interest in practical music, especially Orlando di Lasso', *Journal of Seventeenth Century Music* 11 (2005).
Plantinga, J. and Trainor, L. J. 'Melody recognition by two-month-old infants', *Journal of the Acoustical Society of America Express Letters* 125, E58–E62 (2009).
Plomp, R. and Levelt, W. J. M. 'Tonal consonance and critical band width', *Journal of the American Acoustical Society* 38, 548–60 (1965).
Poulin-Charronnat, B., Bigand, E. and Koelsch, S. 'Processing of musical syntax tonic versus subdominant: an event-related poten-tial study', *Journal of Cognitive Science* 18, 1545–54 (2006).
Raffman, D. *Language, Music and Mind*. MIT Press, Cambridge, Ma., 1993.
Ratner, L. G. *Classic Music: Expression, Form and Style*. Schirmer, New York, 1980.
Rauscher, F. H., Shaw, G. L. and Ky, K. N. 'Music and spatial task performance', *Nature* 365, 611 (1993).
Rauscher, F. H., Shaw, G. L. and Ky, K. N. 'Listening to Mozart enhances spatial-temporal reasoning: towards a neurophysiological basis', *Neuroscience Letters* 185, 44–7 (1995).
Read, G. *Musical Notation*. Gollancz, London, 1974.

Narmour, E. 'The top-down and bottom-up systems of musical implication: building on Meyer's theory of emotional syntax', *Music Perception* 9, 1–26 (1991).

Narmour, E. 'Analysing form and measuring perceptual content in Mozart's sonata K282: a new theory of parametric analogues', *Music Perception* 13, 265–318 (1996).

Nasr, S. 'Audio software for the moody listener', *Technology Review* online, 19 July 2006; available at http://www.technologyreview.com/ read_article.aspx?id=17183&ch= infotech.

Nattiez, J. J. *Music and Discourse: Toward a Semiology of Music*. Princeton University Press, Princeton, 1990.

Nettl, B. *Folk and Traditional Music of the Western Continents*, 2nd edn. Prentice-Hall, Eaglewood Cliffs, NJ, 1973.（『西洋民族の音楽』B・ネトゥル著、佐藤馨ほか訳、東海大学出版会）

Newcomb, A. 'Once more "between absolute and program music": Schumann's Second Symphony', *19th Century Music* 7, 233–50 (1984).

Oram, N. and Cuddy, L. L. 'Responsiveness of Western adults to pitch-distributional information in melodic sequences', *Psychological Research* 57, 103–18 (1995).

Page, M. F. 'Perfect harmony: a mathematical analysis of four historical tunings', *Journal of the Acoustical Society of America* 116, 2416–26 (2004).

Palmer, C. and Kelly, M. H. 'Linguistic prosody and musical meter in song', *Journal of Memory and Language* 31, 525–42 (1992).

Parncutt, R. *Harmony: A Psychoacoustical Approach*. Springer, Berlin, 1989.

Partch, H. *Genesis of a Music*. Da Capo, New York, 1974.

Patel, A. D., Gibson, E., Ratner, J., Besson, M. and Holcomb, P. J. 'Processing syntactic relations in language and music: an event-related potential study', *Journal of Cognitive Neuroscience* 10, 717–33 (1998).

Patel, A. D. 'Syntactic processing in language and music: different cognitive operations, similar neural resources?', *Music Perception* 16, 27–42 (1998).

Patel, A. D. 'Language, music, syntax and the brain', *Nature Neuroscience* 6, 674–81 (2003).

Patel, A. D. 'Musical rhythm, linguistic rhythm, and human evolu-tion', *Music Perception* 24, 99–104 (2006).

Patel, A. D. 'Talk of the tone', *Nature* 453, 726–7 (2008).

Patel, A. D., Iversen, J. R. and Rosenberg, J. C. 'Comparing the rhythm and melody of speech and music: the case of British English and French', *Journal of the Acoustical Society of America* 119, 3034–47 (2006).

Patel, A. D. and Iversen, J. R. 'The linguistic benefits of musical abili -ties', *Trends in*

parents and of hearing parents', *Developmental Science* 9, 46–50 (2006).
Maus, F. E. 'Music as drama', *Music Theory Spectrum* 10, 56–73 (1988).
Maus, F. 'Music as narrative', *Indiana Theory Review* 12, 1–34 (1991).
May, E. (ed.) *Music of Many Cultures: An Introduction*. University of California Press, Berkeley, 1980.
McAdams, S. and Bigand, E. (eds). *Thinking in Sound: The Cognitive Psychology of Human Audition*. Oxford University Press, Oxford, 1993.
McClary, S. *Feminine Endings: Music, Gender and Sexuality*. University of Minnesota Press, Minneapolis, 1991.（『フェミニン・エンディング』スーザン・マクレアリ著、女性と音楽研究フォーラム訳、新水社）
McDermott, J. 'The evolution of music', *Nature* 453, 287–8 (2008).
McDermott, J. and Hauser, M. 'Are consonant intervals music to their ears ? Spontaneous acoustic preferences in a nonhuman primate', *Cognition* 94, B11–B21 (2004).
McDermott, J. and Hauser, M. 'The origins of music: innateness, uniqueness and evolution', *Music Perception* 23, 29–59 (2005).
McDermott, J. and Hauser, M. D. 'Thoughts on an empirical approach to evolutionary origins of music', *Music Perception* 24, 111–6 (2006).
McDermott, J. H., Lehr, A. J. and Oxenham, A. J. 'Is relative pitch specific to pitch ?', *Psychological Science* 19, 1263–71 (2008).
McDonald, C. and Stewart, L. 'Uses and functions of music in congen-ital amusia', *Music Perception* 25, 345–55 (2008).
Merriam, A. P. *The Anthropology of Music*. Northwestern University Press, Evanston, 1964.（『音楽人類学』アラン・P・メリアム著、藤井知昭／鈴木道子訳、音楽之友社）
Meyer, L. B. *Emotion and Meaning in Music*. University of Chicago Press, Chicago, 1956.
Meyer, L. B. 'Commentary', *Music Perception* 13, 455–83 (1996).
Mithen, S. *The Singing Neanderthals*. Weidenfeld & Nicolson, London, 2005.（『歌うネアンデルタール』スティーヴン・ミズン著、熊谷淳子訳、早川書房）
Moore, A. F. *Rock: The Primary Text*. Ashgate, Aldershot, 2001.
Moore, A. 'The so-called "flattened seventh" in rock', *Popular Music* 14, 185–201 (1995).
Musacchia, G., Sams, M., Skoe, E. and Kraus, N. 'Musicians have enhanced subcortical and audiovisual processing of speech and music', *Proceedings of the National Academy of Sciences USA* 104, 15894–8 (2007).
Musicae Scientiae special issue on emotions and music (2001/2002).
Narmour, E. *The Analysis and Cognition of Basic Melodic Structures*. University of Chicago Press, Chicago, 1990.

Canadian Journal of Experimental Psychology 51, 336–53 (1997).
Langer, S. K. *Philosophy in a New Key: A Study in the Symbolism of Reason, Rite, and Art*, 3rd edn. Harvard University Press, Cambridge, Ma., 1957.（『シンボルの哲学』S・K・ランガー著、矢野万里ほか訳、岩波書店）
Large, E. W. and Palmer, C. 'Perceiving temporal regularity in music', *Cognitive Science* 26, 1–37 (2002)
Lerdahl, F. and Jackendoff, R. *A Generative Theory of Tonal Music*, 2nd edn. MIT Press, Cambridge, Ma., 1996.
Lerdahl, F. 'Tonal pitch space', *Music Perception* 5, 315–50 (1988).
Lerdahl, F. 'Cognitive constraints on compositional systems', in J. Sloboda (ed.) *Generative Processes in Music*. Oxford University Press, Oxford, 1988.
Lerdahl, F. *Tonal Pitch Space*. Oxford University Press, New York, 2001.
Lerdahl, F. 'Calculating tonal tension', *Music Perception* 13, 319–63 (1996).
Lerdahl, F. and Krumhansl, C. L. 'Modeling tonal tension', *Music Perception* 24, 329–66 (2007).
Levitin, D. J. *This is Your Brain on Music: The Science of a Human Obsession*. Plume, New York, 2007.（『音楽好きな脳』ダニエル・J・レヴィティン著、西田美緒子訳、白揚社）
Lippman, E. *A History of Western Musical Aesthetics*. University of Nebraska Press, Lincoln, 1992.
Lomax, A. 'Universals in song', *World of Music* 19 (1/2), 117–29 (1977).
Longuet-Higgins, H. C. 'Making sense of music', *Proceedings of the Royal Institution of Great Britain* 45, 87–105 (1972).
Longuet-Higgins, H. C. and Lee, C. S. 'The rhythmic interpretation of monophonic music', in H. C. Longuet-Higgins (ed.), *Mental Processes*, MIT Press, Cambridge, Ma., 1987, pp. 150–68.
Longuet-Higgins, H. C. and Lee, C. S., 'The perception of musical rhythms', *Perception* 11, 115–28 (1982).
Lu, T.-C. 'Music and salivary immunoglobulin A (sIgA): a critical review of the research literature'. *Thesis*, Drexel University, 2003.
Maess, B., Koelsch, S., Ganter, T. C. and Friederici, A. D. 'Musical syntax is processed in Broca's area: an MEG study', *Nature Neuroscience* 4, 540–5 (2001).
Manning, J. *The Finger Ratio*. Faber & Faber, London, 2008.
Marvin, E. W. and Brinkman, A. 'The effect of modulation and formal manipulation on perception of tonic closure by expert listeners', *Music Perception* 16, 389–408 (1999).
Masataka, N. 'Preference for consonance over dissonance by hearing newborns of deaf

e2631 (2008).

Koelsch, S., Fritz, T. and Schlaug, G. 'Amygdala activity can be modu-lated by unexpected chord functions during music listening', *NeuroReport* 19, 1815–19 (2008).

Koopman, C. and Davies, S. 'Musical meaning in a broader perspec-tive', *Journal of Aesthetics and Art Criticism* 59, 261–73 (2001).

Kramer, J. D. *The Time of Music: New Meanings, New Temporalities, New Listening Strategies*. Schirmer, New York, 1988.

Kramer, L. *Musical Meaning: Towards a Critical History*. University of California Press, Berkeley, 2002.

Kreutz, G., Bongard, S., Rohrmann, S., Hodapp, V. and Grebe, D. 'Effects of choir singing and listening on secretory immunoglob-ulin A, cortisol, and emotional state', *Journal of Behavioral Medicine* 27, 623–35 (2004).

Krumhansl, C. L. *Cognitive Foundations of Musical Pitch*. Oxford University Press, New York, 1990.

Krumhansl, C. L. 'Music psychology: tonal structures in perception and memory', *Annual Reviews of Psychology* 42, 277 (1991).

Krumhansl, C. L. 'A perceptual analysis of Mozart's piano sonata, K282: segmentation, tension, and musical ideas', *Music Perception* 13, 401–32 (1996).

Krumhansl, C. L. and Keil, F. C. 'Acquisition of the hierarchy of tonal functions in music', *Memory & Cognition* 10, 243–51 (1982).

Krumhansl, C. L. and Kessler, E. J. 'Tracing the dynamic changes in perceived tonal organization in a spatial representation of musical keys', *Psychological Review* 89, 334–68 (1982).

Krumhansl, C. L. and Lerdahl, F. 'Modeling tonal tension', *Music Perception* 24, 329–66 (2007).

Krumhansl, C. L., Louhivuori, J., Toiviainen, P., Järvinen, T. and Eerola, T. 'Melodic expectation in Finnish folk hymns: convergence of statis-tical, behavioral, and computational approaches', *Music Perception* 17, 151–97 (1999).

Krumhansl, C. L., Sandell, G. J. and Sergeant, D. C. 'The perception of tone hierarchies and mirror forms in twelve-tone serial music', *Music Perception* 5, 31–78 (1987).

Krumhansl, C. L. and Schmuckler, M. A. 'The Petroushka chord', *Music Perception* 4, 153–84 (1986).

Krumhansl, C. L., Toivanen, P., Eerola, T., Toiviainen, P., Järvinen, T. and Louhivuori, J. 'Cross-cultural music cognition: cognitive method-ology applied to North Sami yoiks', *Cognitio*n 76, 13–58 (2000).

Krumhansl, C. L. 'An exploratory study of musical emotions and psychophysiology',

Jones, M. R. and Holleran, S. (eds). *Cognitive Bases of Musical Communication*. American Psychological Association, Washington, DC, 1992.

Juslin, P. N. and Laukka, P. 'Communication of emotions in vocal expression and music performance: Different channels, same code ?', *Psychological Bulletin* 129, 770–814 (2003).

Juslin, P. N. and Laukka, P. 'Expression, perception, and induction of musical emotions: a review and questionnaire study of everyday listening', *Journal of New Musical Research* 33, 217–38 (2004).

Juslin, P. N. and Sloboda, J. A. (eds). *Music and Emotion*. Oxford University Press, Oxford, 2001.（『音楽と感情の心理学』P・N・ジュスリン／J・A・スロボダ編、大串健吾／星野悦子／山田真司監訳、誠信書房）

Juslin, P. N. and Västfjäll, D. 'Emotional responses to music: the need to consider underlying mechanisms', *Behavioral and Brain Sciences* 31, 559–75 (2008).

Karno, M. and Konecni, V. 'The effects of structural interventions in the first movement of Mozart's Symphony in G Minor K550 on aesthetic preference', *Music Perception* 10, 63–72 (1992).

Kessler, E. J., Hansen, C. and Shepard, R. N. 'Tonal schemata in the perception of music in Bali and the West', *Music Perception* 2, 131– 65 (1984).

Kivy, P. *Introduction to a Philosophy of Music*. Oxford University Press, Oxford, 2002.

Kivy, P. *The Corded Shell: Reflections on Musical Expression*. Princeton University Press, Princeton, 1980.

Kivy, P. *New Essays on Musical Understanding*. Oxford University Press, Oxford, 2001.

Koelsch, S. and Mulder, J. 'Electric brain responses to inappropriate harmonies during listening to expressive music', *Clinical Neurophysiology* 113, 862–69 (2002).

Koelsch, S., Kasper, E., Sammler, D., Schulze, K., Gunter, T. and Friederici, A. D. 'Music, language and meaning: brain signatures of semantic meaning', *Nature Neuroscience* 7, 302–7 (2004). Koelsch, S. and Siebel, W. A. 'Towards a neural basis of music perception', *Trends in Cognitive Sciences* 9, 578–84 (2005).

Koelsch, S., Gunter, T. C., Wittfoth, M. and Sammler, D. 'Interaction between syntax processing in language and in music: an ERP study', *Journal of Cognitive Neuroscience* 17, 1565–77 (2005).

Koelsch, S., Fritz, T., Yves von Cramon, D., Müller, K. and Friederici,

A. D. 'Investigating emotion with music: an fMRI study', *Human Brain Mapping* 27, 239–50 (2006).

Koelsch, S., Kilches, S., Steinbeis, N. and Schelinski, S. 'Effects of unex-pected chords and of performer's expression on brain responses and electrodermal activity', *PLoS One*

Howell, P., Cross, I. and West, R. (eds). *Musical Structure and Cognition*. Academic Press, London, 1985.

Huron, D. 'The melodic arch in Western folksongs', *Computing in Musicology* 10, 3–23 (1996).

Huron, D. 'The avoidance of part-crossing in polyphonic music: percep-tual evidence and musical practice', *Music Perception* 9, 93–104 (1991).

Huron, D. 'Tonal consonance versus tonal fusion in polyphonic sonori-ties', *Music Perception* 9, 135–54 (1991).

Huron, D. 'Tone and voice: a derivation for the rules of voice-leading from perceptual principles', *Music Perception* 19, 1–64 (2001).

Huron, D. *Sweet Anticipation: Music and the Psychology of Expectation*. MIT Press, Cambridge, Ma., 2006.

Huron, D. 'Lost in music', *Nature* 453, 456–7 (2008).

Huron, D. 'Asynchronous preparation of tonally fused intervals in polyphonic music', *Empirical Musicology Review* 3, 11–21 (2008).

Huron, D. and Veltman, J. 'A cognitive approach to medieval mode: evidence for an historical antecedent to the major/minor system', *Empirical Musicology Review* 1, 33–55 (2006).

Iverson, P. and Krumhansl, C. L. 'Isolating the dynamic attributes of musical timbre', *Journal of the Acoustical Society of America* 94, 2595– 603 (1993).

Iversen, J. R., Patel, A. D. and Ohgushi, K. 'Perception of rhythmic grouping depends on auditory experience', *Journal of the Acoustical Society of America* 124, 2263–71 (2008).

Jackendoff, R. Review of Leonard Bernstein's 'The Unanswered Question', *Language* 53, 883–94 (1977).

Jackendoff, R. and Lerdahl, F. 'The capacity for music: what is it, and what's special about it ?', *Cognition* 100, 33–72 (2006).

Jairazbhoy, N. A. *The ragas of North Indian Music: Their Structure and Evolution*. Faber & Faber, London, 1971.

Janata, P. 'Brain electrical activity evoked by mental formation of auditory expectations and images', *Brain Topography* 13, 169–93 (2001).

Janata, P., Birk, J. L., Van Horn, J. D., Leman, M., Tillmann, B. and Bharucha, J. J. 'The cortical topography of tonal structures under-lying Western music', *Science* 298, 2167–70 (2003).

Jennings, H. D., Ivanov, P. Ch., Martins, A. M., da Silva, P. C. and Viswanathan, G. M. 'Variance fluctuations in nonstationary time series: a comparative study of music genres', *Physica* A 336, 585–94 (2004).

Forte, A. *Tonal Harmony in Concept and Practice*. Holt, Rinehart & Winston, New York, 1962.

Forte, A. *The Structure of Atonal Music*. Yale University Press, New Haven, 1973.

Forte, A. and Gilbert, S. E. *Introduction to Schenkerian Analysis*. W. W. Norton, New York, 1982.

Francès, R. *La Perception de la Musique*. Vrin, Paris, 1958.

Fritz, T. et al. 'Universal recognition of three basic emotions in music', *Current Biology* 19, 1–4 (2009).

Gabriel, C. 'An experimental study of Deryck Cooke's theory of music and meaning', *Psychology of Music* 6 (1), 13–20 (1978).

Gaser, C. and Schlaug, G. 'Brain structures differ between musicians and non-musicians', *Journal of Neuroscience* 23, 9240–5 (2003).

Gjerdingen, R. 'The psychology of music', in *The Cambridge History of Western Music*, ed. T. Christensen, 956–81. Cambridge University Press, Cambridge, 2002.

Gjerdingen, R. 'Leonard B. Meyer', *Empirical Musicology Review* 3, 2–3 (2008).

Gosselin, N. et al. 'Impaired recognition of scary music following unilateral temporal lobe excision', *Brain* 128, 628–40 (2005).

Grant, M. J. *Serial Music, Serial Aesthetics*. Cambridge University Press, Cambridge, 2001.

Gregory, A. H. and Varney, N. 'Cross-cultural comparisons in the affec-tive response to music', *Psychology of Music* 24, 47–52 (1996).

Grey, J. *An Exploration of Musical Timbre*. PhD thesis, Stanford University, California, 1975.

Grey, J. 'Multidimensional perceptual scaling of musical timbres', *Journal of the Acoustical Society of America* 61, 1270–7 (1977).

Grout, D. J. *A History of Western Music*, revised edn. J. M. Dent & Sons, London, 1960. (『西洋音楽史』D・J・グラウト著、服部幸三／戸口幸策訳、音楽之友社)

Hanslick, E. *The Beautiful in Music*, transl. G. Cohen. Novello, Ewer & Co., London, 1891.

Hargreaves, J. R. 'The effects of repetition on liking for music', *Music Education* 32, 35–47 (1984).

Hatten, R. *Musical Meaning in Beethoven*. Indiana University Press, Bloomington, 1994.

Hindemith, P. *A Composer's World*. Anchor, Garden City, New York, 1961. (『作曲家の世界』パウル・ヒンデミット著、佐藤浩訳、音楽之友社)

Ho, L.-T. 'On Chinese scales and national modes', *Asian Music* 14, 132– 54 (1983).

Hodeir, A. *Jazz: Its Evolution and Essence*, transl. D. Noakes. Secker & Warburg, London, 1956.

to a piece of music', *Music Perception* 14, 117–60 (1996).

Deliège, I. and Sloboda, J. A. (eds). *Perception and Cognition of Music*. Psychology Press, Hove, 1997.

Deutsch, D. and Feroe, J. 'The internal representation of pitch sequences in tonal music', *Psychology Review* 86, 503–22 (1981).

Deutsch, D. (ed.) *The Psychology of Music*. Academic Press, London, 1982.（『音楽の心理学』ダイアナ・ドイチュ編著、寺西立年／大串健吾／宮崎謙一監訳、西村書店）

Deutsch, D., Henthorn, T., Marvin, E. and Xu, H.-S., 'Absolute pitch among American and Chinese conservatory students: prevalence differences, and evidence for a speech-related critical period', *Journal of the Acoustical Society of America* 119, 719–22 (2006).

Deutsch, D., Dooley, K., Henthorn, T. and Head, B. 'Absolute pitch among students in an American conservatory: association with tone language fluency', *Journal of the Acoustical Society of America* 125, 2398–403 (2009).

Dibben, N. 'The cognitive reality of hierarchic structure in tonal and atonal music', *Music Perception* 12, 1–25 (1994).

Donington, R. *The Interpretation of Early Music*. Faber & Faber, London, 1963.

Dowling, W. J. 'Scale and contour: two components of a theory of memory for melodies', *Psychological Review* 85, 342–54 (1978).

Dowling, W. J. and Harwood, D. L. *Musical Cognition*. Academic Press, London, 1986.

Duffin, R. W. *How Equal Temperament Ruined Harmony (and Why You Should Care)*. W. W. Norton, New York, 2007.

Edwards, P. 'A suggestion for simplified musical notation', *Journal of the Acoustical Society of America* 11, 323 (1940).

Eerola, T. and North, A. C. 'Expectancy-based model of melodic complexity', in *Proceedings of the 6th International Conference of Music Perception and Cognition* (Keele University, August 2000), ed. Woods, C., Luck, G., Brochard, R., Seddon, F. and Sloboda, J. Keele University, 2000.

Fauvel, J., Flood, R. and Wilson, R. *Music and Mathematics: From Pythagoras to Fractals*. Oxford University Press, Oxford, 2003.

Fedorenko, E., Patel, A.D., Casasanto, D., Winawer, J. and Gibson, E. 'Structural integration in language and music: evidence for a shared system', *Memory & Cognition* 37, 1–9 (2009).

Fitch, W. T. 'On the biology and evolution of music', *Music Cognition* 10, 85–8 (2006).

Fitch, W. T. and Rosenfeld, A. J. 'Perception and production of synco-pated rhythms', *Music Perception* 25, 43–58 (2007).

tradition in southwestern Germany', *Nature* 460, 737–40 (2009).
Cook, N. 'The perception of large-scale tonal structure', *Music Perception* 5, 197–206 (1987).
Cook, N. and Everist, M. *Rethinking Music*. Oxford University Press, Oxford, 1999.
Cooke, D. *The Language of Music*. Oxford University Press, Oxford, 1959.
Cooper, G. W. and Meyer, L. B. *The Rhythmic Structure of Music*. University of Chicago Press, Chicago, 1960.（『新訳　音楽のリズム構造』G・W・クーパー／L・B・マイヤー共著、徳丸吉彦／北川純子共訳、音楽之友社）
Copland, A. *What To Listen For in Music*. McGraw-Hill, New York, 1957.（『作曲家から聴衆へ』アーロン・コープランド著、塚谷晃弘訳、音楽之友社）
Critchley, M. and Henson, R. A. (eds). *Music and the Brain*. Heinemann, London, 1977.（『音楽と脳』M・クリッチュリー／R・A・ヘンスン編、柘植秀臣／梅本堯夫／桜林仁監訳、サイエンス社）
Cross, I. 'Music, cognition, culture and evolution', *Annals of the New York Academy of Sciences* 930, 28–42 (2001).
Cross, I. 'Bach in mind', *Understanding Bach* 2; available online only at http://www.bachnetwork.co.uk/ub2_contents.html (2007).
Cuddy, L. L. and Lunney, C. A. 'Expectancies generated by melodic intervals: perceptual judgements of melodic continuity', *Perception & Psychophysics* 57, 451–62 (1995).
Dalla Bella, S. and Peretz, I. 'Differentiation of classical music requires little learning but rhythm', *Cognition* 96, B65–B78 (2005).
Darwin, C. *The Descent of Man and Selection in Relation to Sex*, ed. J. Moore and A. Desmond. Penguin, London, 2004.（『人間の進化と性淘汰』チャールズ・R・ダーウィン著、長谷川眞理子訳、文一総合出版）
Davies, J. B. *The Psychology of Music*. Hutchinson, London, 1978.
Davies, S. *Musical Meaning and Expression*. Cornell University Press, New York, 1994.
Davies, S. 'The expression of emotion in music', *Mind* 89, 67–86 (1980).
Davies, S. 'Profundity in instrumental music', *British Journal of Aesthetics* 42, 343–56 (2002).
Davies, S. *Themes in the Philosophy of Music*. Clarendon Press, Oxford, 2005.
Deliège, I. 'A perceptual approach to contemporary musical forms', *Contemporary Music Review* 4, 213–30 (1989).
Deliège, I. and El Ahmadi, A. 'Mechanism of cue extraction in musical groupings: a study of perception on Sequenza VI for viola solo by Luciano Berio', *Psychology of Music* 18 (1), 18–44 (1990).
Deliège, I., Mélen, M., Stammers, D. and Cross, I. 'Music schemata in real-time listening

and unpleasant music correlate with activity in paralimbic brain regions', *Nature Neuroscience* 2, 382–87 (1999).

Blood, A. J. and Zatorre, R. J. 'Intensely pleasurable responses to music correlate with activity in brain regions implicated in reward and emotion', *Proceedings of the National Academy of Sciences USA* 98, 11818–23 (2001).

Boulez, P. 'Timbre and composition – timbre and language', *Contemporary Music Review* 2, 161–72 (1987).

Braun, A., McArdle, J., Jones, J., Nechaev, V., Zalewski, C., Brewer, C. and Drayna, D. 'Tune deafness: processing melodic errors outside of conscious awareness as reflected by components of the auditory ERP', *PLoS One* 3 (6), e2349 (2008).

Bregman, A. S. *Auditory Scene Analysis: The Perceptual Organization of Sound.* MIT Press, Cambridge, Ma., 1990.

Burkeman, O. 'How many hits ?', *Guardian Weekend* 11 November 2006, 55–61.

Callender, C., Quinn, I. and Tymoczko, D. 'Generalized voice-leading spaces', *Science* 320, 346–8 (2008).

Carroll, J. 'Steven Pinker's Cheesecake for the Mind', *Philosophy and Literature* 22, 478–85 (1998).

Castellano, M. A., Bharucha, J. J. and Krumhansl, C. L. 'Tonal hier-archies in the music of North India', *Journal of Experimental Psychology: General* 113, 394–41 (1984).

Chen, J. L., Perhune, V. B. and Zatorre, R. J. 'Listening to musical rhythms recruits motor regions of the brain', *Cerebral Cortex* 18, 2844–54 (2008).

Chen, J. L., Zatorre, R. J. and Penhune, V. B. 'Interactions between auditory and dorsal premotor cortex during synchronization to musical rhythms', *Neuroimage* 32, 1771–81 (2006).

Clark, S. and Rehding, A. (eds). *Music Theory and Natural Order from the Renaissance to the Early Twentieth Century.* Cambridge University Press, Cambridge, 2001.

Clarke, E. F. 'Subject-position and the specification of invariants in music by Frank Zappa and P. J. Harvey', *Music Analysis* 18, 347–74 (1999).

Clarke, E. F. 'Structure and expression in rhythmic performance', in *Musical Structure and Cognition*, ed. P. Howell, I. Cross and R. West, 209–36. Academic Press, London, 1985.

Cogan, R. *New Images of Musical Sound.* Harvard University Press, Cambridge, Ma., 1984.

Cohen, D. 'Palestrina counterpoint: A musical expression of unexcited speech', *Journal of Music Theory* 15, 85–111 (1971).

Cole, H. *Sounds and Signs: Aspects of Musical Notation.* Oxford University Press, Oxford, 1974.

Conard, N. J., Malina, M. and Münzel, S. C. 'New flutes document the earliest musical

Computer Music Journal 4, 66–84 (1980).

Barbour, J. M. *Tuning and Temperament*. Michigan State College Press, East Lansing, 1951.

Bartók, B. and Lord, A. B. *Serbo-Croatian Folk Songs*. Columbia University Press, New York, 1951.

Becker, A. L. and Becker, J. 'A grammar of the musical genre srepegan', *Journal of Music Theory* 23, 1–43 (1979); reprinted in *Asian Music* 14, 30–73 (1983).

Becker, A. L. and Becker, J. 'Reflections on srepegan: a reconsideration in the form of a dialogue', *Asian Music* 14, 9–16 (1983).

Benamou, M. 'Comparing musical affect: Java and the West', *The World of Music* 45, 57–76 (2003).

Bergeson, T. R. and Trehub, S. E. 'Infants' perception of rhythmic patterns', *Music Perception* 23, 245–60 (2006).

Bernstein, L. *The Unanswered Question*. Harvard University Press, Cambridge, Ma., 1976.（『答えのない質問』レナード・バーンスタイン著、和田旦訳、みすず書房）

Bharucha, J. J. 'Anchoring effects in music: the resolution of dissonance', *Cognitive Psychology* 16, 485–518 (1984).

Bharucha, J. J. 'Music cognition and perceptual facilitation', *Music Perception* 5, 1–30 (1987).

Bigand, E. and Parncutt, R. 'Perceiving musical tension in long chord sequences', *Psychological Research* 62, 237–54 (1999).

Bigand, E., Poulin, B., Tillmann, B., D'Adamo, D. A. and Madurell, F. 'Sensory versus cognitive components in harmonic priming', *Journal of Experimental Psychology: Human Perception and Performance* 29, 159– 71 (2003).

Biles, J. A. 'GenJam: A generative algorithm for generating jazz solos', in *Proceedings of the 1994 International Computer Music Conference*, International Computer Music Association, San Francisco, 1994. Available at http://www.it.rit.edu/~jab/GenJam94/Paper.html.

Bischoff Renninger, L., Wilson, M. P. and Donchin, E. 'The processing of pitch and scale: an ERP study of musicians trained outside of the Western musical system', *Empirical Musicology Review* 1 (4), 185– 97 (2006).

Blacking, J. *How Musical is Man ?* Faber & Faber, London, 1976.（『人間の音楽性』J・ブラッキング著、徳丸吉彦訳、岩波現代選書）

Blacking, J. *A Commonsense View of All Music*. Cambridge University Press, Cambridge, 1987.

Blood, A., Zatorre, R. J., Bermudez, P. and Evans, A. C. 'Emotional responses to pleasant

参考文献

Adler, D. 'The earliest musical tradition', *Nature* 460, 695–6 (2009).

Adorno, T. *Prisms*, transl. S. and S. Weber. MIT Press, Cambridge, Ma., 1981.（『プリズメン』テオドール・W・アドルノ著、渡辺祐邦／三原弟平訳、ちくま学芸文庫）

Adorno, T. *Philosophy of Modern Music*, transl. A. G. Mitchell and W. V. Blomster. Continuum, New York, 2003.（『新音楽の哲学』Th・W・アドルノ著、龍村あや子訳、平凡社）

Apel, W. *The Notation of Polyphonic Music 900–1600*. Medieval Academy of America, 1953.（『ポリフォニー音楽の記譜法』ウィリー・アーペル著、東川清一訳、春秋社）

Aristotle, *Politics*, transl. T. A. Sinclair. Penguin, Harmondsworth, 1981.（『政治学』アリストテレス著、田中美知太郎ほか訳、中公クラシックス）

Assmann, J., Stroumsa, G. G. and Stroumsa, G. A. G. *Transformations of the Inner Self in Ancient Religions*. Brill, Leiden, 1999.

Avanzini, G., Lopez, L. and Majno, M. (eds). 'The Neurosciences and Music', *Annals of the New York Academy of Sciences* 999 (2003).

Avanzini, G., Koelsch, S. and Majno, M. (eds). 'The Neurosciences and Music II: From Perception to Performance', *Annals of the New York Academy of Sciences* 1060 (2006).

Ayari, M. and McAdams, S. 'Aural analysis of Arabic improvised instrumental music (Taqsim)', *Music Perception* 21, 159–216 (2003).

Babbitt, M. 'Who cares if you listen ?', *High Fidelity* February 1958.

Bailes, F. 'Timbre as an elusive component of imagery for music', *Empirical Musicology Review* 2, 21–34 (2007).

Balkwill, L. L. and Thompson, W. F. 'A cross-cultural investigation of the perception of emotion in music: psychophysical and cultural clues', *Music Perception* 17, 43–64 (1999).

Ball, P. 'Mingle bells', *New Scientist* 13 December 2003, pp. 40–3.

Ball, P. 'Facing the music', *Nature* 453, 160–2 (2008).

Balter, M. 'Seeking the key to music', *Science* 306, 1120–2 (2004).

Balzano, G. 'The group-theoretic description of 12-fold and microtonal pitch systems',

図版出典

図 3.16b: Science Museum/Science & Society Picture Library. 図 3.32: 'Do Re Mi' (Rodgers/Hammerstein). Copyright © Williamson/Hal Leonard Publishing Corp (USA). 図 4.8: 'Maria' (Leonard Bernstein/Stephen Sondheim). Copyright © 1956, 1957, 1958, 1959 by Amberson Holdings LLC and Stephen Sondheim. Copyright renewed. Leonard Bernstein Music Publishing Company LLC, publisher. Reproduced by permission of Boosey & Hawkes Music Publishers Ltd. 図 4.12a: 'Over the Rainbow' (from 'The Wizard of Oz') (Harold Arlen/E. Y. Harburg). Copyright © 1938 (Renewed) Metro-Goldwyn-Mayer Inc. Copyright © 1939 (Renewed) EMI Feist Catalog Inc. All rights controlled and administered by EMI Feist Catalog Inc. (Publishing) and Alfred Publishing Co., Inc. (Print). All rights reserved. Used by permission. 図 4.12b: 'Alfie' (Burt Bacharach/Hal David). © Music Sales Ltd/Sony/Hal Leonard Publishing Corp (USA). 図 4.24: 3 *Klavierstücke* Op. 11 (Arnold Schoenberg). Copyright © 1910 Universal Edition A.G., Wien/UE 2991. 図 6.4b: *Im Freien* (Out of Doors) (Béla Bartók). Copyright © 1927 Universal Edition A.G., Wien/UE 8892A,B. 図 6.19a:Piano Sonata No. 5 (Sergei Prokofiev). Copyright © 1925 Hawkes & Son (London) Ltd. Reproduced by permission of Boosey & Hawkes Music Publishers Ltd. 図 6.19b: *Cinderella* (Sergei Prokofiev). Copyright © 1948 Boosey & Hawkes Music Publishers Ltd. Reproduced by permission of Boosey & Hawkes Music Publishers Ltd. 図 6.27: *Petrushka* (Igor Stravinsky). Copyright © 1912 Hawkes & Son (London) Ltd. Revised version copyright © 1948 by Hawkes & Son (London) Ltd. Reproduced by permission of Boosey & Hawkes Music Publishers Ltd. 図 7.12: 'America' (Leonard Bernstein/Stephen Sondheim). Copyright © 1956, 1957, 1958, 1959 Amberson Holdings LLC and Stephen Sondheim. Copyright renewed. Leonard Bernstein Music Publishing Company LLC, publisher. Reproduced by permission of Boosey & Hawkes Music Publishers Ltd. 図 7.13: 'Getting To Know You' (Rodgers/Hammerstein). © Williamson/Hal Leonard Publishing Corp (USA). 図 7.14a: 'Nobody's Fault But Mine' (Page/Plant). Copyright © Music Sales Ltd. 図 7.,14b:'Black Dog' (Page/Plant/Jones). Copyright © Music Sales Ltd. 図 7.15: *Rite of Spring* (Igor Stravinsky). Copyright © 1912, 1921 Hawkes & Son (London) Ltd. Reproduced by permission of Boosey & Hawkes Music Publishers Ltd. 図 10.5a: 'All You Need Is Love' (John Lennon/Paul McCartney). © Music Sales Ltd/Sony/Hal Leonard Publishing Corp (USA). 図 10.5b:'Here Comes The Sun' (George Harrison). © Harrisongs/Hal Leonard Publishing Corp (USA). 図 10.5c: 'I Say a Little Prayer' (Burt Bacharach/Hal David). © Music Sales Ltd/Casa David/Hal Leonard Publishing Corp (USA)/ Alfred Publishing Co., Inc. (Print). 図 10.6: 'The Ocean' (Page/ Plant/Bonham/Jones). Copyright © Music Sales Ltd. 図 10.9: *Peter and the Wolf* (Sergei Prokofiev). Copyright © 1937 Hawkes & Son (London) Ltd. Reproduced by permission of Boosey & Hawkes Music Publishers Ltd. 図 10.16: 'Walk On By' (Burt Bacharach/Hal David). © Music Sales Ltd/Casa David/Hal Leonard Publishing Corp (USA)/Alfred Publishing Co., Inc. (Print). 図 12.8, 12.9: 'Norwegian Wood' (John Lennon/Paul McCartney). © Music Sales Ltd/Sony/Hal Leonard Publishing Corp (USA). 図 13.3a: The Master and Fellows of Corpus Christi College, Cambridge. 図 13.3b: The British Library Picture Library. 図 13.3c: Dean and Chapter of Westminster. 図 13.4:Mus. ms. Bach P 967, f. 2v. Staatsbibliothek zu Berlin – Preußischer Kulturbesitz, Musikabteilung mit MendelssohnArchiv. 図 13.5a: copyright © 1970 Schott Music GmbH & Co. KG, Mainz. Reproduced by permission. All rights reserved. International copyright secured. 図 13.5b: Stockhausen Foundation for Music, Kürten, Germany (www.stockhausen.org). 図 13.5c: copyright © Henmar Press, Inc., New York. Reproduced by kind permission of Peters Edition Limited, London.

夏目大（なつめ・だい）
1966年大阪府生まれ。同志社大学文学部卒業。大手メーカーにSEとして勤務した後、翻訳家に。主な訳書に、グテル『人類が絶滅する6のシナリオ』、ディディエローラン『6時27分発の電車に乗って、僕は本を読む』、リンデン『脳はいいかげんにできている』、フリードマン『ヨーロッパ炎上 新・100年予測』、ブルックス『あなたの人生の意味』『あなたの人生の科学』、グッドール『音楽の進化史』など多数。現在、翻訳学校フェロー・アカデミーの講師も務める。
ブログ：http://dnatsume.cocolog-nifty.com/natsume

音楽《おんがく》の科学《かがく》
——音楽《おんがく》の何《なに》に魅《み》せられるのか？　［新装版《しんそうばん》］

2011年12月30日　初版発行
2018年1月20日　新装版初版印刷
2018年1月30日　新装版初版発行

著　者　フィリップ・ボール
訳　者　夏目大
装幀者　岩瀬聡
発行者　小野寺優
発行所　株式会社河出書房新社
東京都渋谷区千駄ヶ谷2-32-2
電話（03）3404-1201［営業］（03）3404-8611［編集］
http://www.kawade.co.jp/
組　版　株式会社キャップス
印刷所　株式会社亨有堂印刷所
製本所　小泉製本株式会社
Printed in Japan
ISBN978-4-309-27917-6

音楽の進化史

ハワード・グッドール
夏目大訳

音楽はなぜ、どのようにより豊かで多様なものへと変化したのか？　楽器や楽譜、音階や和音の発明など、作曲家である著者が、旧石器時代から現代に至る四万年の音楽史を一望する決定版！

世界の音楽大図鑑

ロバート・ジーグラー／スミソニアン協会監修
金澤正剛日本語版監修

音楽とは何か――。先史時代から現代まで、楽器の進化から作曲家、演奏家など音楽のあらゆる分野を網羅するヴィジュアル図鑑。

アビイ・ロード・スタジオ
世界一のスタジオ、音楽革命の聖地

アリステア・ローレンス
サー・ジョージ・マーティン序文
川原伸司／山田ノブマサ／広田寛治監修

貴重な写真六〇〇点以上を収録、世界一のスタジオの内部と歴史を初公開。二一世紀にかけての音楽と録音技術の歴史が分かる「スタジオが主役」のビジュアル読本・決定版！

ザ・ビートルズ・サウンドを創った男
耳こそはすべて

G・マーティン
吉成伸幸／一色真由美訳

「五人目のビートルズ」が唯一残した決定版！　音楽プロデューサーという仕事を紹介し、ミュージシャンたちに大きな影響を与えた男の人生とビートルズとのエピソード。図版多数収録。

ザ・ビートルズ・サウンド
最後の真実

ジェフ・エメリック／ハワード・マッセイ
奥田祐士訳

『リボルバー』から『アビイ・ロード』まで、ビートルズのレコーディング現場にいた唯一のエンジニア、ジェフ・エメリックが語るビートルズ・サウンドのすべて。未公開エピソード満載。

ローリング・ストーンズを経営する
貴族出身・〝ロック最強の儲け屋〟マネージャーによる40年史

プリンス・ルパート・ローウェンスタイン
湯浅恵子訳

「明らかに、私はストーンズの音楽に関心がなかった」――貴族出身、〝ロック最強の儲け屋〟と呼ばれたローリング・ストーンズの辣腕マネージャーによる抱腹絶倒ロック・ビジネス伝。

ブリティッシュ・ロックの真実

中山康樹

リヴァプールはイギリスではなかった⁉――ロックに纏わる「伝説」の裏側や新事実から、ブリティッシュ・ロックの創世と発展を劇的に描く。既存のイメージを書き換える新たなる軌跡！

ダウン・ザ・ハイウェイ
ボブ・ディランの生涯

ハワード・スーンズ
菅野ヘッケル訳

六〇年代から現在まで、時代時代の音楽を吸収して常に現役でありつづける最も偉大なアーティストの決定版評伝。特に謎につつまれていた九〇年代以降の活動・私生活が初めて明らかに。

ピート・タウンゼンド自伝
フー・アイ・アム

ピート・タウンゼンド
森田義信訳

ザ・フーのギタリストが遂に記した自伝！　イギリスのロックシーンそしてモッズカルチャーを最先端で牽引し続けてきたピートが、孤独と苦悩、成功と挫折、失われた仲間への想いを綴る超大作。

キャロル・キング自伝
ナチュラル・ウーマン

キャロル・キング
松田ようこ訳

移民である祖父母の時代から、ピアノとの出会い、音楽業界での成功と失敗、四度の結婚と離婚、四人の子どもたち、東海岸から西海岸への移転……一二年の歳月をかけ初めて語った渾身の一冊！

ラヴィ・シャンカル
わが人生、わが音楽

ラヴィ・シャンカル
小泉文夫訳

ビートルズのジョージ・ハリスンなどにも影響を与え、二〇一二年に物故した、シタールの権威でインド音楽の至宝、世界音楽の第一人者でもあったラヴィの、精神的な音楽人生の集大成。

エンニオ・モリコーネ、
自身を語る

エンニオ・モリコーネ／アントニオ・モンダ
中山エツコ訳

「荒野の用心棒」「ニュー・シネマ・パラダイス」……数々の名作映画の音楽を手がけた映画音楽の巨匠エンニオ・モリコーネが、自身とその音楽、映画界での交友などを存分に語る。映画ファン必読の一冊。

解読　レッド・ツェッペリン

ユリシーズ編

時代を超えていまなお音楽シーンに影響を与えるモンスター・バンドの魅力とは。一歩踏み込んだ野心的な論考を中心に構成。バンドのパブリック・イメージを解体・更新する刺激に満ちた一冊。

ダフト・パンク
テクノ・ファンクのプリンスたち

ヴィオレーヌ・シュッツ
陣野俊史訳

新作が評判の世界で最も人気のあるテクノユニットはいかにしてその音楽をつくりだしたのか。メンバーへの取材や多くの証言からバンドの核心にせまるフランスで唯一の書。

コンプリート・モータウン

アダム・ホワイト／バーニー・エイルズ
アンドリュー・ルーグ・オールダム序文

二〇世紀ポピュラー・ミュージック最重要レーベルの成り立ちから絶頂期までを、一〇〇〇点以上の豊富な写真と詳細な解説、貴重な証言によって描き出した、最強の決定版！

ヒプノシス・アーカイヴズ

オーブリー・パウエル
椹木野衣日本語版監修

ロックバンドのアルバム・ジャケットをアートに高めた伝説のデザイン集団、ヒプノシス。アーカイヴから発掘されたデザインラフや未発表写真がまとまる。奇跡の作品集！　序文＝ロバート・プラント。